本书为国家社科基金艺术学重点项目"国家记忆建构中的百年中国乡村建设文化景观研究"（项目编号 21AG014）成果，江苏高校文化创意协同创新中心第三期建设课题"城乡环境美化理论与实践研究"（项目编号 XYN2202）成果，以及常州市大运河文化带建设研究院 2020 年度后期资助课题成果。

编委会

常州运河文化丛书

奔牛史记

——大运河常州段奔牛古镇文化遗产与重要史料

汪瑞霞　王继宗　吴冬冬　编著

文物出版社

图书在版编目（CIP）数据

奔牛史记：大运河常州段奔牛古镇文化遗产与重要
史料／汪瑞霞，王继宗，吴冬冬编著．--北京：文物
出版社，2023.12
（常州运河文化丛书）
ISBN 978-7-5010-7109-8

Ⅰ.①奔…　Ⅱ.①汪…②王…③吴…　Ⅲ.①大运河
-文化遗产-史料-常州　Ⅳ.①K928.42

中国版本图书馆 CIP 数据核字（2022）第 038011 号

奔牛史记
——大运河常州段奔牛古镇文化遗产与重要史料

编　　著：汪瑞霞　王继宗　吴冬冬

封面设计：王文娴
责任编辑：窦旭耀
责任印制：王　芳

出版发行：文物出版社
社　　址：北京市东城区东直门内北小街 2 号楼
邮　　编：100007
网　　址：http://www.wenwu.com
经　　销：新华书店
印　　刷：宝蕾元仁浩（天津）印刷有限公司
开　　本：889mm×1194mm　1/16
字　　数：500 千字
印　　张：28.25
版　　次：2023 年 12 月第 1 版
印　　次：2023 年 12 月第 1 次印刷
书　　号：ISBN 978-7-5010-7109-8
定　　价：360.00 元

大运河奔牛段（奔牛镇人民政府供图）

万缘桥

彩虹桥

奔牛后王村桥梁

奔牛后王村桥梁

奔牛后王村桥梁

侵华日军碉堡旧址

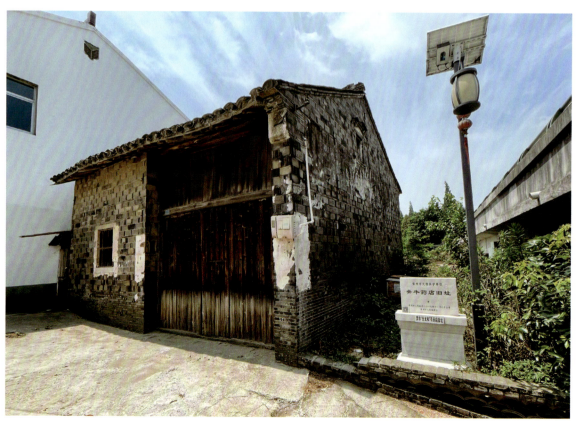

奔牛药店旧址

凡　例

◎每条文献出处前加"●"以清眉目。

◎所引文献用仿宋字体，其小注则用楷体。

◎所引原文献中用空格表示另起者，今为醒目起见改为"◆"。

◎《永乐大典·常州府》所引书名加框表示。《万历武进县志》原文献加框处今亦酌情加框。

◎《常州赋》原刻本天头、地脚批注今以"【】"括出，标以"眉批、脚批"字样。《皇明经世文编》《邵子湘全集》编者批语亦以"【】"括出。

目　录

绪 论

　　大运河畔的奔牛镇是依河而建、因河而兴的千年古镇。大运河横贯奔牛古镇，在原九里乡的金联村入境，东沙河出境，全长 11.6 公里。奔牛镇是大运河常州段沿线风貌保存较为完整的片区之一，拥有各类物质文化遗产 20 余处。因交通便捷、商贸繁荣、文化深厚，奔牛自古以来就是常州地区西部的巨镇。随着大运河文化带建设上升为国家发展战略，运河名镇奔牛也将迎来一次重大历史发展机遇，将成为江南运河上最耀眼的一颗明星。

　　"奔牛"古地名由来久矣。宋《咸淳毗陵志》引《舆地志》记载："汉时，有金牛出茅山，经曲阿（今丹阳）至此骤奔，故名。"又引唐代《十道四蕃志》记载："万策湖中有铜牛，人逐之，奔，上东山，入土，掘之，走至此栅，故川有'栅口'及'牛堰'之名。"明代《五杂组》亦载："丹阳有奔牛坝，相传梁武帝有人于石城掘得一僧，瞑目坐土中，奏于帝。帝问志公，志公曰：'此入定耳，可令人于其傍击磬，则出定矣。'帝命试之，果开目，问之不答。志公乃话其前事云云。其僧一视志，即起身向南奔去，帝遣人逐之，至此地，化为牛，故因以名也。近时樵阳子亦类此。"按汉时得名推算，"奔牛"地名距今已有 2100 余年历史。

　　然而，金牛、铜牛、梁僧化牛之说皆为民谚传说，奔牛地名的真实由来，还应从官修正史中寻求答案。相较于民谚传说，正史中关于"奔牛"记载可谓信史。《南齐书》卷二十九《全景文》云："全景文，字弘达，少有气力，与沈休之同载出都，到奔牛埭，于岸上息，有人相之：'君等皆方伯人，行当富贵也。'……孝建初，为竟陵王骠骑行参军，以功封汉水侯。"《宋书》卷七十九《竟陵王诞》云："劢遣将华钦、庾导东讨，与彬之弟相逢于曲阿之奔牛塘，路甚狭，左右皆悉入菰封，彬之军人多赍篮舆，于菰葑中夹射之，钦等大败。"卷八十四《孔觊》亦云："觊所遣孙昙瓘等军顿晋陵九里，部陈甚盛。怀明至奔牛，所领寡弱，乃筑垒自固。"《南史》卷十四《竟陵王诞》云："孝武入讨，遣宁朔将军顾彬之受诞节度，诞遣参军刘季之举兵，与彬之并遇劲将华钦、庾遵①于曲阿之奔牛塘，大败之。……诞初讨元凶，豫同举兵，有奔牛之捷，至是又有殊勋。"卷二十七《孔琳之、孙觊》亦云："时觊所遣孙昙瓘等军顿晋陵九里，部阵甚盛。怀明至奔牛，所领寡弱，张永至曲阿，未知怀明安否，退还延陵就休若。"相较于前代私家修史，唐代官修正史《南齐书》《宋书》《南史》中关于"奔牛"的历史记载更为真实可信。明代周婴《卮林》卷七"奔牛"条也曾有过专门考证，认为《五杂组》梁僧化牛之说，实为谬论。周婴根据上引正史记载认为："奔牛之名，宋、齐前已有，云梁僧化，谬也。"因此，"奔牛"地名早在南朝刘宋之前便已有之。保守推算，从公元 420 年刘裕取代东晋而自立宋朝算起，"奔牛"距今已有 1600 年历史。

关于市镇的概念，学界曾有不同定义。樊树志认为，市和镇作为地理概念和地理实体，是社会经济发展到某种特定阶段的产物。市是由农村交换剩余产品而形成的定期集市演变而来，镇是比市高一级的经济中心地。志书文献关于"市镇"也多有记载："若郊外居民所聚谓之'村'，商贾所集谓之'镇'。"（正德《姑苏志》卷十八《市镇》）"商贾聚集之处，今皆称为'市镇'。"（成化《湖州府志》卷四《市镇》）"贸易之所曰'市'，市之至大者曰'镇'。"（康熙《青浦县志》卷二《市镇》）"今人于凡市廛盛处，概称曰'镇'。"（光绪《松江府续志》卷二《镇市》）

市镇发展的模式基本有两种：一种是从商业化的"市"到"市镇"，一种是从军事化的"镇"到"市镇"。前者的原始形态是集、场、墟，几日一市，随着时间的推移，商户密集，于是变成定期的市，随着人口越来越稠密，最终演变成为比一般的集市更为繁华的市镇。后者的形态是交通要道或者是军事重地，官方在此设镇驻守，导致商贾聚集，最后也演变成繁华的市镇。奔牛市镇的早期发展演变亦是如此。

早在先秦时代，列国都邑中就出现了商品交易之地，称之为"市"；魏晋南北朝时，在城乡间要道上出现固定交易的市，称之为"草市"。唐代经济发展水平较前代有大幅度进步，在都邑之外出现了大量的草市，成为周边乡村商品集散之地，又称之为集市、墟市。五代至北宋，草市发展迅速，文献记载俯拾皆是。正是在这一时代背景下，仰赖于运河漕粮运输、孟河疏浚、安史之乱后人口南迁等诸多有利的发展因素，奔牛地区社会经济也获得进一步发展，出现了商品交易的集市。《咸淳毗陵志》卷三《地理》记载："奔牛市，在武进县西南二十七里。"这种集市实际上是南北朝以来草市的进一步发展。奔牛自

---

① 遵，当据上引《宋书》卷七十九《竟陵王诞》作"导"。"导"的繁体字作"導"，与"遵"形近而误。

唐垂拱二年（686 年）划晋陵西三十六乡置武进以来，一直是安善西乡最重要的集市。

随着商品经济的发展，奔牛集市贸易日益频繁、兴旺，由不定期的市转为定期市，进而成为经常市；发展到一定成熟阶段后，奔牛发展成为比草市更高层次的经济中心，也就是比"市"更大规模的拥有行政区划建置的"镇"。不同于唐末五代军事性质的镇，奔牛市镇是商品经济发展到一定程度的产物。从目前掌握的史料情况看，奔牛设置镇一级行政建制，当不晚于北宋。《元丰九域志》明确记载："望武进，一十五乡，奔牛、青城、万岁三镇。有孟城山、运河、漏湖。"可知早在北宋时期，奔牛就是武进县三大重镇之一。奔牛镇设有监镇，为一镇的行政长官，掌管税收、治安等行政事务。《咸淳毗陵志》卷十《秩官》记载："监奔牛镇兼烟火公事一员，左右选通差。"监镇的职能在《宋会要辑稿》中有记载：建隆三年十二月诏镇市设监镇官，"诸镇监官，掌警逻盗及烟火之禁，兼征税榷酤"。宋《嘉泰吴兴志》卷十《管镇》关于监镇职责的记载更为翔实："本朝平定诸国，收藩镇权，县之有兵者，知县掌都监或监押。……财赋，则参、丞贰，诸镇省罢略尽。所以存者，特曰'监镇'，主烟火兼征商。"由于市镇商业繁荣，税收征管也进一步细化，奔牛另设有奔牛务、奔牛场。奔牛务负责税务兼酒务、酒坊，除了负责税收、酒税的征收外，还兼有国营酒店事务；奔牛场负责食盐征税。《宋会要辑稿》记载，包括奔牛务在内的常州九务，岁入税收达十万五千八百六十五贯；熙宁十年（1077 年），奔牛场盐税收入六百八十三贯七十九文。

奔牛自古凭借便利的交通条件而兴旺。随着唐宋元明历代封建皇朝对大运河、孟河的先后拓浚，舟楫往来，运道畅通，商贸走向繁荣，奔牛古镇进入快速发展轨道。步入晚清，咸同兵燹造成严重破坏，古镇发展一度陷入困境。战乱之后，外地客商陆续返回，古镇经济获得恢复发展，木业、粮食等传统商贸恢复了生机。1908 年沪宁铁路全线贯通，奔牛专设客、货车站，据记载，奔牛车站"向为（沪宁线）小站之冠，素称发达"。进入民国，以奔牛为中心的"丹阳路""通江路"两条公路相继通车，奔牛镇水运、铁路、陆路交通甚为发达，直接促成了古镇商贸的二次繁荣。奔牛镇成为常州西部大宗货物运输的重要集散地，苏北姜堰、丹徒、金坛、溧阳以及孟城、小河等地黄豆、米、麦等粮食物资，均仰赖奔牛发达的交通运往上海、南京、苏州、杭州等大城市。据民国报刊报道："最近十年来，奔牛市面渐见繁盛。至粮食来源，多由江北各处采集，运至奔牛装车。小麦每年产量约三十万石，运至上海者，可二十万石，以江北姜堰运来者居多。黄豆年出二十万石，除供本地食用外，运销上海浙江各地约十万石。"鉴于小河"出产杂粮甚丰，向由船运至奔牛装车，深感不便"，沪宁铁路局甚至提出了建设由奔牛至小河的支线铁路计划。

由此可见，奔牛镇在江南地区颇享盛誉，俗语说"上有奔牛，下有南翔"，所言确非妄语。

宋、明以来，奔牛一直作为安善西乡（安西乡）的治所，乡下设有都图、村镇。民国时期，奔牛镇位列安西乡首镇，为常州西部巨镇。随着奔牛古镇商贸的繁荣，其商业配套设施也不断完善。奔牛老街沿大运河、孟河呈"丁"字式发展的基本格局，古镇酒肆、客栈、商号、钱庄、银行等商业设施甚为完备。据统计，民国时期"全镇有商铺三百余家，人口约两千余口"，其中烟馆六十三家，茶馆二十余家，旅馆二十四家，客房二百余间，运输公司四五家，银行、钱庄、商号数量众多。据刘国钧先生回忆，奔牛是常州西门外最大的一个市镇，街长三里，户过千家。又在沪宁铁路和运河线上，交通便利，商业发达，贸易繁荣，为武进、金坛、丹阳三县贸易交流之地，多有湖北、安徽、苏北的外籍人员在此经商。

除了商业设施，奔牛市镇建置同样也很完备。宋代奔牛镇设有监镇、闸（坝）官、急递铺、奔牛务、奔牛场等官方机构，并为后世王朝所继承，元代新设奔牛巡检司，明代设有递运所、奔牛市，清代新设奔牛汛。民国时期奔牛市镇设施更为完备，有公安分局、区公所、镇公所、水警分队、区党部、镇党部、商务分会、保安团、二等邮局和铁路、税务等机关，一应俱全。至1949年4月常州解放，奔牛单独建镇，成为武进县唯一的县属镇。进入现代，奔牛镇更是拥有得天独厚的交通条件和区位优势，至今仍是常州西部地区重要的交通枢纽和工业强镇。

第一章　古镇舆图

一　县图

最早画到奔牛的地图是宋代《咸淳毗陵志》中的《武进县境》图，其有四种不同版本。

（一）《咸淳毗陵志》明刻本中的宋代《武进县境》图

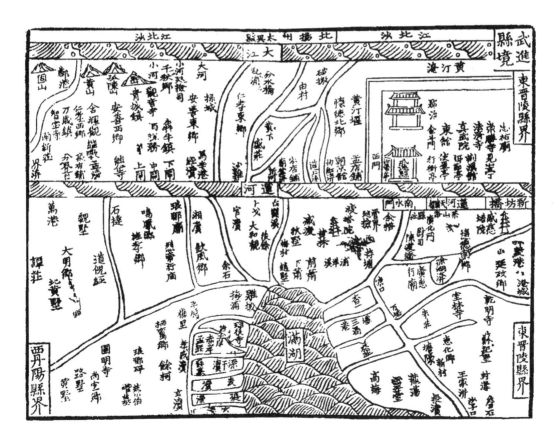

（二）《咸淳毗陵志》清代赵怀玉刻本中的宋代《武进县境》图

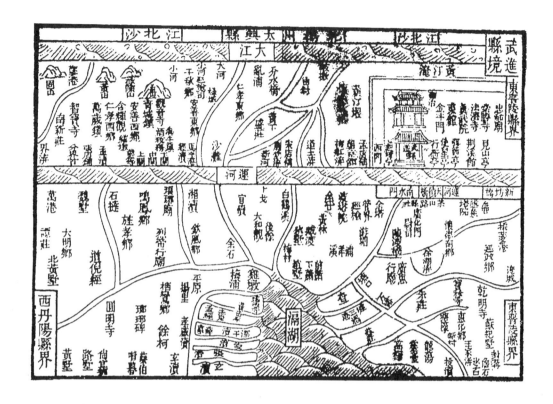

（三）《咸淳毗陵志》明刻本取洪武《毗陵续志》中的明代《武进县境》图

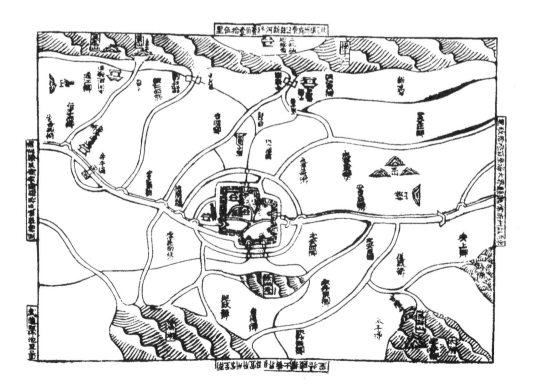

（四）《咸淳毗陵志》清代赵怀玉刻本中的洪武《毗陵续志》中的明代《武进县境》图

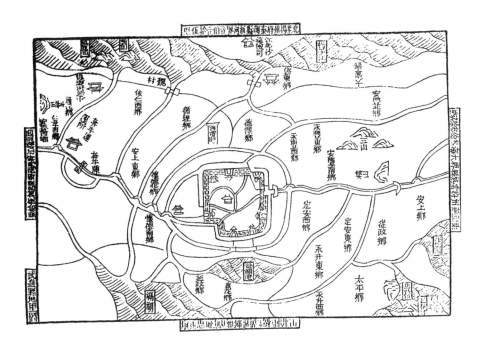

二　乡图

奔牛即古代的"安善西乡"，详细绘制该乡的地图有六幅。

（一）《万历武进县志》明刻本《安善西乡图》

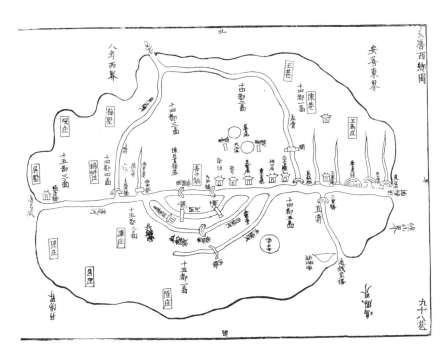

（二）《万历武进县志》清抄本《安善西乡图》

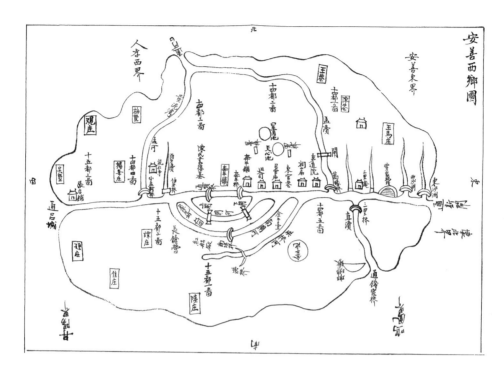

（三）《康熙武进县志》中的《安善西乡图》

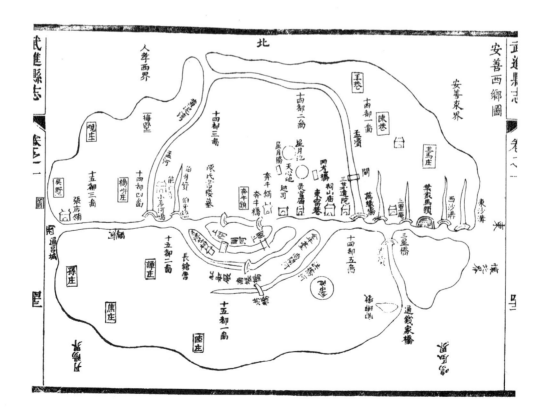

（四）《乾隆武进县志》中的《安西乡图》

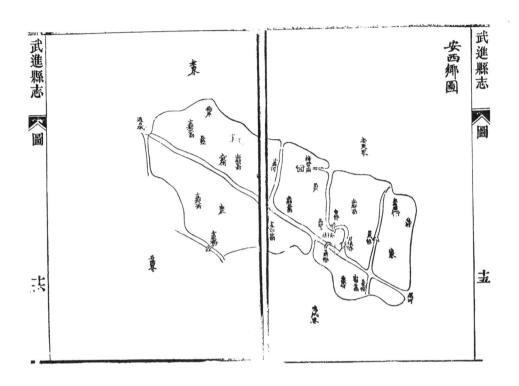

（五）《道光武进阳湖县合志》中的《安善西乡图》

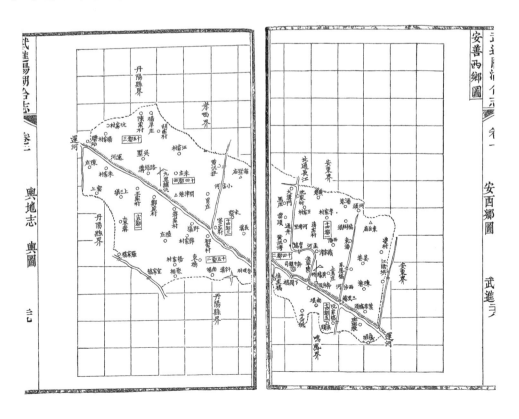

（六）《光绪武进阳湖县志》中的《安西乡图》

第二章　市镇沿革

奔牛市镇沿革的总体情况已见本书《绪论》，此处总括奔牛市镇的设官情况。

奔牛作为国家行政肌体上的一个细胞，其主要职责是水利、交通、税收、民警和军事防御这五大功能，这就是古代奔牛所设官僚机构的政务功能所在。

《道光武进阳湖县合志》卷三《水利》述唐"元和八年（813年），常州刺史孟简浚古孟渎"时，讲到孟河城"今则去江数十里，城如赘疣，而兵防、捕缉、税务，皆以小河为紧要之区"。这说的固然是孟河城与小河镇的情形，其实也是明清时期，乃至隋唐宋元及更早的秦汉魏晋南朝时期，所有镇级建置设官的共同情况。则奔牛镇当与之相同，具有三大功用：一是兵防武备，二是缉捕盗贼，三是征税裕国。

再加上其所未提到的河闸，即孟河城所在的孟河入江口有孟河闸，小河口有小河闸，奔牛既有大运河上的闸，更有孟河入运河口处的万缘桥闸（即老宁闸），于是还要在上述三大功用上，再增加一个河闸水利的功用。

孟河、小河两闸与奔牛闸都有开闸与闭闸的功用，需要设官加以管理，以充分发挥此水闸的水利节制功用。孟河、小河两闸与奔牛闸又有其不同处。即：孟河、小河的开闭闸，在于开闸引江潮涌入以资灌溉，等江水退潮时，赶紧要将闸关闭以蓄江水；而奔牛的开闭闸，在于保证大运河的水位，不使运河水源流失。

由于奔牛上游水源较少，地势又高，如果不设闸，运河中的河水将流尽而无水，所以为了保证奔牛以上的航行，古人设有奔牛埭、堰，所谓"埭堰"，就是土坝，或是比河面略低的拦水坝。如果是露出水面的坝，则将坝做成比较缓的梯形坡度，船只到时，用人力或畜力拖船过坝，称之为"盘坝"。

到了宋代，由于船闸工艺的进步，古人才有能力设制密闭性好的水闸，于是在船只到来时，可以开闸放行，不用费力地盘坝，船只过后，又可以赶紧闭闸来蓄水。但由于开闸过频仍旧容易走失运河之水而降低水位，而且所造船闸每隔一定年数必然会毁坏，即便闭闸也会漏水，乃至无法闭闸，这时要么重新造闸，要么就要再度筑坝。所以明代一度仍旧像宋以前那样筑坝，大多数时间则是设闸后一直关闭，仅在春夏水源旺盛时，为了通行北运皇粮的漕运船只，才偶尔开闸；每年其余的大半年时间全都要闭闸。即便在春夏水源旺盛开闸放行漕运船只时，也只允许漕运船只经过，一旦经过，马上闭闸，其他民、商船只仍要盘坝过河，或者就走奔牛镇东的万缘桥闸由孟河出入长江。

除了上述的第四大船闸职能外，奔牛更有孟河或小河闸所没有的另一项政府功用，即：奔牛位于"水驿"（水上驿路）大运河之上，大运河两岸又是"陆驿"即国家最高等级的公路"驿道"的所在，奔牛设有"递运所"或比其较低一等级的"递铺"，具有传递国家信件、运送国家物资、供国家公使及其他公务人员长途旅行的邮驿功能，相当于今天的国营邮递、国营快递物流、国营交通运输的功能。正因为奔牛地处水、陆两重驿道上的缘故，所以奔牛有孟河与小河所未提到的第五大功能，即"邮驿"功能。

与奔牛相比，孟河、小河则又有奔牛所不大具备的功能。这就在于孟河、小河地处江口，要防范江洋大盗由孟河口、小河口通过孟河进入运河内地的可能，所以孟河、小河的军事防御功能，即军事性，要远远大于奔牛。由于奔牛地处内陆，而非孟河、小河所在的沿江河口这一重要的战略位置，所以奔牛只需要较低等级的巡检，相当于今天的巡警即可；而孟河、小河因地处沿江大河口这一重要的战略位置，所以需要驻扎正规的政府军。当然奔牛在明代嘉靖倭乱后，作为明清"常镇兵备道标营"和常州城所在的"中军营"、孟河与小河所在的"孟河营"这三支军队的巡逻要地，也设有军事性的"汛地"（即哨所），但奔牛巡检司从本质上说是民事性质的机构，相当于派出所；当然，它也会带有一定汛地（哨所）的军事性质。总之，奔牛常设巡检司，仅在明后期和清代设有正规军（兵备道镇标、中军营、孟河营）的巡逻哨所；其奔牛巡检司，在和平年代，主要是民事性质的巡警功能，唯有在极短暂的战争年代（嘉靖倭乱、明亡清兴、太平天国战乱）时，会彰显一下其军事功能。因此奔牛巡检司和军事哨所（汛地）的设置，让奔牛又有第四、第五大功能，一是和平时期的民警巡防（巡检）功能，二是战争时期的军事防御作战（战守）功能。

下文便先叙述奔牛至常州城的道里数，再叙述其所辖乡村，然后分述其行政设官情况。

一　道　里

此处记载的是奔牛镇至常州的水陆里程数。

- 《元丰九域志》卷五《两浙路·望常州毗陵郡军事》：

  望、武进，一十五乡，奔牛、青城、万岁三镇。有孟城山、运河、滆湖。

  望、晋陵，二十乡，横林一镇。有横山、扬子江、太湖、运河。

- 《咸淳毗陵志》卷三《地理三·乡都·武进》：

  安善西乡，在县西北三十五里。

- 《咸淳毗陵志》卷三《地理三·坊市》：

  奔牛市，在武进县西南二十七里。

此条又见《成化毗陵志》卷二《地理二·坊市·郡城》。

笔者按："二十七里"当作"三十七里"。《万历常州府志》卷二《常州府武进县境图说》："急递铺：……西门、新河、奔牛、张店（即'分界'）。以上通丹阳。"可证"张店铺"就是分界铺，位于武进与丹阳两县交界处。《道光武进阳湖县合志》卷一《里至》述武进县"西至丹阳县九里铺界四十五里"，可证张店铺属于"九里铺界"，距城里程数为四十五里。《光绪武进阳湖县志》卷六《兵防》载："西门铺，在西埠营房，东接府总铺，计程十里；西接新河铺，计程二十里；……新河铺，在连江桥东，……西接奔牛铺，计程十五里；……奔牛铺，在奔牛镇东，……西接张店铺，计程十里。"可见西门铺至奔牛铺为三十五里，至张店铺为四十五里，而西门铺在西埠营房，即《道光武进阳湖县合志》书首《怀德北乡图》所绘的"西埠汛"，在西仓桥略西，距西门当还有两里，故奔牛市至常州城实为三十七里，从西门铺至张店分界铺为四十五里，此即《道光武进阳湖县合志》卷一《里至》述武进县"西至丹阳县九里铺界四十五里"的由来，若从常州城西门算起，实为四十七里。而下引《万历常州府志》卷二《河渠总说》言明："丹阳吕城而下，张店铺始入郡界，为武进治地。十里至奔牛，十五里至连江桥，五里至新闸，十里至郡城西水门"，最后一程当是"十五里"至郡城西水门。

- 《咸淳毗陵志》卷六《官寺二·村坊·武进》：

  奔牛务，在县西。

笔者按：宋代酒类由国家专卖，在城市和重要集镇村落，设有酒坊，通过卖酒来增加税收，故税务常与酒务同设，"村坊"就是设有酒坊的村，相当于周边地区的中心村镇。

- 《万历常州府志》卷二《水程》：

  运河：东自通吴门至望亭风波桥，西自朝京门至丹阳分界铺。沿河设递十八：分界、奔牛、新河、西门、府前、东门、丁堰、戚墅堰、横林、五牧、洛社、潘葑、北门、县前、南门、东葑、新安、马墓。

● 《万历常州府志》卷二《河渠总说》:

吾郡之水,其流者莫长于江,长则源流不竭;其汇者莫大于震泽,大则储泄有余。况惟运道,直贯其中。……丹阳"吕城"而下,张店铺始入郡界,为武进治地。十里至奔牛,十五里至连江桥,五里至新闸,十里至郡城西水门。……张店铺至郡城,枝流之大者,北出者三枝,南出者二。其北出者,一曰"孟渎河",则自奔牛而分者。北贯孟河城而出江,凡三十里,即孟简所凿、夏"忠靖"合四郡之力而浚之者也。万历初,说者以京口漕至仪真,逆溯而上者六十里,未为安流,欲于孟河对泰兴而渡。不知江至此已阔,即截流而渡,亦六十里矣,风波更险。盗贼出没,无问白日;其议乃绌。然旱岁颇得其利。令人守孟河闸,潮至而启,潮平辄闭,其流可以六十里至郡;两岸灌田,不计其数。一曰"德胜新河",……一曰"北洞子河";……其南出者,一曰"直渎",分于奔牛东三里。又东分为官渎河。又东分为南洞子河,盖与北洞子河相对而分者也。……

● 《康熙常州府志》卷五《水程》:

运河:东自"通吴门"至望亭"风波桥",西自"朝京门"至丹阳"分界铺"。沿河设铺十八:分界、奔牛、新河、西门、府前、东门、丁堰、戚墅堰、横林、五牧、洛社、潘葑、北门、县前、南门、东葑、新安、马墓。

● 《光绪武进阳湖县志》卷一《疆域·武进》:

陆程:东入城中"阳湖"东右厢一里。西出朝京门,至"西埠汛"五里,又西至"连江桥"十五里,又西至"奔牛镇"十五里,又西至镇江府丹阳县"吕城铺"十里。……

水程:东入城河,至"阳湖"新坊桥一里。西出"西水关",入运河,东行至"阳湖"德安桥六里。西行至镇江府丹阳县"吕城铺"四十五里。所经路,同"陆程"。……其达大江水程:一自运河,于奔牛镇入孟河,北行至"罗墅湾"十五里,又北至"夏墅"十里,又北至"石桥"十里,又东北至"小河口"五里,达江。更于孟河"石桥"西北行,至"万岁镇"八里,又西北至"超瓢口"十里,达江。一自运河,于连江桥入"德胜新河",北行至"安家舍"十五里,又西北至"魏村口"二十里,达江。……

二　乡都

记载的是奔牛镇所在的乡都及其下属各村。

● 《成化毗陵志》卷三《地理三·乡都·武进》：

安善西乡，在县西北三十五里，统都二。

十四都：奔牛镇、陈巷、王巷、王马庄、杨岸庄、观庄、梅墅、吴墅。

十五都：谭庄、陆庄、孙庄、焦庄、宦巷、陆巷。

此条又见《万历常州府志》卷二《常州府武进县境图说》。

● 《康熙常州府志》卷五《乡都》：

安善西乡，在县西北三十五里。统都二，都统图八。第十四都，图五，地名：奔牛镇、陈巷、王巷、王马庄、杨岸庄、观庄、梅墅、吴墅。第十五都，图三，地名：谭庄、陆庄、孙庄、焦庄、宦巷、陆巷。……

● 《万历武进县志》卷二《乡都》：

安善西乡，在县西北三十五里。……统都二，其村镇：十四都，则：奔牛镇、宋有务①，元因之，今为市。陈巷、王巷、王马庄、杨岸庄、宋有坊。观庄、梅墅、吴墅。十五都，则：谭庄、陆庄、孙庄、宋有坊。焦庄、宦巷、陆巷。……其平田：壹百叁拾叁顷陆拾捌亩叁分有奇。沙田，壹百贰拾柒顷贰拾壹亩陆分有奇。高田，肆拾叁顷肆拾亩壹分有奇。极低田，壹顷壹拾陆亩壹分有奇。荡垾墩坂，壹拾陆顷壹拾肆亩肆分有奇。

● 《康熙武进县志》卷五《乡都》：

安善西乡，在县西北三十五里。"奔牛急递铺"、"张店急递铺"在焉。去"奔牛铺"十里②。东北至安善东乡界。东南至鸣凤乡界。西至丹阳县界。西北至仁孝东乡界。

统都：第十四都，第十五都。

十四都统图五，其村镇名：奔牛镇、陈巷、王巷、王马庄、杨岸庄、观庄、梅墅、吴墅。

十五都统图三，其村镇名：谭庄、陆庄、孙庄、焦庄、官③巷、陆巷。

共：平田，八千七百三十一亩八分二厘二毫九丝九忽一微。沙田，二万七千四百七十三亩九分七厘一毫八丝六忽二微。高、低田，三千六百七十九亩三分五毫一丝二忽二微。极高、低田，三百八十一亩一分四厘九毫二丝三忽。荡垾，二千四百七十八亩八分七厘二毫九丝二忽二微。上滩，二十六亩七分二厘一毫九丝七忽。下滩，九亩

---

① 务，酒务、酒坊。
② 指张店铺距奔牛急递铺为十里。
③ 官，宜据上文作"宦"。

一分八厘九毫一丝六忽五微。

●《乾隆武进县志》卷一《乡都》：

安善西乡，在县西北二十五里。_{奔牛有急递铺，张店有急递铺。}东北至安善东乡界，东南至鸣凤乡界，西至丹阳县界，西北至仁孝东乡界。统都二：

第十四都，村镇名：奔牛镇、陈巷、王巷、王马庄、杨岸庄、观庄、梅墅、吴墅。

十五都，村镇名：谭庄、陆庄、孙庄、焦官巷、陆巷。

十四都：

一图，慎①。二图，终。三图，宜。四图，令。五图，荣。

十五都：

一图，业。二图，所。三图，基。

共：平田，八千七百四十二亩九分九厘三毫五丝五忽三微。沙田，二万七千五百十八亩八分五毫八丝一忽九微。高、低田，三千六百八十四亩二分九毫一丝五忽。极高、低田，三百八十四亩七分四厘九忽。山荡垜，二千五百三亩六分四厘九毫九丝四忽。上滩，二十六亩六分八厘一毫八丝六忽。下滩，八亩六分七厘二毫四丝八忽五微。四滩，一亩八分。

鸣凤乡，在县西南四十里。北至安善西乡界，东至怀德北乡界，南至钦风乡界，西至丹阳县界。统都二：

第十六都，村镇名：磨横塘、颜墅、韩冢、董墅、邹墟、成墅、洪墅、戴墅、魏墅、陈墓。_{隋陈司徒故里。}

十七都，村镇名：张墅、宋泽、千墩、_{旧隶"怀德南乡"十八都。}三溪口、卜弋桥、赵巷、刘墅。

十六都：

一图，籍。二图，甚。三图，无。四图，竟。五图，学。六图，优。

十七都：

一图，登。二图，仕。三图，摄。四图，联。五图，从。六图，政。

共：平田，二万五千六百四十三亩二分二厘四毫二丝七忽。沙田，二万三千五百六十六亩七分一厘四毫一丝二忽。高、低田，三十二亩七分一厘七毫七丝二忽。极

---

① 此是其"千字文"字号，下同。

高、低田，二十一亩四分九毫八丝一忽。荡垟坂，一千七百六十四亩一分二厘二丝三忽。中滩，十亩三分三厘二毫四丝五忽。下滩，二十二亩六分一厘六毫四丝三忽。

● 《道光武进阳湖县合志》卷二《舆地志二·武进·乡都》：

《咸淳志》："旧管三十六乡，后并为十六，双桂坊与焉。"其志仍列三十五乡名，隶晋陵者二十：……隶武进者十五：怀德南，怀德北，安善东，安善西，……

安善西乡，在县西北二①十五里。奔牛有急递铺，去新桥铺十五里。张店有急递铺，去奔牛铺十里。东北至安善东乡界。东南至鸣凤乡界。西至丹阳县界。西北至仁孝东乡界。

统都二，图八。

十四都，图五。村镇名：奔牛镇、有市，《咸淳志》："在县西南二十七里。"元因。明为市，宋有务。今有奔牛镇司，有汛。陈巷、王巷、王马庄、杨岸庄、观庄、梅墅、吴墅、叶家桥头、江阴坝、双村、姜巷、河头、杨树坝、李家村、潘巷、戴家湾、采凤桥、河湾里、沈家村、大沟门、窑头、黄泥湾、长沟、宋墅、姜家村、黄泥坝、冒庄、朱庄、路丝沟、汪家村、琅琊墩、阮家桥、于②河坻、后旺、坝头。

字号：一图，慎。二图，终。三图，宜。四图，令。五图。荣。

十五都，图三。村镇名：陆庄、谭庄、焦庄、宦庄、孙庄、陆巷、大界沟、罗家桥、窑上、陈庄、朱家村、上三坝、王家村、郑家村、蒋家村、杨村、聚梧、柳家村、十字街、音观村、吴墅、杨岸庄、陈家村、仇家村、杨家村。

字号：一图，业。二图，所。三图。基。

平田，八千七百五十一亩九分四厘一毫九丝。沙田，二万七千五百十五亩六分六厘三毫七丝。高低田，三千七百十二亩九分一厘六毫六丝五忽。极高低田，三百九十亩七分八厘一丝四忽。山滩荡垟，二千四百八十六亩五分五厘九毫二丝九忽三微。上滩田，二十六亩六分八厘一毫八丝六忽。下滩田，八亩八分二厘二毫四丝八忽。四滩田，一亩八分。桑枣地，十七亩五分三厘七毫三丝二忽，现皆起租。

……

鸣凤乡，在县西南四十里。北至安善西乡界。东至怀德北乡界。南至钦风乡界。西至丹阳县界。

统都二，图一十二。

十六都，图六。村镇名：戴墅、邹墟、宋有坊。洪墅、成墅、董墅、宋有坊。韩冢、颜

① 二，当作"三"为是。
② 于，据下引《光绪武进阳湖县志》当作"干"。

墅、磨横塘、魏墅、有尉迟观，土名"观前"。图①同。陈墓、隋陈司徒故里。顾家村、朱家村、吴家村、石坝头、扁担沟、姜家村、河口、王家村、徐家巷、梅家村、大李村、蒋师塘、南野田、何家村、花亩里、东桥、鱼池上、前鱼池、大场上、田舍、清水潭、沙塘、姜家桥、蒲塘里、鲁家坝、前张、后张、张墅桥、万家桥、董家桥。

字号：一图，籍。二图，甚。三图，无。四图，竟。五图，学。六图，优。

十七都，图六。张墅、宋泽、千墩、唐志旧在怀南十八都，今正之。三溪口、卜弋、宋有坊。赵巷、刘墅、谈庄、野田、下溪庄、东沟、新桥、东谢、西谢、郑家村、尤家村、沟稍村、韩家村、唐门桥、王庄桥、马家湾、杨家村、邵家村、琵琶墩村、张巷、于家巷、斛扒沟、王家巷、唐东村、姚家村、干沟上、曹家桥、前汤、寺城上、宋唐、丫巨林树下、大村、葛家村、老鼠墩、河下、埠口桥。

字号：一图，登。二图，仕。三图，摄。四图，职。五图，从。六图，政。

平田，二万五千六百五十亩三分三厘八丝一忽一微八纤。沙田，二万三千五百六十二亩三分二厘三毫五丝。高低田，三十一亩二分一厘七毫一丝。极高低田，二十二亩九分一厘四丝三忽。山滩荡垾，一千七百七十五亩九分三厘二毫四丝。中滩田，十亩三分二厘九丝四忽。下滩田，二十二亩六分一厘六毫四丝三忽。桑枣地，二十三亩一分九厘二毫六丝：起租，十六亩一分八厘五毫九丝四忽；未垦，七亩六毫六丝六忽。

●《光绪武进阳湖县志》卷一《乡都》：

安西乡，在县西北二十五里。东至安东乡，西至镇江府丹阳县界，南至鸣凤乡，北至孝西乡。都二：

曰"十四都"，编"慎、终、宜、令、荣"字号，凡五图。其村镇：

在"一图"者五十八：谈家村、叶家码头、芮家村、小芮家村、于家村、庄只村、解家村、夏家村、江阴坝、杨家村、双村上、大朝南村、许家村、朝东沈家村、北解村、颜家村、陈家村、廿九房村、南沈家村、姜巷村、巷上村、小叶家村、五家村、垾沿村、小跳家村、严家村、潘家村、河头上、六房村、南田里村、北田里村、孙家衖、史家村、刘史垾村、河湾里沈家村、萧家村、大李家村、小李家村、周家村、西周村、东周村、项家村、庄房、戴家湾、马家村、赵家村、唐家村、陈王坝村、大沈家村、西潘村、河湾村、姜家村、东潘村、蒋家巷、前蒋村、眭家村、董家村、西黄村。

在"二图"者十五：奔牛镇、姚家庄、杨家村、后马、刘史家塘、梅墅、胡家塘、大沟门、大路下、王马庄、窑头、西顾东李家塘、顾庄、跳板头、黄泥湾。

① 指《咸淳毗陵志》赵怀玉刻本的宋代地图。图上作"魏墅"，不作"观前"。

在"三图"者七：宋墅、长沟村、沈家村、巢家村、韩家村、小三房村、西吕家村。

在"四图"者三十：黄泥坝、前南庄、贺家塘、江①家村、大坝头、李家塘、冯家塘、毛家塘、罗家塘、朝西村、蔡家塘、蒋家塘、赵家村、郁家塘、眭家塘、鹭鹚沟、小一房、后朱庄、杨家塘、潘家塘、前朱庄、姜家塘、严家塘、戴家塘、陈家塘、王家塘、东庄上、周家村、管家村、孙家塘。

在"五图"者二十一：南坝村、桑园里、前陈村、方家村、杨园村、邵家村、西陈村、河口村、李家村、后王村、岳家村、码头街、阮家桥村、耀村、前塘园、后塘园、赵家村、周家村、干河底、沈家村、张家村。

曰"十五都"，编"业、所、基"字号，凡三图。其村镇：

在"一图"者三十七：陈庄、窑上村、朱家塘、巷上村、小赵家村、庙沟村、上山坝、王家塘、郑家村、九里铺、界沟上村、殷家塘、大赵家村、墩头赵家村、费家塘、沟角村、岳家塘、汤家塘、贺家塘、后巷村、顾家塘、五家塘、罗家桥村、夏家塘、杨家塘、聚梧庄、周邦村、小谢家村、柏枝敦、鱼牌巷、乌腊基、朱家村、李家塘、东杨村、西杨村、小祁家塘、谢家坝。

在"二图"者二十七：常将营、葛家塘、辛家村、野场东村、野场西村、周龙庄、祁家塘、十字沟、钱家桥、杨家村、傅家桥、南杨村、东大房、殷官村、杨子达、花园村、东杨村、西杨村、小薛家村、刘家塘、郝家塘、蔡家塘、周家塘、河垮村、柳家塘、魏家塘、徐家塘。

在"三图"者二十：顾家村、小杨家村、萧家村、仇家村、薛家村、杨家村、陈家村、於②家村、池塘村、庙后村、东暗沟、西暗沟、吴家村、东村、前村、后村、潘家村、沙垮村、黄雁庄、虞墅。

鸣凤乡，在县西南二十五里。东至怀北乡，西至镇江府丹阳县界，南至钦风乡，北至安西乡。都二：

曰"十六都"，编"籍、甚、无、竟、学、优"字号，凡六图。其村镇：

在"一图"者二十九：田舍村、浦家村、坝头村、大场村、西园村、西四房、沟北村、清水沟、大小芳田、后鱼池、新庄村、杨园村、芦沟村、棉花树、王二房、姜家桥、刘家村、蚂蝗沟、贡中村、白家庄、后蒲塘、祠堂村、塘上村、范泥村、尹家村、城家村、西庄村、虞家桥、横大路桥。

在"二图"者二十：潘家村、前王村、宋家村、杨木桥村、董家村、徐家巷、周车口、大李家村、前后戴村、杨家村、邹区街西段、蔡顾谢村、邵家村、许家村、汤家村、匾担沟村、大坝头、前梅村、薛家湾、锅底荡村。

在"三图"者十四：汪家村、沟西村、董墅镇、前蒲塘、中蒲塘、石菱沟、湾底村、西城墅、樊家村、杨家村、管家村、金家村、河口西村、河浜头。

在"四图"者八：沿河村、姚家村、黄泥河村、缪家巷、韩家村、贡董村、颜墅村、何家村。

在"五图"者十九：艾家村、闵家村、蒋家村、花亩里、东西顾村、许家村、项家村、小王家

---

① 江，据上引《道光武进阳湖县志》当作"汪"。
② 原字即作"於"，读"于"。

村、叶家村、沟头村、荡里村、大史家村、史陈村、强家衖、后梅村、吴胜宗村、仲家村、嘉禄村、福临村。

在"六图"者十四：前鱼池、陶家衖、前后谢、华家村、南北野田、东桥村、黄杨巷、东凌村、董墅巷、孙高村、黄泥墩、姜家庄、东西周村、下老鸦村。

曰"十七都"，编"登、仕、摄、职、从、政"字号，凡六图。其村镇：

在"一图"者十七：江口桥、大溪潘家村、寺城上、欧家村、桃树沟、朱家村、干沟、中后姚家村、石家村、宋唐村、丫柏树村、利市头、邵家村、前汤、杨梅村、葛家庄、溪上。

在"二图"者九：卜弋桥镇、前后张巷、琵琶墩、新沟头、于家村、斛扒沟、卜家桥、徐塘湾、何家庄。

在"三图"者十三：戴墅、沙塘、前后张、张野桥、宋泽、河下村、万家村、上下庄、大小刘村、倪家村、葛家庄、韦家村、河头村。

在"四图"者十：蠡峰上、野田里、下溪庄、马家湾、王庄桥、石佛新桥、河口、东西谢、韩家村、唐门桥。

在"五图"者九：杨家庙、东庄、邵家村、刘巷头、包家湾、张家村、唐东、姚家村、陈隶坟。

在"六图"者十一：黄泥坝、尤家村、许家湾、三沟湾、沟东、跳板头、梅家村、洪墅桥、三溪口、蔡家村、袁家村。

- 《光绪武进阳湖县志》卷二《赋役·田亩·武进》：

平田，总数四十七万六千一百二十四亩六分五厘八毫二丝五忽二微三纤。……安西乡，八千九百六十一亩一厘七毫五丝八忽。鸣凤乡，二万五千六百五十亩七分三厘二毫四丝四忽三微三纤。……

沙田，总数二十一万三千四百七十四亩一厘九毫六丝六忽九微。……安西乡，二万七千五百十亩五分三厘四毫九忽。鸣凤乡，二万三千五百六十二亩二分四厘一毫九忽。……

高、低田，总数九万二千六十亩六分八厘九毫九丝二忽二微。……安西乡，三千七百六亩七分九毫六丝。鸣凤乡，三十一亩二分一厘八毫八丝一忽。……

极高、低田，总数二万五百三十二亩一分一厘三毫二丝三忽四微。……安西乡，三百八十七亩五分八厘七毫五丝三忽。鸣凤乡，二十二亩九分一厘四丝三忽。……

山滩荡埠等田，总数三万九千一百二十一亩七分九厘四毫六丝三忽六纤。……安西乡，二千四百五十二亩五分四厘七毫三丝一忽三微。鸣凤乡，一千七百七十六亩一分八毫五丝三忽。……

上滩田，总数七千二十八亩九分五厘五毫六丝一忽。……安西乡，二十六亩六分八厘一毫八丝六忽。……

中滩田，总数三千一百十亩一分二厘六毫九丝八忽。……鸣凤乡，十亩三分三厘一毫八丝六忽。……

下滩田，总数三千七百四十七亩二分二毫八丝二忽七微。……安西乡，八亩八分二厘二毫四丝八忽。鸣凤乡，二十一亩六分一厘三毫三丝二忽。……

四滩田，总数五千八百六十六亩二分九厘一毫四丝九忽。……安西乡，一亩八分。……

桑枣田，总数四百三十亩二分七厘五毫八丝一忽三微。……安西乡，十七亩五分三厘七毫三丝五忽。鸣凤乡，二十二亩五分七厘一毫六丝一忽。……

义冢地，总数六百五十九亩九分八厘七丝三忽四微。……安西乡，六十六亩七分五厘四毫一丝三忽。鸣凤乡，二十四亩七分六厘五丝四忽。……

里社基，总数一千一百十七亩六分二厘八毫七丝七忽八微。……安西乡，八十九亩五厘七毫六丝三忽。鸣凤乡，三十九亩三分五厘二毫六忽。……

无主地，总数九百二十八亩九厘六毫七丝四忽八微。……安西乡，九十四亩三分四厘二毫六丝九忽。鸣凤乡，九十二亩九分七厘一毫五丝二忽。……

● 《乾隆武进县志》卷三《田赋》：

康熙二十二年，于《再陈水利等事案》内，开浚孟河，挑废原额田八十四亩九分二厘五毫一丝八忽，共减折实平田五十七亩二分四厘四毫二丝四忽五微六纤七沙六尘五渺五漠八埃。

● 《乾隆武进县志》卷三《田赋·桑枣田》：

乾隆二十五年，又奉文，委"奔牛司巡检"范君佐，将未垦桑枣官地，履亩勘出：现垦高田一亩八分一厘六毫六丝六忽，垛二十七亩九分三厘一毫二丝七忽。以上应征米麦，俱准于乾隆二十五年定租起征。

又查勘出：可垦现在召垦①高、低田，八亩五分六厘八毫三丝三忽；垛，五十五亩九分四厘七毫九丝七忽。俟有承认开垦，再行定议，通详、立案。

又勘出：硗、零、砂、礓不可开垦地，五十五亩一分七厘七毫一丝三忽；坟、庙公占地，十八亩六分一厘五毫。

三　递铺

此处记载奔牛递运所、奔牛急递铺这两个驿站性质机构的设官和人员配备情况。他们属于设置在奔牛的邮递公务员。

---

① 可以耕种但尚未开垦，现在马上就可以招人来种。

（一）宋元递铺设置

● 《永乐大典·常州府》卷八《古迹·官寺》：

急递铺

　　[《泰定毗陵志》]：本路。急递铺二十三处，铺司铺兵一百七十二名。

　　晋陵县：府前，东门，双牌，戚墅，横林。

　　武进县。[《泰定毗陵志》]：西门，柴林，沙滩，奔牛，张店。

　　[《江浙须知》]：晋陵县，五铺，司兵三十七名。武进县，五铺，司兵四十名。无锡州，一十三铺，司兵九十五名。……

笔者按：我们虽然没有找到宋代递铺的设置情况，元承宋制，宋代当同于元代。宋元时代，武进县在奔牛设置急递铺，相当于今天的国营快递的中转站。

（二）明清递铺设置

● 《永乐大典·常州府》卷七《公署·本府》引《毗陵续志》：

驿站

　　本郡，元置水马站，在天禧桥东，各设提领一员，站舡三十只，站马六十四。洪武初，置"毗陵驿"，在郡城西门外，设驿丞一员，舡一十只，水夫一百名。……

急递铺

　　武进、晋陵，元设一十九铺：府前，东门，戚墅，横林，西门，奔牛，张店，双牌，柴林，沙滩，丁堰，新河，九里，龙窟塘①，丫叉路，十八里②，殷薛，胡墅③，运村。今革去双牌、柴林、沙滩三处，现设一十六处。

　　……

递运所

　　本朝创置于奔牛镇，船八十二只，递运水夫六百四十四名，防送夫六十名。

● 《成化毗陵志》卷六《官寺·诸司廨舍·本府》：

　　递运所，在西门外。洪武初创置于奔牛镇西，天顺六年，知府王慥徙今地，以旧毗陵驿为之。

---

① 今写作"龙虎塘"。

② 下引《成化毗陵志》卷六作"塘门"。

③ 墅，原作同音字"市"，今据《成化毗陵志》卷六改。

● 《成化毗陵志》卷六《官寺·诸司廨舍·武进》：

毗陵驿，在朝京门内，即元万户府。宋以前在天禧桥东，名"毗陵驿"，后改名"荆溪馆"。元置水马站，设提领一员。国朝洪武元年改为武进站，徙置朝京门外。六年，复改站为毗陵驿，改提领为驿丞。天顺五年，知府王慥移置今地。

……

急递铺，元设一十九铺，国朝洪武初革双牌、柴林、沙滩，存一十六铺：府前、东门、丁堰、戚墅、横林，以上通无锡。西门、新河、奔牛、张店，以上通丹阳。丫叉路、塘门、殷薛、胡墅、运村，以上通宜兴。九里、龙窟塘。以上通江阴。成化七年同知谢庭桂、知县熊翀废丫叉、塘门、殷薛、胡墅、运村五铺，立陈渡桥、丫河、万塔、塘洋、寨桥铺于西蠡运河上，南接宜兴县新立钟溪铺①。以上并十五年重修。

● 《正德常州府志续集》卷一《地理·官寺·诸司廨舍·本府》：

递运所，弘治十七年知府杨二和修，正德八年知府李嵩重修。

● 《正德常州府志续集》卷一《地理·官寺·诸司廨舍·武进县》：

毗陵驿，弘治十七年重修。

● 《万历武进县志》卷一《坊厢·河南厢》：

兵备道，即元万户府，天顺五年，知府王慥改为"毗陵驲"②，左布政使梁棨《改建记》曰：常为畿内望郡，公卿、大夫，与四方之宾客，无日不往来于其地，盖四达之冲、舟车之会也。旧去郡五③里，建"毗陵驲"；又去一舍④许，建"奔牛镇递运所"，皆与郡治相去既远、且偏，每使至，出迂、劳饩，咸谓不宜，请更之。于是，前太守蒋侯忠，以其事上闻；命下，而蒋侯去矣。泰和王侯慥，以大理评事，被简⑤来守是邦之明年，天顺三年也。朝廷清明，政化数洽，岁亦丰登，民以宁息。王侯乃经营、相度⑥，以西水关内之废居，改为"毗陵驲"；以旧驲，改为"递运所"：道理⑦适均，民甚便焉。驿之作，建厅于前，构堂于后，皆八楹；东、西二厢，各五楹；南为楼，高二十有四尺，广称之；以及庖湢、廪饩⑧之宇，驿吏寓居之所，靡不具备。经始于是岁七月之望，落成于孟冬之初。其规模宏壮，制作整饬，奂焉轮焉⑨，过者骇瞩。……

---

① 指往南接上宜兴县新近设立的递铺钟溪铺。

② 驲，驿站。

③ 五，当作"一"。详下引《万历常州府志》卷二"常州府武进县境图说"："毗陵驿，……国朝洪武元年改为武进站，徙置朝京门外一里。六年复改站为毗陵驿，改提领为驿丞。"

④ 一舍为三十里。今按奔牛至常州正三十里左右。

⑤ 简，挑选，此处指"简命、简任"，即选派、任命。被简，即接受委派。

⑥ 经营，筹划营造。相度，观察估量、测量地基。

⑦ 道理，应为"道里"，路途、路程的里数。

⑧ 廪饩，旧指由公家供给的粮食之类的生活物资。

⑨ 奂焉轮焉，即"轮奂"，形容屋宇高大众多。语出《礼记·檀弓下》："晋献文子成室，晋大夫发焉。张老曰：'美哉轮焉！美哉奂焉！'"郑玄注："轮，轮囷，言高大；奂，言众多。"

● 《万历常州府志》卷二《常州府武进县境图说》：

> 毗陵驿，在朝京门外百步。旧在天禧桥东，后改名"荆溪馆"。元置水马站，设提领一员。国朝洪武元年改为武进站，徙置朝京门外一里。六年复改站为毗陵驿，改提领为驿丞。天顺五年，知府王慥改建于朝京门内。正德间，知县①王教徙于今地。

> 递运所，在朝京门外一里。洪武初，置于奔牛镇西；天顺六年，知府王慥徙今地，即毗陵驿旧址也。今革。

> ……

> 府总铺，在府治前。急递铺：东门、丁堰、戚墅堰、横林，以上通无锡。西门、新河、奔牛、张店，即"分界"②。以上通丹阳。

笔者按：此言明毗陵驿原在西门朝京门外一里的所桥（锁桥），天顺五年（1461年），迁入朝京门内的元代的万户府，然后天顺六年（1462年）把设置在奔牛的"奔牛递运所"迁到所桥原来的毗陵驿处，故其桥由驿桥改名为所桥，即递运所所在之桥。正德朝把毗陵驿由朝京门内迁到朝京门外一百步，即今篦箕巷"大码头"处，在"朝京门"与"所桥"中点处附近。

● 《康熙常州府志》卷十二《公署·武进县》：

> 递运所，在朝京门外一里。明洪武初，置于奔牛镇；天顺六年，知府王慥徙今地，即毗陵驿旧址也。今废革。

> ……

> 毗陵驿，在朝京门外百步。旧在天禧桥东，后改名"荆溪馆"。元置水马站，设提领一员。明洪武元年改为武进站，徙置朝京门外一里。六年，内③改站为驿，改提领为驿丞。天顺五年，知府王慥改建于朝京门内。正德间，知府王教徙今地。国朝因之，顺治年间裁驿丞，以典史、巡检更领驿务。

> ……

> 总铺，在府治前，为羁禁轻犯之所。国朝因之。急递铺，在府治前左。元设一十九铺，明洪武初革双牌、柴林、沙滩，存十六铺。成化间废丫叉、塘门、殷薛、④运村五铺，立陈渡、丫河、万塔、塘洋、寨桥铺于西蠡河。散见各乡。

笔者按：此言明代和清代毗陵驿及其下设的递运所全都废除了，由城所在的县典史或镇所在的巡检代管。常州在城内，故由武进县典史代管毗陵驿及其下设的递运所的事务。

● 《乾隆武进县志》卷二《驿站》：

> 驿站

---

① 县，当作"府"。
② 指张店铺就是分界铺。
③ 内，当据《万历常州府志》作"复"。
④ 此处当据《万历常州府志》《成化毗陵志》补"胡墅"一铺。

毗陵驿，在朝京门外百步。前为皇华亭，三楹，面河①。旧在天禧桥东，后改名"荆溪馆"。元置水马站，设提领一员。明洪武元年，改为"武进站"，②置朝京门外③。六年，复改站为"毗陵驿"，改提领为驿丞。天顺五年，知府王憼改建于朝京门内。正德间，知府④王教徙今地。国朝因之。顺治七年，驿丞裁，以典史、巡检更领驿务。今领于县。额马四十六匹。旧系五十六匹，后减。额马夫二十九名。旧系三十四名，后减。额水夫一百二十三名。旧系二百二十名，后递减。额站船十五只，每船水手三名。

铺递

铺司兵⑤，原额一百三十九名，雍正四年分置阳湖县，拨兵五十九名，存八十名。分设九铺，专递公文。其紧急公文，有"马递"字样者，则由驿马飞递。

府总铺，在府治前。按，急递铺，元设一十九铺，明洪武初革双牌、柴林、沙滩，存十六铺。成化间，废丫叉⑥、塘门、殷薛、⑦运村五铺，立陈渡、丫河、万塔、塘阳⑧、寨桥铺于西蠡河，余如旧。分设各乡，而此名"总铺"焉，后又为本府羁禁轻犯之所。国朝因之。铺司兵十六名。东接阳湖县东门铺。南接陈渡铺。西接西门铺。北接九里铺。计程俱十里。

西塘、西门铺，铺司兵十一名，在西埠营房东。东接府总铺。计程十里。西接新河铺。计程二十里。

西塘、新河铺，铺司兵十一名，在连江桥东。东接西门铺。计程二十里。西接奔牛铺。计程十五里。

西塘、奔牛铺，铺司兵十一名，在奔牛镇东。东接新河铺。计程十五里。西接张店铺。计程十里。

西塘、张店铺，铺司兵十一名，在孙家村东。东接奔牛镇⑨。西接丹阳县吕城铺。计程俱十里。

南塘、陈渡铺，铺司兵五名，在陈渡桥西。北接府总铺。南接丫河铺。计程俱十里。

南塘、丫河铺，铺司兵五名，在延政乡。地隶阳湖，铺属武进。北接陈渡铺。南接阳湖县万塔铺。计程俱十里。

---

① 指其面朝大运河。
② 此处《万历常州府志》有"徙"字。
③ 此处《万历常州府志》有"一里"。
④ 府，《万历常州府志》作"县"。按，《康熙常州府志》作"府"，与该书职官题名同，《康熙常州府志》是。
⑤ 《道光武进阳湖县合志》在"铺司兵"前有"武进县"三字。
⑥ 原字作"义"，即古人所写的"叉"字，故径改。
⑦ 此处当据《万历常州府志》《成化毗陵志》补"胡墅"，方足五铺。
⑧ 阳，《万历常州府志》《成化毗陵志》作"洋"。
⑨ 镇，据《道光武进阳湖县合志》当作"铺"。

北塘[①]、九里铺，铺司兵五名，在三井亭南。南接府总铺。北接龙窟铺。计程俱十里。

北塘、龙窟铺，铺司兵五名，在龙窟镇。南接九里铺。北接江阴县炎庄铺。计程俱十里。

此条又见《道光武进阳湖县合志》卷五《营建志·驿站》，唯开头之"铺司兵"作"武进县铺司兵"。

笔者按：此又言明，清代毗陵驿及其下设的递运所的事务，顺治朝归武进县典史管理，康熙朝已归武进县知县管理。

● 《光绪武进阳湖县志》卷六《兵防》：

驿站

毗陵驿，在武进西直厢西直街。建时未详。旧在"驿桥"东，元曰"水马站"，设提领，明洪武元年，改曰"武进站"，移城外。六年，改曰"毗陵驿"，并改"提领"为"驿丞"。天顺五年，移城内。正德间，移建今地。国朝顺治七年，裁驿丞，以典史、巡检更领，后领于县[②]。同治三年，暂设"河南厢"早科坊。驿马，四十六匹；马夫，二十九名。

铺递

铺司，武进旧设十七铺，兵一百三十九人，分置阳湖[③]：武进，九铺，分存兵八十人；阳湖，八铺，分拨兵五十九人。

武进

府总铺，在府署前，东接阳湖县东门铺，南接陈渡铺，北接九里铺，计程俱十里，兵十一人。

西塘：西门铺，在西埠营房，东接府总铺，计程十里；西接新河铺，计程二十里，兵十一人。

西塘：新河[④]铺，在连江桥东[⑤]，东接西门铺，计程二十里；西接奔牛铺，计程十五里，兵十一人。

西塘：奔牛铺，在奔牛镇东，东接新河铺，计程十五里；西接张店铺，计程十

---

① "北塘河"之名由来于此。南运河亦有"塘河"之称。古驿递之路皆傍大河，故称东、南、西、北诸塘。
② 由知县直管。
③ 指从武进分出阳湖县时。
④ 即南宋所开的烈塘港，人称"德胜新河""南新河"，故"连江桥铺"称为"新河铺"。
⑤ 连江桥东为"新闸"。

里，兵十一人。

西塘：张店铺，在孙家村东，东接奔牛铺，西接镇江府丹阳县吕城铺，计程俱十里，兵十一人。

- 《光绪武进阳湖县志》卷二十九《杂事·摭遗》：

官师类：……明、武进：……毗陵驿驿丞，一员，未入流，月俸米三石。

- 《万历武进县志》卷二《乡都》：

安善西乡，在县西北三十五里。……奔牛急递铺，去新桥①铺十五里。张店急递铺，去奔牛铺十里。

（三）比武进县"毗陵驿"高一级的常州府"奔牛递运所"的设官情况

- 《永乐大典·常州府》卷七《官制》引《毗陵续志》：

本府毗陵驿：◆驿丞，一员，月俸米一石五斗。◆无锡锡山驿，官、俸同。◆武进奔牛递运所：◆大使，一员，岁支俸米六十石；◆副使，二员，每员岁支俸米五十石，今革去②；◆司吏，一名，月俸米一石。……◆武进奔牛坝：◆坝官，一员，月俸米一石五斗。

- 《永乐大典·常州府》卷七《官制》引中央"国朝永乐元年"设官档案：

奔牛坝递运所大使，未入流。……奔牛坝官，未入流。◆毗陵驿丞。未入流。

笔者按：此可证"奔牛递运所"又名"奔牛坝递运所"，显然因为奔牛坝设在此处，船上物品要搬运下来，然后把空船用人力或畜力拖过大坝，再将物品装上拖过坝的船继续前运，于是要设"递运所"官加以管理。天顺六年（1462年）移至常州城西门口。

- 《成化毗陵志》卷十《职官二·禄秩·国朝·常州府》：

奔牛递运所

大使一员，未入流，月俸米三石。

副使二员，未入流。洪武中省。

- 《成化毗陵志》卷十《职官二·禄秩·国朝·武进县》：

武进县毗陵驿

驿丞一员，未入流，月俸米三石。

---

① 即"新河"（德胜河）口的连江桥，以河名"新河"而桥名"新桥"。据上文则为"新河铺"，其铺或以河来命名，或以桥来命名，皆可。

② 指只革去副使，大使仍有。

此条又见《万历常州府志》卷八《禄秩·国朝·常州府》、《乾隆武进县志》卷六《官师·禄秩·县官·明武进县》和《道光武进阳湖县合志》卷十五《官师志一·禄秩·明常州府》。

笔者按：此可证明奔牛递运所属于常州府下设的官员，而毗陵驿属于武进县下设的官员，所官其实比驿官要高一档次。所以天顺六年递运所迁到毗陵驿西侧，此时递运所的地位要高于毗陵驿，两者是不同的机构。要到下条所言的"万历间裁去。所事，驿并摄之"，即万历朝"递运所"方才废去，其职责由比之低一等的县级"毗陵驿"来管理执掌。而递运所旁的桥因"所"不复存在，所以改名为同音字"锁桥"，以免让人误会常州还有递运所设在此处。从万历朝开始，递运所的人员配置与经费管理全都归并到"毗陵驿"名下。

● 《万历常州府志》卷八《禄秩·国朝·常州府》：

> 奔牛递运所
>
> 大使一员，未入流，月俸米三石。万历间裁去。所事，驿并摄之。①
>
> 副使二员，未入流。洪武中省。

此条又见《道光武进阳湖县合志》卷十五《官师志一·禄秩·明常州府·武进》。

笔者按：天顺朝"万历间裁去。所事，驿并摄之"，指万历年间，国家为精简机构，递运所被废，其下级的毗陵驿倒是存在，常州府级机构"递运所"的事务，全由保存下来的低一级的武进县级的机构"毗陵驿"加以执掌管理。

● 《乾隆武进县志》卷六《官师·禄秩·郡官·明常州府》：

> 奔牛递运所大使一员，未入流，月俸米三石，万历间省。副使二员，洪武末省。

（四）递运所所官及其工作人员工钱，毗陵驿递铺兵丁工钱

● 《万历常州府志》卷五《钱谷二·里徭·均徭》：

> 毗陵驿祗应②银，八百六十两。……
>
> 奔牛递运所，共夫五百三十八名。毗陵驿，一百七十名。锡山驿，一百四十名。每名编银十两。置铺陈、修理、船只，俱其出办。嘉靖初年，每名，所扣二两五钱，驿扣三两二钱，七分入官，为铺陈、船只之用。嘉靖十六年，每名止编银七两二钱，

---

① 指递运所的事务，由其下级武进县的"毗陵驿"履行。

② 祗应，即供奉、当差。祗，侍候；应，应付。

各扣二两八钱，征解府贮库，以备修置。万历三年，归并毗陵驿，免编①。◆毗陵驿铺陈、轿伞编银，六十六两。十年，减银十六两。武进县编。◆修造站船编银，二十两。"天"字，共八号。每年每只银二两五钱。武进县编。

……

各县走递马，隆庆初年编七十二匹不等，编银九百八十四两。万历十年，加三匹。十八年，加五匹。廿八年，加五匹。三十一年，一例每匹工食草料银十六两。武进，二十五匹。无、江、宜②，各二十四。三十五年，加江阴五匹，计九十四，共银一千四百四十两，遇闰递加。马差：旧额，粮长、塘长各马二十六匹，里长承批，马四十二匹，别立管马小甲一名，轮差走递。又粮长"银差"，马二十六匹。凡行百里外，即动此。隆庆四年，尽革上③徭编，马二十五匹，每名岁给银一十七两，遇闰加编。召募有马居民二十五人，充当马户，按季给领听差。至冬月水落，或吕城、奔牛筑坝蓄水，取马数多，暂借粮长、塘长承批九十五名之马撮忙。万历二十二年，院道禁革，武进县知县桑学夔议：原有徭编"毗陵驿走递夫银"一项，原与此项相次，动支二百五十西，每马户给银十两，令其雇募帮贴走递。二十九年，知县晏文辉议：各役工食比照无、宜、江县事例，每马一匹，减银一两，令马户照旧应役。其冬月数烦，一如前议。然马不出百里，每站一钱，亦勾一马、一夫之费，而居闲坐费刍粟。计差给银，自冬十一月十六日起，至来年正月十五日止，大约一冬所差不及千数，而所给银亦不及百数。计差销算，岁可省雇夫银一百五六十两。

……

奔牛递运所驾船水手，万历三年条编三百五十六名，每名银十两。十年，减编五十八名，各编七两二钱。九年，归并毗陵驿。十七年，减五十五名。十八年，加十二名。十九年，加十二名。二十年，减二十名。二十一年，减十二名，实编二百三十五名，工食不等，共银一千三百七十七两。每年征贮在库，遇有差，照数支给。无差，存剩，留俟下年销算减编。武进，三十二名，银一百八十五两四钱。无锡，四十一名，银一百六十五两六钱。江阴，六十名，银三百八十七两。宜兴，一百二名，银六百三十九两。

武进县站船水手四十八名，每名银七两二钱。万历二十七年，减一名。兵道，八名。理刑厅，七名。余三十二名，工食不等，共银一百九十六两二钱，遇闰递加。

笔者按：上文第一节所言的"万历三年，归并毗陵驿"，点明此毗陵驿下设的"奔牛递运所"是万历三年（1575年）撤除。又"至冬月水落，或吕城、奔牛筑坝蓄水，取马数多"，可见每年春夏水旺时拆坝开闸放行；到了冬天，又在奔牛上、下闸正中间重新筑

---

① 指并入毗陵驿而撤销。
② 分别指无锡、江阴、宜兴。
③ 上，上文，指上文所述的徭役编银的情况。

坝，即使让闸官开闸也无法通行，运河彻底断航，过往船只要么盘坝，这样会磨损船底，要么走老宁闸出孟河入江，有逆江而上之险。到了春夏水旺时，再把坝全都拆掉，船闸可以使用，此当即明王傲《重建奔牛闸记》所谓的："今闸与坝两存之：春夏水溢，则由闸；秋冬水涸，则由坝，坝可潴而闸无壅也。"故天顺朝恢复奔牛下闸而以坝官任闸官，其实坝仍存在，故坝官不废而由此坝官来管理奔牛闸。其实，此时奔牛坝也不是永久性的坝，而是每年冬天筑起坝来，到来年春天再拆坝，故奔牛坝官不可废除。而下文"巡检"所引的《万历武进县志》卷三《里徭·力差》之"坝、闸夫，每名银叁两"条言："知府应槚议：……奔牛坝、奔牛闸，相去咫尺，可以通用"，可证嘉靖朝常州知府应槚时，仍是闸、坝并存，相去咫尺。但这并不意味着坝是永存的，其实是每年一造的，其在上、下两闸正中间造坝，故言"奔牛坝、奔牛闸，相去咫尺"，坝官与闸官可以兼任而只派一员。

- 《万历常州府志》卷五《钱谷二·里徭·均徭》：

各县铺司兵，每名银六两。隆庆三年，共三百四十二名，每名银七两二钱。万历十年，减七名。二十二年，内二百四十九名，每名各银九两。铺舍损坏，即令修理。二十八年，加二名。今派武、无，每名九两。江、宜、靖①，每名七两二钱。共编银二千八百七十四两六钱，遇闰递加。武，一百三十九名，银一千二百五十一两。无，一百十名，银九百九十两。江，三十七名，银二百六十六两四钱。宜，四十二名，银三百二两四钱。靖，九名，银六十四两八钱。

无锡高桥至江阴铺舍三处，共司兵九名，每名银七两二钱。万历三十六年，加无锡县二铺，各司兵二名。四十二、三年，加江阴县一铺，司兵三名。共银一百十五两二钱，遇闰递加。无锡，十名，银七十二两。江阴，六名，银四十三两二钱。

- 《康熙武进县志》卷十一《钱谷·里甲·均徭·国朝》：

解给院、道各衙门经费、俸薪、心红、衙役工食银数：

抚院项下，照经费派编：

……

铺兵半名，每名工食银六两，该银三两，遇闰月加银二钱五分。经制②：每名七两二钱。于顺治十三年，准部文：每名裁银一两二钱。半名，该裁银六钱，改解充饷。

……

支给驿站银数：

---

① 分别指江阴、宜兴、靖江。
② 经制，治国的制度，此处指经常性的制度，即今人所谓的永久性的编制。

……

奔牛递运所，归并毗陵驿。河轿、飞递①夫工食，共银二百一十六两；遇闰，加银一十八两。内给：飞递夫十名，工食银七十二两。又：河轿夫二十名，工食银一百四十四两。共编前数。

本县存留支给银数：

……

铺兵②，三百三十九名，每名工食银九两，共银一千二百五十一两；遇闰，加银一百四两二钱五分。查，原编每名银九两，因路当孔道，邮递频烦③，每名每年加银一两八钱，共银二百五十两零二钱。今准部议，免编宽民。

● 《康熙常州府志》卷八《徭里》：

抚院项下照经费派编

……

铺兵二名，每名工食银六两，该银一十二两，遇闰递加。系武、无、江、宜四县编派。经制，原每名七两二钱，共银一十四两四钱。于顺治十三年，准④部文，每名裁银一两二钱，共裁银二两四钱充饷外，实留前数。

……

本府所属支给驿站银数：

祗应银，一千六百六十两，遇闰加银一百三十八两三钱三分三厘。查此项，前造《全书》⑤底册达部，准签开，减编银四百八十两。据常镇道呈详："毗、锡二驿，路当孔道，差使、往来如织。兼今闽浙防剿，兵马不时经临，支应浩繁，苦不敷用。见在请增前银，万难议减。议于存剩银内抵给，年终登报。循环有余，扣裁充饷。统候部夺。"

武进县毗陵驿，银八百六十两，遇闰加银七十一两六钱六分六厘五毫。

无锡县锡山驿，银八百两，遇闰递加银，六十六两六钱六分六厘五毫。

走递马，四十五匹，每匹草料、工食银一十六两，该银七百二十两，遇闰加银六十两。查此项，前造《全书》底册达部，准签开，减编银一千七百四十二两。据常镇道呈详："前来毗陵、锡山贰驿，路当南北孔道，差使往来络绎。况今海氛未靖，闽浙防剿，官兵不时经临，较比当年，应付浩繁，苦不敷用。今若议减，恐致驿倒，反累小民，前银万难减除。议于旧编扣裁银内抵给，年终登报，循环

----

① 河夫即开河、划船之人。轿夫，即"递运所"有官员过往时要抬轿子，相当于今天开轿车的司机。飞递，即快递，运输物资之人。

② 《康熙常州府志》在"铺兵"前有"各县"两字。

③ 烦，通《康熙常州府志》所作之"繁"。

④ 淮，当作"准"。

⑤ 指康熙朝编定的《赋役全书》。

核销，有余，扣裁充饷。统候部夺。"

　　武进县毗陵驿，银四百两，遇闰加银三十三两三钱三分三厘。

　　无锡县锡山驿，银三百二十两，遇闰加银二十六两六钱六分六厘七毫。

　　……

　　奔牛递运所，归并毗陵驿。河轿、飞递、驾船水手各役工食不等，共银一千一百七十八两八钱。内，裁银三百一十四两八钱，实给银八百六十四两。遇闰，加银七十二两。查，原编银一千三百七十七两。前订《全书》，内给驾船水手工食，并拨抵兵饷外，余银节裁，免编于民。今准部议，复编充饷。准照复编，除拨抵兵饷银一百九十八两二钱入兵饷项下讫，该给驾船水手工食银，六百四十八两。又该给毗陵驿河轿夫二十名、飞递夫十名，共银二百一十六两，裁银三百十四两八钱充饷。

　　武进县，银二百一十六两，遇闰加银一十八两。

　　无锡县，银一百六十五两。内，裁银七十二两，实给银九十三两。遇闰，加银七两七钱五分。

　　江阴县，银三百八十八两六钱五分。内，裁银一百一十四两四钱五分，实给银二百七十四两二钱。遇闰，加银二十二两八钱五分。

　　宜兴县，银四百九两一钱五分。内，裁银一百二十八两三钱五分，实给银二百八十两八钱。遇闰，加银二十三两四钱。

笔者按：四县数目加起来就是"实给银八百六十四两"，证明奔牛递运所是常州府一级的机构，由四县共同出资，比县级的毗陵驿要高一档次。而毗陵驿是县级机构，其经费只能由一县来承担，即武进县有"毗陵驿"，而无锡县有"锡山驿"，毗陵驿是不可能让外县无锡县来承担其经费的。这充分证明"递运所"比"毗陵驿"也即"所"比"驿"要高一个档次。

●《康熙常州府志》卷八《徭里》：

　　武、无、江、宜四县派编。

　　……

　　各县铺兵，三百三十九名，工食不等，该银二千八百九十二两六钱，遇闰递加。各该县编。查，武、无二县，原编每名银九两，因路当孔道，邮递频繁，每名每年加银一两八钱，共银四百五十一两八钱。今准部议，免编宽民。

　　无锡高桥起，至江阴止，铺司兵，一十六名，每名工食不等，共银一百三十三两二钱，遇闰递加。无、江二县派编。

●《古今图书集成》之《常州府部汇考十三·常州府驿递考·武进县》：

　　毗陵驿……

奔走①递运所归并毗陵驿"驾船、水手、各役"工食不等，共银一百六十五两。内裁银七十二两，解费银，一两四钱四分，实给银九十三两。遇闰，加银七两七钱五分。

……

铺兵一百二十名，每名工食银九两，该银一千八十两。遇闰，加银八十两。

……

协济"奔牛递运所归并毗陵驿驾船、水手工食不等"，共银四百九两一钱五分，内裁银一百二十八两三钱五分，每两解费银二分，该银二两五钱六分七厘，实给银二百八十两八钱。遇闰，加银二十三两四钱。

●《乾隆武进县志》卷三《田赋·支解经费各款》：

各官役俸工并杂项支销

……

奔牛递运所归并毗陵驿河、轿、飞递夫工食银，一百八两，遇闰加银九两。

站船水手工食银，七十一两六钱八分八厘七毫九丝七忽三微八纤五沙五尘六渺四漠八埃。此项，于乾隆二十五年，奉文裁归"地丁"充饷。

●《道光武进阳湖县合志》卷八《赋役志二·田赋中·国朝·武进县》：

征收实数：

……

江苏布政司衙门额编"地""扛"等款项下：

内径拨致祭：◆文昌祭品银，二十两。◆关帝祭品银，三十两。又径拨俸、工、挑废银，二钱六厘。遇闰，加编银一分二厘。又径给奔牛、天井、孟河、魏村各闸夫工食银，共一百五十一两二钱。各闸夫共一十四名，每名日支银三分。遇闰，加编银一十二两六钱。◆凡遇小建②，按日扣解。

江苏粮道衙门额编"漕项"等款项下：

……

"杂支"项下：

奔牛递运所归并毗陵驿河轿夫工食银，七十二两。遇闰，加银六两。又飞递夫工食

---

① 走，当作"牛"。按《万历常州府志》卷五《里徭》："奔牛递运所驾船水手，万历三年条编三百五十六名，每名银十两。十年，减编五十八名，各编七两二钱。九年，归并毗陵驿。"

② 小建，农历的小月份，一月只有29天，又叫"小尽"。大建，即"大尽"，农历的大月份，一月30天。

银，三十六两。遇闰，加银三两。

前二款，《全书》合纪银数相符。内：应除"挑废银"七厘。遇闰，多除一厘。

● 《乾隆武进县志》卷三《田赋》：

康熙二十二年，于《再陈水利等事案》内，开浚孟河，挑废原额田八十四亩九分二厘五毫一丝八忽，共减折实平田五十七亩二分四厘四毫二丝四忽五微六纤七沙六尘五渺五漠八埃。

● 《道光武进阳湖县合志》卷九《赋役志三·田赋下·国朝·阳湖县》：

征收实数：

……

江苏粮道衙门额编"漕项"等款项下：

……

"杂支"项下：

奔牛递运所归并毗陵驿河轿夫工食银，七十二两。遇闰，加银六两。又飞递夫工食银，三十六两。遇闰，加银三两。

● 《光绪武进阳湖县志》卷二《地丁·武进》：

杂支项下，额编杂支各项银，七百九十一两一钱六分四厘；闰月银，二十五两四钱八厘。……奔牛递运所归并毗陵驿河轿夫工食银，七十二两，闰月加银六两；飞递夫工食银，三十六两，闰月加银三两。……

● 《光绪武进阳湖县志》卷二《地丁·阳湖》：

杂支项下，额编杂支各项银，七百九十九两五钱七分九厘；闰月银，二十五两一钱一分五厘。……奔牛递运所归并毗陵驿河轿夫工食银，七十二两，闰月加银六两；飞递夫工食银，三十六两，闰月加银三两。

四　税务

奔牛居于丹阳与常州正中间，是过往船只停泊用膳的理想地点，故而自从有大运河以来，便形成两个派生事物：

一是必须有埭堰或坝（坝、埭露出水面，埭就是低于河面的拦水坝）。因为上游地势高，无坝（埭堰）则无法蓄水，即宋陆游《重修奔牛闸记》所说的："京口闸，……吕城闸，……奔牛闸，以地势言之，自创为是运河时，是三闸已具矣。盖无之则水不能节，水不能节则朝溢暮涸，安在其为运也？"而吕城坝与奔牛坝相距很近，反正这两座坝（或是这两坝中的一座坝）就是与此江南运河一同诞生的不可或缺的大坝，其历史与江南运河一样古老，江南运河一日不可或缺此坝，故此坝的管理人员，即奔牛坝官（后世改闸则为闸官）便应运而生。

二是此处是过往船只上的客商吃午饭的理想地点。伴随着大运河的出现，在这里就形成了大规模的集市。鉴于吕城的集市没有奔牛这么繁盛，则运河此处的第一坝究竟造在吕城还是奔牛，已经不言而喻，自然是奔牛。正因为这儿集市繁华，所以宋代在此设镇，也即在此设有税务官员，镇官其实是国家设于交通要冲的收税官。因是要冲，而过往商旅有食宿需求，于是国家又在此处设有酒务，即国家在此设立国营专卖酒类的酒坊，国家经营酒类业务的目的，也像税务那样，为了增加国家收入。由于这儿繁华，所以容易遭受盗贼侵害，于是国家设官镇守于此，故起名为"镇"，相当于后世的公安分局（或公安分局的派出所），也可以视为国家军队的一个哨所（汛地），于是奔牛镇的长官"监镇"便负有四大使命和任务：一是监管酒务；二是监管税务；三是镇守此地，维护公共安全；四是一旦有暴乱，即予以镇压或在此汛地上向远处传递烽火军情。前二者都是为了增加国家税收，后二者都是为了维护社会和平，所以镇官的职责是神圣而光荣的。而且前两者酒务和税务也是合设在一起；后两者巡检司与汛地显然也可以合为一体或相邻、并靠在一起。

虽然现有文献记载奔牛是宋代设有兼管酒税务和巡检职责的"监镇务"，其实宋代之前的隋唐，乃至秦汉魏晋南朝皆当如此，而且可以合理地想见，早在江南运河最初开创的时代，这儿就有政权设立的专人，来负责过往行旅的税收征管、翻坝服务、酒食供应、治安镇守、突发情况的应急传递等一系列功能。

此处便汇集奔牛所设税务与税收方面情况的记载，也即记载镇守奔牛此地并主管奔牛此地税务的税收公务员的设官情况。

（一）宋代奔牛税务设官情况与税收指标

- 《咸淳毗陵志》卷六《官寺二·场务·武进》：

　　奔牛务，在县西。

　　万岁务，在县北。

　　青城务，在县北。

　　村坊四十有四。

此条又见《成化毗陵志》卷六《官寺·场务·宋·武进》。

笔者按：村坊，即设在村中的酒坊。此可证常州城西的武进全境，分为三个税务兼酒务（即酒税务），下辖44个村级国营酒店（村坊）。这也表明奔牛务除了税务职责外，还有国营酒店的职责。

● 《咸淳毗陵志》卷十《秩官四·县官·武进》：

监奔牛镇兼烟火公事，一员。左、右选通差。

监青城镇酒务，一员。

监万岁镇酒务，一员。

小河寨巡检，一员。

此条又见《成化毗陵志》卷十《职官二·禄秩·宋·武进县》，《万历常州府志》卷八《禄秩·宋·武进县》，《乾隆武进县志》卷六《官师·禄秩·县官·宋晋陵、武进二县》，《道光武进阳湖县合志》卷十五《官师志一·禄秩·宋常州·晋陵、武进》。

笔者按：监镇，即相当于后世的"巡检"，但地位比其要高；略相当于今天公安分局的局长，或公安分局派出所的所长。烟火，指烽火、边警。兼烟火公事，就是发生警报的时候，点燃烽火加以报警的职责。有人认为"烟火公事"是防止火灾，则不当作"烟火公事"，而当作"防火公事"，故知这种理解非是。"左选"为文臣，"右选"为武臣，"左右选通差"，即一期任用文臣，下期任用武臣，交替派任。

● 《光绪武进阳湖县志》卷二十九《杂事·摭遗》：

官师类：……宋晋陵、武进：……武进：监奔牛镇兼烟火公事一员。监青城镇酒务一员。监万岁镇酒务一员。小河寨巡检，一员。

● 《咸淳毗陵志》卷二十四《财赋》：

凑额四分籴本钱：旧额壹拾万贯文，解纳行在所①。以酒、税、楼店务、坊场课利、牙契系省钱内拨充。其后废横林、望亭、奔牛三税务，及以村坊改为犒赏库，牙契归朝省，所拨分数比旧正放貌全然不及。今农寺催解：每年肆万肆伯壹拾陆贯壹伯伍拾贰文，多出凿空。

此条又见《成化毗陵志》卷六《食货·财赋·宋·本州》、《万历常州府志》卷七《钱谷·征榷·宋·本州》。

笔者按：此点明奔牛镇的税务，当负责本镇的酒务收入（即所谓的"坊场"）、税务

----

① 行在所，即临安（今杭州）。

征税（含商品交易合同的契税"牙契"）、公房出租（楼店务）等与钱有关的事务。

● 《宋会要辑稿·食货一六·商税二》：

> 常州
>
> 旧"在城"及无锡、宜兴县、张渚、湖㳇五场，岁二万三千三百二贯。
>
> 熙宁十年，在城：二万六千二百六十六贯四百一文；江阴县：一万四百二十二贯八十文；奔牛场：六百八十三贯七十九文；青城场：一百九十七贯四百一十二文；无锡场：一万九十一贯八百五十六文；宜兴县场：八千一百五十一贯五百五十六文；张渚场：二千二百一十五贯七百四十一文；湖㳇场：二千八百一十三贯八百九十一文；万岁场：一百六十一贯三百三十七文；岑村场：一千五百二十八贯五百四十文；利城场：二千四百二十一贯一百五十五文。

● 《宋会要辑稿·食货一九·酒曲杂录》：

> 常州
>
> 旧"在城"及宜兴、奔牛、望亭偃（堰）、万岁、湖㳇、青城、横林、张绪镇九务，岁十万五千八百六十五贯。
>
> 熙宁十年，祖额一十二万一百三十六贯七百二文，买扑[①]二万七千一百二十九贯八百一十七文。

● 《宋会要辑稿·食货二二·盐法五》：

> 常州
>
> 在城：二万六千七百八十四贯三百七文；宜兴县：一万四千七百一十八贯五百三十一文；无锡场：一万一百六十贯三百六文；湖洑（㳇）场：三千四十三贯七百一十三文；张渚场：四千五百二十九贯一百五十一文；青城场：五百五十四贯九百五十四文；万岁场：六百二十七贯二百八文；奔牛场：一千九百四十五贯九百四十四文；江阴场：四千三百五十五贯九百三十七文；利城场：五百一十四贯二百三十七文；籴村场：九百五十六贯七百七十四文；横林场：一百一十五贯四百四十二文。

● 清·阮元编《两浙金石志》卷七"宋安吉县新建东岳行宫碑"条有北宋奔牛监镇彭修的记载：

> 湖州安吉县新建东岳天齐仁圣帝行宫碑[②]

---

① 买扑，又作"扑买"，宋、元时的一种包税制度。宋初对酒、醋、陂塘、墟市、渡口等的税收，由官府核计应征数额，招商承包。包商（买扑人）向官府缴纳保证金，便取得征税之权。后来由承包商自行申报税额，以出价最高者取得包税权，形似今天的"拍买"，与"扑买"的发音亦相近。元时包税的范围更加扩大。

② 此碑文又可见清周学浚纂《湖州金石略》卷十。

宣德郎、监常州奔牛镇务、兼烟火公事彭修撰，登仕郎、守湖州安吉县丞、管勾学事丁齐书，朝奉郎、新差权发遣秀州军州、管勾学事、兼管内劝农事、云骑尉、借绯、鱼袋刘焘题额

……崇宁丙戌夏六月，洪水暴涨，是用不溃于成，因废为荆棘瓦砾之场。……伊宫之成，惟民之力，实令之德。令、承事郎刘望，以语修①曰："是宫建于元符庚辰十二月己酉，通直郎龚群经其始；成于政和壬辰十一月壬申，望落其终。董役、办事者，施晔、范守琼、俞仲宁、范天式、施徽等。自庚辰迄于壬辰，春秋凡十有三，比年以来，时和岁丰，神之佑于我国家也。"……政和三年，岁次癸巳，壬寅朔建。承事郎、知湖州安吉县管勾学事、兼管内劝农公事刘望立石，守杭州助教范天□施财，住持、管勾御前赐紫道士虞辅真，表白、赐紫戴尹方。

● 清·彭际盛修、胡宗元纂《光绪吉水县志》卷三十四《宦业·宋》有南宋奔牛监镇萧许的记载：

萧许，字岳英，七岁能属文，乡先生李端臣一见，期以伟器。年十二三，有声郡学，三举于礼部不第，后以荐，授将仕郎，迁迪功郎、监常州奔牛镇。始至，搜蠹、剔弊，远近慕悦。不旬时，商旅走集。初年，增课至千万；又数年，至三千万。秩满，以课最，增秩、监潭州南岳庙，户部按赏，赐钱四百万，辞不受。调全州清湘丞，改武陵，请老于朝，以通直郎致仕，加奉议郎、五品服，予半俸。

● 宋·周必大《文忠集》卷一六七《泛舟游山录》对南宋奔牛监镇萧许、奔牛人萧鸿的记载：

乾道丁亥②……五月……癸卯，早，移舟过东门③，登岳庙，入荐福禅院，陈莹④中作记，偶免兵火。观音堂，极高爽，或云东坡赋《红梅阁》，即此也⑤。邂逅白沙萧岳英，在此权摄⑥，同观钱俶开宝九年五月金书《法华经》。当时共舍二十通，今仅存五卷，光明如新。乡贡进士萧鸿、武进丞李德明绍⑦来谒。萧生，奔牛人，与岳

---

① 指制此碑的奔牛监镇彭修。
② 其为乾道三年（1167年）。
③ 其自东往西过常州东门入常州城，再往西至奔牛。
④ 莹，当作"莹"。陈瓘字莹中，所言之碑见《咸淳毗陵志》卷二十九《碑碣》："《重修荐福寺记》，叙宣德郎陈瓘撰。"
⑤ 由此记载可知北宋的红梅阁在南宋周必大来游时改成了佛教的观音堂，极高爽，可惜东坡所赋的《红梅阁》（未详是诗还是赋，诗的可能性为大）未有传世。
⑥ 今按荐福禅院处在宋代晋陵县衙（今红梅公园内屠一道根艺馆往南处）旁，故知萧许（字岳英）由监奔牛镇权摄（即代理）的是晋陵县知县或县丞一职，由其不住在晋陵县衙，故知其不是代理知县，当是代理县丞等职。下文亦是武进县丞来见而知县未来。
⑦ 李德明绍，当是名"德"，字"明绍"（亦可能名"绍"，字"德明"）。

英同寓寺中。又同岳英过天庆观，修廊颇严整，殿背有李某画双龙①，岁月侵久，势欲腾拿，盖名笔也。道正②房植虞美人花，状类双鱼，色如金凤，其叶与牡丹无异。又过太平寺之弥陀院，观徐陟《水壁》③：波涛隐起，毗陵所工之艺也。

● 宋·杨万里《诚斋集》卷一百二十八④为南宋奔牛监镇萧许所作墓志铭提及奔牛税额巨大：

> 萧岳英墓志铭
>
> 公讳许，字岳英，萧氏。其先，自唐丞相复，观察湖南⑤；其子俭，留家长沙，六世而徙庐陵。其后，武宁令霁子焕，国初⑥徙白沙⑦，今遂为吉水人。自定基⑧与其孙服，相继入为御史。至公之曾祖汝贤，为将作监主簿，萧氏遂为庐陵大家。公，服之从孙也⑨。祖公瑾，不仕；父昂，以公赠承务郎。公七岁知属文，乡先生李端臣，一见期以伟器。年十二三，有声郡学。三举于礼部，不第⑩。今天子嗣位⑪，庆赖海内，公特奏名，授将仕郎⑫。公事亲无遗恨，独恨亲不及禄。既受官⑬，则喟曰："白头，非折腰具⑭。于功令，选调者六考⑮，老焉，则爵父母吾得借手下泉其可矣⑯！"

---

① 龙能召来水，故大殿绘之用以镇压火势，使殿堂不失火。按《咸淳毗陵志》卷二十七《古迹》："天庆观画龙，在'寥阳殿'壁，题曰'姑苏道士李怀仁笔'。世传：怀仁酒豪，尝呼龙松江上，狎而观之，以此画入神品。一日大醉，睨殿壁，索墨汁数斗，曳帚裂袂，号呼奋掷，双龙立就，观者辟易，惧将攫焉。胡苍梧有诗。"天庆观，即后世的常州玄妙观，红梅阁为其最后一进建筑，荐福禅院在天庆观侧旁。

② 道正，道观的住持，观主。

③ 画水于壁以镇压火势，使殿堂不失火。按《咸淳毗陵志》卷二十七《古迹》："太平寺画水，在'弥陀殿'壁。郡人徐友画'清济贯河'。一笔起西北隅，萦绕数十丈，却立绨视，疑若飞涛之腾涌。杨诚斋有诗。"太平寺在天庆观东。

④ 四部丛刊影宋钞本在卷一二八，四库全书本则在卷一二七。

⑤ 指唐丞相萧复任湖南地区的观察使。

⑥ 指宋初。

⑦ 今吉安市吉水县白沙镇。

⑧ 按明罗洪先《念庵文集》卷十二《螺陂萧氏族谱序》："萧氏自长沙迁吉水螺陂，自定基以侍御史显，宋仁宗朝大抵正而不阿、介而能辨，而世业之传，与宋终始。"此句是指：从萧定基和他的孙子萧服相继入朝为御史。

⑨ 指萧许是萧服的族孙。

⑩ 三次通过州郡的考试，贡入中央参加礼部的会试而落榜，未能成进士。

⑪ 据文中年号"淳熙"，则当是宋孝宗即位的隆兴元年（1163 年）。

⑫ 成为特奏名进士。宋代科举制度有一种特殊规定：考进士多次不中者，另造册上奏，经许可附试，特赐本科出身，称"特奏名"，与"正奏名"相区别。

⑬ 官，据四部丛刊本，四库全书本无。

⑭ 折腰，语出《晋书·隐逸传·陶潜》："吾不能为五斗米折腰。"后以"折腰"为屈身事人之典。此句是说：我屡试不中，头发已白，已不是那种屈身事人、出来做官的材料了。

⑮ 指其未中"正奏名"进士，其实相当于举人。而宋代规定举人改官必须在"三任六考"后，得到五名符合要求的举主推荐，或是用考核的次数折抵举主的数目，方能升为京官而得以赠给双亲官爵。选人得到举荐改官，是中低层官员向上升迁最重要的环节。

⑯ 矣，据四库全书本，四部丛刊本无。下泉，地下，犹言黄泉。此指：估计自己到死方能改京官来让父母得到朝廷赠予的官爵了，即生前没有这种希望了。

初调监常州奔牛镇。奔牛，中切邦甸①，外通徭场②。行李还往，空道③攸出，大农④之供，岁五百万；大宾⑤储偫⑥，则又称是⑦。践厥职者，闻罢、自免⑧，非廭⑨则懦，凡二十辈⑩。盖广出狭入，官吏并缘刲⑪剥、市利，虐取、苛⑫征。商民⑬其容间道以逋⑭，官用告匮。公既莅至，搜蠹、剔弊，白之郡将⑮；自诡、刮磨⑯，税外干没，罔不涤除。曾不旬时，商旅走集。初年，增至千万⑰；明年，二千万⑱；又明年，乃三千万⑲。时，北鄙有兴⑳，天兵濯征㉑；虎符、羽檄，夙宵㉒崇降㉓，涂㉔出毗陵；州㉕不乏兴㉖，奔牛焉依㉗。叶丞相衡㉘，实典是州，嘉公之才，论荐于朝，乃移公为无锡令；

① 切，贴近。邦甸，古代称王都郊外的地方，泛指京城管辖的地区。此是言奔牛在常州，邻近南宋的首都杭州。

② 徭场，据四库全书本，四部丛刊本作"疆场"。今按：徭场，当指宋代在江南设立的市舶司（在江阴）、抽解场（在今上海）等，主管抽解（对商人贩到的龙脑、沉香、丁香等货物抽解十分之一）、禁榷（对国营垄断商品的出售）、和买（宋代政府于春季贷款给农民，至夏秋时，令农民以绢偿还）。

③ 空道，孔道、交通大道。空，即孔也。此是说奔牛有驿道（即国家的交通要道）从此出入。

④ 大农，即"大司农"，掌租税、钱谷、盐铁和国家的财政收支，宋代称作"户部尚书"。此是言国库的财赋，每年要从奔牛这儿榨取 500 万钱。作者行文可能有所夸张。

⑤ 大宾，周王朝对前来朝觐的"要"服以内的诸侯的尊称。《周礼·秋官·大行人》："大行人，掌大宾之礼，及大客之仪，以亲诸侯。"此处指主管接待外宾的"大鸿胪"。

⑥ 偫，据四部丛刊本，四库全书本误作"待"。储偫，亦作"储峙""储跱"，储备，特指存储物资以备需用。

⑦ 指南宋经由"大鸿胪"向金朝上交的岁币要从奔牛征收的钱数，与"大司农"收取的差不多。

⑧ 免，据四部丛刊本。四库全书本作"勉"，当误。此是担任奔牛监镇的人，要么收到罢免的消息，即被罢免；要么自己上奏章请求免职。

⑨ 廭，据四库全书本，音义同"旷"。四部丛刊本作"广"，通"旷"。旷，指旷职，即废弃职务、不称职。

⑩ 指一连有 20 任奔牛监镇要么不称职，要么不敢管过往行旅，被罢免或自己请求免职。

⑪ 刲，据四部丛刊本。四库全书本误作"刻"。

⑫ 此处据四库全书本。四部丛刊本此处衍一"留"字。

⑬ 民，据四库全书本，四部丛刊本无。

⑭ 咨，寻访。间道，绕开直路、大路的偏僻而迂回的小路。逋，逃（税）。

⑮ 郡守兼领武事，故称"郡将"。此处指常州知州。

⑯ "公既莅"至此，据四库全书本。四部丛刊本无。自诡，责成自己。《汉书·赵充国传》："羌靡忘等自诡必得，请罢屯兵。"颜师古注："诡，责也。"刮磨，琢磨器物，使之光平。此处"自诡、刮磨"皆指：让下属们改过自新。

⑰ 指上任第一年，奔牛的各项税收多达一千万，是之前五百万的两倍。此数字可能夸张，未必可信，但其为原来税收一倍则是可信的。

⑱ 明年，是上任第二年，数字再翻一倍，是最初上任时的四倍。

⑲ 又明年，是上任第三年，数字再增加一千万，是最初上任时的六倍。

⑳ 北鄙，北方的边境地区。兴，官府（因军事等原因）征集物资。北鄙有兴，当指隆兴元年（1163）宋对金发动的"隆兴北伐"。虽然于次年十一月以宋朝惨败告终而签订和议，但宋孝宗依然在加紧备战。

㉑ 濯征，大举出兵。语出《诗·大雅·常武》："濯征徐国"，毛传："濯，大也。"

㉒ 夙宵，据四部丛刊本，四库全书本作"风雷"。夙宵，日夜、朝夕，日夜从事。

㉓ 语出《尚书·商书·盘庚中》："高后丕乃崇降罪疾"，指先王就会重重地降下罪责。夙宵崇降，指军队从早到晚大量地降临常州毗陵郡，未有间断过。

㉔ 涂，道途，道路。

㉕ 毗陵即常州。

㉖ 兴，据四部丛刊本，四库全书本误作"与"。乏兴，即"乏军兴"，古代违反军律的一种罪名，指耽误军事行动或军用物资的征集调拨。官府征集物资称为"兴"。

㉗ 焉依，即依焉。指常州靠奔牛的税收得以应付军事行动的需要。

㉘ 按《咸淳毗陵志》卷八宋代常州知州题名："叶衡，乾道元年（1067 年）二月，左朝奉郎。二年十月赴召，除太府寺丞、淮西总领。"可见叶衡任常州知州已在隆兴北伐结束后，但宋孝宗依旧积极准备第二次北伐，并于乾道五年（1169 年）8 月召南宋名将虞允文入朝掌握军政大权。

奏令为真①，会公秩满，力请解，自以②奔牛③课最，增秩从政郎、监潭州南岳庙。户部按近比懋赏④，符⑤州锡⑥钱四百万，公辞不受。岳祠秩满，调全州清湘丞，改常德府武陵丞；官期至⑦，公雅不欲之官，则请老于朝，上有旨：以通直郎致其仕。淳熙三年春，光尧⑧庆寿恩，加奉议郎⑨、赐五品服。故事：仕而告休者，半其俸，太府⑩檄乡郡⑪廪之，公辞焉。是岁十一月，朝廷有事于南郊，大赉臣庶，公以通籍朝列⑫，遂得追秩考、妣，如公始愿，则欣然曰："吾志毕矣。"奏牍既上，未几以疾卒，年七十有五。方子孙侍疾，涕泣不止，而公神气清夷⑬，顾曰："吾无一物以遗子孙。平生所学，得'中庸'二字，今以遗汝。"言讫而逝。公尝客临安，同舍多邻曲⑭。前任⑮县令杨元皋病棘⑯，则皆弃去⑰；公独留，昼夜助其子谒医。元皋死，又助其丧纪⑱，其急义类此。公有文集三十卷，皆有律令⑲，又有《五一堂丛目》⑳十卷。初室彭氏，继室黄氏，皆先卒㉑，赠孺人。男一人：特起㉒，彭㉓所出也。孙男六人：必得、必固㉔、必简、必取、必恭、必柬；女一人，适进士李棣。特起将葬公于吉水墨潭之上，以奉议郎、知袁州分宜县谢谔之状，来请铭于某㉕；则哭而铭之曰：

---

① 指调任萧许代理无锡知县之职，后来又打算上奏章正式任命他为无锡知县，萧许竭力请求叶衡不要上这份奏章，所以没有正式任命他为无锡知县，故《咸淳毗陵志》卷十无锡知县题名中没有其名字。

② 二字据四库全书，四部丛刊本倒。自，靠自己的力量，凭借自己奔牛的政绩得以授职。

③ 牛，据四部丛刊本，四库全书本误脱。

④ 懋赏，奖赏以示勉励，褒美奖赏。语出《尚书·仲虺之诰》："德懋懋官，功懋懋赏。"孔传："勉于功者，则勉之以赏。"

⑤ 符，盖为官符（官印）的公文，古代下行公文的一种文体。此处用作动词，向下属发公文，即发公文给常州知州。

⑥ 锡，据四库全书本，通四部丛刊本所作之"赐"。

⑦ 指在候补清湘县丞的过程中，由清湘县丞改任武陵县丞，到了有武陵丞的位置空出来可以上任时，他又辞官不上任了。

⑧ 宋高宗让位给宋孝宗后，宋孝宗上尊号称其为"光尧寿圣太上皇帝"，简称"光尧"或"光尧皇帝"。

⑨ 郎，据四部丛刊本，四库全书本误脱。

⑩ 太府，《周礼·天官》有大府，掌府藏会计。宋以太府半属国家行政，半属宫廷事务。

⑪ 乡郡，家乡所在之郡，即吉州庐陵郡。而萧许主动辞掉这半俸，以免给家乡带来负担。

⑫ 通籍朝列，据四部丛刊本，四库全书本作"籍列"。通籍，谓记名于门籍而可以进出宫门，即朝中已经有了名籍而可以做官了。朝列，犹朝班。通籍朝列，即任了京官而在朝中有了名字。宋李之仪《姑溪居士前集》卷五十为其妻常州人胡淑修（字文柔）作《姑溪居士妻胡氏文柔墓志铭》："以余通籍朝列，封蓬莱县君。再以余加大夫阶，进封'南华'。后以余复官，追封'静安'。"

⑬ 清夷，清平、太平，此处指清净恬淡、神清气平。

⑭ 邻曲，邻居、邻人。此处指家乡的邻居。

⑮ 任，据四库全书本，四部丛刊本误作"古"。

⑯ 病棘，即"疾棘"，病革、疾革，病情危急。语出《礼记·檀弓上》："夫子之病革矣。"郑玄注："革，急也。"

⑰ 其他人全都弃他而去。

⑱ 丧纪，丧事。《周礼·天官·大府》："山泽之赋，以待丧纪。"

⑲ 律令，法则、规律。此处是指其文章有法度，有章法，可作为后人之规则。

⑳ 当是其藏书目。

㉑ "公有文集"至此，据四部丛刊本，四库全书本作："公配某氏，先卒。"

㉒ 其名字是萧特起。

㉓ 彭，据四部丛刊本，四库全书本无。

㉔ 固，据四部丛刊本，四库全书本作"因"。

㉕ 某，作者杨万里的自称。

郅隆之阶，何聘非瑰？何斫非材？何刈非莱？岳英之才，而不逢哉。墨潭之隈，堂斧①斯嵬。松柏斯哀，畴②不永怀？

（二）元代奔牛税务设官情况与税收指标

● 《永乐大典·常州府》卷七《官制·武进县》引元代《江浙须知·常州路》：

　　　　《江浙须知》：一、额设……无俸衙门二十二处，官、吏八十二员、名：◆官五十八员，◆首领官二员，◆吏二十二员。◆税务一十处，办税课钞五千七伯五十六锭四十二两五钱。额设官攒四十二员、名：◆官三十员，◆攒司一十二名。……一伯③锭之上，省除提领、大使、副使院务七处，额设官攒④二十八员、名。◆官二十一员：◆提领，每处一员，计七员。◆大使，每处一员，计七员。◆副使，每处一员，计七员。◆攒司，每处一名，计七名。……◆奔牛务，办钞三伯五锭三十六两二钱一分二厘。……

笔者按：此可证奔牛务是无俸衙门，自己收税，只要上交 305 锭即可，其余留给自己作开支。可见奔牛务在元代实行的是包干（承包）制，即上文所说的"扑买"，宋代当亦然。

● 《永乐大典·常州府》卷八《古迹·官寺》：

　　　　场务

　　　　武进县……

　　　　《泰定毗陵志》：薛堰务，在安上乡虞桥。◆马迹务，在从政乡殷墅村。◆横林务，在安丰北乡石堰。◆奔牛务，在县西奔牛镇上。

● 《永乐大典·常州府》卷七《公署·本府》引《毗陵续志》：

　　　　税务

　　　　本郡税务，元设五所：在城务，在花桥东。横林务，在政成乡。奔牛务，在奔牛镇。薛堰务，在安上乡。虞桥马迹务，在从政乡殷墅。洪武初，改设"税课司"，在新坊桥西⑤。

---

① 堂斧，指坟墓。堂，指四方形而高之坟；斧，指下宽上狭长形之坟。语出《礼记·檀弓上》："昔者夫子言之曰：'吾见封之若堂者矣，……见若斧者矣。从若斧者焉。'"郑玄注："堂，形四方而高。……斧，形旁杀，刃上而长。……孔子以为刃上难登，狭又易为功。"

② 畴，谁。

③ 伯，通"佰"，下同。

④ 攒，原作"吏"，据上文语例改。

⑤ 此指本郡常州府的"在城税务"改名为"常州府税课司"。

- 《成化毗陵志》卷六《官寺·场务·元·本路》（武进、晋陵二县附）：

  奔牛务，在奔牛镇。

- 《永乐大典·常州府》卷四《财赋》引《泰定毗陵志》：

  《泰定毗陵志》：……课程：……◆税课：……武进县：奔牛务，三百九锭三十八两一钱一分。◆正课，三百五锭三十六两二钱一分二厘。◆额外窑冶课，四锭一两九钱。……

- 《成化毗陵志》卷六《食货·财赋·元》：

  课程：本郡在城①商税务岁办，及"山场"等课钞②：捌百伍锭贰拾捌两肆钱伍厘。

  晋陵、武进二县所辖横林、奔牛、薛堰、马迹四务税钞：捌百伍锭贰拾捌两肆钱伍厘。

  录事司及晋陵、武进二县酒醋等课钞：贰千伍百伍锭肆拾两贰钱壹分肆毫。

  无锡州在城税务钞：壹千贰百贰拾肆锭贰拾叁两叁钱。

  宜兴州在城税务钞：壹千肆百叁拾壹锭捌拾玖两陆钱叁分陆厘。

此条又见《万历常州府志》卷七《钱谷·征榷·元·本路》。

- 《道光武进阳湖县合志》卷七《赋役志一·田赋上·元》：

  征榷③

  商税务岁办，及山场等课钞：本郡在城，八百五锭二十八两四钱五厘。

  税钞：晋陵、武进二县所辖横林、奔牛、薛堰、马迹四务，共：八百五锭二十八两四钱五厘。

  酒醋等课钞：录事司，及晋陵、武进二县，共：二千五百五锭四十两二钱一分四毫。

- 元·苏天爵撰《滋溪文稿》卷十八《碑志》载元代山东高唐人李珩任奔牛税务副史：

  故承事郎象山县尹李侯墓碑

  士有负不羁之才，奋有为之勇，弗克尽所施设，赍志以没，君子惜之。余读象山县尹李侯行事，深有所慨叹焉。侯讳天佑，字吉甫，少有大志，倜傥多智略。……侯

---

① 即"在城税课司"这一商税务。
② 指"山场"也即上条所说的"额外窑冶"等课目名字的税收，实即苛捐杂税。
③ 《成化毗陵志》作"课程"。

世家高唐州之高唐县，在金为官族，兵后谱亡不可考。大父宝，父清，皆隐德不仕。妣王氏。侯卒以大德七年九月朔旦，享年五十有一，葬德州清平县李官庄，侯所卜也。……孙男八人，瑛，曲阜林庙①学正，擢礼部掾卒②。珩，常州路奔牛镇税务副使。……

（三）明清奔牛税务设官情况与税收指标

● 《万历武进县志》卷三《征榷·国朝》：

万历二十七年，奉例加税。在城、各乡镇典当铺户，岁额税银肆百捌拾陆两。◆奔牛关，岁约税银陆千两有奇。按季解"督税府"③收贮。

……

唐鹤征曰：……乃者，税使四出，横征暴敛；居者、行者，悉在汤火。惟江南肇事中涓④称贤，而抚、按有司力为裁酌：常州一府，其始税银五千两，设关奔牛，季⑤以首领官一员领之，尚多缺额，往往取盈府库，闾阎日给，腾踊百倍，不无怨苦，以视他州郡，犹称乐土云。当事者始议加派丁田，复议取征驵侩，余鹤征具陈不可，止⑥。今兹，抚台曹公时聘，且并奔牛关而裁之，上归"京口"，下归"浒墅"，常⑦无税矣。……

● 《万历常州府志》卷七《钱谷·征榷·国朝》：

万历二十七年三月初九日设奔牛关税，自六月初三日起。二十九年六月十二日撤关，七月十六日又开关。三十年二月二十六日撤关，本年二十七日又开关。收过银两逐年尽数解监。三十六年，限每年额解银四千两。四岁间，前后余亏抵解，并解抵京口缺额，讫四十、四十一两年，除解正额外，余银一千三百三十两五钱一分。四十二年正月，并入"京口"。本年奉诏减免三分之一，六月又将"京口"改设本府西门外"水次仓"，十月并归"浒墅"一关总收。

● 《道光武进阳湖县合志》卷七《赋役志一·田赋上·明·额赋》：

征榷

……

---

① 当指曲阜的孔庙、孔林。
② 指最后担任礼部掾而逝世。
③ 明末李中馥《原耳李载》卷上《两贤异用》："万历庚子，各省遣中贵一人抽税，名'督税府'，横甚。"此处疑指派往设在苏州浒墅关的税督。"万历庚子"即万历二十八年（1600年）。
④ 中涓，古代君主亲近的侍从官，此处指宦官，即万历皇帝派在江南的收税宦官（税督）。肇事，即开创此事的意思。肇事中涓，即创办江南税关的宦官。
⑤ 季，每个季度。
⑥ 由我唐鹤征向上级陈述而将此项政令停止不行。
⑦ 常，常州。指常州一府不用再征此项关税，百姓负担大为减轻。

万历……二十七年，设奔牛关税，岁约税银六千两有奇。案季解督税府收贮。四十二年十月，并归浒墅一关总收。

笔者按：古代的"关"，又称关津，主要指陆路关卡，有的设在道路要隘，有的设在国境交界。其作用首先是保证政治安全，主要任务是稽查行旅，进行安全检查，以及对国宾的迎送，故有"国门"之称；其次才是收税。"关税"就是对通过国家所设关卡的行商们征税。上述两条言明，奔牛在万历二十七年（1599 年）设关征税，万历四十二年（1614 年）并入浒墅关而不再设。

（四）民国奔牛收税管到丹阳的记载

● 民国·胡为和修、孙国钧纂《民国丹阳县续志》卷六《赋役·杂税》：

烟酒坐贾捐：由"奔牛厘局"责成邑中烟刨[①]、酒作各商认缴岁额若干，准于售价内扣收抵补。

五　巡检

奔牛设置的巡检，在和平年代便相当于捕盗捉贼的警察，而在动乱年代与战乱警报时期，便要充当国家的军队。由于和平年代为主，所以巡检更多地带有警察的属性，而与正规军队有差别。

宋代在奔牛设置的是比"巡检"高一等的"监镇务"，其职能要比单纯的巡警、军事多出"酒税务"和"守闸"两项。至于宋以前，奔牛也当设有与之相当的政府官员来弹压坐镇，只是史书因其官职低微未加记载罢了。

元代以来，奔牛设有巡检。无论是宋代的监镇，还是元明清的巡检，都相当于在奔牛设有今天公安分局或派出所这样的机构。巡检及其士兵可以称为"土兵"（见下引《泰定毗陵志》），又称为"弓兵"（见下引《成化毗陵志》），即下引《万历常州府志》唐鹤征所言的："巡司之设，以捕盗贼也。故凡盗贼出没之区，皆有巡司焉。以补军卫之不及"，其就如同今天联防用的民兵，并非正规军，他们便是奔牛的巡警公务员。

（一）"奔牛巡检司"源流

● 《成化毗陵志》卷六《官寺·诸司廨舍·武进》：

---

① 古代的烟丝作坊采用简易的原始方法"烟刨"制作烟丝，清末民初，机制卷烟开始传入中国。

奔牛巡检司，在县西三十里奔牛镇东。旧在镇南，元末兵毁，国朝洪武初以小河巡检司兼辖其地，九年乡民费得成请复之，遂创置焉。

此条又见《万历常州府志》卷二《常州府武进县境图说》和《康熙常州府志》卷十二《公署·武进县》。

● 《万历武进县志》卷二《乡都》：

安善西乡，在县西北三十五里。奔牛巡检司在焉。在县西三十里奔牛镇东。旧在镇南，元末兵毁。国朝洪武初，以小河巡检司兼辖其地。九年，乡民费得成请复之，遂创置焉。

笔者按：以上两条都点明，元代奔牛便设有巡检司了。而元承宋制，则宋代亦当有类似机构，即下引《道光武进阳湖县合志》所说的，奔牛"自宋、元以来，设立巡检司公署"。宋代所设的巡检，应当就是下文《咸淳毗陵志》所说的"监奔牛镇、兼烟火公事，一员"，其不以"巡检"来命名，要到元代才开始以"巡检"来命名。宋代不以"巡检"来命名，此"监镇"的地位其实要远高于巡检，肩负"酒务、税务、烽火公事、守闸"等众多职责于一身（见下引宋周必大《文忠集》，过奔牛闸时，"监镇沈修职元，携数十夫，自支港荡舟，曲折而过"），相当于是奔牛镇的最高行政长官。

而洪武初年，天下太平，奔牛地区因军事性下降，于是废巡检，由小河巡检兼管其地。其实元代末年便已属小河管辖，见本书"艺文"部分元末明初谢应芳所作《送小河徐巡检序》。其文开头即言"常为浙右大藩，府统州、县四"，而元代常州称府，即"常州路总管府"，下辖无锡、宜兴两州，晋陵、武进两县，合称"府统州县四"。而明代常州称常州府，下辖武进、无锡、宜兴、江阴四县，无有州，只当称"府统县四"，不当称"府统州县四"，故知此文乃元末所作。

而且其文中言："吁，今天下之盗，岂止是哉？"指明是元末动乱年代，而非明初太平盛世，更可证明此文乃元末之文。其言"乃命摄'奔牛''黄土'之警"，"之警"两字便清楚点明：巡检就像后世的警察，不是正规驻军。这句话又说明"小河徐巡检"其时已兼管奔牛与黄土两巡检司之地。则可知奔牛、黄土两巡检当废于元末。由下文引《泰定毗陵志》有奔牛巡检司、黄土巡检司，可证要到泰定朝以后，由于天下太平，而奔牛、黄土两司并归小河司管辖。因此上述两条所言的"洪武初，以小河巡检司兼辖其地"，只是说明初如此，并不意味着一定要从明初才开始如此。其实，根据谢应芳写于元末的这篇文章，便可证明"以小河巡检司兼辖其地"不在明初，而应当在元朝泰定年间（1323—1328年）之后便已如此。

明初由于"小河司"驻所在孟城，无法远及奔牛；而奔牛一地又地处交通孔道，百姓富庶，需要强有力的镇政府驻守于此来镇压形势、保卫民众，于是洪武九年（1376年），在当地民众向中央的吁请声中，朝廷再设奔牛巡检司。

- 《乾隆武进县志》卷二《营建·官廨（仓廒公所附）》：

奔牛巡检司署，在县西三十里奔牛镇。

小河巡检司署，在县西北九十里孟河城。

- 《道光武进阳湖县合志》卷五《营建志·官廨（仓廒、废署附）·武进县》：

武进奔牛巡检司署，在县西三十里奔牛镇。雍正九年，巡检王大纶重建。有张一儁《重建奔牛镇巡司公署碑记》，曰：武进县城西三十里，曰"奔牛镇"，居民比屋而处者，千有余家。运河带其南：东至郡城，西行百八十里，历云阳，达京口。非海运，则浙东、西，苏、松、常之粮艘，必由于此。商贾舟楫往来，络绎不绝。孟渎河环其左，迤逦而北，可通于江。地虽弹丸，亦水陆之冲要也。自宋、元以来，设立巡检司公署，迭有废兴。洪武九年，复创置于镇东，至今仅存故址。吏于兹者，迁迁[1]寓居郡城，佐府县事以为能。而柔软者，或侨居萧寺中，民有讼诉，为之讲解，聊以糊口而已。其于地方之利弊，漠然也。雍正辛亥四月，慈溪王君来莅任，夙夜勤劳，厘奸剔弊，未尝安寝。凡平日之足以贻患滋害者，若烛照而无所容。岂特居民安堵，抑且泊舟河岸，宵小无惊。士民相与谋曰："王君之所以宁我者，良苦矣。而君顾无宁居，可乎？"为请于上官，愿出力之所能输，以营公署。当事深嘉之。乃鸠工庀材，经始于十一月，落成于壬子冬十二月。门垣完固，翼以两庑。听事有堂，燕休有室。宾馆庖湢略具。计二十二楹。糜[2]白金三百两有奇。盖数百年之倾废，一旦振兴。由是观之，公私之济，不亦较然也哉？苟以为权轻禄微，而不思于人有济，亦何以感于人？人即视治舍为逆旅，且旁皇瞻顾，当先以润其私橐。君又不自惮烦，缱绻督事，尤为难已。夫一乡之所率，足相与有成如此，则凡郡邑之留心民瘼者何如也？爰摭其本末而书于石，使后之人知所考焉。

武进小河巡检司署，在县西北九十里孟河城。

- 《光绪武进阳湖县志》卷三《营建·廨署》：

奔牛巡检署，在武进安西乡奔牛镇。

小河巡检署，在武进通江乡孟河城。

（二）宋代设"监镇务"

宋代在奔牛设有"监镇"，又名"监镇务"，请参见前文四之（一）末尾，又参见第九章"古镇艺文"中张侃《奔牛镇厅壁记》："通直郎、赐绯蔡君直，右迪功郎李君漳，以绍兴壬子、辛巳，监镇务。"

---

[1] 迁迁，即"往往"。
[2] 糜，通"靡"，耗费、浪费。

- 《咸淳毗陵志》卷十《秩官四·县官·武进》：

  监奔牛镇、兼烟火公事，一员。左、右选通差。

  监青城镇酒务，一员。

  监万岁镇酒务，一员。

  小河寨巡检，一员。

笔者按：监镇相当于后世的镇长，而巡检相当于后世公安分局局长或派出所所长。烟火，指烽火、边警。兼烟火公事，就是有警报时，负有点燃烽火加以报警的职责（或有人把"烟火公事"理解为防止火灾，则其官职便不当称为"烟火公事"，而当称为"防火公事"，因为火是要防的，而烟是不用防的）。"左选"为文臣，"右选"为武臣，左右选通差，即一期任用文臣，下期则任用武臣。因此监镇当肩负有镇守此镇的巡检职能。

奔牛设监镇来镇压形势、保卫民众。我们都知道宋代重文抑武，巡检只可由武官担任，监镇却可由文官来充任，由此便可看出，监镇的职务级别高于巡检，奔牛监镇的地位要远高于小河巡检，故作《咸淳毗陵志》者要先列"监镇（务）"，再列巡检。由巡检位居"监酒务"之后，更可知监酒务的职位当比巡检还要高些。因为古代开列职官的话，肯定是从高列到低，无有例外，可以证明上列三位"监镇务"，都要比小河寨巡检地位来得高。

- 《咸淳毗陵志》卷十二《武备》：

  厢军

  ……

  递铺

  营在金斗门外。

  牢城

  营在雄节营东。

  奔牛镇闸兵

  额管百人。

  诸县弓兵

  建隆三年，诏诸县以户口数定弓兵额多寡，满万户者五十人，余以次降杀。今四尉司之额率加羡，盖后尝增募也。

  晋陵

营无定所，额旧管一百人。

武进

营无定所，额旧管九十人。

无锡

营无定所，额旧管一百二十人。

宜兴

营无定所，额旧管一百一十人。

诸寨土兵

郡傅城置巡检司，而属县亦置山水寨，盖有警辄补，备豫之意也。

管界

寨在西水门外南岸，额旧管百五十人。

马迹晋陵

寨在县南百里太湖马迹山，额旧管百七十五人。

小河武进

寨在县北六十里郑港，滨大江，额旧管百九十五人。

此条又见《成化毗陵志》卷十六《武备·宋·本州》、《万历常州府志》卷十二《武备·宋·本州》、《康熙常州府志》卷六《兵御·宋》、《乾隆武进县志》卷二《兵防·宋》、《道光武进阳湖县合志》卷六《兵防志·宋》、《光绪武进阳湖县志》卷六《兵防·营制·宋》。

• 宋·周必大《文忠集》卷一七〇《乾道庚寅奏事录》：

乾道庚寅（六年）闰五月……甲申，早，大雨。舟行，隔堤望"练湖"，记云："方四十里。"[①] 自离镇江皆溯流，又南风打头，牵挽者泥淖没骭。未[②]后，次丹阳县，古曲阿也。令陈从政玠，丞沈从事宗契，尉汪迪功[③]，并相候于北使之馆。陈德自昆山来。天色稍霁，顺流行三铺，宿"栅口"。乙酉，晴，早过吕城闸，至奔牛镇，水泛，闸不开。监镇沈修职元[④]，携数十夫，自支港荡舟，曲折而过。晚次常州，太守李元佐大夫，通判张仲固，一监丞，并相候。

笔者按：此文点明南宋宰相周必大过奔牛闸时，因为下游常州正在发大水，而上游丹

---

① 指此湖方圆四十里。

② 未，未时，下午一点至三点。

③ 指丹阳县令、从政郎陈玠，县丞、从事郎沈宗契，县尉、迪功郎汪某。

④ 指奔牛镇的监镇官是修职郎沈元。

阳来水太大，闸官不敢开闸，因为一开闸就相当于为上游泄洪，会加大下游的涝灾，所以即便宰相周必大来了，也不敢短暂开闸。于是从旁边的支港行船，相当于打开支港处的小闸，让周必大的船只曲曲折折地绕行。这一记载证明当时的监镇是文官（"修职郎"）来担任，其名字为沈元，又可证明监镇有守闸的职责，相当于明代的奔牛闸的闸官。即宋代监奔牛镇务一职，后来将其闸官功能设置为奔牛闸官，将其巡检职能设置为奔牛巡检，将其递运物资的国营邮驿功能设置为奔牛递运所官，只保留其税收功能而设置为奔牛务官，即宋代监镇务在后世分为四职：水利公务员坝（闸）官、巡警公务员巡检、邮递公务员递运所官、税务公务员税务官。

（三）元设奔牛巡检司

- 《永乐大典·常州府》卷七《官制·武进县》引元代《江浙须知·常州路》：

《江浙须知》：◆一、额设衙门五十六处，官吏二百六十四员、名：……◆巡检司十四处，官吏二十八员、名。……武进县四处：◆沙子湖，◆小河，◆奔牛镇，◆黄土镇。◆官：巡检，每处一员，计一十四员，每员月俸：中统钞一十两。职田一顷。◆司吏，每处一名，计一十四名，每名月俸：至元钞六两，米六斗①。

笔者按：元代奔牛镇与小河皆设"巡检"，奔牛镇官的级别比宋代降低了，与小河级别相同。

- 《永乐大典·常州府》卷八《古迹·官寺》引《泰定毗陵志》：

巡检司

本路巡检司壹拾肆处。

《泰定毗陵志》：◆晋陵县：◆马迹山巡检司，在迎春乡。◆于塘巡检司，在依仁西乡。

武进县：◆奔牛镇巡检司，在安善西乡。◆沙子湖巡检司，在惠化乡。◆黄土岸巡检司。在栖鸾乡。◆小河巡检司，在通江乡。

- 《光绪武进阳湖县志》卷六《兵防·元》：

常州路镇守万户府，官、兵员额皆无考。

巡检司土兵：马迹山，圩塘，沙子湖，小河，奔牛，黄土岸，数皆无考。

- 《成化毗陵志》卷十六《武备·元·本路》：

---

① 此下为常州路的设官情况。

镇守官兵

旧设达鲁花赤及万户等官，详见禄秩。其员数军额，至正十六年伪吴将张得六陷常州，毁其籍，无考。

常州路镇守万户府，在天禧桥西。

无锡州镇守管军官，治无定所，署事于谯楼上。元末废。

江阴州镇守万户府，在州治东。

诸司土兵

元沿宋制，设巡检司以掌巡逻、几察①之事，凡沿江傍湖皆置之，其兵额已迭②，无考。

马迹山　司在迎春乡。

于塘并晋陵③。　司在依仁乡。

沙子湖　司在惠化乡。

小河　司在通江乡。

奔牛　司在安善西乡。

黄土岸并武进④。　司在栖鸾乡。

此条又见《万历常州府志》卷十二《武备·元·本路》、《康熙常州府志》卷六《兵御·元》。

- 《成化毗陵志》卷十《职官二·禄秩·元·常州路》：

　　巡检司

　　巡检一员，职田一顷，月俸钞三十两。

- 《乾隆武进县志》卷二《兵防·元》：

　　镇守官兵：旧设"万户"，府在"天禧桥"西。至正十六年，伪吴张得六陷郡，兵籍毁，无考。

　　弓兵：沿宋制，设巡检司，掌巡逻、讯察；凡沿江、傍湖，皆置之。旧志称为"诸司土兵"，实即"弓兵"也。其兵额已佚，无考。马迹山司，在迎春乡。◆于塘司，在依仁乡。并晋陵。沙子湖司，在惠化乡。◆小河司，在通江乡。◆奔牛司，在安善西乡。◆黄土岸司，在栖鸾乡。并武进。

- 《道光武进阳湖县合志》卷六《兵防志·元》：

① 几察，下引《乾隆武进县志》作"讯察"，今则写作"稽察"。
② 迭，其字当即"逸"字，下引《乾隆武进县志》作"佚"。
③ 指以上两个巡检司属于晋陵县。
④ 指以上四个巡检司属于武进县。

镇守官兵

旧设"达鲁花赤"及"万户"等官，案《通志》云："至元间，改常州为'下万户府'。"其员数、军额，至正十六年，吴将张得六陷州，籍毁无考。朱府志①。

常州路镇守万户府，在天禧桥西。

诸司土兵

元沿宋制，设巡检司，以掌巡逻、稽察之事。凡沿江傍湖，皆置之。其兵额已佚，无考。朱府志。

马迹山。司在迎春乡。

于塘。司在依仁乡。并晋陵。

沙子湖。司在惠化乡。

小河。司在通江乡。

奔牛。司在安善西乡。

黄土岸。司在栖鸾乡。并武进。

案，唐志②以上六司，俱录于"弓兵"，云："旧志称为'诸司土兵'，实即'弓兵'也。"以后诸志俱因之。然元沿宋制，而宋时弓兵，俱营无定所。其隶巡检司、分守山水寨者，俱称"土兵"，则兹六司所统，非"弓兵"也。今仍从旧志。

（四）明代设奔牛巡检司

- 《永乐大典·常州府》卷七《公署·本府》：

本府、《毗陵续志》：……武进、晋陵，元设巡检司六处：马迹山巡检司，在迎春乡。于塘巡检司，在依仁乡。沙子湖巡检司，在惠化乡。小河巡检司，在通江乡。奔牛巡检司，在安善西乡。黄土岸巡检司，在栖鸾乡。洪武初，武进县设巡检司三处，每司弓兵一百名：小河巡检司，于塘巡检司，江北沙巡检司③。

- 《永乐大典·常州府》卷七《官制》引中央"国朝永乐元年"设官档案：

奔牛镇巡检司巡检，从九品。

- 《成化毗陵志》卷十《职官二·禄秩·国朝·常州府》：

巡检司

巡检一员，从九品，月俸米五石。

---

① 指朱昱编的《成化毗陵志》。
② 指唐鹤征编的《万历武进县志》。其又编有《万历常州府志》。
③ 原书下文"江阴县"有"马驮沙巡检司，在江北沙"，江北沙就是马驮沙，也即今天的靖江。

- 《万历常州府志》卷八《禄秩·国朝·常州府》：

澡港、小河、奔牛，属武进。高桥、望亭，属无锡。张渚、湖㳇、下邾、钟溪，属宜兴。利港、石头港、范港，属江阴。马驮沙，即新港，属靖江。十三巡检司巡检一员，从九品，月俸米五石。

- 《乾隆武进县志》卷六《官师·禄秩·明武进县》：

澡港、小河、奔牛三司巡检，各一员，从九品，月俸米五石。

- 《道光武进阳湖县合志》卷十五《官师志一·禄秩·明常州府·武进》：

澡港司巡检一员，从九品，月俸米五石。

小河司巡检一员，品、秩同上。

奔牛司巡检一员，品、秩同上。

……

案：唐氏县志无"澡港、小河、奔牛"三巡检司，而有"巡检司巡检一员"；朱氏府志亦同。惟唐氏府志"十三巡检司"内备列三员，今从补入焉。

- 《光绪武进阳湖县志》卷二十九《杂事·摭遗》：

官师类：……明、武进：……澡港、小河、奔牛巡检，各一员，从九品，月俸米五石。

- 《成化毗陵志》卷十六《武备·国朝·本府》：

诸县弓兵

洪武初置巡检司于各县要害关津等处，其制虽与元同而因革不一。

小河　额管百人。

澡港　额管百人。

奔牛并武进。　额管三十人。

- 《万历武进县志》卷五《武备·国朝·守御》：

民壮

弘治间，额设民壮壹千贰百五名，俱令殷实人户点充，十年一换。正德六年，加至壹千捌百名。十六年，巡按马录行县[1]："将民壮量留八百名，分为二班，防护城池，不许别项差占，余暂放回生业，遇警调用。其留者，于充实里分，及丁力相应户内，拣选；其停免者，于靠损里分，及贫难户下，分豁。"嘉靖三年，巡抚吴廷举，

---

[1]　马录，字君卿，信阳人。行县，发下行公文到武进县。

因乡民王悦，呈革民壮，随该本府知府陈大用查议："武进县，系临江大县。应减民壮叁百名，存留伍百名。俱于均徭内，选丁田近上之家，编为正户；次者，编为贴户。每名，每年出银柒两贰钱；如有闰月，加银陆钱。雇倩备晓武艺之人应当。"申蒙批开："前项民壮，今议增减，似亦得中。但称分为'二班'，则雇倩、工食，多足至一年巡捕[①]。官员或托地方警急、缺人，通留在县；虽有减免之名，仍遭重役之苦。以本院所见，武进县定编肆百捌名，编定之后，通作一班，常年操守，不必分班。其出银、顾直[②]，买办兵器，俱依府议施行。"十九年，巡按赵继本行县："增编民壮贰拾名，保守城池。"三十三年，倭寇生发，奉委"指挥"管理[③]，议添壹百名。三十八等年，倭平，议改"千户"统领。隆庆四年，巡抚海瑞裁革力差，编入均徭；征银在库，按季给发。万历二等年，陆续革去贰百伍拾陆名。十三年，议复贰拾名。今实叁百陆拾肆名。内：哨队长拾陆名，工食详见"徭里"内。拨捌拾陆名，分驾哨船、巡河，另载"水兵"项下。余贰百柒拾捌名，分拨周城防护，及看守库、狱。二十一年，复改"指挥"[④]统练，岁该廪粮、纸札银，共肆拾贰两贰钱；军识[⑤]壹名，银玖两；家丁壹名，银柒两贰钱。哨官一员，岁该廪粮、纸札银，贰拾两肆钱。在本府练兵银内支给。又本营陆兵，亦系倭乱之年，在该县各乡"里总"[⑥]各名下编兵一名。又在城坊厢人户内，每家有三人者，内抽一名为兵，共壹千伍名。内：头目，每名给银壹拾六两；操官，每名给银壹拾肆两肆钱；兵，给银壹拾贰两。就于乡厢"里总"名下追银，贮库、听给。后因倭宁，各兵尽汰，止存操官伍名。五年，知府穆炜因见郡城失事，且外通江海，内连湖泽，申设土兵叁百壹拾柒名。至二十一年，朝鲜警报，复募新兵壹百名。二十四年，警息，议革[⑦]新兵。今实存土兵叁百贰拾贰名。内：操官四名，每名银壹拾肆两肆钱；操官改教师一名，银拾捌两；哨长，拾壹名，每名银壹拾两捌钱；兵，叁百陆名，每名银玖两。共银贰千玖百肆拾捌两肆钱，于本府练兵银内支给。亦属指挥统领、训练，防御城池、要地[⑧]。

抑徒有其名耳。久为豪有力者利薮：一家常领数十人之糈，偶经操练，则倩市民以应役。统领官，奉行

---

① 足够供一年巡捕官员之用，指花费太大。
② 顾，通"雇"；直，通"值"。顾直，雇佣之钱。
③ 上级委派一名指挥前来管理民壮。
④ 又把千户改设为指挥，统率民壮并加以训练。
⑤ 军中的识字先生。
⑥ 里总，又作"里书"，指里长、总书，负责一乡一里收税工作的人。
⑦ 经商议后革除。
⑧ 要地，当含奔牛在内。

唯谨，甚且无兵以应名。操募①非不同名，而强弱异人；肖貌非不悬牌，而老壮异状。统领官目摄诸豪，有仰屋窃叹而已。

水兵

按：运河各湖港，原无设立船兵。近因各该地方盗贼窃发，劫掠商船，万历八年以来，陆续添设官兵、船只，分巡各该信地。

内：运河信地，西自张店铺起，东至横林铺止，共船壹拾陆只，共水哨民壮捌拾陆名。工食银两，开载"民壮"项下。内分：张店铺，船一只，民壮伍名；奔牛镇，哨船二只，民壮八名；连江桥，哨船一只，民壮五名；西仓桥②，船一只，民壮五名；南河口③，船一只，民壮五名；北河口④，船一只，民壮五名；东仓湾，船一只，民壮五名；白家桥，船一只，民壮五名；丁堰，船一只，民壮五名；戚墅堰，船一只，民壮五名；横林镇，船二只，民壮八名；东游⑤信地，巡船一只，民壮五名；西游信地，巡船一只，民壮五名。哨官乘座哨船一只，民壮七名。队长三名，健勇四名，识字一名，哨守信地。巡河哨官一员，岁支廪粮、纸札银贰拾两肆钱。又自张店铺起，至五牧镇止，共船十一只，共兵四十一名，则兵备道标兵也。内分：张店铺、奔牛镇、三里庵、新闸、西仓桥、东仓桥、白家桥、丁堰镇、戚墅堰、横林镇、五牧镇，各船一只，每船水兵四名；惟丁堰水兵三名。各该工食银玖两，在府库"扣解募兵银"内支给。系属"常镇巡河指挥"一员统领，岁支廪粮、纸札银肆拾柒两。自白家桥以上至京口，皆其信地也。

……

弓兵

宋

建隆三年，诏诸县以户口数定弓兵额多寡，满万户者五十人，余以次降杀。其四尉司之额率加羡，盖后尝增募也。

晋陵。营无定所，额管百人。　　武进。营无定所，额管九十人。

元

沿宋制，设巡检司以掌巡逻、几察之事，凡沿江傍湖，皆置之，旧志称为"诸司

---

① 募集前来响应操练之人。
② 西埠汛在其西侧，以守卫西仓故，故移西埠汛于此守西仓桥也。
③ 即南运河口所在。
④ 当指水门桥处那北来的关河和东去的大运河相交会处。
⑤ 指在东路游弋巡逻之船，下文"西游"指在西路游弋巡逻。

土兵"，实即"弓兵"也。其兵额已佚①，无考。

马迹山。司在迎春乡。　于塘。司在依仁乡。并晋陵。

沙子湖。司在惠化乡。　小河。司在通江乡。　奔牛。司在安善西乡。　黄土岸。司在栖鸾乡。并武进。俱废、改。惟小河、奔牛如旧。

国朝

按：各巡检司所属，原系巡守沿江险要及腹里冲繁乡镇处所。原设弓兵，防御盗贼。嘉靖初年，原编盐捕、弓兵六百一十四名②。万历十年，革去盐捕兵一百六十五名。二十七年，又革去二十名。今实存弓兵四百二十九名，专司巡缉船盐，捕获盗贼。

奔牛巡检司，原设巡捕弓兵五十名，巡盐弓兵十名。万历十年，革去捕兵五名，实存捕兵四十五名，盐兵十名，共五十五名。

澡港、小河二巡检司，各原设巡捕弓兵五十名，巡盐弓兵十名，各六十名。万历十年，各革去捕兵三十名，每司实存各捕兵二十名，各盐兵十名，每司各兵三十名。

唐鹤征曰：巡司之设，以捕盗贼也。故凡盗贼出没之区，皆有巡司焉，以补军卫之不及，国家之制密矣。国初，司设弓兵至百人。澄平日久，谓为冗役，以渐裁革，仅至二三十人，贼至不能拒，贼去不能缉矣。不知天下之事，得其用则多不为滥，不得其用则少亦妄费。以今弓兵乃覆③为妄费哉？非弓兵之罪也，裁之使不给于用之过也。王剪（翦）之伐楚，必于六十万，史不有明鉴乎？且巡检之官，悉出吏员，事权甚轻。当事者素已悬枉纵之疑④，及其获盗，盗借之词⑤，则其官必败，则其盗必脱，反一捕快之不若也。盖捕快获盗，则功在所司，巡司获盗，则功在巡司故耳。间有能奋而格盗者，则下洙之祸⑥又且随之。进有疑而退有死，即忠义之士解体已⑦，矧若辈乎？甚非设官初意也。苟不改弦，则巡检可无设矣。

笔者按："各巡检司所属，原系巡守沿江险要及腹里冲繁乡镇处所。原设弓兵，防御盗贼。"此节文字说明"巡检司"设于交通枢纽处的大镇，所设不是正规军，而是弓兵，即民兵，主要用来"防御盗贼"，相当于今天的警察。而唐鹤征说："巡司之设，以捕盗贼也。故凡盗贼出没之区，皆有巡司焉，以补军卫之不及，国家之制密矣。"言明巡司是国家正规军（"军卫"）的补充，不属于正规军；但在没有正规军的情况下，代为履行正规军的讨逆与平叛的职责。

---

① 佚，《成化毗陵志》作"迭"，当即"逸"字。
② 六百一十四名中既有盐捕，又有弓兵。
③ 覆，审查，又指以公文回复。
④ 对巡检（相当于今天的公安局）抱有与敌人相勾结的怀疑。
⑤ 盗借口与尉司勾结，则盗罪可轻而尉司却要杀头了。
⑥ 当是近时发生在宜兴"下洙巡检司"的真实事情。
⑦ 已，《万历常州府志》作"矣"。

- 《康熙武进县志》卷十六《兵御》：

民壮：弘治间，额设一千二百五名，俱令殷实人户点充，十年一换。正德六年，加至一千八百名。十六年，巡按马录行县："量留民壮八百名，分二班防护城池，禁别项差占；余放回，遇警调用。"嘉靖三年，巡抚吴廷举议编定四百八名，通班操守[①]；其雇直，于均徭内，选丁田近上之家，编为正户；次，编为贴户；每名每年出银七两二钱，闰月加银六钱，雇倩备晓武艺之人应当。十九年，巡按赵继本行县："增编民壮二十名。"三十三年，倭乱，奉委"指挥"管理，议添壹百名。寻改"千户"统领。隆庆四年，巡抚海瑞，裁革力差，编入均徭征银，按季给发。万历初年，革去二百五十六名。十三年，议复二十名，实三百六十四名。二十一年，复改"指挥"统练[②]。以上"民壮"。

......

水兵：运河汛地，西起张店铺，东止横林铺，共船一十六只，水哨民壮八十六名，巡河哨官一员统领。又兵备道标兵，自张店铺至五牧镇，共船十一只，共兵四十一名，属常镇巡河指挥一员统领。

......

弓兵：宋建隆三年，诏诸县以户口数定弓兵额多寡，满万户者五十人，余以次递减。晋陵，额百人。◆武进，额九十人。◆元设巡检司，掌巡逻、几察之事。沿江傍湖皆置。凡六司：马迹山，司在迎春乡。于塘，司在依仁乡。并晋陵。沙子湖，司在惠化乡。小河，司在通江乡。奔牛，司在安善西乡。黄土岸，司在栖鸾乡。并武进。◆明：沿元。旧设巡检司三：奔牛巡检司，原设巡捕弓兵五十名，巡盐弓兵十名，万历十年革捕兵五名，实存五十五名。澡港、小河二巡检司，各设巡捕弓兵五十名，巡盐弓兵十名，万历十年，各革捕兵三十名，每司实存各捕兵二十名、盐兵十名。以上"弓兵"。

- 《万历武进县志》卷三《里徭·银差》：

驿递铺陈，并修理船只银：◆奔牛递运所，共壹百伍拾肆两。◆毗陵驿，肆百柒拾陆两。

- 《万历武进县志》卷三《里徭·力差》：

民壮，每名银柒两贰钱。知府应槚议武进民壮名数，俱随田派当。后因地方无事，陆续减去，

---

① 指操练并防守。
② 指统率并操练（训练）。

存肆百捌名，近年徭编此数。

坝、闸夫①，每名银叁两。知府应槚议：本府所属奔牛、孟渎、魏村等处坝、闸，各编夫役，岁不常用；惟冬月水涸，然后用之。内奔牛坝、奔牛闸，相去咫尺，可以通用②，旧俱编夫叁肆拾名，又每名编银五两，俱属过多。其魏村闸，已经本院奏革讫。今议：孟渎河、奔牛坝、奔牛闸，各编贰拾名，每名编银叁两。

铺兵，每名银陆两。知府应槚议：旧规，冲要者编银陆两，僻静者编银肆两。今查各铺司兵，冲僻名数多寡不同③，已足均其劳逸，不宜银数复有多寡。今议每名俱编银陆两。

笔者按：《万历常州府志》卷六《钱谷三·征输》言："嘉靖十六年，知府应槚立并征均则法。"而上引文字"奔牛坝、奔牛闸，相去咫尺，可以通用"，可证嘉靖十六年常州知府应槚时仍是闸、坝并存，相去咫尺。但闸是永久性的，而坝是每年冬天一造，春天拆毁，详见上文《递铺》之（四）。

●《万历武进县志》卷三《里徭·均徭·银差》：

本府、县巡盐民壮拾肆名。共银壹百两捌钱。原于"民壮"叁百陆拾肆名内，拨本府肆名，本县拾名。◆嘉靖间，每名编银玖两，专供巡缉私盐；隆庆三年，各编拾两捌钱。万历十年，每名减银贰两陆钱。十七年，每名减银壹两，止实编④银柒两贰钱；遇闰递加。每季限获盐叁千肆百斤、船伍只；如有盐、船⑤，照数免扣工食；如无捉获，照例：盐每百斤，追银贰钱捌分；船每只，追银叁钱。照类⑥于各役名下，扣银贮库，俱解运司类解。

……

奔牛、小河澡港三巡检⑦司盐捕兵捌拾伍名，共银捌百贰拾捌两。◆隆庆二年，共编巡捕兵壹百伍拾名，巡盐兵叁拾名。除扣⑧济边银叁百贰拾肆两，该银壹千叁百伍拾两⑨。万历三年条编，照派⑩。十年，减编小河、澡港各巡捕叁拾名，奔牛巡捕伍名，每司巡盐盐兵拾名，共存今数。每名银柒两贰钱，遇闰递加。盐兵，每季各限获

---

① 指坝夫和闸夫。
② 即只要设一班人马可以管坝和闸，不用设两班人马。
③ 指冲要与僻静已体现在铺司兵的人数上，不应再体现在每名铺兵的工钱数目上。
④ 止实编，即只实编。
⑤ 指抓获到私盐和走私船。
⑥ 类，当据《康熙武进县志》卷十一《钱谷·里甲·均徭·明》作"数"乎？笔者以为，下文有"类解"，故知其未必有误。
⑦ 此字《康熙武进县志》卷十一《钱谷·里甲·均徭·明》无。
⑧ 扣除。
⑨ 指扣除上述银两后，剩下银两有1350两，即原有1654两。
⑩ 万历三年，照此数目摊派到全县头上加以征收。

盐叁千肆百斤，船伍只；除有盐、船，照数兑①扣；如无捉获，照例：盐每百斤，追银叁钱捌分；船每只，追银叁钱；照数在于各兵名下扣追工食银两贮库，候解运司转解。

……

走递民壮，玖拾贰名，共银陆百陆拾贰两肆钱。◆万历前，向将操场民壮作快手②，分派兵道叁名，府堂贰拾名，海防③贰拾名，理刑肆名，县堂拾名，捕衙叁拾名，计捌拾柒名。并有解审重犯，护送银两、过往使客，亦皆在内拨差。万历二十年，将前项役占，尽行发操训练，另募不必入操民壮壹百伍拾名，照前派用，余存听差。每名工食银柒两贰钱，遇闰递加。万历二十九年，巡按何熊祥革去府堂拾肆名，海防陆名，县巡捕拾名，听差④贰拾捌名，止存道叁名，府陆名，海防拾肆名，理刑肆名，县拾名，巡捕贰拾名，操官肆名，义官壹名，支领应役听差⑤叁拾名，共存今数。

在操民壮，叁百陆拾肆名，共银贰千玖百贰拾捌两。原编伍百拾壹名，该给银叁千陆百柒拾玖两贰钱。◆万历三年条编，照派。十年另派⑥，解部银玖百拾玖两捌钱，裁革壹百陆拾柒名，存叁百肆拾肆名。内充哨队长，壹拾陆名，每名拾两捌钱；操兵，叁百贰拾捌名，每名银玖两。十三年，加编民壮贰拾名。十七年奉文：哨队长给银玖两，操兵给银捌两，共存今数。

……

各铺司兵，壹百叁拾玖名，共银壹千壹百伍拾壹两。◆嘉靖十六年，每名编银陆两。隆庆三年，每名银柒两贰钱。万历三年，照编。二十二年，每名银玖两。铺舍损坏，即令修理。今照编，遇闰递加。

此条又见《康熙武进县志》卷十一《钱谷·里甲·均徭·明》。

• 《万历常州府志》卷五《钱谷二·里徭·均徭》：

各县巡司弓兵，每名七两二钱。隆庆二年，原编六百十四名，工食不等，共银五千七百七十两八钱。内扣解部济边、抵充吴淞兵饷银，一千一百五两二钱。万历十年

---

① 兑，当据上文"本府县巡盐民壮"作"免"。
② 快手，即快子、捕快，衙门的跑腿者。捕快，即捕役和快手，负责缉捕罪犯、传唤被告和证人、调查罪证。
③ 指海防同知厅。
④ 县内听差之人。
⑤ 指此听差之人"支领应役"。即"支差"，支应差役，接受支派差遣、应付劳役，为领主支应差事。
⑥ 重新摊派。

至十七年，裁减一百八十五名，实编四百二十九名，各七两二钱，共三千八十八两八钱，遇闰递加。内各司巡盐弓兵，一百三十八名，每季限获船、盐不等。除有获过船、盐人犯，照数免扣。如无捉获，照例，盐每百斤，追银二钱八分；船每只，追银三钱。照数在于各兵名下扣追工食银两，贮库候解运司转解。◆武进，小河、澡港、奔牛三巡司弓兵，隆庆二年，共编巡捕一百五十名，各巡盐十名，除扣济边银三百二十四两，该银一千三百五十两。万历十年，减编小河、澡港各巡捕三十名，奔牛司巡捕五名。盐兵每季各限获盐三千四百斤，船五只。……

本府巡盐民壮二十名，隆庆二年编，各十两八钱。万历十年，每名减银二两六钱。十七年，减存七两二钱，遇闰递加。五县各四名。每季限获盐六千斤，船八只。如无捉获，例与巡司弓兵相同。五县各四名。各县巡盐民壮六十名，每名七两二钱。二项共银五百七十六两，遇闰递加。◆武进十名。每季限获盐三千四百斤，船五只。无锡十二名。每季限获盐四千四百斤，船六只。江阴二十名。每季限获盐六千斤，船八只。宜兴十名。每季限获盐三千四百斤，船五只。靖江八名。每季限获盐三千四百斤，船五只。

各县差操民壮，隆庆二年原编一千九百三十八名，每名银九两，该银一万七千四百四十二两。内每名扣银一两八钱，解部济边、抵充吴淞兵饷，该银三千四百八十八两四钱。名数历年增革不同，今共存一千五百二十八名，工食不等，实编银一万一千九百四十二两四钱七分五厘，遇闰递加。◆武进，原编五百十一名。万历十年，另编解部银九百十九两八钱，革存三百四十四名。内充哨队长一十六名，每名十两八钱；操兵三百二十八名，每名银九两。十三年，加编民壮二十名。十七年，哨队长银九两，操兵银八两。……

• 《康熙常州府志》卷八《徭里》：

武、无、江、宜四县派编。

各县巡司弓兵四百二十九名，每名工食银七两二钱，该银三千八十八两八钱。内裁银一千一百一两六钱，实给银一千九百八十七两二钱，遇闰递加。武、无、江、宜、靖五县派编。查，原编四百二十九名，该银三千八十八两八钱。前订全书，裁三存七，其裁三：一百二十三名，该银八百八十五两六钱，原系拨抵经制，载入抵编项下讫。存七：三百六名，该银二千二百三两二钱。又于顺治十三年，准部文议，裁银一千一百一两六钱，改解户部。案：经巡盐御史祖题请"赋役事关垂远，捕兵工食奉裁，功绩难以责成"事题准，将前裁三抵编经制，银两复编支给，照编前数。

府巡盐民壮，共八十名，每名工食银七两二钱，该银五百七十六两。内裁银二百一十六两，实给银三百六十两，遇闰递加。武、无、江、宜、靖五县派编。此项，原编府县巡盐民壮八十名，今准部文议，裁三十名，共裁银二百一十六两充饷。

● 《万历常州府志》卷十二《武备·国朝·额兵·民壮、土兵、浙兵》：

> 常州陆营 官、兵，三百二十七员、名。内：
>
> 总练指挥一员，日支廪银一钱，岁该三十六两。又纸札银二十四两。
>
> ……
>
> 武进县属内河 官兵、民壮一百四十员、名，内：
>
> 总巡官一员，日支廪银一钱，总数同前，不载。岁支纸札银十二两。
>
> 兵队长四名，各日支银三分。
>
> 水兵四十九名，各日支银二分五厘。
>
> 民壮队长二名，各日支银二分五厘。
>
> 民壮八十四名，各日支银二分二厘二毫。
>
> 武进内运河信地，西自张店铺、奔牛镇、连江桥、西仓桥、南河口、北河口、东仓湾、白家桥、丁堰、戚墅堰，东至横林镇止，共设哨船二十七只，分布要冲，往来巡守。

此条又见《康熙常州府志》卷六《兵御·明·额兵》。

● 《万历常州府志》卷十二《武备·国朝·弓兵·诸县弓兵》：

> 各巡检司所属，职主巡缉盐船，捕获盗贼。制虽沿宋、元，而数之增减不常。特溯其始，以核今额。
>
> 澡港。　额管百名①。成化间减三十名，万历间复减三十名。今存四十名。
>
> 小河。　额管百名。成化间减三十名，隆庆间减二十名，万历九年复减十名，十六年抽拨十五名于南湖巡警，后增置。今计四十名。
>
> 奔牛。并武进②。额管三十名。成化后加十名，隆庆五年加五名。今存三十五名。

● 《康熙常州府志》卷六《兵御·明·弓兵》：

> 弓兵：各巡检司所属，管巡缉盐船，捕获盗贼。其制沿于宋、元，而数之增减不常。明季额数：◆武进县：澡江③，四十名。◆小河，四十名。◆奔牛，三十五名。◆无锡：高桥，三十五名。◆望亭，三十五名。◆宜兴：张渚，三十名。◆湖㳇，三十名。◆下洳，三十名。◆钟溪，三十名。◆靖江：马驮沙，四十四名。

---

① 据《成化毗陵志》，乃洪武初年所设弓兵的名额。
② 指以上三巡检司都属于武进县。
③ 江，《万历常州府志》作"港"。

● 《乾隆武进县志》卷二《兵防》：

明

常州卫指挥使司，在天禧桥西。即元万户府，洪武三年裁。自此至成化年，无考。

陆营兵：嘉靖三十三年，倭氛告警，于各乡里总名下，编兵一名。又在城坊、厢人户，每家有三人者，抽兵一名，共一千五名。倭平，兵尽汰，止存操官五名。五年①，知府穆炜申设土兵三百一十七名。二十一年，朝鲜告警，复募新兵一百名。二十四年，新兵裁，存土兵三百二十二名，属指挥统练。

水兵：运河汛地，西起张店铺，东止横林铺，共船一十六只，水哨民壮八十六名，巡河哨官一员统领。◆又，兵备道标兵，自张店铺，至五牧镇，共船十一只，兵四十一名，属"常镇②巡河指挥"一员统领。……

民壮：……

弓兵：奔牛巡检司，原设巡捕弓兵五十名，巡盐弓兵十名。万历十年，裁捕兵五名，存捕兵四十五名、盐兵十名。◆澡港、小河二巡检司，原设巡捕弓兵各五十名，巡盐弓兵各十名；万历十年，各裁捕兵三十名，每司各存捕兵二十名、盐兵十名。

火兵③：……

● 《道光武进阳湖县合志》卷六《兵防志·明》：

明

守御

洪武元年，即元万户府设守御官，弁④置治所。洪武三年，以常为内地，省。唐志。

常州卫指挥使司，在天禧桥西⑤。

额兵民壮、土兵、浙兵

明初，撤守御。宏⑥治间，于乡厢里总内，金点殷实人户，编为民壮，额设一千二百五名，案，唐府志作"一千三百余名"。以守城扞攃，司门钥库狱，俱令十年一换。正德六年，加至一千八百名。十六年，巡按马录量留八百名，分为二班，防护城池，余

---

① 据下引《道光武进阳湖县合志》，"五年"前有"万历"两字。
② 指"常镇兵备道"。
③ 火兵，即消防员。
④ 弁，当据《万历常州府志》作"并"。
⑤ 《万历常州府志》有"即元万户府"。
⑥ 宏，《万历常州府志》作"弘"，清人避乾隆讳而改书。以下本书引文凡因避讳而写作"宏治"的，均改作"宏（弘）治"。

放还生业，遇警调用。嘉靖三①年，巡抚吴廷举查议："县系临江大县，编定四百八十名，案，旧志作"四百八名"。以下文增存之数核之，当作"八十名"，今补。通作一班。选丁田近上之家为正户，次为贴户。每名出银七两二钱，闰月加银六钱，雇倩备晓武艺之人，常年操守。"十九年，巡按赵继本增编二十名。三十三年，因倭警，委指挥管理，议增一百名。倭平，改千户统领。隆庆四②年，巡抚海瑞裁革力差，编入均徭，征银在库，案季给发。万历初，革去二百五十六名。十三年，议复二十名，实存三百六十四名。内：八十六名分驾哨船巡河，二百七十八名防护城守、库、狱。二十一年，复改指挥统练。其廪粮，在本府练兵银内支给。至陆营兵③，则自嘉靖三十三年倭乱，巡按尚维持，于各乡里总名下，各编兵一名。又在城方④厢人户内，家三人者，抽一名为兵。共一千五名，是为土兵。征银贮库，听给。倭平，汰存操官五名。万历五年，知府穆炜申设三百一十七名。至二十一年，朝鲜告警，复募新兵一百名。警息议革，实存三百二十二名。其廪粮，亦于本府"练兵银"内支给。并属指挥统领训练，防御城池。然豪有力者，一家常领数十人糈。偶经操练，倩市民以应役。甚且无兵以应焉。唐志。

常州陆营官、兵、民壮六百十四员、名。内：案，唐府志作"官、兵，三百二十七"⑤。

总练指挥一员，日支廪银一钱，岁该三十六两。又纸札银二十四两。

哨官一员，日支廪银五分，岁该银十八两。又纸札银二两四钱。

军识⑥一名，日支银二分五厘，岁该银九两。

家丁一名，日支银二分，岁该银七两二钱。

操官四员，各日支银四分，岁该银十四两四钱⑦。

总教一名，日支银五分，岁该银十八两。

教师十名，各日支银四分，岁该银十四两四钱。

哨长十一名，案，唐府志作"八名"，误⑧。各日支银五⑨分，岁该银十两八钱。

---

① 三，《万历常州府志》作"二"。
② 四，《万历常州府志》作"二"。
③ 此四字《万历常州府志》作"其各营水、陆兵"。
④ 方，当据《万历常州府志》作"坊"。
⑤ 按《万历常州府志》作"官、兵，三百二十七员、名"。则武进县民壮有287名。
⑥ 当即识字先生，因在军中，故称"军识"。
⑦ 《万历常州府志》此员在"教师"下。
⑧ 按《万历常州府志》作八名，此作十一名，则三名为"民壮"的哨长可知矣。非误。
⑨ 五，当据《万历常州府志》作"三"，上文日支四分，岁该十四两四钱，此当是日支三分，岁该十两八钱。

土兵三百六名，案，唐府志作"土兵三百名"，误①。各日支银二分五厘，岁该银九两。

民壮操总哨长十三名，案，唐府志作"十一名"，误②。各日支银五分，岁该银十两八钱③。案，唐志"里徭"云："万历十七年，岁各减银一两八钱。"

民壮二百六十五④名，各日支银二分五厘，岁该银九两⑤。案，同上，"岁各减银一两"。

内运河⑥官、兵、民壮一百三十九⑦员、名，内：

哨官一员，日支廪银五分，岁该银十八两。又纸札银二两四钱。

识字一名。

健勇四名⑧。

兵队长四名，各日支银三分，岁该银十两八钱。

水兵四十三⑨名，各日支银二分五厘，岁该银九两。

民壮队长三⑩名，各日支银二分五厘，岁该银九两。

民壮八十三⑪名，各日支银二分二厘二毫，岁该银八两。

内运河信地，西自张店铺，东至横林铺，共船十六只，水哨民壮八十六名，巡河哨官统领。兵备道标兵，自张店铺至五牧镇，共船十一只，兵四十三名。旧志作"四十一"，以分巡兵数合之，当作"四十三"，今改正。属"常镇巡河指挥"统领。民壮：张店铺⑫、连江桥、西仓桥、南河口、北河口、东仓湾、白家桥、丁堰、戚墅堰，⑬东游信地，西游信地，各船一只，民壮五名。奔牛镇、横林镇，各船二只，民壮八名。哨官，哨船一只，民壮七名。工食详前。标兵：张店铺、奔牛镇、三里庵、新闸、西仓桥、东仓桥、白家桥、丁堰、戚墅堰、横林镇、五牧镇，各船一只，水兵四名，惟丁堰水兵三名。工食，在扣解募兵银内支给。唐志。

---

① 按《万历常州府志》作300名，此作306名，则6名为民壮土兵乎？或府志记载比县志稍后，故稍有不同，非误也。

② 按府志记载比县志稍后，故稍有不同，非误也。

③ 按《万历常州府志》作："各日支银二分五厘，岁该银九两。"则若日支银五分，当是岁该十八两，《道光武进阳湖县合志》亦误。

④ 五，《万历常州府志》作"六"。

⑤ 按《万历常州府志》作："各日支银二分二厘二毫二丝，岁该银八两。"

⑥ 《万历常州府志》在"内运河"前有"武进县属"四字。

⑦ 三十九，《万历常州府志》作"四十"。

⑧ 以上三员《万历常州府志》作："总巡官一员，日支廪银一钱，总数同前，不载。岁支纸札银十二两。"

⑨ 三，《万历常州府志》作"九"。

⑩ 三，《万历常州府志》作"二"。

⑪ 三，《万历常州府志》作"四"。

⑫ 此处《万历常州府志》有"奔牛镇"。

⑬ 此处《万历常州府志》有："东至横林镇止，共设哨船二十七只，分布要冲，往来巡守。"

按，唐府志有总巡官一员，廪粮、纸札与总练指挥同，而无哨官。唐县志有巡河哨官一员，而无总巡官。考唐县志，水哨民壮属巡河哨官，水兵属常镇巡河指挥，府志盖误。哨官即指挥，而未审巡河指挥即总练指挥，而巡河哨官又不得概谓之总巡也。今从县志①。

……

弓兵

各巡检司原系巡守沿江险要及腹里乡镇处所。原设弓兵，防御盗贼。嘉靖初，原编盐捕弓兵六百一十四名。按，此系合府兵数。又案，据唐府志，当作"六百六十名"。万历十年，革去一百六十五名。案，据唐府志，当作"一百七十六名"。二十七年，又革去二十名。实存四百二十九名，按，此亦合府之数。专司巡缉盐船，捕获盗贼。唐志②。

奔牛巡检司额管：

巡捕兵，四十五名。万历十年，革去五名。

巡盐兵，十名。

案，唐府志："额管三十名。朱氏府志同。成化后，加十名。隆庆五年，加五名。万历间存三十五名。"案，"三"字讹，当作"四"。案，原设及革减之数与此不符，而万历间存数则符。盖府志不数巡盐名数也。

● 《光绪武进阳湖县志》卷六《兵防·明》：

明

陆营：常州总练指挥一员：土兵、民壮，六百七人；运河官兵、民壮，一百三十九人；华渡哨官兵，四十三人；南太湖哨官兵，七十八人；西滆湖哨官兵，四十一人。

江防：孟河营总练指挥一员：水陆哨官兵，三百三十二人；魏村闸水陆哨官兵，八十二人；荡网洲水哨官兵，四十一人；永生洲水哨官兵，二百五十一人。

巡检司弓兵：奔牛，巡捕四十人、巡盐十人；澡港，巡捕二十人、巡盐十人；小河，巡捕二十人、巡盐十人。

县看守库、狱、街巷、栅门、东西马头火兵③，四百六人。

● 《万历常州府志》卷五《钱谷二·里徭·均徭·备用》：

各县巡司弓兵，每名七两二钱。隆庆二年，原编六百十四名，工食不等，共银五千七百七十两八钱。内扣解部济边、抵充吴淞兵饷银，一千一百五两二钱。万历十年

---

① 指唐鹤征编的《万历武进县志》。
② 同上。
③ 马头，即码头。火兵，即消防员。

至十七年，裁减一百八十五名，实编四百二十九名，各七两二钱，共三千八十八两八钱，遇闰递加。内：各司巡盐弓兵，一百三十八名，每季限获船、盐不等。除有获过船、盐人犯，照数免扣。如无捉获，照例，盐每百斤，追银二钱八分；船每只，追银三钱。照数在于各兵名下扣追工食银两，贮库候解运司转解。◆武进，小河、澡港、奔牛三巡司弓兵，隆庆二年，共编巡捕一百五十名，各巡盐十名，除扣济边银三百二十四两，该银一千三百五十两。万历十年，减编小河、澡港各巡捕三十名，奔牛司巡捕五名。盐兵每季各限获盐三千四百斤，船五只。……

本府巡盐民壮二十名，隆庆二年编，各十两八钱。万历十年，每名减银二两六钱。十七年，减存七两二钱，遇闰递加。五县各四名。每季限获盐六千斤，船八只。如无捉获，例与巡司弓兵相同。五县各四名。各县巡盐民壮六十名，每名七两二钱。二项共银五百七十六两，遇闰递加。◆武进十名。每季限获盐三千四百斤，船五只。无锡十二名。每季限获盐四千四百斤，船六只。江阴二十名。每季限获盐六千斤，船八只。宜兴十名。每季限获盐三千四百斤，船五只。靖江八名。每季限获盐三千四百斤，船五只。

附史籍中找到的两位明代奔牛巡检。

- 民国·张汝漪撰《民国景县志》卷十《人物志·橡①仕·明》：

  张汝诚，奔牛巡检。

- 清·邹兆麟修、蔡逢恩纂《光绪高明县志》卷十二《选举表·仕宦·文职·明》：

  关积，罗俊都人，南京②奔牛巡检。

（五）清朝设奔牛巡检司

- 《古今图书集成·常州府部汇考七·常州府公署考·本府》：

  奔牛巡检司　在县西三十里。

  小河巡检司　在县西北九十里。

  澡港巡检司　在县北五十里。

- 《乾隆武进县志》卷六《官师·禄秩·国朝·武进县》：

  奔牛司、小河司巡检，各一员。从九品。俸三十三两一钱一分四厘。旧有戚墅司巡检一员，雍正四年隶阳湖，今改为"马迹司"。

---

① 橡，当作"掾"。

② 此是明人口吻。明代常州府直隶于南京，清改称江南省，省会在南京，故明代称南直隶（清之江南省）的奔牛巡检为南京奔牛巡检，非是奔牛属于南京城也。

- 《道光武进阳湖县合志》卷十五《官师志一·禄秩·国朝·常州府》：

  奔牛司巡检一员，从九品。俸银三十一两五钱一分八厘，养廉银六十两。

  小河司巡检一员，品秩、俸、廉同上。

- 《古今图书集成·常州府部汇考十三·常州府兵制考·本府》：

  弓兵，本县三司，额设共九十名：小河司，额设弓兵二十名；澡港司，额设弓兵三十名；奔牛司，额设弓兵三十名。

笔者按：《古今图书集成》编于康熙朝，所以此是康熙朝的兵员情况。

- 《乾隆武进县志》卷二《兵防·国朝》：

  民壮：递年裁拨，现存四十名。

  弓兵：旧澡港、小河、奔牛三司，各额设弓兵三十名，减存各二十四名。澡港司改戚墅司，又改马迹山司，分隶阳湖。

- 《道光武进阳湖县合志》卷六《兵防志·国朝》：

  巡司弓兵

  小河司，二十四名。旧志："原设三十名。"岁各支银七两二钱。

  奔牛司，二十四名。原设、岁支同上。　以上武进。

  马迹山巡司，二十四名。原设、岁支同上。　阳湖。

- 《康熙武进县志》卷十一《钱谷·里甲·均徭·国朝》：

  解给院、道各衙门经费、俸薪、心红、衙役工食银数：

  ……

  知县项下，照经费派编：

  ……

  民壮，五十名，每名工食银六两，该银三百两；遇闰，加银二十五两。经制：原每名七两二钱，共银三百六十两。内于顺治九年四月会议，每名裁银一两二钱，共裁银六十两，改解充饷。

  ……

  巡检员下，照经费派编：

  巡检三员，每员俸银三十一两五钱二分，该银九十四两五钱六分；遇闰，加银七两八钱七分九厘九毫。经制，每员原编俸银一十九两五钱二分。于顺治十三年，准部文会议，每员将薪银一十二两，添入俸内照编。

  书办三名，每名工食银六两，该银一十八两；遇闰，加银一两五钱。经制，原每名七两二钱，共银二十一两六钱。内于顺治九年四月会议，每名裁银一两二钱，共裁银三两六钱，改解充饷。

皂隶六名，每名工食银六两，该银三十六两；遇闰，加银三两。经制，原每名七两二钱，共银四十三两二钱。内于顺治九年四月会议，每名裁银一两二钱，共裁银七两二钱，改解充饷。

……

支给驿站银数：

……

奔牛递运所，归并毗陵驿。河轿、飞递夫工食，共银二百一十六两；遇闰，加银一十八两。内给飞递夫十名，工食银七十二两；又河轿夫二十名，工食银一百四十四两。共编前数。

本县存留支给银数：

……

巡司①弓兵一百一十五名，每名工食银七两二钱，该银八百二十八两。内，裁银三百九两六钱；每两解费银二分，该银六两一钱九分二厘；实给银五百一十八两四钱；遇闰，加银四十三两二钱。

查，原编一百一十五名，该银八百二十八两。前订"全书"，裁三存七，共裁三②：二十九名，该银二百八两八钱，原系拨抵经制，载入抵编项下③。存七④：八十六名，该银六百一两六钱。改解充饷。案：经巡盐御史祁⑤题请"赋役事关垂远，捕兵工食奉裁，功绩难以责成"事题准：将前裁三抵编经制银两，复编支给，照编前数。

府巡盐民壮，一十四名，每名工食银七两二钱，该银一百两八钱。内，裁银三十六两；每两解费银二分，该银七钱二分；实给银六十四两八钱；遇闰，加银五两四钱。此项，原编府县巡盐民壮一十四名，准部开：各县已有额设，议裁五名，共银三十六两，充饷。

● 《康熙常州府志》卷八《徭里》：

知县项下照经费派编：

……

每县民壮五十名，共二百五十名，每名工食银六两，该银一千五百两，遇闰递加。各该县编。经制，原每名七两二钱，共银一千八百两。于顺治九年会议，每名裁银一两二钱，共裁银三百两，实留前数。

……

巡检员下照经费派编：

---

① 《康熙常州府志》在"巡司"前有"各县"两字。
② 指裁十分之三。
③ 此处《康熙常州府志》有一"讫"字。
④ 指存十分之七。
⑤ 祁，据《康熙常州府志》当作"祖"。《康熙嘉定县志》卷八《贱役》引此奏章亦作"祖"。

巡检一十二员，每员俸银三十一两五钱二分，该银三百七十八两二钱四分，遇闰递加。五县派编。经制，每员原编俸银一十九两五钱二分。于顺治十三年，准部文会议，照满州俸例，每员将薪银一十二两，添入俸内照编。内：武进县，巡检三员，共俸银九十四两五钱六分，遇闰加银七两八钱七分九厘九毫。无锡县，巡检二员，共俸银六十三两四分，遇闰加银五两二钱五分三厘五毫。江阴县，巡检二员，共俸银六十三两四分，遇闰加银五两二钱五分三厘五毫。宜兴县，巡检四员，共俸银一百二十六两八分，遇闰加银一十两五钱六厘六毫。靖江县，巡检一员，俸银三十一两五钱二分，遇闰加银二两六钱二分六厘六毫。

每员书办一名，共十二名，每名工食银六两，该银七十二两。各该县派编。经制，原每名七两二钱，共银八十六两四钱。内于顺治九年会议，每名裁银一两二钱，共裁银一十四两四钱外，实存前数。今全裁充饷。

每员皂隶二名，共二十四名，每名工食银六两，该银一百四十四两，遇闰递加。各该县派编。经制，原每名七两二钱，共银一百七十二两八钱。内于顺治九年会议，每名裁银一两二钱，共裁银二十八两八钱充饷外，实留前数。

- 《乾隆武进县志》卷三《田赋·支解经费各款》：

　　各官役"俸工"并"杂项支销"：

　　……

　　奔牛司巡检一员，俸银三十一两五钱二分。弓兵二十四名，每名工食银七两二钱，共银一百七十二两八钱；遇闰，加银一十四两四钱。皂隶二名，每名工食银六两，共银一十二两；遇闰，加银一两。

　　小河司巡检一员，俸银三十一两五钱二分。弓兵二十四名，每名工食银七两二钱，共银一百七十二两八钱；遇闰，加银一十四两四钱。皂隶二名，每名工食银六两，共银十二两；遇闰，加银一两。

- 《道光武进阳湖县合志》卷八《赋役志二·田赋中·国朝·武进县》：

江苏粮道衙门额编"漕项"等款项下：

　　……

　　"官役俸工"项下：

　　……

　　奔牛司巡检，俸银三十一两五钱二分。

　　奔牛司皂隶，二名。工食银，一十二两。遇闰，加银一两。

　　奔牛司弓兵，二十四名。工食银，一百七十二两八钱。遇闰，加银一十四两四钱。

　　小河司巡检，俸银三十一两五钱二分。

小河司皂隶，二名。工食银，一十二两。遇闰，加银一两。

小河司弓兵，二十四名。工食银，一百七十二两八钱。遇闰，加银一十四两四钱。

● 《道光武进阳湖县合志》卷八《赋役志二·田赋中·国朝·武进县》：

征收实数：

……

江苏布政司衙门，额编"地""扛"等款项下：

……

又地扛、杂办耗银，四千二百一十五两六钱二厘。遇闰，加编银三十六两一钱六分九厘。

内于"地丁耗银"项下，径给本府知事、照磨，本县县丞、奔牛司巡检、小河司巡检、本县典史六员养廉银各六十两，共三百六十两。遇应扣支，解交司库"耗羡"项下。正、佐各官应支养廉，向俱由县径支。嗣经奉文，于道光五年起，府、县养廉，解司支放。佐、杂养廉，仍在属径支。

江苏粮道衙门额编"漕项"等款项下：

……

官役俸工项下：

奔牛司巡检，俸银三十一两五钱二分。

奔牛司皂隶，二名。工食银，一十二两。遇闰，加银一两。

奔牛司弓兵，二十四名。工食银，一百七十二两八钱。遇闰，加银一十四两四钱。

小河司巡检，俸银三十一两五钱二分。

小河司皂隶，二名。工食银，一十二两。遇闰，加银一两。

小河司弓兵，二十四名。工食银，一百七十二两八钱。遇闰，加银一十四两四钱。

● 《光绪武进阳湖县志》卷二《地丁·武进》：

额编官役俸工银，二千六百十五两九钱五分二厘；闰月银，一百五十二两五钱三分三厘。……奔牛司巡检俸银，三十一两五钱二分。小河司巡检俸银，三十一两五钱二分。……奔牛巡检：皂隶二名，工食银十二两；闰月，加银一两。弓兵，二十四名，工食银一百七十二两八钱；闰月，加银十四两四钱。小河巡检：皂隶二名，工食银十二两；闰月，加银一两。弓兵，二十四名，工食银一百七十二两八钱；闰月，加银十四两四钱。……

● 《道光武进阳湖县合志》卷十一《食货志·额销盐引》：

武进县岁销浙盐原额，三万四百一十八引。

雍正四年，奉文分县：

武进分存额销盐，一万五千二百九引。

阳湖分编额销盐，一万五千二百九引。

浙省杭、嘉二所商人，按数觕运到县发卖，每引随缴县"盐规银"一分，批解江苏布政司衙门，抵支武职"养廉"等用。

案：明隆庆二年，武进额编本府县巡盐民壮一十四名，每名工食银九两。其后增减不一。至万历十一年，减至七两二钱。奔牛、小河、澡港三巡检司弓兵内，额编盐兵十名，每名工食银七两二钱。俱专司巡缉私盐，每名每季限获盐三千四百斤，船五只。如无所获，照例：盐每百斤，追银二钱八分；船每只，追银三钱，照数扣减工食银两贮库，候解运司衙门，此例相沿未改。

国朝顺治初年，裁减巡盐民壮五名，实编九名。雍正四年分县后，武进分编五名，阳湖分编四名。时澡港司改戚墅司，分隶阳湖。乾隆十二年，又改马迹山司。各巡司弓兵，统共减存，各二十四名。其初，限获功盐，亦仍明例。后经奉文革除，惟饬令实力巡缉。至"巡盐民壮"，久改"盐快"；历订《赋役全书》内，尚著旧名。

（六）清代奔牛巡检的题名

《康熙常州府志》卷十三《职官表二·令佐》

	国朝巡检			
顺治二年	武进、崔捷。小河司。 武进、马任远。		俞继祖。奔牛司。	
	……			
顺治十三年	……			
	武进、石应荣。小河司。		陈勋。奔牛司。	
	……			
康熙二年	……			
	武进、周允恒。钱塘人。奔牛司。		范国栋。澡港司。	
康熙十三年				
	武进、张定翔。大兴人。小河司。		张毓英。奔牛司。	
	……			
十九年	武进、张先翼。陕西人。小河司。			
	……			

续表

	国朝巡检				
二十二年	武进、崔耀斗。陕西人。奔牛司。				
二十三年	武进、李如翰。顺天人。奔牛司。				
	……				

《道光武进阳湖县合志》卷十五《官师志·职官表七》

国朝	知县	县丞	主簿	巡检	典史
世祖 顺治	……			俞继祖，二年任。奔牛巡检。 崔捷，二年任。小河巡检。 马任远，二年任。巡检。 案：董志①阙，从陈府志②补。	
	……				
				陈勋，十三年任。奔牛巡检。 石应荣，十三年任。小河巡检。 案：董志阙年，从陈府志。	
	……				
				钟守官，十八年任。澡港巡检。 案：董志阙，从陈府志补。	
圣祖 康熙	……			周允恒，钱塘人。二年任。奔牛巡检。 范国栋，二年任。澡港巡检。 案：董志阙，从陈府志补。	
	……				
				张毓英，十二年任。奔牛巡检。 案：董志阙，从陈府志补。	
				张定翔，大兴人。十二年任。小河巡检。 案：董志列"三年"，今从陈府志更正。	
	郭萃，福建上杭人。拔贡。十三年任。催科有法，抚字惟仁。督浚孟渎，功与流长。十九年去任。有传。			刘赋德，巴陵人。十三年任。澡港巡检。 案：董志阙，从陈府志补。	
	……				
				张先翼，陕西人。十九年任。小河巡检。	

---

① 指董潮所编《乾隆武进县志》。
② 指陈玉璂所编《康熙常州府志》，其又编有《康熙武进县志》。

国朝	知县	县丞	主簿	巡检	典史
	……				
				崔耀斗，陕西人。二十二年任。奔牛巡检。	
				李如翰，顺天人。二十三年任。奔牛巡检。	
	……				
				王际昌，郏县人。二十七年任。澡港。 案：从陈府志补。	
	……				
				张玉璋，渭南人。吏员。五十八年任。奔牛巡检。	
	……				
世宗 雍正	……				
				王钺，仁和人。吏员。三年任。小河巡检。	
	……				
				龚干鲁，滋阳人。吏员。五年任。奔牛巡检。	
				茅宏纲，三河人。吏员。五年任。小河巡检。	
	……				
				吴琏，钱塘人。吏员。七年任。小河巡检。	
	……				
				王大纶，慈溪人。九年任。奔牛巡检。	
	……				
高宗 乾隆	……				
				朱三友，宁陵人。吏员。三年任。奔牛巡检。	
	……				
				李学洙，太平人。监生。五年任。奔牛巡检。	
				李天福，大兴人。供事。六年任。小河巡检。	
	……				
				陈宽亮，会稽人。吏员。十年任。奔牛巡检。	
	……				
				杨宜仑，直隶灵寿人。生员。二十一年任。奔牛巡检。	
	……				
				钟怿，二十四年十二月任。小河巡检。	
				范君佐，大兴人。吏员。二十五年任。奔牛巡检。	
	……				

续表

国朝	知县	县丞	主簿	巡检	典史
				张国柱，会稽人。吏员。三十年正月任。小河巡检。	
	……				
				商谨，宝坻人。监生。三十四年七月任。奔牛巡检。	
				伍成龙，三十五年任。小河巡检。	
				郁作经，大兴人。供事。三十六年七月任。小河巡检。	
				任可铭，三十六年十月任。奔牛巡检。	
				李日炳，兴化人。监生。三十七年四月任。奔牛巡检。	
	……				
	谭大经，① 广东新会人。乙未进士。五十四年二月任。疏浚孟渎、得胜二河。五十六年三月去任。有《传》。				
	……				
				谢元发，顺天东安人。供事。五十七年任。奔牛巡检。	
	……				
仁宗嘉庆	……				
				乔德升，山西安邑人。监生。三年七月任。小河巡检。	
				周骏，大兴人。供事。四年四月任。奔牛巡检。	
	……				
				王锦堂，河南长葛人。九年四月任。奔牛巡检。	
	……				
				王云标，河南淮宁人。监生。十五年三月任。奔牛巡检。	
	……				
				胡廷宣，江西义州人。监生。二十一年十一月任。奔牛巡检。	
	……				
				纪含英，四川达县人。吏员。二十三年六月任。小河巡检。	
	汪世樟，秀水人。丁卯举人。二十四年九月任。疏浚南运河、护城河、北塘河。有《传》。				

---

① 　此处《道光武进阳湖县合志》的光绪活字本补"字红山"。

续表

国朝					
	知县	县丞	主簿	巡检	典史
今皇帝 道光	……			周诰，宛平人。监生。元年正月任。奔牛巡检。	
	……				
				钱勋，嘉善人。监生。八年四月任。奔牛巡检。	
	……				
				陈克昌，顺天通州人。供事。十年十月任。小河巡检。	
	姚莹，① 桐城人。戊辰进士。十二年正月任，政治明敏，慈惠、好施，捐造"风神庙"，以冀雨旸时若；浚盂渎河，升"淮南仪所监掣同知"。现任福建台湾道。				
				舒春元，湖南溆浦人。监生。十六年十月任。小河巡检。	

● 《光绪武进阳湖县志》卷十八《官师·巡检》：

巡检

武进设巡检。其官名，明迄国朝，皆曰"巡检"，有三：驻奔牛、小河、澡港。分置阳湖，以澡港隶阳湖，移驻"戚墅"，又移驻"马迹"。

武进

明

洪武时，陈允中。二十八年，任"澡港"。

国朝

顺治朝：俞继祖，二年，任"奔牛"。崔捷，二年，任"小河"。马任远，二年任。陈勋，十三年，任"奔牛"。石应荣，十三年，任"小河"。钟守官，十八年，任"澡港"。

康熙朝：周允恒，浙江钱塘人，二年，任"奔牛"。范国栋，二年，任"澡港"。张毓英，十二年，任"奔牛"。张定祥，顺天大兴人，十二年，任"小河"。刘赋德，湖南巴陵人，十三年，任"澡港"。张先翼，陕西人，十九年，任"小河"。崔耀斗，陕西人，二十二年，任"奔牛"。李如翰，顺天人，二十三年，任"奔牛"。王际昌，河南郏县人，二十七年，任"澡港"。张玉璋，陕西渭南人，

---

① 此处《道光武进阳湖县合志》的光绪活字本补"字石甫"。

吏员，五十八年，任"奔牛"。

雍正朝：王钺，浙江仁和人，吏员，四年，任"小河"。龚于鲁，山东滋阳人，吏员，五年，任"奔牛"。茅宏纲，直隶三河人，吏员，五年，任"小河"。吴琏，浙江钱塘人，吏员，七年，任"小河"。王大纶，浙江慈溪人，九年，任"奔牛"。

乾隆朝：朱三友，河南宁陵人，吏员，三年，任"奔牛"。李学洙，安徽人，监生，五年，任"奔牛"。李天福，顺天大兴人，供事，六年，任"小河"。陈宽亮，浙江会稽人，吏员，十一年，任"奔牛"。杨宜仑，直隶灵寿人，生员，二十一年，任"奔牛"。钟怿，二十四年十二月，任"小河"。范君佐，顺天大兴人，吏员，二十五年，任"奔牛"。张国柱，浙江会稽人，吏员，三十年正月，任"小河"。商谨，顺天宝坻人，监生，三十四年七月，任"奔牛"。伍成龙，三十五年，任"小河"。郁作经，顺天大兴人，供事，三十六年，任"小河"。任可铭，三十六年十月，任"奔牛"。李日炳，福建兴化人，监生，三十七年四月，任"奔牛"。赵国弻，云南云龙人，监生，五十一年，任"小河"。谢元发，顺天东安人，供事，五十七年，任"奔牛"。

嘉庆朝：乔德升，山西安邑人，监生，三年七月，任"小河"。周骏，顺天大兴人，供事，四年四月，任"奔牛"。王锦堂，河南长葛人，九年四月，任"奔牛"。王云标，河南淮宁人，监生，十五年三月，任"奔牛"。胡廷宜，奉天义州人，监生，二十一年十一月，任"奔牛"。纪含英，四川达县人，吏员，二十三年六月，任"小河"。

道光朝：周诰，顺天宛平人，监生，元年正月，任"奔牛"。钱勋，浙江嘉善人，监生，八年四月，任"奔牛"。陈克昌，顺天通州人，供事，十年十月，任"小河"。舒春元，湖南溆浦人，监生，十六年十一月，任"小河"。

咸丰朝：陈大梁，顺天宛平人，监生，□年，任"奔牛"。

同治朝：孟惠昭，浙江会稽人，吏员，元年，任"小河"。陆廷琮，浙江桐乡人，廪监生，二年正月，任"小河"。王模，浙江秀水人，监生，二年九月，任"奔牛"。谈祖望，浙江德清人，监生，三年五月，任"小河"。王模，三年九月，由"奔牛"司兼任"小河"。郭家玲，江西南昌人，监生，四年十月，代理"奔牛"。胡复初，浙江仁和人，监生，三年十一月，任"小河"。陈大梁，五年四月，再任"奔牛"。林士谦，福建侯官人，监生，五年二月，任"小河"。钱敦泗，浙江山阴人，监生，六年三月，任"小河"。彭兰，浙江仁和人，监生，八年四月，任"小河"。王镕，浙江钱塘人，监生，九年七月，代理"奔牛"。陈大梁，九年九月，再任"奔牛"。赖鍹，广东嘉应人，监生，八年八月，代理"小河"。赵永清，山西大同人，监生，八年十一月，任"小河"。姚德肯，浙江钱塘人，供事，十年正月，任"小河"。陶学铭，浙江会稽人，监生，十一年三月，任"小河"。邵顺颖，浙江仁和人，监生，十一年六月，任"小河"。项大猷，浙江秀水人，监生，十一年七月，任"奔牛"。丁昌松，顺天大兴人，监生，十二年七月，任"奔牛"。雷安淮，顺天大兴人，监生，十三年八月，任"奔牛"。

光绪朝：谢祖泽，浙江山阴人，监生，元年七月，代理"小河"。叶洵，安徽桐城人，监生，元年九月，任"奔牛"。吴承慈，浙江钱塘人，监生，元年十月，任"小河"。高涛，浙江山阴人，监生，二年十月，任"奔牛"。孙效金，安徽和州人，文童，二年十二月，任"小河"。

- 《武阳志余》卷六之二《职官》：

  奔牛司巡检

  俞鸿树，安徽婺源人，监生，光绪五年八月署。

  周镛，浙江钱塘人，监生，六年十二月署。

  刘炯，浙江桐乡人，监生，七年闰七月任。

- 《武阳志余》卷六之二《职官补》：

  奔牛司巡检

  胡福谦，浙江仁和人，监生，兼袭"云骑尉"世职，光绪十三年四月任。

  蒋端年，浙江山阴人，监生，十三年闰四月任。

附史籍中找到的六位清代奔牛巡检。

- 清·杨泰亨修、冯可镛纂《光绪慈溪县志》卷二十二《仕籍·雍正朝》：

  王大纶①，江苏武进县奔牛司巡检。

- 清·劳文庆修、娄道南纂《光绪太平县志》卷十《选举·仕籍·国朝》：

  李学洙②，仓头人，仕江苏奔牛司巡检、署武进县县丞。

- 民国·郑康侯修、朱撰卿纂《民国淮阳县志》卷五《民政下·例仕文职·清》：

  王云标③，监生。武进奔牛司巡检。

- 清·江峰青修、顾福仁纂《光绪重修嘉善县志》卷二十七《人物志·列女（贞烈）》：

  士无金石之操，浮沈④世俗，则有事二主、畏一死者。况闺中弱质，而能矢志不忒，视死如归乎？旧志与"节孝"统列，兹以庚申⑤寇虐，殉烈特多，分别书之，庶后之人易于稽考云。……奔牛司巡检钱勋⑥妻袁氏。

- 清·许瑶光修、吴仰贤纂《光绪嘉兴府志》卷六十六《列女（烈妇下）》：

---

① 见上表雍正九年任。
② 见上表乾隆五年任。
③ 见上表嘉庆十五年任，淮宁县即淮阳县。
④ 沈，读作"沉"。
⑤ 指咸丰十年庚申岁（1860年）太平天国起义。
⑥ 见上表道光八年任。

《忠义录》所载嘉兴府属殉难妇女：

……奔牛司巡检钱勋妻袁氏

- 民国·葛韵芬修、江峰青纂《民国重修婺源县志》卷十七《选举五·监选》：

俞鸿树[①]，号获园，龙腾人，署浙江孝丰县天目司巡检，改江苏，历署新阳县巴城巡检、武进县奔牛巡检，补长洲县吴塔巡检。

……以上光绪壬午续编。

- 清·丁符九修、谈松林纂《光绪宁河县志》卷七《选举志·职员（附）》：

张祖诚[②]，历任江苏武进县奔牛司、太湖厅山东[③]司巡检。

- 民国·窦经魁修、耿愔纂《民国阳武县志》卷三《选举·文职·清》：

王百礼，任江南奔牛镇巡检。以上，旧志。

六　兵防

明代奔牛巡检和清代奔牛巡检，相当于今天的警察。而自万历八年（1580 年）起，因奔牛屡遭盗贼之害，于是有"兵备道"标下"常镇巡河指挥"一员，巡防京口到白家桥的运河安全，奔牛遂为军队巡防所涉及。到了清代，更是在此加强军事防御，即"常州营中军"在此设有汛地、瞭望木楼（即岗哨），奔牛这时开始有驻军（即正式的军队），奔牛这才有了军事公务员。而孟河营也会巡防到奔牛北侧。

（一）明代除巡检司弓兵、民壮以外的正式驻军

- 《万历武进县志》卷五《武备·国朝·守御》：

水兵

按：运河各湖港，原无设立船兵。近因各该地方，盗贼窃发，劫掠商船。万历八年以来，陆续添设官兵、船只，分巡各该信地。

内：运河信地，西自张店铺起，东至横林铺止，共船壹拾陆只，共水哨民壮捌拾陆名。……又自张店铺起，至五牧镇止，共船十一只，共兵四十一名，则兵备道标兵也。内分：张店铺、奔牛镇、三里庵、新闸、西仓桥、东仓桥、白家桥、丁堰镇、戚

---

① 　见上文光绪五年（1879 年）任。

② 　此当是国朝之人。此员及下员上表与上文未载，不详其任职年份。

③ 　山东，当作"东山"，指洞庭东山。按明王鏊《姑苏志》卷二十五《兵防》之《巡检司有二十九》有："东山巡检司，在洞庭东山。成化中，巡抚王恕，奏置（管洞庭东山。已上属吴县）。"

墅堰、横林镇、五牧镇，各船一只，每船水兵四名；惟丁堰，水兵三名。各该工食银，玖两。在府库"扣解募兵银"内支给。系属"常镇巡河指挥"一员统领，岁支廪粮、纸札银，肆拾柒两。自白家桥以上，至京口，皆其信地也。

（二）清代除巡检司弓兵、民壮以外的正式驻军

● 《康熙武进县志》卷十六《兵御》：

皇清鼎革初，命都督冯可宗安抚常州。顺治二年，设"常州营"参将一员，中军守备一员，千总一员，把总四员，马、步兵丁一千名，在郡镇守，并辖"武、无、江、宜、靖、杨、孟"七营。顺治六年征广，调去兵二百名；顺治十二年，又调防崇明兵二百名，止存兵六百名。十六年，海寇告警，奉旨，调"常州"参将一员，带领千总二员、把总二员，马、步兵三百名，移驻江阴；留"常州"城守守备一员、把总二员，马、步兵三百名。康熙十一年四月，奉旨添设"署参将游击"一员李唯杰，管辖"常、无、宜"三县。原任"常州营"守备皮大夔，改为"中军守备"；"无锡营"守备郭承荫，改为"左军守备"；"宜兴①"守备邵云从，改为"右军守备"。而总以"常州营"参将辖之。各官兵照旧驻防。其"中、左、右"三军②官兵、马匹月支俸饷银，九百七十五两八钱六分五厘六毫八忽，米二百一十石；岁支银一万一千七百③十两三钱八分二毫九丝六忽，米二千五百二十石。银于"江苏布政司"库支给，米听巡抚派支。其分守汛地，东至"左军"望亭镇止，南至"右军"湖泆汛止，西至丹阳九里铺止，北至江阴交界万安桥止。至沿江一带，则孟河营所辖也。

弓兵：本县三司，额设共九十名："小河司"，额设弓兵二十名；"澡港司"，额设弓兵三十名；"奔牛司"，额设弓兵三十名。

火兵：本县看守库、狱，共二十五名。

太湖营游击李，于康熙二十年复④，申文复添驻防兵五名，共十名。

江防

……

皇清顺治初，于"孟河营"设守备一员，千总一员，把总二员，兵三百名。顺治七年，裁去千总一员、兵一百名。顺治十三年，奉旨增募兵三百名，陆续买马六十

---

① 此处《古今图书集成》有一"营"字。
② 军，《古今图书集成》作"营"。
③ 此处《古今图书集成》有一"一"字。
④ 指恢复设置太湖营游击将军一员，任命李某担任。

四。康熙元年，抽调赴镇江兵三百名、马十四，本年募足。三年，增设千总一员、把总一员，共额设守备一员，千总一员，把总二员，兵五百名，马一百四。康熙五年，裁去兵一百名、马九十四。康熙十一年，裁去千总一员，连缺额共裁兵一百名。康熙十二年，见在额定经制①守备一员，把总二员，兵三百名，马十四，驻堡②防守，每月额编俸、饷、干银③四百二两二钱四分九厘五毫，米九十石。◆汛地四址：东去桃花港，接江阴县界；西去界港，接丹阳县界；南达奔牛，接常州；北枕大江，接泰兴县界。沿江设有墩台十二座，系属"水师"管辖，拨兵守御。

此条又见《古今图书集成·常州府部汇考十三·常州府兵制考·本府》。

● 《康熙常州府志》卷六《兵御·国朝》：

　　常州营。康熙十一年四月，为移布水师等事，更定营制，添设游击一员，分守武、无、宜三县地方，管辖中、左、右三营，中军武进，左军无锡，右军宜兴。◆游击月支体薪，共银一十九两二钱七分八厘零。

　　中军。守备一员，专管城内④巡防。◆左司把总一员，专管城外东、南一带地方巡防。◆右司把总一员，专管城外西、北一带地方巡防。俱属游击管辖。⑤守备月支体薪银，一十两二钱八分零。◆把总月支体薪银，三两。◆额设马战兵二十名，◆步战兵六十五名，◆步守兵二百二名，防卫府城地方。◆马战兵月支银，二两。◆步战兵月支银，一两五钱。◆步守兵月支银，一两。◆马、步、战、守兵每名月支米三斗。营署。游击，驻札在城东门、左厢里、乡⑥子巷，房屋三十余间。◆中军守备，驻札在城中右里、顾塘，屋二十余间。把总二员，俱住烈帝庙中空房。营船。各汛巡船八只，小快船二只。军器。铁盔、甲二十九顶、副。◆靖气炮，四位。百子炮，十门。三眼枪，六捍⑦。存贮铅子，一百六十三斤八两。存贮火药，一千一百七斤十三两。弓箭、鸟枪、长枪、挂刀等械，锣锅、帐房，各兵自备。瞭望木楼。丁堰一座。◆横林一座。◆连江桥一座。◆奔牛一座。◆南丫河一座。◆北双桥一座。◆以内地，不设烟墩⑧。

● 《古今图书集成·常州府部汇考十三常州府兵制考·本府》：

　　顺治二年，设"常州营"参将一员。

　　中军守备一员　　　千总一员　　　把总四员

　　马、步兵丁一千名，在郡镇守，并辖"武、无、江、宜、靖、杨、孟"七营。六年征广，调去兵二百名；十二年，又调防崇明兵二百名，止存兵六百名。十六年，海

---

① 经制，永久性（也即经常性）的编制。
② 指驻扎在孟河堡，即今孟河城。
③ 指官员的俸禄银，士兵的饷银，马的马干（饲马的干食料）银。
④ 指常州城内。
⑤ 此处当空一格为宜。
⑥ 乡，当作"狮"。
⑦ 捍，当作"杆"。
⑧ 因内地不准设烽火台，故设瞭望木楼。按宋有烟火公事，疑即烽火之责。

寇告警，奉旨调"常州"参将一员，带领千总二员、把总二员，马、步兵三百名，移驻江阴；留"常州"城守守备一员，把总二员，马、步兵三百名。

康熙十一年，添设"署参将游击"一员，管"常、无、宜"三县。

"常州营"守备，改为"中军守备"。

"无锡营"守备，改为"左军守备"。

"宜兴营"守备，改为"右军守备"。总以"常州营"参将辖之。各官兵照旧驻防。其"中、左、右"三营官兵、马匹月支俸银，九百七十五两八钱六分五厘六毫八忽，米二百一十石；岁支银一万一千七百一十两三钱八分二毫九丝六忽，米二千五百二十石。银于"江苏布政司"库支给，米听巡抚派支。其分守汛地，东至"左军"望亭镇止，南至"右军"湖汊汛止，西至丹阳九里铺止，北至江阴交界万安桥止。至沿江一带，则孟河营所辖也。

弓兵，本县三司，额设共九十名："小河司"，额设弓兵二十名；"澡港司"，额设弓兵三十名；"奔牛司"，额设弓兵三十名。

火兵，本县看守库、狱，共二十五名。

太湖营，于康熙二十年复，添驻防兵五名，共十名。

江防：顺治初年，于"孟河营"设守备一员，千总一员，把总二员，兵三百名。七年，裁去千总一员、兵一百名。十三年，奉旨增募兵三百名，陆续买马六十四。康熙元年，抽调赴镇江兵三百名、马十四，本年募足。三年，增设千总一员，把总一员，共额设守备一员，千总一员，把总二员，兵五百名，马一百四。五年，裁去兵一百名、马九十四。十一年，裁去千总一员，连缺额共裁兵一百名。十二年，见在额定经制守备一员，把总二员，兵三百名，马十四，驻堡防守，每月额编俸、饷、干银四百二两二钱四分九厘五毫，米九十石。

汛地四址：东去桃花港，接江阴县界；西去界港，接丹阳县界；南达奔牛，接常州；北枕大江，接泰兴县界。沿江设有墩台十二座，系属"水师"管辖，拨兵守御。

● **《乾隆武进县志》卷二《兵防·国朝》：**

国朝

常州营：顺治二年，设参将、守备、千总各一员，把总四员，马、步兵一千名，在郡镇守，并辖武、无、江、宜、靖、杨、孟[①]七营。六年征广，调去兵二百名。十

---

① 指武进城、无锡城、江阴城、宜兴城、靖江城、杨舍堡城、孟河堡城，其计七营。

二年，又调防崇明兵二百名，止存六百名。十六年，海寇告警，调常州参将一员，带领千总一员、把总二员，马、步兵三百名，移驻江阴；留常州城守守备一员、把总二员，马、步兵三百名。康熙十一年，增设"游击"一员，辖武、无、宜三县。原任"常州营守备"改为"中军守备"，无锡营守备，改为"左军守备"，宜兴营守备，改为"右军守备"，总以"常州营"辖之，各官兵照旧驻防。后仍置千总一员。雍正间，增设外委把总三员，兵额又经裁减。今存马兵三十二名，步兵三十七名，守兵一百九十五名，共二百七十四名；俸饷、粮料，岁额支银共四千八百四十九两零，米九百五十石四斗。其分守汛地：东至左军望亭镇止，南至右军湖溪汛止，西至丹阳九里铺止，北至江阴交界万安桥止。至沿江一带，则孟河营所辖也。

东塘四汛：每汛派兵五名，巡船一只，今皆隶阳湖①。东埠汛、丁堰汛、戚墅堰汛、横林汛。

西塘五汛：每汛派兵五名，巡船一只。西埠汛、新闸汛、连江桥汛、奔牛汛、九里铺汛。

南塘四汛：每汛派兵四名。内丫河、坊前、五洞桥三汛，隶阳湖。普济桥汛、丫河汛、坊前汛、五洞桥汛。兵与宜兴县各半②。

北塘二汛：每汛派兵四名，内"三河口"汛隶阳湖。北埠汛、三河口汛。

民壮：递年裁、拨，现存四十名。

弓兵：旧澡港、小河、奔牛三司，各额设弓兵三十名，减存各二十四名。澡港司改"戚墅司"，又改"马迹山司"，分隶阳湖。

● 《乾隆武进县志》卷二《兵防·江防》：

国朝

孟河营，驻札孟河堡城。顺治初，设守备、千总各一员，把总二员，兵三百名。七年，裁千总一员、兵一百名。十三年，增募兵三百名，马六十四。康熙间，抽调赴镇江兵三百名、马十四。本年募足后，递经增减。雍正十年，改守备为都司，额设把总一员、外委把总一员。乾隆二十八年，增额外外委把总一员，额设马兵九名。内，外委把总及额外外委各一员，实存马兵七名。步兵五十名，守兵一百八十六名。俸饷、粮料，岁额支银共三千七百二十三两三钱零，米八百八十二石。

十汛：把总，专管；外委把总，协防。每汛派兵五名。汛地四址：东去桃花港，接江阴界；西去界

---

① 指分县前属于武进县，分县后归属于阳湖县。
② 指五洞桥汛四名兵中，两名属宜兴，两名属武进。

港，接丹阳界；南达奔牛，接"常州"①；北枕大江，接泰兴界。沿江设墩台十二座，系水师营管辖。石桥湾汛、青城汛、魏村汛、守兵增三名。圩塘汛、守兵增三名。安家舍汛、罗墅湾汛、夏墅汛、万岁汛、固村汛、新庄汛。

● 《道光武进阳湖县合志》卷六《兵防志·国朝》：

> 常州营

顺治二年，设参将、守备、千总各一员，把总四员，马、步兵一千名，在郡镇守，并辖五县，及杨舍、孟河七营。六年征广，调去兵二百名。十二年，又调防崇明兵二百名。十六年，海寇告警，调常州参将，带领千总一员、把总二员，马、步兵三百名，移驻江阴。康熙十一年，增设"游击"一员，辖武进、无锡、宜兴三县。原设"常州守备"改为"中军守备"，无锡为"左军守备"，宜兴为"右军守备"，总辖于常州营。后仍置千总一员。雍正间，增设外委把总三员。乾隆四十七年，各员弁添设"养廉"。其汛②地，东至左军望亭镇止，南至右军湖汊汛③止，西至丹阳九里铺止，北至江阴交界万安桥止。至沿江一带，则孟河营所辖也。

提标游击一员，驻扎郡城东门内、阳湖县左厢。岁支俸薪等银二百三十一两三钱四分，养廉银四百两。

中军郡城。官、兵二百七十九员、名。内：

守备一员，驻扎郡城阳湖县中右厢，分防附郭二县④。岁支俸薪等银九十两七钱六厘，养廉银二百两。

千总一员，驻扎无定所，分防城内各坊厢地方。岁支俸薪等银四十八两，养廉银一百二十两。

左司把总一员，驻扎东埠汛，分管阳湖东南一带地方。岁支俸薪等银三十六两，养廉银九十两。

右司把总一员，驻扎西埠汛，分管武进西北一带地方。岁支俸薪等银三十六两，养廉银九十两。

外委千总一员，与千、把总协防各汛。岁支养廉银十八两。

外委把总二员，与千、把总协防各汛。各岁支养廉银十八两。

---

① 指上文"兵防"所说的"常州营"。
② 汛，当作"汛"。
③ 汛，当作"汛"。
④ 指附在常州城下的武进与阳湖两县。

马兵三十名。外委三员在内。各岁支银二十四两，米三石六斗。

步兵四十八名。各岁支银十八两，米三石六斗。

守兵一百九十四名。各岁支银十二两，米三石六斗。

官兵坐战马，四十六匹。每匹岁支料干银十三两二钱。内：游击，六匹。守备，四匹。千总，二匹。把总，各二匹。兵，三十匹。

以上共岁支银五千九百十五两二钱四分六厘，米九百七十九石二斗。

案，康熙间，额设马①兵二十名，步战兵六十五名，② 守兵二百二名，共二百八十七名。陈府志。乾隆三十年，存马兵三十二名，步兵三十七名，守兵一百九十五名，共兵二百六十四名。乾隆乙酉志。三十三年，添拨江阴、孟河二营兵四十一名。三十七年，添拨提标右营马兵八名。四十六年，减兵一名，拨入寿春镇标营。四十七年，裁改公粮，奉添步守兵二十七名。自彼递有裁减，存今额。

军器

铁盔，一百五十七顶。◆铁甲，一百十九身。◆皮盔，一百六顶。◆棉甲，一百四十四身。◆号帽，二百七十四顶。◆号衣，二百五十八身。◆鸟枪，一百四十杆。◆钺斧，一百四十四把。◆马枪，八杆。◆藤牌，十六面。◆牌刀，十六口。◆滚衣，十六件。滚裤、缠腰在内。◆腰刀，七十二柄。◆大小旗帜，七十二面。◆劈山炮，四位。◆过山鸟，四位。◆子母炮，一位。提心，五个。◆储备火药，一千二百斤。◆铁子，六百九个。◆铅子，一百六十三斤八两。◆锣锅，四十六只。◆单帐房，四顶。◆夹帐房，四十五顶。◆梅花椿③，九十根。◆铁铃，九十个。◆军机帐房，一顶。◆弓、箭、撒袋，一百十九副。◆战箭，四千六百四十枚。◆枪兵岁需铅子，九百六十九两。◆双手带刀，五把。◆长枪，五把。◆大小皮鼓，二面。◆督阵鼓，四面。◆铜号头，一枝。◆铁月鼓，一座。◆巡旗，十八面。◆枪靶，二个。◆铜锣，七面。◆三眼枪，二杆。◆海螺，十七个。◆木梆，二十六座。◆明瓦灯，九个。◆箭箱，一只。◆皮葫芦，三个。◆皮搭连，三个。◆救火器具，一副。

巡船，八只，分设武进、阳湖汛。各船定例，三年小修，五年大修，十年拆造。凡遇修造之年，地方官勘估，领帑承办。

墩汛

---

① 此处《康熙常州府志》有一"战"字。
② 此处《康熙常州府志》有一"步"字。
③ 椿，当作"桩"。

西埠汛、◆新闸汛、◆连江桥汛、◆奔牛汛、◆九里铺汛、以上每汛，兵五名，巡船一只。◆尉司桥汛、◆普济桥汛、◆北埠汛。以上每汛，兵四名，巡船一只。

右八汛，俱属武进。内：尉司桥一汛，右司把总管。余俱属左司把总。

东埠汛、◆丁堰汛、◆戚墅堰汛、◆横林汛、以上每汛，兵五名，巡船一只。◆三河口汛、◆丫河汛、◆坊前汛、◆五洞桥汛。以上每汛，兵四名，巡船一只。内：五洞桥一汛，兵与宜兴各半。

右八汛，俱属阳湖。内：三河口一汛，左司把总管。余俱属右司把总。

……

巡司弓兵

小河司，二十四名。旧志："原设三十名。"岁各支银七两二钱。

奔牛司，二十四名。原设，岁支同上。◆以上武进。

马迹山巡司，二十四名。原设，岁支同上。◆阳湖。

●《光绪武进阳湖县志》卷六《兵防》：

国朝

常州营游击一员，驻城内，辖全营。中军守备一员，千总一员，俱驻城，内管两县境。左司把总一员，驻西埠，分管武进之西塘五汛，南塘普济桥一汛，北塘北埠一汛，阳湖之北塘"三河口"一汛。右司外委把总一员，驻东埠，分管阳湖之东塘五汛，南塘丫河、坊前、五洞桥三汛，武进之南塘"尉司桥"一汛。额兵一百九十一人，历次裁存马战兵二十一，步兵三十八，守兵一百三十二。又马战兵内有外委千总一、把总二、额外外委把总二、添设额外外委把总四。额马三十五匹。◆中军汛地，东至"左军"望亭镇，南至右军湖汊汛，西至镇江府丹阳县九里铺，北至江阴县万安桥。◆中军分汛：东塘四汛，东埠、丁堰、戚墅堰、横林。西塘五汛，西埠、新闸、连江桥、奔牛、九里铺。南塘五汛，尉司桥、普济桥、丫河、坊前、五洞桥。北塘二汛，北埠、三河口。巡船：东四汛，各一；西五汛，各一。◆军器：炮位、鸟枪、盔甲、旗帜、弓箭、刀枪、锅、帐①，旧有例数，今未增备。◆岁支银米、项俸：游击，二百三十两；守备，九十两七钱六厘；千总，四十八两；把总、外委把总，各三十六两。养廉：游击，四百两；守备，二百两；千总，一百二十两；把总，九十两。兵粮、马料：马兵，银各二十四两；步兵，银各十八两；守兵，银各十二两。米，各三石六斗。马，每匹料银，十三两二钱。

《武阳志余》卷五之三《营制》：

---

① 营帐。

常州营，隶"提标游击"，统辖武、阳、锡、金、宜、荆六县。武、阳为"中军"，锡、金为"左军"，宜、荆为"右军"。

……

中军守备，专辖武邑城内坊厢。

中军千总，专辖阳邑城内坊厢。

左司把总，驻"朝京门"外，专辖武进之"西埠""新闸""连江桥""奔牛"、同治间，以"外委"一名，分辖"奔牛汛"。"九里铺"、以上汛，各兵五名、巡船一艘。①"南塘"②之"普济桥"，"北塘"之"北埠"③，阳湖"北塘"之"三河口"。八汛。以上汛，各兵四名、巡船一艘。

案：巡船自嘉、道间停修，兵后未设。以下各汛同。

右司外委，驻"通吴门"外，专辖"阳湖"东塘④之"东埠""丁堰""戚墅堰""横林"、以上汛，各兵五名，巡船一艘。同治间，以"额外"一弁，分辖"横林汛"。"南塘"之"丫河""坊前""五洞桥"⑤、武进"南塘"之"尉史桥"⑥。八汛。以上汛，各兵四名，巡船一艘。惟"五洞"一汛巡兵，与宜兴"右营"各半⑦。

……

同治九年，改设内河水师"淞南、北""太湖左、右"四营，炮船分驻苏、松、常、太四府州县等处"塘河"⑧、干河，巡防、缉捕。凡有陆汛，及镇、市地方一里外遇有失事，责成水师处分；一里内，仍归陆汛。光绪九年，奉文："河面失事，无论有无镇、市，相离远近，概归水师承缉。如官塘、干河，镇、市设有陆汛⑨，遇有距汛一里内河面失事，以水师为专责，陆汛为协缉；如官塘、干河两岸失事，在水师炮船驻泊一里内，陆汛为专责，水师为协缉。"

---

① 此上为"西塘"，即"京杭大运河"的常州城西段。
② 南塘，指南运河，即常州城南段的运河。
③ 指北埠汛。
④ 东塘，即京杭大运河的常州城东段。
⑤ 以上为阳湖南塘，下为武进之南塘。
⑥ 即尉司桥，也即今天的广化桥。
⑦ 因在两县交界处。
⑧ 塘河，即"运河"，因有石驳岸，故名。
⑨ 镇，即有驻军或有类似于今天的派出所这种机构的地方。

第三章　奔牛闸桥

一　奔牛堰、坝、闸及设官

1. 奔牛堰（奔牛自古有堰，古名"奔牛埭"）

● 《咸淳毗陵志》卷十五《山水二·水·堰·武进》：

奔牛堰，在县西二十七里。《舆地志》云：汉有金牛出茅山，经曲阿至此骤奔，故名。东坡有"卧看古堰横奔牛"之句。

● 《成化毗陵志》卷十九《山川三·堰·武进》：

奔牛堰，在县西三十里。《舆地志》云：汉有金牛出茅山，经曲阿，至此骤奔，故名。东坡有"卧看古堰横奔牛"之句。

● 《元丰九域志》卷五《望常州毗陵郡军事》：

奔牛堰，故老相传云"古有金牛奔此"，故以名之。梁载言《十道志》云："万策湖有铜牛，人逐之，奔，上东山，入土，掘之，走至此栅，故川有'栅口'及'牛堰'之名。"

● 《永乐大典·常州府》卷三《渠堰·武进县》引《咸淳毗陵志》"奔牛堰"条后又引《大德毗陵志》《舆地纪胜》：

〔《大德毗陵志》〕：属武进县奔牛镇之西。

〔《舆地纪胜》〕：《九域志》云："古①老相传，古有金牛奔此，故以名之。又梁载言《十道志》云：'万栅湖有铜牛，人逐之，上东山②。掘之，走至此栅，故川③有"栅口""牛堰"之名。'"

---

① 古，通《舆地纪胜》卷六、上引《元丰九域志》卷五所作的"故"。按上引《元丰九域志》"万栅湖"作"万策湖"。
② 上引《舆地纪胜》卷六、《元丰九域志》卷五此处有"入土"两字。
③ 川，指运河。

2. 奔牛坝（宋代天禧年间改堰为闸而洪武至天顺又废闸为坝）

●《永乐大典·常州府》卷三《坝·武进县》：

> 《毗陵续志》：奔牛坝，在郡城西三十里。本朝设坝官一员，以董坝夫之役。

●《成化毗陵志》卷六《官寺·诸司廨舍·武进》：

> 奔牛坝，在县西三十里奔牛镇。旧有奔牛上、下二闸，国朝洪武初闸废，更为坝，设坝官一员。天顺三年，巡抚都御史崔恭建议修复下闸，成化四年都御史邢宥、知府卓天锡复议修上闸，以坝官兼领之。

3. 奔牛闸（宋代天禧、明代天顺两度改堰坝为闸）

●《咸淳毗陵志》卷十五《山水二·水·闸·武进》：

> 奔牛闸，详见"堰"。

●《成化毗陵志》卷十九《山川三·闸·武进》：

> 奔牛闸，在奔牛镇。宋杨诚斋有《过奔牛闸》诗云："春雨未多河未涨，闸官惜水如金样。聚船久住下河湾，等待船齐不教放。忽然三板两板开，惊雷一声飞雪堆。众船过①水水不去，船底怒涛跳出来。下河半篙水欲满，上下两平势差缓。一行二十四楼船，相随过闸如鱼贯。"嘉泰三年重修。国朝洪武初废，天顺、成化间重修。详见"官寺"。

●《万历常州府志》卷二《常州府武进县境图说》：

> 其闸：奔牛闸，旧为堰，有上、下二闸。洪武初闸废，更为坝。天顺甲戌，巡抚都御史建议修复下闸。成化戊子，巡抚都御史邢宥、知府卓天锡复议修上闸，并以坝官领之。盖丹阳练湖之水分流南北，北出京口，南下奔牛。每岁冬月，京口、奔牛两闸皆闭，所以蓄水济漕也。

此条又见《康熙武进县志》卷四《桥闸·安善西乡》和《康熙常州府志》卷五《桥闸·武进》。

●《乾隆武进县志》卷二《桥梁·安善西乡》：

> 奔牛闸，旧有二闸，上名"天井"，下名"天喜"。《南畿志》："宋嘉泰八年，知州事赵若川②重修，陆游有《记》。明成化戊子，续修，郡人王俣有《记》"，皆上闸也，今已废，遗址犹存。明天顺乙卯，巡抚崔某，奏建③下闸。嘉靖戊子，始于闸之夹岸筑石为垛，上架舆梁，是为闸桥④。

笔者按：天喜，宜作"天禧"。此闸当建于宋代天禧年间，故名"天禧闸"。下引

---

① 过，当作"遏"，诗见本书第九章"一 诗文"之"（二）"。
② 若川，据本书第四章二（五）陆游《重修奔牛闸记》，其名善防，字若川。且据陆游记，是嘉泰三年，不是八年。
③ 奏请而建成。
④ 即天禧桥。

《道光武进阳湖县合志》言"元符二年创建",实是元符二年曾孝蕴改单闸为澳闸(即复闸),见本书第九章"一　诗文"张商英诗。宋代改堰为闸,当在天禧年间(由闸名"天禧"可知)。又,上游为西,下游为东,故西名"天井闸",东名"天禧闸"。

● 《道光武进阳湖县合志》卷三《舆地志三·桥梁·安善西乡》:

奔牛闸,在县西三十里奔牛镇。旧有上、下二闸,上名"天井",下名"天禧",宋元符二年创建。《南畿志》:"宋嘉泰八年,知州事赵若川①重修,陆游有记。明成化四年,巡抚邢宥续修,郡人王㒤有记。"皆上闸也。今已废,遗址犹存。明天顺三年,巡抚崔恭奏重建下闸。嘉靖戊子,始于闸之夹岸筑石为垛,上架舆梁,是为闸桥。国朝康熙间,三次修建。道光十八年,闸圮,邑人暂建木于闸基上作桥,亦名"天喜"。

● 《武阳志余》卷二之二《桥闸·安西乡》:

奔牛故闸,在奔牛镇,详旧志。宋陆游记曰:……明成化四年,巡抚邢宥重修,郡人王文肃㒤记曰:……

● 《武阳志余》卷二之二《桥闸续补》:

孟河闸,在小河口。光绪十四年,知武进县金吴澜建,恽思赞记曰:孟河之闸最关漕运,而利商便农次焉②。运河自戚堰以西,水皆黄色,其易淤也,由江潮挟沙;而灌塘、济运,又非江潮不为功。江潮倏来倏去,欲其留而不泻,更非建闸不为功。故上自横越,下至黄田③,江口皆置石闸;而运河自奔牛至吕城,计里二十而置闸二,无非为漕运计也。孟河介横越、黄田百八十里间,为至要口门④。道光十三年,开浚孟河,将石桥旧闸,移建小河镇,费帑银壹万八千八百余两。不十年,东北面雁翅⑤尽圮,人皆谓"地当泛沙",初不知由桩木、钉石之短小,与桩面之无盖石也⑥。咸丰初元,小河四面雁翅皆圮,金门⑦亦仅存十之五六;而下板蓄水,商船、农田,犹共赖之。光绪以来,金门之仅存者,亦岌岌矣。十年,估浚孟河,以经费难筹,闸工未遑计⑧。及十三年冬,河已浚有端绪⑨,而闸石拥积河心,绵延百数十丈,众议有

---

① 若川,其名"善防"。且上文"三年"当作"八年"。
② 指孟河闸对于国家漕粮运输最为关键,其次的作用便是两个:一是通民船和商船,二是农田水利。
③ 从镇江的横越港至江阴的黄田港的所有通江河流的港口,全都置有防潮闸。镇江运河的横越口,实指丹徒口的横闸和越河口闸两闸。越河,即月河。横越为二闸,见《清朝经世文编》卷一〇四《工政十·运河上》黎世序《请修练湖闸堤启》:"兹运河除横越二闸下板蓄水外,余皆板片无存,久失启闭,故江潮往来,任其去,是以毫无操纵。"
④ 地处两者之中,是最为关键的口门。
⑤ 雁翅,从上俯视水闸,闸形整体呈对"八"字形,也即"X"形,交叉处便是闸口。其迎水一面是"迎水雁翅"(即迎水一面的"八"字形),中间是闸的正身,水流到的另一面是"分水雁翅"(即另一侧的"八"字形)。雁翅共有四道,即"X"的四肢。此处说的是东北翅先废,接下来另外三翅也跟着废坏了。
⑥ 指不知道用桩木来钉住小而易被冲走的石材,以及桩面没有加盖大的石块用以起到巩固的作用。
⑦ 金门,当指闸门,不止一孔。指十孔虽存五六孔,仍可阻挡蓄积部分河水,供船运与灌溉用。
⑧ 造闸的工费尚未能考虑到。
⑨ 河道的疏浚已有了头绪。

谓："宜拆，将石变价，以备河工岁修。"有谓："河运业已试办。万一全漕河运，何以蓄水？"邑侯金公吴澜曰："当日建闸，实请命于朝。闸夫工食，今尚作正造销①。一旦废之，如奏案何？幸浚河经费节省有余，其修之便。"乃申请上台，定期于十四年二月兴工②；正在起石、下桩，大雨连朝，闸工两坝同时漫倒，停工至六阅月之久；逾年，始竭力告成，用钱六千二百余千，视前次建造之费约四之一。闸南北各十七丈五尺，其闸底仍旧者，只金门两面共四丈三尺余，概易长大桩木，覆以四方巨石③；驳岸钉石④亦倍长于前。凡金门之宽阔，与石岸之高深，悉仍其旧；惟四角雁翅，较前各短五丈。旧石之适用者不足五成，而拆石、起桩及翻出河心之石，视创建则费工倍蓰⑤；今始知创者难，而因者尤不易也。奔牛闸，仅将石岸拆而复砌，费工料钱⑥五百二十余千，合并记之。

- 《武阳志余》卷七之二《经籍中·史部补遗》：

《辑志私言》一卷。"舆地类"。

国朝薛子衡撰⑦：……且郡左枕大江，右衿太湖；诸湖如滆、芙蓉、宋仙⑧、沙子泖⑨，皆散布郡、邑，无非⑩水利得失之所系也。又如武进之孟渎、澡子、德胜，江阴之桃花、黄田，无锡之百渎，毓铉等案：百渎，隶宜兴。⑪皆江、湖宣泄之所由。而自丹阳直贯长洲，则有运河；自武进南注宜兴，则有西蠡河；自武进北注江阴，入大江，则有夏港、申港、新沟、纲⑫头河；自无锡北注江阴，则有五泻河⑬：又皆漕运之所经，农田之所灌溉者也。芙蓉湖之多变而为田，宋仙湖⑭之渐污为荡。阳湖有南、北⑮之别，所在各殊；北阳湖，在武进新塘乡。南阳湖，在无锡神获⑯乡；而无锡之阳湖，又有南、北之别。

---

① 作正当的开支，在财政收入中造册报销。
② 指在疏浚此河后的十四年二月份开工修闸。
③ 即上文所说的"桩面盖石"。
④ 疑造驳岸用的石块名为"钉石"。
⑤ 指花费的人工是以前的好多倍。
⑥ 指花费的工钱和材料钱。
⑦ 下节录其有关之文。
⑧ 即今宋建湖。
⑨ 即滆湖东部的沙子湖。
⑩ 无非，无一不是，即全都是。
⑪ 按：百渎这一百条渎并非全都属于宜兴，有三分之一左右位于武进县境内，而其百渎口处有百渎山，则在武进境内，与无锡县境相去也不远，所以说成"无锡之百渎"其实也不算大错。
⑫ 纲，当作"网"。
⑬ "五泻"音与"无锡"相近。
⑭ 即宋建湖，也即今之剑湖，古书又有写作"宋仙湖"者。
⑮ 指南阳湖和北阳湖。
⑯ 获，当作"护"。

滆湖有东、西①之名，而经流一贯。西隔湖，跨武进、阳湖界；东滆湖，在宜兴界②。亦民生利赖之所存。奔牛闸，为江潮消长之所涂；望亭闸，为湖水节宣之道而道③：而或圮、或存，或污、或浅，修辑之宜、宣浚之利，见于前贤著撰者多矣。旧志概皆缺录，当广搜博采，随方记录，庶使后之有志水利农田者，有所考征也。……◆案：是编足备修志者之采择，故全录之。

4. 闸河，即南月河、北月河

● 《乾隆武进县志》卷一《山川·安善西乡》：

南月河、北月河，在天井闸旁，明嘉靖间凿，分运河水势。

● 《道光武进阳湖县合志》卷三《舆地志三·桥梁·怀德北乡》：

转水墩，在新闸。江水直下，闸以蓄之。无分流，则过急，即奔牛设南、北月河之意，故设墩以分水势。上建大悲阁。今墩在田中，闸废故耳④。

5. 闸官（水利公务员）

此处记载奔牛闸的闸官和守闸兵丁。他们就相当于古代政府设在奔牛这儿的水利公务员。

（1）宋元设有奔牛闸兵和统领此闸兵的闸官

● 《咸淳毗陵志》卷十二《武备》：

厢军：

……

递铺

营在金斗门外。

牢城

营在雄节营东。

奔牛镇闸兵

额管百人。

---

①　指东滆湖、西滆湖。东滆湖即沙子湖，为沙嘴所在，在滆湖东岸上形成一个嘴一般的半湖。因滆湖在太湖西，于是滆湖及沙子湖合称"西滆、沙子湖"，实为西滆湖和其东的半湖沙子湖两个部分。即滆湖本体为西滆湖，而居东的东滆湖为沙子湖，两者合称"西滆、沙子湖"。

②　今按：滆湖为南北走向，属武进、阳湖者在北，属宜兴者在南，此言东滆湖属宜兴，西滆湖属武进、阳湖，是以北为西，以南为东，与古人称浙江以北地区为浙西、称浙江以南地区为浙东而两者合称为两浙地区正相吻合。则东、西滆湖又当以县域来分，在北而属武进、阳湖两县者为西滆湖（即北滆湖），在南而属于宜兴者为东滆湖（即南滆湖）。

③　"而道"两字当删。

④　指连江桥处德胜新河之闸废，而原来环绕转水墩的月河便湮废成田，大悲阁遂在田中而无水可绕。

此条又见《成化毗陵志》卷十六《武备·宋·本州》、《万历常州府志》卷十二《武备·宋·本州》、《康熙常州府志》卷六《兵御·宋》、《乾隆武进县志》卷二《兵防·宋》、《道光武进阳湖县合志》卷六《兵防志·宋》、《光绪武进阳湖县志》卷六《兵防·营制·宋》。

● 《咸淳毗陵志》卷九《秩官三·郡官》：

> 监奔牛闸，一员。右选。

此条又见《成化毗陵志》卷十《职官二·禄秩·宋·常州》、《万历常州府志》卷八《禄秩·宋·常州》、《乾隆武进县志》卷六《官师·禄秩·郡官·宋常州》、《道光武进阳湖县合志》卷十五《官师志一·禄秩·宋常州》。

（2）明代改坝而设有坝官，后又改闸而设有闸官（请参见上文之"奔牛坝""奔牛闸"条）

● 《永乐大典·常州府》卷七《官制》引《毗陵续志》：

> 武进奔牛坝：坝官，一员，月俸米一石五斗。

● 《永乐大典·常州府》卷七《官制》引中央"国朝永乐元年"设官档案：

> 奔牛坝官，未入流。

● 《成化毗陵志》卷六《官寺·诸司廨舍·武进》：

> 奔牛坝，在县西三十里奔牛镇。旧有奔牛上、下二闸，国朝洪武初闸废，更为坝，设坝官一员。天顺二年，巡抚都御史崔恭建议修复下闸；成化四年，都御史邢宥、知府卓天锡复议修上闸，以坝官兼领之。

笔者按：奔牛旧有上、下二闸，这句话点明了宋元奔牛闸的构造，即典型的复式船闸：先开东侧下游之闸，让往上行的船只进入上下闸之间的闸室，然后关闭下闸之门，开上闸进水，同时上游的船只进入上下闸之间的闸室，这时上游流水使闸室内的水位提高，下游船只便可出上闸而入上游。这时关闭上闸，打开下闸门，上游船只又可以出下闸而进入下游。

● 《成化毗陵志》卷十《职官二·禄秩·国朝·武进县》：

> 奔牛坝：天顺二年虽开奔牛闸，仍以坝官总之。盖上河水少，则闭闸盘坝。
>
> 坝官一员，未入流，月俸米三石。
>
> 孟渎河闸、魏村闸：
>
> 闸官各一员，未入流，月俸米各三石。

笔者按：天顺二年（1458年）废坝立闸，当时只恢复下闸，只有一道闸，失水较多；

成化四年（1468 年）恢复上闸，即恢复成为原来的复式船闸，失水较少。在天顺二年废坝立闸后，便由原来的奔牛坝官来充当奔牛闸官，俸禄与闸官一样。春夏水多，则可以每天定时启坝，通行船只，以省过往船只盘坝的麻烦；而秋冬水少，则半年闭闸，过往船只需要盘坝方能通过奔牛，或者就由孟河，在奔牛镇东的"万缘桥闸"下出入，从而跳过"奔牛至镇江段"的运河。奔牛坝应当是有较缓坡度的梯形，故盘坝时容易上下坡。其坝因要盘坝，所以应当不是那种坡度较陡的坝。

- 《正德常州府志续集》卷一《地理·官寺·诸司廨舍·武进县》：

  孟渎河闸，正德六年重修。

- 《万历常州府志》卷八《禄秩·国朝·常州府》：

  奔牛坝，天顺二年虽开奔牛闸，仍以坝官总之。盖上河水少，则闭闸盘坝。万历四十二年省。

  坝官一员，未入流，月俸米三石。

  孟渎河闸、魏村闸：

  闸官各一员，未入流，月俸米各三石。孟渎闸，今孟渎巡检摄之。魏村闸官，万历间省。

此条又见《乾隆武进县志》卷六《官师·禄秩·明武进县》。

笔者按：《万历常州府志》所言"万历四十二年省"，不是省坝，而是省去奔牛坝官。因为天顺二年（1458 年）已废坝立闸，其时已无坝。立闸后不设奔牛闸官，仍由奔牛坝官来充当奔牛闸官。万历四十二年（1614 年）省去所有闸官，包括下条引文所说的孟渎河闸官、魏村闸官，故奔牛闸的闸官"奔牛坝官"一同省去。由孟渎闸官由孟渎巡检兼管来推的话，则奔牛闸官当由奔牛巡检来兼管，而魏村闸官当由武进县丞来兼管。由于没有专人管理，魏村闸肯定要先坏，而孟河闸、奔牛闸由于没有专人负责，比之稍晚也当毁坏。这表明万历四十二年后，全国水利肯定有大的倒退局面发生。

- 《道光武进阳湖县合志》卷十五《官师志一·禄秩·明常州府》：

  孟渎河闸官一员，未入流，月俸米三石。朱[①]府志：后省，以孟渎巡检摄。

  魏村闸官一员，秩同上。唐志云：万历间省。

笔者按：《道光武进阳湖县合志》失录奔牛坝官的沿革。又其述清朝诸官时，不再有奔牛闸（坝）、孟河闸、魏村闸官这三官的记载，证明万历四十二年以后，奔牛、孟河、魏村三闸官皆废，清承明制而未变（即未再设）。

- 《光绪武进阳湖县志》卷二十九《杂事·摭遗》：

---

① 朱，当作"唐"。朱府志，即朱昱所编的《成化毗陵志》，其言孟渎河闸官一员，则其时未以孟渎巡检兼任也，而上引唐府志，即唐鹤征所编的《万历常州府志》则言明："今孟渎巡检摄之"，故知"朱府志"当作"唐府志"也。

官师类：……明、武进：……毗陵驿驿丞，一员，未入流，月俸米三石。孟渎、魏村闸官，各一员，未入流，月俸米三石。

（3）奔牛闸官的俸禄来源

● 《万历常州府志》卷五《钱谷二·额赋二》：

各县仓米：七千六百五十八石三斗九升八合八勺。无、江、宜、靖四县，历年增减不同。万历十四年，改本府太平仓武进县米，悉归各县仓内，亦历年增减不同。其各县官员俸米，原于仓内支给。万历十四年，改于各粮长名下收米。每石折银一两。万历二十一年，大俸、每石折银一两。小俸、每石折银八钱。吏俸，每石折银五钱。俱入各县色银内带征，共银八百九十一两七钱二分，遇闰加银七十四两三钱一分。四十二年裁革武进县奔牛坝官一员，江阴县黄田闸官一员，减银二十三两四分，实编八百六十八两六钱八分。四十五年，连闰派九百四十一两七分。◆武进县，二百七两四钱八分，连闰二百二十四两七钱七分。……

笔者按：可见奔牛坝官的俸禄是从县仓米中支付，实为分摊到全县的田亩中来征收此县仓之米。

● 《万历武进县志》卷三《里徭·均徭·银差》：

奔牛坝、万缘桥二闸夫，拾贰名，共银拾捌两。◆①隆庆二年，编贰拾名，每名银叁两肆钱九分捌厘，共银陆拾玖两九钱陆分。万历三年条编，照派。十年，减捌名，各给②银叁两。十七年，每名减银一两五钱，存今数。

……

河庄、黄山、剩银、魏村、顾村五墩，共夫拾名，银拾捌两。每名银壹两捌钱。◆③万历十年至今，照编。

此条又见《康熙武进县志》卷十一《钱谷·里甲·均徭·明》。

● 《万历常州府志》卷五《钱谷二·里徭·均徭》：

坝闸夫，每名银三两。隆庆三年，武进县奔牛坝、万缘桥二闸④编二十名。万历十年，减存十二名，各给银三两。十七年，每名减银一两五钱。四十二年，免编讫。

江阴县黄田、蔡泾二闸，编夫二十名，每名三两。万历十年，减十名。四十三年，又减，止存二名，供黄田闸拖拽板桥之役。

---

① 此空《康熙武进县志》卷十一《钱谷·里甲·均徭·明》无。
② 给，《康熙武进县志》卷十一《钱谷·里甲·均徭·明》误作"减"。
③ 此空《康熙武进县志》卷十一《钱谷·里甲·均徭·明》无。
④ 证明老宁闸（即万缘闸）在万历朝之前的隆庆朝便已有。

河庄、黄山、魏村五墩，共夫十名，每名银一两八钱。万历十年，武进县编。

笔者按：此条证明老宁闸即万缘闸是万历朝之前的隆庆朝就已存在的。又可知奔牛坝闸、万缘桥闸共有坝闸夫 20 名，万历十年（1582 年）减为 12 名。每名工钱 3 两，万历十七年（1589 年）减为 1.5 两，万历四十二年（1614 年）与奔牛坝官一同革除。而河庄、黄山、魏村等五处，出于江防需要增设五个烽火墩，其墩夫有 10 名，每名工钱是 1.8 两，疑是从万历十年开始设立。当是万历十年，把奔牛减下的坝闸夫的名额给了上述墩夫。

- 《康熙武进县志》卷十一《钱谷·里甲·均徭·国朝》：

  查将旧编院、道、府、厅、县各衙门俸薪工食等项抵给各项开后：

  ……

  一、河庄、横山①等"墩夫银"，一十八两。

  一、奔牛闸闸夫银，四十三两二钱。

  ……

- 《康熙常州府志》卷八《徭里》：

  查将旧编院、道、府、厅、县各衙门俸薪工食等项抵给各项开后：

  ……

  一、黄田闸闸夫银，六两。

  一、河庄、横山敦②夫银，一十八两。

  一、看守库、狱火兵银，一百七十五两。

  一、奔牛闸闸夫银，四十三两二钱。

  ……

- 《道光武进阳湖县合志》卷八《赋役志二·田赋中·国朝·武进县》：

  征收实数：

  ……

  江苏布政司衙门，额编"地""扛"等款项下：

  ……

  内径拨致祭：◆文昌祭品银，二十两。◆关帝祭品银，三十两。又径拨俸、工、挑废银，二钱六厘。遇闰，加编银一分二厘。又径给奔牛、天井、孟河、魏村各闸夫工食银，共一百五十一两二钱。各闸夫共一十四名，每名日支银三分。遇闰，加编银一十二两六钱。◆凡遇小建，按日扣解。

---

① 横山，即上条引文所作的"黄山"，即孟河（河庄）处的黄山。
② 敦，当据上条引文作"墩"。

笔者按：此条言明奔牛闸（即天顺二年所复建的下闸）、天井闸（即成化四年所复建的上闸）、孟河闸、魏村闸四闸，共有闸夫 14 名，每名每天支给三分银子，一月 30 天则为九钱，一年 12 个月为 10.8 两，14 个人是 151.2 两。闰月加一个月，共 14.6 两。一月 30 天九钱，是按大月建算的，如果是小月建即小月 29 天，则当月要扣除三分银子。

（4）史籍中找到的明代奔牛坝官

● 明·沈孟化修、张梦柏纂《万历江浦县志》卷三《选举表·杂科》：

窦子洪，河东、福建盐场大使，常州奔牛坝官。

● 清·侯宗海、夏锡宝纂《光绪江浦埤乘》卷二十一《选举下·明》：

窦子洪，任河东、福建盐场大使，常州奔牛坝官。……右"俊途"。

● 清·额哲克修、单兴诗纂《同治韶州府志》卷九《选举表·例宦·明·乐昌县·嘉靖》：

张文，常州府奔牛坝官。

● 清·徐宝符修、李秾纂《同治乐昌县志》卷八《选举志·明应例》：

张文，常州府奔牛坝官。

● 民国·杜济美修、郗济川纂《民国武安县志》卷十六《仕宦表·文仕宦表》：

朝代	姓名	住址	出身	官职
……				
明				
……				
	王鲁学		胥材	南直①奔牛坝坝官

二　奔牛桥梁

本小节及下一章记载奔牛镇与水利有关的自然河流和人工设施。

其整理的逻辑顺序是：先由"点"即河上的桥梁，再到"线"即河道，再到"面"即全镇乃至武进西境孟河的水利建设情况。

此处先整理奔牛桥梁的记载。

---

① 指明代的南直隶，清之江南省，今之安徽、江苏与上海地区。

（一）奔牛诸桥总论

● 《光绪武进阳湖县志》卷三《营建·桥渡闸坝·安西乡》：

　　安西乡各桥，跨运河者为：闸桥，旧名"天禧闸"，道光十八年建，咸丰七年重建。跨北转河者为：通顺桥、德胜桥。跨南转河者为：南坝桥、南洪桥。跨孟河者为：万缘桥，旧名"跨塘桥"。跨小孟河者为：小孟河桥、顺塘桥、杨家桥、万寿桥。跨伯牙渎者为：伯牙桥。跨直渎河者为：阮家桥。又名"直渎桥"，道光十六年建。跨西沙河者为：西沙河桥。跨东沙河者为：东沙河桥。跨各沟、浜者为：高沟桥、破河桥、黄仙官桥、宣家桥、回龙桥。其废桥有：奔牛桥、明景泰间重建。老人桥、北洪桥。跨孟河。其闸、坝有：奔牛闸，明时建，国朝康熙间重建，咸丰八年重修。鸣凤乡各桥，跨直渎河者为：博济桥、道光十二年建。董墅桥、河口桥。旧名"长安桥"，咸丰元年建。跨白鹤溪者为：石佛新桥、卜弋桥。跨三溪河者为：邹墟桥。跨鸣凤河者为：鸣凤桥、垟口桥、殷家桥。跨游塘河者为：野茂桥、汤家桥。跨西河者为：鲁家坝桥。其废桥有：王庄桥、跨白鹤溪。三溪口桥、洪墅桥。均跨三溪河。其闸、坝有：大坝闸、八角顶闸。又名"千金闸"。

（二）奔牛诸桥分论

1. 跨塘桥即万缘桥

● 《永乐大典·常州府》卷三《桥梁·武进县》：

　　《毗陵续志》：跨塘桥，在奔牛堰西，元至治癸亥，里人王彬建。

● 《成化毗陵志》卷四《地理四·桥梁·武进》：

　　跨塘桥，在奔牛市西，元至治间建。以上通镇江驿道①。

● 《万历武进县志》卷二《乡都·安善西乡·桥梁》：

　　万缘桥，旧名"跨塘桥"，跨孟渎河口。

此条又见《康熙武进县志》卷四《桥闸·安善西乡》、《古今图书集成·常州府部汇考五·常州府关梁考五·本府（武进县附郭）》、《乾隆武进县志》卷二《桥梁·安善西乡》、《道光武进阳湖县合志》卷三《舆地志三·桥梁·安善西乡》。

● 《武阳志余》卷二之二《桥闸·安西乡》：

　　万缘桥，旧名"跨塘桥"，在奔牛镇。光绪四年圮，知县鹿伯元、厘局委员张绍

---

① 常州通镇江的运河北岸便是镇江驿道。江南驿道在江南大运河的北岸。

文请于巡抚吴元炳，拨帑五成，民捐五成，重建。里人陈鉴、刘诚彦、张安邦董其役。

2. 老人桥与老人闸

- 《乾隆武进县志》卷二《桥梁·安善西乡》：

老人闸，在孟河渎①口。

- 《道光武进阳湖县合志》卷三《舆地志三·桥梁·安善西乡》：

老人桥，董志："在孟渎河口，名'老人闸'。"

3. 奔牛桥（通济桥）、通顺桥

- 《成化毗陵志》卷四《地理四·桥梁·武进》：

奔牛桥，在奔牛市东，国朝景泰中重建，易"通济"，知府周源记。

- 《万历武进县志》卷二《乡都·安善西乡·桥梁》：

通顺桥，元至治间建。奔牛桥，国朝景泰中重建，易名"通济"。郡太守周源记曰：奔牛镇，在毗陵城西三十里，上接金陵，下通闽、浙，地当水陆要冲之地，旧有桥梁，岁深材朽，势将倾危，行者病之。景泰癸酉秋，予始下车，欲撤而新之，命工计其资，值数百金，适岁不登，事不果就。未几，敕封"水府神"萧公"英佑侯"②，同其侍奉香火人王灏，载巨材数艘，自湖湘至江阴，修理废桥十数座，民皆德之。武进知县刘润，亦以奔牛事，躬告于神，蒙即允从，遂兴工于是年腊月二日，建立于明年秋八月之望。桥长十寻有奇，广寻有二尺，高如广数而倍之③，复树两坊于桥之东西④，钦差镇守湖广都御史李公，大书牌扁，揭其上。凡匠工之费，瓦石之具，一毫弗扰于官，一力弗劳于民，神之惠可谓大矣。初，桥未成时，适朝廷遣使赍敕，褒异神功，复加封"灵通广济显应"六字，宸翰、龙章，昭回、焕烂。复授灏冠带，以荣终身，足以照耀于幽显矣。知县谓神之功不可泯没，将立石以传悠远，征文于予。惟神之功，岂徒著于此而已哉？昔我太宗征剿叛逆，尝阴助兵威。皇上嗣登宝位，虏寇猖獗，苗蛮肆虐，亦屡建勋绩。他若南北漕运之劳，江湖商舶之险，稍遭危厄，辄呼号、仰告，其效立应，若声响之相随。其护国惠民之功，彰彰若此；则累蒙恩典，宜也。嗟夫！世有都高官，享厚爵，声光赫然振当时，其视政治之臧否，民生之休戚，与夫颠连困苦而无告者，漠然若无预于己，汲汲焉惟子孙之计是图，刿望其能惠于民哉？其存心制行，能无愧于神邪？予重知县请，故特著神之功惠足以及民，非徒儆夫世之治政者，亦以自儆云耳。

此条又见《乾隆武进县志》卷二《桥梁·安善西乡》。

- 《康熙武进县志》卷四《桥闸·安善西乡》：

通顺桥，元至治间建。奔牛桥，明景泰中重建，易名"通济"。太守周源记。二桥跨运河。

---

① 据下引《道光武进阳湖县合志》，"孟河渎"当作"孟渎河"。
② 指宋末江西宜春人萧伯轩、子萧祥叔、孙萧天任。
③ 即高为桥宽的两倍。
④ 此桥南北向，是在东西桥栏上树坊。

此条又见《古今图书集成·常州府部汇考五·常州府关梁考五·本府（武进县附郭）》。

- 《道光武进阳湖县合志》卷三《舆地志三·桥梁·安善西乡》：

　　通顺桥，在奔牛市西，元至治间建。奔牛桥，在奔牛市东。明景泰中重建，名"通济"，知府周源有记。今废。

- 《武阳志余》卷二之二《桥闸·安西乡》：

　　通济桥，在奔牛镇东。旧名"奔牛桥"，明景泰中重建，易名，知府周源记曰：……

4. 闸河上的南坝桥、洪桥（虹桥）

- 《永乐大典·常州府》卷三《桥梁·武进县》：

　　⬚《毗陵续志》：虹桥，在奔牛堰南，元泰定乙丑重建。⬚《咸淳毗陵志》：旧名"小桥"，在县西南朝京门外。大观三年建，易今名①。

- 《万历武进县志》卷二《乡都·安善西乡·桥梁》：

　　⬚南坝桥，⬚洪桥，二桥皆跨闸河。

此条又见《康熙武进县志》卷四《桥闸·安善西乡》、《古今图书集成·常州府部汇考五·常州府关梁考五·本府（武进县附郭）》、《乾隆武进县志》卷二《桥梁·安善西乡》。

- 《道光武进阳湖县合志》卷三《舆地志三·桥梁·安善西乡》：

　　南坝桥、南洪桥，二桥跨南闸河。

5. 小孟河桥

- 《万历武进县志》卷二《乡都·安善西乡·桥梁》：

　　⬚小孟河桥，跨小孟河口。

此条又见《康熙武进县志》卷四《桥闸·安善西乡》、《古今图书集成·常州府部汇考五·常州府关梁考五·本府（武进县附郭）》、《乾隆武进县志》卷二《桥梁·安善西乡》、《道光武进阳湖县合志》卷三《舆地志三·桥梁·安善西乡》。

6. 伯牙桥

- 《万历武进县志》卷二《乡都·安善西乡·桥梁》：

　　⬚伯牙桥，跨伯牙渎口。

此条又见《康熙武进县志》卷四《桥闸·安善西乡》、《古今图书集成·常州府部汇

---

① 此为误引《咸淳毗陵志》卷三的"虹桥"，此虹桥为常州罗城西门"朝京门"的城门桥，今为西河洞桥，不在奔牛。

考五·常州府关梁考五·本府（武进县附郭）》、《乾隆武进县志》卷二《桥梁·安善西乡》、《道光武进阳湖县合志》卷三《舆地志三·桥梁·安善西乡》。

7. 德胜桥

- 《道光武进阳湖县合志》卷三《舆地志三·桥梁·安善西乡》：

德胜桥，在奔牛镇西，运河南岸。

8. 北洪桥（即北虹桥）

- 《道光武进阳湖县合志》卷三《舆地志三·桥梁·安善西乡》：

北洪桥，跨孟渎河。

9. 阮家桥

- 《道光武进阳湖县合志》卷三《舆地志三·桥梁·安善西乡》：

阮家桥，跨直渎河，一名"直渎桥"。旧系木桥，屡修屡圮。道光十六年，里人捐资，易以石。旧志列"鸣凤乡"。

10. 回龙桥（参见"古迹"）

- 《道光武进阳湖县合志》卷三《舆地志三·桥梁·安善西乡》：

回龙桥，在镇东。梁武帝尝至此返驾，故名。

第四章　水道水利

一　水道

此处记载奔牛镇的河道水流，既有自然河道，又有人工开挖的河道，以自然河道为主。

（一）奔牛江河水道总论

● 《道光武进阳湖县合志》卷三《舆地志三·水道》：

运河

运河，邑中经流也。上承京口、练湖之源，下注邑境。邑之水，东南尽于太湖者，河之南也；东北趋于暨阳者，河之北也[①]。故曰"经"。隋大业间，诏"自京口至余杭，穿渠八百里"，即今河也。古建闸三[②]，蓄上游水，奔牛居其一焉。明中叶后，漕舟、使命，悉取道于此，国朝因之，故谓之"运河"。河自吕城三板桥东入武进界。三板桥者，跨浦河口之桥也。或谓之"界河"，盖以武、丹分界错壤处，只有此河可志云。其东为武、丹两邑马棚，武邑居东，_{棚基赁丹阳"陈祠"者。}丹邑居西，馆驿、递运所也，旧志谓之"张店铺"。东南行五十里，至洪济庵，与阳湖界。又东南行四十五里，至五牧七姑庙，与无锡界。经乡九：武进之安善西、怀德北、怀德南，阳湖之定安西、定安东、孝仁、永丰东、政成、安尚。其水，自三板桥而下，小孟河、伯牙渎北来注之，西河南来注之。十五里至奔牛镇，过闸桥，北会孟渎河，南过直渎口，经叶家码头。_{古渡也，为南北通津。}余[③]缘镇而渡者，不录。西沙沟、安善西乡田间水，长

[①]　指运河以南的河全都由西北往东南流入太湖，运河以北的河全都由西南往东北流入长江。
[②]　京口闸、吕城闸、奔牛闸。
[③]　其余位于奔牛镇内的多处小渡口，此处就不一一加以记录了。

五里。东沙沟，安善东乡田间水，长六七里。自北注之。十五里至连江桥，北会得胜新河①，南为官渎口、蟹钳浜。怀德北乡田间水，长五里。基前沟，怀德北乡田间水，长五里。在官渎上②；士庄河，俗名"草鞋坝"，怀德北乡田间水，长三里。在官渎下，皆南来注之。又东五里，为新闸，则南、北洞子河在焉，与运河相交如十字。过海子口，经西河洞，历广济桥、俗名"西仓桥"。卧龙桥，跨卧龙河通运河处。汇于龙舌尖。其南则为西蠡河，郡南运河也。……

孟渎河

孟渎，邑西北济运古渠也。其入运河处，在奔牛镇东，去郡城三十里。《唐书·地理志》谓："孟简浚古孟渎，引江通漕。"或云"简所开"，非也③。今水有二源：一自小河至石桥湾，三里而近，潮急而直，谓之"小河口"；一自超瓢港至石桥湾，三十里而遥，潮曲而纤，谓之"超瓢口"。其自石桥湾至奔牛镇，凡三十六里，则河之故道也。明初，漕艘由河渡江，江口在孟城山下，故曰"孟城港"。见《咸淳志》④。出江处，廛集成市，故曰"河庄口"。嘉靖倭警，据江口为城，曰"孟河堡"，土人至今犹称"河庄城"，即其明证。城外即江。……其水自超瓢港进口，……十五里至堡城。……五里至汛⑤水镇，……至此⑥，则浦渎之水入焉，唐志所谓"万岁湾"是也。……自此五里至石桥湾，则各沟门、田间水也，无足纪矣。石桥湾者，两源⑦交会所也。小河江口，距镇三里，其水至此，会而南流。……十里而至夏墅镇，过万安桥，镇桥也。则夏南河、永济河、土人谓之"小浦河"。东通孟渎，西通浦河。乾隆十九年，居民呈请开浚。勘明河水高过孟渎丈许，势难开挖，立碑署前，盖与夏南诸河，俱地处于高，借以宣泄浦河盛涨之水耳。安桥河，皆西来注之。过罗墅湾，以宋尚书罗点居此，故名。一名"西湾"。惠宁桥，镇桥⑧也。南行直流为小孟河。其正流，折而东南行，则为东湾，古名"谢店湾"。横河之口在焉。由此而兰陵渎、伯牙渎东西入于河者，其水道皆湮矣。其达江之道，自奔牛万缘桥进口，向北过老宁闸，折而西，为戴家湾。过北洪桥，又折而北，为黄泥湾。

---

① 即烈塘港。

② 上，上游，即在官渎口之西。下文"下"指东。

③ 有人说孟渎是孟简所开，非也。一则古已有孟渎，孟简非开创者，乃重浚。或者有人知道孟简所开实为无锡的泰伯渎，非此孟渎，故云："此渎乃孟简所开为非。"

④ 宋志怎会记载到明朝的事？故知其必误。

⑤ 汛，当作"汜"，即"泛"字。泛水即河底泛江沙也，"万岁、万绥、万税"之音皆似"泛水"，故言此会"泛水（万岁）"之地有王气。

⑥ 指浦渎与孟河相会于万绥。

⑦ 指超瓢港与小河口两河相会处。

⑧ 指惠宁桥是罗墅湾镇上过孟河的桥。

十里至东湾，西行，折而西北。五里至西湾，直北行，过惠宁桥、安桥、陈巷桥、吴桥。十里至夏墅镇，过万安桥。三里至吴巷，二里至水塔口，五里而至石桥湾焉。其北达江者，为小河口。过五相桥，经旧闸，至江口木桥三里，新置小河闸在焉。闸系旧址，道光十二年复置。其迤西进虹桥者，为前明运道。五里至永安桥，俗名"东店桥"。二里至汛①水镇。折而东北，过船桥，至娘娘庙，泛沙之所也，凡五里焉。其北贯城②者，旧日之漕渠也，旧孟河闸在焉，城有南、北二水关，闸在北关口。闸底山根，其形如釜，陈志③所谓"天然闸基"也。今犹称"闸桥"云。道光十二年，改向东北行，绕堡城濠，过永定桥、大南门桥。永安桥，东门桥。复北至教场，由"大树下"，至超瓢港者，今河道也。经乡五：安善西、安善东、仁孝西、仁孝东、通江，及富通等圩。

浦河，一名"浦渎"，亦古渠也。……

午塘河，……

蓼沟，……

夏南河，……

永济河，……

小孟河，在奔牛镇西五里，自仁孝西乡罗墅湾，分孟渎水西南流，折而东南，至小孟河桥入运河。经乡二：仁孝西、安善西。长十里。旧志谓"与伯牙渎会于黄泥湾入孟渎"者，误。

伯牙渎，在奔牛市西、香林寺东，介于孟渎、小孟河间。旧分孟渎水入运河，《咸淳志》谓"南枕运河，北入大江"，是也。惟云"在县西十八里、镇西二里"者，误。今仅存通运河处桥，曰伯牙桥。而北入孟渎之迹，或在黄泥湾，或在大沟门，均不可考矣④。

兰陵沟，《咸淳志》云："在奔牛镇北五里，齐、梁立南兰陵郡，故名。地多萧姓，盖其裔也。"唐志："今湮塞矣。"按，永乐时，孟渎闸官裴让言："河⑤自兰陵沟始。"乾隆中，赵邑侯绘图时，西通孟渎处，跨渎有兰陵桥；盖古本通流，后人失于

---

① 汛，当作"汎"（即"泛"）。
② 指孟城。
③ 指陈玉璂所编的《康熙武进县志》。
④ 指北段已湮塞，河形难辨。
⑤ 指孟河从兰陵沟开始。

疏浚耳。至兰陵郡故址，实系通江之阜通镇[①]，此则萧氏子孙所居，冠以当时之名，非实录也，《咸淳志》误[②]。盖世远年湮，往往故迹多失其实。如阜通镇之即为武进故城、南兰陵故郡，与青城之即为小河寨，皆有形势可考，岂徒以空言为据哉？长八里。

南新河

南新河，亦邑西北济运渠也，在郡西十五里。旧名"烈塘"，……其水一自剩银闸纳水东南行者，为郑港河[③]。即剩银河。一自魏村闸纳水西南行者，为魏村河。二水皆会于绿城湾而南流，同受江水，同出连江桥[④]。其济运、泄水功，与孟渎等；但河形似凹，明嘉靖中内坍五里。河身易淤滞，至南清、北浊，反夺干流。澡港等港亦然，不及小河之潮由以激之、水以刷之，能朝夕灌输。故慕天颜《善后疏》中，以孟渎与吴淞江、刘河、白茆为四大干河也。盖孟河借浦渎之水，清以御浊；而浦河借丹阳之水，自高趋下。故古人于奔牛建闸以蓄水，浚河以济运，非无见也；亦总其大势、挚其纲颁而然耳。……经乡四：怀德北，安善西，仁孝东，依仁西。

澡港

澡港者，邑东北要渠也，古曰"灶子港"，宋许恢所浚。……

西河洞河，北通颜塘河以达网头者。盖武邑之水，南、北洞子而下[⑤]，河南之水，皆入西蠡；河北之水，皆归网头[⑥]。故西河洞、卧龙、所桥诸河，皆络于网头，而不隶运河。唐太常所谓："毗陵水势，自西而趋于东北者，是谚谓：'润高于常三丈赢，常高于苏二丈缩。'而毗陵地势稍平。"然稍平者，在郡城东，而不在郡城西。故古人不特奔牛置闸；而新闸有闸，丁堰有堰，戚墅有闸、桥，非无所见而然也。

……

白鹤溪

白鹤溪[⑦]，《咸淳志》："在县西南二十里，入滆湖，接丹阳桂仙乡。旧传以丁令

---

① 指梁武帝改阜通镇（今万绥）所设的古武进县为兰陵县，故万绥为兰陵城故址。梁武帝改之前，东晋与宋齐的南兰陵县城，则在今天丹阳县荆林乡三城巷村的皇业寺处。皇业寺，即皇基寺，即齐梁皇业的基址所在，也即齐高帝、梁武帝两位皇帝的祖先萧整最初过江定居而侨置南兰陵城的地方。关于皇基寺，请参见本书第九章"一　诗文"所录陆游《入蜀记》。

② 其意是指南兰陵郡故址当在阜通镇，非在此兰陵沟也。《咸淳毗陵志》云："齐梁立南兰陵郡，故名。"非言南兰陵郡治在此，只是言此为南兰陵郡界也，并不误。

③ 即剩港。

④ 新闸西侧的连江桥是烈塘通运河之口，河口当设闸而成集镇，新闸即此新河口闸的意思。

⑤ 往下，即往东、往下游。

⑥ 西蠡河，即南运河。网头，即北塘河，塘河即运河之意，故北塘河就是北运河的意思。

⑦ 《太平寰宇记》卷九十二《江南东道四·常州》之武进"白鹤溪"条："在县西，去州三十里。"

威化鹤得名。"《江南通志》："在金坛县北。上承金陵、句曲之水，东流入常州界。"董志谓："金坛高湖，北流五十余里，通奔牛西河。"伍余福谓："上游之水，由夹苎干入常州涡湖，及白鹤溪。句曲山下天荒塘，周围数里，皆溪之源也。"《漕渠考》："金坛县北有金坛河，溧阳、高淳水由此至丹阳七里桥入运①。"盖承茅、蒋诸山②之水，汇而为溪。其正流，由滕村、蒋墅东南流，入常州鸣凤乡。其支流，别出为七里河，古谓之"珥渎"，宋淳化时，知常州王诜所开者，金坛漕渠也。其自干坝桥、殷家桥、埭口桥而来者，亦入白鹤溪而至鸣凤，故西南诸水之源，皆以白鹤溪为大而远也。以其经鸣凤乡，则为鸣凤河，长五里。至三溪口，则为三溪河。其正流入湖者，仍曰白鹤溪。分流入湖者，曰蠡河。其别出流入西蠡河者，经洪墅桥，则为洪墅河。至横林，则为横林河。实则一水也，而随地分为数名焉。其初入于运河者，曰西河，在孟渎上③。继入于运河者，曰直渎，对孟渎下④。皆斜对孟渎，而泄以孟渎也⑤。再入于运河者，曰官渎，对德胜新河，而泄以新河也。终之以南洞子河，则与北洞子河对。皆设之以泄水，而非借之以济运，顺其性之自然也。借曰"济运"，非深广与漕渠等者，不能是。以溪流七分入湖，三分入西蠡，至其上游水发，盛涨、横滥，则虽有西河、直渎、官渎分泄其水，犹惧不足杀其势。故古谓："凿南、北洞子河，泄云阳以西⑥盛涨之水归江。"凡东南行者，使归于西蠡河。东北行者，使归于洞子河以绕郡北沿江诸港。而正流之入涡湖、归震泽者，不与焉。然水盛则能侵⑦，运上涨则下自壅⑧，此康熙十九年之水，所以苏郡水势犹平，而毗陵郡城先被淹没也。何则？时三河⑨之道梗，无泄水之路耳。故郡西运河诸纬，皆午⑩交如十字，而借以济运者，即借以泄水，古今名臣见之奏牍者，岂无故哉？其水自鸣凤乡接丹阳县水东南流，汇鸣凤河、干坝桥河，会直渎，至三溪口分为三派：一曰洪墅河，东流入西蠡。一曰蠡河，东南流入孟径。其正流南行，会唐门河鸣凤乡田间水，于三溪口南东流入者，长五里。合流，至垂虹桥入孟径河。长三十余里。经乡二：鸣凤，钦风。

---

① 入运河。
② 茅山与蒋山。蒋山即钟山。
③ 上，上游，即在孟渎口的西侧。
④ 下，下游，即在孟渎口的东侧。
⑤ 以孟渎为发泄口，即其水由孟渎入长江。
⑥ 云阳，丹阳。云阳以西，即丹阳以西。
⑦ 指侵入运河。
⑧ 指运河水涨则此河便不能泄水入江。
⑨ 指孟河、德胜河、北洞子河三河来泄白鹤溪之水。
⑩ 纵横相交称为"午"。

西河，在奔牛镇西南，引白鹤溪之水入运者。经乡二：安善西，鸣凤。长十里。今因界连丹邑，阏遏不通，若能辟而通之，则南接鸣凤河，北达运河，亦要渠也。旧志谓"西河，南流五十余里，入金坛高湖"，亦以通白鹤溪而言耳。自奔牛进口，历得胜桥、傅家桥、虞家桥、王大芦桥，至后张坝。过此，则接鸣凤之张墅桥，为鸣凤河矣。

直渎，通白鹤溪于运河者，唐志作鸣凤河，俗名"扁担河"。自阮家桥进口，至河口桥，长十里，经乡二：安善西，鸣凤。

官渎河，……

南洞子河，……

洪墅河，……

海子口河，……

● 《武阳志余》卷一之一《山川》：

大江，在府北六十里。……

超瓢口，即孟河口，在通江乡。西至孟河汛三里，至孟河城十五里，又西至丹阳包村十里；东至小河汛五里强，北至江中巴斗山十里，对江至泰兴黄泗浦口二十里。◆孟河故渎，在通江乡，至超瓢口五里，今湮。◆《方舆纪要》："府西三十里奔牛镇东。南枕运河，北流六十里入扬子江，为转输、商贩之利。"明嘉靖三十二年倭乱，孟渎口遂为滨江津要，因增孟河营，设官兵戍守。今有长江水师营汛。

小河口，在通江乡九都二图。自口，至小河镇五里，石桥汛十里，至孟渎五六里。有汛。◆荫沙，在口外二里；纵十余里，横二里有奇。◆福兴洲，在荫沙东。纵十五六里，横五六里。东毗泰兴，北毗丹阳界，对江至泰兴上七圩港二十里。

澄江口，一名剩银河，宋曰郑港，在孝东乡八都四图。东至小河[①]，西至魏村，各五六里。有汛。◆明初，移巡司于郑港[②]，成化四年，又移于孟渎闸西。◆惜字、积善洲，在口外，纵二三里，横百余丈。

（二）奔牛江河水道分论

1. 运河

● 《咸淳毗陵志》卷十五《山水二·水·河·州》：

---

① 其东又有名为小河之河。
② 指郑港巡检司曾由剩银河口移到孟渎闸西侧来护卫孟渎闸。此非郑陆之郑渎，乃剩银河港。

运河，东自望亭风波桥入郡界，西至奔牛堰，凡百七十里有奇。《史记》云：禹治水，于吴通渠贯江湖。齐《地志》云：丹徒水道通吴、会。六朝都建业，自云阳西城今丹阳凿运渎径抵都下。隋初尝废。大业六年诏自京口至余杭穿河八百里，广十余丈，欲通龙舟巡会稽。唐白居易有"平河七百里"之句。

此条又见《成化毗陵志》卷十八《山川二·河·本府》。

● 《永乐大典·常州府》卷五《山川·本府（河）》引《咸淳毗陵志》"运河"条后又引《大德毗陵志》《元一统志》：

　　《大德毗陵志》：自望亭堰入常州路界，向西入城，经大市西出，至奔牛堰。东西占无锡、晋陵、武进三界，二百里。

　　《元一统志》：在录事司东、西经过，长九里。上流，自武进县界，流入朝京门。下流，出朝天门，达晋陵县界。

● 《万历常州府志》卷二《常州府武进县境图说》：

　　其河则运河，东自望亭风波桥入郡界，西北至张店铺，凡百七十里有奇。《史记》云："禹治水，于吴通渠贯江、湖。"齐《地志》云："丹徒水道通吴、会。"六朝都建业，自云阳西城凿运渎径抵都下。隋初尝废。大业六年诏自京口至余杭穿河八百里，广十余丈，欲通龙舟巡会稽。唐白居易有"平河七百里"之句。自张店铺入郡界，径奔牛通顺桥、元至治间建。通济桥。元[1]名奔牛桥，景泰中知府周源、知县刘润重建，易名。源自为记。俱跨运河，在奔牛镇。至朝京门外广济桥，而会南运河之水，汇文亨桥。……

此条又见《康熙常州府志》卷五《河渠·武进》。

● 《光绪武进阳湖县志》卷一《山水·水》：

　　运河：自镇江府丹阳县吕城入武进安西乡，东会孟渎，至奔牛闸，由闸分为南、北转河二；又东会得胜新河，东会洞子河，过海子口，至龙嘴[2]会南运河；又东过广化门南，又东过德安门南，入阳湖孝仁乡会龙游河、新河[3]，北过文成坝，东会采菱港，又东会三山港，过横林东，至五牧入无锡县界。经乡九：武进之安西、怀北、怀南，阳湖之定西、定东、孝仁、丰东、政成、安尚，行境内九十五里。

● 《万历武进县志》卷二《乡都》：

　　其河则运河，自吕城接丹阳之流，东南入于怀德北乡。自奔牛镇东，分派为孟河；自奔牛镇西，分派为伯牙渎。相传：伯牙尝寓此，因钟期死，弃琴渎中，故有琴鱼，弦徽皆

---

[1]　元，似当作"原"，而不应当作元代来解。
[2]　即常州城西南运河西蠡河口的石龙嘴。
[3]　新河，指万历朝新开的文成坝西侧之河，河上今有舣舟亭公园门前的飞虹桥。

备。旧志云"北流入江"，想曾通孟渎，今湮塞矣。又西为 小孟河 ，会于 黄泥湾 ①，流入仁孝西乡。孟河口之东，曰 东、西沙沟 ，俱北派也②。绕奔牛镇南两河，皆以闸而设③。运河自奔牛镇东分派，南通白鹤溪，曰 直渎 。俗呼"扁担河"。万历七年浚，深广与漕渠埒。其闸，则 奔牛闸 。旧为堰，有上、下二闸④。洪武初闸废，更为坝。天顺甲戌⑤，巡抚都御史⑥建议修复下闸。成化戊子⑦，巡抚都御史邢宥、知府卓天锡复议修上闸，并以坝官领之。盖丹阳练湖之水分流南北，北出京口，南下奔牛。每岁冬月，京口、奔牛两闸皆闭，所以蓄水济漕也。◆宋陆游《修闸记》曰：……◆王俟《重建奔牛闸记》曰：……⑧◆《镇江志》云：吕城、奔牛诸闸，莫详所始。宋《嘉定修渠记》云："唐漕江淮，撤闸置堰。开元中，徙漕路由此。宋淳化元年，武进尉凌民瞻奏议废京口、吕城、奔牛、望亭四堰，又即望亭置闸；而常州守王诜开珥渎河通常润鄆⑨道，卒无成功，皆坐免。元祐四年，移筑吕城闸于奔牛，河水顿竭，废之。元符二年，两浙运判曾孝蕴请建奔牛澳闸，以便漕鄆、商贾，从之。于是复置，以至于今。"

2. 孟河

● 《咸淳毗陵志》卷十五《山水二·水·渎·武进》：

孟渎，在县西四十里。《风土记》云："七里井有孟渎，汉光武初潜，尝宿井傍，民为指途达江浒，即位命开此渎。"广五丈，深七尺，南通运河，北入大江，岁久淤阏。唐元和中刺史孟简浚导，袤四十一里，溉田四千余顷。南唐保大初修水门，国朝庆历三年令杨玙谕民疏治，复通江流。《祥符经》引巴州刺史羊士谔记云，此渎以近孟城山得名。或云孟嘉侨寓之地，又云孟简所浚，未详孰是。

笔者按：今按《中国人名大辞典》所言"羊士谔，唐泰山人，贞元进士"，今又按元辛文房《唐才子传》卷三记载"羊士谔，贞元元年礼部侍郎鲍防下进士"，即羊士谔是贞元元年（785年）的进士，其排名在鲍防后面，可证唐代便已有了孟城。南唐保大初年修水门，也可证明南唐已经有孟城。其水门即孟河口筑城后，城墙上开的供孟河通行用的水门。这条记载其实告诉我们：嘉靖朝倭乱后造孟河堡城并非创建，而是恢复唐代的城，其实也很有可能是唐以前就有此孟河城了，即唐或唐以前的南朝政权早就意识到这儿的战略

---

① 指在黄泥湾处，小孟河与孟河两河相会。
② 东沙沟与西沙沟全都是运河北流的支河。
③ 指两条闸河全都是有船闸的河。其《安善西乡图》中标作"闸河"与"南闸河"。
④ 原本是堰（即无闸之坝），后改闸，而且还是复式船闸，有上、下两道闸。
⑤ 天顺无甲戌，《成化毗陵志》作"天顺三年"。天顺元年丁丑，二年戊寅，三年己卯。
⑥ 按《成化毗陵志》，巡抚名崔恭。
⑦ 即成化四年。
⑧ 两文见下文"二　水利"。
⑨ 鄆，即"运"字。

重要性而建城。可能宋朝灭了南唐，要削弱江南的军事实力，孟河城被毁当是宋代造成，到明代嘉靖时才又恢复起来。

或认为水门当是水闸，即上述记载不一定能作为南唐时孟河已经建城的证明，即南唐时未必有孟城存在，南唐时的孟河水门当是孟河船闸，而未必是军事性的城门。但唐代羊士谔《碑记》既然已称为"孟城山"，则唐代已有孟河城，可见南唐的水门便当指孟河城的水门为是，而不是单纯的河口防潮闸。因为水门是引水入城时城墙上可关可启的水口，与河渠上的闸门和水口有所不同。

古代水道凡是穿城处就要建造水门。水门必须具有启闭功能，否则就不能叫"门"。城市内开辟水道有如下三种情况的用途：一是运输，一是供水，一是排污泄洪，也有兼而有之的情况存在。江南水乡，其城里物资的供应和输出，大多用船只来运进运出，所以，古时的水门也是很发达热闹之处，常要设卡征税，是政府财税收入的宝地。同时，也要进行安全或者禁运品的检查；而战争时期，这里便要闭关，并设重兵把守。其与闸门的联系在于，水门都要设有闸，下闸必定要有闸槽和操控闸门的"绞关"，所以水门这儿会有很多的水利工作人员。唐代的孟河城水门当与之相类，绝对不是简单的一道闸门而已，一道闸门不当称水门。孟河水门同样有防潮、征税、防止江盗入侵内地等多重功用。

• 《永乐大典·常州府》卷五《山川·武进县（溇）》引《咸淳毗陵志》"孟渎"条后引《大德毗陵志》：

> 《大德毗陵志》：又云："因孟简浚导，遂号'孟渎'。"

笔者按：宋陈思《宝刻丛编》卷十四《两浙西路·常州》有《孟简修孟渎记》，末注出处《诸道石刻录》。元《无锡志》"孟渎"条则云孟简修泰伯渎而又得名孟渎，即其书卷二《总水》言："太伯渎，……《唐书·地理志》云：'元和八年，孟简开太伯渎，东连蠡湖。'《寰宇记》云，'太伯渎，……元和八年，孟简开浚之'，并导蠡湖。长八十七里，广十有二丈。自后，太伯渎谓之孟渎，蠡湖谓之孟湖。"故《方舆胜览》卷四《常州·名宦·孟简》言："唐志①无锡县下有：'泰伯渎，孟简所开。'或云武进。"实孟简既修武进之孟渎，又修无锡之泰伯渎。然孟渎自古即名孟渎，而泰伯渎自古名泰伯渎，岂会因孟简修泰伯渎而名之为孟渎乎？要之，泰伯的名气远盛于孟简，断无孟简修泰伯渎则泰伯渎反要改作孟渎的道理！唯有武进之孟渎原本即称孟渎，因此《孟简修孟渎记》所指孟渎必定是在武进。因为，即便泰伯渎因其修治而改称"孟渎"，亦要在其修治之后，断无刚修

---

① 指《新唐书》卷四十一《地理志》"常州、无锡"条下注："望。南五里有泰伯渎，东连蠡湖，亦元和八年孟简所开。"

好渎，孟简本人即将其称作"孟渎"而写入自己文中的道理。故此《孟简修孟渎记》显是修原来名叫"孟渎"的武进孟渎。若是孟简要为其所修的泰伯渎作记，当名之为《孟简修泰伯渎记》，断不可改称其为"孟渎"，因为古人最重廉耻，绝无自己开前人创开之河，反倒把前朝远比自己来得伟大的人物的名字给改掉的道理。

● 《成化毗陵志》卷十八《山川二·河·武进》：

　　孟渎河，即古孟渎，在县西三十里奔牛镇东。南枕运河，北流六十里入扬子江。《风土记》云，七里井有孟渎，汉光武初潜，尝宿井旁，民为指途达江浒，即位命开此渎。唐元和中刺史孟简浚导，袤四十一里，溉田四千余顷。南唐保大初修水门，宋庆历三年令杨玙谕民疏治，复通江流。《祥符经》引巴州刺史羊士谔记云，此渎以近孟城山得名。或云孟嘉侨寓之地，又云孟简初[①]浚，未详孰是。国朝洪武二十七年重浚，止通轻舟。后闸官裴让具陈江南漕运之利，永乐四年，命通政赵居任等率常、苏、松三府丁夫浚导，凡十昼夜讫工，比旧倍加深广，转输、商贩尤便焉。

此条又见《万历常州府志》卷二《常州府武进县境图说》。

● 《古今图书集成·常州府部汇考一·常州府山川考一·本府》：

　　孟渎河　即古孟渎。在县西三十里，南自奔牛万缘桥分流，六十里入扬子江。《风土记》云，七里井有孟渎，汉光武微时，尝宿井旁，即位命开此渎。唐元和中，刺史孟简浚导，袤四十一里，溉田四千余顷。南唐保大初，修水门。宋庆历三年，令杨玙[②]谕民疏治，复通江流。《祥符经》引巴州刺史羊士谔记云，此渎以近孟城山得名；或云孟嘉侨寓地，又云孟简初浚，未详孰是。明洪武二十七年重浚，止通轻舟。后，闸官裴让具陈江南漕运之利，永乐四年，命通政赵居任等率苏、松、常三府丁夫浚导，仅十昼夜讫工，比旧倍加深广，转输、商贩便焉。弘治八年复淤，命工部侍郎徐贯，动苏、松二府金钱，派常州五县丁夫疏瀹，浃月告成。嘉靖初，跨孟渎筑城备倭，河复淤。二十五年，知县杨巍、丞吴文泮重浚。万历五年，御史林应训合五县官帑募夫，再浚深广，并及支河。旱则引潮灌溉。冬月，京口闭闸，官民舟楫通行，公私利赖。至皇清顺治十六年，海寇告警，议沿江列戍[③]，修马路，筑烽墩、炮台，凡通江支河悉闭塞。康熙十九年，巡抚慕[④]重开。

● 《康熙常州府志》卷四《山川·武进》：

　　孟渎河，即古孟渎。在县西三十里奔牛镇东。南枕运河，北流六十里入扬子江。《风土记》云，

---

① 初，上引《咸淳毗陵志》作"所"。
② 指武进县令杨玙。
③ 戍，当作"成"。
④ 指慕天颜重开孟河。

七里井有孟渎，汉光武初潜，尝宿井旁，民为指途达江浒，即位命开此渎。唐元和中刺史孟简浚道①，袤四十一里，溉田四千余顷。南唐保太②初，修水门。宋庆历三年，令杨玙谕民疏治，复通江流。《祥符经》引巴州刺史羊士谔记云，此渎以近孟城山得名；或云孟嘉侨寓之地，又云孟简初浚，未详孰是。明洪武二十七年重浚，止通轻舟。闸官裴让陈江南漕运之利，永乐四年，命通政赵居任等率常、苏、松三府丁夫浚导，仅十昼夜讫工，比旧倍加深广。宏（弘）治八年复淤，命工部侍郎徐贯疏瀹，浃月告成。嘉靖初，跨孟渎筑城备倭，河复淤。二十五年，知县杨巍、丞吴文泮重浚。万历五年，御史林应训募夫，再浚深广，并及支河。国朝顺治十六年，议沿江列戍，凡通江支河悉闭塞，西北诸乡屡告旱灾。康熙二十年，巡抚慕天颜疏请重浚，募夫挑揾，三月复故道。江潮灌输，水利之大益也。

● 《康熙武进县志》卷七《水流》：

孟渎河，在城西三十里奔牛镇东。《图经》云："此渎以孟城山得名。或云：唐刺史孟简所睿③。"其南接运河，北流六十里入扬子江。

● 《光绪武进阳湖县志》卷一《山水·水》：

孟渎，自武进通江乡超瓢口分江水东行，又自小河口分江水南行，均至石桥湾，东南至奔牛镇入运河。经乡五：通江、孝西、孝东、安西、安东，行六十六里。

● 《武阳志余》卷一之二《古迹上·孝西乡》：

古孟渎，在奔牛镇东南，北流入江。《风土记》云，七里井有孟渎。汉光武初潜，尝宿井旁，民为指途达江浒，即位命开此渎。

今详考"七里井"位置及其地名由来。

七里井在浦渎上，疑即吕城东浦河口，也即今天的丹阳吕城东的金联村委会附近。今按：吕城必是古老之城，其东七里便是浦河口（金联村委会），其地故名"七里井"，再往东两里便是丹阳与武进交界处的九里。九里距奔牛镇仅七里，这证明九里得名于其在吕城东九里，则"七里井"便得名于吕城东七里，可证古浦河也即古孟渎发端于吕城东七里的七里井处，也即今天的金联村委会所在地。而东汉光武帝时已有七里井的地名，这就证明吕城当先于东汉光武帝而存在，则吕城也甚为古老。

《咸淳毗陵志》卷十五《山川·山》："孟城山，在县北八十里，亦瞰大江。巴州刺史羊士谔记云：'晋孟嘉南迁侨居之地。下流有孟渎。'"上引同卷《山川·渎》："孟渎，在县西四十里。《风土记》云：'七里井有孟渎，汉光武初潜，尝宿井傍，民为指途达江浒，即位命开此渎。'广五丈，深七尺，南通运河，北入大江，岁久淤阏。唐元和中刺史

---

① 道，通上引《咸淳毗陵志》所作之"导"。
② 太，通"大"。
③ 睿，当作"浚"（异体字作"濬"）。

孟简浚导，衺四十一里，溉田四千余顷。南唐保大初修水门，国朝庆历三年令杨珫谕民疏治，复通江流。《祥符经》引巴州刺史羊士谔记云：'此渎以近孟城山得名。或云孟嘉侨寓之地，又云孟简所浚，未详孰是。'"

又《道光武进阳湖县合志》卷三《舆地志三·水利》："元和八年，常州刺史孟简浚古孟渎。《旧唐书》：'简浚古孟渎。'"其下有注："《新唐书》：'州有孟渎，久淤阏，简导治，溉田四千余顷。'《风土记》云：'七里井有孟渎，汉光武初潜，尝宿井傍，民为指途达江浒，即位命开此渎。'广五丈，深七尺，南通运河，北入大江。《唐会要》：'元和八年，常州刺史孟简因改故渠，开此渎，衺四十一里，引江水南注通漕，溉田四千顷，因名。'《祥符图经》引巴州刺史羊士谔记云：'此渎以近孟城山得名。'又云：'孟城山，晋孟嘉侨寓之地，下流有孟渎。'今堡城东有孟城山，西有嘉山，此言为得其实。按，七里井相传在今浦渎上。陈续志于'江桥'注：'古孟渎，又云兰陵桥，在通江乡。旧曲阿未开孟渎之先，从京口至常州，必取道于此。'盖浦渎或古孟渎也，南通运河之吕城镇。"其所言的"曲阿未开孟渎之先"是指唐代孟简开通往奔牛的孟渎之前，从镇江到常州便走孟城往南的浦河，中唐孟简开了孟渎后也就走孟城往奔牛的新的孟河了。

今按《中国人名大辞典》所言"羊士谔，唐泰山人，贞元进士"，则唐时便有孟城矣。可见七里井是孟河入运河之口，浦渎就是古孟渎，则运河早于光武帝可知。孟山、嘉山合称孟嘉山，得名于东晋名士孟嘉（陶渊明的外祖父），他曾隐居于此。东晋立都于南京，孟嘉在南京东侧不远的孟城隐居，也在情理之中。南唐保大初立水门，即筑城，据羊士谔记则最迟至中唐贞元年间孟城已有城。

关于七里井乃海眼，有巨木镇龙，详见第八章《古镇史事》朱筠诗"或言七里井，巨木塞海澳"句的注释。

3. 小孟河

● 《康熙武进县志》卷四《山川·安善西乡》：

小孟河，在伯牙渎。西会黄泥湾，北入孟河口。今湮。

此条又见《古今图书集成·常州府部汇考一·常州府山川考一·本府》、《乾隆武进县志》卷一《山川·安善西乡》。

● 《万历武进县志》卷二《水利》：

安善西乡：小孟渎，南通运[①]，北通大孟渎，长壹千壹百贰拾伍丈。与管渎、东

---

① 运，指运河。

小沙沟亦相近。嘉靖二十五年浚，用夫六百五十名，兴工□□①日，开深三尺、阔六丈。……此吴丞文泮《浚河丈尺工程数》也，存之则再举有定规矣②。虽不能尽一邑之河，由此以渐浚、渐纪③，一县可知已。惜得此书之迟，不能入之诸河下；河名亦多不同，故总附之此。

4. 伯牙渎［请参见第六章《文物古迹》"四（一）"之《瓜渎口》］

●《咸淳毗陵志》卷十五《山水二·水·渎·武进》：

伯牙渎，在县西十八里奔牛镇西二里，南枕运河，北入大江。

此条又见《成化毗陵志》卷十九《山川三·渎·武进》。

●《永乐大典·常州府》卷五《山川·武进县（渎）》引《咸淳毗陵志》"伯牙渎"条后又引《元一统志》：

《元一统志》：在武进县西二十八里奔牛镇西，南通运河，北接吕庄。

●《万历常州府志》卷二《常州府武进县境图说》：

其渎：伯牙渎，在奔牛镇南④二里，旧传产琴鱼，今湮塞矣。

此条又见《康熙常州府志》卷四《山川·武进》。

●《康熙武进县志》卷七《水流》：

伯牙渎，在奔牛镇西。南接运河，北入杨子江⑤。

5. 兰陵渎

●《咸淳毗陵志》卷十五《山水二·水·渎·武进》：

兰陵渎，在奔牛镇北五里。齐、梁立南兰陵郡，故名。地多萧姓，盖其裔也。

此条又见《成化毗陵志》卷十九《山川三·渎·武进》、《万历常州府志》卷二《常州府武进县境图说》、《康熙武进县志》卷七《水流》。

●《永乐大典·常州府》卷五《山川·武进县（渎）》引《咸淳毗陵志》"兰陵渎"条后又引《元一统志》：

《元一统志》：在武进县西三十二里。自伯牙渎，向东入马苎港，南达运河。

●《乾隆武进县志》卷一《山川·安善东乡》：

兰陵渎，旧志云：在奔牛镇北五里，齐立南兰陵郡，故名。地多萧姓，盖其裔也。今湮塞。

① 原书空白无文。
② 录存下来作为将来的规范。
③ 随疏浚而加以记载，便能逐渐全面，而全县都可掌控。
④ 南，当据上引《咸淳毗陵志》作"西"为是。
⑤ 杨子江，今写作"扬子江"。

此条又见《古今图书集成·常州府部汇考一·常州府山川考一·本府》、《武阳志余》卷一之二《古迹上·安西乡》。

6. 直渎即鸣凤乡的鸣凤河

● 《咸淳毗陵志》卷十五《山水二·水·渎·武进》：

　　直渎，在奔牛镇东，枕运河，南通白鹤溪。

● 《成化毗陵志》卷十八《山川二·河·武进》：

　　鸣凤河，一名直渎，在县西三十里奔牛镇东，北枕运河，南通白鹤溪。

此条又见《万历常州府志》卷二《常州府武进县境图说》、《康熙常州府志》卷四《山川·武进》。

● 《康熙武进县志》卷七《水流》：

　　鸣凤河，一名直渎，在奔牛镇东。其北①运河，南通白鹤溪，溪西接丹徒县界。自白鹤溪东南至运河，经蠡渎港②，入漏湖。

● 《康熙武进县志》卷四《山川》：

　　直渎，北入运河，南通白鹤溪，俗呼"扁担河"。万历七年浚，深广与漕渠埒。

此条又见《古今图书集成·常州府部汇考一·常州府山川考一·本府》、《乾隆武进县志》卷一《山川·安善西乡》。

● 《乾隆武进县志》卷一《山川·鸣凤乡》：

　　鸣凤河，西接丹阳，东入白鹤溪。

此条又见《古今图书集成·常州府部汇考一·常州府山川考一·本府》。

● 《光绪武进阳湖县志》卷一《山水·水》：

　　西河③，自武进鸣凤乡分白鹤溪北入运河，经乡二：鸣凤、安西，行十里。

　　直渎，又名"扁担河"，自武进鸣凤乡分白鹤溪，北入运河，经乡二：鸣凤、安西，行十里。

《武阳志余》卷一之二《古迹上·安西乡》：

　　直渎，亦在奔牛镇东。枕运河，通白鹤溪。

7. 瓜渎（请参见第六章《文物古迹》之《瓜渎口》以及第七章《地方掌故》）。

8. 西河

● 《乾隆武进县志》卷一《山川·安善西乡》：

---

① 此处当有一"接"字。
② 蠡渎港，当指蠡河。按上文《奔牛江河水道总论》之"白鹤溪"条："分流入湖者，曰蠡河。"
③ 此"西河"条误引直渎之文，当据下引"8. 西河"条改正。

西河，北枕运河，南流五十余里，入金坛县高湖。

9. 白鹤溪

● 《咸淳毗陵志》卷十五《山川二·溪·武进》：

白鹤溪[1]，在县西南二十里，入滆湖，接丹阳桂仙乡。旧传以丁令威化鹤得名。又有丁桥，在丹阳县。

● 《成化毗陵志》卷十八《山川二·溪·武进》：

白鹤溪，在县西南二十里，北枕运河。南行三里许，曰三溪口：一入滆湖；一接丹阳县桂仙乡，旧传以丁令威化鹤得名。又有丁桥，在丹阳县。

● 《康熙武进县志》卷七《水流》：

白鹤溪，在丹阳县东南，北入武进县界。其分派曰丁义渎，南折北，行凡三十五里，灌溉民田甚□[2]。

● 《古今图书集成·常州府部汇考一·常州府山川考一·本府》：

白鹤溪，北接直渎，南流入钦风乡。旧传丁令威化鹤得名。又有丁桥，在今丹阳县。明正德迄万历，凡四浚。

此条又见《乾隆武进县志》卷一《山川·鸣凤乡》。

● 《光绪武进阳湖县志》卷一《山水·水》：

白鹤溪，自丹阳县滕村、蒋墅，东南入武进鸣凤乡，东南入孟径河，经乡二：鸣凤、钦风，行境内三十余里。

● 附清·邵长蘅《毗陵诸水记》[3]：

大江，在县北五十里。太湖，在县东南八十里。漕渠，东西亘县境九十五里。大江，一曰扬子江，西连瓜步[4]，东入暨阳界。《水经》曰："北江，在毗陵北界，东入于江[5]"是也。太湖，一名五湖，亦曰具区，亦曰震泽，亦曰笠泽。湖周三万六千顷，环三州境。故张勃《吴录》曰："五湖即太湖，以周广五百里，故名。"漕渠，隋炀帝凿。大业六年诏自京口至余杭穿渠八百里，欲通龙舟巡会稽，今其故道也。县东西袤九十余里，故渠之袤如县[6]。县之湖有六：太湖最大。在县西南者，西滆

---

① 《太平寰宇记》卷九十二《江南东道四·常州》之武进"白鹤溪"条："在县西，去州三十里。"
② 此字当为"多"或"广"。
③ 文出《邵子湘全集》之《青门簏稿》卷九《记》。
④ 步，埠，码头。瓜州，形似瓜的洲渚，古"洲"字写作"州"，故名瓜州，其为江北的码头，故称瓜步（即瓜埠）。埠（步）即码头。
⑤ 江，当据《水经注》卷四十"北江，在毗陵北界，东入于海"而作"海"。
⑥ 指武进县东西宽九十余里，运河因横亘全境，故其长与县境东西宽相等。

沙子湖次大，郭璞《江赋》曰"具区、洮、涡"是也。湖东西三十五里，南北百里，丹阳、金坛洮湖诸水注之。在县东者曰东、西阳湖，曰宋建湖，曰芙蓉湖。阳湖，以近阳山，故名。宋建湖，相传高宗南渡过此云，皆不能如沙子湖之大。芙蓉湖，记称："纵广八十里，弥望[1]菰蒲、荷芰，烟波浩渺，江南胜观。湖废，今治为田。"漕渠支流北出者以十数，孟渎最大。渎，相传唐元和中刺史孟简凿。北径孟河城，入于江。稍东，有得胜新河；又东，有北洞子河；益东北，通暨阳，有网头河，有澡港，有桃花港，及西北诸乡[2]支流，毕入于江。南出者，亦以十数：西则西蠡河最大，宜兴、溧阳之漕取道于是，故又名南运河也。东则采菱港最大。并采菱港而南，有兴龙河，有顺龙河，有华渡河，有太平河，有薛堰河；他支河以百数，毕汇之入于湖。

二　水利

此处记载与奔牛有关的水利谋划和工程建设。有关奔牛闸堰的记载，则已开列在第三章《奔牛闸桥》之《奔牛堰、坝、闸及设官》。

（一）隋

- 《道光武进阳湖县合志》卷三《舆地志三·水利》：

大业六年，敕穿江南河。府志[3]："自秦始皇凿曲阿后，吴赤乌八年，使陈勋开破冈渎以通船舰。至是奉敕，自京口至余杭，浚河八百余里，面阔十丈，废破冈渎，拟通龙舟，以巡会稽。"遂为今江浙运河之始。

（二）唐

- 《道光武进阳湖县合志》卷三《舆地志三·水利》：

元和八年，常州刺史孟简浚古孟渎。《旧唐书》："简浚古孟渎。"《新唐书》："州有孟渎，久淤阏，简导治，溉田四千余顷。"《风土记》云："七里井有孟渎，汉光武初潜，尝宿井傍，民为指途达江浒，即位命开此渎。"广五丈，深七尺，南通运河，北入大江。《唐会要》："元和八年，常州刺史孟简因改故渠，开此渎，袤四十一里，引江水南注、通漕，溉田四千顷，因名。"《祥符图经》引巴州刺史羊士

---

① 弥望，充满视野，满眼。
② 当指江阴西北诸乡之支流。
③ 指《康熙常州府志》。

谚记云："此渎以近孟城山得名。"又云："孟城山，晋孟嘉侨寓之地，下流有孟渎。"今堡城东有孟城山，西有嘉山，此言为得其实。按，七里井相传在今浦渎上。陈《续志》① 于"江桥"注："古孟渎，又云兰陵桥，在通江乡。旧曲阿未开孟渎之先，从京口至常州，必取道于此。"盖浦渎或古孟渎也，南通运河之吕城镇。常城西北，素称高仰，自宋迄明，吕城、奔牛屡置堰闸，蓄水济运。今孟河口，则在奔牛闸东万缘桥，或即所谓"改故渠，以引江②南注、通漕③"者。彼时，二水交会于孟城山下，首受江潮，《行水金鉴》所谓"江距兰陵故城④三里"者是。山下即江移沙之处，本系六朝江汊，嘉靖时建堡中流，堡外教场即为江口⑤，今日东、西山北⑥数十里之洲田，皆当年江洋澎湃之区。潮来迅急，移沙不能为害，无"小河口"⑦也。康熙末年，内地居民勺水不通，集千二百人掘沟引潮，以为庐救之路。适值外沙日坍，内口日宽，既径且直，潮如箭激，河水可抵锡之黄婆墩，遂为济运、通江之正路⑧。而石桥迤西之河⑨，潮远、力弱，潮汐相斗，移沙⑩为害，论者皆归咎于河口之石骨淤沙。而两次改口以来，旋浚旋淤，此其病又不在河口矣。考浦渎一河，历届旧志俱未载明⑪，惟于万岁湾注："即九曲河。"然九曲河在丹阳境，沿嘉山之麓，距浦渎十余里，南枕丹邑城外运河，北达包港入大江，与浦、孟两渎绝无关涉。水当盛旺之时，九曲以东之水归于浦渎，孟渎以西之水亦归浦渎，左右来源，纵横约四五十里。其间又无大湖、大荡以为蓄，专借浦渎为宣泄之途，趋小河而下，具建瓴之势。道光十一年春间浚河，遇雨，浦河水发，辄至停工，即其明证。或曰："此为界河。"然武、丹分界，自有界沟也。或简当日所开，仅自石桥至阜通镇，而奔牛至石桥三十六里，石桥至阜通镇五里，故云"四十一里"云。又考《方舆纪要》云："河庄，当孟河之口。《江防考》：'自京口而下，惟河庄，贼可深入⑫。'由大江入孟河，抵奔牛，趋郡城，至便且易，故置营于北。今则去江数十里，城如赘疣，而兵防、捕缉、税务，皆以小河为紧要之区。"今昔异宜，因时制胜，留心民瘼者处之矣。又浚孟径河。《咸淳志》："孟径，在宜兴县西北四十五里，刺史孟简所浚，以杀漏湖风涛之势，南入荆溪，因姓以名。""径"误为"泾"⑬，《通志》又误为"津"耳。在府城西南，绕西漏湖，入宜兴界。

●《乾隆武进县志》卷二《水利》：

元和间，常州刺史孟简既开泰伯渎，无锡界。复浚一渎，后人称为"孟渎"，袤四十里，溉田无数。

●《康熙常州府志》卷七《水利》：

---

① 指陈玉璂修《康熙武进县志》后，又续修之，称为《康熙武进县续志》。
② 江，长江。
③ 漕，漕河，即大运河。
④ 即今万绥镇。
⑤ 指孟河城北的演武场便是当年的江口所在，今已距江口甚远。
⑥ 孟城如二龙戏珠，故称"珠城"。东有孟城山，即所谓的东山；西有孤陈山，即所谓的西山。两山之北原来是江流，现在是农田，这就是所谓的"沧海桑田"。
⑦ 指当时孟河由此流入，不需要有"小河口"。
⑧ 指小河口乃后开之河，水可直达无锡黄埠墩。
⑨ 即走万绥与孟城的老孟河。
⑩ 即水土沉积形成沙洲，堵塞老孟河的水源，既不能行河运，又不能溉田，故为害甚大。
⑪ 因其在两县交界处的缘故，故不愿开凿，以免邻县受益；之所以不愿记载，便是其河道在本县境内长度不多的缘故。
⑫ 指由河庄的孟渎可以深入内地的大运河，所以应当在河庄建城，阻止贼人深入江南腹地。
⑬ 按《咸淳毗陵志》卷十五原文作："径，俗呼为'泾'耳。"

元和间，常州刺史孟简开渎。孟简既开太伯渎，复浚一渎，后人称为"孟渎"，袤四十里，溉田无数。

（三）五代南唐

● 《康熙常州府志》卷七《水利》：

保大元年，修孟渎水门。

（四）北宋

● 《宋会要辑稿·食货八·造水硙》：

《嘉定镇江志》：淳化元年二月，诏废润州之京口、吕城，常州之望亭、奔牛四堰，秀州之杉木堰，杭州之捍江、清河、长安三堰，越州之山阴县西堰。天圣七年五月，两浙转运使言润州新河毕工，降诏奖之。

● 《道光武进阳湖县合志》卷三《舆地志三·水利》：

淳化三年，诏废望亭堰。唐至德间置望亭堰闸，至是废。按《咸淳志》："望亭闸，在无锡县南四十五里，《风土记》：'至德初置。'嘉祐间浚运河导太湖水，遂废。"考：郡境运河，自吕城张店铺入境，至望亭堰风波桥出境，经武、阳、锡、金四邑，为江浙漕船、公私舟楫通行要道。上苦水之不足，故置堰于吕城、奔牛，所以蓄其源也。下惧水之过泄，故于望亭置堰，所以节其去也。议者谓于邑东五牧界内添设一闸，则岁当亢旱①，横林、五牧间不忧浅涩，是亦两邑之利也。知常州王诜开珥渎。按，渎即七里河也，在丹阳东南七里桥，东达奔牛，为往来间道。今为金坛漕渠。盖彼时，诜欲运道由白鹤溪以入京口，就清水以济运耳，事卒无成，见《镇江志》。

……

庆历……三年……是年知武进县杨玙浚孟渎。玙谕民疏治孟渎，复通江流。按，孟渎自元和间浚后，至南唐保大中修理水门，盖已一浚。至此历百余载，又复湮塞。淳熙时，章冲继之，亦百数十年。自南唐②迄宋，凡四浚，皆不如永乐间浚之宽广也。

嘉祐三年，知常州王安石开运河。时调夫各县，知宜兴县司马旦言："夫众、事亟，民有不胜，则其患非但不可就而已。请令诸县，岁递一役，虽缓必成。"安石不听。会秋大霖雨，民苦之，多自经死，役竟罢。

……

---

① 大旱之年，武进全境之水可以闭堰留之，以供灌溉。
② 南唐，当作唐为宜。唐元和孟简时首浚，南唐修理水门时一浚，北宋杨玙一浚，南宋章冲一浚，凡四浚。

六年，知常州陈襄浚运河。以太湖积水，横遏运河①，不得入江，为民患。浚之，患息。

……

熙宁元年，诏望亭等堰监护使臣，并系衔管干河塘，同所属令、佐巡视、修葺、启闭。从提举两浙开修河渠胡淮之请也，见《宋史·河渠志》。按，宋时最重农事，言水利者，必及治农司；转运者，必及漕河。而两浙转运之司，皆统辖常、润、苏、秀等处农田、水利，故备录之。

二年，颁《农田水利约束》。是年，废吕城堰，置望亭堰、闸。先是，嘉祐八年，从转运司之请，废望亭堰、闸，拨兵士隶苏州开汪②指挥，于昆山置营，兴修至和塘。至是，凌民瞻建议复置望亭堰闸，而废吕城堰，从之。

六年，命广东安抚机宜郏亶为司农寺丞，提举两浙水利。亶上言水利，因有是命。其言谓："禹时，震泽为患。东有冈阜，隔截湖流。禹乃凿断冈阜，道为三江，东入于海。然环湖之地，有数百里可田，地皆卑下，在江水之下，难于耕植。其滨海之地，亦有数百里可田，地皆高仰，反在江水之上，难于灌溉。故濒湖多苦潦，濒海多苦旱。古人因地势之高下，以为治低田、高田之法。或为纵浦，以达于江；或为横浦，以达于港。其塘浦阔者三十余丈，狭者亦二十余丈，深者二三丈，浅者亦一丈余。所以深阔如此者，盖欲取土以为堤岸，非专为决积水也。若堤岸高厚，假令大水之年，江湖之水高于民田五七尺，而堤岸又高于塘浦三五尺，虽大水不能入于民田，则浦水自高于江，江水自高于海，不烦决泄，而水自湍流。即冈阜之地，亦因江水稍高，得以亩引、灌溉。此古人治低田之法也。"又云："昔有营田司，专司水利。自唐至钱氏，其来源、去委，悉有堤防、堰闸之制，旁分其流，不使溢聚，以为腹内田亩之害。是以钱氏百年间，岁多丰稔。端拱中，转运使乔维岳一切毁废。又罢营田司。至天禧间，专遣使者兴修水利，而故道已湮，远方之人③又不识三吴水势高下及水源来历，但凭愚夫道路之言，导其经由腹里④，以致水势逆行，而潴于苏之长洲、常熟，常之武进、宜兴，湖之归安、乌程，秀之华亭、嘉禾，民田俱被淹没矣。"按元潘应武亦言："钱氏时置撩浅军七八千人，宋时亦置度田水军使者，复置水军，专充工役。自军散、营废，河港由是淤塞。"盖震泽为众水之委络，苏、常、湖三府，松、秀居其下流，西北受宣、歙、常、润数郡之水，西南受天目、富春诸山溪之水，三万六千顷，汇而为湖，所谓"具区"也。三分其水以入海，所谓"三江既入，震泽底定"也。古之三江，郭璞云："今岷江、浙江、松江是。"今之三江，为东江、娄江、吴淞江，皆在松、秀之间。以松江本系震泽泄水正途，水面平阔，足以容受巨流。自堤防起而田畴盛，不得不与水争功，于是昔之一者为三⑤。实则岷江、浙江皆其分泄之区。故水潦盛时，无虞泛滥。海塘筑、临平废，去路日瘗，以致水聚不散。是以言水之利，莫盛于宋；而被水之患，沿袭至今。据郏亶、潘应武之言，犹可见当日

---

①　按《宋史》原文之意是"运河横遏"江南，太湖积水不得入江。浚运河，废望亭闸，则太湖水患平息。

②　汪，当据《吴郡志》卷五《厢军》之《城下开江指挥》作"江"。

③　指古人惯例，当地人不能任当地之官，于是主管水利事务的转运使大多差遣非江南之人，他们都是远道而来的人，所以无法认识江南的水利形势。

④　开河使河流到了腹里内地，水不得泄出于大江，于是内地发生水患。

⑤　指原来一条大河（吴淞江，也即古松江），因人为原因，致使河床变狭，于是太湖水便要分成三条小水道吴淞江、娄江、东江入海，一江变为三江。

之情形，而堰闸堤防之制、来源去路之道，顾可阙焉不讲耶？

● 《宋会要辑稿·食货八·造水砣》：

《四朝国史·志》：元祐四年，知润州林希复吕城堰，置上下闸，以时启闭。

《四朝史[①]·本传》：曾孝蕴，字处善，公亮从子，绍圣中，管干发运司粜籴事，建言：“杨之瓜州、润之京口、常之奔牛，宜易堰为闸，以便漕运、商贾。”役成，公私便之。

《四朝国史·志》：元符二年九月，润州京口、常州奔牛澳闸毕工。先是，两浙转运判官曾孝蕴献《澳闸利害》，因命孝蕴提举兴修，仍相度立启闭、日限之法。至是始告成也。

《会要》：崇宁元年十二月一日，中书省、尚书省勘［会］左司员外郎曾孝蕴札子：“绍圣间，献陈《澳闸利害》，蒙朝廷［令］孝蕴提举，兴修了当。行运首尾四五年，若不别令官司主管，则已成[②]东南漕运大利，当遂废革。欲乞专差官一员，自杭州至扬州、瓜州澳闸，通管常、润、扬、秀、杭州新旧等闸，依已降条贯，专切提举车水澳闸，觉察应干奸弊。乞差旧曾监修澳闸、宣德郎、新知昆山县事鲍朝懋提举管干，依提举弓箭手例序官，请给人从、舟船等事，于苏州置廨宇，以提举淮浙澳闸司为名。人吏许于常、润、苏、杭、秀等州选差，半年一替。仍令两浙转运司进奏官兼管发落文字。”从之。

● 《道光武进阳湖县合志》卷三《舆地志三·水利·宋》：

元祐四年，诏复吕城堰，置上、下二闸，以时启闭。其后，京口、奔牛皆置闸。先是，凌民瞻建议废吕城闸，即望亭堰置闸，不用[③]。及浚河，隳败古泾函、石闸、石砣，河流益阻，百姓劳弊。至是，从知润州林希之请，诏复其旧。

● 《康熙常州府志》卷七《水利·宋》：

元祐四年，诏复吕城堰，置上、下二闸，从知润州林希之请。其后京口、奔牛皆置闸。

● 《道光武进阳湖县合志》卷三《舆地志三·水利·宋》：

---

① 即《四朝国史》。宋朝从太宗雍熙四年（987）首次编撰国史起，两宋三百二十多年间，多次开展国史编撰工作，从宋太宗至宋宁宗朝，共修成国史六部，分别是太祖、太宗、真宗三朝的《三朝国史》，仁宗、英宗两朝的《两朝国史》，神宗朝的《神宗正史》，哲宗朝的《哲宗正史》，神宗、哲宗、徽宗、钦宗四朝的《四朝国史》，以及南渡后，高宗、孝宗、光宗、宁宗四朝的《四朝国史》。此处是指神、哲、徽、钦四朝的《四朝国史》。

② 已建成的大利，将来便会废坏。

③ 指吕城闸不用。

绍圣二年，诏修沿河堤岸沟砝。时令武进、丹阳、丹徒三县界沿河堤岸及石砝、石木沟①并委令、佐检察修护，劝诱食利人户修葺。任满，稽其勤惰而赏罚之。从工部之请也。按《宋史·毛渐传》："浙部水溢，转运副使毛渐请起长安堰至盐官，撤清水浦入海。浚无锡芙蓉湖，武进庙常港，常熟疏泾、梅里以入扬子江。又开昆山七鸦、黄泾、下张诸浦，东北通吴淞江，开大盈、顾会二浦，柘湖、新泾，下金山小官浦②，悉入之于海。"盖亦在绍圣、元符间，附载于此。

元符二年，润州京口闸、常州奔牛闸，并③修筑工成。先是，两渐转运判官曾孝蕴献《澳闸利害》，因命孝蕴提举兴修，立"启闭日限法"，至是毕工。盖孝蕴严三日一启之制，复作归水澳，惜水如金也。《镇江志》云："吕城、奔牛诸闸，莫详其始。宋《嘉定修渠志》云：'唐漕江淮，撤堰置闸。开元中，徙漕路由此。宋淳化元年，武进尉凌民瞻奏议废京口、吕城、奔牛、望亭四堰，又即望亭置闸。而常州守王诜开珥渎河，通常、润鬈道，卒无成功，皆坐免。元祐四年，移筑吕城闸于奔牛，河水顿竭，废之。元符二年，两浙运判曾孝蕴请建奔牛澳闸，以便漕鬈、商贾，从之，于是复建，以至于今。'"按：闸在今奔牛镇，距郡西三十里，旧为堰。溯堰西行百八十里，历云阳，达京口，为运河。地势东顷④，以堰不足以时宣泄，因为置闸。考载记，丹徒水道自六朝来皆通吴会，齐地志⑤可证。古尝于京口、吕城、奔牛为三闸，莫详其始。隋初，有诏浚治，则闸在齐、梁前已有之。大业之后，闸当与河相为兴废，而志不书。至宋元符、嘉泰，始两书修浚，则缺而不载者夥矣。洪武时，废闸为坝，不复能通重载，漕舟皆由孟渎出江。江行险远，覆溺之患，无岁无之。天顺己卯，奏建下闸，始有二闸。成化戊子，修复上闸，闸、坝两存。水溢则由闸，水涸则由坝，坝可蓄而闸无壅，为两利之道。嘉靖戊子，于下闸夹岸筑石为垛，上架舆梁，爰名闸桥。嗣后，则为舟楫通衢矣。盖曲阿、云阳，地多高仰，惜水如金。新丰既废，专借练湖；修治不时，豪强霸占，源匮流竭，理所当然。古谚"湖减一寸，河高一尺⑥"，当不尽诬。是以京口之闸以御江湖，吕城、奔牛之闸以蓄水源，且明时冬月，京口、奔牛二闸皆闭，古人之见，非无故也。近年，粮艘北上，或岁剥浅⑦；南旋⑧水涸，不能及时抵次；加以徒、阳挑浚，官斯土者，为累甚矣。或于蓄水之制，犹有阙欤？又按：凌民瞻事，见熙宁二年；王诜事，见淳化二年；《修渠志》疑传闻之误⑨。

……

崇宁……二年，诏常、润二州督浚运河。时岁旱河浅，阻滞运艘，故浚。

大观二年，诏常、润，岁旱河浅，留滞运船，监司督责浚治。

---

① 石头与木头所建的水沟。
② 小官浦在金山卫。
③ 并，一并。两闸一并修成。
④ 顷，同"倾"。
⑤ 指《南齐书·州郡志》。
⑥ 指练湖放水一寸，运河水涨一尺。
⑦ 剥浅，即"浅剥"，指漕船遇河水浅，由民船剥运（驳运）。据《清朝通典》记载，乾隆四年（1739）规定漕船遇浅剥运之例：凡重运所经遇浅，令河道总督即饬所在有司官雇民船剥运。其剥船雇值，听凭有司官酌给。剥运，即"驳运"，指在河岸与大船之间，用小船来转运客货。
⑧ 指运完皇粮后，空舟返回。
⑨ 上文《嘉定修渠志》云两事皆在淳化元年，是传闻之误。

……

宣和二年，两浙提举赵霖修治江港、浦、渎工成。役夫兴工，修平江、常州一江、二浦、五十八渎。是年立浙西诸"水则"碑。凡各陂湖、泾滨①、河渠，自来蓄水、灌田、通舟，官为按核，打量丈尺，并地名、四至，并镌之石。

五年，廉访刘仲光、漕臣孟庚浚常州、镇江二府运河，修闸，补葺练湖。是时，吕城至镇江，运河浅涩，狭隘异甚。三月，专委王复、向子諲、李淙，措置车水济运。四月，又命王仲闳同刘仲光、孟庚，专往来措置常、润运河。诏：诸闸启闭有时，其非时启板，走泄河水，误中都②岁计者，概禁止之。五月，臣僚上言："镇江府练湖，与新丰塘地理相接，八百余顷，灌溉四县民田。今堤岸损缺，不能贮水，乞候农隙，次第补葺。"诏本路漕臣并本州、县官，详度利害，检计工料以闻。

● 《嘉定镇江志》卷六《山川·丹徒县》：

丹徒水：

齐志："丹徒水道，入通吴、会。"

隋大业六年，敕穿江南河，自京口至余杭八百余里，广十余丈，使可通龙舟，并置驿宫、草顿，欲东巡会稽。

《宋会要》："淳化元年二月，诏废润州之京口、吕城，常州之望亭、奔牛四堰，秀州之杉木堰，杭州之捍江、清河、长安三堰，越州之山阴县西堰。""天圣七年五月，两浙转运使言润州新河毕工，降诏奖之。"

《四朝国史·志③》："庆历三年，润州浚漕河成，督工者赐诏嘉奖。其后，每年必干浅，辄阻漕舟。虞部郎中胡淮与两浙路提点刑狱元积中，再④经度常润州河夹岗道⑤置堰，功费多而卒无补。御史陈经言之，淮及积中皆贬官。系熙宁二年。初，武进尉凌民瞻督役，积中总其事，盖积中主民瞻议故也。郑向为两浙转运副使，疏："润州蒜山漕河抵于江，人便利之。"皇祐二年，王琪再守润，转运使欲大兴役，浚常润二州漕河。琪言："方蛮蚕骚骚五岭，又南方岁比不登，民困无聊，不可重兴此役。"诏罢之。而后，议者卒请废吕城堰，破古函管而浚之，河反狭，舟不得方行⑥，公私以为不便，官吏率得罪去。"

《会要》："治平四年七月，都水监言：'两浙相度到润州至常州界开淘运河，废

---

① 滨，当作"浜"。
② 中都，指汴京。
③ 当指南宋官修的神宗、哲宗、徽宗、钦宗《四朝国史》中的《水利志》。
④ 再，再次，第二次。此处指两人两次经营谋划（即"经度"）夹冈置堰之事。
⑤ 指大小夹冈处河道。或当据下引《会要》之"开修夹冈河道"，而改此处之"河夹冈道"为"夹冈河道"。
⑥ 方，并排。方行，并行。即原来河道每侧都可以两船并行，即全河四船并行；现在每侧只可以一船通行，即全河只能两船通行。

置堰闸，乞候今年住运①，开修夹冈河道'，从之。"

《四朝国史·志》："元祐四年，知润州林希，复吕城堰，置上、下闸，以时启闭。"

《四朝史·本传》："曾孝蕴，字处善，公亮从子。绍圣中，管干发运司粜籴事，建言：'扬之瓜州，润之京口，常之奔牛，宜易堰为闸，以便漕运、商贾。'役成，公私便之。"②

《四朝国史·志》："元符二年九月，润州京口、常州奔牛澳闸毕工。先是，两浙转运判官曾孝蕴献《澳闸利害》，因命孝蕴提举兴修，仍相度立启闭、日限之法，至是始告成也。"③

……

蔡佑《杂记》云："京口漕河，自城中至奔牛堰一百四十里，皆无水源，仰给练湖。自郡城④至丹阳中路，谓之经函，东西贯于河底。河西有良田数十顷，乃江南名将林仁肇庄⑤，地势低于河底，若不置经函泄水，即潴而为湖，不可为田。经函高四尺，阔亦如之，皆巨石磨琢而成，缝甚缜密，以铁为窗棂，自运河泄水，东入于江。中间，献议者欲自京口浚河极深，引江水灌于毗陵，与太湖水相通，可省吕城、奔牛二闸⑥。其间别有利害，亦以经函不可开⑦，其议竟不行。绍兴七年，两浙转运使向子𬤇取唐韦损、刘晏考核状⑧，建言：'欲于吕城夹冈置斗门二、石砝一，以复旧迹。度费万缗，庶为永利。'诏从之。二十九年夏四月己亥，户部侍郎赵令𬤇言：'自临安至镇江，河水浅涩，留滞纲运。望令守臣修堰、闸。'辛丑，诏从之。乾道六年，守臣、秘阁蔡洸自丹阳之南浚至夹冈⑨，郡人顾时大有诗。"

----

① 住运，停止漕运。

② 此是瓜州、京口、奔牛三闸改坝为闸的年岁，以便国家漕运与民间商贾贸易。可证奔牛闸的地位与瓜州、京口闸相当。

③ 此是京口、奔牛由普通之闸改为高级而省水的澳闸形制。

④ 指镇江城。

⑤ 指林仁肇的庄园。其在运河西，当即将练湖围湖造田而来。由于林将军势力大，故当地政府不敢将此田再废为湖。此围湖而成之田由于海拔低，其水若不往长江排放，必定要沦为湖沼，而其入江时必定要穿过运河，运河底高于其田，于是埋入石制的地下管道穿过运河河底直通大江。其管道露在地面上的开口处设有铁窗棂，阻止异物进入以免堵塞。后来有人建议把镇江至奔牛段运河挖得像奔牛以东的运河那么深，这样可以废掉吕城与奔牛两坝（或闸），但由于有其他一些原因，比如会引长江水东灌苏、常两州，造成发大水的隐患，特别是有经函存在，不敢触动林家的利益，所以不敢实行。

⑥ 蔡佑是嘉定朝人，此书又是《嘉定镇江志》，在景定朝之前。景定朝，持此相同主张者是南宋景定二年（1261年）再任浙西提刑的孙子秀，见本书第四章《水道水利》提到宋黄震《黄氏日抄》卷九十六为孙子秀所作《安抚显谟少卿孙公行状》："其再为浙西宪司时，尝浚奔牛至吕城粮运河，又欲并凿深吕城至京口之河，平通淮运，贯彻南北，以地高费大未果。"古代吕城、奔牛要有闸，而今天吕城、奔牛无闸，便在于今天用机械之力可以挖河极深之故。

⑦ 指其中还有其他一些原因导致没这么做，但关键还是因为有大家族泄水用的经函存在而不敢破坏之，故不可开。

⑧ 指唐代韦损与刘晏两人考察核实吕城当建闸的情况书。

⑨ 当是从丹阳城南往北开浚运河河道到大、小夹冈处为止，即开浚江南大运河徒阳运河段。

......

● 《至顺镇江志》卷二《地理二·闸·丹徒县》：

京口闸：在城西北京口港口，距江一里许，莫究其所始。唐撤闸置堰，宋礼部侍郎李埴《嘉定修渠记》云："尝稽诸古渠通江、湖，见于迁书①，其来尚矣。唐漕江淮，撤闸置堰。"开元中，徙漕路縡此。《唐书》："开元二十五年，齐澣迁润州刺史，州北距瓜步尾，纤江六十里②，舟多败溺。澣徙漕路縡京口埭，治伊娄渠以达扬子，岁无覆舟，减运钱数十万。"◆按：伊娄渠，今瓜洲北至扬子运渠是其地。当时，瓜洲遥隶润州，故澣得以改置。宋淳化初，废堰。详见"吕城堰"注③。绍圣、元符间，仍为闸。宋《四朝史·曾孝蕴本传》："绍圣中，孝蕴管干发运司粜籴事，建言：扬之瓜洲，润之京口，常之奔牛，宜易堰为闸，以便漕运、商贾。"◆《四朝国史·志④》："元符二年九月，润州京口、常州奔牛澳闸毕工。先是，两浙转运判官曾孝蕴献《澳闸利害》，命孝蕴兴修，仍相度立启闭、日限之法，至是始告成。"嘉定中，更葺。嘉定八年，郡守史弥坚《浚渠记》云："沿渠而闸者五，首曰京口闸，次曰腰闸，又其次曰下、中、上三闸，海潮登应，则视时节次第启闭，以出纳浮江之舟。腰闸久废，余四闸岁久木朽石泐，择美材密石而更葺之。"宝祐中，重建。闸柱石刻：宝祐六年二月，淮东总领兼知镇江府赵与訔重建。皇朝混一后，闸废。天历二年，复置。天历二年七月，浙江行省委检校徐承务，同本路官，便宜区画，车通潮水，以济运河。总管郭珪言："江口元有程公、鳝鱼二坝及黄水石砀，每岁江潮满溢，于此车灌运河。今岁，上流无雨，水源艰涩，潮势既小，沙岸益高，徒步五里方可登身。纵欲车水入闸，人力莫为。达鲁花赤明里答失⑤言：'京口旧闸久废，江皋一里皆成淤塞，闸东又作土埭以蓄河水，江潮虽涨，阻隔不通，莫若开掘淤沙，撤去土埭，仍于港置闸，以时启闭为便。'度自京口港口至程公下坝，长二里一百四十步。旧河面阔六丈，底阔二丈五尺，今拟展阔河底三丈五尺，深一丈，计用一万二千七百六十五工，人夫一千六十名，一十二日可毕。每夫官日给米二升、盐菜钱⑥中统钞五百，计米二百五十四石，钞一百二十七锭。省府准拟天历二年九月十六日兴工，十月十九日竣事。民甚便之。"

● 《至顺镇江志》卷二《地理二·堰·丹阳县》：

吕城堰：在丹阳县东南五十四里，旧不著所始，宋淳化初废。《宋会要》："淳化元年二月，诏废润州之京口、吕城，常州之望亭、奔牛四堰，秀州之杉木堰，杭州之捍江、清河、长河三堰，越州山阴县之西堰。初，武进尉凌民瞻建议废吕城堰，又即望亭堰置闸，而常州守王说⑦议开玤渎河通常润运路，朝廷以虞部郎中胡淮提举民瞻督役，两浙提刑元积中总其事。积中再经度常润州河⑧夹冈道置堰，功费多而

---

① 指司马迁的《史记·河渠书》："于吴则通渠三江、五湖。"
② 当指要在江中行，迂回六十里，船易被江风、江涛掀覆。
③ 即下文所引的"吕城堰"。
④ 指《四朝国史》这部书中有关水利的专志部分。
⑤ 达鲁花赤，蒙古国与元朝派在各地的最高长官，一般由蒙古人担任。此是镇江府城的最高长官。明里答失是此蒙古人之名。
⑥ 指盐钱与菜钱。
⑦ 按《咸淳毗陵志》卷八常州知州题名："王说，治平四年，尚书职方员外郎，见王安国《州学记》。熙宁二年三月冲替，见《通鉴长编》。"
⑧ 河，指运河。此句是指常润两州间大、小两夹冈处的大运河河道。

卒无补，淮及积中皆坐免官。"元祐中，复堰置闸①。元祐四年，郡守林希复吕城堰，置上、下闸，以时启闭，置监官一员，给启钥②。后复废。嘉定间，乃筑于中闸。未几，移筑奔牛。嘉定间，总领岳珂筑堰于中闸，河水通流，公私便之。未几，移筑奔牛③，河水顿竭。宝祐中，再筑实坝。宝祐五年，发运赵与篡，复循旧规，再筑实坝，垒石一十九层，长一十二丈，阔五丈有奇，为屋七楹，以便般转④。今为上、下二所⑤。

- 《至顺镇江志》卷二《地理二·函·丹徒县》：

经函，在郡城⑥至丹阳中路，横贯河底。蔡佑《杂记》：……⑦

- 《至顺镇江志》卷七《山水·渎·丹阳县》：

相渎，在丹阳县东南六十里，亦名直渎。宋王存⑧自杭州归丹阳旧居，惮于重堰⑨，乡人自奔牛开直渎南通鹤溪，以便其行，故号"相渎"，亦名"直渎"。

- 宋·单锷《吴中水利书》：

或者有谓："昔人创望亭、吕城、奔牛三堰，所以虑运河之水东下不制，是以制堰以节之，以通漕运。自熙宁、治平间，废去望亭、吕城二堰，然亦不妨纲运者，何耶？"锷曰：昔之太湖，及西来众水，无吴江岸之阻⑩，又一切通江、湖、海故道未尝堙塞，故运河之水常虑走泄入于江、湖之间，是以制堰以节之。今自庆历以来，筑置吴江岸，及诸港、浦一切堙塞，是以三州⑪之水常溢而不泄，二堰虽废，水亦常溢，

---

① 此时建的是有上、下闸而仅一闸室的单闸，非是有上、中、下三道闸而有两闸室的复闸。下文嘉定间有中闸，则当是后来增置为有上、中、下三道闸的两闸室的复闸。当然也不排除镇江知府林希造的就是上中下三闸的复闸，即：中间是所复设的吕城堰（中有闸门）而为中闸，再在其上游设上闸，下游设下闸，而为三道闸门、两个闸室的复闸。

② 指镇江府知府林希给监督吕城闸的闸官开启闸门用的钥匙。

③ 指吕城由闸改坝，当废上、下两闸，改中闸为坝。后又废此吕城坝，移坝于奔牛，即废奔牛闸而立奔牛坝，蓄水效果不佳。因为吕城到奔牛有相当大的落差，所以一般都要在吕城造一道坝或闸，效果才好。否则从镇江到奔牛落差太大，只造奔牛一道坝或闸，无法使镇江航道有水。

④ 般，通"搬"。般转，指船至坝下，搬空船上货物，空船用绞盘拖过坝（即所谓的"盘坝"），再将货物装上船前行。此吕城坝的形制可作为奔牛坝的一个数据参考。

⑤ 指元代吕城实有上下两道坝。

⑥ 指镇江城。

⑦ 此下即上文《嘉定镇江志》所引"蔡佑《杂记》云：京口漕河……其议竟不行"。

⑧ 王存，字正仲，润州丹阳人，北宋大臣，庆历六年（1046年）登进士第，后与宰相王安石不和而辞官回家。元丰元年（1078年）复出，累迁兵、户二部尚书。元祐初年拜中大夫、尚书左丞。因蔡确弹劾而外放，治理新州、蔡州、扬州、大名府、杭州。绍圣初年，提举崇禧观，以右正议大夫致仕。建中靖国元年（1101年）卒，年七十九，赠银青光禄大夫。其虽未任宰相，但民间称呼时喜将对方官位提升一档，故称其为"相"，为其所开之渎以"相"来命名。又由下文可知是王存由杭州知州回老家时疏通。此直渎其实地处武进境内，是在奔牛镇东的三里庵往南开直河（故名"直渎"）通白鹤溪，由白鹤溪西通金坛、丹阳。自杭州来，遂可不用翻坝、不走运河，走此直渎、白鹤溪绕远而至丹阳城。今按《咸淳临安志》卷四十六《秩官四》之元祐"七年壬申"条有："王存，八月癸亥，以吏部尚书知大名府改知。"其下"绍圣元年甲戌"条有"八月丁丑，存提举江宁府崇禧观"而离任回乡。

⑨ 指若由运河回丹阳城，虽然是一直线，但要经过奔牛堰、吕城堰两重堰，有翻坝或守候开闸之劳顿，故称"惮于重堰"。重堰，两道堰。

⑩ 吴江岸之阻，指吴江造长桥，阻止太湖水东泄东海。

⑪ 指苏、常、湖三州。

去堰若无害。今若泄江、湖之水，则二堰尤宜先复；不复，则运河将见涸，而粮运不可行：此灼然之利害也①。

（五）南宋

● 《宋会要辑稿·方域一七·水利》：

（绍兴）二十九年四月十五日，知镇江府杨揆言："运河高仰，借练湖水添注，稍干涸，运河极浅。今来接伴传宣押宴，若乘船至常州，出陆至镇江，就扬州船以往，庶惜（借）得湖水，以备使人往来之用。"送两浙转运副司（使）赵子潚看详，欲下镇江府、常州："专委通判相视夹岗、吕城、奔牛闸一带运河浅涩处，通彻潮港。支拨钱米，多雇人夫，差县官巡尉监督车畎，并将练湖水措置引导，指期通放添注运河。余依杨揆所乞。"从之。

● 《道光武进阳湖县合志》卷三《舆地志三·水利·宋》：

隆兴二年，知常州刘唐稽奏开常州港渎。略言：申、利二港，上通运河发流，经营洄滪，至下流析为二道，一自利港，一自申港，以达于江。缘江口每日潮汐带沙，填塞上流，涝泥淤积，流泄不通。而申港，又以江阴军钉立标揭，拘拦税船，每潮来，则沙泥为木标所壅，淤塞盖甚。今若相度开此二河，但下流申、利二港，并隶江阴军，若议定深阔丈尺，各于本界开淘，庶协力皆办矣。孟渎一港，在奔牛镇西，唐孟简所开。并宜兴县界沿湖旧百渎，皆通宜兴之水，借以疏泄。近岁阻于吴江石塘②，流行不快，而沿湖河港，所谓"百渎"，存者无几。今若开通，委为公私之便③。

● 《宋会要辑稿·食货八·水利下》：

隆兴二年八月六日……同日，权发遣常州刘唐稽言："本州申、利二港，上自运河发流，经营回复，至下流析为二道：一自利港，一自申港，以达于江。缘江口每日潮汐带沙，填壅上流，淤泥澄④积，流泄不通；而申港又以江阴军钉立标揭，拘拦税船，每潮，则泥沙为木标所壅，淤塞益甚。今若相度开此二河，但下流申、利两港并隶江阴军。若议定深阔丈尺，各于本界开淘，庶协力皆办。又孟渎一港，在奔牛镇西，唐孟简所下；并宜兴县界，沿湖旧有百渎，皆通宜兴之水，借以疏泄。近岁阻于吴江石塘，流行不快，而沼湖、河港，所谓'百渎'，存者无几。今若开通，委为公私之便。"［诏］本路宪臣叶谦亨相视，先具利害以闻。其后亨谦言："港水与民田，

---

① 指太湖下游泄水不畅则运河水位常高，故要废堰以免运河两岸受淹；太湖下游泄水通畅后运河水位常低，故要筑三堰以保证运河有水。两者的情形截然不同。

② 指吴江造起跨湖长桥，使湖水受桥墩所限而出水较慢。

③ 指一并开通武进孟渎与宜兴百渎。

④ 澄，使液体中的杂质沉淀分离，使液体清澈纯洁。

漫没不分，俟水退计度。"诏宪臣曾建："两月措置开浚事；有未便，条奏。"至乾道二年八月，漕臣姜诜等始议措置，欲于来年移造蔡泾闸、［申］港工物，次年春初地脉开冻之时，先开申港。其说谓："上流横河，有三山横石①，妨碍泄水，须先开凿。日役民夫七千，度至三月上旬毕工。更乞休役一年，再于次年开浚利港。合用民夫，乞下常州、江阴军两郡均募。"诏江阴军、常州："蔡泾闸及申港，来年春兴功，利港更休役一年。明年四月，修申港成，官吏第赏有差。"

● 《道光武进阳湖县合志》卷三《舆地志三·水利·宋》：

淳熙二年，知平江府陈岘，督同武进县县丞韩隆胄、尉秦膺刚浚治运河。时陈岘兼任两浙转运判官，遍历平江、常州、江阴，谕民并力开浚川港。因命提举薛元鼎相视奏覆。乃诏水军都统冯湛开浚茜泾、下张、七鸦、许浦、白茆五大浦。陈岘开许浦，自雉浦至梅里道通桥三十八里，自道通桥至许浦口一十六里。又开平江运河五十四里。韩隆胄、秦膺刚浚常州运河三十里②。知镇江府知府张津浚京口闸③以北至江口。

五年，从漕臣陈岘言，浚常州运河，以通漕舟。十月募工，自无锡县以西横林、小井④，及奔牛、吕城一带，地高水浅之处开浚，以通漕舟。

七年，诏运河有浅狭处，令守臣以渐开浚。《宋史·河渠志》："浙西运河，自临安府北郭务至镇江江口闸，长六百四十一里。"

九年，知常州章冲奏治本州港、闸、溪、湖。奏言："常州东北曰申港、利港、黄田港、夏港、五斗港，其西曰灶子港、孟渎、泰伯渎、烈塘，江阴之东曰赵港、白沙港、石头港、陈港、蔡港、私港、令节港，皆古人开导，以为溉田无穷之利者也。今所在湮塞，不能灌溉。臣尝讲求其说，抑欲不劳民、不费财，而漕渠旱不干、水不溢，用力省而见功速，可以为悠久之利者，在州之西南，曰'白鹤溪'，自金坛县洮湖而下。今浅狭，特七十余里，若用工浚治，则漕渠一带无干涸之患。其南，曰'西蠡湖⑤'，自宜兴太湖而下，止开浚二十余里。若更令深远，则太湖水来，漕渠一百七十余里，可免浚治之扰。至若望亭堰、闸，置于唐至德，而撤于本朝之嘉祐。至元祐七年复置，未几又毁之。臣谓设此堰、闸，有三利焉：阳羡诸渎之水奔趋而下，有以节之，则当潦岁，平江三邑必无下流淫溢之患，一也；自常州至望亭一百三十五里运河⑥亦有所节，则沿河之田旱岁赖以灌溉，二也；每岁冬、春之交，重纲及使命往来，多苦浅涸，今启闭以时，足通舟楫，复免车畜灌注之劳，三也。乞敕下施行。"诏令相度开浚。

……

---

① 此即三山石堰，也即今天的地名"石堰"。
② 按《万历常州府志》于宜兴运河下注此，则宜兴之运河即今常州城西南的南运河。
③ 此处《康熙常州府志》有一"河"字。
④ 指丁堰处的剑井。
⑤ 湖，当作"河"。
⑥ 按常州西境吕城张店铺至望亭风波桥是一百七十里，从常州城至望亭是一百三十五里。

十三年，知常州林祖洽重浚后河。……重浚武进运河。韩隆胄等浚后未久，仍复浅涩。先世①十一年冬，臣僚上言："浙西运河，自秀州杉青至平江府盘门，在太湖之际②，与湖水相连，皆不必浚。惟无锡五泻闸，损坏累年，江阴军河港势低，水易走泄。无锡、晋陵间所有③阳湖，亦当修复。独自常州至丹阳，地势高仰，虽有奔牛、吕城二闸，别无湖港潴水。自丹阳至镇江，地形又高，虽有练湖，水浅，不能济远。运河浅狭，莫此为甚，所当先浚。"上以为然，故复重浚。

十六年，提举浙西常平詹体仁，督平江、常州、镇江三府，开漕渠，置斗门。体仁谓："浙右之有漕渠，非止通馈运、资国信④往来而已。苏、秀、常、润，田之高低者，实赖之。"故尽心是役。

……

嘉泰元年，知常州李珏浚漕渠。奏言："州境西北边扬子江，东南并⑤太湖，而漕渠界乎其间。曰白鹤溪、西蠡河、南戚氏、北戚氏、直湖洲港，通于二湖⑥。曰利浦、孟渎、烈塘、横河、五泻诸港，通于大江。而中间又各自为支沟、断汊，曲绕参错，不可数计。水利之源多于他郡，而常苦旱。盖漕渠东起望亭，西上吕城，一百八十余里，形势西高东下。加以岁久浅淤，自河岸至底，其深不满四五尺。常年春雨连绵，江湖泛涨之时，河流忽盈骤减；连岁雨泽愆阙，江湖退缩，渠形尤亢。间虽得雨水，无所受，旋即走泄，南入于湖，北归大江，东径注于吴江，晴未旬日，又复干涸。此其易旱，一也。至若两旁诸港，如白鹤溪、西蠡河、直湖、烈塘、五泻堰，日为沙土淤涨。遇湖高水泛之时，尚可通行舟楫；若值小汐久晴，则俱不能通应⑦。自余支沟、别港，皆已湮塞。故虽有江湖之浸，不见其利。此其易旱，二也。况漕渠一带，纲运于是经由，使客于此往返。每遇水涩，纲运绠⑧阻。一入冬月，津送使客，作坝、车水，科役百姓，不堪其扰，岂特溉田缺事⑨而已？望委转运、提举常平官，同本州相视漕渠并彻⑩江湖之处，如法浚治，尽还⑪人遗迹，及于望亭修建上、下二闸，固护水源。"从之。

三年，知常州赵善防，知武进县邱寿隽，修奔牛闸。陆游记云：……按，修闸乃嘉泰三年事，董志前书于"淳熙元年"，后又书于"咸淳三年"，核其年代相隔九十四年，即淳熙至嘉泰，亦相隔三十年。《省志》录彼而遗此，皆未为实录，今更正之。

● 《乾隆武进县志》卷二《水利》：

---

① 世，当作"是"。
② 际，边。
③ 所有，其处拥有。
④ 国信，两国通使作为凭证的文书符节。此处指"国信使"，宋元时的国家使臣。
⑤ 并，读作"傍"，近，濒临。
⑥ 指沟通运河与漏湖、太湖这两湖之间。
⑦ 指通潮而有所反应。
⑧ 绠，宜作"梗"。
⑨ 缺事，感到缺憾的事。难道只有溉田时才感到费事吗？
⑩ 并，读作"傍"，近，濒临。彻，通，连通。
⑪ 此处当有一"古"字。

淳熙元年，知常州府①赵善防，修奔牛闸。

……

咸淳②……三年，知常州赵善防、知武进县邱寿隽修奔牛闸。寿隽伐石于小河黄③山修复之，凡用木者易以石，又为屋覆其上。

附南宋·陆游《重修奔牛闸记》④：

岷山导江，行数千里至广陵、丹阳之间，是为南北之冲，皆疏河以通餫饷：北为瓜洲⑤闸，入淮、汴以至河、洛；南为京口闸，历吴中以达浙江。而京口之东有吕城闸，犹在丹阳境中。又东有奔牛闸，则隶常州武进县。以地势言之，自创为是餫河时，是三闸已具矣。盖无之则水不能节，水不能⑥节则朝溢暮涸，安在其为餫也？苏翰林尝过奔牛，六月无水，有"仰视古堰"之叹，则水之枯⑦涸固久。地志概述本末，而不能详也。今知军州事赵侯善防，字若川，以诸王孙来为郡。未满岁，政事为畿内最。考古以验今，约己以便人，裕民以束吏。不以难止，不以毁疑，不以费惧。于是，郡之人佥以闸为请，侯慨然是其言。会知武进县丘君寿隽来白事，所陈利病益明。侯既以告于转运使，且亟以其役专畀之丘君。于是，凡闸⑧前后左右受水之地，悉伐石于小河元山。为无穷计，旧用木者皆易去之。凡用工二万二千，石二千六百，钱以缗计者八千，米以斛计者五百，皆有奇。又为屋以覆闸，皆宏杰坚牢⑨。自鸠材至讫役，阅三时。其成之日，盖嘉泰三年八月乙巳也。明年正月丁卯，侯移书来请记。予谓：方朝廷在故都时，实仰东南财赋，而吴中又为东南根柢。语曰："苏常熟，天下足"，此⑩闸尤为国用所仰。淹⑪速丰耗，天下休戚在焉。自天子驻跸临安，牧贡戎⑫贽、四方之赋输，与邮置往来、军旅征戍、商贾贸迁者，涂出于此，居天下十七，其所系岂不愈重哉？虽然，犹未尽见也。今天子忧勤恭俭，以抚四海；德教洋溢，如

---

① "府"字当删。宋代常州为州，非府。"淳熙二年"当据下引陆游《重修奔牛闸记》作"嘉泰三年"。

② "咸淳"，当据下引陆游《重修奔牛闸记》作"嘉泰"。

③ 据下引陆游记文，乃元山，非孟河处的黄山。又此处的"小河"两字，证明今天小河口处有孟河支流"小河"，早在宋代便已如此，此"小河"非明清时才有。此"小河"处当有元山。

④ 文见《成化毗陵志》卷三十四，校以《渭南文集》卷二十《常州奔牛闸记》，《全宋文》卷四九四四（第223册第125页）出之。

⑤ 洲，《渭南文集》作古字"州"。

⑥ 能，《渭南文集》无。

⑦ 枯，《渭南文集》作"苦"。

⑧ 闸，据《渭南文集》，《成化毗陵志》误为"问"。

⑨ 坚牢，《渭南文集》倒。

⑩ 此处《渭南文集》有一"故"字。

⑪ 淹，《渭南文集》作"迟"，两字意同，"淹"即淹迟、迟缓。

⑫ 戎，据《渭南文集》，《成化毗陵志》误作"戒"。

祖宗时；齐鲁燕晋秦雍之地，且尽归版图。则龙舟仗卫，复溯①淮、汴，以还故都②。百司庶府，熊黑貔虎之师，翼卫以从。戈旗蔽天，舳舻相衔。然后知此闸之功与赵侯为国长虑远图之意③，不特为一时便利而已。侯，吾甥也，请至四五不倦，故不得以衰耄④辞。三月丙子，太中大夫、充宝谟阁待制致仕、山阴县开国子、食邑五百户、赐紫、金鱼袋陆某记⑤。

（六）元

● 《道光武进阳湖县合志》卷三《舆地志三·水利》：

　　至大时，浙江行省左丞相欢察台，督治常州田围。府志⑥：比年水旱灾，伤田禾，百姓艰食。诏⑦各处田围、陂塘、围岸、沟渠，晓谕农民，依法修举，旱潦有资。其⑧会集行都水监官⑨讲究便宜，及时修举。

　　泰定元年，命行左丞朵儿只班知水利，前都少监仕仁发，督治浙西水利。是年，常州浚各通江河港。

　　至正元年，都水营田使左答纳失里修治各府、路、州河塘。从浙江行省中书左丞相欢察台之议也。自镇江在城程公坝至常州武进县吕城坝，河长百三十一里一百四十六步。拟开河，面阔五丈，底阔三丈；深四尺，与见⑩有水二尺，可积深六尺。所役夫于平江、镇江、常州、江阴州取之。见《元史·河渠志》。是年复立都水庸田使司，仍于平江路设置，辖江东、浙江西道，与风纪重臣交调，衔兼行工部事，椽⑪属皆视司臬吏遴选⑫。更命州、县农事正官结衔知渠堰事，受都水庸田使司节制。天历元祀罢。

（七）明

● 《道光武进阳湖县合志》卷三《舆地志三·水利》：

　　洪武三年，诏苏、松、常、镇沿江海口闸置官一员。每闸设夫三十名，以司启闭。是

---

①　溯，据《永乐大典·常州府》卷十六引《咸淳毗陵志》卷二十此文，《成化毗陵志》误作"沂"。沂水在山东、苏北，北上汴京无需经过此河。

②　都，据《渭南文集》。《成化毗陵志》误"所"。

③　"然后知"至此据《渭南文集》，《成化毗陵志》作"赵侯之功、为国长虑远图之意"。

④　耄，《渭南文集》同。《成化毗陵志》作"老"。

⑤　"三月丙子"以下据《渭南文集》。《成化毗陵志》视其为闲文而将其删落，以节省版面。

⑥　指《康熙常州府志》。

⑦　诏，《康熙常州府志》无。

⑧　"举"至此，《康熙常州府志》作："置。遇旱庤水灌救，遇潦泄水通流。"

⑨　此处《康熙常州府志》有"李某"。

⑩　见，现。即现有水二尺深，再开四尺而开到六尺深。

⑪　椽，当作"掾"。

⑫　文见杨维桢《东维子集》卷十二《新建都水庸田使司记》："至正元年，重置司平江，秩隆三品，辖江东、浙东浙西道官，与风纪重臣交调，衔兼行工部事，掾属亦皆视司臬吏遴选。郡、县守令咸受节制。司之权崇势重，视昔有加。"

年废奔牛堰为坝。奔牛旧置堰、设闸，至是废为坝。按，是时都于建业，粮运由东坝①以达故也。常州知府孙用，重建烈塘闸，改名"魏村"。村，古魏浦也。闸跨河达江处②，宋李嘉言建，元毁，至是复建。

……

二十七年，常州府浚运河。是年又浚孟渎。工省、费俭，止通轻舟。

……

二十九年，武进县建孟河闸。

三十年，武进县筑蠡渎河堰。时蠡渎河淤塞，复筑③潴水，以资灌溉。

三十一年，浚奔牛、吕城二坝河道。

三十五年十一月，即建文四年，太宗登极改称"三十五年"云。修武进县剩银河闸。

- 《康熙常州府志》卷七《水利·明》：

洪武三年，知府孙用重建烈塘闸，改名"魏村"。治奔牛坝。奔牛旧为堰，有上、下二闸，至是废闸，更为坝。二十五年，疏剩银河，置闸于临江处。二十八年，凿太平河。二十九年，建孟河闸。三十年，筑蠡渎河堰。时河淤塞，复筑潴水，以资灌溉。

- 清·郭嵩焘纂《光绪湘阴县图志》卷三十二《人物传上》：

徐子高，洪武中以"人才"荐，拜监察御史。时疏江浙漕河，开溧水胭脂河，浚奔牛、吕城二坝，命子高监督工次，以勤劳箸④。

- 明·薛应旂《宪章录》卷十一：

洪武……二十九年……二月，常州武进县言："本县奔牛、吕城二坝，河道浅涩，请浚深，以便漕运。"从之。

- 《道光武进阳湖县合志》卷三《舆地志三·水利·明》：

永乐四年，诏通政赵居任督浚孟渎。洪武中浚⑤，止通轻舟。至是，孟渎闸官裴⑥让，具陈江南漕运之利，且言："河自兰陵沟至闸，六千三百三十丈。南至奔牛镇，一千二百二十丈。年久湮塞，艰于漕运，乞发民疏治。"因命右通政张琏发苏、松、常、镇丁夫十万，通政赵居任督率，浚导十昼夜毕工，视

---

① 由宜兴之古中江，往西过东坝，再走胭脂河到达南京城。
② 闸建在此河的入江口处。
③ 筑堰。
④ 箸，通"著"，著称。
⑤ 此处《康熙常州府志》有一"治"字。
⑥ 裴，《成化毗陵志》《万历常州府志》同。《康熙常州府志》误作"陈"。

旧倍加深广，转输、商贾①俱便。盖是时三吴水溢，夏忠靖原吉正在江南周视川原，相度机宜。故唐鹤微《河渠总说》谓："忠靖合四郡之力，以疏吴淞江，取其泄耳。又合四郡之力，以凿孟渎河，盖取②其纳焉。"谓此役也③。时常州府同知赵泰浚孟渎、得胜二河，作魏村闸，诸所兴筑，民无言劳者，盖泰乃董役④之员也。亦见《明史稿》。

九年，废剩银河闸剩银河。时河已湮塞，闸官傅文达闻于上，遣官覆视，谓"别开孟渎，此非要道"，闸与官俱废。

● 《康熙常州府志》卷七《水利·明》：

永乐四年，诏浚孟渎。洪武中浚治，止通轻舟。至是，闸官陈⑤让具陈江南漕运之利。奉旨命通政赵居任率常、苏、松三郡丁夫浚导。十昼夜毕工，视旧倍加深广，转输、商贩俱便。九年，废剩银河闸，以非要道。

● 《道光武进阳湖县合志》卷三《舆地志三·水利·明》：

洪熙元年，诏常州孟渎河定制三年一浚。《明史·河渠志》。

宣德六年，……是年，浚得胜新河。从武进民之请也，长四十里。至八年工竣，漕舟由此出江，直泰兴之北新河，由泰州坝抵扬子□⑥，入漕河，视白塔⑦尤便。于是漕河及孟渎、得胜三河并通，皆可济运矣⑧。

九年，巡抚周忱建孟渎闸。杨荣记曰：工部侍郎周君忱巡抚苏、常诸郡。常之武进，故有孟渎河闸，以通东南漕运及商贩之舟，且溉傍近田数千顷。岁久闸坏，公私病焉。常守莫君愚图改作之，以役费繁重，谋于周君。议以克合，遂发往岁节省税赋浮费，以市材、僦工、砻石，积渐至⑨。郡民皆欢欣趋事。作于旧址之南丈余，其下先错列巨杙⑩，贯以长松，而后宜石焉。东、西石甃，纵以丈计，为十有六；崇以丈计，为二十有五；中广视纵，当八之一。南、北为雁翅状，以杀水势。中夹木、石凿，以纳悬板而上下之。经始于宣德八年五月，毕工于是年之冬。用徒匠以日计，二万三千七百六十；木以株计，八千九百；石以丈计，三千九百；灰以斤计，二十二万；砖以片计，十有二万。始终董其役者，知县朱恕也。

● 《康熙常州府志》卷七《水利·明》：

宣德九年，巡抚周忱建孟河闸，命常州府知府莫愚、武进知县朱恕董役。

---

① 贾，《康熙常州府志》作"贩"。
② 取，《万历常州府志》作"职"。
③ 指唐鹤征说孟河是夏原吉所开。
④ 夏忠靖总布署，赵泰分任武进境内的那一部分。
⑤ 陈，当据《成化毗陵志》《万历常州府志》作"裴"。
⑥ 此字可据《明史》卷八十六《河渠四·运河下》作"湾"。
⑦ 指江北的白塔河。
⑧ 指江南漕运有三条水道可以分流。
⑨ 指所有建筑材料逐渐到达。
⑩ 杙，原字右半作"戈"，径改。

● 明·杨荣①《文敏集》卷九"记"之《建孟渎河闸记》：

　　君子之立政，有可以益国而利乎民者，知无不为②，为之有方，虽疲民力而民忘其劳，耗其财而民不自恤③。苟或役民于非所当务，则谤怨随之，其能留声当时、为利后世者几希。孔子曰："择可劳而劳之，又谁怨？"④ 孟子曰："以佚道使民，虽劳不怨。"⑤ 其信然矣乎。工部侍郎庐陵周君忱⑥，奉命巡抚苏、常诸郡。常之武进，故有孟渎河闸，以通东南漕运⑦及商贩之舟，且溉傍近田数千顷。岁久闸坏，公私病焉。常守莫君愚⑧图改作之，以役费繁重，弗敢专，谋于周君，议以克合，遂发往岁节省税赋、浮费⑨，以市财⑩傅⑪工，砻石姑苏洞庭山而舟致之，郡民皆欢忻趋事⑫。作于

　　① 杨荣（1371—1440 年），字勉仁，建安（今福建建瓯）人。内阁首辅，与杨士奇、杨溥并称"三杨"，因居所在东而称"东杨"。建文二年（1400 年）进士及第，授翰林编修，永乐朝任内阁首辅。助明仁宗朱高炽即位，又从明宣宗朱瞻基平朱高煦叛乱。明英宗即位，与杨士奇等同心辅佐。擅长谋划边防事务，以武略见重，又好诗文，与杨士奇、杨溥等多有唱和，为"台阁体"文学的代表人物。著有《后北征记》《杨文敏集》等。下文据文渊阁四库全书本。

　　② 知无不为，知道是应该做的，就一定去做，形容尽心竭力。《左传·僖公九年》："公家之利，知无不为，忠也。"林尧叟注："凡可以利益国家者，苟知其事，莫不尽心力而为之。"

　　③ 恤，体恤、怜悯。

　　④ 语出《论语·尧曰》："子张问孔子曰：'何如斯可以从政矣？'子曰：'尊五美，屏四恶，斯可以从政矣。'子张曰：'何谓五美？'子曰：'君子惠而不费，劳而不怨，欲而不贪，泰而不骄，威而不猛。'子张曰：'何谓惠而不费？'子曰：'因民之所利而利之，斯不亦惠而不费乎？择可劳而劳之，又谁怨？欲仁而得仁，又焉贪？君子无众寡，无大小，无敢慢，斯不亦泰而不骄乎？君子正其衣冠，尊其瞻视，俨然人望而畏之，斯不亦威而不猛乎？'子张曰：'何谓四恶？'子曰：'不教而杀谓之虐；不戒视成谓之暴；慢令致期谓之贼；犹之与人也，出纳之吝谓之有司。'"即子张问孔子："怎样才可以治理政事呢？"孔子说："尊重五种美德，排除四种恶政，这样就可以治理政事了。"子张问："五种美德是什么？"孔子说："君子要给百姓以恩惠而自己却无所耗费，使百姓劳作而不使他们怨恨，要追求仁德而不贪图财利，庄重而不傲慢，威严而不凶猛。"子张说："怎样叫要给百姓以恩惠而自己却无所耗费呢？"孔子说："让百姓们去做对他们有利的事，这不就是对百姓有利而不掏自己的腰包吗？选择可以让百姓劳作的时间和事情让百姓去做，这又有谁会怨恨呢？自己要追求仁德便得到了仁，又还有什么可贪的呢？君子对人，无论多少，势力大小，都不怠慢他们，这不就是庄重而不傲慢吗？君子衣冠整齐，目不邪视，使人见了就让人生敬畏之心，这也是威严而不凶猛吗？"子张问："什么叫四种恶政呢？"孔子说："不经教化便加以杀戮叫作虐；不加告诫便要求成功（即做到）叫作暴；不加监督而突然限期叫作贼；同样是给人财物，却出手吝啬，叫作小气。"

　　⑤ 语出《孟子·尽心上》："孟子曰：以佚道使民，虽劳不怨。以生道杀民，虽死不怨杀者。"即依据能让百姓安逸的原则去役使百姓，百姓即便劳累也不会怨恨；依据能让百姓生存的原则去杀人，被杀的人虽死也不怨恨杀他的人（因为可以让更多的人活下来）。

　　⑥ 庐陵郡明代称吉安府（今江西吉安县），下有吉水县（今江西吉水县）。周忱，字恂如，号双崖，江西吉水人，以善理财知名。永乐二年（1404 年）进士，宣德五年（1430 年）授工部右侍郎，奉命巡抚江南，总督税粮。在任二十二年，常私访民间，询问疾苦。理欠赋，改税法，屡请减免江南重赋。与苏州知府况钟反复计算，将苏州一府田赋从 277 万石减到 72 万余石。其余诸府按次序减少。累官至工部尚书，仍为巡抚。卒谥"文襄"。著有《双崖集》。

　　⑦ 漕运，旧指从水路运输粮食，供应京城或军需。汉桓宽《盐铁论·刺复》："泾淮造渠，以通漕运。"

　　⑧ 《明史》卷一百六十一《莫愚传》："莫愚，临桂人。由乡举，以郎中出知常州。奏请减宜兴岁进茶数，禁公差官凌虐有司，严核上官荐劾之实。皆报可。……正统六年秩满，郡民乞留，巡抚周忱以闻。诏进二阶复任。与愚同时为同知者，潞城赵泰，字熙和。由乡举入国子监。历事都察院，授常州同知。浚孟渎、得胜二河，作魏村闸。周忱、况钟议减苏州重粮，泰亦检常州官田亩，请并减之。迁工部郎中，命塞东昌决河。忱荐为协同都运，益勤其职。亡何，疾卒。"可证此次修孟渎河闸，是常州府同知赵泰在知府莫愚和巡按周忱领导下进行。

　　⑨ 浮费，不必要的开支。

　　⑩ 财，通"材"。

　　⑪ 傅（音"就"），雇。

　　⑫ 趋事，办事、立业。

旧址之南丈余，其下先错列巨杙①，贯以长松②，而后置石焉。东西石甃③，纵以丈计为十有六，崇以丈计为二有④五，中广视⑤纵当八之一。南北为雁翅状，以杀水势。中夹木石凿⑥，以纳悬板而上下之。经始于宣德八年九月，而毕工于是年之冬。用徒匠⑦以日计二万三千七百六十，木以株计八千九百，石以丈计三千五百，灰以斤计二十二万，砖以片计十有二万。始终董其役者，知县朱恕；效劳为多者，耆民恽昶。闸成，而获利如故。莫君以为苟无记述，则后世莫知所自。遂因通判张龄来京，请记于余。余按图志⑧："两浙⑨运河贯郡城，西行三十里，历奔牛、吕城二坝，以达京口。舟行既艰，而河小，不足以通巨舰。唐元和中，刺史孟简始令开北河⑩，自奔牛北行七十里，至河庄镇⑪入扬子江，舟无巨细，皆得径达于江，而免过坝之劳。"第其水上引运河，源远不能常续；下仰江潮，去来不能常存。简于是置闸河庄，为之节制，使人以时启闭，而其利益博，其惠之在人可谓深且久矣。人以其姓名河，谓之"孟渎"，又谓之"孟子⑫"，故闸亦以"孟渎"为称⑬。闸废，民失其利，今得周、莫二君子协谋而更置之，二君子之惠足以继简而流于无穷，是可尚也。故系以诗曰：

孟渎伊始⑭，唐元和中；始之者谁？刺史孟公。公时为政，佚道是崇；凿河筑闸，厥功既隆。泛泛⑮者舟，往来具通；每每者田⑯，岁恒获丰。历数百年，湮塞啮⑰冲；

----

① 杙，据明张内蕴、周大韶《三吴水考》卷十六引此文《重修武进孟渎闸记》作"杙"，即木桩。此字《文敏集》右半之"弋"误为"戈"。
② 长松，高大的松树。松木桩是用松木制作的木桩，主要用于处理软地基、河堤等。
③ 石甃，石砌的井壁。此处指石砌的闸门两侧的闸座。
④ 崇，高，指高度。有，据明张国维《吴中水利全书》卷二十五引此文"杨荣《重建武进孟渎闸记》（宣德八年）"、《三吴水考》卷十六引此文《重修武进孟渎闸记》。《文敏集》原误"百"。
⑤ 视，比照，比较。
⑥ 用木石两种材料凿成的闸槽。
⑦ 徒，服役的普通劳工。匠，有技术的工匠。
⑧ 图志，附有地图的地志书。如唐李吉甫有《元和郡县图志》，清魏源有《海国图志》。
⑨ 两浙，浙东和浙西的合称。浙江（钱塘江）以北为浙西，相当于古代的吴国；以南为浙东，相当于古代的越国。唐肃宗时分江南东道为浙江东路和浙江西路，钱塘江以南简称浙东，以北简称浙西。宋代有两浙路，地辖今江苏省长江以南和浙江省全境。
⑩ 孟河在运河以北，故可称作"北河"。或疑"北"字为"此"字之误。
⑪ 河庄镇，即孟河入江口处的孟河镇。
⑫ 即孟渎又名孟子河，得名于孟夫子孟简也。
⑬ 指闸称为孟渎闸。
⑭ 伊始，初始，事情的开端。
⑮ 泛泛，漂浮貌、浮行貌。《诗·小雅·采菽》："泛泛杨舟，绋纚维之。"
⑯ 每每，草茂盛貌，此处指稻苗茂盛。《左传·僖公二十八年》："听舆人之诵曰：'原田每每，舍其旧而新是谋。'"杜预注："喻晋军美盛，若原田之草每每然。"
⑰ 啮，咬、啃，此处指水流侵蚀。

既阻于舟，亦病乎农。猗欤^①周君，思成其终^②；莫守赞^③之，询谋佥同^④。相地^⑤之宜，惟善之从^⑥；乃市良材，乃鸠众工^⑦。匪取于民，匪私^⑧于躬；错杙^⑨累石，既坚既礲^⑩。傍峭而固，中虚以容；舟无阻艰，农无岁凶。人用^⑪欢谣，二君之功；功成惠施，既博且洪^⑫。勒辞于石，用昭无穷！

● 《道光武进阳湖县合志》卷三《舆地志三·水利·明》：

正统元年，漕臣上言："自新港至奔牛漕河百五十里，旧有水车卷^⑬江湖灌注，通舟、溉田，请置官钱置车。"诏可。正统元年九月甲午，攒运^⑭粮储总兵官及各处巡抚侍郎，至京会议军民利便事宜以闻。一、镇江府新港坝至常州奔牛坝运河一百五十里，原有水车车卷江湖，灌注河内，通利舟楫，浸溉田禾，年久废弛。宜命巡抚侍郎提督有司，支给官钱置车，给坝官领之，以时灌注，通漕溉田。一、浙江等处军民运船，俱由常州夏港、孟渎河出，或河道浅涩，争占揽越^⑮。宜专委工部主事一员提督，令军民粮船，务循资次，争占揽越者罪之。至事间^⑯之时，仍听巡抚侍郎差遣催粮。

六年，武进县重修孟河闸。

七年，巡抚周忱浚得胜新河，重修魏村闸。司业赵琬记曰：扬子江涛之险，名天下。自京口东行百数十里，折而南入港者，实趋常之孟渎、得胜二河。河口皆有闸，皆有官以掌纵闭之役，视时^⑰潮汐之盈缩而制其涸溢，以防旱涝之患，利害所系，更不轻也。况常为东南要冲，自苏、松以至两浙、七闽，数十州往来南北两京者，无不由此途出。则其所系，又岂偏州下邑，利害止于一方者比哉？以地势论之，出江西行三百里而遥，汇于龙湾，以达南京，则孟渎河河庄闸为便。出江迤逦二十里，而北入扬之泰州，由淮、济以达北京，则得胜新河魏村闸为尤便。二河之闸，讵可以偏废哉？然奔流激湍，积泥拥沙，相辅为害。岁久，河淤闸圮，居民行旅，远近病之。永乐庚寅，朝廷命故户部尚书夏公、金都御史余公、通政赵

---

① 猗欤，即"猗与"，叹词，表示赞美。《诗·周颂·潜》："猗与漆沮，潜有多鱼。"郑玄笺："猗与，叹美之言也。"

② 语出《左传·襄公二十五年》："政如农工，日夜思之，思其始而成其终，朝夕而行之。行无越思，如农之有畔，其过鲜矣。"即为政之道就好比是务农，要日夜思考它，思考它的开始，又要思考怎样才能使它取得圆满的结果，天天从早到晚去实行它。应按照所思考的去做，不能越出考虑好的计划，就像农田要有界限那样，这样过失就会少了。行无越思，指行动不能超出思考的范围。

③ 赞，辅佐、帮助。

④ 询谋佥同，谓咨询和商议的意见全都一致。《书·大禹谟》："朕志先定，询谋佥同。"孔颖达疏："又询于众人，其谋又皆同美矣。"

⑤ 相地，旧时信奉风水之说，察看住宅、墓地风水以定吉凶。

⑥ 指择善而从，选择其中好的依从他。《论语·述而》："三人行，必有我师焉，择其善者而从之。"

⑦ 鸠工，聚集工匠。

⑧ 私，私予，贿赂。

⑨ 杙，《文敏集》右半之"弋"误"戈"，据上文"其下先错列巨杙"而改。

⑩ 礲，即"砻"，磨、磨砺，此处指磨平。

⑪ 用，因而、于是。

⑫ 洪，大。

⑬ 即旋转水车而得水。

⑭ 攒运，赶运、催运。攒，通"趱"。

⑮ 揽，拉到自己这边来。揽越，当指把别人的船拉到后面来，让自己的船抢先越过。

⑯ 间，当作"闲"。

⑰ 二字疑当倒。

公，督常、镇、苏、松诸郡邑丁夫十万余人，疏通孟渎河矣。顾惟得胜新河，乡民屡以病告，而未之能举，岂其数亦有所待欤？此年，民复有以是河为告者，有司上闻，即日命下巡抚江南工部侍郎周公。公乃会漕运总兵都督武公、参将都指挥汤公，诣河次，相视经度，议以克合，责成于前郡守莫侯愚，且简任同知赵君泰、武进县主簿马君彦斌董其役。既而，周公又谓二君曰："今国家方务赡养斯民，不可如往年孟渎河之役，傍及他郡邑，动众劳扰。计河两岸之田，不下二千五百九十三顷有奇，岁输赋二万五千九百三十余石，受其利者无虑五千数百余家，验其户口可得丁夫九千八百九十人。余倩附近乡夫一万三千三百十人益之。每人日给米一升，费皆取于公帑，一毫不以烦民。"二君亦能体公之心，协谋并智，揆日鸠工，因河之故道，理其坏塞而去其浅隘。闸旧逼于江浒，水易为患，改置向内五里许。堤涯、关扃、覆屋悉如旧而坚致，深广视昔则过之，足以支久远。河长七千二十丈，广十二丈，深一丈六尺，闸周围四十四丈。役工九十九万六千，费以银计一千七百五两，米四千四百三十九石，木一千六百章，铁三千三百斤，砖、石、灰、油、薰称是。始事于正统七年二月二日，讫工于八月二十日。是年大旱，明年暴水，魏村沿河上下四十余里，蓄泄有备，民以无虞。利之及人者，盖如此。今年，马君以督赋至京师，致今郡守叶侯之意，属予为文以记其事，且曰："俾后人知，谨当善继之而弗壤。"予闻之欧阳文忠公云："作者未始不欲其长存，而继者每至于怠废。"使继者长如作者之心，则其及人之利，岂有终穷也哉？魏村之闸、之河，虽日修废举坠，其功倍于创始。后之继此者，若能职思其忧，时加修葺，禁障宣通①，恒如今日，则人之蒙其利，其可以世计哉？惜乎江北之河，人犹病其浅隘，倘二三大臣讲求水利，一旦有及于此，相地之高下，观水之源流，而决其雍塞，俾东南诸州舟之通于北京者皆于是乎出，得免于黄山以东数百里风波之险②，其利又不特如此而已也。姑书以俟。若夫闸河之沿革，具于郡志。及今郡邑官僚、乡里耆老，凡所修举而立石者③，其姓名载诸碑阴，不复著。

　　八年三月，漕运总兵官、都督金事武兴，巡抚侍郎周忱等，奏浚常州府武进县河道。奏言："武进县民言：'漕舟出夏港，溯大江，风涛险阻，害不可胜言。州西有得胜新河，北入江，达泰兴县北新河，中间淤浅者，俱宜浚之，可以避大江险阻。'浙江都司指挥金事萧华言：'永乐、宣德间，自常州孟渎河出江入白塔河，江行不逾半日。今孟渎河淤浅，请浚之。'广东按察司知事黄武、浙江处州卫指挥使牛通，皆以为言。事下臣等议，华等所言，皆有据。请先浚孟渎河，兼浚常、镇运河。其白塔河有四闸，可于其中大桥闸筑坝，候运河水泛，则启闭行舟；水落，则仍闭塞。得胜河亦宜修浚。惟北新河工巨费繁，请俟浚理孟渎、白塔、得胜河完再议。"上从之。

　　……

　　景泰二年正月，浚南直隶常州府运河。时漕河复淤，遂引漕舟尽由孟渎，故浚之。

　　三年正月，监察御史练纲等奏治常州运道。纲言："江南漕船，俱从江阴夏港并孟渎河出大江，溯流三百里，抵瓜洲，往往失利。今江南岸有南新河，在常州府城西；江北岸有北新河，在泰兴县，正

①　禁止堵死，加以疏通。宣，即开也。宣通，即疏通。
②　指孟城黄山以东的长江之险。此时以镇江至孟城黄山的江面为易行乎？恐不其然。
③　凡是修造此闸、树立此碑而出资出力的官员和绅士们，其名字刻在此碑的背面。

相对。江北又有白塔河，在江都县，与江南孟渎河参差相对。若由此二处横渡江面，甚近。但北新河、白塔河淤塞，俱用疏浚。北新河须二十万夫，白塔河须七万夫可就。宣德间，曾于白塔河置闸，潮涨入闸，则沙土积塞；潮落启闭，则运河水泄。今可易闸以坝。"上命尚书石璞措理。会浙江参政胡清言："镇江府有河，通常州奔牛等坝，止可容小船来往，而输运粮草大般①俱涉历大江，风涛不测，常致损溺。请敕有司疏河去坝②，惟置石闸以蓄水，则船通而患除矣。"从之。

天顺三年，巡抚崔恭浚镇江漕河，修京口、甘露、吕城、奔牛四闸。时运道艰涩，议者欲于丹徒七里港开道③接旧河，崔恭偕巡按御史郑佑、知府林鹗勘视，止浚旧河④，檄苏、常二府拨夫三万，自京口起至奔牛，长一百六十里，开深盈尺。又糜金九百八十两，修京口、甘露、吕城、奔牛四闸，于朝阳门外作新闸，以防水涸。正月兴工，凡九旬竣役。闸各设官守巡⑤。

● 清·查继佐《罪惟录》卷十三：

正统初，武进县之奔牛、吕城设为坝、闸，漕船由京口出江。景泰中，坝、闸颓废，从蔡泾、孟渎出江，往往舟坏。天顺中，复故道，增五闸。

● 《江南通志》卷五十九《河渠志·运河》：

景泰……三年，……是年浙江参政胡清言："直隶⑥镇江府有河，通常州府河⑦，有新港、奔牛等坝⑧，止能容小船往来，而输运粮草大船俱涉历大江，风涛不测，常致损溺。请敕有司开疏其河，革去其坝，惟置石闸以蓄水，则船通而害除矣。"事下工部，移文核实，咸以为便，从之。

● 明·王直《抑庵文集》后集卷四《镇江府重修运河记》：

镇江之通漕，旧矣，始于隋，及唐、宋，自京口新港坝缘城西而南至常州奔牛坝⑨，一百六十余里皆无阻，盖由两浙运判曾孝蕴，郡守林希、史弥坚，修京口、奔牛、吕城三闸，以闭泄江水、通舟楫，民便之。岁久淤塞，大舟重载⑩不得行，皆从夏港⑪、孟渎⑫出扬子江，涉风涛之险二百余里始得达瓜洲，而多被其患。国朝前浙江参政胡清等复请修运河为便，敕工部尚书周忱、侍郎李敏等议之，不果行。皇上复登

---

① 般，当作"船"。
② 疏浚运河，去除奔牛坝，仍用石闸启闭蓄水，船只仍由奔牛至镇江走运河，不由孟河渡江，以避江涛之险。
③ 开水道。
④ 林鹗只疏浚旧的运河，没开丹徒七里港那儿的新河。
⑤ 指防守、巡逻。
⑥ 明之南直隶，即清之江南省，相当于今之江苏省、安徽省及上海市二省一市。
⑦ 指镇江府有运河通常州府的运河。
⑧ 据下文知新港坝在镇江城西。
⑨ 此言明京口与奔牛是大运河上相等的两个结点，可以视作大运河流经宁镇丘陵地带的始末点。
⑩ 指大船，或小船重载。
⑪ 指由运河之五泻河口沿江阴运河至蔡泾，再至蔡泾闸（南闸），由江阴城西的夏港出江。
⑫ 指由奔牛走孟河出江。

大宝①，尚宝少卿凌信复奏言："夏港至瓜洲，江水广阔，军民运输、商旅懋迁必由此，而风波、盗贼陷溺者众，乞将镇江运河疏浚，重修京口、吕城等闸，遇浅则增置②，视潮盈缩以时启闭，则人受其利而害可以减。"时左副都御史崔恭巡抚南服，亦言："凌信等请浚镇江运河，诚东南经久之利。"上命浙江嘉、湖③、苏、松、常、镇六府起人夫、给官钱，设法劝助，务在成功。仍敕都御史崔恭督同巡按御史郑佑、郎中沈彬及诸郡守林鹗等勘议，皆谓："今修故道深浚④，从京口、奔牛接引江潮，修整旧闸四座，增置城南灭渡桥新闸一，每二月中旬后，潮高水涨，则开闸放船；九月初旬以后，霜降水落，闭闸车坝⑤：如此，则工力减省，事易成。"议定以闻，诏可之，命镇江知府林鹗总督，常州通判刘衢、丹徒知县刘震、丹阳知县霍芳等分理其事。凡用人夫七万余名，土石等工⑥用旧旷役⑦者三百余名，皆出苏、常、镇，他弗与⑧。各府措置石灰、桩木等料，价银九百八十八两有奇⑨。天顺三年正月兴工，至三月十八日竣事。河堤随地势为深浅，深者一丈，浅者八尺；坝、闸、桥岸必完固可以久。诸闸原无官夫者，各添夫二十名。堤岸、河洪⑩稍坍塌即修治，勿有坏。而都御史及诸郡守庶僚相与言曰："运河之修，赖圣天子明断于上，群臣百工效忠于下，故能有成功而恩惠及民，宜有纪以示后，使知为之之难而永保之。"夫大江之险与海相若，自古病其难，而鲜克善济⑪。今圣主在位，勤恤民隐，听言容众，兴利远害，不惮岁月之劳，以建悠远之利。东南之人馈运转迁者，皆安行利涉，其受惠也博矣。夫既受惠于今，而复加勤于后，朝览夕视，以防其敝，必坚固严密如始造时，则惠利之施有穷哉？故为之记，俾刻之京口闸之石，使凡与其事者日省⑫而加勉焉，无忽⑬。

● 明·倪谦《倪文僖公集》卷十四《京口运河疏浚记》⑭：

---

① 当指明英宗"夺门之变"废景泰帝，复辟成功，改元天顺，此当是天顺元年事也。

② 即遇到运河水浅处便置闸来蓄水，保持运河一定的深度。即下文所说的"增置城南灭渡桥新闸一"，可见只增加了一座，据下文是在镇江城增置此闸。

③ 嘉兴府、湖州府属于浙江巡抚，苏州府、松江府、常州府、镇江府属于南直隶的应天巡抚。

④ 指修此前不走的、奔牛以西的宁镇丘陵地带的运河故道并加以深浚。

⑤ 车，利用轮轴旋转工具工作，例如民间用水车来车水灌溉。此处是指闭闸后，船只用牛拉绞盘的方式来过坝（即所谓的"盘坝"）。

⑥ 土工与石工，皆是有专门技术的土木建筑方面的工人。

⑦ 旧旷役，上次未服役而此次惩罚来补服役。

⑧ 六府中的嘉、湖、松三府不用派此类劳工。

⑨ 即此类材料的价钱由六府共同承担。

⑩ 洪，同"澒"，大谷、深沟，此处指河港、河身。

⑪ 鲜，很少。克，能。善济，渡江成功。

⑫ 省，读作"反省"之"省"，审视，看到。

⑬ 请大家不要忽视本文记载的内容。

⑭ 此文又见《名臣经济录》卷五十一，文末注出处《倪文僖公集》。

镇江为郡，濒扬子江。通江有河，曰运河，与江北瓜洲相直，凡苏松①、江浙、闽广之人，舟出于江者，率由是径而易达②。然自京口闸至常郡奔牛坝一百六十余里间，地势高隆，河形浅狭，止利小舟之行。其漕运巨艘，与夫官民帆舶，俱从夏港，涉大江，经圌山③，始克有济。水道迂远，暗沙险阻④；不时风涛发作，轻则樯倾楫摧，重则覆溺戕生。或遇寇盗，动罹劫害。且并⑤河之田，一遭旱暵，则水脉枯涸，不能浸溉，坐受饥毙，公私病焉。景泰间，郡长吏欲事疏浚，具疏以闻，诏巡抚工部尚书周公忱相度事宜，勘计工费。疏入，而公以谢事去。天顺间，总督粮储、都宪⑥李公秉，继巡抚于斯，诏下覆实以行。公始图经费，以举是役，寻召还朝。后，巡抚、都宪崔公恭，奉命踵至，以为"便国利民，莫切⑦于此"，遂与郡守林公鹗申度前议⑧，自新港至奔牛⑨旧河，则疏浚深广；京口、吕城旧闸，则修葺颓缺，别于郡城⑩灭度桥增置一闸，用以潴水：潮汐洪大，则开闸放舟；微小，则闭闸车坝⑪，庶水有所蓄，舟楫通利，田亩沾沃，永为民便。所用众材，则于浙江嘉、湖二郡取之，徒役、匠石⑫，则于苏、松、常、镇四郡庀⑬之。议定，乃事兴创，哀材用，鸠工徒，严期约，刻日咸集，分官各司其役。至于规画劝督，则身亲莅焉。趋事惟勤，并手偕作。举锸如云，壐土如山⑭。其河狭者，拓之；浅者，凿之：务底深广，使多受水。其闸旧，则立⑮其崩颓，补其刓缺，完复前规；新，则下木为桩，实甓为基，累以灰石，固以铁键，制度如式，务底坚致。以时蓄泄，常使水与闸平，不致盈缩。以某年月日兴役，某月日役止。其为费：木以株计若干，石以方计若干，铁以斤计若干，役以工计若干。初役之兴也，下民颇以为劳。逮今十数载间，水常弥漫，非独舟楫得涉安流，赖免风涛、寇盗之虞，而田亩得资浸溉，大享丰穰之利，益思前人之德不置，

---

① 指苏州与松江府，为常州以东的两个大郡。

② 全都由此水路而容易到达。

③ 指从镇江沿江的东大门"圌山"那儿北渡长江至江北。

④ 指江边有礁而易触舟沉没。

⑤ 并，读"傍"。此指因京口至奔牛运河废弃，沿运河之田无水可溉。

⑥ 都宪，明都察院都御史的别称。按：李秉天顺初年督江南粮储，不久受命巡抚大同。

⑦ 切，急切。

⑧ 重申并估量李秉的建议。

⑨ 新港在镇江城西侧，奔牛在常州城西野。

⑩ 指镇江府城。

⑪ 车坝，指船只用牛拉绞盘来盘坝过闸。

⑫ 匠石，古代名石的巧匠，出《庄子·徐无鬼》："郢人垩慢其鼻端，若蝇翼，使匠石斫之。匠石运斤成风，听而斫之，尽垩而鼻不伤，郢人立不失容。"此处用以泛指能工巧匠。

⑬ 庀，据《倪文僖公集》。《名臣经济录》作"取"。

⑭ 开河挖出来的泥，堆在岸上如连山。

⑮ 立，据《倪文僖公集》，《名臣经济录》作"培"。立，使立，使倒塌者重新得以树立起来。

咸欲刻石以纪其绩。丹阳尹蔡侯，实因民之情，乃具述疏浚设置颠末，属言①为记。惟"浚畎浍距川"②，禹之绩也。自"井牧③、沟洫④"之制⑤废，而后"河渠"之说⑥兴。古昔能浚河导川者，史不绝书，则水之为利，诚为政之先务也。功之巨者，其费侈；利之博者，其劳多。然不一劳者不永逸，不暂费者不永宁。故于是役，李公不恤其费，志图兴举于前；而崔公不惮其劳，力任其责于后。则卒溃⑦于成者，崔公之功也，不亦能急先务者钦？故今遗惠在人，岂惟起人无穷之思；而伟绩在世，其必郡乘载之、国史书之，与古能浚导者同垂名于不朽矣。遂书以畀之，使刻焉。

- 《道光武进阳湖县合志》卷三《舆地志三·水利·明》：

　　成化三年，诏仪真、瓜洲、孟渎诸处河港三年一浚者，冬初兴工。□□⑧漕运右副都御史滕昭言："仪真、瓜洲、孟渎诸处河港，乃贡赋必由之道。旧因浅滞，命旁近扬州、镇江、常州诸府、卫兴工疏浚。是后，著令三年一浚。然所司怠玩，浚不以时。直至穷冬，召众兴役，则手足皲瘃，虽浚无实，徒为劳耳。请自后，每于冬初即为兴工。"从之。

　　四年，巡抚、右佥都御史邢克宥⑨，董志作"邢克宽"。常州府知府卓天锡，修复奔牛上闸，并以坝官领之。王傲记，略曰：……

- 清·曹溶编《明漕运志》：

　　成化四年：……巡抚江南邢宥修复运河坝、闸。先是，正统初，巡抚周忱经理运道，武进、奔牛、吕城，设为坝、闸⑩，俾漕舟由京口出江，最称便利。迨景泰间，坝、闸渐颓，水道淤浅，有议从蔡泾、孟渎⑪出江者，因迫海洋，漕船多覆溺。天顺间，巡抚崔恭奏请从周忱故道增置五闸，至是成之。

- 明·薛应旂《宪章录》卷三十二：

---

① 属言，犹发言。《文选·任昉〈为萧扬州荐士表〉》："辞赋清新，属言玄远。"李善注引臧荣绪《晋书》："阮籍虽放诞，不拘礼教，然发言玄远。"此处"属"同"嘱"，嘱托、托付。属言，指托人传话来让我写篇记。

② 语出《尚书·虞书·益稷》。浚，深挖疏通。畎浍，田间的水沟。距，至。川，九州的大河。此句指挖深、疏通田间的大水沟，使它们流入大河。

③ 井牧，谓按土质区划田地（或用于井田耕作，或用于牧地畜牧，二牧而当一井），以便于授田、贡赋。

④ 沟洫，（井田制的）田间水道，借指农田水利。《周礼·考工记·匠人》："匠人为沟洫：……九夫为'井'，'井'间广四尺，深四尺，谓之'沟'。方十里为'成'，'成'间广八尺，深八尺，谓之'洫'。"郑玄注："主通利田间之水道。"

⑤ 即井田制。

⑥ 说，据《倪文僖公集》，《名臣经济录》作"利"。作"说"为是，《史记》有"河渠书"，《汉书》复古而改名为"沟洫志"。沟洫与"井田"相配套，河渠与废井田后的农田水利相配套。

⑦ 溃，据《倪文僖公集》，《名臣经济录》妄改作"底"。卒，最终。"溃于成"语出《诗·小雅·小旻》："如彼筑室于道谋，是用不溃于成。"毛传："溃，遂也"，意为达到。卒溃于成，最终达到成功。

⑧ 二字原书作墨丁，当据《江南通志》卷五十九《河渠志·运河》作"总督"。

⑨ 宥，当据下文董潮所编的《乾隆武进县志》作"宽"。按：邢宥，字克宽。

⑩ 坝闸共存，平时不开闸，皆翻坝而行，唯有冬春之间，西上北京的皇粮经过时，则开闸以利通行。有过往官船势力大者，也会开闸让其通行，以免翻坝之劳。

⑪ 蔡泾，在江阴。孟渎，在武进。

成化……四年……十二月丁亥朔，日食。巡抚江南都御史邢宥修复运河坝、闸。先是，正统初，巡抚周忱经理运道，武进奔牛、吕城设为坝、闸，俾漕舟由京口出江，最称便利。迨景泰间，坝、闸渐颓，以致水道淤浅。有议从蔡泾、孟渎出江者，因迫海洋，漕舟多覆溺，且龊盗①因之出没。天顺己卯，巡抚崔恭奏请从周忱故道增置五闸。至是，宥委常州知府卓天锡成之。

- 明·邱浚《重编琼台稿》卷二十三《墓志铭》：

明故中顺大夫都察院左佥都御史邢公墓志铭

都察院左佥都御史致仕邢公，以成化十七年五月甲午卒于家。……公讳宥，字克宽，其先由汴徙琼②之文昌。……成化丙戌③……是年秋，再升左佥都御史、巡抚江南、总理兵民财赋、弁理④嘉湖杭三府粮储、提督屯种。公受命后，汲汲于培植、拯救、采察、咨询，于官吏则奖廉能、黜贪懦，于民则杜奸宄、抑豪右，浚孟渎、丹徒二河，增筑奔牛一闸，以便运道；又奏减岁课之重者；凡十余事。戊子，奉敕饬理两浙盐法。……成化十八年。

- 附明·王㒜《重建奔牛闸记》⑤：

距毗陵城西三十里，其地为奔牛堰。溯堰水西行百八十里，历云阳，达京口，为餫河。其地势东倾，盖堰不足以时蓄泄也。古尝于京口、吕城、奔牛为三闸，皆莫详其创始。㒜尝观史志⑥："丹徒水道自六朝来，通吴、会，隋初，有诏浚治。"则是闸，在⑦齐、梁前已有之。宋陆放翁所⑧谓"自创为是餫⑨河，三闸已具"，其说近是。大业之后，闸当与河相为废兴，而志⑩不书。至元符、嘉泰，始⑪两书"修复"，则上下数百载间，其缺⑫而不书，亦已多矣。国朝⑬洪武己⑭酉，闸废。更导其支流东北

---

① 指引来海盗打劫。龊，盐。可见此等人无船可劫时，便运私盐贩卖。
② 汴，指汴京开封。琼，指海南岛，也即琼州府，其下设有文昌县。
③ 指成化二年丙戌岁（1466）。
④ 弁理，办理、处理。
⑤ 此文出自王㒜《思轩文集》卷一《常州府重建奔牛闸记》。又见《万历武进县志》卷二《乡都·安善西乡·奔牛闸》下引。又见《武阳志余》卷二之二《桥闸·安西乡·奔牛故闸》有引。
⑥ 下文见《南齐书·州郡志》。
⑦ 在，《武阳志余》同，《万历武进县志》误脱。
⑧ 所，《武阳志余》《万历武进县志》误脱。
⑨ 餫，同"运"，着重于其用来运输粮食，故用"食"字作为偏旁。
⑩ 指国史的水利专志与地方志。
⑪ 始，《武阳志余》《万历武进县志》误脱。
⑫ 缺，《万历武进县志》误作"说"，《武阳志余》改"脱"亦非是。
⑬ 二字《武阳志余》同，《万历武进县志》误脱。
⑭ 己，《道光武进阳湖县合志》上文节略引用时误作"乙"。按：洪武二年为己酉。永乐三年为乙酉，洪武无乙酉。

出，于堰为坝①。自是，鄆河不复通，重载漕舟多出孟渎河济江。江行险远，岁不能无覆溺之患。天顺己卯，今冢宰崔公克让为都御史巡抚江南，因民之虞患②也，为言于朝，请复建闸，营度适宜，委畀得人，曾无几何而五闸告成。其在常境者，奔牛下闸是也。成化戊子③，都御史邢公克宽④继来，谓："奔牛犹有上闸，其⑤遗址尚存，盍⑥亦修建，俾互为启闭？"遂以其事付之常守卓君天锡，而以武进邑⑦丞宋瑛董役事。给费于公帑，役民于农隙。其经画之良，成功之速，与下闸等矣。夫自⑧堰废为闸，闸废为坝，言水利者时有訾病。今闸与⑨坝两存之⑩：春夏水溢，则由闸；秋冬水涸，则由坝，坝可潴而闸无壅也。根遗迹，策成筭⑪，以开永图，夫岂乐因循而好自用者，所能仿佛其一二哉⑫？闸成之明年，同知谢君庭⑬桂以属予记。夫国朝自移都北京，其财赋多取给东南，正犹汉之山东、唐之江淮也。引渭穿渠，含嘉转漕，当时最称便利。然水有底⑭柱之险，持异议者，亦尝改作，卒无成功：是役于智巧，而不观形势之顺逆、鉴古今之成败者也。近议亦有谓自七里港⑮疏河，越黄垅冈，以受江水，而崔公不用；用之，几何不为"褒斜取道"？而邢公继之，理其未备，无事更迁，其亦异于"凿三门⑯以重⑰为梁栈"者远矣。二公扬历台省，雅有才望。其出殿南圻也，威惠并行，为国足用、为输将缫使脱险⑱，系斯举也，余可类⑲推。卓君克承克引，民不厉而功自倍；施之守官，用成佳政，皆不可以不书。夫书前人之绩，以昭示后人，俾嗣守之⑳，勿坠谢君之用心，亦良厚矣。于是乎书。

---

①　二字据《武阳志余》，《万历武进县志》误删。指改堰为坝，在原来可以开闸通船而行的堤堰处，改建成不通船的大坝，过往船只便要用人力和畜力来拉船翻过此坝。

②　虞，忧。虞患，忧患。

③　成化四年戊子岁（1468 年）。

④　宽，《道光武进阳湖县合志》误作"宥"。按：邢宥，字克宽。

⑤　其，《武阳志余》《万历武进县志》误脱。

⑥　盍，《武阳志余》同，意为"何不"。《万历武进县志》误作"盖"。

⑦　邑，《武阳志余》《万历武进县志》改为"县"。

⑧　自，《武阳志余》《万历武进县志》误脱。

⑨　与，《武阳志余》同，《万历武进县志》误脱。

⑩　指直河有坝而坝南之闸河走船。

⑪　筭，同"算"字。

⑫　"根遗迹"至此，《武阳志余》《万历武进县志》节之。

⑬　庭，《武阳志余》《万历武进县志》作"廷"，两字古通。

⑭　底，《武阳志余》《万历武进县志》作"砥"，两字古通。

⑮　指镇江开"七里港"引长江水来接济运河水之不足。

⑯　门，《武阳志余》《万历武进县志》误作"山"。指大禹凿三门峡。

⑰　重，重新。

⑱　由此而使之脱险。

⑲　类，《武阳志余》《万历武进县志》误作"概"。

⑳　之，《武阳志余》同，《万历武进县志》误脱。

● 《道光武进阳湖县合志》卷三《舆地志三·水利·明》：

宏（弘）治……八年，水利侍郎徐贯、巡抚朱瑄浚孟渎河。金银取之苏、松二府，丁夫取之常州五县，浃月毕工。

十一年，知武进县张伟浚运河。甚著劳绩。

……

十七年，浚常州运河。

正德……八年，知府李嵩、治农通判温应璧浚南运河。

● 《乾隆武进县志》卷二《水利·明》：

正德八年，知府李嵩浚运河①。

● 《道光武进阳湖县合志》卷三《舆地志三·水利·明》：

正德……十四年，浚常州上、下里河。从督漕都御史臧凤之请也。由是，漕舟无滞者五十余载。盖里河者，腹内之河也，以前系孟渎出江故也。是年，复浚孟渎河。仍用七府丁夫五万四千浚之。

嘉靖二年，开常州河渎，以泄运河水于扬子江。檄宜兴县开南朱渎、洋会渎、留沟渎、菱渎、辛渎、下泽渎、长凌渎、丫渎、盛渎、山渎、丁卯渎、三千港、洞霄圩、北枝河、鲇鱼河、庄河、万寿河、乌嘴渎、永安河、兴旺河、长寿河、瓦屑河、双桥河、蓝河、窖庄河、张墅河，共长九千五百八十六丈，以泄东西二沈、荆溪之水入于太湖。武进县开得胜南新河②，长七千七百五十丈；江阴县开青旸河、西山塘、九里河，共长九千四百六十一丈，以泄运河之水于扬子江。无锡县开间江港二百四十五丈，又开西新河、永安河、包沿河、苏塘河，共长一万二千五百三十一丈，亦以泄运河之水，使归常熟宛山荡，散出白茆诸港。按，前志浚烈塘系于三年者③，误。

……

二十四年，巡按御史吕光洵相视苏、松、常、镇水利，著为图册。图册方成，光洵报满，代去，不果行。其说曰：常州地势视苏、松为高。然北枕大江，南控太湖，凡水之猥集其境内者，往往合于漕河，奇④分之而流注于江湖⑤焉，盖亦百川之巨都也。今境内之水，若武进之东，自望亭出风波桥入郡界者，曰漕河。漕河之南，曰阳湖，东南曰宋建湖。又东曰惠明河⑥，河之支流并流入于漕河。漕河之旁，曰刊⑦沟。刊⑧沟分为二水，与后河合流，入于漕珂。又鸣凤河，东北枕漕河，又南通白鹤溪。籴泽河，

---

① 据上文乃南运河，非是奔牛至常州的大运河。
② 德胜河就是南新河，即江南的新河。
③ 恐亦不误，下檄（公文）于二年，而开成于三年，这也是有可能的。
④ 奇，当作"歧"。
⑤ 指长江、太湖。
⑥ 按惠明河在城内，非在宋建湖之东。
⑦ 刊，当作"邗"。即常州城内的南邗沟与北邗沟。又无锡西境也有南北邗沟。
⑧ 刊，当作"邗"。

东流注于滆湖。滆湖，在郡城西南，与宜兴分派。若西蠡河、孟渎、青阳①河、蠡渎、华渡河、黄土渎、畲河②渎诸水，或南或北，并上通漕河，下流注于滆湖者也。又邑之前，曰永安河。河之支流，一自西南，通漕河；一自无锡漕河，东北径紫沟河，入于大江。永安之外，为得胜河、剩银河、小新河、通济河、顺塘河、陈堑河、伯牙渎、网头河，河之支流，相通属者，并东北合流，而入于江者也。若湾渎河、戚墅港、白马泾诸水，并西北属漕河，东南属宜兴界中，而流于太湖。此武进境内之水也。……知县马汝彭《水利图册》序曰：水道以运河为主，而众流宗之。大江绕我郡境；西自京口分流，历丹阳，贯郡城而东趋者，运河也③。《史记》《汉书》注："北江，从毗陵县，东北入海者。"后废，而隋凿之。今于奔牛镇置闸，以节上水。次则孟渎、烈塘诸河，皆在本县之西上流，引江以通鞯、灌④。而网头、丁堰以东诸港，凡在本县之东下流者，皆自运河分派，北流经无锡、江阴之境而达之江。……是时，武进治农县丞吴文泮督浚各乡诸支河，并浚澡港，以溉武进。……

二十五年，知武进县李画修魏村闸。……是年，知武进县杨巍、治农县丞吴文泮重浚孟渎河。

……

六年，修浚苏、松、常、镇四府堰、坝、田围。

万历元年，总河万恭檄浚常、镇、苏、松四府运河。

……

四年，巡按郭思极请浚孟渎。寻代去，不果行。疏略云："议修孟渎，以傍通舟楫。夫奔牛、吕城二闸，例于冬闭春启，蓄水以待运船。然秋冬之交，运船回空者，必取道于此；而官船往来者，亦必取道于此。上下交驰，情夸而势阻，欲其恪守闸规，不可得已。求诸先年，有不由二闸，而可以间道达江者，则有武进之孟渎河，在武进之北，延袤六十余里。外通长江，内资灌溉；商民舟楫，罔不由之。向使此河不淤阻，则回空粮船与往来官船，率由此以抵江，俾奔牛、吕城，得闭闸蓄水，专通粮艘，则势不至于浅涸之甚。缘自嘉靖年间，遭值倭乱，筑堡中流，设兵御守，于是河流渐微，日就阻塞。虽尝建议开浚，计度工费约该五万余金。而当事之臣经理欠明，欲以武进一县之民当之；譬之一国之事，而责办于一家，以十人之负，而责荷于一人，势有所不能，以故旋议旋寝，将为平陆矣，安望能通舟以达江哉？臣愚以为此河之开，不独有资于灌溉，而实有资于漕运；不独有便于武进一县，而有便于常、镇二郡。今惟责之水利宪臣详为酌议，民力取之常、镇二郡，钱粮取诸漕运衙门，要不必加派以病民，而计工授直，则无不济。孟渎一开，则既有间道以通舟楫，而运闸得启闭之宜。又引江潮以达奔牛，而运河资接浚之力。纵遇元旱，不至坐以待困。故议浚孟渎，以傍通舟楫，亦缓急可赖之一策也。"案：江浙转漕，永乐时从孟渎入江，逆流而上

---

① 阳，当作"旸"。
② 河，当作"柯"。
③ 此视运河为长江水从京口分出一支，流到常州城下。
④ 以通船运和灌溉农田之用。

至瓜、仪进口①。宣德间，平江伯始开通白塔河，横江对渡。或从南新河入北新河，亦横江对渡。正统末及景泰间，漕舟屡梗，始有建议从里河②之说，故三河并浚，奔牛复去坝为闸；而烈塘狭窄，孟渎广阔，虽建闸，而蓄水不多，仍由孟渎行走。天顺元年，尚宝少卿凌信言："粮艘宜从镇江里河为便"，帝以为然。因命粮储都御史李秉，开七里港，引江水注之；并浚奔牛、新港之淤。巡抚崔恭又增置五闸。至成化四年，闸工始成，奏废孟渎不用。于是，漕舟尽由里河。其入二河者，回空之艘及他舟而已。然定制，孟渎河口与瓜、仪诸港俱三年一浚。孟牛③宽广，不甚淤。里河不久辄涸，则又改从孟渎。至嘉靖时，开通腹里诸河，始以常、镇运河为漕艘正道，孟渎亦因之而淤矣。至上、下练湖，即古曲汲④湖，承受长山八十四溪之水。下湖，去丹阳城百步而近；上湖，在丹徒境内，较高数尺。上、下二湖，递相转输，层级而下，入于运河，势如建瓴。因牧、令⑤狃于近利，以致豪右告佃成田，寖失旧额⑥；则上游蓄水无源，失⑦。故彼时廷臣郭思极、陈世宝及贡生许汝愚等，皆极言漕河利弊，请亟宜修复练湖，开通孟渎也。详见史策⑧。

五年，巡案御史林应训疏浚孟渎。疏略云："孟渎河为漕运捷径，开浚之法，必调停夫役得宜。河自万缘桥起，至孟渎河口，共长九千九百五十丈，积方三万九千九百六十方。两岸高峻，挑土安顿，比之平地开上⑨堆⑩者不同。价若不平，夫无应募。照旧例，每深广一丈，给工价银四钱，计数共银一万五千九百八十四两。及本河坝边立车六十一部，起集人夫车厫，计工三千一百工，共银三十一两。二项共银一万六千一十五两。本河原系浙直⑪运道，载在漕志，且官民船只，经行尤便，非止一隅利⑫。永乐、宣德、宏（弘）治年间，议于苏、松、常、镇、杭、嘉、湖七府协力并开。正德时浚后，淤塞年久。是难独坐⑬常州一府也。此河既开，江口修完闸座，每遇运船通行时，径由此河出江，官民两便。续据如式开浚讫，再照：沿河两岸，率多泥沙，俱非固土，天时雨涝，未免倒坝。江潮日至，浮沙涌进，淤塞之患，势所不免。盖开浚工完，则人情俱懈，不复议及经久计。合于万缘桥⑭、黄连树⑮，各建闸一座；每岁冬月，量加疏浚，使河泥不集，河水常裕，实为万全。利不直⑯漕船出江之便也，仍有三利焉：运船与民船分道而行，一也；商、民船，瓜洲而下，一朝可达，免风海盗贼之虞，二也；地方灌溉之利，三也。先此，武进之民惮于独

① 进入江北运河之口。
② 里河，即江南腹里之大运河。
③ 牛，当作"渎"。
④ 汲，当作"阿"。
⑤ 指镇江知府与丹徒、丹阳两县令。
⑥ 指湖面的数量比旧额（旧时的湖面亩数）要少。
⑦ 此字当为衍文。
⑧ 指见"史册"，即见《明史》卷六十二《河渠四·运河下》。
⑨ 上，当据《吴中水利全书》卷十四《林应训开浚孟渎河工疏（万历五年上）》作"土"。
⑩ 此处当据《吴中水利全书》卷十四《林应训开浚孟渎河工疏（万历五年上）》有一"堤"。
⑪ 指为南直隶与浙江省的运河。江南运河的南部终点杭州府是浙江省的省会。
⑫ 指不止孟河这个角落（即小地方）受益。
⑬ 坐，把责任落给。
⑭ 此当即老宁闸的建闸时间。
⑮ 连，《吴中水利全书》作"莲"。按《道光武进阳湖县合志》卷二《武进·乡都·怀德北乡》"二都，图五。村镇名"最后有"黄连树下"，当是"五图"。书首"怀德北乡"图有标，在东沙河口与德胜河口连江桥之间偏北。颇疑黄连树处的闸就是连江桥处的闸，是此地得名"新闸"的由来。此闸是得胜河口的闸，旨在不让江潮泥沙流入运河。
⑯ 直，仅。不直，不仅。其利益不光漕船出江获得便利。

劳，倡为险塞之说，故议不果行。令银米取之七府"导河夫银""修河折米银"，并借支兵饷，不累常州；人夫则征诸各属，不累武进，人人踊跃，率作兴事矣。"案，御史郭思极、陈世宝，皆极陈漕河利弊，奏请修复练湖，疏浚孟渎。盖以练湖为蓄水之源，孟渎为济运之渠也。明都燕京，转漕江南，与国朝同。洪武初，奔牛更闸为坝。永乐时，开浚孟渎，五六十年矣①，以孟渎及江阴夏港，为粮艘经行要道。天顺时，因运道艰难，江纤远，时有风涛之险，仍复京口运道。奔牛亦复去坝为闸，惟闸则冬闭春开，蓄水以待重运之上②；而回空及官民船只，俱以孟渎为间道。嘉靖时，尽浚腹里诸河，使官民来往，得避风涛之险，而闸行直达，无复限制。于是，蓄水无源，济运无渠，而运道困矣。是时，议者且盛言烈塘之利，而随浚随淤，不能如议。以致孟渎于正德时③浚后，六十余年并未言及，故运河日见其艰涩。况滨江诸港，潮汐来住，淤沙不能不垫④；两岸种植，雨大之时，岸土不能不卸⑤。浊水之河回，非清水可比；欲求一劳永逸，断无是理。虽林公于《挑浚疏》内筹及添设'三百料船⑥'二十只，铁扫帚二十具，国朝康熙年间，又复淤成平陆。雍正六年，亦曾添设犁船、铁扫帚，不久亦废。窃谓：七府漕渠，京口其锁钥也，闸宜常闭，以待运艘北上。月河，间道也，以待回空及官民船只来往。练湖须修浚，以复其源。奔牛须闸、坝两存，以蓄其水。至孟渎、烈塘，以及江阴之夏港，亦间道也，以待货船之出入。浚五泻二闸，以济横林、五牧之运。再于京口而下运河及南运河，一律深挑。则能收江湖之利，可无剥浅⑦之患矣。其善后之法，滨江诸港口门外不可令有涨沙，一见涨形，即须用"犁沙法"去之。梨⑧船之设固佳，然官为经理，不如民自经理之善也。凡行舟不带犁者，不许出入，则不以"梨⑨"名，而犁者众矣。但须量底之浅深，以为系绳之度数，是亦不能无烦于官长耳。今开河埠，令民遍植湖桑，既开蚕丝之利，又无碎土卸入河中，且冬时取河泥以粪桑，桑更肥茂，其为利更大。至官司之设治农、治粟、水利、营田等使，古人至为慎重，与其常设而不事事，不如间数十年而特举，事毕即罢，如明□□⑩忠靖、徐贯，我朝之副都统李叔德，原任巡抚陈世倌，最为得宜。如此，则水利自兴，旱涝有资，而惠爱民生，真无极矣。是年，知府穆炜重浚舜河。费给于官，夫取之二县十乡，凡二年役毕。

……

七年，浚直渎。深广与漕渠等。

八年，……是年，知府穆炜督令通浚各乡支港。或劝谕民间自浚，或酌给米谷而浚。与邻壤接者，则会同以浚。复详著《水利图册》以贻后，其惠爱斯民者至矣！其序《武进水利总说》云："武进，三吴上游也。北滨大江，南介滆湖，东偏震泽，中以漕渠，受镇江诸水而东注之。其所蓄泄吐纳，不惟

---

① 指永乐至天顺为五六十年。

② 之上，往上游走船。

③ 正德时，正德之时。

④ 可见"垫"指江边水土沉积之意，即泥沙积淀而成，而不是"昏垫"的低湿意。"焦垫"（今焦溪）之得名，当由此而来。

⑤ 卸，泄，流入河中，岸上泥沙坍塌入河中。

⑥ 指船可运载三百料（即三百石）。

⑦ 剥浅，船遇水浅之处无法前行，用钱来雇佣民间小船运船上货物，将空船拖移到水深处后再装货前行。

⑧ 梨，当作"犁"。

⑨ 梨，当作"犁"。

⑩ 两字原空白无文，当指夏靖原吉，故疑可以补作"之夏"。

诸乡旱涝是系，而国家漕计尤重焉。则各支河之通塞，不可不讲也。考邑地形，西北高瘠，厥田刚燥，而治水之说，以'浚支河、核①塘荡'为急；东南卑下，厥田沃深，而治水之说，以'筑圩岸、导港门'为先。今以运河为脊，而中分之。其在上游，则北有孟渎河经始而开，此第一要津也，引众流而注之江；南有直渎河、白鹤溪，久湮而浚，亦第一要津也，合众流而注之湖。……

　　……

　　十六年，提督水利副史许应逵浚苏、松、常、镇四府河港塘渎。许应逵册报：开吴淞江，用役五万八千七百有奇，存贮银四万二百九十两有奇。浚过七浦、杨林、湖川、练祁、盐铁、许浦、默林、鸡鸣、朱晁②、走马、光福、凤溪等塘，千墩、道褐、小虞、大石、大瓦、夏驾、徐公、沙湄、都台、艾祁等浦，苏团、鲁堰、青培、长山、宝堰、沙腰、吕渎、靖帝、荫风等河，丁家、张墓、伯渎、油榨、桃花、毛沙、太平、大庙、山北、减水、黄田等港，路漕、华漕沙。共谓："销靡工费，徒扰民间，毫无裨益焉。"

　　……

　　三十六年，常镇兵备兼水利、右参政蔡献臣浚武进运河。自龙嘴尖，至龙游河口，长四百五十七丈。又自红庙头起，至北运河口，长四百一丈五尺二寸。阔六丈，深三尺。按，水院之官，皆以道臣加"布、按"③ 二司衔兼摄：或布政司参政、参议，或按察司副使、佥事，无定秩焉。

● 《康熙常州府志》卷七《水利·明》：

　　万历……三十六年，常镇道蔡献臣浚武进县运河。自龙嘴尖起，至龙游河口，长四百五十七丈。又自红庙头起，至北运河口，长四百一丈五尺二寸。阔六丈，深三尺。三十八年，常镇道臧尔劝浚武进县运河。丁堰镇起，至三官堂，长三百二十一丈。海子口起，至孙俊桥，长七百五丈。奔牛巡检司前起，至天井闸，长二百五丈七尺。

● 《道光武进阳湖县合志》卷三《舆地志三·水利·明》：

　　三十八年④，常镇兵备兼水利、按察副使臧尔劝，浚武进县运河。丁堰镇起，至三官堂，长三百二十一丈。海子口起，至孙塘⑤桥，长七百五丈。奔牛巡检司前起，至天井闸，长二百五丈七尺。

　　四十三年，武进县知县杨所蕴浚运河。自新闸起，至连江桥，长九百三十九丈。东沙沟起，至奔牛镇，长七百五十四丈九尺。

　　……

---

① 核，审查。此处指落实"所有的水塘都要存在并保护好"这件工作。
② 此字即"昶"。
③ 布政司与按察司。
④ 此承上文为万历三十八年。
⑤ 塘，《康熙常州府志》作"俊"。

天启……六年，常镇兵备道、水利、右参政周颂浚运河。自龙舌尖起，至东仓闸，长九百八十丈。阔六丈，深三尺。

崇祯二年，常镇兵备道、水利、右参政吴时亮浚武进县运河。东仓湾起，至龙舌①尖，长一千一百六十五丈。新闸起，至连江桥，长八百八十五丈。东沙沟起，至奔牛三官堂，长一千四百八十丈。

● 《康熙常州府志》卷七《水利·明》：

崇祯二年，常镇道吴时亮浚武进县河。东仓湾起，至龙嘴尖，长一千一百六十五丈。新闸起，至连江桥，长八百八十五丈。东沙沟起，至奔牛三官堂，长一千四百八十丈。

● 明·陈子龙等编《皇明经世文编》卷二百十七《郑晓②〈郑端简公文集〉一（疏）》之《复设江南管河官及参究违误运务官疏》【运河③】：

议照：今岁漕运粮斛，除江北、河南、山东起运外，查得江西、湖广等处，先后相继陆续过淮。惟浙江杭、嘉、湖三府，直隶苏、松、常、镇四府，岁运漕储并白粮糙粮米二百余万石，必繇奔牛、吕城、丹阳、黄泥坝等处，始达镇江京口闸出江。先年遇有浅阻，或繇孟渎河外江分进④，每有风波之险、盗贼之虞。嘉靖二十九年，宁波卫指挥王承恩被劫，可鉴⑤。近来倭奴未靖，孟渎河江海之交，正贼寇出没之处，尤宜预防。以此，漕司具奏：拟行⑥江南巡抚，严督常、镇二府，并该县掌印管河水利等官，将前河道，不拘年限，但有淤浅处所，即便起夫疏浚，封闸蓄水，以待粮运。每年终，将府县管河官职名、疏通过河道缘繇，申报漕司查考，俱载入议单，永为遵守等因。题奉钦依⑦，节行⑧去后。案：候通⑨无一字回报，又经五次移咨江南巡抚督催，节据把总等官张建节等各呈称：兑完粮米，于三月初五等日，陆续押发开行，已过无

---

① 舌，《康熙常州府志》作"嘴"。

② 郑晓，字窒甫，号淡泉，嘉兴府海盐县人。嘉靖二年（1523年）进士，授职方主事，日阅故牍，尽知天下厄塞及士马虚实强弱之数，为尚书金献民撰《九边图志》。累官兵部右侍郎，兼副都御史，总督漕运。造船筑城，练兵将，御倭于通州、海门等处，有功。极言武健之徒苦无出路、加入倭寇之状，建议广行搜罗，使有出身之阶。改右都御史，协助戎务。寻升刑部尚书。屡忤严嵩，落职归。通经术，熟悉掌故。嘉靖四十五年（1566年）卒，年六十八岁。

③ 此二字是其编者提炼的文章中心内容。

④ 指由孟渎河口外的长江"外江"（即大江）而非"内江"（夹江），分头前进。

⑤ 可以引以为戒，可作为反面的借鉴。

⑥ 行，行文，发公文给。

⑦ 此题奏得到皇上批准。

⑧ 节，节次、逐次、逐一。节行，逐一落实施行后。

⑨ 候通，当指"通候"，互相问候、通音信。此指地方官与漕运总督衙门往来信件中不提此事。

锡地方，见①阻丹阳、丹徒七里沟等处守浅②，不得通行。即今三月过半，未见兴工挑挖③，实为阻误等因到臣。及咨询南来公差官员，各称：载粮民船阻集数千只，相沿数十余里，不能前进。为照：漕运连年迟误，盖緣坐失天时，复违地利所致。【论运船缓□④，节次甚明。】⑤ 若季春、初夏，北水渐平，河道无阻，军船过淮，数日可达两洪⑥。今首先被阻江南，坐守余月，及至河开有水，黄河又渐泛溢；纵加催并，势难取速，安得不误运事？【所以致稽延者，又坐此也。故过淮不可不速。】⑦ 直至四月初十日，镇江府方报河开、通船，已自迟误。比⑧参将黄印，驻札瓜洲，差人看验镇江一带，尚难行舟。南北通津，人所共见，岂能摭⑨饰？四月二十日，浙江两司官员，舟过扬州府，亦言：镇江河道不能行舟，得运军三四百人扯拽，方得出闸；重运粮船，势难前进。似此悞误，法当参究；缘查取职名未到，有碍施行⑩。再照：前项河道，先年原设有水利工部郎中一员，专管浙西直抵镇一带河道及修理海塘、白茅港、三江口等处。如郎中林文沛在任之时，水利修举，运河疏通，公私称便。后议裁革，决塞不时，旱涝无备，田禾失利，漕渠遂湮，深为未便。况今倭寇生发，苏、松、杭、嘉节有声息"烧毁粮船"，另行查报。万一奸细向导，窥伺镇江运河阻塞，为患不小。乞敕户、工二部再加详议，合无查照旧规，于前项地方，复差工部郎一员往来督理，庶克有济。仍乞敕下该部：通查该府县各掌印管河官员，不分在任、离任，但系三十三年正月至四月在府管事者，严行提问，庶儆将来。

得旨：河道郎中不必添设。各官不行开浚者，都着查明、拿问！

• 明·陈子龙等编《皇明经世文编》卷三百五十一《万恭⑪〈万司马奏议〉一（疏）》之《议复部臣经略江南河道疏》【复江南河臣⑫】：

题为《议复部臣经略江南河道，以图早运，以奠民生大计》事：臣惟圣主观昭旷

---

① 见，现。
② 守浅，指运粮船因搁浅而被迫停下来守在那儿，以免粮食被盗贼抢夺。
③ 挖，同"挖"。
④ 此字原书模糊不清。
⑤ 此九字是编书者批语。
⑥ 当指吕梁之两洪。按：吕梁洪比徐州洪更为险恶，分为上下二洪。地在今铜山县吕梁乡上洪村至下洪村一带，绵亘七里多。
⑦ 此句亦是编此书者所作的批语。
⑧ 比，近来。
⑨ 摭，同"遮"，遮饰，使用手法来掩盖缺点、错误。
⑩ 指不称职官员的名单正在调查中，所以尚未能实施惩罚。
⑪ 万恭，字肃卿，别号两溪，南昌人。嘉靖二十三年（1544 年）进士，历任光禄寺少卿、大理寺少卿等职。隆庆六年（1572年）被任命为兵部左侍郎兼都察院右金御史总理河道，万历二年（1574 年）被劾罢官。在职期间，写有《治水筌蹄》一书，总结了长期以来治河、治运的经验教训，以及治河思想、方法、措施等，对后世治理黄河、运河有深远的影响。
⑫ 此五字是其编者提炼的文章中心内容。

以创业，哲臣破拘挛以策勋。谋国者，罪莫大于因循；因循者，谓其因讹而循旧也。故苟利社稷，不法其故。臣实愚懂不能任事，徒以皇上任使，令臣经略漕河。自张家湾，历白河，逾临德，穿闸漕，接黄河，溯高宝诸湖①，以及于瓜仪②，延袤二千七百余里，悉令疏通，早运无阻。又奉钦依，江南十一月开兑，十二月开帮③。臣以为：江西、湖广，长江、大河，十二月开帮，诚是也；瓜仪正月入闸，诚是也。独以国家岁漕四百万石，而吴浙居其半。吴浙之粟，必由镇江京口闸以出。而京口闸旧例，仲冬固闭，季春方开。是可十二月开帮者，江、楚之舟耳；而吴、浙之运，季春尚阻于京口闸：外者不得入，内者不得出。即十二月尽开帮，瓜闸尽开，北河尽通，江南之粟早运：济者半，不济者半。是江楚之运可先黄水④未发而驰，而吴浙运者竟不可早。不可早，势必与黄水值⑤。则饷京师者，安者半，危者半，非完计也。臣乃稽诸往牒，知镇江从开辟以来，水尽南流，原不通江。秦始皇以丹衣徒众，凿而通江，故命曰"丹徒"。臣念彼既以徒众凿而开其始，今独不能以徒众凿而善其终乎？臣于去年八月，姑委管理漕储、按察使潘允端，督同镇江府知府林应雷、丹徒县知县何世学，尝试为之。乃允端排论⑥经营，应雷极力督勘，世学鸠夫大挑，而京口闸遂尔冬开。今据黄尚明揭报：出本闸者，自元年正月初六日，至于二月初四日，过军运船者三千九百八只，过民运船者一百一十八只，共四千二十六只。而吴浙之粮运几尽矣。计今年尽吴浙粮运之期，实二百年旧例京闸未开之候也⑦。繇此言之，孰谓京口不可冬开，吴浙之运不可同江楚之舟十二月开帮哉？顾事必专官而后善，计必远虑而后成。查得江南河道水利，原设有都水司郎中一员，专一其事。盖白河有通惠河郎中，渐南有北河郎中，又渐南有南河郎中，又远而南有江南郎中⑧；而总理河道者，从三千七八百里中，界一水首尾，据常山之蛇势而控制焉。令此三千七八百里血脉常流通，而饷道不乏绝，我祖宗岂不知省官职之为便哉？诚为少一官则少一节，孰与通血脉而通饷道

---

① 指高邮湖与宝应湖等诸湖。
② 指长江以北的大运河的南口瓜洲与仪真。
③ 开兑，即交公粮后装上漕船准备开运。开帮，即开船启运。
④ 指黄河因冰融而水涨。
⑤ 指渡黄河时正逢黄河发大水。
⑥ 安排讨论总体方案。
⑦ 指今年吴浙粮船过京口闸的时候，正是旧年京口闸不开的时候。
⑧ 此与上篇奏章意同，即要复设江南水利郎中，即上篇奏章所说的："先年原设有水利工部郎中一员，专管浙西直抵镇一带河道及修理海塘、白茅港、三江口等处。如郎中林文沛在任之时"云云。

者之为得也①?【京口即中断,宜建设;至今无有。若将镇江府佐官中取一员为之,亦两便之道也。】② 后来,肉食者鄙,遂议革去江南管河郎中,或令兵备道带管。夫权阻于遥制,力分于他务③:四十年间,东之三江④堙其二矣,西之运道⑤滞其半矣。彼郎中俸禄所费几何?而坐使国计民瘼至此,岂不可为寒心哉?臣以为欲早运,宜速浚江南河道;浚江南河道,宜速复江南部臣、令臣总督,臣以为有六利焉:夫部臣者,将钦命而司开浚者,与通惠河、南北两河郎中并,其势可达于部及总理大臣;势豪、有司⑥,孰敢挠之?则权一⑦而易行,一利也。每遇大挑,总理者驰檄通惠、河北、河南、江南四郎中,期会⑧举事,则令齐而事豫,二利也。逐年开浚,但自常州白家桥⑨抵京口三百余里,引七墅堰⑩以南之水,注使北流⑪,则不惟京口永无浅滞,而太湖上流,亦可分杀十分之三,苏、松水患可并纾乎⑫? 三利也。常州以北之运河原有二闸:常州三十里外有奔牛闸,又二十里有吕城闸。官与夫⑬故在,而苏、常等府老人与夫编银故在⑭,直取诸宫⑮中而用之耳,不必添设,四利也。部臣⑯既复,三年两挑,京口闸可以冬开,四季行舟,则京师四季得百货之便,岂徒便商? 五利也。郎中:运河三年两挑,事甚省易⑰;以其余力,复三江之故道与⑱苏、松之水利而除其水患,既便早运,又令为民去

---

① 指少设一员官省下的俸禄,与没人疏通运河水脉而打通饷道造成的损失,孰为得孰为失呢?

② 此句是批书者之语。指由于不设水利郎中,导致京口至奔牛段运河无法行舟而中断,官船与民船均要从孟河或蔡泾绕行。若此水利郎中一直设置,京口至奔牛运河便可不中断。但据陈子龙编此《皇明经世文编》的明末崇祯年间,仍未设此官员。作为兼顾两头的权宜之计,不如从镇江府通判等佐官中取一员出来实施保障江南西部常、镇两府运河水利之职。

③ 指常镇兵备道、苏松兵备道等兼管各自境内的江南水利,由于不能管到全局,且有兵备主业务要管理,导致江南水利废弛的后果。

④ 指苏州境内三江口处分出来的三条泄太湖水入东海的小江,它们阻塞后,太湖水便难以流泄而酿成水患。

⑤ 指常镇段运河,即江南运河有奔牛至镇江城这一半无法行舟,而船只要绕行武进之孟河或江阴之蔡泾。

⑥ 指地方有势力的土豪和其他机构的官员。

⑦ 指权力统一而集中。

⑧ 期会,约期聚集,又指期限。此处指在规定的期限内实施政令,多指有关朝廷或官府的财物出入,此处是指在规定时间内举办水利事务。

⑨ 历来常州白家桥以东有太湖水而水位高,水资源丰富,上古更是一片大湖沼,不用开河就可行舟。而白家桥以西的镇江至常州城历来是广袤的陆地,该段运河水资源少,每隔一两年便要开挖河泥,方能保证运河畅通。

⑩ 七墅堰,今作"戚墅堰",古又作"漆市堰",在白家桥东,可南引太湖水入运河再入长江。

⑪ 要想常州城东之运河水往西流到常州城西乃至镇江城,前提条件便是把奔牛至镇江的运河床挖深到与常州城东一样平,若不能,则难以实现此目标。今天的机械力已完成了这一点,而古人尚未能,故在古人而言是美好的理想。

⑫ 指从戚墅堰引太湖水入运河,又可以减少戚墅堰东南苏州与松江的水患。

⑬ 指闸官与闸夫,即奔牛闸官、闸夫与吕城闸官、闸夫原本就设在那儿。

⑭ 指本就编制有修理河闸的银两。明代除了向民众收田赋外,还要民众承担一定的徭役,其徭役可以直接当差,也可以折算成钱来交纳(由官府再雇人来服徭役),其钱由里长收缴,里长由年长之人承担,民间又称其为"老人"。后来便把此项由老人收缴的代服徭役之银,编入政府每年向民间每个"人夫"摊派的银两中去,称作"夫编银"。

⑮ 宫,疑当作"官"。

⑯ 指隶属于工部的江南水利郎中。其复置后,可以保证京口闸冬日开,四季运行。

⑰ 指此新设的江南治河郎中的主责在于三年两挑,事情轻松易办,可以有余力来治理江南的其他水利事务。

⑱ 与,通"举",举行。

昏垫①，六利也。其若道②二氿，通太湖而注之江，开江渚以泊运船，浚青阳③以通商贾，皆复部臣之后④，臣得便宜行事者也。臣不敢渎闻，故臣以为复江南管河部臣⑤便。不然，则皇上能以张家湾及于瓜、仪⑥二千七百里之河道早运，滔滔直达，无不如意；而独惜遣一部臣、省升斗之禄，使吴浙留滞，工亏一篑，仍蹈因循，大计不定，饷道不畅，商贾不常通，南民昏垫，臣即愚憧不能任事，窃惧且愧焉，伏乞皇上留神！

● 明·陈子龙等编《皇明经世文编》卷三百八十三《姜宝⑦〈姜凤阿集·议〉》之《漕河议》【浚湖修闸⑧】：

　　　江南水利，当以漕河为先；漕河，当以镇江之丹徒、丹阳为先。丹阳、丹徒，其地形比常州之武进数尺而高；武进，比无锡、苏州又数尺而高。地形高，则水易流泄而涸；其涸也，于冬春间为尤甚。当修复吕城、奔牛闸坝为先。吕城原建石闸一座，奔牛原建石闸二座，闸两傍各有坝以备盘剥。粮船、官船由闸，而民船由坝盘剥也⑨。此专为通运而设，盖从来然矣。由奔牛、吕城，西至京口，亘百六十里而长，即闸、坝修复而关闭⑩，或久旱河流枯梗也，当预蓄练河⑪之水，以待放闸而济运为先⑫。在丹阳者为下湖，在丹徒、丹阳间者为上湖，各周四十余里而广，仰受长山、高骊山诸水，汇而为湖。上、下湖各设三闸以蓄泄而灌注，夏秋庤以溉田，冬春放以济运，载在县志，盖亦从来然矣。后因湖佃成田，而难于查夺也。佃田之家，私放湖水，冀免潲没而利于种作也。又渔户私开涵洞为"水门"⑬，张网以取鱼也。而本县水利官力

---

① 昏垫，困于水灾，遭受水患的灾害。此句是指责令此江南水利郎中为江南百姓除去水患。

② 道，通"导"。疏导宜兴东氿、西氿这"二氿"之水入太湖而往北流入大江，或往东流入东海。

③ 此当非江阴的青旸镇。按：江阴的青旸镇在江阴至大运河的江阴运河上，可以泄南边的太湖水入大江。此青阳当即下引《皇明经世文编》卷三百八十三姜宝《镇江府奉旨增造闸座记》提到的"丹阳之黄泥坝、陵口、青阳等处"，在丹阳城东大门略东处，就在"丹金溧漕河"往北入运河河口略东处的运河北岸，相当于丹阳城的东大门。浚青阳，即浚此处的大运河。

④ 指复设江南水利郎中后。

⑤ 指复设管理江南运河事务的水利郎中。

⑥ 指大运河北端张家湾，与其南端入长江的扬州府仪真与瓜洲口。

⑦ 姜宝，字廷善，号凤阿，丹阳蒋墅人，其地与武进交界，故熟于丹阳与武进之掌故。其年少时便从学于常州荆川先生唐顺之，荆川先生重视经世致用之学，故姜宝此文详于运河之利弊。其于嘉靖三十二年中进士，授编修，不附严嵩，出为四川提学佥事，迁国子监祭酒，复"积分法"造就人才，累官吏部尚书，致仕，卒。

⑧ 此四字是其编者提炼的文章中心内容。

⑨ 可见奔牛与吕城坝中间有闸通行来往的官船与运粮的官船，民船只能由两旁的坝基翻坝。盘剥，又作"盘驳"，运输、搬运。即船要翻坝，到坝下先搬空货物，空船翻坝后再装上货物前行。

⑩ 指闸坝虽然修复，但仍要时常关闭以蓄水。

⑪ 河，当作"湖"。

⑫ 指此练湖之水蓄一年，专为春天官船走运河过奔牛与吕城闸开闸时补水，以免运河水一泄无余。所以民船不可走闸，因为开闸时间很短（旨在蓄水），故只让官船通过。民船若等不及翻坝，则可以由奔牛东的直渎南行白鹤溪西行至金坛与丹阳加以绕行。或由奔牛东的孟河北行至孟河口入江，逆江而上至镇江与瓜洲渡。

⑬ 指私自开出涵洞即水门来，在门口张网捕鱼。

或不能禁治，于是，湖遂岁岁涸，湖岁岁涸，则运河无可以济。兼以运船空回者与官船不时来往者，通闸而行，不许关闭①，则闸规不复可施。又兼以吕城系镇江属，奔牛系常州属，各分彼此，无有为之总理者。于是，两闸、坝日就废弛；而河非恒雨，则不得积水而通流。【舍永远之利，而行不终岁之计，天下事往往然也。】② 即每岁劳民挑浚，其地形终是高，河水终易流泄而涸；即今虽已经挑浚，而运道犹艰阻如故。加以天不雨者八阅月而久，运船浅阁③于平地，则促小船、小车，剥④载粮米；起水车各港浜，戽水以求济⑤；不济，则又起夫拽船两岸，若陆地行舟者然：戛戛乎难矣！盖由漕台去此数百里而远，不能知其故；而惟每岁以挑浚一节责成于有司。有司者，畏漕台之参论，而亦惟每岁一挑浚以塞责。畏运军掺⑥回船而东，与官船之去而西、来而东者，情夺而势禁，而每岁不复奉闸规行事⑦。又或以佃湖租为利，以查夺湖田为足以招怨而生谤也，漫不经心者有之，欲施恩小民而日复增佃⑧者亦有之，湖滩由此遂多请佃，湖底由此遂可扬尘，运河之浅阻遂为故常，而付之于莫可如何。此因循日久所致。或明知其故，而不一留意于经理者，乃其积习然矣。在武进，又有孟渎一河，外通江，内资溉，并利于舟楫来往也；姑勿论⑨，所论以放运船空回者、官船来往者于冬春间，而专事吕城、奔牛闸坝得以关闭而蓄水⑩；即北去已承兑运船，乘风潮之便⑪，时一由此出江；与吕城、奔牛运河两利而俱存焉，亦未为不可也。独河庄一带民贫，力不能任此⑫；彼府县有司者又未肯任劳，为国家兴此无穷之利。闻江阴之夏港利于江船由彼收泊，而惟恐孟渎河开，则河庄一带将来或分夺其利也，多方行货⑬以摇官府，官府中人多为之左右其说以簧鼓而荧惑；而乡士大夫⑭又多以因田起夫为不便，于是其议屡兴而屡寝焉，识者盖往往叹之。闻近时，尝估计欲开此河矣，估银约四万余两，

① 指空船不论官、民本当盘坝以节水，但有势力的官船与凶悍漕卒所在的运粮船空船过闸时仍逼着开闸。
② 此句是编书者批语。不终岁，即考虑不长远。指不考虑长远的大计，只考虑眼前怎么应付。
③ 阁，通"搁"。浅阁，即搁浅。
④ 剥，通"驳"，用船等分载转运货物。此处是将船上粮米搬下来，用车载到有船处，上船继续运输。
⑤ 指架起水车来抽运河旁诸小河之水入运河，杯水车薪无济于事。
⑥ 掺，通"搀"，掺杂、混杂。此处指官船空回时私自挟带货物。
⑦ 指守闸之官因地位低，大官之船东西来往，或漕运之船上京交完粮后空船回程时私自挟带货物，无法或不愿意盘坝，均逼令闸官破坏闸规来开闸放行。
⑧ 为了获得施恩百姓的好名声而导致围湖造田的规模越来越大。
⑨ 暂不论其他，只论下面这一件事。
⑩ 指冬春间奔牛、吕城两闸因蓄水不开，而孟河专事（即专门供）所有官船与运皇粮而回之空船可以走。其实冬春以外的夏秋奔牛、吕城闸关闸不行舟时，亦然。
⑪ 指冬春间开闸时，空船不可开闸，来往官船不可开闸，唯有西上运粮之船可以开闸。但有时为了蓄水，冬春亦不开；如果江面风浪不大，运粮船也会由孟河北上出江，逆江而上至镇江、瓜洲。
⑫ 指孟河当地百姓无力开通孟河至奔牛，而当地县官也不肯实心实力地开通此河。
⑬ 指江阴人行贿各级官府，阻挠开孟渎河。
⑭ 指常州、武进、孟河一带的士大夫们，又因开河要征收田地、调发民力，矛盾众多，故而也不主张实行。

以工费浩穰而中止。窃惟事关国运，凡有粮运地方，均当协助，何疑①? 又闻漕台批发"挑河银"于丹徒、丹阳，岁计六七千金，而武进秋粮内有"修河银"，徭编内有"淘河夫银"，钱粮又未闻缺乏；诚为国家兴大役以利久远，似难惜此劳费。是在地方上、下司②，相与公心定议、协力求济而已矣。除各粮运地方及常州府所属他县协助外，即转发丹徒、丹阳河工银六七千金于彼召募，即令丹徒、丹阳百姓，亦量于彼帮工，费一年而省漕台年年六七千金之批发，劳一年而省我百姓年年浚河之劳，亦事体所甚便、人心所乐从也。况武进系本地方③，而河庄一带沿河五十里居民，又均受通舟楫、溉田亩之利其有也④。今欲固湖堤⑤，莫若栽植芦柳于堤下。芦傍堤栽三四丈阔⑥，芦茂则可以御风水，堤可障。柳沿堤须栽成行⑦，柳茂则根入于土，堤可固。在西南一面，尤所当首加意。湖中之地，间可许栽芦⑧。曩所革佃田内，下田水深，成芦难，不利湖水满⑨；上田土高而水浅，即湖水满亦不深，于芦性最相宜，故许民间栽芦者⑩：上田，可也；下田，不可也。柳植堤岸两傍，随人田亩为界止，亦随人自栽自采所应伐之"远扬"⑪，庶几民间肯自尽心力而不烦官长严督。故芦柳之利属之民，可也；属之官，不可也。往时，课取鱼利于网户，而纵令湖水得自私⑫，所以有放水张鱼之时而官不禁；官取鱼利而湖水得私放不禁也，所以乘湖水之涸，又有铲取草皮之时而官不知。今鱼利既不输官租，湖中之水草又恣民自取，民犹不奉官长约束，私放水张鱼，私铲取草皮，致湖水涸而国运妨济也，则难以辞罪罚于官矣。芦成而计亩征课，可少⑬裨过客之供应，胜于取鱼利为多。柳成阴而行者蒙荫，堤亦永不坏也。为今之计，惟拟革丹阳新佃湖田有妨水道者，而务蓄湖水令满，以待济运；修复吕城、奔牛两闸坝以启闭而资盘剥；于丹阳运河通金坛名七里桥地方，桥傍原有闸

---

① 指苏松嘉杭运粮船北上都要经过此地，均当协助出钱，这一点是无可怀疑的。
② 指上下有司，即上级与下级官员们。
③ 本地方，即此地方，也即孟河流经的地方。此处指武进是开孟河的当地地方。
④ 指受此利而得拥有，即拥有此利。
⑤ 指丹阳练湖之堤。
⑥ 指芦栽于堤下，宽达三四丈。
⑦ 指柳树则种于堤上，沿堤成行。
⑧ 指湖中也可种芦苇。
⑨ 且下湖种芦也不利于此下湖积满湖水。
⑩ 指下湖因水深而不可种芦，而上湖因水浅而可令百姓稍微种些芦。间载，指有间隔而不密密麻麻地种植。
⑪ 远扬，向上扬起的枝条。语出《诗·豳风·七月》："蚕月条桑，取彼斧斨，以伐远扬，猗彼女桑。"朱熹《诗集传》："远扬，远枝扬起者也。"唐王维《春中田园作》诗："持斧伐远扬，荷锄觇泉脉。"
⑫ 纵，放纵。令百姓私放湖水来捕鱼。指芦柳之利如果让官府征收，官府势必像之前那样为了收鱼课，便命百姓私放湖水来捕鱼。现在芦柳之利由民间获取，官府便不会来做增加芦柳、破坏练湖的事了。
⑬ 少，稍。指湖中之芦收税，可以用来稍微弥补一下经费的不足。

基与京口闸各以时下板，以防走泄①；于今年运完之日，即议开孟渎河以放"运回空船"及官船之来去者。于冬春间，或遇东南风便，即乘间一放②；已承兑粮船北去，每年不出正月终或二月中旬，即可保运船尽过江以北矣。其丹徒有山厓易于崩坍、丹阳有沙土易于淤塞去处，则两三年一捞浅③可也。丹阳之在城"市河"，狭而难广、沙而易淤者三四里许，即开挑亦不得通利④，此则当疏浚西南关外一带坚土城濠，令广且深，而于此通运可也⑤。倘虑及吕城、奔牛系于两府所属，事体不得归一，不免以推调⑥误事，则请令镇江水利官带管奔牛闸坝于冬春间可也。倘虑及孟河冬春间水高于江，易泄而难蓄，则于江口建一大石闸如京口闸可也⑦。倘又虑及丹阳之佃湖田者横生谤议，或阴有挠阻于其间，则丹徒、丹阳其荒弃地有万顷洋焉，许令改佃于彼，以息怨口，亦可也。近题"东南水利专委南台侍御"，而运河则仍属之漕台，漕台不得巡历地方，恐文移往来，动有稽误，中间有当题请处，谓宜题请行之⑧，庶永永可以遵行，民生国计亦永永可称便益。

● 明·陈子龙等编《皇明经世文编》卷三百八十三《姜宝〈姜凤阿集·记〉》之《镇江府奉旨增造闸座记》⑨【镇江增造闸座⑩】：

我镇江府丹徒、丹阳两县，所通舟之河为漕河。河绾东南运道口，地形高于常、苏不啻三、四、五尺。每冬月，水辄东西泻⑪：西以江湖⑫冬枯，则泻而西入于江；常、苏霜降水落也，则又泻而东下，如建瓶⑬然。西下京口闸之板，谓可防水西走矣；

---

① 指丹阳七里桥运河南岸立闸，不让运河水走泄。
② 指冬春间唯有东南风起，可以开闸放运粮官船通过。因为风从东南来，可以阻抑闸中之水往东南流泄。如果是西北风，只要不刮东南风，便不能开闸，以保运河之水。因为有水，官民船盘坝尚可通行；若无水，则官民船彻底不可通行了。唯有保水，方能保证奔牛以西段运河有水来让运皇粮之船正月底至二月中旬间能到镇江过长江驶入江北之运河。
③ 挖河要断流，"捞浅"便是在河不断流时，坐船在河上用捞的方式挖取淤泥，减低河床。明清于堤岸附近设窝铺居住人夫，随时捞挖淤浅，保证船只航行畅通，这些人夫统称为"捞浅铺夫"。
④ 通利，通行顺利，通畅无阻。
⑤ 指运河走丹阳城内过时难以拓宽，不如走城外的护城河（据此文是绕行城西的护城河），将其作为运河水道。
⑥ 推调，推托、推辞。
⑦ 可见此文作于孟河造闸之前。然上引杨荣《建孟渎河闸记》："经始于宣德八年九月，而毕工于是年之冬。"此文在其后，当是宣德八年造孟河闸后，其闸又毁坏不存之故。
⑧ 近来全由南台侍御向皇帝题请有关江南运河水利的事，但运河又属于漕运总督管辖，南台侍御似乎无权过问了。但南台侍御能巡查到江南地方，而漕运总督反倒无法巡查到江南地方，故当授予南台侍御向皇帝题请有关江南运河事务的权力。
⑨ 此文又见顾炎武《天下郡国利病书》（不分卷，四部丛刊三编影印手稿本）第七册《常镇》之"《镇江府奉旨增造座闸记》姜宝"。
⑩ 此六字是其编者提炼的文章中心内容。
⑪ 指平时运河水皆西流，唯有冬天则有时向东流泄，有时又向西流泄。
⑫ 湖，当据《天下郡国利病书》作"潮"，指冬天镇江处江潮不足，故京口闸显得高，若无闸来保运河水的话，运河水便会全走京口闸往西泄入长江。
⑬ 建，竖，高树，又通"瀳"，倾倒。建瓶，即在高处倾倒瓶中之水，形容居高临下、难以阻挡的形势。

东注，则无可奈何①。以漕舟之艰于行也，往往议挑河。两县河身亘长百五六十里，不问河流浅深，率多为坝以戽水。河浅深不一，又亘长，难于水之去②。比挑未及半，而漕舟首尾相衔至，辄又停工以放运。【黄河之难于究工，亦以此。】③ 水既戽去时，则又难于来④。每年循习如此，国计民生两有妨。所司每相袭为故常，徇工吏及营求督工员役之言，遍开挑、图抵塞⑤，而不知往迹之有可寻由来⑥；玩弛又如此。万历某⑦年，前抚台龙渠郭公民⑧极，谬⑨采及葑菱⑩，具疏得请，于是量地远近，添造丹徒之大犊山、丹阳之黄泥坝与陵口，先所造凡三闸⑪，各委官设夫以司启闭，议如志书所载，每年蓄练湖之水以济运。浅当撩浚者，如丹徒之夹冈、猪婆⑫滩，丹阳之黄泥坝、陵口、青阳等处，两三年间，或一修举。部议："著为令甲，永不许大开河、为民病。"⑬ 予尝统论我镇江诸闸，由运河直达者七：丹徒自京口闸、南闸东至于大犊山所增造，闸凡三；丹阳自吕城闸、陵口闸、尹公桥闸，西达于黄泥坝所增造，闸凡四⑭。丹徒傍出而临江，为新建闸，为丹徒镇闸，闸凡二；丹阳麦舟桥南去金坛者，闸凡一；与夫吕城镇青龙桥外一坝，皆防其水之去⑮。丹阳之支河，则陈家桥、太平河口，闸凡二，皆借其水之来。是于岁漕计，所并宜究心者也。又尝筹之，黄泥坝所新造⑯，其初南实而北虚，虚则裂，颓且崩矣⑰；后即改而为今，他闸得无有似之者乎？法当审核而实其虚。前此，陵口闸出在水面者，徒取闸形具，而中⑱两傍不如式，板不得

---

① 东泄的话，只可在奔牛、吕城处闭闸，使水不下东南。比如夏秋发大水，便闭奔牛闸，不加重常州、苏州之水患；冬天枯水时，更当闭奔牛闸保运河水。
② 指河长，难以泄走其中巨量之水。
③ 此为编书者的批语。究，终究。究工，即完工。
④ 指河身长，泄其水开挖后，又从哪里找来这么多水注满河床？
⑤ 听那想寻求督工之职来捞油水者的话，经常全线开挖河道，以此来塞责而不求实效。
⑥ 有可寻其由来。
⑦ 某，《天下郡国利病书》作"十"。
⑧ 民，当据《天下郡国利病书》作"思"。郭思极，号龙渠。
⑨ 谬，此字疑当删。若有，则指郭公所为甚谬，然下文不见其措施有何不当处，且下文《天下郡国利病书》有"民感三公恩"，故知此字当删。
⑩ 此处《天下郡国利病书》有："下所司令复议。宪副及泉李公颐橄行府，府太守文台吴公执谦悉心力搜访而劈画，议以上。郭公是之。"按《三吴水考》卷十六"《修四区大荡都圩闸记》御史于业撰"末有："兵宪李颐，号及泉，进士，江西人。"
⑪ 指先造了这三座闸，其他的想造还未来得及实施。
⑫ 此即《天下郡国利病书》所作之"婆"字。
⑬ 此处《天下郡国利病书》有："民感三公恩，举手加额，焚香诵功德遍两县。两县新令长马公邦良、周公应鳌，恐久而或致寝格也，请于新太守见复范公世美书来请记。"即请镇江知府范世美（号见复）写信来让我写这篇碑记。
⑭ 以上为大运河上闸。此下为运河支流上闸。
⑮ 指以上三条运河支流上的闸，都是在通运河河口处立闸以防走泄运河水。
⑯ 指黄泥坝处郭思极新造之闸。
⑰ 指郭思极造此闸横在运河上，北侧水位低而南侧水位高，由于有水压存在，故北侧坝裂开了。所以后来要加以改建，使北侧不裂。
⑱ 指看不到的河中的闸身，其闸两边不合格。如式，即合乎标准。

入于函，其下盖有漏卮焉，后即亦改而为①；以督理匪人②也，难保一无瑕③、全然坚④，并他闸得无亦似之乎？法当审核而坚其瑕。吕城镇闸，与武进县奔牛镇之上下闸底，初均平⑤；后来，武进之新闸⑥废而拆为书院石料也，冬月下⑦消减，奔牛两闸底遂⑧高，漕舟并称不便⑨。常郡守龙峰穆公炜⑩是予言⑪，亟深两闸底。水泻去⑫，而我吕城闸底愈高。无已⑬，姑且于其傍近别造一小闸以通运，然终非长便计也；法当如奔牛上下闸底⑭。如本镇小闸底，深其底之高⑮。诸闸之启闭，冬月不可不如期。贵显人每乘舟来，不如期而辄启板⑯；板不可不如期启也，则怒而责及守者，甚则携板去，投而弃于江，【河侧有《禁牌》，然故事也。】⑰ 往往以势逞，所司不敢呵问也。不知尝奉严旨："闸规不可不守"，是所当理谕而力阻也。守闸诸员、役私通徇⑱，不知有官法，而辄擅放行，往往以贿启、以私情启，所司或不能尽知也；闸禁不可不严，是所当密察而深惩也。丹徒之新建闸、丹徒镇闸既放漕舟难⑲，徒开弊窦，谓当遂塞之可也。丹阳麦舟桥，水西走金坛之漏卮⑳也；陈家桥、太平河口二闸，两河各亘长四五十里，蓄其水可以济河水之不足：是三闸者，并所当冬闭而春启者也㉑。吕城镇青龙

---

① 指郭思极所造陵口闸当年也未造好，因为监造者不称职，所以后来也加以重造了。
② 匪，通"非"。非人，谓不够格、不称职的人。
③ 指无一点瑕疵。此下《天下郡国利病书》有一"而"字。
④ 坚，《天下郡国利病书》误作"兼"。
⑤ 指两闸闸底一样高，是吕城至奔牛之运河河底水平也。
⑥ 即今之新闸镇，可证其处运河上有闸，后来拆其石料建造为书院，疑是隆庆六年（1572年）常州知府施观民在原杂造局（即局前街之"局"）旧址上创建的龙城书院。
⑦ 下，当据《天下郡国利病书》作"水"。指冬月运河水位降低后。
⑧ 此下《天下郡国利病书》误脱。此是原来的新闸处有闸，闸底与奔牛闸一样高，是奔牛与新闸之运河河底水平也。而新闸东的河底开始比新闸即奔牛低起来。
⑨ 指原有新闸蓄水是为了抬高水位使之高过奔牛闸底以利行舟，一旦拆去新闸，则奔牛闸底显高，不便行舟也。
⑩ 按《万历常州府志》卷九常州知府题名，"（万历）五年：穆炜，新建人。进士，南京刑部郎中任。十年升大名兵备副使。十二年升湖广参政"，由此又可知其号"龙峰"。
⑪ 赞同我当时的建议，将奔牛闸底挖深，方可废新闸之闸而不用恢复。但奔牛闸底降低后，吕城闸底便显得高了。
⑫ 指冬月水位低后（即运河水泄走后），吕城闸底便显得比奔牛闸底高。
⑬ 无已，不得已。
⑭ 指吕城当开得像奔牛闸底一样深方可，由于工程量大，于是在吕城闸旁开一条窄的月河，上建小闸，将其底挖深，可以行舟；但闸小，每次通行量小，是其不足。
⑮ 指吕城镇小闸之闸底，加深其底，使之与奔牛闸底一样深。而吕城闸的闸底将加深到小闸闸底一样深。
⑯ 指命令随时开闸、随到随开。
⑰ 此句是编书者加的批语。
⑱ 指与过闸者私通，徇私枉法。
⑲ 指此二闸本为漕舟不经镇江城、直接入大江所设。但在实际使用中，发现难以用此闸来通行漕舟（可能那边因江潮混浊而泥沙淤积，通行不畅），反倒开了走泄运河水的弊端，不如堵塞成坝加以阻断。
⑳ 漏卮，底上有孔的酒器。此麦舟桥处，是将运河水西泄至金坛的漏洞所在，要加以堵塞。
㉑ 指冬季水枯便当闭闸以保运河之水。春夏秋三季水大，内河水要出江，故当开闸来让内河水入运河而使运河水量增加，横穿运河北泄入江，或走运河东泄。

桥外一坝，虞①水南走而泄于吕渎河，故当筑；然民间通舟楫、资灌溉之要区也，尝得请于都水使而开②，不可遂筑塞，是亦所当冬筑而春开者也。他如蓄湖水惟谨，俾湖水涓滴皆河有③；束河水惟谨，俾河水涓滴皆漕用④：吏胥之言不可惑⑤，河水不必全戽，河亦不必全挑也，则府议、台疏与部覆备矣，余无庸于言。

- 《道光武进阳湖县合志》卷三《舆地志三·桥梁·怀德北乡》：

  新闸，跨运河。唐时建，明末废，遗址犹存。

《江苏省常州市地名录》记载："新闸镇地处京杭运河北岸，古时曾设有河闸。据《武进阳湖县志》记载，该闸唐建、明废。1967年疏浚运河时，曾挖到闸基木桩及河闸木数百根。"⑥据姜宝之文，则是晚明拆其石料建为书院。

- 明·贺复征编《文章辨体汇选》卷四百二十六《议三》之《救荒末议》按语⑦：

  按阳邑⑧在城客米计三十余仓，约有万石矣。……

  按阳邑连岁凶荒，民无预积，即号素封⑨之家，亦无期年⑩之粮。惟在城富民，每年积谷攘利⑪，或三四仓，或一二十仓，此与客仓不同，皆贮之本家，又素夤缘⑫衙役，上官不得而问之。访有此等，急宜亲至其家，计其米数，仍悬赏格劝之出米赈济，许其随时取直。至于上江⑬客米，此番第⑭当明示通市商贾，预招其来，不得如十一年禁米，使鱥大江直下，进孟河河口而去。又须择候缺巡仓之有干办⑮者，给之俸薪，住扎河庄⑯，稽查米船，不许放行；如奔牛地面，获有客米，即系本官卖放⑰，从重罚治；如有成劳，事定，许以实受⑱。三县备荒银钱，止于郡县守候客船会籴。如此，则商贾

---

① 虞，虑，担心。
② 指此吕渎河是当年向都水使者申请后特意开的便民河，不宜加以堵塞，所以决定秋冬之交筑坝堵塞，而春夏之交便开坝通行。
③ 指练湖之水皆为运河所有。
④ 指运河之水皆为漕运所用。
⑤ 指上文所说的"徇工吏及营求督工员役之言"而每次都开挖运河全线而要抽干全线之水。戽，用水车抽走水。下文称开挖河道为"挑"，即"挑挖"，挖土而挑走。
⑥ 常州市地名委员会编：《江苏省常州市地名录》（内部资料），1983年，第144页。
⑦ 此处选录的是作者贺复征在自己文章《救荒末议》后加的按语。
⑧ 阳邑，指丹阳，贺复征为丹阳人，字仲来。
⑨ 素封，无官爵、封邑而富比封君的人。
⑩ 期年，一年。
⑪ 攘利，攫取暴利。
⑫ 夤缘，攀援、攀附。此处指与官吏拉拢关系，阿上、钻营。
⑬ 长江从安徽流入江苏，故旧称安徽为"上江"，江苏为"下江"。
⑭ 第，通"第"，但、只要。
⑮ 干办，干练而能办事。
⑯ 河庄，即孟河口的孟河城。
⑰ 一旦查到奔牛有外地大米，便是从孟河口由孟河走到奔牛者，便是此河庄的稽查官受贿放行，应当从重处罚他。
⑱ 实受，直接授以其所候缺的巡仓之职。

俱汇于京口，谷价不令而自平矣。若夫缙绅之念桑梓，士庶之乐义施，惟在上人①有以鼓舞之尔。

● 清·吴伟业②《梅村家藏稿》③卷四十五《文集二十三·墓志铭四》之《监察御史王君慕吉墓志铭》：

余同年内江王君慕吉，由进士起家④为令，知镇江之丹阳。初视事，而余从翰林请假归，丹阳既绾毂口⑤，而余吴人也，过江首经其邑，握手笑语，欢甚。时江南最号难治，同年京邸⑥，多以得此地为忧。君于余之过也，深自道其劳且苦⑦，盖欲使余知之。顾余年少志得，虽与君绝厚，闻其吐露，亦未克尽知之也。逾三年，余入都，再过丹阳，同时年友之官江南者，相率以事罢去，余亦以习知⑧为令之难，而君独政成上考⑨，则为之大喜。又四年，君以御史按浙，余在京邸别君，世故⑩流离，分携⑪万里，微闻君因蜀乱入吴，未获一面，窃不自意邂逅嘉禾萧寺⑫中，感时道旧，唏嘘⑬者久之。既君之子担四，司李⑭吾苏，未及任而君讣。比司李报最⑮云间，以君志铭为属⑯，盖去君殁日已七年矣。

君讳范，字君鉴，一字心矩；"慕吉"，其自号也。先世楚麻城孝感乡人。明初，始祖兴秀公避红巾乱入蜀，占籍成都之内江，七传而楼山公始用一经名家。楼山讳之屏，博学，精曲台礼⑰，中乡闱⑱副车⑲，贡入太学，教授马湖。子赠御史吉宇公，讳

---

① 上人，居于上位的人，上级官员，即镇江府官、丹阳县官。

② 吴伟业，字骏公，号梅村，江苏太仓人。崇祯四年（1631 年）进士，曾任翰林院编修、左庶子等职。清顺治十年（1653）被迫应诏北上，次年授秘书院侍讲，后升国子监祭酒。顺治十三年底，以奉嗣母之丧为由乞假南归，此后不再出仕。他是明末清初著名诗人，与钱谦益、龚鼎孳并称"江左三大家"，又为娄东诗派开创者。长于七言歌行，初学"长庆体"，后自成新吟，后人称之为"梅村体"。

③ 所据为清宣统三年（1911 年）董氏诵芬室刻本。

④ 起家，从家中征召出来，授以官职。

⑤ 绾毂口，即"绾毂"，控扼，扼制。此处指交通要冲之地。

⑥ 在北京的同年们（同一榜考中进士之人称为"同年"）。京邸，京都的邸舍。

⑦ 过，访问。王君来访时，深叹自己的劳苦。

⑧ 习知，熟知。

⑨ 上考，谓官吏考绩列为上等。

⑩ 世故，世事变故，变乱。

⑪ 分携，离别。

⑫ 萧寺，唐李肇《唐国史补》卷中："梁武帝造寺，令萧子云飞白大书'萧'字，至今一'萧'字存焉。"后因称佛寺为萧寺。

⑬ 唏嘘，抽噎、抽泣。

⑭ 司李，官名，即"司理"，明时用作推官的别称。

⑮ 旧时长官考察下属，把政绩最好的列名报告朝廷叫"报最"。

⑯ 属，通"嘱"，嘱托。

⑰ 曲台，秦汉宫殿名。汉时作天子射宫，又立为署，置太常博士弟子。为著记校书之处。《汉书·儒林传·孟卿》："仓（后仓）说礼数万言，号曰《后氏曲台记》。"编定《大戴礼记》的戴德，及编定《小戴礼记》的其侄儿戴圣都受学于后仓。后仓创立了立于学官的《仪礼》传授学派，下文言"王氏世擅《礼经》"即指《仪礼》，故知此处的"曲台礼"不是《礼记》而是《仪礼》。

⑱ 乡闱，科举时代士人应乡试的地方。此处代指乡试。

⑲ 副车，明清称乡试的副榜贡生。

家栋，实生君。君十岁能文，楼山见梦于乡先达①，曰："吾虽不第，将及孙而显。"王氏世擅《礼经》，赠公②有声镤院③，数举不遇。君年二十有二，隽④戊午贤书⑤，人皆曰："此马湖公之学也。"初罢公车⑥，归居赠公之丧，以成都奢承明⑦乱故，负土成坟，居庐不出，为孝廉⑧八年，始买城西数椽，食贫⑨自守⑩，有非意⑪加之者，君处之峇然⑫，不以一言较臧否⑬。三上，不第。所亲念蜀道回远，劝乞恩以便计偕⑭，君嘿弗应。家居，肆力经史，工诗、古文词，著《槐园》等集数十卷。辛未⑮，成进士，任丹阳。迎母冉太孺人于蜀，始告所亲曰："吾初不就一毡⑯微禄者，恐违色养⑰也。"

君为令，定征徭⑱，清驿置⑲，戢⑳豪右㉑，赈凶饥㉒。勾稽㉓而吏莫侵渔㉔，听断㉕而狱无连染㉖。次第具有成法。最大者，无如复练湖以济漕，在东南为尤著。镇江居

---

① 托梦给自己的同乡好朋友。

② 赠公，古代敬称官员的父亲。此处指受御史封赠的吉宇公。

③ 镤院，即"锁院"，指科举考试的一种措施。考生入试场后即封锁院门，以防范舞弊。代指科举考试、科举考场。

④ 隽，"得隽"，及第。

⑤ 贤书，语本《周礼·地官·乡大夫》："乡老及乡大夫群吏献贤能之书于王。"贤能之书，谓举荐贤能的名录，后因以"贤书"指考试中式的名榜。

⑥ 不参加公车上京的进士考试，为的是守丧。汉代以公家车马递送应征的人，后因以"公车"作为举人应试的代称。

⑦ 奢承明，当作"奢崇明"，四川永宁（今叙永）人，明朝永宁宣抚司土司，彝族酋长，叛明自立，割据西南。天启元年（1621年），后金崛起于辽东，明军屡败，为解燃眉之急，明廷命奢崇明率所部兵马援救辽东，奢崇明趁机派遣其婿樊龙、部将张彤率领步骑兵二万来到重庆，趁校场演武之机，杀死巡抚徐可求，发动叛乱，占据重庆，攻合江，破泸州，陷遵义，国号"大梁"，设丞相、五府等官，全蜀震动。然后，奢崇明又率军包围成都，布政使朱燮元急调石柱宣慰司（治所在今重庆石柱县）、龙安府（治所在今四川平武县）等地官军入援，忠于明廷的女将石柱宣慰使秦良玉率白杆兵来救。奢崇明父子败退水西龙场（位于四川省叙永县东南，今属贵州省），依附于土司安邦彦（彝族）。崇祯二年（1629年），奢崇明、安邦彦战死。

⑧ 孝廉：孝，指孝悌者；廉，清廉之士。"孝廉"是明清两代对举人的称呼。此处当指施行孝悌清廉之行。

⑨ 食贫，谓过贫苦的生活。《诗·卫风·氓》："自我徂尔，三岁食贫。"马瑞辰《毛诗传笺通释》："食贫，犹居贫。"

⑩ 自守，自坚其操守。

⑪ 非意，恶意。即"非意相干"，恶意相犯、无故寻衅。

⑫ 处之峇然，即"处之泰然"，形容对待困难或紧急情况沉着镇定的样子，峇然不动，屹立而不动摇。

⑬ 臧否，善恶、得失，品评、褒贬。

⑭ 计偕，举人赴京会试。

⑮ 指崇祯四年（1631年）辛未岁成为进士。

⑯ 毡，当指讲席。

⑰ 色养，语出《论语·为政》："子游问孝。子曰：'今之孝者，是谓能养。'……子夏问孝。子曰：'色难。'"朱熹《集注》："色难，谓事亲之际，惟色为难也。"一说，谓承顺父母颜色。何晏《集解》引包咸曰："色难者，谓承顺父母颜色乃为难也。"后因称人子和颜悦色奉养父母或承顺父母颜色为"色养"。

⑱ 征徭，赋税与徭役。

⑲ 驿置，驿站。也指驿马。又指使用驿马。

⑳ 戢，（使）收敛。

㉑ 豪右，封建社会的富豪家族、世家大户。

㉒ 凶饥，凶荒、灾荒。

㉓ 勾稽，考核，查考核算。

㉔ 侵渔，侵夺，从中侵吞牟利。

㉕ 听断，听取陈述而作出决定。常指听讼断狱。

㉖ 连染，连累、牵连。

三郡上游，导江入①挽漕②之口，束以陂陀③陵阜，河身狭而建高④趋下，因冬夏分盈缩⑤，所资唯有练湖。练湖上受长山八十四汊之水；河高，而湖又高于河。河则仰之以济运，治河者尚忧其易涸，则设京口以下诸闸以启闭之。万历中，政平令缓，漕船往往以三月出江。春水大至，河可无事于湖，闸废而民且占湖，以田于其中。自思陵⑥需饷孔亟，趣以秋冬办漕，而水辄不利，推求其故，有诏禁湖田，而湖卒未易复也。湖既不能注河，而闸又不能闭水，不得已发民夫以浚河，岁为常。河堧⑦之田不幸水旱⑧，无蓄泄之利，而有挑浚之劳，丹阳于是乎大困。君至，抚吴者下其事，以讲求得失；君辄条三利以请：一曰筑湖埂，二曰修石闸⑨，三曰复孟河。民自占填淤以为田，而水门故处皆坏，无以高下节宣，故湖水非干即溢，漕固忧而田辄被其害。今若筑堤障水，又疏其旁支河以利导之，民之失湖田者，百不得一；利湖水以灌田者，无算。是用一水而得二米⑩，不独以治漕已。石闸⑪以吕城、奔牛、京口为大，次有南闸⑫、黄泥坝、陵口、麦舟、尹公桥诸处，瞀石累甓之迹具存。旧制：漕运回空⑬船，由孟渎河以入，可以不经诸闸⑭，直达毗陵，故丹阳得十月下版，严公私舟楫而为之禁，此皆祖宗时故事，可举而行也。上官甚⑮其议，亟以属⑯君。君乃修湖堤之已坏者一千一百七十余丈，又开九曲、麦溪、香草、简桥、越渎诸支河，堤成，植以榆柳，行者方轨⑰其上，支河之所灌者十余万亩，民大便之。唯石闸未易修举，君争曰："复湖，所以蓄水利漕也。湖复，而无闸以为之制，与不复同⑱。闸修，而归漕不由孟

---

① 入，《梅村家藏稿》误为"人"，今据四库全书《梅村集》卷三十四《监察御史王君慕吉墓志铭》改。
② 挽漕，漕运。
③ 陂陀，即"陂陁"，倾斜不平貌。
④ 建高，即"高屋建瓴"，在高屋脊上倒瓶中的水。形容居高临下的形势。建，通"瀽"，倾倒。
⑤ 因冬夏之不同而分冬缩、夏盈两种不同的局面。
⑥ 崇祯是李自成葬于崇祯的田妃墓中，清朝入主中原后，为收买人心，笼络汉族地主阶级为清廷效力，始将这座葬有崇祯帝后的妃子坟命名为"思陵"。
⑦ 河堧，河边地。
⑧ 指不幸碰上水灾和旱灾。
⑨ 闸，四库本误作"埽"。埽，旧时治河，将秫秸、石块、树枝捆扎成圆柱形用以堵口或护岸的东西；又指用埽做成的挡水建筑物，亦泛指堤岸。此处当指闸而非埽。
⑩ 二米，当指两倍的粮食收成。
⑪ 闸，四库本误作"埽"。
⑫ 闸，四库本误作"埽"。
⑬ 回空，车船等回程时不载旅客或货物。
⑭ 闸，四库本误作"埽"。
⑮ 甚，是、对、赞赏。
⑯ 属，通"嘱"，委托、托付。
⑰ 方轨，车辆并行。《战国策·齐策一》："车不得方轨，马不得并行。"
⑱ 指恢复了练湖而不恢复运河上节水之闸，则等同于没有恢复练湖。即开源而不节流，则所开之源也会全部泄走。

河故道，与不修同①。"于是，发水衡钱②之存库者，加以劝分③之粟，大治其事。会值是年亢旱，练湖亦涸，不获已于浚河以导江④。江流甚细，赖君诸闸就⑤而水有所停，漕乃仅而得济⑥，君犹恨吕城闸不以时闭，反复于上官争之。

君在事六载，于漕事所规画皆行，惟孟渎河未及施用。天子亦知其劳，召见称旨，得御史为显授⑦，君益自感激，巡十库，按两浙，封事⑧凯切⑨，历政多所厘举⑩，尤留心于庶狱⑪，仁声流闻。顾其时，天下已大乱⑫，君亦奉母冉太孺人之讳⑬以归矣。君既归而张献忠破夔门⑭，君知蜀必不守，决策避地⑮，崎岖滇黔蛮徼⑯中，提百口入吴，丹阳之人闻其至也，争愿割田宅赡君，君谢弗受。东阡西陌⑰，与父老过存⑱，见者初不知为旧令也。如是十六年而殁。

余同举进士者，蜀得十有八人，南充李雨然⑲为沅抚⑳，推"知兵"；而君在丹阳，称"循吏"，此两人生平皆可纪。当献贼攻岳州，李君设三计破之，歼其众万计，

---

① 指修好运河诸闸，如果上京的漕运船回空时不走此前所开的孟河，便与没修运河诸闸一样。即秋冬回空船不走孟河，则秋冬运河不能闭闸蓄水。

② 水衡，古水衡都尉、水衡丞的简称，泛指管理水利之官。水衡钱，汉代皇室私藏的钱，由水衡都尉、水衡丞掌管、铸造，故称，泛指国帑。

③ 劝分，劝导人们有无相济。

④ 未能开孟河以导江入运河。此句是指：正逢当年大旱，连练湖都干涸了，未能办成开大河引长江水入运河的工程（指开孟河）。

⑤ 闸，四库本误作"埽"。闸就，指运河上一系列节水闸的建成（而运河水得以积蓄）。

⑥ 得济，得以保全。

⑦ 显授，谓被显耀地授予职权。

⑧ 封事，密封的奏章。古时臣下上书奏事，防有泄漏，用皂囊封缄，故称。

⑨ 凯切，恳切规谏。又指切实、恳切，切中事理。

⑩ 厘举，整顿举用、整治兴办。《国语·周语下》："惟能厘举嘉义，以有胤在下，守祀不替其典。"韦昭注："举，用也。"

⑪ 庶狱，诸凡刑狱诉讼之事。《书·立政》："庶狱庶慎，惟有司之牧夫是训用违。"蔡沈《书集传》："庶狱，狱讼也。"

⑫ 大乱，四库本作"多故"，当是清人避时忌而改，以免让人感到以清代明是天下大乱。

⑬ 讳，死的婉称。

⑭ 夔门是川东门户，诸葛亮在此布下拦江铁索，滩头设下八卦阵。1644年二月，张献忠率60万大西军，沿长江逆流而上进攻四川，首战便在夔门打响。重庆方面考虑到兵力有限，集中力量守护重庆，夔门成为空门，张献忠只发起一次猛烈冲击，夔门便陷落。

⑮ 避地，迁地以避灾祸。

⑯ 蛮徼，蛮地、边徼。泛指边远地区。此处是指绕道云南、贵州等南方边塞抵达江南吴地。

⑰ 阡陌，田间小路。

⑱ 过存，登门拜访。

⑲ 李乾德，字雨然，四川西充（今四川省南充市西充县）人，明崇祯四年（1631年）进士，官至南明兵部尚书、太子太师。崇祯十六年（1643年），任郧阳巡抚、佥都御史。未赴任，改任湖广巡抚。此时，武昌被张献忠攻陷，李乾德驻岳州。八月，张献忠来犯，李乾德假装投降，全歼张军前锋。张献忠大怒，带大队人马来攻，李乾德力屈城破，退往长沙，转走衡州、永州。湖南土地尽失，只能退守贵州以图兴复。永历帝在广东即位，擢升他为兵部右侍郎，巡抚川北。李乾德入蜀，家乡已经失陷，父亲李明举被杀。他视察诸将，认为只有袁韬、武大定可用，结为心腹。后因诱杀杨展，大失人心。永历五年（1651年）十月，被白文选活捉。亲见杨展来索命，于是与弟李升德投水自尽。

⑳ 沅抚，即"偏沅巡抚"。明朝后期，为在国家西南地区推行改土归流的政策，神宗朱翊钧万历二十七年（1599年）设置此职，先驻偏桥镇（今贵州施秉县，设置有偏桥卫所），后迁驻黔、楚重镇沅州（今湖南芷江），故称"偏沅巡抚"。因驻在沅州，而称"沅抚"。

力屈而后间行①归蜀，起义兵扞御乡里，卒用身殉。君本家居，携细弱，冒险阻，力求遗种②之处。成都寻被屠灭，而君以出故独全。古之贤者，或以忠著，或以智免，其处变各不同，而桐乡③遗爱④，必以为归。君之自审⑤有素⑥，未可谓之幸也。今司李岁护江南之漕达于淮，道经丹阳，望练湖而思先德，则我四郡之人咸食其利，岂特一方哉？

余尝读东汉《循吏传》：建武，琅琊王景治汴渠功成，世祖亲自巡行，美其功绩，拜为侍御史。后于庐江修楚相芍陂，垦田加广，境内以丰。范史⑦纪之，遂为东京⑧循吏称首。其前后与君相类，今国家盛意，修先朝之史，循吏知所首重也，故余之志君独详，于练湖一事援据簿牒，参稽见闻，一以报亡友，一以存实录，私门纪载，取备石渠⑨搜采。君之事，大有裨于民生国故，后之考者，终不得而略焉。

君生于万历丙申三月之二十五日，卒于顺治己亥七月之二十日。以元配冷孺人生长子于蕃，即担四司李君也；冷孺人方在养⑩。侧室李氏，生于宣⑪，见⑫粤之三水令。二子本从君在吴，乱定始归，先后再举于蜀⑬，筮仕⑭皆有能名。司李娶于范，三水娶于杨。孙九人：倜、侊、作、侯、仁、俶、偲，于蕃出；俨、侨，于宣出。曾孙男一：宪曾，倜出。君之女与孙女皆二人。君葬在丹阳之扶城庄，诸生、父老胥⑮会哭。状云"权厝⑯"者，示不忘蜀也。当余之初过江遇君也，方终军弃繻⑰之岁；乘

---

① 间行，潜行、微行。

② 遗种，传种、繁育后代。此句是指竭力寻找可以栖身繁衍之所。

③ 桐乡，古地名。在今安徽省桐城县北。春秋时为桐国，汉改桐乡。《汉书·循吏传·朱邑》：朱邑"少时为舒桐乡啬夫，廉平不苛，以爱利为行，未尝笞辱人，存问耆老孤寡，遇之有恩，所部吏民爱敬焉。……初，邑病且死，属其子曰：'我故为桐乡吏，其民爱我，必葬我桐乡。后世子孙奉尝我，不如桐乡民。'及死，其子葬之桐乡西郭外，民果共为邑起冢立祠，岁时祠祭"。后因以为官吏在任行惠政、有遗爱之典。

④ 遗爱，谓遗留仁爱于后世。

⑤ 自审，自我审查或审视。此处指自我反省、自我检点。

⑥ 有素，本来具有，原有。此是指王君历来自我检点。

⑦ 指范晔所作的《后汉书》卷一〇六《循吏列传》中的第三人《王景传》。

⑧ 东京，古都名，指洛阳。东汉都洛阳，故以东京代指东汉。

⑨ 石渠即石渠阁，西汉皇室藏书之处，在长安未央宫殿北。

⑩ 冷孺人在儿子王担四那儿得到赡养。

⑪ 生子名叫于宣。

⑫ 见，现也。

⑬ 指两人先后参加四川的乡试成为举人。

⑭ 筮仕，古人将出做官，卜问吉凶。此处指初出做官。

⑮ 胥，皆也。

⑯ 厝，殡葬。

⑰ 弃繻，《汉书·终军传》："初，军从济南当诣博士，步入关，关吏予军繻。军问：'以此何为？'吏曰：'为复传，还当以合符。'军曰：'大丈夫西游，终不复传还。'弃繻而去。"繻，帛边。书帛裂而分之，合为符信，作为出入关卡的凭证。"弃繻"，表示决心在关中创立事业。后因用为年少立大志之典。

传①东还，今衰老且病，司李君见而客我，江城寒夜，泚笔志君之墓。屈指海内，同籍存者无几。追溯三十年来，友朋死生聚散之故，可胜道哉？呜呼，其忍不铭？铭曰：

江之永②，出乎资中③；君生蚕丛④兮，李冰之风。湖当复，奠我江介⑤；君有遗爱兮，召伯⑥之埭。乱瘝⑦作矣⑧，适彼国兮⑨；佖⑩其有硕，维斯宅矣。有吴良吏兮，过者必轼。我作兹铭兮，大书深刻。金销石⑪泐⑫兮，后千百祀其何极。

（八）清

- 《道光武进阳湖县合志》卷三《舆地志三·水利》：

顺治九年，知县姜良性浚运河。

……

康熙五年，浚运河。

六年，浚西关河。时，关河壅塞，把总施成龙以往来粮艘停泊关外，惧疏虞，请浚西关河五十余丈，又浚小西关一百三十丈。按陈志"粮艘"作"银艘"，当从之⑬。是年，重浚运河。西起奔牛，东至丁堰，延袤四十余里。役丁夫二万余，半月工毕⑭。

- 《康熙常州府志》卷七《水利·清》：

康熙六年，重浚运河。西起奔牛，东至丁堰，延袤四十余里。役丁夫二万余，半月毕工。

- 《道光武进阳湖县合志》卷三《舆地志三·水利·清》：

康熙……十一年，知府纪尧典浚奔牛中月河，修复奔牛闸。

---

① 乘传，乘坐驿车。传，驿站的马车。
② 永，长。
③ 按：汉代设资中县，后升为资州，下辖内江县。
④ 蚕丛，相传为蜀王的先祖，教人蚕桑。借指蜀地。
⑤ 江介，江岸，沿江一带。
⑥ 按《诗经·召南·甘棠序》："《甘棠》，美召伯也。召伯之教，明于南国。"孔颖达疏、朱熹《诗集传》并谓召伯巡行南土，布文王之政，曾舍于甘棠之下，因爱结于民心，故人爱其树，而不忍伤。后世因以"召棠"为颂扬官吏政绩的典实。
⑦ 瘝，疾苦。
⑧ 矣，四库本同。疑当作"兮"。
⑨ 兮，疑当据四库本作"矣"。彼国，即他乡，即王君后来远离家乡四川，来到做官的第二故乡江南丹阳。
⑩ 佖，音"恤"，清静、寂静。《诗经·鲁颂·閟宫》："閟宫有佖。"毛《传》："佖，清静也。"
⑪ 金石，金和美石之属。此处指古代镌刻文字、颂功纪事的钟鼎碑碣之属，常用以比喻不朽。
⑫ 泐，石头因风化遇水而裂开。销泐，熔融和碎裂。明宋濂《〈徐教授文集〉序》："金与石至固且坚，亦有时而销泐也。"
⑬ 见陈玉璂《康熙武进县志》。
⑭ 工毕，《康熙常州府志》作"毕工"。

　　十九①年，巡抚慕天颜奏请浚孟河，建闸。疏略云："江南赋税，甲于天下。苏、松、常、镇课额，尤冠于江南。凡国用所出，尽借农田。倘水旱失宜，必致灾祲迭告。此广渠②资溉之功，所以断不可缓也。今夏，霪雨联绵，河流四溢；田地在在沉潐③，庐舍更多漂没。臣疚心疾首，力督司道、府州县等官，多方设法宣泄，分头挽救。而附近刘、淞之太仓、嘉定、吴江、娄上等州县，俱借两江④出泻，旋溢旋消，虽告被水，幸不重困。华亭并未告灾，昆、青灾亦无几。长洲、无锡去两江稍远，东南之水不能骤消，西北诸流奔泄无路，田禾淹没甚多。宜兴首当高、溧⑤诸山下流，亦赖震泽转泄。虽东南一面稍沾刘、淞导引之益，然较长、昆等处更远；西北全无山水之路，故受灾倍于他区。若夫常熟、武进、江阴、金坛等县，既与刘、淞绝隔，惟借大江汇归。其如⑥本地出水要口，在在淤塞，遂致积雨成壑。臣从权救济，将江、常⑦二邑沿江一带通潮小港、马路筑埂之处，暂行疏导出口，随于《洪水汛⑧滥无归》等事案内题报。臣案：此不过救急一时，稍平水势，旋即堵塞，非久远之图也。臣前疏请浚白茆港、孟渎河、福山港、三丈浦、黄田港、申港、包港、安港、西港、七丫等处，盖既鉴上年之奇旱，预料今夏之大涝，从长筹划，实非泛言。虽部议未邀即允，然关切地方民事，岂容缓图？臣再四筹划，先择其工易而实简者，若七丫一带，业已劝民浚涤淤沙，通崇明之运道。福山港、三丈浦，道、县各官详据里民自愿，分段疏通。再如黄田、申、包、安、西等港，另行酌量缓急，多方设法，次第兴举外，惟是常熟之白茆港系苏、常诸水东北出江第一要河，自明季失修，湮塞成陆，旱则潮汐不通，涝则宣泄无路。若此港一通，不惟常熟水旱无虞，即昆山、长洲、太仓、无锡、江阴，无不共沾其利。又武进之孟渎河，系常、镇诸水归江要道。凡高、溧西北诸水，竞趋东南，则流注于宜兴、金坛，更转泻于丹阳、武进，惟借孟河一口出江。今亦年久失修，河身壅积；武进以西，丹阳以东，宜兴、金坛以北诸水，归江阻道⑨。于是，水旱并灾，人力难施矣。此两河蓄泄之利，等于刘、淞；淤塞之形，亦不亚于刘、淞。今刘、淞疏通，苏、松、常资利益者甚巨；白茆、孟河淤塞，苏、常、镇被其害者，亦复不小。此臣身在地方，目击亲切，日夜筹划，而不敢忽者也，是以分委道员，细细察勘。兹据副使刘鼎、参议祖泽深勘估议详前来，查：白茆自常熟支塘起，迤东以至海口，淤道四十三里，其长七千八百五十六丈，应浚深浅不等，总计人夫九十九万四千工。并议修大闸一座，与夫筑坝、庤水等项，共需费五万六千两。孟河，自武进奔牛镇之万缘桥起，至孟河城北出江，淤道四十八里，其长八千五百三十三丈⑩，应浚深浅不等，总计人夫八十四万工。并议建大闸一座，与筑坝、庤水、帮岸等项，需费四万八千两。二河共需费十万四千两。据各该道请照刘、淞事例，先动正帑请工。不惟水利克修，见在望赈饥民，得以赴工趁食，不设赈而民已全活，数善备焉。若部臣拘例惜费，不为亟治，无论从前之蠲赈亏课，已不可胜

----

① 十九，《康熙常州府志》作"二十"。
② 广渠，使渠变得广大，即开渠之意。
③ 潐，通"淹"。
④ 指太湖泄水三江"吴淞江、娄江、东江"中的刘河（即"娄江"）和淞江（即"吴淞江"）这两江。
⑤ 高淳、溧阳。
⑥ 其如，其奈，即无奈。
⑦ 江阴与常熟。
⑧ 汛，当作"汛（泛）"。
⑨ 阻道，即"道阻"。
⑩ 《康熙常州府志》作："计河道长八千六百三十八丈。"

计；万一再遇水旱，灾免之数，倍此工费，则国课日损，民生日蹙矣。"据公前、后两疏，皆极言苏、松二郡之刘河，常、镇二郡之孟渎，为泄水要区。复于《善后疏》内言："吴淞、刘河、白茆、孟渎，为四大转河①，不可怠于疏浚。"故于白茆之役，以太仓、无锡、江阴、长洲、昆山，协济常熟开挑，分为十段：常熟开四段，太仓开二段，无锡、江阴、昆山各开一段。是役②，以宜兴、无锡、金坛、丹徒、丹阳五县协济开挑，亦分为十段：武进开四段，丹阳开二段，宜、锡、金、徒开四段。底宽一丈，面阔十丈。自万缘桥，至夏墅③火神庙，为南五段，则委之原任长洲县李某。自火神庙，至三山口，则委之原任武进县郭萃。松江唐同知总理之，督察人夫，并力挑浚，而邑内绅士，俱分段协理。建大石闸一座，二十年二月启工，数月工竣。

徐元瑛记云：

长江之水，入自京口，历丹阳，经吕城、奔牛二闸而南下，此江浙运道所从出入也。夹冈峻阜，势若建瓴。至毗陵，水势稍平。复有北注于江者，一为得胜新河，去城西十五里。一为北洞子河，去城十里。一为孟渎河，去城三十里。故孟渎最西，先受北来诸水。或云："以孟城山得名"，或云："唐刺史孟简所开，故名。"自奔牛万缘桥起，北至孟河城，出河渠闸④以达于江，长六十余里。盖常郡西北地高，惧旱，每仰泅于江潮之入，孟渎最径⑤，是灌溉所必资也。丹阳之练湖，宜兴、金坛之洮湖、滆湖，霖雨泛滥，每决于运河，专借孟渎决之出江，是宣泄所必需也。永乐初，夏元吉开之。正统间，周公忱浚之。自嘉靖中，以倭警，故筑堡中流，日就淤塞。万历初，虽经挑浚，然百年以来，江口竟成平陆矣。闻之明臣林应训，论开孟河有三利：一曰漕艘自孟河径渡江，北入白塔，至湾头，为捷径。一曰商民船自瓜州而下，无风涛盗贼之虞。一曰灌溉之利，可得良田数千顷。然自今日言之，江口设立木桩，以巩江汛⑥，则漕船、商民船之利，尚为有待。所急者，首在宣泄，次在溉灌。而于康熙十九年江南大水，然七月之初，苏郡水势稍平，而毗陵郡城先被淹没，皆练湖及诸湖之水溢入运河、奔江无路者为之也。向使孟河深通，则未至常郡三十里，先得所泄，何至骤涨如是耶？先是，抚、部院慕公，有《敬陈足国》一疏，条陈水利，如常熟之白茆塘、福山港、三丈浦，江阴之黄田港，武进之孟渎河，徒、阳之包港、安港、西港，太阴⑦之七浦，甚备且悉，早见及此矣。既而，有《再陈水利》之疏，专取白茆、孟渎详之，幸邀俞旨，旋议兴工。因属守道⑧祖公，亲加莅视。乃为案核其浅深，区别其难易。如河虽在，而水深尺许者，自万缘桥起，北至蒲沟村，凡九里。如河窄而水涸者，自蒲沟村，北至窑沟门，凡九里。如河流已竭者，自窑沟门，北至大沟村，凡十二里。如水涸

---

① 转河，即转运之河，也即运河。
② 指开孟河之役。
③ 指西夏墅。
④ 指河渠上的孟河闸。
⑤ 径，短而直也。
⑥ 汛，军队驻防地段。江汛，军队江边的驻防地点。
⑦ 阴，当作"仓"。
⑧ 守道，即"分守道"的简称。清代道员的一种，由各省布政使派驻于一定的府州地区，一般是管三至四个府州，协助布政使掌理该地区的钱谷，督课农桑，考核官吏，简军实，固封守。后来成为督抚以下府以上的一级地方行政长官，无固定员额，秩正四品。分守道在清初亦称参政道或参议道，乾隆十八年（1753年）废参政、参议之衔，专设分守道。其下属官有库大使、仓大使、关大使等杂职官员，均是因地设置，未必全置。

而泥壅者，自大沟门起，由东迤西，至万岁庙①，凡十里。至河形尽没，地经开种者，自万岁庙，北至孟河堡，凡五里。其孟河城中，有南北通潮大河，尽架民屋，因改从东城之外，沿城西北，至下马桥，凡三里②。共长四十八里，实丈八千五百三十三丈。考之旧时所载长六十里，得九千九百五十丈，工费较节省矣。河面十丈，河底六丈，其深一丈，积土八万六千二百余方。考之旧籍积为三万九千方者，开挑较深阔矣。分河身为十段，武进任其四，丹阳任其二，丹徒、金坛、无锡、宜兴各任其一，而远近之劳逸为"维均"矣。募夫当灾之后，赴工皆待赈之民，值农事未兴，给之口食，其"子来"者，踊跃恐后矣。五日一发工银，专委府官，躬诣河干，手为分给，侵渔之弊绝矣。至于赴工之人久暂、任从③，许令陆续更替；以迨④赁居构厂⑤，医药调养，事事周详，轸恤之意，勤矣。以二月十八日兴工，五月初十日竣事。念时届东作，因停建闸，以俟秋冬。其告成，悉有次第矣。此皆守道祖公，移驻毗陵，循行河上，宣劳而慰抚之，故河上之民皆踊跃。而抚部院慕公，实为之经始，为之观成焉。其利在两郡，其功在百世，不与夏、周二公后先媲美也哉？若所云"得胜新河"者，甫自连江桥，由黄夏村、陆成湾等处达魏村以入江，绵亘四十里。其间膏腴万顷借以灌溉，固与孟渎相为表里者也。自万历初挑竣，年久渐淤，旱则涸，涝则壅，沃壤将为石田矣。幸河身尚在，受水一二尺不等，略加疏导，令接江潮，便可分注支河，以复灌田之利。此一劳永逸、事半功倍之时也。失此不图，不久湮塞，其劳费水衡，将有不可胜言者。凡有地方之责者当道诸公，其更由孟渎而推之乎！以资灌溉，以备宣泄，其利尤溥。故因纪孟渎之成而兼论之，以俟留心兴除者之采择。

- 《康熙常州府志》卷七《水利·清》：

二十年，巡抚慕天颜浚孟河，建闸。计河道长八千六百三十八丈，分十段开浚。自万缘桥至夏墅之火神庙为南五段，则委之原任长洲知县李某。自火神庙至三山口为北五段，则委之原任武进知县郭萃。督察人夫，并力开浚。李知县患病，松江唐同知总理之，而邑内乡绅俱分地协理。数月竣工，至今利之。

- 《道光武进阳湖县合志》卷三《舆地志三·水利·清》：

二十九年，重建奔牛天喜闸。

三十一年，知府于琨、通判徐丹素、知县王元烜浚城内外各河。先是，邑人江西提学道杨兆鲁，见运道枯涩，城内淤浅，曾言："毗陵南俯太湖，北枕大江，运河贯其中，为漕鲜孔道。横林、洛社而上，河身渐窄，势渐高。仰奔牛三闸，可蓄云阳以西之水，不能概⑥及。下流"五泻"二闸久废，宜于五牧界内建闸蓄水。通江诸港，前因修筑马道堵闭，宜急为挑浚，俾江水直达运河，通流城内，而后公私无困。"……是役也，陈志谓其："不伤财劳民，而事毕举，可为后法云。"按，康熙二十七八年间，运道屡梗，议浚、议灌，频年见告，邵长蘅《毗陵水利议》谓：疏通孟渎、烈塘诸港，修复旧闸，既便转漕，兼资

---

① 万岁庙，即万绥镇所在。
② 即绕走城西侧的护城河。
③ 任，任责者。从，随从者。
④ 迨，及。
⑤ 厂，没有墙壁的简易房屋，即棚子，常供生产之用。
⑥ 概，疑当作"溉"，指由于奔牛闸的阻挡，丹阳之水无法灌溉到奔牛闸以东的常州境内。

灌溉，最为上策。次复运闸，以通漕。"五泻"虽湮，宜于丁堰、戚墅间特置一闸，常蓄水五八尺以上，以济毗陵运。次则疏百渎、筑围田、浚陂塘，以为高下田畴之利。末则兼言城河之淤垫，意亦相同。

- 附清·邵长蘅《毗陵水利议》①：

毗陵水利议议论凿凿②，文气③亦近《西京④奏疏》。

谈吴中水利者，言人人殊⑤。大较⑥宋人亟议复五堰、复十四斗门，治吴江岸，明人亟议浚吴淞，浚浏河，导白茆港，类皆祖郑氏、单锷诸书，然无系于毗陵利害，故略弗论也。夫水利之大，曰转漕⑦，曰溉田。毗陵，北枕江，东南凭太湖，有二浸之利而无其害。顾岁旱而旱，岁潦而潦，而漕渠之议浚、议灌，频岁见告，得无当事者虑有未究，而经画之未详耶？愚闲按图记⑧，江自丹阳绕郡境一百八十余里，西北支流道⑨江者以十数：孟渎最大；稍东，则小河港；稍东，则剩银港；剩银以东，烈塘最大；益东，迤逦⑩而北，澡子港最大；桃花以东，入暨阳界，则申港、利港最大。此渠皆可行舟，宋、元迄明，旧置闸其上，引潮通漕，有余则用溉民，往往益股引之，溉田数万，计利至渥也。自明嘉靖初筑城御倭，而孟渎稍淤；万历以后，水政久弛，浊泥乘潮日积，而烈塘、澡子诸港，次第淤。入我国家，惩⑪己亥海孽⑫之讧⑬，濒江列戍卒，起亭燧⑭，支流通江者，稍稍楗⑮木石塞之，自是潮绝不来矣。潮不来，则转漕艰阻，小遇浅涩，辄议疏浚，人徒奋臿之劳，水衡之金钱费亡虑⑯千万计，而

---

① 文出《邵子湘全集》之《青门簏稿》卷十《议》。题下小注为评论者所加的批点。
② 凿凿，确实。此句十二字是编书者评价此文之语。
③ 文气，文风，文章的气势。
④ 西京，西汉首都长安，代指西汉。
⑤ 言人人殊，各人说的都不一样。形容对同一事物的看法各不相同。
⑥ 大致来说。
⑦ 转漕，转运粮饷。古时陆运称"转"，水运称"漕"。
⑧ 图记，方志。
⑨ 道，取道、通往。又可通"导"，"导江"指引导来江水。
⑩ 迤逦，曲折连绵貌。又指斜延貌、延伸貌。
⑪ 惩，鉴戒，警戒，苦于。
⑫ 顺治十六年（1659年）六月，郑成功称招讨大元帅，率17万大军，在崇明岛登陆，开始北伐。不久，部队打到焦山，攻破瓜州，攻克了长江的重要门户镇江及其所属诸县，一路上清兵不堪一击，望风瓦解。六月二十六日，郑成功部前锋已达江宁（今南京）。七月十二日，郑成功亲自率领十余万大军，连营八十三处，将江宁府城团团围困。清廷得此消息，举朝震惊，顺治帝一怒之下拔剑砍碎御座，下令亲征，被谏止。于是以内大臣达素为安南将军，统兵增援江南。郑成功却被一时的胜利所迷惑，没有积极进取，使得广大将士无所事事，认为功在旦夕，遨游江上，日夜张乐歌舞，释戈开宴，纵情娱乐，致使战事拖延一月之久。而困守在江宁城内的总督郎廷佐，在假投降伎俩的掩护下，积极备战。七月二十三日，郎廷佐抓住郑军将士庆贺郑成功生日，卸甲饮酒，战斗意志松弛的有利时机，根据与诸将议定的作战方案，指挥清军提督管效忠、总兵梁化凤水陆进兵，大败郑军。郑成功的主要将领甘辉被俘牺牲，全军在慌乱中纷纷溃退，勇锐的将士有很多投江而死。郑成功立脚不稳，仓促退出长江，返回厦门。
⑬ 讧，争扰。
⑭ 亭燧，古代建筑在边境上的烽火亭，作侦察与举火报警之用。
⑮ 楗，关门的木闩。此处指遏制、堵塞。
⑯ 亡虑，大略、大约。

西北诸乡时苦旱灾。诚疏通孟渎、烈塘诸港，修复旧闸，其利有三：父老言，潮来时，试以萧苇留之，苇高一寸，潮留数寸，使滨江诸闸潮至而启，潮平悉闭，引水注之，漕渠巨舰通流，不复虑涸，一利也。孟渎为江浙餫饷①捷径，载在漕志。秋冬，餫船空回，脱遇京口阻滞，径由大江抵常州。空回既速，则赴兑亦速，二利也。旁岸民田，益得支引灌溉，高碶、舄卤②之乡，变为沃野，三利也。难者将曰："国家废闸、障流，所以阻舟舰、备非常。又其上皆筑马道，功费久远；使尽复旧闸，马道必废。"愚窃谓不然。孟渎原宿有镇兵，今距江置闸，设天关、燕尾，令可通行巨艑；其他支河斗门，仅通小舟，下置栅栏，列戍之卒，谨伺其启闭。又于斗门上平布巨木，度可容数骑并驱，亡患"二难"矣。去"二难"，就"三利"，转漕溉田兼资，最上策也。次议"复餫闸"。吕城、奔牛，旧制三闸，宋陆游谓："自创为餫河时，兹闸已具矣。"③顾毗陵以东，又有"五泻"上、下闸。考《宋史·河渠志》："乾道二年，以两浙转运司及常州守臣言，填筑'五泻'上、下二闸，修闸里堤岸，防泄运水。令无锡知县掌钥匣，遇水深六尺方开。"当日慎重如是。盖毗陵地势西仰东倾，吕城、奔牛闸仅可蓄奔牛以西之水，济丹阳运；五泻闸乃可蓄无锡以西之水，济毗陵运；今其迹虽久废，宜于丁堰、戚墅间，特置一闸，以时启闭，常蓄水五六尺以上，则运河免灌注、挑浚之劳，此专主漕者也。次议"疏百渎"。按旧志，"百渎，在毗陵二十有六，在荆溪七十有四，所以泄西南众流入震泽而归于海者"。然稍湮塞矣，宜鸠工于食利之民，开茭芦、浚淤淀，令百渎故道十疏其六七，涝则泄水入湖，旱则引水灌溉，而滨湖之地无凶年。单锷所云："百渎之验，岁水旱皆不可不开也。"次议"筑围田④"，次议"浚沟渠"。陂塘下地惧水啮⑤之，围田所以防也；高地利水潴之，沟渠、陂塘所以蓄也。故农谚曰："种田先岸，种地先沟。"高乡不登⑥，以无沟故；低乡不登，以无岸故。郡太常唐鹤征有言："高田多为陂塘，厚储、深蓄，勿使泄而溢之外；低田多为圩⑦堰，渠穿、股引，无使溃而入于内。"陂塘阔深，圩堰坚完，

---

① 餫饷，运送粮饷。
② 舄卤，含有过多盐碱成分而不适合耕种的土地。
③ 见陆游《渭南文集》卷二十《常州奔牛闸记》："岷山导江，行数千里至广陵丹阳之间，是为南北之冲，皆疏河以通餫饷：北为瓜洲闸，入淮汴以至河洛；南为京口闸，历吴中以达浙江。而京口之东有吕城闸，犹在丹阳境中。又东有奔牛闸，则隶常州武进县。以地势言之，自创为是餫河时，是三闸已具矣。盖无之则水不能节，水不能节则朝溢暮涸，安在其为餫也？"
④ 围田，在洼地筑堤挡水护田。又指挡水用的围堤内的田地。又指围占江湖淤滩作为田地。因与水争地，壅塞水道，常会造成水害。
⑤ 啮，咬、侵蚀。
⑥ 登，丰收。
⑦ 南方低洼地区防水护田用的堤称为"圩"。以圩所围的田也叫作"圩"。圩常和堰配合，堰用来挡水或引水、泄水。

高、下两利，岁可常稔。三策皆专主溉者也。夫苏、松地卑下，巨浸所汇，有利亦有害，故兴利难；毗陵平壤，蓄泄易施，利多而害少，故兴利易。昔西门豹治邺，漳水在旁，豹不知用，史起讥其不知①。今擅必兴之利，操可济②之策，据易集③之形，而惩羹吹齑④，因循⑤废坠⑥，重为史起所讥，讵不惜哉！愚更有说焉，一邑犹一身然：四乡，其四肢也；邑治，其腹心也；川渠流通，则其荣卫⑦血脉也。吾邑，前、后市河⑧，惠明、玉带诸河，所在填淤，舟楫梗涩；譬有人焉，四肢无恙，而心腹瘕⑨结，其人必病。吾久忧夫吾邑之告病⑩也！

- 《道光武进阳湖县合志》卷三《舆地志三·水利·清》：

康熙……四十六年冬，奉旨浚武进县之孟渎、得胜两河，并修建孟河北闸、魏村闸，及奔牛之天井闸。工启于四十八年春，费帑金三万余两。

雍正五年，浚武进县之孟渎、得胜两河。费帑二万余两。是年，钦奉上谕："以江南水利失修，着副都统李淑性，原任山东巡抚陈世倌，会同巡抚陈时夏，查勘兴举。一切工费，动帑支给。钦此。"惟时查勘常属因⑪浚者，止有孟渎、得胜两河。议于孟渎，自三官堂，至江阴，开浚四十里，面阔六丈。武进开北段，协济之阳湖⑫开南段，督役者为太守包公括。因水面狭小，议设"岁修"。以领帑之二百图农民，派为二十五图轮修一次，八年一转。得胜，则自安家舍，以至江口云。

九年，孟渎奏请添设犁船。先是，六年，户部覆准郎中鄂礼奏请："沿海诸河，添设犁船、混江龙，以疏积淤。"至是，"孟渎奏设犁船四只，领混江龙四具，召募水手，每岁春、秋，于江口拖刷淤沙"，从之。费帑数百两，旋以无效废。按，宋置浚川钯、混江龙，以疏刷黄河，时咸笑之。明万历中，水院林应训疏浚孟渎，兼设犁船，亦不久即废。岂犁船之无益哉？盖汛有大小，底有深浅，着泥则重而难行，离泥又轻而无用，全在测水之浅深，以为系犁之度数，俾介于不即不离间，始获其效。故不如谕令官民舟楫来往浊河者，一律带犁之为久也。夫在官，则有名无实；而由于民，则名实兼得。况官中定则有数，而民间来往无

---

① 知，通"智"，智慧。《史记》卷一百二十七《西门豹传》云"西门豹即发民凿十二渠，引河水灌民田"，对西门豹并无讥讽之文，但《史记正义》在此句话下有注："史起进曰：'……漳水在其旁，西门不知用，是不智；知而不兴，是不仁。'"
② 济，成功。
③ 集，成就。
④ 惩羹吹齑，人被滚汤烫过，以后吃冷菜也要吹一下。羹，滚汤；齑，细切的肉菜，冷食品。比喻戒惧过甚。
⑤ 因循，即"因循守旧"，沿袭旧规，不思革新。
⑥ 废坠，因懈怠而中止。
⑦ 荣卫，中医学名词。"荣"指血液循环，"卫"指气的周流。荣气行于脉中，属阴，卫气行于脉外，属阳。荣卫二气散布全身，内外相贯，运行不已，对人体起着滋养和保卫作用。"荣卫"泛指气血、身体。
⑧ 可证青果巷处的"前河"是市河，而"前北岸"前的"后河"也是市河。
⑨ 瘕，腹中结块的病。
⑩ 告病，称说有病。《穆天子传》卷六："天子舍于泽中，盛姬告病，天子怜之。"
⑪ 因，当作"应"。
⑫ 阳湖配合武进开此河。

穷。其制一如"用猫①法"，但猫②则如蒺藜，而此则如钯之异耳。久而行之，自见其效。

● 《乾隆武进县志》卷二《水利·清》：

　　雍正五年，奉旨发帑银二万余两，疏浚孟渎河、德胜新河。又发帑银三百二两零，造犁船四，并领混江龙四。每岁春、秋，募水手，于江口拖刷淤沙，不致壅塞，农民永赖焉。

● 《世宗宪皇帝朱批谕旨》卷一百二十五之四：

　　雍正五年八月初十日，云贵总督鄂臣尔泰谨奏③：……同日又奏"为敬陈水利、以备采择事"：窃江南水利一事，屡荷圣心眷注谆恳。臣前任江苏藩司，于所属水利曾悉心谘访，略知大要，原拟将此项经费筹划预定，然后详请督抚，随其轻重缓急，次第举行。及奉圣恩超擢来滇，事虽已寝，心未暂忘。……江南自刘河、白茆之外，其为南北之要津者，莫如镇江之漕河④。在丹徒界者四十五里，在丹阳界者九十里，地势如建瓴。虽有京口、吕城、奔牛诸闸借以蓄水，一至冬月，漕河水浅，挽运艰难。每年挑浚，随浚随淤，岁以为常。皆由河身浅狭，及挑浚时又复苟且，为一时之计，所挑淤泥堆积两岸就近之处，及大雨淋漓，仍复冲卸入河。且水浅之时，漕船既不能行，横截河内，阻绝民船，无由飞渡，以致起岸⑤、盘坝，行旅艰苦，公私交困，此又江南河渠大弊，亦不独水利所关也。……

● 《道光武进阳湖县合志》卷三《舆地志三·水利·清》：

　　十二年，总督赵宏恩奏请通浚江南渠港。略谓："通江达海大河港，闻俱已发帑，兴修完竣。惟民间一切支港小渠，皆承流大河，贯通湖水，旱则引而灌溉，涝则由之直泄，关系亦重。此等渠港，固难一一动帑，历来听民自浚。无如勤惰不一，心力不齐；道旁筑舍，听其淤垫，在在皆然。似宜费集民间，官为督责，俾一律深通，江湖河港，内外畅达，庶旱涝有资，于国计民生大有裨益。查，向来江省私派贴费陋规，每系盈千累万，悉饱蠹棍欲壑。以苏、松、常、镇四府而论，一年即有数十万。今清厘酌革，民力已裕，所有此等渠港及圩坝、涵洞，似宜劝民，循照旧章，或按田派工，业户给食，佃户出力，逐一兴修。或仿照苏、松等属向例，按亩捐钱不等，以为水利塘工之用。此番修浚，即可动用此项。仍听民间酌量办理，随地制宜，总期功归实在。如此，则以无益之陋规，为有益之正用。举民间之物力，为民生之利济。似亦康义之道也。况一经通浚，将来岁修，亦易为力矣。"奏上，从之。按，此无协济之名，而有协济之实，

---

① 猫，疑当作"锚"。
② 猫，疑当作"锚"。
③ 按，《光绪丹徒县志》卷十一《河渠叙》引此下之文至"岁以为常"而冠以"雍正年间督臣鄂尔泰疏言"。
④ 指从镇江开始流入江南的漕河也即京杭大运河。
⑤ 起岸，指把船上货物搬到岸上，然后空船可以盘坝。

深得古人同力合作之道；但须不入奏销耳①，其督理之人，必须实心任事者，周全劝谕，此②第兴修，数年而后，则高低无不浚之川，水旱有无穷之利矣。

乾隆三年，知常州府包括督浚运河。武、阳两邑通行"漏役"③，惟迎春乡以漏湖险阻，呈请遵例免差。奉各宪批准，永遵旧例，优免有碑。按，据《马迹山志》，碑立于四年。是年运河之役，仍预焉。嘉庆八年，里人复立石神骏寺中。又按，旧志于是年武进书"知县赵锡礼浚运河"，阳湖书"浚运河"，而不著其人，或即四年立碑之李魏钦？时太守为包公括，故以公主之。

- 《乾隆武进县志》卷二《水利·清》：

  乾隆三年，知县赵锡礼浚运河。

- 《道光武进阳湖县合志》卷三《舆地志三·水利·清》：

  九年，浚得胜河。自连江桥，至魏村闸。

  十七年，武进县重浚孟河。是役，照"业食佃力例"开挑。因两岸侵占河基者从中阻挠，未竟其工。士民捐钱三百五十千，知县黄瑞鹏捐钱百千，赏河夫。

  二十三年，吏科给事中海明巡视江南河道，督浚运河。

  ……

  三十一年，总督尹继善、巡抚庄有恭奏浚孟渎、得胜二河。时陈文恭宏谋奏请将常、镇二府港汊圩围疏浚培补，通江尾闾大加挑浚。经部覆准，通饬查办。奏请："常属孟、得两河，实系通江尾闾。南枕运河，北达大江，关系数邑水利宣泄；民田万顷，咸资灌溉。自雍正五年，发帑开浚，历今几四十年，河身淤垫，亟须大加挑浚。孟渎计长一万五百余丈，约估工价银三万一千余两。得胜计长六千六百余丈，约估工价银二万二千余两。其孟渎河旁，旧有小河一道④，分流入江，较正河近便直捷，潮退，尽由泄泻入江。所以，正河水缓沙停，易致淤垫。应于小河分流处，添建石闸，约估需银五千余两。通计两河，工费浩繁，民力一时难以措办，应请照该两县士民所请，借帑趱⑤办，按两邑田亩验派，分作四年征还归款。"从之。用两县丁夫，以阳湖浚得胜，武进浚孟渎，于三十一年兴工。孟河面宽统以六丈为率，底宽统以二丈为率。并定二河两岸，得沾水利图分，照"业食佃力例"，按田派夫，三年捞浚一次。孟河，则四十四图；得胜，则三十二图承办岁修。除挑运河外，别项工役，俱行免派。……

  ……

  五十一年，知府金云槐督浚常州运河。时大旱之后，境内河道处处浅涩，粮艘难以行走。督

---

① 指此事不须动用公款来报销，要由民间来自筹资金。
② 此，疑当作"次"。
③ 开通漏湖之役。
④ 指不走石桥—万绥—孟河堡城的旧河（即下文所谓的"正河"），而走石桥—小河口处的捷径，此捷径区别于大河、正河而名"小河"，故河口处名为"小河口"，即今孟河镇政府所在的小河镇。
⑤ 趱，赶快、加紧。

抚大宪①奏请捞浚兼施，遣扬营守备嵇国斌估勘常境运道。武阳境内，应自海子口，挑至政成桥。无锡境内，应自五牧，挑至洛社。其自海子口以上，至奔牛，应捞三百丈。阳邑，自横林迤下，至七姑庙，应捞二百七十丈。锡邑，自七姑庙至五牧，应捞百丈。洛社至石塘湾，应捞二百八十丈。金邑，莲蓉桥、羊窑湾上下，并望亭迤上，应捞三百丈。而以武、阳之河，分五段：武进，海子口，第一段。宜兴，广济桥，第二段。荆溪，洪济庵，第三段。江阴，龙游河口，第四段。阳湖，政成桥，第五段。以首尾皆有坝工管辖也。五牧、洛社分三段：首段，酌派无锡；尾段，酌派金匮；而以靖江厕其中。仿照二十三年常州大挑运河例，通估工价银九千八百余两，正月兴工，二十日竣事。一经开坝，两邑上下，水势顿涸，重复筑坝。武邑自海子口至新闸，阳邑自政成桥至丁堰，一律补挑。俱以裁尺挑深二尺为度，底口约宽三丈。即于就近乡图，增价起夫。二月毕工。而南运河复有庤水、送粮之役，可见平日不可不为曲突徙薪之虑也。时董其役者，武进则为郑时泰，阳湖程明愫，宜兴李沄，荆溪陈大年，江阴吴瑛。而补挑之事，则公与武、阳两邑令独肩其责焉。是年，复浚城内外各河，以工赈浚。

……

五十五年，武进县谭大经浚孟渎、得胜二河。先是三十二年，两河定"岁修法"，岁久未行。至是，屡请借帑开浚，未允。适值兴南河②之役，遂请照"岁修业食佃力例"挑浚，并求免派南河夫役，允焉。得胜，则一律通浚。孟渎，自石桥以南，尚属通流，仅浚石桥以西，至江口止，并改口于塔山之北，即以原口滩地拨补，通江十八图及富通等六圩承办。不及三年，湮塞如故。盖阜通镇至堡城五里之地，纯系移沙。日间挑深，夜即涨满。开浚此地河身，鲜不破家。以③前明河口近江，潮水迅急，且宽广数倍。再以运漕故，定例三年一浚。又未有小河④，并无分流，故不见其害。而今者，堡外有数十里沙滩，城居腹里，已如赘疣。小河反为紧要，宽阔径直，直达运河，济运便民，大有裨益。五十⑤枯旱，而运河不涸，舟楫通行，实小河之力，以视旧口、新口绕塔山左右者⑥，大相径庭。土人既不明其故，而又狃于积习，借帑兴修。殊不知，前明屡次之浚，为行运也。我朝历届之浚，为济运也。从来言常州之济运，皆以孟河为最，得胜次之。不能济运，如⑦空縻⑧帑金何？即如道光十一年，改口超瓢港，縻⑨费十余万，六县协济，官长、绅士，大费经营。承挑北段河身者，董事家家破产。才六七年，春冬又复淤浅，惟夏秋大汛，可抵堡城。通江一乡，乃吾常极苦之区，肩此疲难之役，后再湮塞，群视为畏途矣。故居今日，而言复黄河之故道者，迂也；言复孟河之正口者，亦迂也。窃谓此日情形，宜以小河为正口，引浦渎之水，蓄清御浊，少加疏

---

① 总督与巡抚两类大官。

② 当指开城南的南运河的工程。

③ 以，因为。由于此前明朝的孟河口靠近大江，后来江沙淤涨才日渐远离。而且明朝孟河口不仅靠江，河口又很宽大，加上小河口处尚未开出捷径来走船，江水只有孟河口这个途径冲入内地，从而保证此孟河口处的河床，天天都被强有力的江水冲刷而不会淤塞。自从乾隆朝开了小河这条捷径，江水不再由孟河口冲入，于是孟河口更加淤塞。

④ 指小河口处的河道其时尚未有。

⑤ 指乾隆五十年。

⑥ 指孟河有两个口，分别在塔山的东西两侧，其实全都没有小河口好。

⑦ 如，读"奈"。

⑧ 縻，通"糜"。

⑨ 縻，通"糜"。

浚，自然通畅。但口外涨沙，亦属可虞。或用犁沙法，则滩不成；或用釜墩制，则水湍激，惟不便于沿江居民耳。至堡外数十里，一带平衍，去江已远，又无大川以为宣泄，涝则汪洋如江海，旱则禾苗尽枯焦，甚至食饮无水，极为可惨。似宜以超瓢为口，容纳横山①以下西流之水，及堡西一带之水，汇为一川，旱涝有资，捞浚亦易。庶南北民情，不致睽隔。可免讦讼频仍，耗费不赀。如以得利农夫而言，则不特四十四图非尽得利，即通江十八图，亦有利不利②。要之，孟河为数邑宣泄要道，亦公私舟楫间道③，济运、灌溉，皆其兼及，不可废也。兹役，谭邑侯颇受其累。

嘉庆元年，浚运河。从苏总督之请也。武、阳二邑费帑五千余两，十日毕工。

六年，总督漕运铁保，奏浚江南运道。是年六月初四日，奉上谕："铁保等奏《酌筹河道以利漕运》一折，据称'江境，从台庄至黄河口三百数十里，自乾隆五十年挑浚后，迄今已阅十六载，未经挑挖。内如邳州境内之猫儿窝，宿迁境内之窑湾、陆家墩，桃源境内之古城溜各处，因历年淤积，一时势难深通。又邳、宿境内骆马一湖，近年因运河高仰不齐，放水不畅。其通湖各引渠，亦复浅阻。再嘉、湖、苏、常一带，亦间有浅阻，俱于漕运有碍。请饬交各该督抚，设法赶挑，以利新漕'等语，所奏甚是。向来河员积弊，往往借名兴工，为侵帑地步，固应力为饬禁。但遇有紧要工程，原应随时办理，惟在司事者各矢天良，实用实销，不在沾沾靳惜④小费也。至漕船经由之地，浅涩处所，自应随时挑挖。若为惜费起见，置之不办，年复一年，淤塞更甚。不但于漕运有碍，设遇大水年分，盛涨无所宣泄，必致冲坏堤防，于各该处民庐、山亩，均有损失。彼时始议兴筑疏浚，所费转巨。是目前意图节省，而日后倍糜帑项。即为惜费计，亦不应出此着。费淳、吴敬、岳起、阮元，即查明江浙境内，凡关系运道淤浅处所，即行逐段挑挖，务使一律通畅，以利漕运。但须核实办理，勿致稍有浮冒。所有铁保等原折，并着抄寄阅看，将此谕令知之。钦此。通饬行知。"太守璩禀，略云：据各县禀称，"武邑，自洪济庵西至文亨桥计长五百余丈，自新闸至奔牛镇计长一千二百余丈，均须估挑。南运河，六百余丈，应须捞挖。阳邑，自洪济庵东至政成桥七百余丈，应须估挑。政成桥至七姑庙计二百余丈，南运河自丫河镇至师姑滩计五百余丈，应须捞挖。锡邑，洛社桥、窑头滨、石塘湾、万安桥，计四段，约长五百八十余丈。金邑，自莲蓉桥、庙港桥、洋窑湾、大码头、清宁桥，计五段，约长六百二十余丈。现在水势，俱不及六尺，倘交冬令，归漕重运经由，难免阻滞。江阴，自磨盘墩至三板桥，五里亭至斜泾口，尖岸口至迎秀墩，三河口至十八家村，浅头上至道成墩，约五段，约长十三里余，均应分别挑挖，难以稍缓。宜邑之栅头桥、和桥、孙婆桥、五里桥等处，计长一千四百余丈。荆邑，应浚之万塔桥镇、塘桥、塘羊桥等处，计长一千七百余丈。现在水盛时，仅止四尺一二三寸，不等交冬减落，势必浅阻难行，必须请帑兴挑，以免赔累"。各等情到府，卑署府⑤覆查。今春漕船，多有浅阻之处，蒙宪委员催攒，各属雇船起剥，大费周章，今岁必须预为勘办，兹又钦奉谕旨，更应认真办理。当即面谕各属，将应办情形，先行查报。去后，兹据禀办，前来覆查。重运漕船，吃水四尺余寸，经由运河，必须水深

---

① 即今孟河处的黄山。
② 有利，有不利。
③ 间道，偏僻的小路，此处指不是正道的旁出辅道。
④ 沾沾，自矜、自得貌，执着、拘执。靳惜，吝啬、吝惜、珍惜。沾沾靳惜，即执著地吝啬。
⑤ 我这位卑微的代为签署常州知府事务的常州知府。

五尺以外至六尺，始得畅行无阻。所有武、阳二县东西运河，约计三千七百余丈，自乾隆六十年动项兴挑，已经六载，现在实系淤浅。今春雇备剥船三百余只起剥，不特赔费颇多；而雇用民船，难免扰累，设临时缺误，关系匪轻。应照所请动款，分别挑挖。至锡、金二邑，运河较别处宽阔，据禀共一千二百余丈，现在水深不及六尺，恐再归漕稍退①，俟霜降后，再行勘估筹办。再江邑运河，查系嘉庆三年杨参令②，请照"业食佃力例"开挑。惟逼近大江，日夕潮汐挟沙灌注，易于淤浅，又与别属不同。惟该县仅开报淤浅约长十三里余，应准其捐办，以免另行筹款。又宜、荆二县南运河，查系乾隆五十四年开挑，已经年久，淤浅日甚。虽系三县漕船经由，计程八十里，雇船剥送出境，办理殊多掣肘。应照③，俯如所请，动款兴挑。此卑府七属运河大概情形也。嗣以时届秋冬，不及详估请帑，自文亨桥，至舣舟亭止，捐廉浚之。

　　十年，总督铁保奏浚武进县之孟渎及得胜河。浚以十一年春。先是八年六月，总督费淳过常，面询孟河都司王龙韬以孟河通塞情形。随即具禀，檄饬查办。孟河居民，亦于是年冬请援三十一年成例办理。然南段尚有微流，非如北段全成平陆，未能一律办理。至是因汲饮无水，人情惶急，再经京控④，奏请借帑二万七千余两，分作六年征还归款。得胜，则三十二图承办，一律通开。孟河，则以通江一乡承办，开浚石桥以西河段。盖自五十四年而后，孟河分为南北二段矣。是年，阳湖县石文涟，浚南运河。时岁岁剥浅，官疲民困，故浚，然自后四县不复会同矣。

　　……

　　十九年，知府卞斌督浚武、阳、锡、金四县运河。是年亢旱，水浅，夏秋之际，未曾先为估价，即行雇夫挑浚，共费一万四千余千⑤。嗣因冬底水涸，粮艘仍复搁浅，两邑复于次年正月补挑完善。迭经驳饬，武、阳两邑以一千二百余两，详请给帑，余则为地方官捐廉办理焉。……

　　二十年，总督百龄奏浚武进县之孟渎河。呈于十五年夏，浚于二十年冬。安西、安东、孝西、孝东、通江五乡，借帑承办，六年征还归款。按，是时南段河身滴水不通，渐成平陆。于是，南段居民始援北段例案，呈请开挑。十六年，署武邑来侯⑥即估工册。因经部控⑦，迁延至二十年冬，始能挑浚。然相隔数年，仍照原估开挑。江口高，河口低，潮入沙停，以致南深北浅。所以不过三年，而南段复复湮塞如故。又按，孟渎之西，浦渎之东，纯系沙土，为武邑至瘠之区，维正之供，常形竭蹶。所以，南北借帑，几及六万余两，为时积三十年，尚未能清缴，于嘉庆二十三年、道光十五年两次恩诏豁免，在案。

　　……

　　道光……六年，署太仓州知州范博文督浚武、阳运河。从松江守李景峄之请也。景峄言："二十年前，松江从无剥运之事。且剥运一起，累官府、累船户、累客⑧而不一而足。总由运河浅涩，

---

①　恐归漕时其水位再稍退。即现在水深不到六尺，恐怕到漕船回航的秋冬之季，其水位还要再稍微退下去一点。
②　被参劾的县令。
③　照，察照。
④　京控，清代官民有冤屈，经地方最高级官署审判仍不能解决时，可赴京向都察院及步军统领衙门控诉，谓之"京控"。
⑤　千，即"贯"。
⑥　代为签署（即代理）武进知县的来汝缘。
⑦　当指经过中央的六部向上控告、申诉。
⑧　指拖累坐船的乘客。

漕船载货过重。上年业经漕师奏定，重运漕船，吃水以三尺八寸为限。至运河①，除徒、阳外，如吴江之泥墩，苏州阊门，无锡神桥、锅厂，皆有名浅处。其常州之龙嘴、市河、白家桥等处，则为尤甚。"因通饬②查办。武、阳二邑，自文亨桥，至叙舟亭，共估银三千余两，捐廉浚之。按，漕河之浅，虽由天时之旱，地脉之高，亦由船制过大，载货过重也。考康熙初，河督朱之锡疏云："查《会典》，漕船梁头，阔不过一丈，深不过四尺。"迩来造船，多不如式。白钟山《豫东宣防录》亦云："乾隆四年，总漕补熙请造十丈大船，载米六百石。"《行水金鉴》载明时定制："漕船吃水，不过三捺。"今重运吃水，以三尺八寸为度，必须水足五六尺，方能资送。若能仍复旧制，则行动便利，无烦浚河，并可免剥船之累，似于正水澄源之道，或有当欤？

……

十年十月，江苏巡抚、署总督陶澍，浚武进之孟渎、得胜、澡港三河。是年十一月初六日，内阁奉上谕："陶澍等奏《勘估武进县境水利工程借动筹备银款》一折：'江苏武进县境，孟渎、得胜、澡港三河，日久淤垫，亟应兴挑。'前经该督等奏明，系刻不可缓之工，业已筹备银款，与部行停工之后奏请者有间③，着照所请。所有估需工费等项银二十万六千七百余两，准其在于'奏准缓漕米价银'内动支借给。该督等即饬令该地方官，督率董事，实力兴办，并饬司道等随时查察，务使工不虚糜④，银归实用。工竣，该督等亲往验收。所借银两，着循照旧案，归于武进等六县分别摊征归款。此外尚余米价五万余两，存俟筹办浏河、凑借工用。该部知道。钦此。"按，是役始于二年孟河之京控。四年，经汪邑侯世樟，据绅士，请归入"三江水利案"内办理，估银九万九千余两，造册通详，奉宪允准。旋因"三江水利"同时并办，经费支绌，札饬缓挑⑤。继值奉文停办，工程期内，未及举行。迨至九年十二月，奉藩宪札知："停期已满，饬查该河应否挑浚？"委元和县主簿周诰来县，会同覆勘：该河淤塞已久，且自原估之后，续有淤沙增涨，应行一并估挑，并议请改开超瓢港，以达江潮。又据得胜、澡港二河士民呈请并浚⑥，一并勘估具详。统计三河夫工银两，及添建闸座，置买民田改开新口，共需银二十万六千七百二十四两零，并请照康熙二十年"协济例案"办理。详奉奏准兴挑，于腊月开工。因雨雪连绵，明春下宕⑦，将工段较短之得胜、澡港，及孟渎之超瓢口、护城河，先行挑挖。其余，孟渎工段较长，淤甚，奏缓，秋后兴办。而承挑各董，挑至七分估次，又值春雨水发，难以施工，亦俟秋后接挑，而三河原估河底丈尺，前系按河面宽广之数五成减收，形势壁立，易于坍卸，亦须重估。是年大水，冬令未消，直至十二年春，姚侯莹抵任，秋间重行改估，于十二月中旬，始能蒇事。适启工后，雨雪交萃，在工人役，无不备极劳瘁焉。其筹款之法，仿慕公"邻县协济"成案。所借帮银，武、阳两邑共摊五成，锡、金、宜、荆四邑共摊五成，十年征还归款。其起夫之法，孟渎则三十五图，得胜则三十二图，澡港则二十六图，皆就近起夫。其工员一切人等薪水费用，则

① 至于那运河。
② 通令查办。
③ 有间，即情况有所不同。
④ 糜，当作"靡"。
⑤ 暂缓开挑。
⑥ 申请要求一同开浚。
⑦ 宕，坑洼，此处指河床工地。

取给于向例①扣平之五分。其改开新口，置买民田，改迁坟茔、庐舍，则援江防厅新例报销。工竣，其节省银一万一百余两，奏明，交武、阳二县发典生息，以为岁修之用。其官员、绅乡、各董分别奖励，择其尤为出力者奏闻，请旨定夺。于十三年六月二十六日，奉上谕："陶澍等奏《挑浚孟渎等河工竣，请将出力之官、绅、董事分别奖励》一折，江苏武进县境内，孟渎、得胜、澡港三河挑工，并建设闸座，一律完竣。所有出力之官、绅、董事，自应量予恩施。常州府知府汪河，署武进县事、金坛县知县姚莹，俱着加恩，交部从优议叙。署常州府总捕通判、试用同知高焕，着将降一级处分开复，归本班尽先补用。常州府照磨罗在爵，宜兴县县丞汪仁，金匮县望亭巡检张训遥，宜兴县下邳巡检管兆蕃，俱着以应升之缺，尽先升用。试用主簿吴城、沈之彦，俱着以本班尽先补用。前任广东南雄直隶州知州余保纯，着赏加知府衔。举人言启方，着以教职用。候选州吏目赵煜，未入流朱鉴泉，俱着捐足，分发签掣省分，试用期满，尽先补用。议叙从九品职衔巢遇良，着赏给六品职衔，以示鼓励。该部知道。钦此。"

- **《光绪武进阳湖县志》卷三《营建·水利》：**

隋

大业六年，敕穿江南河。

唐

元和八年，常州刺史孟简浚孟渎。

……

宋

庆历……三年，……知武进县杨屿浚孟渎。

嘉祐五年，转运使王纯臣督常州筑田塍。◆六年，知常州陈襄浚运河。

元祐四年，诏复浚吕城堰，置上、下二闸，奔牛亦置闸……

绍圣二年，诏修沿河堤岸沟砬，浚苏、常二州湖浦。

元符二年，修筑奔牛闸。

崇宁……二年，诏常、润二州浚运河。

宣和二年，两浙提举赵霖，修常州各浦、渎。◆五年，□□②刘仲光、□□孟庚，浚常、润运河，修闸。

……

隆兴二年，知常州刘唐稽奏开常州港渎。

……

淳熙元年，知常州赵善防修奔牛闸。◆二年。武进县丞韩隆胄、尉泰膺刚浚运

---

① 向例，旧例。
② 指其官位不详。下"孟庚"前空缺的两格亦然。

河。◆五年，浚常州运河，通漕。◆九年，知常州章冲奏治本州港、闸、溪、湖。◆十三年，知常州林寔①重浚后河，浚武进运河。◆十六年，提举浙西常平詹体仁督常州开漕渠，置斗门，浚蠡河。

绍兴②元年，知常州李嘉言浚烈塘河，置闸。

……

嘉泰元年，知常州李珏浚漕渠。◆三年，知常州赵善防、知武进县邱寿隽修奔牛闸。

……

元

泰定元年，浚常州路各通江河港。

明

洪武三年，知府孙用重建烈塘闸，改名魏村；治奔牛坝。◆七年，知府孙用浚澡子港，置闸。◆二十四年，浚烈塘。◆二十五年，疏剩银河，临江置闸。◆二十七年，常州府浚运河，又浚孟渎。◆二十八年，凿太平河，浚桃花港。◆二十九年，建孟河闸。◆三十年，筑"蠡渎河③"堰。◆三十一年，浚奔牛河道。

永乐四年，浚孟渎。◆九年，废剩银河闸。

宣德六年，巡抚周忱修鲁阳五堰，芙蓉湖成圩田。◆九年，巡抚周忱建孟河闸。

正统元年，置水车，卷江潮溉田。◆六年，修孟河闸。◆七年，巡抚周忱浚得胜新河，修魏村闸。

天顺三年，巡抚崔恭修奔牛闸。

成化四年，都御史邢克宽重建奔牛闸。◆五年，修魏村闸。……

宏（弘）治……八年，巡抚朱瑄浚孟渎。……

嘉靖二年，开常州河渎，以泄运河水于扬子江。◆四年，浚常州府河港，开闸。◆二十四年，巡按御史吕光洵督浚苏、松、常、镇四府塘浦，浚澡港。

万历二年，知府施观民凿玉带河。◆六年，修烈塘闸。◆八年，知府穆炜浚后河。武进县丞郭之藩筑芙蓉湖堤。◆九年，知府穆炜凿新河。◆十六年，副使许应逵浚苏、松、常、镇四府河、港、塘、渎。◆三十六年，副使蔡献臣浚运河。◆三十八

---

① 寔，当作"祖洽"。按《咸淳毗陵志》卷二十邹补之《重开后河记》："淳熙十三年春，太守四明林公寔来。……公讳祖洽。"
② 兴，当作"熙"。按《咸淳毗陵志》卷十五《烈塘》："绍熙间李守嘉言尝浚，临江置闸，以讥防焉。"
③ 即"蠡河"。

年，副使臧尔劝浚运河。◆四十三年，知县杨所蕴浚运河。

天启……六年，副使周颂浚运河。

崇祯二年，副使吴时亮浚运河。◆四年，副使吴麟瑞浚南运河。

国朝

顺治九年，知县姜良性浚运河。◆十七年，知府赵琪浚玉带河。

康熙五年，浚运河。◆六年，浚西关河，重浚运河。◆十一年，知府纪尧典浚奔牛中月河，修复奔牛闸。◆十九年，巡抚慕天颜奏浚孟河，建闸。◆二十年，巡抚慕天颜修芙蓉圩岸。◆二十九年，重建奔牛天喜闸。◆四十六年，奉旨修建孟河北闸、魏村闸、奔牛天井闸。

雍正五年，奉旨浚孟渎、德胜新河。造犁船四，领混江龙四具。

乾隆三年，武进知县赵锡礼浚运河。◆四年，浚澡港。◆五年，武进知县赵锡礼浚南运河。◆九年，浚得胜河。◆十七年，浚孟渎。◆二十三年，奉旨差吏科给事中海明巡视江南河道，浚运河。◆二十五年，知府觉罗永会浚城内外各河。◆二十九年，阳湖知县汪邦宪浚芦埠港。◆三十一年，总督尹继善、巡抚庄有恭奏浚孟渎、得胜河。武进县丞吴瀜浚澡港。◆三十二年，知府潘恂浚南运河。◆五十一年，知府金云槐浚运河，又浚城内外各河。◆五十四年，常州府通判胡灏浚南运河。◆五十五年，武进知县谭大经浚孟渎、得胜河。

嘉庆元年，浚运河。◆六年，漕督铁保奏浚孟渎、得胜河。阳湖知县石文连浚南运河。◆十二年冬，浚运河。◆十四年冬，浚城河。◆十七年，总督百龄奏浚孟渎。

道光元年，武进知县汪世樟、阳湖知县张世桐浚南运河。◆三年，武进知县汪世樟、阳湖知县张世桐浚西北护城河及北塘河。◆六年，太仓州知州范博文浚武进、阳湖运河。◆九年，武进知县怀锷，浚南运河、城河。◆十年，署总督陶澍奏浚孟渎、得胜河、澡港。◆十五年，浚运河。◆十六年，武进知县吴时行浚南运河。◆二十三年，浚城河，浚张油车河、邵尧港。◆二十五年，浚三山港。◆三十年，浚后河、滕公桥河。

咸丰三年，浚城濠。

同治五年，知府扎克丹、武进知县王宗濂、阳湖知县温世京浚城河。◆七年，知府扎克丹、武进知县鹿伯元浚孟渎。……

光绪……二年，武进知县王其淦浚孟渎、南沟河。……

● 《武阳志余》卷一之三《水利》：

同治八年，巡抚丁日昌督浚孟渎。

孟渎自道光十年后历久未浚，日渐淀塞，农田水旱皆灾。同治八年，通江乡绅士费伯雄、马文植、恽思赞等，呈请知武进县鹿公伯元，申请拨款挑浚。巡抚檄发钱三千缗，益以濒河八图捐钱三百七十六缗有奇，孟河士商捐钱六百六十三缗有奇，募洲民浚之。坝口河十六丈，自坝口至三步两条桥衷千四百九十二丈；应洲民自浚①，仍津给每丈钱四百文。自桥至孟河北城门口衷三百二丈，河广四丈，底八尺，深六尺。自北城至南城口，又至南门外虹桥，衷二百七十八丈，河广三丈，底六尺，深五尺。并建马家桥、匡家桥、大桥，修造水洞三十一，各支港涝浅。都为费钱四千一百缗有奇。

九年，知府扎克丹，复浚城河。

……

十二年，巡抚张树声奏浚运河。

奏略言：运河自漕粮改归海运，不复岁浚，河身日淤。上年夏旱，河水异常浅涸，丹阳莲华庵以南，至无锡皋桥一带，一百六十余里中，洪水只尺许。两岸涨滩逼窄，民田无从灌溉，舟行不通。饬据藩司应宝时②历勘，以工长费巨，只能分年、分段筹挑。因饬择要将无锡皋桥迤北至常州西门外广济桥止，一万四百八十余丈，即行估挑。……

……

十三年，武进县知县金吴澜浚孟渎。

邑人恽思赞记曰：

常州府为东南水会。其境南湖北江，运河贯其中。而湖源③上承坛、溧、宜、荆诸水，北注运河，故孟渎、德胜、澡港三河，实府西泄水入江之道。而湖水④出白鹤溪与直渎，皆于孟渎为近⑤；惟迤东之官渎，始泄于德胜、澡港二河。故三河中，尤以孟渎为最。盖孟渎自奔牛而北，三折入江，迥异德、澡之纡曲⑥。涝则泄滆湖之水，以消下游锡、金、阳邑水患；旱则资其潮汐，以济运、溉田。宜乎历朝名臣贤令均以

---

① 本应洲民自浚，但官府仍给津贴，每丈给钱四百文。
② 应宝时，人名。
③ 此当指滆湖水，而非太湖水。
④ 此指滆湖水。
⑤ 指流入孟河。
⑥ 指孟河转三个大湾，与只是稍微弯曲的德胜河、澡港河迥然不同。

开浚此河为亟亟也。故时①入江之口，在孟河城北里许；而阜通镇之左近十余里，虽多泛沙，以近口易刷，尚不为患。嗣因沙田盛涨，去江日远，遂不可治。乾隆三十一年，乃分口于小河。咸、同间，小河口外，沙涨成洲，如骨鲠喉，入浊出清，全河亦自此淤阏。前武进知县王公其淦上其事于两江总督左文襄②。文襄将为浚治，以法国衅事中止。今知武进事金公吴澜莅任后，为民兴利。见水利之至巨者，莫要于浚孟河，乃与阳湖县温公世京谋，下令于乡，计田出钱，照旧章略分差等。武进田七十万亩，滨孟河者十万亩，亩百钱，余皆亩六十钱；阳湖亩三十钱。凡得钱六万四千余缗，分四年上、下忙征之③，以其钱置典中取息，又得钱三千七百余缗。方令之初下也，议者纷然，谓："故事凡三河浚款，锡、金、宜、荆出钱如武、阳之数，今宜从旧制。"金公曰："取资近，则事易集。异时浚德、澡二河，固当并孟河捐资，与四县通力合筹也。"惟钱数已备，无任事者，奈何④? 先是，道光十二年，陶文毅、林文忠⑤奏浚三河，孟渎借帑十二万，按田赋役。滨河多田者，官书其名而责以工，民不习河事，则雇役为之；役乘⑥急故昂其值，复有昂者，又顾之他⑦，遇泛沙、坍沙，费更十倍。值淫雨，三岁始毕。凡治河者，率倾其家。至是，民惩前事，皆莫敢应。即赞⑧，亦以力小任重，望之色沮，而未敢承命。丁亥之秋，水利局督办、候补道李公庆云来勘斯河，赞谒于奔牛舟次，当⑨荷指示周详，并许先试办而后送估册。而武邑侯与阳邑侯金公士准复再三怂恿。爰不揣冒昧，随委员、通判程公钧，知县李公庆沂、吴公炳，悉心商度，仍折衷于两邑侯金公⑩，而金公复折衷于督办李公，上下一心，官绅一气，故能相与以有成也。自奔牛至荫沙，设总局四、分局七，官驻局督役并监出纳⑪。乡董、里长等，奔走河干，各职其事，募夫于靖、泰、东台、太平洲等处，凡五千人；不足，则就地僦佣，而给其值。始幸天时畅晴，腊初，即工竣七八⑫；

---

① 故时，旧时。
② 左宗棠，谥文襄。
③ 即分八次征收。
④ 指无人愿意领这笔巨款来承担开河工程。
⑤ 陶澍，谥"文毅"；林则徐，谥"文忠"。
⑥ 乘，乘机。即趁着工程紧急而漫天要价。
⑦ 指受雇之人见到另一处有高价，便抛弃原主，另寻这出高价的主人，导致开河雇工的费用一再猛涨。
⑧ 赞，指本文作者恽思赞。
⑨ 当，当作"尝"。
⑩ 指两位县令都姓金。
⑪ 指由官员驻在这十一局中监督工程，同时一并监督钱款的使用。
⑫ 指十分之七八。

继苦雨雪，未克于卒岁蒇事①，固由人事不齐，亦泛沙之累为多。入春后，续浚石桥以北新旧各河②，并趱筑夹江堤岸，以雨阻，数月始毕。自是，江之深者既填为陆，江之广者亦束为渠；向如骨鲠之沙，今已变桑田而成河港，吞吐潮汐，绝无阻滞矣。始事于光绪十三年十月，竣工于今年四月，凡七阅月。治河七千七十丈，去土十九万七千六百方，并江中筑堤二道，用钱五万七千二百余缗。曩者，浚河浅深，以夏墅万安桥桥底掘见木桩为准；此次深与之等，而面底阔狭，亦悉照旧章。于是，孟河遂专以小河为入江之口。夫孟河之大患在沙，泛于河心为泛沙，坍于河旁为坍沙，自河港至罗墅湾，沙最甚；其余或百余丈，或数十丈，往往而有。凡此，皆五十年前力治不效因之破产者也。今治沙不无繁费，而孝西等五乡一无所累，非由官长视民事如家事，各局治事人③视公事为私事，何以臻此？是役也，河工委员自程、李、吴三公外，常驻局者，为县丞沈君浚，巡检陈君铉、陈君宝濂，"从九"吴君世瑛、李君渤，把总吴君志明，水师营把总孙君毓洙。其时往巡察者④，为奔牛巡检蒋君端、小河巡检朱君澜，孟河营都司陆公占魁、把总程君永亨。赞，展布四体，大惧陨越，幸有所禀承而卒以集事，不胜欣喜过望。谨条治孟河大略，并详开丈尺土方、泛沙，以告后之从事兹河者。光绪十四年六月。

奔牛镇万缘桥南、孟河口起，至大沟门萧家塘北，二十二段，长一千一百十一丈五尺七寸五分，口宽六丈至八丈，底宽一丈八尺至三丈，深四尺五寸，实挑土二万五千三百九十四方二分二厘。◆萧家塘北起，至安桥侯家村南，三十二段，长一千五百六十六丈三尺二寸，口宽六丈五尺至八丈，底宽一丈八尺至三丈二尺，深五尺至五尺五寸，实挑土四万五千五百八十八方五厘。◆侯家村南起，至河巷村北，三十四段，长一千六百九十九丈五寸五分，口宽六丈五尺至七丈，底宽一丈八尺至二丈，深五尺五寸至四尺五寸，实挑土五万五千八百二十方二分四厘。◆河巷村北起，至小河旧口，四十九段，长二千四百六十一丈三尺五寸，口宽七丈至十一丈，底宽二丈至二丈八尺，深四尺五寸至二尺五寸，实挑土五万五千二百三十一方九分二厘。◆口外荫沙，长二百三十五丈，口宽十丈，底宽三丈，深一丈，实挑土一万五千五百七十方。

---

① 指未能在年底前完工。
② 指走孟城的老孟河，与走小河镇处的新孟河及其各条支河。
③ 治事之人。
④ 那时经常前往巡察的人。

◆夹江两坝，上坝①深泓水影②六十丈，泥草滩九十八丈；下坝深泓水影七十五丈，泥草滩三十五丈。两坝皆底阔十一丈，面阔一丈二尺，高二丈三尺，共填土一万七千八百二十方。

……

董潮武进"水利"书后③：按，水利兴而后民食足，沟洫④、疆畎⑤、区画⑥宜详。武进析为两邑，所共者运河贯其中耳，其余，河道有参差，地形区上下：阳湖多川泽，虞涝；武进多高原，虞⑦旱，其大较也。谈武邑水利，当综其地计之。邑有乡十七，在运河北者九。依东、依西、孝东、孝西、安东、安西、循理、德泽、通江。运河分流抵江有三：一为孟河，自奔牛万缘桥北流达江；有支河分入江者，剩银河⑧也。一为德胜河，自连江桥北流达江；有支河分入江者，小河口⑨也。一为澡港河，自卧龙桥、青山桥东北流达江；有支河分入江者，小龙港也。遇涝入江易泻，遇旱有潮可引。但江口多沙泥，动辄淤塞，时修孟简、许恢⑩遗绩，使三干河流通，则支河亦与潮汐相往来无滞积。此运河以北之原委⑪也。在运河南者，乡有八。怀南、怀北、鸣凤、钦风、大有、旌孝、栖鸾、尚宜。怀南、怀北两乡，有大川条贯⑫，自运河分流，出普济桥至丫河，为南运河。自丫河，分东南流者，达宜兴；分南流者，为孟泾河。又运河自海子口南流，至三溪口。又运河南流为直渎河，至河口鸣凤乡界。又运河洞子河口，出孙塘桥，通南运河。脉络相属，易为节宣。其余六乡，俱在孟泾河西，即借孟泾河分流贯注。其自淮南桥通流者，为蠡河。自垂虹桥通流，直接丹阳蒋墅者，为白鹤溪。又二支通大有乡，至下溪及郑庄俱止。一通旌孝乡之皇里埠止。一通栖鸾乡之李墅，至大敦止。一通尚宜乡之水勺顶止。鸣凤、钦风、大有、旌孝四乡近河者，多沃壤，余则

---

① 古人以北为上，上坝为北坝，下坝为南坝。
② 水影，当指看不到河底而能看到水中倒影的深水河道。
③ 见董潮所编《乾隆武进县志》卷二"水利"类末尾的按语。
④ 沟洫，田间水道，借指农田水利。
⑤ 疆畎，亦作"疆畖"，指田地、垄亩沟渠。
⑥ 区画，即"区划"，筹划、安排。
⑦ 虞，虑、忧虑。
⑧ 剩银河，当作下文的"小河口"。
⑨ 小河口，当作上文的"剩银河"。
⑩ 按：孟简开孟河。而《咸淳毗陵志》卷二十北宋胡宿《晋陵浚渠记》载"庆历之元，高阳许君恢，以大理丞治于斯"，即担任晋陵县令，"因环按四封，周咨野老，乃得申港、戚墅、灶子三港，皆往时溉田之川，中间废不复治，绪余且在"。可见许恢开通了灶子港，即今澡港河。又卷十五《山川》："烈塘，在县西十八里，前枕运河，后入大江。绍熙间，李守嘉言尝浚，临江置闸，以讯防焉。"可证南宋绍熙年间，常州知州李嘉言开通烈塘，其即后世的德胜河。
⑪ 原委，源委。指水的发源和归宿。此处指事物的始末、先后顺序。引申为原因、缘由。
⑫ 条贯，条达、贯穿。

土脉坟起，川流阻塞，徒恃陂池沟荡，钟水丰物①，旱魃②偶灾，人力易竭。栖鸾、尚宜两乡，西高东下，高者凭塘池蓄水，下者借漏湖泄水，非甚凶祲③，田禾尚可有秋。运河以南，大势如兹。总之，地滨河者易为力④，壤处高者难为功。惟司民命者，相阴阳、度⑤缓急；河流可达，各以时疏浚，储泄得宜；高阜之区，浚陂塘深阔，勿令芜塞，俾旱足供水，潦能受水，斯偶罹偏灾⑥，有备无患。不然，处河港断绝之乡，侥幸天时，坐以待困⑦，未见其可也。

董潮阳湖"水利"书后⑧：按，阳湖水利，与武进异。武邑壤高而土厚，无论大有、旌孝各乡，陂塘易竭，恒虞亢旱。即滨孟渎、德胜⑨诸区，川波澶漫⑩，有承⑪亦有泄，无停蓄泛滥患。阳邑吸江汇湖，群水奔趋，霾雨连旬，遂成巨浸。水道原委，唯身历其地，乃得之。……

胡景堂《舜河建闸议》：昔范文正公兴吴中水利，浚河特重置闸，俾潮沙不得停。后世讲水利者多主之。闻之乡老：潮之来也，浑入而清出；淀沙日厚一钱，匝岁之期，厚几二尺。河身有限，淤积无穷；旋浚之，旋塞之，民力几何，能常有此水利乎？此潮河之所以必当置闸也。置闸，而有时岁旱，则可启之而接引江流，亦仅秋夏间苗长时耳。若岁潦启之，则田水高于江面，内涨外倾，势等建瓴，潮流亦遏之而退听⑫。纵遇风狂潮涌，昼夜两至，不过历三四时之久，不妨暂闭以避其锋，迨势衰而复启之；不特沙终不能乘间侵入，即内水亦不加涨，中流⑬而注江尤速。古称"置闸有水利而无水害"，诚哉是言！康熙朝，慕公天颜抚吴，兴修刘河、吴淞、孟渎诸闸，以节疏河之力⑭，而河身永畅，岁不为灾。乾隆三十五年，粮道某公拆除白茆旧坝，浑潮阑入，二年即淤；诸乡土田，世受其累。闸之有无，利害显然矣。吾常濒江河港，在昔各置石闸。自元季张氏窃踞，民间日事兵革，废弃水利。今舜河旧闸，片石

---

① 语出《国语·周语下》。禹治水，"共之从孙四岳佐之，高高下下，疏川导滞，钟水丰物，封崇九山，决汩九川"。
② 旱魃，传说中引起旱灾的怪物。《诗·大雅·云汉》："旱魃为虐，如惔如焚。"
③ 凶祲，灾害。
④ 为力，出力、尽力，此处指成功、奏效。《汉书·异姓诸侯王表》："镂金石者难为功，摧枯朽者易为力，其势然也。"
⑤ 度，音 duó，测量、计算，忖度、谋虑。
⑥ 偏灾，大灾，危害很大的灾害。郑观应《盛世危言·旱潦》："比年北五省水旱偏灾，无岁不有。"
⑦ 坐以待困，坐等困境的到来，比喻遭遇危难而不采取积极的措施。
⑧ 见董潮所编《乾隆阳湖县志》卷二"水利"类末尾的按语。
⑨ 指德胜河。
⑩ 澶漫，宽长貌、广远貌。《文选·张衡〈西京赋〉》："澶漫靡迤，作镇于近。"刘良注："澶漫靡迤，宽长貌。"
⑪ 承，受，蒙受。
⑫ 听任其退去。
⑬ 指河道中的水入江尤其迅速。
⑭ 以闸防淤，以此来节约开河之力。

不存，遗老不能指其处；而申港故址仅留，咸丰间，粤逆东窜，闸梁倾毁，闸座亦将就废。或亦俟当道君子，建此百年不朽功乎！景堂，河滨民也，将翘首跂足望之矣。

　　附国朝恽思赞《孟河余工记略》①：河工泛沙，为害甚矣。荫沙新开河西，有沙脚数十丈，冬令潮落，水深只二三尺，重舟不便行驶；而沙板如石，人力难施，此江口沙脚之为害也。孟河泛沙，除三二丈零星不计外，如蒲沟至安桥，浅头村至河庵，水塔桥之南北，均长二三里，或里许。其次，则万缘桥、北戴湾、杨湾，东湾之南，西湾之东，吴桥、真武庙，无不随抢随泛，人力为穷。此内河泛沙之为害也。孟河既浚，而沙脚与泛沙之处，终未如式。禀请常镇道，借发挖河机器，日起泥数十方，驳船与挑夫有应接不暇之势②。乃未几，而司机工人多方刁难；乃请停工，以免浪费，然已用钱玖百伍拾余千矣。内河桥门狭隘，机船难进；第结木为筏，宽五六尺，八九人登之，三人以铁耙之阔齿者捞取泥沙，余人运以登岸。乘冬春水浅，并力为之，甚得治沙之法。日后捞浅，可仿行也。计用钱陆百拾余千。夹江南坝，被风潮冲刷甚多，今亦修复完固，计用钱贰百三拾余千。孟河工事，于是乎全。

● 附：清末行海运而弃河运，运河遂不复疏浚，好在沪宁铁路与江南运河平行而经过奔牛，奔牛依然繁华。其实海运之策自古就有，见明陈子龙等编《皇明经世文编》卷三百四十五王宗沐《王敬所集》"三（杂著）"之《海运详考》一文：

　　……

　　计开

　　一、海运在先朝始末：……

　　一、海运在本朝始末：……

　　一、漕运既久、势必变通：……

　　江南海运：粟输太仓开洋，此永乐间故事。计亦以避丹阳、奔牛一带浅涩也。并归淮安出海，则船厂、总运皆聚于一处。若江南仍自刘家港太仓③启行，则厂、官势必分建。此其所当议者八也。

　　……

---

① 指孟河开挖后继续善后的工作。
② 指挖出来的泥来不及挑走。
③ 今太仓浏河镇。

三 兴修水利者

此处记载兴修奔牛水利的诸位官员和乡绅。

（一）唐代常州知州孟简

- 《新唐书》卷一六〇《孟简传》：

　　元和中，拜谏议大夫，……出为常州刺史，州有孟渎，久淤阏，简治导，溉田凡四千顷，以劳赐金紫，诏为给事中。

- 《旧唐书》卷一六三《孟简传》：

　　元和……六年，……出为常州刺史。八年，就加金紫光禄大夫。简始到郡，开古孟渎，长四十一里，灌溉沃壤四千余顷，为廉使举其课绩，是有就加之命。是岁，征拜为给事中。

- 《新唐书》卷四一《地理志·江南道》：

　　常州、晋陵郡，望。……县五：

　　晋陵，望。

　　武进，望。武德三年，以故兰陵县地置。贞观八年，省入晋陵。垂拱二年，复置。西四十里有孟渎，引江水南注通漕，溉田四千顷。元和八年，刺史孟简因故渠开。

　　江阴，望。……

　　义兴，紧。……

　　无锡，望。南五里有泰伯渎，东连蠡湖，亦元和八年孟简所开。

- 《方舆胜览》卷四《常州·名宦》：

　　孟简，为刺史。唐志："无锡县有太伯渎，孟伯所开。"或云："武进"。尝与卢仝游北湖，尽买渔人所获鱼放之，仝作《放鱼歌》。

- 《咸淳毗陵志》卷七《秩官一·历代郡守·唐》：

　　孟简，字几道，平昌人。元和中拜谏议大夫，以论事出为常州刺史，浚导孟渎，溉田千顷①，以劳赐金紫，召拜给事中。又浚无锡泰伯渎。详见"山水"。

---

① 当据上引正史作"四千顷"。

此条又见《成化毗陵志》卷十一《职官三·历代宦绩·唐》。

● 《万历常州府志》卷十《职官三·名宦·太守·唐》：

　　孟简，字几道，平昌人。元和中拜谏议大夫，以论事出为常州刺史，浚导孟渎，溉田千顷①，又浚无锡泰伯渎。课政为最，赐金紫，召拜给事中。

此条又见《康熙常州府志》卷二十一《名宦·太守·唐》、《乾隆武进县志》卷六《名宦·郡守·唐》、《道光武进阳湖县合志》卷十六《官师志·职官表七·名宦传·郡守·唐》。

● 唐·白居易《白氏长庆集》卷五十五《孟简赐紫金鱼袋制》：

　　汉制：二千石有政绩者，就加宠命，不即改移，盖欲使吏久于官，人②安其化也。常州刺史孟简，简易勤俭，以养其人；政不至严，心未尝怠。曾未再稔，绩立、风行；岁课、郡政，毗陵为最。方求共理，实获我心；宜加命服，以示旌宠。庶俾群吏，闻而劝焉。宜赐紫金鱼袋。

● 《永乐大典·常州府》卷九《宦迹》引《咸淳毗陵志》孟简条后又引《元一统志》：

　　《元一统志》：唐元和中，自睦徙常州刺史。白居易《行③赐紫、金④鱼袋制》词有云："简易勤俭，以养其人。政不至严，心未尝怠。曾未再稔，绩立风行。岁课、郡政，毗陵为最。"

● 《常州赋》：

　　子真暴卒，哭遍街衢；几道一来，恩流浍畎⑤。梁萧昱，字子真，为晋陵太守。励名节，除烦苛⑥，明宪法⑦，严于奸吏⑧。旬日之间，郡境肃然。俄而暴卒，百姓行号巷哭⑨，设祭奠于庭⑩者四百余人。有田妇夏氏，年百余岁，扶曾孙至郡⑪，悲不自胜。◆唐孟简，字几道，平昌人。元和中，拜谏议大夫。以论事，出为常州刺史。浚导孟渎，溉田千顷。又浚无锡泰伯渎。课政为最，赐金紫，召拜给事中。

---

　　① 千顷，当作"四千顷"。按《新唐书》本传："州有孟渎，久淤阏，简治导，溉田凡四千顷，以劳赐金紫，诏为给事中。"又《旧唐书》本传："简始至郡，开古孟渎，长四十一里，灌溉沃壤四千余顷。"故疑本处脱一"四"字。

　　② 人，即"民"字，唐人避太宗李世民讳，改书"人"。

　　③ 行，疑衍当删，或疑当作"简"（亦有可能作"作"或"有"）。

　　④ 紫金，原作"金紫"，据上引《白氏长庆集》卷五十五《孟简赐紫金鱼袋制》改。

　　⑤ 浍畎，田间水道。

　　⑥ 烦苛，多指法令繁杂苛细。

　　⑦ 宪法，法典、法度。明宪法：指公布法令。

　　⑧ 对奸吏严于约束、严厉对待。

　　⑨ 行号，谓边走边号哭。巷哭：罢市，在里巷中聚哭，旧时常用此来称颂官吏生前有善政。

　　⑩ 指郡衙之庭。

　　⑪ 指郡治（郡衙）。

（二）北宋武进知县杨玙

- 《咸淳毗陵志》卷十五《山水二·水·渎·武进》：

　　孟渎，在县西四十里。《风土记》云："七里井有孟渎，汉光武初潜，尝宿井傍，民为指途达江浒，即位命开此渎。"广五丈，深七尺，南通运河，北入大江，岁久淤阔。唐元和中刺史孟简浚导，衺四十一里，溉田四千余顷。南唐保大初修水门，国朝庆历三年令杨玙，谕民疏治，复通江流。《祥符经》引巴州刺史羊士谔记云：此渎以近孟城山得名。或云孟嘉侨寓之地，又云孟简所浚，未详孰是。

- 《咸淳毗陵志》卷十《秩官四·知县·武进》：

　　刘行成　　康定二年十月，殿中丞。

　　杨玙　　　庆历二年四月，大理寺丞。

　　万珽　　　庆历四年九月，太子中舍。

　　笔者按：杨玙，宣城人，事见刘攽《彭城集》卷三十四《为杨殿丞作五世祖系事状》："而玙孱弱，奉承先训，不敢有坠。天圣八年，始以进士中第得官；积十八岁，迁至殿中丞，有位于朝。"

（三）北宋常州知州陈襄与无锡知县陈经

- 宋·陈襄《古灵集》卷六《知常州，乞留陈经不对移、任满状》：

　　臣检会常州，昨据管下太子中舍、知无锡县事陈经状称：为与本州推官邵琦是亲妨碍，寻备录本官状申奏：其陈经，近蒙降敕，移知婺州兰溪县，却差知兰溪县、屯田员外郎郑琰前来对移事，须至奏闻者。臣今访闻得：知常州无锡县事、太子中舍陈经，自到任以来，公勤干敏，练达民政，事无大小，躬亲听断，无不曲尽人情。缘本县所管三十二乡，主客户口、狱讼浩繁，积年不决，号为难治之邑。经[1]至一年，庶事修举。兼为常州修开运河，从无锡县界望亭堰至武进县奔牛堰一带，工料共计一百三十余里，并是差委本官都大管勾开河司公事，诸般经画，以至毕工，并得济集。此方是开浚河身，及除去望亭一堰，疏导太湖水势通入运河，虽获利济，缘近河两岸民田到水沟渎、及合置堰闸去处并未开修，全借经[2]向去劝率人户，下手兴工，大段开掘沟港数处，通彻运河，及创置堰闸：若遇岁旱，即多引导太湖之水浇溉田土；大水

---

[1]　经，无锡县令陈经。
[2]　同上。

之后，即决放河水下江，如此则四县民田遂无水旱，方为经久之利。自经移敕到后，举县皇皇，如去父母，不住经州告诉，乞留满任，以此见陈经之为邑实有惠利，使民不忍其去。况先有朝旨，许职司体量部内守宰之官，如有良吏，特与保明再任。县令如经，诚不易得，某实为百姓惜之。欲望朝廷俯从民欲，乞留本官终满此任始末，了当上件河事。况推官邵琦考第颇多，到官已及一年半，欲望朝廷许令成资，或于苏、润、湖、秀对换一职官差遣。并对移到无锡县、屯田员外郎郑琰未有替人，却乞依旧赴兰溪县勾当，并无妨碍。如允所奏，伏乞早降指挥，谨具状奏闻，伏候敕旨。

● 《咸淳毗陵志》卷八《秩官二·国朝郡中（即郡守）》：

　　陈襄　嘉祐六年，尚书祠部员外郎、秘阁校理。在任迁度支、司封员外郎。治平元年以开封府推官召。见叶祖洽所撰行状。

● 《咸淳毗陵志》卷十《秩官四·知县·无锡》：

　　刘庆孙　嘉祐七年，尚书虞部员外郎。

　　陈京　　嘉祐八[①]年，太子中舍。

　　陈知俭　治平元年，太子右赞善大夫。

笔者按：陈京，据上引陈襄集当作"陈经"。按陈襄（号古灵）的年谱《古灵先生年谱》："嘉祐六年辛丑……是年冬迁尚书祠部员外郎出知常州。……英宗皇帝治平元年甲辰召为开封府推官。"陈襄嘉祐六年来任知州，治平元年离任，则此陈经嘉祐八年来任，或据元《无锡志》作"七年"来任，当皆不误。

（四）南宋常州知州赵善防与武进知县丘寿隽

● 《咸淳毗陵志》卷八《秩官二·国朝郡中》：

　　李珏　　庆元六年十二月，朝散郎。在任转朝请郎。嘉泰二年十月，除湖北提举。

　　赵善防　嘉泰二年十二月，朝散郎。以职事修举及磨勘转朝奉大夫。四年九月被召。

　　叶筮　　嘉泰四年十月，朝请郎。开禧元年五月与新知台州汤郎中两易。

● 《咸淳毗陵志》卷十《秩官四·知县·武进》：

　　周堪　　庆元五年三月，通直郎。

　　丘寿隽　嘉泰二年四月，通直郎。

---

① 八，诸本同，元《无锡志》（卷三下）县令题名作"七"。

陈仲巽　嘉泰四年四月。

笔者按：赵善防，字若川，宋宗室，为常州知州，命武进知县丘寿隽修奔牛闸，陆游为作《重修奔牛闸记》。

●《成化毗陵志》卷十一《职官三·历代宦绩·宋》：

> 丘寿隽，嘉泰初知武进县。值奔牛闸久坏，寿隽伐石于小河黄[①]山修复之。凡旧用木者，皆易以石。又为屋覆其上。开禧中，通判常州。

此条又见《万历常州府志》卷十《职官三·名宦·令长·宋》、《康熙常州府志》卷二十一《名宦·知县·宋》。

●《乾隆武进县志》卷六《名宦·县令·宋》：

> 邱寿隽，嘉泰初知武进县，奔牛闸坏，寿隽伐石修复之。旧用木者，皆易以石；覆屋其上。开禧中，通判常州。祀"名宦"。

此条又见《道光武进阳湖县合志》卷十六《官师志·职官表七·名宦传·县令·宋》、《光绪武进阳湖县志》卷十八《官师·名宦事实·宋》。

（五）南宋常州知州孙子秀

●南宋·黄震《黄氏日抄》卷九十六为孙子秀作《安抚显谟少卿孙公行状》：

> 明年改元景定，差权浙西提刑、兼知常州。时江防正急，公初至，有新招淮军数百人浮寓贡院，给饷不时，死者相继。公为请于朝，创名"忠卫军"，截拨上供赡之。训练不两月皆成精锐，置寨并[②]江之媿[③]村以屯之。前宪使[④]亦兼知常州，常有故家子吴大椿城居而被劫，前宪使讳其事，诬大椿与兄之子焖争分[⑤]而自劫其家。追毁大椿官，编置千里外；臧获皆徒黥而囚锁之，声其冤者载道。公为两引审，得实，乃奏复大椿元官，而尽释其家之囚者。寻以兼郡则行部非便，得请专臬事。自是，澄清一道，击贪举廉，风采凛然。每将巡历，先期密帖分选州县官之能者，不移时入狱抄名件、人数先飞申，故移藏罪囚之弊尽革，至辄犴狱为清。二年除大理少卿，又除直华文阁、提点浙东刑狱、兼知婺州。……婺有贵人通在朝，因嗾言者罢公归。四诏，除湖南转运副使，以迎养非便，再除提点浙西刑。……其再为浙西宪司时，

---

① 黄，陆游《重修奔牛闸记》作"元"。黄山离小河口颇远，元山，当是另一座山。则丘寿隽当采石于小河口附近的元山，而非黄山。又由陆游此记可知"小河"这条孟河的捷径在宋代便有其雏形存在。

② 并，读"傍"。并江，即濒江。

③ 媿，当作"魏"。

④ 指陈桃。

⑤ 争分，《宋史》卷四百二十四《孙子秀传》作"争财"。

尝浚奔牛至吕城粮运河①，又欲并凿深吕城至京口之河，平通淮运，贯彻南北，以地高费大未果。

●《咸淳毗陵志》卷八《秩官二·国朝郡中（即郡守）》：

陈桃　开庆元年闰十一月，朝散大夫、浙西提刑、兼知。景定元年四月罢。

孙子秀　景定元年六月，朝请郎、浙西提刑、兼知。在任转朝奉大夫。九月兼免。

黄大任　景定元年十一月，承议郎。当月以荣讲彻章，转朝奉郎。十二月罢。

●《成化毗陵志》卷十一《职官三·历代宦绩·宋》：

孙子秀，字符实，越州余姚人。景定初，以浙西提刑兼知常州。淮兵数百人浮寓空②院，给赏③不时，死者相继。子秀请于朝，创名"忠卫军"，置寨以居，截拨上供赡之。

此条又见《万历常州府志》卷十《职官三·名宦·太守·宋》、《康熙常州府志》卷二十一《名宦·太守·宋》。

笔者按：孙子秀，字符实，一作字元实，越州余姚之四明人。《宋史》卷四百二十四有传。黄震《黄氏日抄》卷九十六有其行状。

（六）明代常州同知赵泰

●《明史》卷一百六十一《莫愚传》：

与愚④同时为同知者，潞城赵泰，字熙和，由乡举入国子监，历事都察院，授常州同知。浚孟渎、得胜二河，作魏村闸。周忱、况钟议减苏州重粮，泰亦检常州官田租，请并减之。迁工部郎中。命塞东昌决河。忱荐为协同都运，益勤其职，亡何疾卒。

●《国朝献征录》卷五十一《工部二·郎中·工部都水司郎中赵君泰墓表》（明代王英撰）：

公讳泰，字熙和。其先，居潞之神泉山。曾祖讳均，徙潞城上党。祖德新，父贤，俱乐善好德。公资貌端伟，制行淳悫。补郡庠弟子员，以《礼经》登永乐癸卯乡举。明年试礼部，中乙榜，当授教官，愿入太学肄业。寻历政宪台，擢常州府同知。

---

① 粮运，即运粮。粮运河，即运粮河，也即"䌫河"是也。
② 空，《万历常州府志》同误。实当据上引《黄氏日抄》作"贡"。
③ 赏，当据上引《黄氏日抄》《万历常州府志》作"饷"。
④ 愚，指常州知府莫愚。

廉以持己，惠以及民，勤以莅事。凡利民之务，必为之。开孟渎、得胜二河，作魏村闸及郡城外东西二桥①，功成而民不劳。岁旱，斋沐祷于城隍，大雨沾足。蝗飞至郡，焚香告天，悉飞去。夜梦城隍祠神，指一女人云："当辩其冤。"迫旦，一妇人诉："被诬，当死。"② 公以其事可疑，乃广询博察，得其情实，事遂白，妇得不死。奏减常③官田重租，修学舍，课诸生进学④。其善政甚多。秩满，奏最天曹。会河决东昌，特升公都水郎中，往塞河。既兴功⑤，时尚书周公为侍郎巡抚南畿，总苏松诸郡粮赋，以责重大，荐公协同都运，诏从之。公任事，以勤劳率民，征输有法，不侵其下，吏民仰赖。至是，以风疾而卒，春秋五十有二。公之为政，公恕平易，所至有声称。及同周公督，事不尚刻，而政无不举。卒而公悼惜之，予亦知公之名，以其贤能，方当进用，而天不假之以年，悲夫！乃述其行，俾刻石表之墓道，以垂休于无穷。

（七）明代武进县丞吴文泮

● 《乾隆武进县志》卷六《名宦·县佐·明》：

　　吴文泮，字道宗，淳安人。嘉靖间，以贡为邑丞，操履廉洁，勤于任事。在任二年，通邑河渠，疏浚几遍。躬自巡历，计官钱、量民力、度缓急以为之。故上无巨费，下不劳苦。

● 《康熙常州府志》卷十三《职官表二·令佐》：

国朝	知县	县丞	主簿	典史
	……			
康熙二年	……			
	……			
十三年	武进、郭萃。福建上杭人。拔贡。催科有法，抚字惟仁。督浚孟渎，功与流长。			
十九年	武进、王宏誉。大兴人。监生。参革。			

● 《道光武进阳湖县合志》卷十五《官师志·职官表六》：

---

① 指常州城西门外的西仓桥，东门外的东仓桥。
② 妇人被诬，当死，故上诉。
③ 常，常州。
④ 课，课试。通过上课与考试，来让府县学的学生们在学问上有进步。
⑤ 兴功，当指兴工，兴建工程。

国朝		同知	通判	推官	经历、知事、照磨、检校
	知府	同知	通判	推官	经历、知事、照磨、检校
世宗雍正	……				
	包括①，浙江钱塘人②。进士。四年任，洊③升江西巡抚。有《传》④。				
	魏化麟，江西南昌人。岁贡。九年任。				
	……				

●《道光武进阳湖县合志》卷十五《官师志·职官表七》：

国朝		县丞	主簿	巡检	典史
	知县	县丞	主簿	巡检	典史
	……				
圣祖康熙	……				
	郭萃，福建上杭人。拔贡。十三年任。催科有法，抚字惟仁。督浚孟渎，功与流长。十九年去任。有传。				
	王宏誉，大兴人。监生。十九年任。二十一年去任①。				
	……				
高宗乾隆	……				
	谭大经②，广东新会人。乙未进士。五十四年二月任。疏浚孟渎、得胜二河。五十六年三月去任。有传。				
	汤焘③，仁和人。庚子举人。五十六年三月任。六十年七月去任。有传。				
	……				

---

① 此处《道光武进阳湖县合志》的光绪木活字本补其字"字银河"。
② 此处《道光武进阳湖县合志》的光绪木活字本补"康熙丙戌"四字。
③ 洊，再也，后也。
④ 此下《道光武进阳湖县合志》的光绪木活字本有按语："庄咏簏案：《名宦传》'迁太仓兵备道，历山东布政使卒'，与《表》不合。"
⑤ 六字《康熙常州府志》作"参革"。
⑥ 此处《道光武进阳湖县合志》的光绪木活字本补"字红山"。
⑦ 此处《道光武进阳湖县合志》的光绪木活字本补"字春叔"。

续表

国朝					
仁宗 嘉庆	……				
	汪世樟，秀水人。丁卯举人。二十四年九月任。疏浚南运河、护城河、北塘河。有传。				
今皇帝 道光	胡先达，延庆州人。壬午进士。五年七月任。				
	……				
	姚莹④，桐城人。戊辰进士。十二年正月任，政治明敏，慈惠、好施，捐造风神庙，以冀雨旸时若；浚孟渎河，升淮南仪所监掣同知。现任福建台湾道。				
	吴时行⑤，广东番禺人。戊辰举人。丁丑大挑，十三年八月任。倡修圣庙，捐赈济民，浚南运河。				

●《光绪武进阳湖县志》卷十八《官师·知县·国朝》：

康熙朝：……郭萃，福建上杭人，副贡，十三年任，十九年去任。王宏誉，顺天大兴人，监生，十九年任，二十一年去任。

……

乾隆朝：……谭大经，广东新会人，进士，五十四年二月任，五十六年三月去任。汤焘，浙江仁和人，举人，五十六年三月任，六十年七月去任。

嘉庆朝：……汪世樟，浙江秀水人，举人，二十四年九月任。

道光朝：胡先达，直隶延庆人，进士，五年七月任。……姚莹，安徽桐城人，进士，十二年正月任。升。吴时行，广东番禺人，举人，十三年八月任。

（八）清代武进知县郭萃

●《康熙常州府志》卷二十一《名宦·知县·国朝》：

郭萃，字虞修，福建上杭人，以明经，令武进。康熙十八、十九两年，水旱大灾，萃抚绥人民，甚有惠政。闽寇③起，兵马驰走于道，萃接应不烦，城郭无扰。既罢官，奉宪督浚孟渎河，设闸筑堤，勤劳有功。

●《乾隆武进县志》卷六《名宦·县令·国朝》：

---

① 此处《道光武进阳湖县合志》的光绪木活字本补"字石甫"。
② 此处《道光武进阳湖县合志》的光绪木活字本补"字雨亭"。
③ 指三藩之乱中福建的耿精忠之乱。

郭萃，字虞修①，上杭人。以副榜，令武进。康熙十八、十九两年，水旱大灾，萃抚绥，甚有惠政，民德之。闽寇起，兵马往来络绎，萃接应不烦，城郭无扰。既罢官，奉委②督浚孟渎河，设闸筑堤，勤劳有功。

此条又见《道光武进阳湖县合志》卷十六《官师志·职官表七·名宦传·县令·国朝》。

• 《光绪武进阳湖县志》卷十八《官师·名宦事实·国朝》：

郭萃，字虞修，福建上杭人，副榜，知县。康熙十八年水，十九年旱，连年大饥，萃抚绥，甚有惠政。闽寇起，官兵往来络绎，萃接应不烦，城郭无扰。罢官，委浚孟渎，设闸筑堤。

（九）清代常州知州包括

• 《道光武进阳湖县合志》卷十六《官师志·职官表七·名宦传·郡守·国朝》：

包括，字银河，号虞轩，钱塘人，康熙丙戌进士。由刑部员外郎知常州府。在任五年，劝农桑，兴学校，弭盗贼，平狱讼，浚孟渎、德胜两河，民皆德之。漕政有"飞洒"③之弊，奸胥先入大户钱，因增每户尾欠合、勺④，以补其额。民既重征，而漕额多缺。括审其弊，立"板串"⑤，注户名、米数，给《易知单》，令民各以数纳，吏无所售其奸。分县初⑥，吏借田赋不均，欲立"又图"名，以避徭役；括力请上官除之。制递解官船⑦，以绝需索；发粮艘私载⑧，以免剥运，公私利之。迁太仓兵备道，过常州。值有一箧夜置府厅事堂，吏怪之，检视，得龙牌印信官职姓名⑨，奔告太守魏化麟。化麟下令薄暮闭城，人情骇惑。括于其郊迎时谓之曰："此蚩蚩⑩者所为。长民者，惟当见怪不怪，且静以镇之。罪人斯得裴晋公堂印，所谓'急则投诸水

---

① 此处《道光武进阳湖县合志》有"福建"两字。
② 受委派之命。
③ 减大户一滴水，将之分洒成若干小水雾，飞加到众人头上。即增加众人尾数来为大户交税。
④ 增每户所征漕米的零数。古代量米有"斛、石、斗、升、合、勺"六个容量单位，此是让别人多出一合一勺来为大户完粮。
⑤ 串，完税凭证。其用板印（即雕版印刷），故不可乱改。
⑥ 指分武进、阳湖两县之初。
⑦ 规定由官船来接力传送粮食，不再由民间来运粮，自然也就无需索了。
⑧ 揭发官方运粮船如果有私自载物的，不必为其进行剥运。
⑨ 指开列官职姓名的纸上有龙牌之印。
⑩ 蚩蚩，敦厚貌，此处指无知貌。

火’也①。时方元夜，宜张灯如平常，示人以暇耳。"化麟如其教，民以大安。寻廉得道士诬陷状②，一讯伏其辜。历山东布政使卒。官他省时，往来过常，人辄攀辕瞻仰，舟不得行。及丧归，设祭百里外，缙绅诔者日百数。

- 《光绪武进阳湖县志》卷十八《官师·名宦事实·国朝》：

包括，字银河，浙江钱塘人，进士，由刑部员外郎授常州知府。劝农桑，兴学校，弭盗贼，平狱讼，浚孟渎、德胜两河。漕政有"飞洒"之弊，奸胥先入大户钱，因增每户尾欠合、勺，以补其额，民既重征，而漕额多缺。括知其弊，立"板串"，注户名、米数，给《易知单》，令民各以数纳，吏无所售其奸。分县初，吏借田赋不均，欲立"议图"③名以避徭役，括力请除之。制递解官船，以绝需索。发粮艘私载，以免剥运，公私利之。迁太仓兵备道，过常州时，有以一篚夜置府厅事者，堂吏怪之，检视，得龙牌印信、官职姓名，奔告知府魏化麟。化麟下令薄暮闭城，人情骇惑。括于其郊迎时，谓之曰："此蚩蚩者所为，长民者惟当静以镇之。时方元夜，宜张灯如平常，示人以暇耳。"化麟如其教，民大安。寻廉得道士诬陷状，一讯伏辜。历官山东布政使。官他省时，往来过常，民人聚观，舟不得行。及丧归，设祭百里外，吊者日百数。

（十）清代乡绅陆希贤

- 《道光武进阳湖县合志》卷二十八《人物志七·义行·国朝》：

陆希贤，怀北乡人。业医，不论贫富，不较酬谢，全活者无算。沈毅有谋，遇事勇敢。乾隆三十一年，浚孟渎河，希贤董其事，经理有方，事得早竣。里有洞子河，跨怀南、北、鸣凤三乡，溉田百千顷，通民船，年久游塞。五十年冬，希贤倡议挑浚，不惜劳费，至今均沾水利，希贤力也。

- 《光绪武进阳湖县志》卷二十五《人物·义行·国朝》：

陆希贤，怀北乡人，业医，治疾不较酬谢，沈毅有谋，遇事勇敢。乾隆三十一年浚孟渎，希贤董其事，经理有方，工得时藏。洞子河跨怀南、北、鸣凤三乡，溉田千顷，通民船，希贤疏浚淤塞，不惜劳费，至今利焉。

---

① 事见《太平广记》卷一百七十七"裴度"条："又晋公在中书，左右忽白以印失所在，闻之者莫不失色。度即命张筵举乐，人不晓其故，窃怪之。夜半宴酣，左右复白：'印存。'度不答，极欢而罢。或问度以其故。度曰：'此徒出于胥吏辈盗印书券耳。缓之则存，急之则投诸水火，不复更得之矣。'时人伏其弘量，临事不挠。（出《玉泉子》）"

② 有道士告发某人谋反，自己私刻龙牌印章，封某某人做某官，恰可证明前述龙牌印信所盖纸张及姓名，全都是他一手炮制。

③ 议，据上引《道光武进阳湖县合志》当作"又"。

(十一) 清代武进知县谭大经与汪世樟

● 《道光武进阳湖县合志》卷十六《官师志·职官表七·名宦传·县令·国朝》:

谭大经,广东新会人。乾隆四十年进士,五十四年知武进县。以儒术为治,拊循士民,如慈父母之爱其子。听讼,不轻用鞭扑,委曲开导,必求得情;即极愚顽,无不输诚悦服。三年去任,民欲留之,不果,有随舆泣送数十里者。

……

汪世樟,浙江秀水人。嘉庆十二年举人,二十四年知武进县。实心为政,诚意恻怛。两造以讼牒至者,得片言而解;一时民无冤狱,案无留牍。其体恤民隐,知无不为,为无不力。以道光三年水灾,劝捐出力①,钦加知州衔,签②称名副其实。因病去任,犹拳拳斯民,以不及疏浚孟渎河为恨也。以上,“武进”。

(十二) 清代武进知县姚莹

● 《光绪武进阳湖县志》卷十八《官师·名宦事实·国朝》:

姚莹,字石甫,安徽桐城人,进士,道光十二年武进知县,明敏慈惠。造风神庙,雨旸时若;浚孟渎河。升淮南仪所监掣同知③,历官湖北按察使。

(十三) 清代乡绅余保纯

● 《光绪武进阳湖县志》卷二十二《人物·宦绩·国朝》:

余保纯,字佑堂,号冰怀,嘉庆七年进士,即用知县,发广东,补高明。二十五年,高明飓风暴雨,水坏民田甚众,而粤东旧无灾振④,保纯为请开仓平粜,且倡捐振之,复为民请借帑修圩,分年按田征偿,亦故事所未有者,至今行焉。调署南海,以剿擒积匪成大业、刘亚,擢南雄直隶州,乞养归。母忧服阕,再补南雄。会严禁鸦片烟之事起,道光十八年,上以林则徐为钦差大臣,赴广东查办海口事件,檄保纯从,常以小舟往来虎门、澳门之间。时林则徐欲使外国诸商尽缴鸦片烟土,而海外望国⑤推英吉黎⑥,其兵官义律,尤桀黠;他国觇其意为进退。保纯往说之,使缴焚烟土

---

① 指卖力劝捐。
② 签,疑当作“佥”,意为众、众人。
③ 即淮南监掣同知,其办公处所驻仪征,故名“仪所”,专司仪征榷盐事宜。
④ 振,通“赈”。
⑤ 望,读“旺”。望国,最大之国。
⑥ 又译“英吉利”,即英国。

巨万，且愿出具甘结，不敢再以入市。议将成，而结①不时集②。二十年，林则徐授两广总督，保纯署广州府，将复使如澳门趋之③。提督关天培者，恃勇喜功，以言激则徐，辄率水师进战，败绩死，则徐亦以罪去。上命大学士琦善来粤节制两省；至则一意主款，廷议罢之，命尚书、宗室奕山为靖逆将军，尚书隆文、果勇侯杨芳为参赞，入粤视师，而义律已悉众入犯，陷虎门，薄省垣，炮子雨射，城无完屋。奕山等既至，乃定议复使保纯往说义律。保纯乃遍请将军、参赞及督抚诸大吏，各加关防印信于檄而行，携一仆缒城下，冒锋刃，登义律舟见之，要④以信义，成言而返，事解；叙功，赏戴花翎，特旨补授广州府，旋进候选道。然是时海氛初起，议者犹易视之，颇以是役咎保纯，遂谢病归。归又十余年而卒。保纯明决善断，外严内宽。方烟禁严急，被系瘐⑤死者累累，保纯固请于上，多所省释。里居前后近三十年，兴建善举甚广。开浚孟渎、德胜、澡港三河，修筑宜兴之东坝⑥，当事皆乞保纯董其役。料度物土⑦，费省而工固，里人至今称之。有子十人，第四子葺衔，道光二十三年顺天解元，由广西知县积官至花翎知府，所至著称。第五子光倬，尤知名，语具后⑧。

（十四）清代乡绅言启芳

● 《光绪武进阳湖县志》卷二十二《人物·经学·国朝》：

言启芳，字与卿，通江乡人，系出常熟先贤子游氏裔也。道光元年举人，官邳州学正。尝在里，与余保纯，董开孟渎、德胜、澡港三河，叙劳，将以知县保擢，启方力辞于总督林则徐，曰："生平所嗜，惟在典坟。一行作吏，此事便废。若仕而兼学，则一者未优，两俱有负。"则徐知其诚，乃止。在邳教育人才，多所造就。著作尤富，以兵燹佚。

（十五）清代知府扎克丹与武进知县王其淦、鹿伯元、金吴澜

● 《武阳志余》卷六之二《职官·知府》：

---

① 指未能按时出具甘结。"甘结"是中国古代诉讼案件中，受审人出具自己担保供述属实，否则甘愿承受处分的文书。也指奉命承办官府事务而立下的一种保证文书。

② 集，成就，完成。不时集，不日就能完成。

③ 趋，催促。如，至。将再度到澳门，催促义律出具甘结。

④ 要，约，相约。

⑤ 瘐，当作"瘐"，旧时指罪犯因受刑、饥寒而生病，或死在狱中。

⑥ 当指宜兴上游"高淳县"境内的东坝。

⑦ 料度，料想、制度。此处指估计物料（建材）和土方。

⑧ 本书不录。

扎克丹，字仁山，附生，湖北荆州驻防满洲镶红旗人，四年①四月任。请拨田捐，修建武进县廨，权为府治。会绅吴容光、庄毓铉等清厘各书院善堂，多所兴复。浚城河、孟渎，修桥梁，建积谷仓。节公费钱万缗，半充乡、会试宾兴公款，半拨延陵书院，存公②生息。又拨千缗，为自新所公费。十年四月去，五月复任，旋以忧去。

● 《武阳志余》卷六之二《职官·武进县知县》：

王其淦，字小霞，江西庐陵人，优廪生，以荐特用，五年③二月任，光绪二年闰五月复任。浚孟渎、南沟④、司马河⑤。四年调阳湖，七年四月复任。

鹿伯元，字赞廷，河南鹿邑人，举人，六年⑥七月署。光绪四年四月、九年九月复署，十年八月卒于官。听断明敏，重厘"议图"规约，各乡分设义塾二十四，捐龙城书院经费三百缗，兴复溪南书院，浚孟渎。

……

金吴澜，字螺青，浙江嘉兴人，廪贡生，十年⑦九月任。倡建道乡书院，浚郡城前后河。十三年，浚孟渎。十四年，卒于任。

……

（十六）附宋代凌民瞻

● 《道光武进阳湖县合志》卷十五《官师志·职官表三》：

	武进令	县丞	主簿	县尉
	……			
淳化				凌民瞻，武进尉。元年，议废京口、望亭、吕城、奔牛四堰。《咸淳志》。 案：唐府志作晋陵尉，列"太平兴国元年"。

笔者按：其注出处《咸淳志》，然《咸淳毗陵志》并无此事的记载。事见《宋史》卷九十六《河渠六·东南诸水上》：熙宁"二年三月甲申。先是，凌民瞻建议废吕城堰，又

---

① 指同治四年。
② 公开地存入"典当行"生利息。
③ 指同治五年。
④ 南沟，不详。
⑤ 当是"司马沟"，即从"马公桥"到"西大王庙"的那条大河沟是也。
⑥ 指同治六年。
⑦ 指光绪十年。

即望亭堰置闸而不用，及因浚河，隳败古泾函、石闸、石碹，河流益阻，百姓劳弊。至是，民瞻等贬降有差"。则未废京口、奔牛堰，且年代当在熙宁二年前，《万历常州府志》因其年代不详而误系于宋初，实则《吴郡志》卷二十八进士题名"嘉祐八年许将牓"有"沈括、凌民瞻"等，则其嘉祐朝登第，吴郡人。当任武进县尉于嘉祐年之后，非在此淳化年间。《万历常州府志》卷九下职官表误将其列于"太宗淳化元年"之"县尉"栏，作"晋陵凌民瞻，置望亭闸。"

第五章　奔牛人物

一　人物

本章记载奔牛镇涌现的有名的人物，本节记载以男性为主，下一节记载女性。

（一）隋代成神的烈士陈果仁

- 《永乐大典·常州府》卷十七《文章》引《泰定毗陵志》：

　　隋司徒陈公舍宅造寺碑①

　　龙兴寺沙门德宣撰

　　朝散大夫、常州司马护军、赐绯鱼袋王遂书并篆额

　　观夫二仪之大也，不能免天倾地裂之灾；三光之明也，不能免日薄星回之变。非夫圆明钟觉，利见大雄，飞观真峰、高视铁围之外，澄襟性海、独莹殊②泉之底者，其孰能置四生于不动之国，济八苦于无明之河？秘密成伊，演龙藏于三千世界；童蒙求我，运牛车于五百由旬。所以太子回心，舍宫殿臣妾；商人合掌，奉真珠琉璃。给孤独园，一家之造精舍；琅琊③别产，两宅之入伽蓝。大矣哉！其谁继之？我司徒陈公之谓也！

　　公讳果④仁，字世威，其先豫州颍川人也。十七代祖寔，为太丘长。六世祖陈武

---

① 此文据《全唐文》卷九百一十五校改，常见之误不一一出校。按欧阳修《集古录》卷九"唐俞珣书《陈果仁告身》并《舍宅造寺疏》"条称："开元中，僧德宣为果仁记舍宅造寺，载其世家颇详，而其功阀、官爵、岁月多缪。德宣言中毒以死，而《宅疏》言'见屠戮'，当以《宅疏》为是。德宣文辞不足录，独采其世次事迹终始著之，俾览者核其真伪而少益于广闻。"故《集古录》、赵明诚《金石录》不录此碑。当是德宣得之于故老口头所传，未能考究史书，故多讹误（此乃口传之史易误之缘故）。陈果仁事，见《旧唐书》卷五十六、《新唐书》卷八十七《沈法兴传》。

② 殊，当据《全唐文》作"珠"。殊泉，不详其意（疑指九泉，恐非）。珠泉，泉的美称，顾名思义，当指泉涌如珠。"珠泉袭月"当指文思泉涌，字字珠玑，如同美泉之莹洁，可以与月华争鲜。

③ 琊，原作"瑘"，据《全唐文》改，字同。

④ 果，《全唐文》作"杲"，乃清人妄改，不足为据。下同。

帝，经天纬地之功，与乾坤而合道；济俗安人之德，共日月而齐明。家于长城，故复为晋陵人也。

祖嵩，字符皎，陈羽林郎将。万户千门，警夜巡昼。旌旗曳日，朝驰杨柳之街；钟鼓沸天，夕卫鸳鸯之殿。别敕授洪州建昌县令，戴星按俗，靡草临人。泽被春滋，爱融冬日。花藏野雉，恋锦化而长驯；烟渚庭鸾，怀磬声而率舞。

父讳季明，字玄焕，陈江州司马兼岭南道采访使，寻拜给事中。朱绂题舆，按三江而写鉴[①]；皇华按节，逾五岭而腾骧。出扬使德之清，入掌王言之重。

公器局宏伟，风神洒肃。年八岁，能文章，随父任在都，宅与吏部侍郎阴铿接，住铿家置学，就博士受[②]《孝经》《尚书》。以夜继昼，口不辍诵。铿曰："吾之东家丘[③]复生矣！"年十三，读史至司马相如题桥之言[④]，叹曰："大丈夫富贵由天，穷达在命。使吾有寿，亦当自致青云！"

年十八，州将举秀才，送上台，对策于玉阶，举朝称之，曰："使孙弘[⑤]之文，李广之武，与子同时，则并驱连衡矣！"帝曰："朕与儿俱太丘之后，家风不坠，复见于兹。"特授监察御史，寻迁江南道巡察大使。台中绣服，驰骢马而时来；陌上朱轮，按豺狼而不去。

大业五年三月，长白山大洞内有狂寇数万[⑥]，公奉诏平之，授秉义尉，寻授朝请大夫。九年正月，奉诏平江宁乐伯通叛徒十万，授银青光禄大夫。十三年，奉诏平东阳娄[⑦]世干贼徒二十万，隋主嘉之，召公面见，拜大司徒，赐丽姝二十人，细马五匹，粟千斛，彩五百段。对扬休命，辅佐王官。金印紫章，照彤庭而赫奕；彩罗红粟，填帑藏以崔嵬。

属隋季分崩，天下丧乱。洎我大唐之有天下也，日月悬而天地再造，历数在而车

---

① 写鉴，照镜，唐玄宗《答司马承祯上剑镜》诗："写鉴表容质，佩服为身防。"

② 受，《全唐文》作"授"，两字古通。

③ 丘，《全唐文》作"某"，是雍正朝命避孔子讳而改。东家丘，指孔丘。相传孔丘西邻不知孔丘才学出众，轻蔑地称之为"东家丘"。北齐颜之推《颜氏家训》卷上《慕贤篇第七》："世人多蔽，贵耳贱目，重遥轻近；少长周旋，如有贤哲，每相狎侮，所以鲁人谓孔子为'东家丘'。"后人常以"东家丘"比拟尚未为人所知的博学君子。

④ 事见《太平御览》卷七十三引应璩《华阳国志》："又曰：升仙桥，在成都县北十里，即司马相如题桥柱曰：'不乘驷马高车，不复过此桥。'"按《华阳国志》卷三："蜀郡州治：……城北十里有升仙桥，有送客观，司马相如初入长安，题市门曰：'不乘赤车驷马，不过汝下也。'"

⑤ 公孙弘起身乡鄙，居然为相，有"非学无以广才，非志无以成学"之名言。

⑥ 按《隋书》卷四，大业九年十月"齐人孟让、王薄等众十余万，据长白山攻剽诸郡"。此乃山东的长白山，在山东长山县，见《太平寰宇记》卷十九《河南道·淄州·长山县》："长白山，在县西南四十里。按顾野王《舆地志》云：'齐城西、南、北五十里有长白山，陈仲子夫妻所隐处。'"

⑦ 娄，《旧唐书》《新唐书》作"楼"，言此事在"隋大业末"，据本文可知是在大业十三年。

书一统。圣人御寓①，万国来朝。奉诏询江东晋陵耆老："隋故司徒陈果仁，身有'八绝'，可得闻乎？"

　　耆老逡巡而称曰："言'八绝'者，一忠、二孝，三文、四武，五信、六义，七谋、八辨②。

　　梁大同中，义兴县与晋陵竞太湖田，数年不决，太守命公断之，咸悦服焉。建始③中，长白山叛徒引及朝贵，公奉诏推鞫，蝇点④显然。是⑤知鉴逾明镜，直若朱弦。梁末断太湖之田，是非明白；陈⑥初劾长山之贼，真伪纠分。两造平反，声驰省阁；片言折⑦中，誉出乡间。公之'忠'也。

　　公事后亲，亲病须肉，时属禁屠，肉不可致，公乃割股以充羹。刺血写《法华经》，为先妣修福。孝深骨立，情慎色难⑧。岂唯⑨孝悌之有余，亦乃津梁之莫大。公之'孝'也。

　　初，公选在都，会吏部侍郎阴铿出使西蜀，中书令江总北巡徐泗，倾都饯于新亭，时公奉诏，作《大使西巡序》及《北征赋》，思逸怀蛟，才高倚马。入江写⑩月，光含夷水之珠；词花飞叶，彩丽蜀城之锦。公之'文'也。

　　而边寇不宁，戎车⑪屡驾。百川潜讨，三略阴谋。巨力取而拔山，功归第一；神镝来而破的，中必迭双。凶徒与恶叶同飘，逆党共春冰一泮。公之'武'也。

　　豁达大度，泓澄春陵。胜必推人，失乃向己。官禄给其粟帛，尽散亲朋；皇恩加其仆马，并均昆弟。公之'义'也。

　　既忠且信，十室彰夫子之名；密契深期，千里命巨卿之驾。确乎不拔，颙若有孚。公之'信'也。

---

①　寓，此字原作通假字"寓"，今据《全唐文》"字"字而改作与"寓"字形相近的"寓"（按："寓"同"字"）。

②　辨，通"辩"。

③　建始，南朝及隋无此年号。据上文当是大业中。

④　蝇点，《全唐文》误"绳點"。蝇点，语出《诗·小雅·青蝇》："营营青蝇，止于樊。岂弟君子，无信谗言。"郑玄笺："蝇之为虫，污白使黑，污黑使白。喻佞人变乱善恶也。"后以"蝇点"比喻遭到谗人的诽谤诬蔑。

⑤　是，《全唐文》作"而"而句读上属，当误。

⑥　按："建始"非陈代年号，此处作"陈"，当是德宣道听途说。据上文注引《隋书》，乃"隋"非"陈"，且陈朝不可能辖及长白山（山东长山）。

⑦　此处原衍一"狱"字，据《全唐文》删。疑清代馆臣校"中"字当作"狱"，后人一并抄下，而《全唐文》纂修时，知"中"字不误，故未改。按：折中，调节使适中。折狱，判决诉讼案件。

⑧　难，通"戁"，恭敬。

⑨　唯，《全唐文》作"惟"，意同。

⑩　写，映照。唐黄滔《水殿赋》："镜豁四隅，远近之风光写入；花明八表，古今之壮丽攒将。"宋张孝祥《浪淘沙》词："溪练写寒林，云重烟深，楼高风恶酒难禁。"此言其文能写月、入江（即反映自然风光，将自然美景尽收文底）。

⑪　车，《全唐文》作"马"。

攻城略地，秘策权宜。进楚食而离范增，夺胡鞍而输李广①。公之'谋'也。

折角无先，共朱云而并操；悬河不竭，与郭象而连词。公之'辩'②也。"

帝曰："俞！虽曲逆③辩六奇之计，陈王怀八斗之才。论功揆德，莫之加也。芳名驰于万古，壮志立于三吴。《陈书》虽著其高名，《唐史》未④编其实录。敕史官宜书直笔。"

大业中⑤，天门公沈法兴起义兵于湖州，闻公名，远来投公。是知龙门之前，涸鲋摇鳃⑥而竞集；鹊巢之侧，维鸠拂羽而争来。法兴欲割据常州，诈结父子之义。时逆人李子通，屯集数万，镇在江北，惧公之威，不敢辄渡。法兴潜谋，诈称疾亟。公往问疾，乃觉中毒，走马而归。

公素与高僧凛禅师，著尘外之交。法师寻与受菩萨戒，付嘱张、轸二夫人："所居之华第，并道南兵仗院，并施为僧伽蓝，名'杜业寺'。是郡东南三十五里，公之别业。红沼夏溢，芰荷发而惠风香；绿田秋肥，霜露降而嘉禾熟。并舍入景星寺。"言讫而终。

虽幽魂冥冥，梁木斯坏；而生气凛凛，高风尚存。功可勒石，食堪配庙。故夫子文钟岭⑦南⑧骨，丧而名留；太伯吴门文身，无即⑨道在⑩。况公神异，越于昔贤。左遮江关，东压海口。使天无流疫，路不拾遗。江上伏鬼神，若称官势；郡中散

---

① 使李广服输。事见《史记》卷一○九《李广传》，李广率百骑突遇匈奴数千骑，匈奴认为这是诱饵，全都上山列阵而不敢向山下进攻。李广的一百骑兵亦很惊恐，李广命令诸位骑兵往前进，到离敌二里处，命令全都下马解鞍，以表现出不走的样子，使匈奴人更加相信这批人是诱饵，于是胡骑不敢下山来攻击，一到夜晚，恐怕中了李广的埋伏而全部撤退，李广得以安然回归大军。

② 辨，通"辩"。

③ 指汉曲逆侯陈平。曲逆，音 qǔ yù，邑名，在定州北平县东南十五里蒲阴故城，汉初封陈平为曲逆侯。

④ 未，原误"虽"，据《全唐文》改。

⑤ 据《新唐书》当是"义宁中"，或作"大业末"亦可。

⑥ 鳃，《全唐文》作"腮"，两字通。

⑦ 钟岭，指南京的钟山，今天的紫金山。常州图书馆藏《新安蒋氏宗谱》卷三《忠烈侯子文公传》（五十三世）："公讳歆，一名恭，字子文，幽公之子，广陵人。"并录《御制蒋山灵应祠传》，谓蒋子文是幽公的第二个儿子。《太平御览》卷八八二《神鬼部二·神下》引《搜神记》曰："蒋子文者，广陵人也，嗜酒好色，常自谓己骨青，死当为神。汉末为秣陵尉，逐贼至钟山之下，贼击伤额，因解绶以缚之，有顷遂死。及吴先主之初，其吏见子文于道，乘白马，执白羽，侍从如平生。文曰：'我当为此土神也，为吾立祠！不尔，使虫入耳为灾！'吴主不妖言。后果有虫入人耳，皆死，医不能治。又云：'不祠我，将有大火！'是岁数有火灾。吴主患之，封为中都侯，加印绶，立庙，改钟山为蒋山，以表其灵。"后，平苏峻，败苻坚，梁武帝时大旱降雨等，屡有灵应，封爵渐升，至南唐封庄武帝。此《搜神记》述蒋子文状似恶神，家谱与之有异，其家传名其为"忠烈侯"自当有其忠绩可传，按家传："逐盗钟山，为贼伤额，因解绶缚之，仍追贼杀之而死，葬于钟山。后吴太祖吏见子文公于道，乘白马，执白鹅毛扇，侍从如平生。见者惊走，公追之，曰：'上帝怜我孤忠，敕为此方土神以福民。汝可宣告百姓，为我立庙，不尔且有大咎。'吏惊报吴主。"（《忠烈侯子文公传》）"吴主以为妖言，不之信，后有虫入耳，及久为患，吴主乃封为中都侯，加印绶，立庙，其患遂息"（《御制蒋山灵应祠传》）。相传子文克敌平乱、为民除害，故为民所祀。

⑧ 此处《全唐文》有一小字注"疑"，表此字似有误。疑此"南"字当作"青"。上注：子文自言骨青，死当为神，此"青骨"与下文"文身"对仗。

⑨ 即，《全唐文》作"而"，"即"为是，意与"而"同。

⑩ 道在，与上文"名留"相对仗。"无即道在"，即孔子所言"太伯可谓至德矣，三以天下让，民无得而称焉"（见《史记》卷三十一《吴太伯世家》末"太史公曰"），即百姓无法称颂其大德，因其德太大，至大而无形，故不可言说（故孔子称其为"至德"），而这至大不可言说之德，正与老子所谓的"道可道非常道"相合，即此"至德"合于不可言说的宇宙最高之道"大道"。故云"无即道在"。

牛马，以付罗衡[①]。四人[②]衔覆护之恩，百姓荷扶持之力。

其寺明政三年六月之所置也，初名“杜业”，后改为“弘业”，因庙讳，复改为“福业”[③]。

呜呼！公以武德二年岁次庚辰五月十八日而薨，享年七十二。厥后薨辰，精舍坊阓，答公之恩，饭僧供佛。皓月有昃，香灯无亏。亦由晋感子推之辞，楚怀屈原之德。

懋哉垂裕，贻厥后昆。公之长子坦，广府士曹；次子頵，洪州司法。难兄难弟[④]，如珪如璋。弄双珠之明，匡二天之化。頵之子琏，不饵荤血，早悟苦空。得菩萨心，有神仙寿。年九十一，卒于家。琏之子光胤，雅继清风，栖心金地。德必有邻，同声相应。与孝门岑庭结交，二人同心，铸文殊菩萨像，用铁千斤。又劝同志之士，铸普贤菩萨像，体均前神，相好圆明。写妙德之奇姿，移宝威之真迹。

太守刘公同升[⑤]，兼江东道采访使。四岳分忧，九州岛共理。玉壶冰写[⑥]，让心骨之清；红树花开，怯文章之秀。

长史欧阳公，司马孙公，并望重题舆，才高展骥。亲纡化鹤，共佐悬鱼。

县令何公，共揽天下之才，共临江县。未抟风于九霄，且震雷于百里。

福业寺纲维、徒众等，并贞谅不拔，维持有声。

莫不道俗相率，诚命于予，式歌文武之功，共纪招提之业。於戏[⑦]！年更事远，

① 《华阳国志》卷十上：“罗衡，字仲伯，郫县人也。……衡为万年令，路不拾遗，人家牛马皆系道边，曰：‘属罗公。’”上句事似指本书卷十九引《咸淳毗陵志》卷三十《纪遗》之“张禹”条，述扬州刺史张禹过江巡部，不惧长江子胥之神。

② 人，唐避太宗讳，书“民”为“人”。上文亦云：“济俗安人之德，共日月而齐明”；《全唐文》回改“民”，妄矣（此是唐文，故当避唐讳，不可回改）。“四民”指士农工商。

③ 按《成化毗陵志》卷三十三《碑》录唐齐光乂《隋大将司徒陈公神庙碑》（作碑时为唐肃宗乾元三年）：“虽扫地以祭，且贵悫诚；而庙宇未崇，宁昭节敬？邑老庆州都督府水清府左果毅都尉、上柱国、赐绯鱼袋张智景，与福业寺长老义先等，聚族而谋发言同，人不召而萃。”《咸淳毗陵志》卷二十五《寺院》：“崇胜禅寺，在州东南二里，武烈帝西第，庙有《轸氏舍宅疏》。初名‘杜业’，更曰‘福业’，太平兴国中改赐今额。有观音阁。今为祝圣道场。”其书卷十四《祠庙》：“忠佑庙，在武进县东。……夫人轸氏舍宅为寺（今崇胜寺是）。又舍东第为观（号‘崇仙’）。有疏刻石庙下（疏云‘明政二年’，乃李子通伪号）。后法兴中神矢毙，郡人以帝‘忠孝、文武、信义、谋辩’八绝奏于朝，即帝兵仗库立祠。垂拱元年始创大殿，乾（武）［符］四年封‘忠烈公’，中和四年加‘感应’。”可见今西庙沟处祀陈果仁的“西庙”即其宅（崇胜寺）的兵仗库，则崇胜寺与陈果仁祠“忠佑庙”（即西庙）当同在一处。

④ 按本书卷六“陈司徒庙”引《无锡志》卷三“武烈帝庙”条：“后为沈法兴所害，屠戮其家”，又见欧阳修《集古录》卷九“唐俞珣书《陈果仁告身》并《舍宅造寺疏》”条：“开元中，僧德宣为果仁记舍宅造寺，载其世家颇详，而其功阀、官爵、岁月多缪。德宣言中毒以死，而《宅疏》言‘见屠戮’，当以《宅疏》为是。”受屠戮之祸，故称“难兄难弟”。此是读“难”为“受难”之“难”，指共同患难的人，或彼此处于同样困境的人。亦可读作“难以”之“难”，此词便指兄弟都非常好，难分谁高而为兄、谁低而为弟，语出南朝宋刘义庆《世说新语·德行》：“陈元方子长文有英才，与季方子孝先，各论其父功德，争之不能决，咨于太丘，太丘曰：‘元方难为兄，季方难为弟。’”

⑤ 按《新唐书》卷五《玄宗本纪》天宝三载二月：“丁丑，河南尹裴敦复、晋陵郡太守刘同升、南海郡太守刘巨鳞讨吴令光。闰月，令光伏诛。”吴令光为唐朝海贼，开元、天宝年间多次侵扰东南沿海，至此讨平。

⑥ 写，当通“泻”，有倾吐、倾述意。“玉壶冰”比喻高洁清廉。南朝宋鲍照《代白头吟》：“直如朱丝绳，清如玉壶冰。”王昌龄《芙蓉楼送辛渐》诗：“洛阳亲友如相问，一片冰心在玉壶。”

⑦ 於戏，即“呜呼”。

惧馨香之阙遗。询诸硕才，备兹景行。勉抽鄙思，乃为铭曰：

昭哉烈士兮昂昂，擅①波蜜兮自强。舍一家兮良田甲第，成三宝兮佛土僧坊。生则封侯兮杰出，殁而配庙兮名扬。圣后兮聪明光宅，何奸寇兮残剥遐方？明神八绝兮弘佑②，飞将一扫兮销亡。悲盛绩兮江南芜没，树丰碑兮海内昭彰③。

天宝四载五月十三日述。

● 《万历常州府志》卷二十《文翰五》：

忠佑庙上梁文

国朝翟永龄

盖闻百世之祀，式④符于典礼，由能捍患而御蓄；一亩之宫，莫展于明禋⑤，必在修坠而举废。神依人立，道与时亨。恭惟隋大司徒陈公之神，间出⑥英雄，绝人智勇。生有鼎角匿犀⑦之异，殁彰云头发矢之灵。倚马⑧摛文⑨，藻思⑩岂夸于李白；攀龙⑪献策，少年不让于贾生。持风裁⑫于台端⑬，著威名于天下。当国步斯频⑭之际，知急流勇退⑮之几。自然难隐者名，良骥不淹于下乘；毕竟可为者义，卧龙复起于南阳。奋不顾身，忠焉为国。策勋于"大业"，摧乐伯通蜂蚁之群；奉诏于"义宁"，折娄世干螳蜋⑯之臂。讵意涤肠之祸，遂为隔世之人。"八绝"具存，一灵难泯。爰即钓游⑰

---

① 擅，《全唐文》同误。实当作"檀"。"檀波蜜"即"檀波罗蜜"，六波罗蜜之一。"檀"为"檀那"之略，意译为布施或施主，以财物或佛法施舍与人。"波罗蜜"，意译为度，或到彼岸，谓度越生死之海而到达涅槃彼岸的修行法门。布施是其修行法门之一，故称"檀波罗蜜"。

② 佑，《全唐文》作"祜"。

③ 此下《全唐文》删。

④ 式，语气词。

⑤ 明禋，洁敬。指明诚敬的献享。

⑥ 间出，即间世一出。间世，指隔代，指年代相隔之久。明方孝孺《上范先生书》："众人盈天下，而一国一乡或得一善士。学者不绝，而百年间世或得一大贤。"

⑦ 鼎角，相术谓额上有日角、月角和伏犀三骨，隆起者为三公贵相。《后汉书·李固传》："固貌状有奇表，鼎角匿犀，足履龟文。"李贤注："鼎角者，顶有骨如鼎足也。匿犀，伏犀也，谓骨当额，上入发际隆起也。"匿犀，谓额上之骨隆起，隐于发内。

⑧ 倚马，靠在马身上。南朝宋刘义庆《世说新语·文学》："桓宣武北征，袁虎时从，被责免官。会须露布文，唤袁倚马前令作。手不辍笔，俄得七纸，绝可观。"后人多据此典以"倚马"形容才思敏捷。

⑨ 摛文，铺陈文采。

⑩ 藻思，做文章的才思。

⑪ 攀龙，此处指"攀龙附凤"，比喻依附帝王以成就功业或扬威。亦比喻依附有声望之人以立名。汉文帝登基后，擢升河南郡守为廷尉，廷尉吴公趁势举荐贾谊，时贾谊年仅21岁，每逢皇帝出题讨论时，每每有精辟见解，应答如流，获得一致赞许。

⑫ 风裁，风宪、风纪。指依法裁处，又指刚正不阿的品格。

⑬ 台端，即"台杂"，唐宋时御史台台院"知杂事侍御史"，主持台中事务，其地位在一般侍御史之上。

⑭ 国步，国家的命运。步，时运。《诗·大雅·桑柔》："于乎有哀，国步斯频。"毛传："步，行；频，急也。"高亨注："国步，犹国运。"

⑮ 急流勇退，宋邵伯温《闻见前录》卷七载：宋陈抟约钱若水相晤。钱至，见陈与一老僧拥炉而坐。僧视若水良久，以火箸画灰作"做不得"三字，徐曰："是急流中勇退人也。"意思说钱若水做不了神仙，但也不是久恋官场的人。后来，钱官至枢密副使，年四十即退休。后因以"急流勇退"比喻在官场得意时及时引退，以明哲保身。

⑯ 即螳螂。

⑰ 钓游，垂钓和游玩。

之所，以严香火之祠。虽封衔过锡于前朝，而功烈昭垂于实录①；幸逢盛世，始获正名。骏奔走，执豆笾②，无敢后者；穷玄间，薄光景③，如将见之。方期传明祀于无疆④，忍见飞劫灰于有数？荡然焦土，危甚残碑。苟非豁达之才，曷济艰难之事？兹遇本郡贰守、蒲阪谢侯，鼎彝伟器⑤，廊庙奇姿。灵运之才自天成，梦回春草⑥；安石之德先人望⑦，起慰苍生。万千人里，优等是居；百九名中，上魁独占。铜符⑧宣化，已彰治最之声；金鼎⑨调元⑩，行副具瞻⑪之望。志在兴利而除害，心犹敬神而怛民。甫及下车，广询先务。谒庙庭而展敬⑫，睹瓦砾以兴嗟。屡有祷祈，遄蒙感应。宪台⑬允请，众望攸归。亟命工师，于是斧彼锯彼；子来民庶，于以经之营之⑭。轮奂巍峨，规模宏丽。允矣增新于旧物，烨然有耀于荒基。一郡美观，愈显司徒之灵迹；千年盛事，肯忘别驾之丰功？日吉时良，神欢人喜。万夫举绠，六纬⑮兴歌：

梁之东，百里烟霞见锡峰。赫赫睢阳严庙貌，千年香火此方同。

梁之西，湖水遥连白鹤溪。井臼⑯相传尊阙里⑰，金牛⑱几度夕阳低。

梁之南，子隐祠前水泼蓝。功德更称袁果利，英灵千古合为三⑲。

梁之北，申浦波长通海脉。十字丰碑季子坟，万岁千秋同血食。

---

① 指《忠佑实录》。

② 骏奔走，急速奔走。语出《书·武成》："邦甸侯卫，骏奔走，执豆笾。"《诗·周颂·清庙》："对越在天，骏奔走在庙。"马瑞辰《通释》："《尔雅·释诂》：骏，速也。速与疾义同。……疾奔走言劝事，骏、疾以声近为义，庙中奔走以疾为敬。"

③ 玄间，指天空。唐韩愈《杂说》："然龙乘是气，茫洋穷乎玄间。薄日月，伏光景。感震电，神变化。"薄光景，指使光辉、光亮减少而变得淡薄。

④ 彊，通"疆"。

⑤ 鼎彝，古代祭器，上面大多刻着表彰有功人物的文字。伟器，大器，谓堪任大事的人才。

⑥ 春草，春天的草。刘宋谢灵运《登池上楼》诗："徇禄反穷海，卧疴对空林。衾枕昧节候，褰开暂窥临。……池塘生春草，园柳变鸣禽。"

⑦ 人望，为众人所仰望的人。

⑧ 铜符，指"铜鱼符"，后世用作郡县长官或官职的代称。

⑨ 金鼎，指九鼎。古代传说夏铸九鼎，奉为传国之宝。

⑩ 调元，谓调和阴阳、执掌大政。多用以指担任宰相。

⑪ 具瞻，为众人所瞻望。语出《诗·小雅·节南山》："赫赫师尹，民具尔瞻。"毛传："具，俱；瞻，视。"郑玄笺："此言尹氏汝居三公之位，天下之民俱视汝之所为。"代指宰辅重臣。

⑫ 展敬，祭拜，省候致敬。

⑬ 宪台，后汉改称御史府为宪台。后作为同类机构的通称，也用来称御史等官职。旧时也用作对上官的尊称。

⑭ 语出《诗·大雅·灵台》："经始灵台，经之营之。庶民攻之，不日成之。经始勿亟，庶民子来。"朱熹《集传》："文王之台，方其经度营表之际，而庶民已来作之，所以不终日而成也。虽文王心恐烦民，戒令勿亟，而民心乐之，如子趣父事，不召自来也。"子来，谓民心归附，如子女趋事父母，不召自来，竭诚效忠。

⑮ 六纬，指六个纬度，即下文"东南西北上下"这六个方向，即所谓的"六合"。

⑯ 井臼，水井和石臼。借指屋舍、庭院。

⑰ 阙里，孔子故里，借指曲阜孔庙，又借指儒学。唐张说《中书令逍遥公墓志铭》："究蓬山之百氏，综阙里之六艺。"

⑱ 金牛，即奔牛，因金牛奔至此而得名。

⑲ 指常州共出了三位大神明，一是宜兴城果利庙所供奉的汉代阳羡长袁玘，二是宜兴城的西晋周处（字子隐），三是晋陵县的陈果仁。

梁之上，小井剑光冲万象。纲缊①不散结祥云，邦人迭起登卿相。

梁之下，五条街古堞图画。黄童白叟笑声喧，酾酒刲羊来赛社②。

伏愿：上梁之后，神有凭依，人无夭厉③。益见明灵之右④在，皆知尸祝⑤之当然⑥。化鹤⑦归辽，人民非而城郭是；乘驹入庙，牺牲备而黍稷馨⑧。尚阴翊于皇图，期永歌⑨于常祭。旁施⑩祥庆，普及乡间。

笔者按："梁之西，湖水遥连白鹤溪。井臼相传尊阙里，金牛几度夕阳低。"都是咏奔牛之典。阙里，孔子故里，借指曲阜孔庙。按《咸淳毗陵志》卷十四《祠庙》载有忠佑庙在奔牛的行宫忠佑行庙："一在武进县奔牛魏墅，地名陈墓，旧传帝祖、父葬焉。或曰：旧居殿后有小药磨，指为故物。""井臼"指故里，"阙里"指百姓们像尊重孔子故里那般，来尊重陈果仁祖父与父亲所居住过的祖居。而且此处"井臼"更指陈果仁用过的井与杵臼、药磨等物。而"金牛"就是"奔牛"的雅称，因金牛奔至此而得名。

●《万历常州府志》卷二十《文翰五·赞》：

隋司徒陈公像赞

唐顺之

呜呼！奸雄⑪欲发，必先所忌。其始或同，终则必异。文若⑫于曹，演芬⑬于李。虽暂相托，卒继以死。法兴初起，实附隋室。侯与同事，左提右挈。匪沈⑭是同，维隋之故。忽图不轨，中道乖牾。一贼一臣，势岂两并？非沈杀侯，则侯诛沈。凶数未尽，侯卒

---

① 纲缊，亦作"纲氲"，形容云烟弥漫、气氛浓盛的景象。

② 赛社，旧俗一年农事完毕后，陈酒食以祭田神，相与饮酒作乐。赛，报本。社，社区神、土地公，常州人以陈果仁为常州的土地神。

③ 夭厉，亦作"夭疠"，遭疾疫而早死。《管子·侈靡》："人君寿以政年，百姓不夭厉。"尹知章注："厉，发疾也。"

④ 右，通"佑"。

⑤ 尸祝，古代祭祀时对神主掌祝的人，即主祭人。此处指祭祀、崇拜。

⑥ 当然，应当这样。表示肯定，强调合于事理或情理，毫无疑问。

⑦ 化鹤，谓成仙。后多用以代称死亡。晋陶潜《搜神后记》卷一："丁令威本辽东人，学道于灵虚山，后化鹤归辽，集城门华表柱。时有少年举弓欲射之，鹤乃飞，徘徊空中而言曰'有鸟有鸟丁令威，去家千年今始归。城郭如故人民非，何不学仙冢累累'，遂高上冲天。"集，栖息于树上、柱上之意。

⑧ 黍和稷是古代主要的农作物，泛指五谷。《书·君陈》："黍稷非馨，明德惟馨。"

⑨ 永歌，咏歌、歌唱。《诗·周南·关雎序》："嗟叹之不足，故永歌之；永歌之不足，不知手之舞之，足之蹈之也。"

⑩ 旁施，广施。汉刘向《新序·节士》："《书》曰'旁施象刑惟明'，及禹不能。"今本《书·益稷》"旁"作"方"。孔传："方，四方也。"

⑪ 奸雄，弄权欺世、窃取高位的人。

⑫ 荀彧，字文若，颍川颍阴（今河南许昌）人。曹操统一北方的首席谋臣和功臣，被曹操称为"吾之子房"。

⑬ 石演芬，本西域胡人。以武勇，任朔方邠宁节度兵马使兼御史大夫。李怀光养为子，时李怀光与朱泚暗通。石演芬派门客郜成义向朝廷密疏怀光反状，请罢其总统。成义向怀光子珺告发，怀光召石演芬责之曰："以尔为子，奈何欲破我家！今死可乎？"演芬对曰："天子以公为腹心，公上负天子，安可责演芬？且演芬胡人，不解异心，欲守一人，幸免呼为贼。死，常分也！"怀光使左右脔食之，皆曰："此忠烈士也，可令速死。"于是以刀断其颈。德宗追思义烈，赠兵部尚书，仍赐钱三百千。又捕得郜成义于朔方，戮之。

⑭ 匪，非。沈，沈法兴。

就屠。其身则亡，义气炳如。云头坠矢，圣所不言①。杜伯之事②，理盖有焉。维侯精爽，千载勿渝。后或有奸，视侯阴诛。

（二）元代号称"佛子"的大善人王彬

- 《永乐大典·常州府》卷三《桥梁·武进县》引明初谢应芳洪武《毗陵续志》：

　　跨塘桥，在奔牛堰西，元至治癸亥，里人王彬建。

- 《道光武进阳湖县合志》卷十三《坛庙志·祠庙（寺观附）·武进·鸣凤乡》：

　　王孝子祠，祀元孝子王彬，在"大场"上。内有退观楼，即孝子延谢子兰教子侄③读书处。

- 《光绪武进阳湖县志》卷四《禋祀·坛壝》：

　　王孝子祠，祀元孝子王彬，在武进鸣凤乡"大场上"。

笔者按：以上便可证明王彬为奔牛堰附近之人。

- 《永乐大典·常州府》卷十二《孝友》引明初谢应芳洪武《毗陵续志》：

　　王彬，字文父④，武进人。蚤⑤孤，事母尽孝。母殁，痛泣几丧明。元天历己巳，岁大旱，乡里多绝食，彬潜以粟假之，而不纳其券。明年春，官府劝间右赈给。郡中诉饥者数以万计，其乡独无之。郡县廉其实，将转而上闻。彬闻之，力丐寝免。时疫气流行，病者什九，彬视其贫者药之，死无葬具者棺之。其后，常置棺僧坊，以敛贫者。且常以不能博施为慊。年七十四而卒。葬之日，送者千数，恸哭如丧所亲。陈公祖仁嘉其行，尝为作小传云。

此条又见《乾隆武进县志》卷十《人物·义行·元》、《道光武进阳湖县合志》卷二十八《人物志七·义行·元》、《光绪武进阳湖县志》卷二十四《人物·义行·元》。

笔者按：元谢应芳《龟巢稿》卷十三有其生平传记《王佛子行状》："王佛子，讳彬，字文甫，常州武进人。往遭乱，谱系丧失，弗究其先所自。……至正十二年十月，红巾据常时，佛子方卧疾于家，贼众垒至，尽掠其所有。意恐为里人御夺，发仓廪诱之，皆不至。贼纵火，乃为扑灭。已而，贼诛，君疾适愈，起召里人嘉劳之。明年春正月，卒于

---

① 语出《论语·述而》："子不语怪力乱神。"即孔子不谈论怪异、勇力、叛乱和鬼神方面的事情。

② 杜伯为周宣王所杀，临死时说："吾君杀我而不辜，若以死者为无知则止矣；若死而有知，不出三年，必使吾君知之。"第三年，周宣王与诸侯在野外狩猎，日中，杜伯乘白马素车，着朱衣冠，执朱弓，挟朱矢，追周宣王，射之车上，中心折脊，殪车中，伏弢而死。

③ 指谢应芳教王彬的儿子和侄子。

④ 按谢应芳《龟巢稿》卷十三有其《王佛子行状》："王佛子讳彬，字文甫，常州武进人。"此行状称其有一兄，名"质"，故疑《永乐大典·常州府》卷十六引《毗陵续志》干文传《常州路复邹忠公墓田记》："明年春，郡人王贵、王彬等构祠宇若干楹"之"贵"或当作"质"。

⑤ 蚤，通"早"。

家，年七十二。子庭玉等，以其年二月葬君于直渎新阡。送者千余，人多哭之恸，皆曰："善人亡矣！'"御夺，指抵御、抢夺。所述之事指：红巾军抢走了王彬家所有细软财物，其粮仓抢不走，红巾军又怕常州人保卫王彬而与自己作战，来帮助王彬抢回细软财物，于是故意打开王彬家的粮仓，散粮于民众，以此来收买人心，让百姓可以与王彬为敌。可是没有一个百姓上门来拿粮，红巾军没有办法，于是放火烧毁王彬的粮仓，意即自己带不走，便将之毁掉。结果，老百姓全都来灭火。红巾军不久便被元朝政府军给镇压下去，王彬病愈，起身来感谢大家的帮助。第二年王彬去世，一千多名百姓送葬而哭之甚哀，人称其为"活菩萨"（即"佛子"）。

（三）明代敢于京控、告御状而救江南民众于水火的义士陈敬

● 《武阳志余》卷十之六《行谊·明》：

陈敬，金牛镇①人。先是，江南岁赋白粮四十万斛输京师，故②用富民主运。敬数以主运，往来京师。崇祯时，用计臣议，一切加赋，江南重困，白粮率十余石致一石。敬诣阙上疏，极言其弊，上为动容，诏减"尖六米"③万余石，他费率减什五。御史某手其疏曰④："肉食者不言，藿食者言之。吾侪合愧死！"敬由是得名。后病卒于家。子上遴，官中书。邵文庄《容春堂集》⑤。

（四）明代文武双全的侠义壮士沈应奎（湛源）

● 《乾隆武进县志》卷十四《摭遗》：

奔牛镇沈湛源，明季举孝廉，有神力，冬月计偕北上，襆被徒行⑥。至河北，夜已二鼓，投荒祠觅宿，至则列烛辉煌，有群盗将出劫，方祀祟⑦。沈直入，惊问："何人？"曰："举子也。""来何事？"曰："应试入都，向此乞宿耳。"盗阴睨其囊，弗复诘，漫延入座。沈饮数巡，即语盗："吾辈方畅饮，寒甚，姑阖户，可乎？"盗曰："诺。"神前有炉，重可千斤，沈以一手挈炉抵其门，更入座饮。久之，盗欲出，共挽炉，炉弗动。语沈，沈嘻曰："吾饮方酣，弗暇也。诸君健者，胡弗举？"众愤，欲与

---

① 即奔牛镇人。奔牛有古迹金牛台。
② 故，此前、旧时。
③ 指量米时斛面不平，而要堆出尖来，所堆之尖一斗要多征六升，故称"尖六米"。
④ 亲手拿着他上的疏说。
⑤ 出处有误。其为崇祯朝人，邵宝不可能记载其事。
⑥ 用被单包起棉被，独自一人背着步行上路。
⑦ 祟，鬼神为祸于人。此处指保佑抢劫者的恶神。

斗，其黠者力止之，相率乞哀，且询所欲。沈曰："吾出门，行橐萧然，欲向诸君少贷也。"盗不得已，竭资以献。复挈其炉于旁，盗始得出。后官鸿胪卿。

此条又见《道光武进阳湖县合志》卷三十六《摭遗志上》。

● 《明史》卷三百二《列女二·邵氏婢》：

邵氏，丹阳大侠邵方家婢也。方子仪①，令婢视之。故相徐阶、高拱并家居，方以策干阶，阶不用，即走谒拱，为营复相，名倾中外。万历初，拱罢，张居正属巡抚张佳胤捕杀方，并逮仪，仪甫三岁，捕者以日暮未发②，闭方所居宅守之。方女夫③武进沈应奎，义烈士，负气有力，时为诸生，念仪死，邵氏绝，将往救之。而府推官与应奎善，固邀饮，夜分乃罢。武进距方居五十里，应奎逾城出，夜半抵方家，逾墙入，婢方坐灯下，抱仪泣曰："安得沈郎来，属以此子？"应奎仓卒前，婢立以仪授之，顿首曰："邵氏之祀在君矣。此子生，婢死无憾！"应奎匿仪去，晨谒推官。旦日，捕者失仪，系婢毒掠，终无言。或言于守曰："必应奎匿之。"奎所善推官在坐，大笑曰："冤哉！应奎夜饮于余，晨又谒余也。"会有为方解者，事乃寝，婢抚其子以老。

● 《武阳志余》卷十二《摭遗》：

沈湛源太守应奎④为诸生时，勇而负义。妇翁邵方，故丹阳大侠，尝为高拱营复相⑤，张居正属⑥巡抚张佳允⑦捕杀方并方子仪。仪甫三岁，婢邵氏视之⑧。捕者以日

---

① 邵方子邵仪。
② 因天晚而打算明天出发。
③ 女夫，即女婿。
④ 沈应奎，常州武进人，字伯和，号湛源。
⑤ 谋求再度出来做宰相。邵大侠曾经自请协助罢官后的徐阶重新出来做宰相，徐阶没有采纳他的建议，邵大侠便转投高拱，最终协助高拱再度进入内阁掌控朝政。高拱下台后，邵大侠被张居正所杀，事见《明史》卷三〇二《列女二·邵氏》，又见《万历野获编》卷八："邵芳者，号樗朽，丹阳人也。穆宗之三年，华亭（徐阶）、新郑（高拱）俱在告家居。时废弃诸公商之郤，欲起官，各醵金合数万，使觅主者。邵先以策干华亭，不用。乃走新郑谒高公，初犹难之，既见，置之坐隅，语稍洽，高大悦，引为上宾，称'同志'。邵遂与谋复相，走京师，以所聚金，悉市诸瑰异，以博诸大珰欢，久之乃云：'此高公所遗物也。高公贫，不任治此奇宝。吾为天下计，尽出橐装，代此公为寿。'时大珰陈洪，故高所厚也，因赂司礼之掌印者，起新郑于家，且兼掌吏部。诸废弃者以次登启事，而陈洪亦用邵谋，代掌司礼印矣。时，次相江陵（张居正），稔其事，痛恶之，及其当国，授意江南抚台张佳胤，诱致狱，而支解之。时，张并欲殄其嗣，邵有婿沈湛源名应奎者，文士而多力，从其家重围中，挟邵二少子于两腋，逾垣以出，而守者不觉也。沈亦奇士，今以乙榜为国博，与余善。初，邵在耿司徒楚侗坐中，闻有客至，避之软屏后，潜窥之。既出，问耿曰：'来客为谁？'耿曰：'此江陵张太史也。'邵长叹曰：'此人当为宰相，权震天下。此时，余当死其手。'后果如所言。又，金坛于中甫比部为余言，邵于书室另设一小屋，榜曰：'此议机密处，来者不得擅入。'此等举动，安得不败？"由此可见，邵方预事不密，过于张扬，极富江湖习气，当然不见容于徐阶或张居正。张居正熟知高拱复相一事，张居正与高拱对立，自然要处死帮助高拱的邵方。之后又有武进人王大臣，揭明高拱与张居正关系之对立。明万历元年（1573 年）正月，王大臣伪着内侍服装，潜入乾清宫，因见到神宗皇帝后慌张而被获，下东厂。太监冯保想借此诬陷高拱，教王大臣诬称："高拱怨望，与太监陈洪共谋大逆。"在大审时，必须先杖被审人，主持会审的有左都御史葛守礼、锦衣卫都督朱希孝、冯保等。将杖，王大臣大声呼喊说："许我富贵，怎么榜掠我啊？且我哪里能认识高阁老？"冯保怕露馅，草草收场，叫人用"生漆酒"瘄王大臣，使其再审时讲不清楚话，当即移送法司，问斩了结，高拱得以大白冤祸。高拱在病榻遗言中认为这是冯保、张居正的共同阴谋。
⑥ 属，嘱托。
⑦ 即张佳胤，避雍正讳改书"胤"字为"允"。
⑧ 由邵氏看管婴儿邵仪。

暮未发①，扃于室。应奎将往救仪，而府推官邀应奎饮，夜分罢，疾走五十里，抵方家，逾墙入，婢以仪畀应奎，匿之②。应奎晨诣推官。捕者失仪，毒掠婢，婢终不言。或告于守③，疑应奎，推官在坐，笑曰："冤哉！应奎夜饮于余，晨又谒余也。"会有为邵解者，事乃寝。《明史·列女·邵氏传》。

● 《康熙常州府志》卷十五《学校·常州府学》：

乡贤祠，常州府乡贤祠旧在讲堂之西偏，……知府祖进朝以康熙二十四年二月新学，次第及于贤祠，谓："名宦、乡贤二祠，当列于戟门或学仪门外左右，以为士民瞻仰。"爰撤"更衣所"废址，重建祠宇三楹，与名宦祠并峙学门内，增祀……沈应奎、……。

● 《康熙武进县志》卷二十《祠庙》之府学《乡贤祠》④：

前朝：……南京光禄寺少卿沈应奎。……

● 《康熙常州府志》卷十五《学校·武进县学》：

乡贤祠，原未建造，武进乡贤俱崇祀于郡庠。康熙三十三年知府于琨将启圣公祠，改建在尊经阁后。教谕崔学古，仍旧基址，捐俸改造，置神橱、台座、立窗棂、门阶，粉泽丹垩，祀汉乡贤彭修，……明……沈应奎、……，国朝庄应会、庄应熙、陈咨稷、巢震林、徐可先，共九十二人。

● 《乾隆武进县志》卷四《学校·县学》：

乡贤祠：先后列祀……明：……光禄卿沈应奎。……

● 《道光武进阳湖县合志》卷十二《学校志·县儒学》：

乡贤祠：……明：……光禄卿沈应奎。……

● 《康熙常州府志》卷二十四《人物三》：

沈应奎，字伯和，武进人，万历举人，教谕昆山，迁裕州守。州旱，民乏食，啸聚山矿间，几⑤十余万众，督抚分兵剿之，不克。应奎单骑入其垒，众骇服，曰："征科日迫，忍死须臾，非得已也。"应奎曰："能从裕州守归乎？我当善全尔！"众感悟，哭声震林谷，悉纵火烧山，解甲去。大冢宰孙丕扬过裕⑥，不遣一使迎，亦不遽谒。孙怒，突入应奎署，应奎方焙饼、炙韭，将食，遂邀孙共食。孙奇之，入朝言应奎廉，遂迁刑部主事。甫视事，司农以裕饷两年缺，住俸⑦。州民闻，如额，匍匐解

---

① 尚未出发把犯人邵仪带到衙门处置。
② 应奎将邵仪带回后藏好。
③ 指常州太守。
④ 按《康熙武进县志》编于康熙二十三年，据下条武进县学之乡贤祠建于康熙三十三年，故其时只有常州府学之乡贤祠而无武进县学之乡贤祠。
⑤ 几，几乎。
⑥ 孙丕扬，明著名大臣，陕西富平人，官至吏部尚书（古称大冢宰）。过裕，路过裕州。裕州为今河南省南阳市方城县。
⑦ 住俸，停俸，停应奎的俸禄。

京。上异之，御午门，召应奎与州民见。州民道应奎状，泪交颐，依依不忍舍。上大悦，赐应奎宴、表里①。出知汀州，以继母病，弃官归。逾年，复起南光禄寺少卿。因党事，削籍。

● 《康熙武进县志》卷二十三《人物·明》：

沈应奎②，字伯和。万历乙酉举人③。少孤、力学，矜气节，然诺不苟，喜急人难。尝同乡里侠少年游，有绝人力；置铁简自随，意有不平，辄执简起舞，光上下闪闪，"飒拉"有声。妻父邵芳，亦以气节自矜，布衣徒步入长安，名倾中贵人④。谋起新郑高相国拱于田间，新郑既用，而江陵张相国与高素不相能，衔芳，乃假他事杀之，复欲杀芳两孤，绝其后。应奎集诸少年，缒墙入，夺两孤以归，得不死。教谕昆山，迁裕州守。州旱，民乏食，啸聚山矿间，几十余万众。督抚分兵剿之，不克。应奎单骑入其垒，众骇服，曰："征科日迫，忍死须臾，非得已也。"应奎曰："能从裕州守归乎？我当善全尔。"众感悟，哭声震林谷，悉纵火烧山，解甲去。大冢宰孙公丕扬过裕，不遣一使迎，亦不遽谒，孙怒，突入应奎署，应奎方焙饼、炙韭，将食，遂邀孙共食。孙奇之，入朝言："应奎廉，应擢。"遂迁刑部主事。甫视事，司农以裕饷两年缺，住俸。州民闻，如额，匍匐解京；上异之，御午门，召应奎与州民见。州民道应奎状，泪交颐，依依应奎不忍舍⑤。上大悦，赐应奎宴、表里。出知汀州，税监高寀播虐，将由汀入粤，应奎大书榜示，直达会城，曰："税监将入海从倭，抵汀境，太守当领吏民击杀之。"寀闻风屏气，不敢经汀。寻以继母病，弃官归。逾年，复起南光禄寺少卿，因党事削籍。年七十余卒。孙鼎铉，鼎革后，不与考试，祝发为僧，著《〈左传〉集注》《〈楞严〉阐要》等书。曾孙支炳，进士。

● 《乾隆武进县志》卷九《人物·名臣·明》：

沈应奎，字伯和。万历乙酉举人。少孤、力学，矜气节，喜急人难。偕乡里侠少年游，有绝人力；置铁简自随，意有不平，辄执简起舞，光上下闪闪，"飒拉"有声。妻父邵芳，亦以气节自矜，布衣徒步入长安，名倾朝右。谋起新郑高相国拱于田间。江陵相国与高素不相能，衔芳，乃假他事杀之，复欲杀芳两孤。应奎集诸少年，缒墙入，夺归，得不死。教谕昆山，迁裕州知州。邑旱，民乏食，啸聚山矿间，几十余

---

① 表里，衣服的面子与里子，泛指衣料。此是皇帝赐其衣料供其做衣服。

② 此条之上凤凰出版社《江苏历代方志全书》影印之《康熙武进县志》有藏书家眉批："《明史》附'列女'邵氏传，于救邵芳子事特详，惟'邵芳'作'邵方'耳。"

③ 指万历十三年（1585年）乙酉科举人。

④ 中贵人，帝王宠幸的近臣。

⑤ 依依不舍，留恋而不忍分离。此句指留恋应奎而不忍分离。

万。督、抚分兵剿之，不克。应奎单骑入其垒，众骇服，曰："征科日迫，忍死须臾，非得已也。"应奎曰："能从裕州牧归乎？我当善全尔。"众感悟，哭声震林谷，悉纵火烧山，解甲去。大冢宰孙丕扬过裕①，不遣一使迎，亦不遽谒。孙怒，突入应奎署，应奎方焙饼、炙韭，将食，遂邀孙共食。孙奇之，入朝言："应奎廉。"擢刑部主事。甫视事，司农以裕饷缺两年额，夺应奎俸。裕民闻，如数，匍匐解京；上异之，御午门，召应奎与民见。州民道应奎状，泪交颐。上大悦，赐应奎宴、表里，<u>晋员外郎。三十八年，上不豫，福王尚未之国，中外汹汹，应奎请首辅叶向高入直②，己衷甲③从之，誓以死卫太子；帝疾瘳，乃出。</u>后出知汀州府。税监高寀播虐，将由汀入粤，应奎大书榜示，直达会城，曰："税监将入海从倭，抵汀境，太守当领吏民击杀之。"寀闻风屏气，不敢经汀。寻以继母病，乞归。逾年，起南光禄寺少卿，以党事削籍。年七十余卒。孙鼎铉，明亡为僧，著《〈左传〉集注》、《〈楞严〉阐要》等书。

此条又见《道光武进阳湖县合志》卷二十二《人物·先贤·明》，文字全同。又：本条与上引《康熙武进县志》基本相同，唯增加划线部分。

- 《康熙武进县志》卷八《乡荐·国朝》：

  康熙五年丙午：……沈支炳，进士。中顺天榜。

- 《康熙武进县志》卷八《甲科·国朝》：

  康熙十五年丙辰彭定求榜：……沈支炳。

- 《乾隆武进县志》卷七《选举·乡科·国朝》：

  康熙……五年丙午科：……沈支炳，祖籍天津④。丙辰进士。

此条又见《道光武进阳湖县合志》卷十七《选举志一·甲榜·国朝》。

- 《乾隆武进县志》卷七《选举·甲榜·国朝》

  康熙……十五年丙辰彭定求榜：沈支炳，教授。有传。

此条又见《道光武进阳湖县合志》卷十八《选举志二·乡科·国朝》。

- 《康熙武进县志》卷二十五《列女·国朝》：

---

① 指路过裕州。
② 直，通"值"，值班、侍卫。
③ 己，亲自。衷甲，在衣服里面穿铠甲。其文武双全，能以一抵十，故亲任首辅之护卫。
④ 据上引《康熙武进县志》卷二十三《人物·明》："沈应奎，字伯和。万历乙酉举人。……曾孙支炳，进士"，又上引《乾隆武进县志》卷十三《摭遗》："奔牛镇沈湛源，明季举孝廉"，《武阳志余》卷十二《摭遗》："沈湛源太守应奎"，知沈应奎字伯和、号湛源而为常州府武进县奔牛镇人，则其曾孙支炳当祖籍奔牛。当是沈应奎子孙定居北京或天津，曾孙沈支炳当以天津籍参加顺天府乡试而中举、中进士，后人遂以其祖籍天津，实为祖籍武进奔牛而迁居天津。

黄氏，沈应登之孙、行念六[①]妻。念六祝发为僧，氏抚孤支炳，令负笈从父受书，成丙辰进士。寿七十一，梦二莲花，越日乃逝。支炳攀号[②]。及期[③]，家池忽生双红莲，人谓夫妇苦节清修之瑞应云。

● 《乾隆武进县志》卷十一《列女·完节未旌·国朝》：

黄氏，沈应登之孙念六妻[④]，念六祝发为僧，氏抚孤支炳，严加督课，丙辰成进士。氏年七十一卒。

● 《道光武进阳湖县合志》卷二十《旌表志二·总坊上·国朝》：

黄氏沈念六妻念六为僧，氏课子支炳，成进士。年七十一卒。

● 《乾隆武进县志》卷十《儒林·文学·国朝》：

沈支炳，字惕若。康熙丙辰进士，性至孝。居母丧，哀毁骨立。期年，园中忽产双白莲，降甘露，人以为"孝感"。才思敏捷，好游，足迹半天下，所交多名士。诗古文出入唐、宋、六朝间，尤工书法。

此条又见《道光武进阳湖县合志》卷二十六《人物·文学·国朝》。

● 清·赵怀玉《亦有生斋集诗》卷二《云溪乐府》之《舞铁简》：

舞铁简，不转眼，怨鬼啾啾烛光短；舞铁简，鸣不平，孤儿夺还追杵婴[⑤]。哭声如雷震山谷，十万民随裕州牧。区区饼与韭，可奉高阳孙[⑥]；但知廉吏乐，不知冢宰尊。明年前星[⑦]芒欲堕，衷甲相从同起卧，铁简功臣一个！

> 沈应奎，武进人，万历举人，少负气节，偕乡里少年游，置铁简自随，意有不平，执简起舞。妻父邵芳，布衣入长安，谋起高拱，张居正怒，假他事杀之，复欲杀其两孤。应奎偕诸少年缒墙入，夺归。知裕州，邑旱，民乏食，啸聚山矿间十余万，应奎单骑入垒，曰："能从裕州牧归乎？"众感悟，哭声震林谷，悉解去。孙丕扬过裕，不遣一使迎，孙怒，突入署，方焙饼、炙韭，遂邀孙共食之，擢主事。上不豫，福王未之国，中外汹汹，应奎请首辅叶向高入直，衷甲从之，誓以死卫太子。帝瘳，乃出。

① 排行廿六。据上引《康熙武进县志》卷二十三《人物·明·沈应奎》："孙鼎铉，鼎革后，不与考试，祝发为僧"，则沈支炳当是沈鼎铉子。沈鼎铉因有反清之志而出家为僧，故家谱不敢书其真实姓名，一是反清之人入谱恐惹清朝忌讳，二是出家为僧者家谱当除名，故不书其名以以排行来标识其人。

② 攀号，攀龙髯而哭，又作"攀髯"。相传黄帝铸鼎于荆山下，鼎成，有龙下迎，黄帝乘之升天，群臣、后宫从上者七十余人。余小臣不得上龙身，乃持龙髯，而龙髯拔落，并堕黄帝之弓。百姓遂抱其弓与龙髯而号哭。事见《史记·封禅书》。后用为追随皇帝或哀悼皇帝去世的典故。此指哀悼母亲之丧。

③ 期，读作"基"，一周年。

④ 其为沈应登孙沈念六之妻。

⑤ 杵婴，指春秋时程婴与公孙杵臼二人合谋保全赵氏遗孤，事见《史记·赵世家》。后以"杵婴"或"婴臼"喻指危难时可以托孤的人。

⑥ 按孙丕扬是陕西富平人，与河北高阳无关。又公孙氏的郡望是高阳郡（今山东临淄西北），然孙丕扬姓"孙"而非"公孙"。

⑦ 《汉书·五行志下之下》："心，大星，天王也。其前星，太子；后星，庶子也。"后因以"前星"指太子。

（五）为奔牛造万言桥（疑后来音讹为万缘桥）的张廷策

- 明·张师绎①《月鹿堂文集》卷六：

万言公传

万言公，讳廷策②，号讷斋，配丁氏孺人。绎生也晚，大父、大母皆不逮事也，闻之先君子③云，郡城之北三十里有郑陆桥，盖自江阴趋郡之要害路也。先是，邑人张邦定练乡兵御倭。嘉靖乙卯④，与倭战郑陆桥，手刃数贼，马踬被执，不屈遇害，事载郡志。先大父⑤治生⑥于郑陆桥，是时倡义鸠乡兵，郡守高其义、壮其胆，使往松阳募兵。松阳令万唯鲁⑦，先大父故人也，靳⑧不应，开说大义，不听。郡城门昼闭，须⑨石为备，猝不可得。郡守呼大父问计，大父曰："是无难。呼数十壮士，遍启⑩乡绅，厅事之础应用⑪。"或觍⑫然不可，大父抗颜曰："误矣！所以守城，非直为天子，实保全大家巨姓也。吾辈赤身荜户⑬，无论不爱其死⑭；即匿窜邱窦，倭力岂能大索之哉？"乡绅无以应⑮，石不匮于供；所赍糇粮，不俟征发⑯。生平好与方术、拳勇⑰人游，得击刺、占候法，

---

① 其为武进人。按《道光武进阳湖县合志》卷二十四《人物传·宦绩》："张师绎，字克隽，万历戊戌进士，授新喻令，清通赋，抗矿使，有循声。累迁江西按察使。会珰焰方炽，豫章正士半罹党祸，师绎加意拯护。害将及，拂袖归，杜门著书，所著有《读史一编》《月鹿堂集》。子星瑞，自有传。"

② 当是张廷策，字万言，号讷斋，其为作者的"先大父"即逝世的祖父。按张师绎《月鹿堂文集》卷六《得中公传》："我张氏之孤寒也，不知何自占籍兰陵；……或曰：'元兵屠城，匿洗马桥下得活数姓。张，其一也。'……得中公名号、生卒、配俱缺。又数世，有孙曰瓒，瓒生宗道，'雪梅翁'也；宗道生廷策，字万言，'讷斋翁'也；廷策生㙔，字子严，'养讷翁'也，赠承德郎、南京刑部四川司郎中，为予父。雪梅翁以下，各有传。"可见此张氏为常州城人，其后裔张廷策在郑陆经商，又在奔牛造桥。

③ 指下面的事情都是我父亲对我说的祖父张廷策的事迹。

④ 指嘉靖三十四年（1555 年）。

⑤ 大父，祖父。先大父，指已逝世的祖父，此处更指我所未见到过的祖父。

⑥ 治生，经营家业、谋生计。

⑦ 今按《万历武进县志》卷八《人物》："万鹏，字汝南。……年四十余，始登嘉靖癸丑进士，绾符松阳。松阳在处州，为山县，民散逃，鹏私谒无所通，搏击无所避，邑以帖然。再调新昌，亦如其所治松阳者。会倭夷人犯，练兵、筑城，为备御计，竟以劳瘁成疾卒。卒无以殓，则浙江巡按、总督胡宗宪赙之；归无以葬，则直隶巡按陈瑞空之。"今按万鹏是嘉靖三十二年癸丑岁中进士，即出任松阳令，此是两年后的嘉靖三十四年乙卯岁借兵，则万唯鲁当是万鹏，其号"唯鲁"可知。处州松阳离常州远，且其处亦会受倭寇攻击，借兵处州松阳，不亦强人所难乎？故万鹏拒绝。

⑧ 靳，吝惜。

⑨ 须，需要。需要有大石来砸敌人。

⑩ 启，公文、书信，此处指发公文给邑之大户。

⑪ 让大户人家交出大厅之柱础来供御敌之用。

⑫ 觍，音"戏"，脸红发怒貌。

⑬ 赤身，光着身体，此处形容身无钱财。荜户，即"蓬门荜户"，用草、树枝等做成的门户，此处形容穷苦人家所住的简陋房屋。此句是说：穷人不要说死了不可惜（即不爱其死），即便出逃，敌人也不可能到处搜索，唯有富人家财万贯，逃不了。

⑭ 指我们穷人死了也不可惜，不必自爱。

⑮ 指无言以对，只好交出石础。

⑯ 赍，持、带、送。所赍糇粮，指守城者所带的干粮。此指不用向大户要粮，便全都把粮送来了。

⑰ 方术，指身怀天文（包括星占、风角等）、医学（包括巫医）、神仙术、房中术、占卜、相术、遁甲、堪舆、谶纬等技艺之人。拳勇，勇壮，此处指有拳术之人。

冀得一当①。事平,不言,人亦无有明其志者。大侠邵樗材②、李百户,皆其门馆③也。公所交,皆贤豪,日常授馆传餐④,偕同好者流连花鸟,或游兰若,或留宿野人家。或时与徐庄裕公问⑤、唐永州公瑶⑥谈诗,或与邵樗材⑦谈兵,皆有契合,而其天性仁慈,一惟忧人之忧、急人之急,所赖以扶危济困者甚众,不可枚举⑧。刻有家训,永示子孙。郡邑敬礼之,三举乡饮大宾。公生宏(弘)治五年壬子,卒于嘉靖四十二年癸亥,寿七十二岁。奔牛镇有万言桥,是公捐金造成者,里人欲表其义,因用其字以名桥,至今传诵不衰。

今按:奔牛镇东孟河口有万缘桥,《永乐大典·常州府》与《成化毗陵志》皆名为"跨塘桥",到《万历武进县志》方记载为"万缘桥"。而张廷策(字万言)是在嘉靖朝造"万言桥",在万历朝之前,故疑此桥原名"跨塘桥",嘉靖朝张廷策重造,百姓以其字改名为"万言桥",日久音讹,故万历朝记载为"万缘桥"。

(六) 清初奔牛异僧六溶上人

● 清·邵长蘅《邵子湘全集》之《青门簏稿》卷十五"传"之《六溶上人传》:

六溶上人者,异僧也,不知其所从来。乙酉兵兴时,肩一瓢,至常州奔牛镇止焉,覆茅为庵,施茶饮⑨行者。奔牛故当孔道,时通⑩瓯粤⑪,大军日往来其地,遇土人,辄絷颈,踉跄曳马尾后,捶笞之,血被踵弗释也。以故兵至,争仓皇走匿。上人

① 希望能用自己的方技与拳术来抵挡一番敌人。
② 材,当作"樗",见下引两条文献。此即上条所言的"丹阳大侠邵方",其名又作"邵芳"。按民国胡为和修、孙国钧纂《民国丹阳县续志》卷二十四《摭遗》:"邵方,字樗朽,丹阳人,少时就童子试,至御史门,皆解襟脱帽,跣而入,耻之,去习兵家言,任侠自喜。胡宗宪督师海上,奇之,与山阴徐渭同居幕府。渭性偶傥,工诗文,至言兵钤,则心折。樗朽虽布衣,熏灼倾中外。又好以气凌烁人,士大夫多切齿,大学士张居正遂授指于巡抚张佳胤捕杀之。时称'嘉隆三侠'者,即樗朽与颜山农、何心隐也。"末注出处"同上",即同于上条"汤用,字时行"条末所注的出处《高咏堂集》。今按明王世贞《弇州四部稿》续稿卷一百九十二《与郭中丞》:"十二年以前,仆时忧居乡,则见有谈何心隐与邵樗朽,皆大侠也。其所为,如在吴兴、在新郑诸事,皆目所不忍闻也。毋论其捕逮与瘐死非公祖所繇,即自今而后,二三直指不能衡情法而毙一大侠,此又何说也? 江陵之忮复,与一时之奉行者,诚有之;然不至人人皆奉行,事事皆忮复也。"王世贞将颜钧(字子和,号山农),何心隐(原名梁汝元,字柱干)与邵芳并称为"嘉隆三侠",作《嘉隆江湖大侠传》。
③ 门馆,门客、塾师。
④ 授馆,为宾客安排行馆。传餐,传送食物,泛指开饭。此指经常有宾客来住他家,由他供应食宿。
⑤ 徐问,谥"庄裕"。
⑥ 瑶,当作"珤"(宝),即唐荆川先生父、永州知府唐宝。
⑦ 材,当作"樗"。
⑧ 指此类好事不胜枚举。
⑨ 饮,使喝水。
⑩ 通,通行。
⑪ 瓯粤,即瓯越,浙江省瓯江以东一带的地方,亦称东瓯,因越王无疆分封东瓯王于欧余山而得名,区别于邗越、于越、闽越等。瓯越的地望大致包括今天浙江的温州、台州、丽水等地。

顾不为动，辄饮食之，兵顾益善遇上人，往往有赠遗去者①，人以是异之。上人喜草书，奔放似怀素，又喜为诗。【于此不凡。】② 或持扇至，则为书；又或为诗数十百言，各得其意。去已③，又行荒冢间，指曰某善某不善④，按之，十中八九。乡人乃争诧曰："我不识上人何如人，顾⑤能书能诗，又能堪舆家言。"自是人益异之，而荐绅先生以及山林文墨之士，往往喜与上人游矣。上人数往来丹阳毗陵间，人邀之，辄往；扣之葬，辄与善地；遗之金钱，辞；遗之缯絮及他食物，即受。稍赢，即又丐⑥与游僧之饥寒者。而他堪舆家，率挟其术要索赂遗，小不如意，则骂詈拂衣去，人士稍厌苦之，而喜与上人游盖⑦甚，然非其好也。久之，将襆被⑧，溯大江、涉彭蠡，寻香炉、五老⑨之胜，不果，乃构静室为终老计。有池一区，竹三亩，与其徒居之，自是裹足不出矣。上人伟躯干，髯长飘飘过腹。一日持刀尽薙之，人莫测也。闻之其徒曰："上人盖河南人，姓李。"

邵生曰：余不知上人何如人，顾喜与余游，其客余家最久。一夕燕坐偶语，间及用兵事，则指次⑩营垒战阵之宜，如列诸掌；傍及驰射、剑槊诸技，叱咤风生，烛影荧荧欲晕。已，忽欷歔泣下。明日，复扣之，默然矣。上人又善辟谷，日啖菜果少许。年七十余矣，而状貌如四十岁人，殆类有道者，非耶？◆论赞风神盎然⑪！

（七）清代善吟咏的农民诗人万阿双

● 《武阳志余》卷十二《摭遗》：

康熙中，奔牛镇有万阿双者，家贫，不能读书，种菜自食⑫，性喜赋诗，随意口占，动合天籁。时东门外亦有二人，失其姓氏，相与唱和往还⑬；至则无以供客，各携干糇，席地坐，诵其近作，时或悲歌痛哭，人莫识其意。万自姑苏卖菜回，舟次无

---

① 指赠送东西后才离开。
② 此是批书者所加的批语。
③ 指求书法之人离开后，上人又到坟地中去。
④ 指坟地风水导致其家族运势的好与不好。
⑤ 顾，但。我们不知道上人是什么地方人，但却知道他多才多艺。
⑥ 指被饥寒之人讨要走。
⑦ 盖，疑当作"益"。
⑧ 将，持、取、拿。襆被，用袱子包扎衣被，意为整理行装。
⑨ 彭蠡为鄱阳湖，岸上有庐山，山上有五老峰和香炉峰。
⑩ 次，按顺序叙述。指次，指着一一说出来。
⑪ 当是此书批书者语，评价邵长蘅结尾这一段对上人所作的论赞，写出了上人的盎然的神采，异常生动。
⑫ 通过种菜来自食其力。
⑬ 往来唱和。

锡云："朝发苏堤暮锡山，桃花风里放船还。鸣榔罢处呼舟子，划过浮桥便转湾。"五言如："竹暗迟明月，窗虚纳远钟。"皆可诵也。《毗陵谀闻》。

（八）清代不受嗟来之食的刚烈之人周先生

● 《道光武进阳湖县合志》卷三十六《续摭遗志》：

武进安善西乡周某，世为祝，性耿介，闾里严惮之，咸称"周先生"而不名。其事神极虔，主有不如礼者，辄弗往，以是窭甚。严冬着葛袍，蹑屦端坐，鬻器物于门。有优其值以售者，却①之，后数日不食。有贾客款扉入，缄白金一镒，谓："为其子携归者。"盖周有一子，幼失之，邻里伤其贫，故诡辞以赠之也。周详诘，客无以应。曰："父子其可冒乎？"卒不受，饿死。《桑梓录》②。

笔者按：其子年幼时失去，贾客（即商人）冒充奉他儿子命前来救济。他详细询问贾客一些有关儿子的问题，贾客答不上来，他便明白贾客所说的那个人并非自己的儿子。于是说"父子不可以假冒"，即你说的那个人并非我的儿子，你应当把这东西去送给他真实的父亲，我不能接受，于是不受馈赠而饿死。

● 《光绪武进阳湖县志》卷三十《杂事·摭遗》：

又安西乡周某，世为祝，性耿介，其事神极虔，主有不如礼者，辄弗往。冬着葛袍，蹑屦端坐，鬻器物于门。有优其值以售者，却之。后数日不食，有贾客款扉入，缄白金一镒，谓："为其子携归者。"周曰："吾无子，其可冒乎？"卒不受，饿死。

（九）清代奔牛走出来的进士沈抟上

● 《道光武进阳湖县合志》卷二十四《人物志三·宦绩·国朝》：

沈抟上，字扶云，安西乡人。顺治六年进士，授广东惠州府知府。时粤氛未靖，抟上随大兵进讨，参赞军务，督运粮饷，披坚执锐，亲冒矢石。事平抵任，民散田荒，竭诚抚驭，民渐安戢。未期月，没于任，年三十七，无子，士民哀恸。当道者念抟上劳勚，奏请官其父继志为乐昌县教谕，寻改广州府教授，亦卒于任，父子均祀惠州名宦祠中。

此条又见《光绪武进阳湖县志》卷二十二《人物·宦绩·国朝》。

---

① 却，原作"郤"，径改。
② 即《桑梓潜德录》一书。

（十）清代僧人书法家明学

● 《道光武进阳湖县合志》卷二十九《人物志八·艺术·书·国朝》：

　　僧明学，俗姓徐，出家奔牛镇大悲庵。善奕①，工诗，尤以书名。其书力摹右军，兼学怀素。里人王日新为之立传。采入。

（十一）清代高僧真莲

● 《乾隆武进县志》卷十《人物·方外·国朝》：

　　真莲，住奔牛茶庵。日事洒扫，冬夏施茶汤。发白转黑，齿落更生，寿一百十五岁。

此条又见《道光武进阳湖县合志》卷三十《人物志九·方外·释·国朝》《光绪武进阳湖县志》卷二十九《杂事·方外》。

● 《康熙武进县志》卷四十四《摭遗》：

　　邹登嵋，七岁能通五经，号称神童，成进士，卓然于士林中。某邑令忤上官，乃乞情于登嵋，以千金为寿，登嵋力拒之。家贫无田，族子某冒登嵋名立户，而登嵋不知，致奏销钱粮一案革职，复以族子故，不置辩。其清介忠厚类如此。后得病如颠，每口称某神见语、某佛见语、某先贤见语，然其视黄白②与瓦砾无异。同年某，见其衣敝，赠以羔裘，衣之。登嵋路见一乞，裂其半与之。前行，又见一贫人寒甚，并其半与之。乃大笑曰："乐③！"有赠以银者，持与贫丐曰："此砖块。"偶遇人以瓦砾与之，曰："此金银也。"人受之者，是日多得利；不受而怒之者，是日多损悔。一日，过一新第，当门溺之。其人叱之，邹曰："是不可救也。"未几，屋毁于火。康熙十四年，一故友某在数千里外，忽语其子："汝父在缧绁矣。"十六年，忽复语其子曰："汝父不死矣。"后询其年，其父正被籓④变在狱，果王师至而释。邑有数老人延奔牛一百十三岁老僧真莲广设斋会，邹杂众丛中，忽有远方僧迎而拜之者，寺僧曰："此邹乡绅也，何拜为？"僧云："吾知其罗汉，不知其为乡绅。"邹亦首肯，与僧移语⑤，各点头而别，曰："吾将回矣。"未几病，临终一粒不食，惟饮清水，吟诗云："久作玉皇仙案吏，谁知十载在人间。"但曰"济颠、济颠"而逝。

---

① 奕，通"弈"。

② 指黄金、白银。

③ 此处《乾隆武进县志》《道光武进阳湖县合志》有一"甚"字。

④ 籓，通《乾隆武进县志》《道光武进阳湖县合志》所作之"藩"，指吴三桂等发动的三藩之乱。

⑤ 移语，指到一旁去说悄悄话。《乾隆武进县志》《道光武进阳湖县合志》作"语移时"，即说了一段时间的话。

此条又见《乾隆武进县志》卷十四《摭遗》、《道光武进阳湖县合志》卷三十六《摭遗志上》。

（十二）清代李兆洛笔下的奔牛姚、沈两望族与奔牛人张敬用

● 清·李兆洛《养一斋文集》续编卷一"序"之《〈辋川姚氏宗谱〉序》：

予里之西可十里，曰郑陆桥。桥之北曰网船河头，姚氏居焉。其先讳虎士者，自江阴夋桥徙居之。积于今十一传，支属蕃育，务耕读，为方雅①族。其读书发闻②、联翩黉序者，常甲于其乡。常州诸姚，有奔牛，有吴渎，有四河口③，皆祖隋银青光禄大夫、晋陵郡忠武王允④。历年既久，世系往往湮绝。辋川故与奔牛合谱，而自虎士以上，世次已多残缺。奔牛之谱又淆讹附会，不足凭信。虎士八世孙北迁，条其舛戾，移书辨论，不能改正，乃断自虎士公始迁，为《辋川姚氏谱》，上推虎士父崇本公为辋川初祖。辑既成，谒予为之序。夫谱之义，上以洽祖祢，下以洽子孙。忘其祖，非孝也；非其祖而祖之，是诬祖也，尤非孝也。服术止于五，五世以往即戚殚而姓别⑤，故庙制亦五世而祧⑥，谓其精诚不足以相贯摄，何取于十世、百世累而上之哉？晋宋重门第，始有谱学。于是，矜华胄、羡高阀，不惜祖他人之祖，究其所谓谱学者，如《元和姓纂》《唐书·宰相世系表》，其书具存，谬陋乖午，徒令有识者齿冷而已。姚之先，远宗黄、虞⑦；三代以降，其伟人之炳耀日月者，无论矣。即忠武之胄宋资政学士希得、忠毅公訔⑧，皆盖代英贤；其为本宗确然，而犹不肯援以市重，盖核实以昭信也，阙疑以彰敬也。昭信而后质旁临上，无愧色焉；彰敬而后报本追远，无玩志焉。谨严而不失之拘，恩意周浃而不失之徇，可以为辑谱者法矣。曩者，候选训导寅谷先生，北迁从父也，与先大夫善，兆洛亦尝侍杖履，和平直谅，修于

---

① 方雅，雅正。又指方正风雅的诗文家。
② 发闻，闻名，传扬名声，发声使人听到。
③ 按《道光武进阳湖县合志》卷十四《陵墓》有："蒋处士敷墓，在阳湖定安西乡、四河口、青霄里南。"
④ 按《毗陵辋川姚氏宗谱》（敦睦堂藏版）等多部姚氏宗谱记载：姚允，字执之，蜀之潼川人，举进士，仕至银青光禄大夫。隋大业中，奉敕引兵赴毗陵会讨沈法兴之叛，中流矢，坠水殁。逆流至郡西卜弋，经旬日，尸浮出，犹贯甲执弓矢，栩栩如生，士人异而葬之。后来隋恭帝赐葬祭，赠立庙，封晋陵郡王，谥忠武，恤其夫人尤氏及子赏守墓，遂家晋陵。碑文为秘书郎虞世南笔，此为毗陵姚氏之始。
⑤ 殚，尽。此句指亲戚关系尽而"别子为宗"，虽为同姓之人，但要另立门庭而成为此姓中的一个分支。
⑥ 祧，指五世以上的祖先为远祖，将其牌位供入远祖之庙中，不再供奉于每年都要祭拜的近祖之庙中。
⑦ 指诸姚为虞舜帝之后，虞舜是黄帝的八世孙。
⑧ 姚訔为姚希得之子，宋末领导常州军民抗击元军，全城死节。

身、施于家、信于乡之人①，有王彦方②、萧道赐③之风焉。今北迁昆季行④如谦斋、让庭⑤，皆克守家法，子孙蒸蒸，英才辈出，但⑥固此十一世之宗盟，保以滋大；忠武、忠毅，其人将有继踵而兴者；辋川之姚，何难于武康、陕郡外，别著一望乎哉？

● 清·李兆洛《养一斋文集》续编卷一"序"之《〈白洋桥沈氏宗谱〉序》：

吾乡多聚族而居，沈氏为白洋桥著姓，以耕读世其家，称清门。吾高祖娶于沈，从祖姑复归于沈，以旧姻故，岁时往来无间也。系出梁尚书休文，世为吴兴望。自宋真宗时，有讳迁、字通二者，婚于常，遂家焉，是为白洋桥始迁祖。迄于今，三十余世矣。其谱牒以宋季兵火放失⑦。至明崇祯癸未，二十一世孙澄潭创修之。康熙辛未，二十三世孙式育，乾隆甲子，二十四世孙升，再经纂续。自乾隆甲子至今，又八十余年，□十□世孙□□⑧等，乃更加编辑，俾丝联绳贯，久而不紊。又以前谱之未经刊刻，致易湮失也，授诸剞劂，多其印本，俾各支分守之，甚盛心也。澄潭之创为谱也，陆端惠公完学为之序曰："后轩以元乱，轶其家谱，无所复寻⑨。夷元⑩以上世次，乃淫思废寝食而继之疾⑪。后轩者，澄潭从父也。夷元者，白洋桥分祖也。盖昔人报本追远、敬宗收族之心，如此其至；而其为之之艰难勤苦，又如此其甚。使为之后者，莫为赓续，不亦坠祖宗之绪而忘堂构之谊乎？□□⑫此举诚可为知当务之急而能笃本支之孝者矣。"陆序又曰："永康公登宝佑四年文文山⑬榜进士，知宋事不可为，隐而不仕，名其二子曰'扩宋'、曰'夷元⑭'。扩宋居奔牛里，夷元居白洋桥。后轩创谱时，夷元以上，已不可考。此谱溯自通二公，不知何时续入，续序⑮俱未之及。"又沈氏系姓，详于休文。《宋书》自序⑯据《左氏传》"沈、姒、蓐、黄为少昊

---

① 指其为此种修身而让家人正直、乡人信服的人。
② 东汉人王烈，字彦方。乡里偷牛人被捉，请求不要让王彦方知道自己偷牛。
③ 萧道赐，字详臻，以礼让称。居乡有争讼，赖其平之；又周乡人之疾与急，乡里号其为"墟主"，皆窃言其后必大。结果次子萧顺之生第三子萧衍而建立梁朝。
④ 行，辈。昆季行，兄弟辈。
⑤ 指姚北迁之兄弟辈姚谦斋与姚让庭，三者皆是其人之号而非名。
⑥ 但，只要。只要坚守自己的宗谱，便能壮大。
⑦ 失，通"佚"。放失，散失。
⑧ 具体是几十几世孙，及其姓名，留待家谱纂者自行补充。
⑨ 没地方再加寻找。
⑩ 沈夷元，本支的始迁祖。
⑪ 淫思，指沉思、深思。指冥思苦想到了废寝忘食乃至生病的地步，仍无法找到。
⑫ 具体谁重修此谱，其姓名留待家谱编纂者自行补充。
⑬ 文天祥字宋瑞，号文山。
⑭ 扩，张大、扩大也。扩宋，即扩大宋国的版图也。夷，铲草、铲除、消灭。夷元，即消灭元朝也。
⑮ 指后人续谱时所作之序。
⑯ 指沈约在自己所写的《宋书》最后的第一百卷中，叙述本家族的身世而作自序。

金天氏之裔"，极明确可信。而《新唐书·宰相世系表》于沈氏，自汉以下，则取之休文，而易其受封之始为周文王之子聃季，又妄以《春秋》之沈子郢、沈子嘉为沈姓，而造作字号以实之，不经甚矣。今谱既以休文为始祖，而易少昊之系为聃季，蹈唐表之缪，此失考也。又宋时诸人所注岁贡、教官、郡庠生、邑庠生，当时皆无此名目。宋时甲科，与《毗陵科第考》所载亦互有出入①。盖从数十百年后搜罗荟萃以成之，势不能无所抵牾；要以谱之所重，在于联属宗枝、辨别昭穆，使亲疏不至于隔越、长幼不至于浑淆而已。若夫稽求典故、援据方册，非所急也②。然即此亦可见及时采辑，使来者厘然，不可以不尽心焉。谱既成，谒予为序，为综其大略，著之简端云尔。道光六年正月。

- 清·李兆洛《养一斋文集》续编卷五"传"之《隐谷张翁传》：

翁名敬用，字慎思，"隐谷"其自号，邑之奔牛人。幼颖敏，读书必求其精诣深旨，久之，若有所得。颓然自放，绝念科名，家室米盐，尤不以屑意。喜艺③花木，工琴，能写梅竹④，暇即娱意于此。习轩岐术⑤，颇通其意，未尝为人治病。人有言某山某水佳，辄幞被⑥往，或旬日留。见人之寒必衣之，饥必食之，困乏必周之，其心中诚⑦，然非以为德。父古愚，方雅⑧、综练⑨，惟一子，爱其清素，不烦以家事。娶于沈，亦娴诗书，能持家。逮古愚捐馆，翁年已五十五，三子皆成立，能养其志矣。道光十一年，年七十卒。嗟乎！生之劳也，走名利者，没齿不悔。或知足寡营，思屏于宽间⑩以自适；而仰侍俯畜，常为人累；役役⑪日用饮食，莫能脱也。翁乃蝉蜕于父母妻子之中，终其身于修闲旷荡之天，将造物者亶厚之乎？虽然，吾见处安乐之境而甘为危苦者何其多也⑫，则翁果有所自得而人不知者乎？

---

① 指此沈姓家谱所载的宋代沈氏考中甲科的情况，与《毗陵科第考》一书所载的常州宋时的甲科情况有出入。
② 指家谱是家族人士所编，有溢美之嫌，不足以据之考订史实也。
③ 艺，种植。
④ 指会画梅与竹。
⑤ 轩岐，黄帝轩辕氏与其臣岐伯的并称，被奉为中国医药的始祖。轩岐术，即医术。
⑥ 幞被，用袱子包扎衣被，意为整理行装。
⑦ 中诚，内心的真情。汉班固《白虎通·丧服》："故吉凶不同服，歌哭不同声，所以表中诚也。"
⑧ 方雅，谓诗文旨意方正风雅。又指方正风雅的诗文家。
⑨ 综练，博习，广泛究习。宋陆游《贺黄枢密启》："博极坟书，得兴亡治乱之由；综练典章，识沿革始终之际。"
⑩ 间，通"闲"。
⑪ 役役，劳苦不息貌。《庄子·齐物论》："终身役役，而不见其成功。"又指奔走钻营貌。唐韩愈《上考功崔虞部书》："得一名，获一利，则弃其业而役役于持权者之门。"
⑫ 指世人本可安乐却自讨苦吃，追名逐利、纵欲无度，唯有清心寡欲者方能于平常境亦得极乐境。

（十三）清代行孝而留名方志诸人

● **《道光武进阳湖县合志》卷二十七《人物志六·孝友·国朝》：**

时，"安西乡"解凤冈，亦有孝行。父卒母老，授徒于家，奉膳必丰，自食糠核①，不使母知。

附录

国朝

沈蟾，字临云，安西乡人。母病，割股。

沈连兴，安西乡人，刲股疗父病。

蒋舜耕，安西乡人，刲股疗父病。

王德辉，字庆玉，安西乡人。继母病，割股。

● **《光绪武进阳湖县志》卷二十四《人物·孝友·明》：**

周应魁，字君达，安西乡人。早丧父，事母至孝，食寝必侍，二十余年如一日。母病，刲股，和药而愈。母嗜瓜，岁种数亩。仇家悉断其根，风雨终夜。明日，萎者顿起，实倍于常。

……

沈珑元，字渭公，性纯孝。家无中人产，养亲必具甘旨；即匮乏，不使亲知。康熙四十七八年浚孟渎，有司造②庐，谘之而后行。珑元，志行高洁。江阴杨名时，少从受业；及贵，珑元未尝以事干之。弟珑光，县学生，学行如其兄。同时邹谪仙，字子奇，亦以孝友称。

……

时，安西乡解凤冈，亦有孝行。父卒母老，授徒于家，奉膳必丰，自食糠核，不使母知。

……

黄伊功，咸丰十年，贼至奔牛，伊功负父走，贼欲杀其父，伊功乞以身代，贼杀之，父鑫得免。

……

毁身非孝，古人论之详矣。然当亲病危笃之时，计无复之，而习闻人肉可疗之说，

---

① 糠核，即"糠籺"。谷糠中的坚粒，比喻粗劣的食物。
② 造庐，造访（也即拜访）其庐。

固不暇问其术之效不效，事之义不义，毅然出此，忍痛剥肤，所谓其愚不可及也，非笃于至性，而能然乎？其事通谓之"割股"。夫股肉不可饲亲，类皆刲臂耳；然恒言习称，不可改矣。其人，……国朝，则有若：……安西乡之邹继瞻，……安西乡之周遇南、何仓培、何荣卿、裴钟庆、包德大、盛洪仁、孙雪裳、沈连兴、蒋舜耕，……安西乡之沈蟾、县学生黄寅亮、岳荧炎、解富南、张利川、潘茂松、蒋叙恩、裴士宣、潘克诚，……安西乡之王德辉，……汇而书之，可以劝孝。

（十四）清代行善而留名方志诸人

● 《道光武进阳湖县合志》卷二十八《人物志七·义行·国朝》：

沈朝铨，字沧衢，邑庠生，安西乡人。初分县时，邑豪倡议："大县可分，大图亦可分"，已详请立案。朝铨慨然曰："此赵恭毅公具呈各宪，立石永禁之善政也。行之垂五十年，民享同劳共逸之利，法胡可变？"于是吁郡县及各上宪。方伯鄂公题其论，力主罢之。邑人咸感其德。

● 《光绪武进阳湖县志》卷二十五《人物·义行·国朝》：

沈朝铨，字沧衢，县学生，安西乡人。初分县时，议将以乡图之大者析之，朝铨慨然曰："图大，民享同劳、共逸之利，此乡先达赵恭毅所请定，行之垂五十年，何可变？"方伯鄂公题之，乃罢。邑人感焉。

● 《道光武进阳湖县合志》卷二十八《人物志七·义行·国朝》：

黄士贤，字与齐，奔牛镇人。性鲠直坦夷，不设城府。产不及中人，而好施与。奔牛镇街及万缘桥南北石岸，士贤捐资创造，又称贷以终之。晨夕督理，五载功竣。其他睦族恤姻，扶危济困，不乐人知。暮年家日落，犹以不能急人之急为恨。

● 《光绪武进阳湖县志》卷二十五《人物·义行·国朝》：

黄士贤，字与齐，奔牛镇人。产不及中人，而好施与。奔牛镇街及万缘桥南北石岸，皆士贤创造，又称贷以成之。其行善非一，多不使人知云。

● 《道光武进阳湖县合志》卷二十八《人物志七·义行·国朝》：

沈雠，字鸣和，性爽达能断。所居金牛镇①，官舫停泊，令里正为扦橛②，有不戒，则称贷以偿；否则，絷之去，鞭笞不释。雠控之官，饬武弁督汛巡缉，且刊碑垂永久，居人以安。嘉庆十二年、十九年旱，议赈，雠先出资为倡。其士族不肯报名饥

---

① 即奔牛镇。
② 橛，当作"撅"。扦撅，巡夜、守卫。

册者，雠别集其名，密周之。雠同里张侗、侗子协用，皆好善喜施。

● 《光绪武进阳湖县志》卷二十五《人物·义行·国朝》：

沈雠，字鸣和，所居奔牛镇，官舟停泊，责里正司夜，屡被笞罚。雠白之官，请饬汛弁巡缉，以省里正累。岁旱，雠先出资倡振；其不肯入名《饥册》者，雠别集其名周之。同里有张侗，侗子协用，亦皆好施。

（十五）清代高寿而留名方志诸人

● 《万历武进县志》卷八《摭遗》：

蒋氏，刘廷玺之妻，世居天禧桥北。廷玺早亡，蒋氏守节，至隆庆间，寿登百岁。……又有严朝义，奔牛蒋翁，俱百岁。……按郡志："唐萧德言，年九十九。国初龟巢先生，九十七。"自来多高年云。

● 《道光武进阳湖县合志》卷十九《旌表志一·人瑞·国朝（未旌"寿耇"附）》（光绪年间活字重排本之《未旌寿耇补遗》）：

国朝

道光间

叶秉义，字星联，安西乡人。监生。寿九十一岁。

咸丰间

徐子钧，安西乡人。寿九十三岁。

未旌寿妇补遗

国朝

道光间

贺氏叶秉义妻，安西乡人。与夫同享遐龄，寿九十岁。

王氏袁华新妻，安西乡人。寿九十一岁。

咸丰间

蒋氏沈兴让妻，安西乡人。寿九十岁。

（十六）王玉如

王玉如（1906—1932年），原名余庆，又名峰亚。清光绪三十二年（1906年）生于阳湖县（今武进）剑湖乡严庄村。中共早期党员，烈士。民国十五年（1926年）1月参加国民党，2月加入中国共产党。历任国民党横山桥区分部执行委员和中共横山桥支部干事、严庄桥中共支部书记、中共武进县西南区委书记。民国十七年先后任中共武进县委常委、组织部长、宣传部长、县委书记。秋，发动农民暴动未成，遭国民党当局通缉。翌年秋，任中共上海法南区委宣传部长，后任区委书记。因党组织遭到破坏，偕妻高美芝（中共党员）回到武进家乡继续斗争。民国二十一年 6 月，在奔牛小学被捕，关押在镇江监狱，遭到严酷摧残，于 7 月 22 日病死狱中[①]。

（十七）纪元凯

纪元凯，原名元芳、兰亭，1888 年 9 月 7 日（清光绪十四年）出生于山东蓬莱县四区纪家村，家境富裕，父母是虔诚的天主教徒。1903 年（清光绪二十九年）15 岁时，即进入烟台市大学修道院培训，1922 年毕业后，在烟台天主堂任修士，1924 年升为神父，1929 年任单平县咸平天主堂神父，1938 年因与主教罗道宣闹矛盾而被摘去神权，调往文登县张皮村天主堂。1940 年，抗日战争时期，在国民党游击队王兴部任参谋，1942 年化名李振声，到青岛台平镇开设古衣店，掩护国民党中央党部委员马子良和青岛保卫旅旅长李先良进行地下抗日活动。抗战胜利后，受到国民党青岛市当局的表扬奖励，并委为青岛敌产管理处负责人。红衣主教田辛耕为其恢复神权，后由于斌主教介绍，于 1947 年调来南京教区奔牛天主堂任神父。解放后，曾担任县各界人民代表会议代表，1959 年到东青天主堂任神父。"文化大革命"期间，遭受严重迫害，党的十一届三中全会以后，恢复了名誉，落实了政策，并选为七、八、九届县人民代表大会代表，担任武进县天主教爱国会主任。1988 年 2 月 9 日安死善终，享年一百周岁。

纪元凯自解放以来，拥护共产党领导，守国家政策法令。1949 年 10 月 1 日，纪亲率教友参加奔牛镇各界群众欢庆中华人民共和国的成立。主动腾出奔牛天主堂部分房屋借给当地政府作办公和公粮仓库之用。1955 年 11 月 15 日，纪在《新华日报》上发表《只有肃清暗藏在天主教内的反革命分子，才能纯洁教会使教友过好宗教生活》的文章，揭露天主教内龚品梅反革命集团的罪行，配合政府同教内的反革命势力作斗争。1958 年疏浚大运河，奔牛天主堂拆除后，把拆下的建材献给政府，支援社会主义建设。党的十一届三中全会后，拥护党的四项基本原则，积极协助政府贯彻宗教政策，1985 年 9 月出席省天主教爱国会召开的四化服务经验交流会，受到了表彰[②]。

① 江苏省地方志编纂委员会编：《江苏省志·人物志》，凤凰出版社，2008 年，第 1254 页。
② 中国人民政治协商会议江苏省武进县委员会文史资料研究委员会编：《武进文史资料》第 10 辑，1988 年，第 114、115 页。

（十八）刘国钧

奔牛镇——来常谋生的驿站。这里是江南运河常州西段的重要门户，又是武进西部的重镇之一，街长三里，户过千余，贸易繁荣。时为武进、金坛、丹阳三县贸易交流之地，又有湖北、安徽、苏北外籍人员在此经商。

……先生谋生之路非常艰辛：10 岁时就做小贩，以卖水果、白酒谋生；父亲犯病后，又学做道士，随人念经拜忏；14 岁在靖江城内糟坊做学徒。15 岁由邑人柳秀芳介绍至武进埠头（今湟里），学徒未果才转至奔牛。这里已是刘国钧谋生的第四站，此年为光绪二十七年（1901 年）。刘国钧在奔牛共有 14 年，即 1901 年至 1914 年。其中 4 年，分别在刘吉升京货店、元泰绸布店做学徒，3 年积蓄 18 块大洋，回家省亲，偿还举债。1906 年后任跑街、外柜，主持店务，暗蓄创业之心。1909 年，与人合办和丰京货暨土染坊，自任经理，这是他经商创业的开始。至 1913 年，拥有的和丰、同丰两店资本已达 2 万余，刘国钧终于在奔牛运河边挖到"第一桶金"①。

1962 年刘国钧在《自述》中为我们描述了当时常州奔牛镇的社会现实："奔牛镇是常州西门外最大的一个市镇，街道有 3 里路长，居民很多。近镇的村庄很稠密，田地种得很好，虽然没有像苏北那样有几千亩的大地主，然而有几十亩田的地主也不少。奔牛又在铁路和运河线上，交通便利，以致镇上的商业很发达。奔牛街上有赌场，夜以继日，押宝、牌九都有，是制造地痞、流氓的渊薮。地方上的流氓地痞强赊硬欠，敲诈勒索的事屡见不鲜。当地居民的子弟，由于环境关系，能洁身自好、勤俭朴实的并不多见。有很多的年轻子弟，不走正路，即使出去学生意，往往也是半途而废，中途回来的很多。因为回来之后，可以到赌场里去混，做小流氓能弄些吃用，因此奔牛镇赌风甚炽。由于我是苏北人，异乡客地，没有'靠山'，于是就有很多人经常向我敲诈，甚至动手打人，这样一类事情，在奔牛的十几年中，是时常碰到的。"……

从刘国钧的《自述》我们可以看出，奔牛镇的民风之坏以致使刘国钧产生了离开此地的想法，他在后来办实业中严禁厂内赌博，始终把改变厂风民风、重视科教和教育放在首位。刘国钧开始寻找出路，萌发了"实业救国"的打算②。

---

① 王亮伟主编：《刘国钧研究文集（2014—2016）》，凤凰出版社，2017 年，第 18 页。
② 同上，第 62、63 页。

（十九）何嗣琨

何嗣焜（1843—1901 年），字梅生，武进奔牛人。学养深厚，为文渊雅，长于章奏。1896 年盛宣怀筹办南洋公学，聘请他为首任总理，何辟地建房，聘请中外名师，招收学生，首创师范学院，亲手拟定《南洋公学章程》等一系列规章，筹划兴建了中院、上院等校舍，在其任职的近 5 年内，招生 300 多名，并选派 10 余名学生出国留学，经过他多年的苦心经营，使南洋公学初具规模。何嗣焜是南洋公学创始人盛宣怀先生办学思想的具体实施者，为南洋公学做出了开创性的贡献，这表现在：开创系统的分级办学体制之先河，开创中国近代师范教育的先河，师范班开学之日也成为交通大学校庆日的来历；开创中国近代大学管理章程之先河，开创中国近代大学派遣留学生之先河，开创中国近代大学乃至中国近代体育运动史上最早的大规模运动会之先河。1901 年 3 月 1 日，因过度劳累猝然逝世。著有《存梅斋文稿》。其墓志今藏于武进区博物馆。

二　列女

此处记载奔牛镇涌现出来的有名的女性人物。

（一）绝代佳人陈圆圆

> 卖进青楼无可奈，童心备受客摧残。
> 明眸似玉招人眼，笑貌如花赛牡丹。
> 技艺超群惊客座，华堂起舞为谁欢？
> 翩跹袅娜身姿美，窈窕轻盈蛱蝶般。
> 扭动纤腰摇细柳，轻舒广袖接云端。
> 言辞闲雅知书礼，额秀颐丰戴玉冠，
> 举止端庄生秀丽，言谈细语暖心肝。
> 琴弦书画吟诗赋，玉律金声誉艺坛。
> 贵戚名流多盼顾，皇亲田畹仗专权。
> 二千金谢其婆母，一弱女将听命天。
> 讨好崇祯无兴趣，纳为小妾奉床前。
> 为迎吴氏红颜伺，相见神魂欲火燃。

长伯心中欣自喜，明珠掌上更娇妍。

岂能料到刘公夺，怒发冲冠肺腑煎。

一怒引清关内入，带来灭族没人怜。

红妆落得千秋骂，污垢难清翰墨篇。

嗟叹为人真作难，奈何权势占天仙。

陈圆圆（1623—1681 年），原姓邢名沅，字畹芬，母早逝，幼时由姨母陈氏养大，从姨父姓陈。江苏武进金牛里（现常州奔牛）人。能歌善舞，色艺冠时，时称"江南八艳"之一。后皇亲田畹以"二千金酬其母，挈去京师"入田府，将陈圆圆献给崇祯。其时战乱频仍，崇祯无心逸乐。陈圆圆又回到田府，田畹占为私有。适吴三桂（字长伯，一字月所）出镇山海关，慕陈殊色，以千金纳为妾。李自成破京师，其部下刘宗敏掳圆圆，吴三桂冲冠一怒为红颜，遂引清军入关，攻破李自成，圆圆复归三桂。后吴三桂为滇王，圆圆随往。晚年为女道士，改名寂静，字玉庵，卒于云南①。

● 明·李介《天香阁随笔》② 卷二：

"平西王"次妃陈氏，名元，武进奔牛人。父好歌曲，倾资招善歌者与居，家常十数人，日夜讴歌不辍，以此破其家，由是讴者不来，家居无聊。有一子，甚鬻，顾其女倩而慧，恒教之歌，盖以自乐也。父死，失身为妓，予邑③金衢道贡二山④之子若甫，往金华省父，道出浒关⑤，见之，悦，输三百金赎之归，室人⑥不容，二山⑦见之，曰："此贵人。"纵之去，不责赎金。田皇亲⑧觅女优⑨于姑苏，得元，歌舞冠一部。平西既破闯贼，入京都，宴于皇亲家，出女乐侑酒。时平西入关讨贼，苦形劳

_____

① 张喜海：《华夏女子群英汇》，三秦出版社，2013 年，第 134 页。

② 其为江阴人，《民国江阴县续志》卷二十《艺文二·清》："《天香阁随笔》二卷，《集》一卷。李寄字介立撰。"《乾隆江阴县志》卷十七有其传："徐介立，名寄，霞客之遗腹子也，育于李氏，故名'李寄'。介两姓而历两朝，故字'介立'。名与字，皆所自命，而深意寓焉。"则其又名李介，字介立。

③ 指作者家乡江阴县。

④ 贡修龄（1574—1641 年），字国祺，号二山，初名万程，常州府江阴人，贡安甫四世孙。万历三十二年（1603 年）举人，万历四十七年（1619 年）进士。四十八年（1620 年）任浙江东阳县知县，著有《匡山》、《斗酒堂》等集。今按《乾隆江阴县志》卷二十一《艺文上》有清初沙张白《〈鸥天遗稿〉序》："《鸥天遗稿》者，亡友贡梅然诗也。贡氏，自学静公以来，代以忠直謇谔闻于朝廷；比其居乡，亦以'孝友姻睦'世其家，乡邦奉为仪表；文章、诗赋，其绪余耳。乃二山先生《斗酒》一集，脍炙人口。君为二山公孙"云云。又《道光江阴县志》卷十六《人物一》："贡修龄，字国祺，初名万程，安甫四世孙。万历己未进士。……著有《匡山》《斗酒堂》诸集。"

⑤ 指苏州浒墅关。

⑥ 室人，指正妻。

⑦ 指贡修龄。

⑧ 即田弘遇，又作田宏遇，又名田畹，明代江都（今扬州）人。崇祯皇帝田贵妃之父，曾任游击将军、锦衣卫指挥，后封左都督。

⑨ 指女性优伶。

神，必报君父仇①，以五千兵破贼数十万于永平，连战至都邑，疲敝数月矣。至是贼走，复②，始解甲欢饮，有一夕之乐；见元艳甚，而音歌又精，独数数顾视元。及元捧觞为寿平西前，平西连举数大觥。是夜，皇亲送元平西军中③。会平西镇滇中，正妃质于都，元独从平西，宠之专房。元有数智，得家人心，皆畏而爱之，事事如正妃。平西移檄江南，为访其母、兄；抚、按下之武进，榜于通衢。旬日，其兄戆而村居，不知也；其亲戚知之，奔以告其兄，不敢认；细察檄中姓名、居址，果其妹也，逡巡久之，为众人怂恿④，乃敢自言于官；官发人夫，传⑤而去。元闻母、兄至，拥侍女百余骑，出郭来迎。其母耄年，见□⑥装飞骑至，已惴惴矣。及相近，元跳下马，抱母而泣，母不知为己女也，惊怖死；久之乃苏，由是不乐居府中，数请归，平西乃厚资遣之。先是，□□□⑦。妃至，平西出迎，闭帐房，不与平西相见，曰："必杀元也，而后入。"平西从⑧诸将，千骑扬扬而出，见妃拒之帐外，有惭色。平西二俣婉曲调之，妃终不听。元闻之，谓平西曰："妾久有修行志。蒙王爱，故不决，今愿辞去别居，布衣疏食，礼佛以毕此生，足矣。"平西不得已，从之。二俣如其言，往告妃，犹不许。二俣曰："今者王同千骑出，若不许见，使王何以面将士？"妃悟，乃传令启帐房，与平西会。元由是另居一室，牖⑨通饮食。平西至，呼之亦不见。

●《康熙武进县志》卷四十四《摭遗》：

元元，奔牛镇陈氏女也。幼习歌舞，后至姑苏，有盛名。崇祯年间，田畹戚⑩见之，大悦，以千金购之，北抵张家湾，田之仆奔告曰："主母怒，欲闻之朝廷。"田大恐，询在旁有何官府船只，榜人曰："前西平小侯吴之舟也。"田即往拜，且言："愿以妾赠。"吴见之，亦大悦，乃携之入京。后，侯出镇，嘱其父曰："儿妾元元，幸父善护之。"未几，李自成破京师，内有某将军⑪，曾在吴见元元，心慕之；及是，语吴

---

① 指李自成入北京而崇祯皇帝上吊煤山，李自成在后来的永平之战时又杀吴三桂的父亲吴襄。
② 指在清兵帮助下，经永平一战大败李自成，收复首都北京后可以暂憩。
③ 据此则是平李自成后才得陈圆圆。与史实不符，田皇亲田弘遇是在李自成入北京之前，便已献陈圆圆给吴三桂。
④ 怂恿，今写作"怂恿"。
⑤ 传，名词作动词用，通过驿传送达。
⑥ 据意可补作"红"。
⑦ 此疑是有清人避讳的时忌之语，故节之而不敢刊出。
⑧ 从，使（诸将）从，即率领。
⑨ 牖，窗。指从窗户中传送饮食。
⑩ 畹戚，据下引《乾隆武进县志》，应为"戚畹"。戚畹，犹"戚里"，借指外戚或亲戚、邻里，或指帝王外戚聚居的地方。田戚畹，即国戚田宏遇。疑后人涉"田戚畹"之称呼而误以"田畹"为其名。
⑪ 指刘宗敏，李自成封其为"权将军"。

老侯曰："汝若以元元赠我者，我保汝一家。"老侯曰："此吾子之人，吾须往告之。"某将军大怒，囚其父。父遣人告其子，小侯闻之，大患，因归我朝[①]，统兵入京，得逐李自成而复与元元相会。吴祭酒伟业作《元元曲》。

● 《乾隆武进县志》卷十四《摭遗》：

圆圆，金牛里人，姓陈氏。父业"惊闺"[②]，俗呼"陈货郎"。崇正初，为田戚畹歌妓，后以赠吴逆三桂。甲申之变，圆圆留京师。贼遣人招三桂，三桂意犹与[③]。既而，知圆圆为贼所得，遂决意请讨。梅村《圆圆曲》谓"冲冠一怒为红颜"者，此也。三桂镇云南，叩圆圆宗党，谬以"陈玉汝"对，乃使人以千金招致之。玉汝笑曰："吾明时老孝廉[④]，岂为人宠姬叔父耶？"谢弗往。陈货郎至，三桂觞之曲房，持玉杯，战栗坠地。圆圆内惭，厚其赐，归之。

此条又见《道光武进阳湖县合志》卷三十六《摭遗志上》。

笔者按：吴三桂决意降清，不过以圆圆为借口罢了。

● 《光绪武进阳湖县志》卷二十九《杂事·摭遗》：

又圆圆，金牛里人，陈姓，其父曰"陈货郎"。崇祯初，圆圆为戚畹田氏歌妓，后以赠吴三桂。明亡，圆圆留京师，贼招三桂，三桂意犹与。既而知圆圆为贼所得，遂请讨贼。三桂镇云南，问圆圆宗党，谬以陈玉汝对，乃使人以千金招致之，玉汝笑曰："吾明时老孝廉，岂为人宠姬叔父耶？"谢弗往。陈货郎至，三桂觞之曲房，持玉杯，战栗坠地。厚其赐，归之。

● 清·陈锦《补勤诗存》卷十二《归舟消夏录（丙寅）》：

奔牛镇

水下毗陵路欲分，一湾村落柳塘春。

有谁能记前朝事？此地曾生倾国人。（《舣舰录》载："陈圆圆本常州奔牛镇人。"）

● 清·赵怀玉《亦有生斋集诗》卷二《云溪乐府》之《大风曲》：

歌《大风》，觞曲房；珊瑚十尺围靓妆，玉杯堕地碎迸光。君不见千金难易《圆圆曲》，孝廉肯为宠姬叔？

---

① 指清朝。指吴三桂因此而不归顺李自成的大顺王朝，改为归顺大清朝，清兵得以名正言顺地入关，以为崇祯皇帝报仇的名义，占领全中国。

② 惊闺，货郎及磨刀剪的人走街串巷时，用来招引女顾客的响器，如货郎鼓、连铁等。《醒世恒言·勘皮靴单证二郎神》：冉贵"手执着一个玲珑琅玱的东西，叫做个'惊闺'，一路摇着，径奔二郎神庙中来。"清厉荃《事物异名录·渔猎·杂具》："惊闺，《齐东野语》：用铁板数片如拍板样，磨镜匠手持作声，使闺阁知之，名曰'惊闺'。"

③ 犹与，即犹豫。

④ 孝廉，举人。

圆圆，金牛里人，姓陈氏，父业惊闺，俗呼"陈货郎"。初为田戚畹伎，后赠吴三桂，实圆圆心许之也；甲申之变，留京师。贼遣人招三桂，意欲与之①。及知圆圆为贼所得，遂决意请讨。吴伟业作《圆圆曲》，有"冲冠一怒为红颜"之句，三桂以千金劝易②，不从。三桂在云南，叩圆圆宗党，谬以"陈玉汝"对。乃使人招之，玉汝笑曰："吾明时老孝廉，岂为人宠姬叔耶？"圆圆每歌《大风》③之章媚三桂，三桂甚璧之。陈货郎至，三桂觞之曲房，持玉杯、战栗，坠地，圆圆内惭，送之归。

（二）清代符家五孝女

● 《武阳志余》卷十一之二《贞孝》：

符氏五孝女，安西乡人。父廷琇，母早殁，女五人，念父老无子，愿终身不字以养④。长女曰："子一人侍父足矣，汝四人宜不废大伦。"无何，长女卒。二女继姊志，守贞事父。未几，二女卒，三女继之。三女卒，四女继之。四女卒，五女曰："予嫁，父谁养？无父之人⑤，是禽兽也。"遂亦不字。父年至八十三而卒。《潜德录》⑥。

（三）清代奔牛以贞节而留名方志诸女子

● 《道光武进阳湖县合志》卷十九《旌表志一·女德》：

雍正十三年，旌武进节妇……叶氏、庠生王玑继妻，事姑抚幼，孝慈兼尽。坊在安西乡十四都五图。……

乾隆五年，旌武进节妇……夏氏、庠生柳世华妻，翁姑老，事奉无阙。坊在安西乡十五都一图。

乾隆五十六年，旌武进节妇……王氏、沈宗绍妻，二十六寨。坊在奔牛南坝西、丹⑦河北岸。……

嘉庆十七年，旌武进节妇邹氏、沈佑启妻，有传。坊在奔牛镇西街后。……

道光十一年，旌武进节妇……沈氏、李昂书妻，二十三寨，现存，年六十一。坊在奔牛镇东，沿河。……

---

① 四字上引《乾隆武进县志》卷十三《摭遗》作"意犹与"，即犹豫。此处作"意欲与之"若不误，则可解"与"为允许、答应，即答应投降之意。
② 指出三千两银子请吴伟业将这句话改掉。
③ 指刘邦回故乡沛县所歌之《大风歌》："大风起兮云飞扬，威加海内兮归故乡，安得猛士兮守四方！"语气豪迈质朴，大气磅礴，适合吴三桂大将军的身份。
④ 不嫁人，以此来养父。
⑤ 指没有父亲在心中的人，也即抛弃父亲的人。
⑥ 指出自《桑梓潜德录》这本书。
⑦ 丹，当作"月"。

道光二十一年，旌武进节妇……恽氏、沈祖修妻，安善西乡人，二十八岁寡。事姑尽孝，持孤成立，苦节十八年，劳瘁成疾卒。……

道光二十二年，旌武进节妇张……恽氏、沈祖修妻，奔牛人，二十八寡，四十五岁卒。……

● 《道光武进阳湖县合志》卷十九《旌表志一·女德》（光绪年间活字重排本之"补遗"）：

道光年，旌武进……节妇王氏、陈汝贤妻，安西乡。沈氏、蒋秀明妻，奔牛镇。有坊。……杜氏、刘克范妻，安西乡叶家码头，有坊，详《潜德录》三集。……

● 《道光武进阳湖县合志》卷三十一《列女传·节孝》：

邹氏，武进沈佑启妻。年三十，夫殁。氏撑挂门户，事舅至勤，自奉甚啬。针浣烹饪，悉手出之，无丝粟浮费，家以渐起。方氏在室时，母氏早逝，即能衣食其弱弟四人。及归佑启，佑启素严正，闺中未尝闻笑语声。或值他故，见父母色不怡，必问曰："今日奉养，得无有未当否？"由是，氏益严事尊章①，卒以孝行著。言启方撰传。

（四）奔牛"节孝祠"中旌表的安善西乡"贞、孝、节、烈"妇女

● 《道光武进阳湖县合志》卷二十《旌表志三·总坊下·国朝》：

道光十六年，江苏巡抚林则徐等，题达武进安善西乡"贞、孝、节、烈"妇女，奉旨：给银三十两，于捐建节孝祠外，总建一坊，镌刻姓氏，祠内设位致祭。

孝女：谈氏，惠远季女，孝养不字，年六十三卒。

贞女：杨氏，字叶殿高，十九，夫亡。守三十二年卒。

王氏，字贺邦彦，十五，夫故。守至七十二岁卒。

节妇：董氏王玉阶妻，二十八寡，七十六卒。

刘氏水东胶妻，二十八寡，七十二卒。

周氏濮殿臣妻，二十五寡，七十八卒。

姚氏叶寿奎妻，二十四寡，七十三卒。尝举债五百金，焚其券，谓其子曰："留之市怨，吾今为汝市德，且吾恐汝以多财生其骄怠也。"子游邑庠。

李氏叶连奎妻，二十六寡，六十三卒。

杨氏濮松森妻，二十七寡，七十六卒。

---

① 尊章，亦作"尊嫜"，舅姑。对丈夫父母或对人公婆的敬称。《汉书·广川惠王刘越传》"背尊章"，颜师古注："尊章，犹言舅姑也。"

陈氏严天章妻，二十五寡，八十二卒。

陆氏王安国妻，二十六寡，五十九卒。

何氏王惠龄妻，二十三寡，六十五卒。

陈氏王启文妻，二十八寡，七十四卒。

姜氏周登桂妻，二十九寡，七十七卒。

殷氏沈允惠妻，二十六寡，六十六卒。

李氏王凤高妻，二十五寡，三十九卒。

王氏邹富润妻，二十九寡，八十六卒。

姜氏张顺泰妻，二十九寡，六十五卒。

符氏陈敬修妻，二十七寡，六十九卒。

胡氏李善邦妻，二十四寡，五十二卒。

王氏沈逢源妻，二十五寡，六十六卒。

王氏沈瑞美妻，二十二寡，三十二卒。

杨氏沈兴邦妻，二十七寡，六十五卒。

姜氏沈明德妻，三十寡，七十一卒。

谢氏周大赉妻，二十七寡，六十八卒。

钟氏袁秀峰妻，二十五寡，五十七卒。

陶氏张朝宗妻，二十九寡，七十四卒。

邵氏严星监妻，二十九寡，八十三卒。

严氏瞿景升妻，二十八寡，六十九卒。

姜氏陈梦熊妻，二十九寡，五十三卒。

张氏杨云彩妻，二十七寡，五十三卒。

戴氏杨廷保妻，二十五寡，七十五卒。

姚氏符安仁妻，二十九寡，七十卒。

卜氏张迈妻，二十九寡，七十四卒。

王氏张宽妻，三十寡，七十六卒。

江氏刘申元妾，二十九寡，七十二卒。

何氏陈洪元妻，二十二寡，三十五卒。

何氏王旭存妻，二十五寡，三十八卒。

陈氏杨汝南妻，二十四寡，七十四卒。

朱氏汪玉润妻，三十寡，五十七卒。

谢氏袁景尚妻，二十四寡，七十一卒。

周氏叶旭生妻，十九寡，六十二卒。

施氏夏谋妻，二十一寡，七十卒。

邵氏谢茂妻，二十四寡，八十卒。

张氏周朝俊妻，十九寡，六十七卒。

朱氏钱会龙妻，二十寡，七十二卒。

崔氏袁惠秀妻，二十六寡，六十二卒。

邹氏王大儒妻，二十六寡，六十卒。

吴氏李叙元妻，三十寡，七十三卒。

陈氏王忠佑妻，二十六寡，五十七卒。

陈氏谢元章妻，二十七寡，五十二卒。

陈氏沈肇贤妻，二十七寡，五十八卒。

符氏王仑源妻，二十七寡，六十九卒。

杨氏张振之妻，二十七寡，七十三卒。

王氏陈见龙妻，二十三寡，七十一卒。

沈氏祁永宽妻，十八寡，五十四卒。

邵氏沈裕坤妻，二十一寡，六十八卒。

杨氏王家庠妻，三十寡，八十一卒。

管氏王连玉妻，二十八寡，七十四卒。

邹氏杨洪芳妻，二十七寡，五十七卒。

叶氏蒋兴国妻，二十二寡，五十八卒。

李氏王尔俊妻，二十四寡，七十四卒。

金氏乔耕乐妻，二十二寡，七十九卒。

黄氏王怀仁妻，二十九寡，六十九卒。

符氏王大来妻，二十四寡，七十八卒。

贺氏王怀信妻，二十九寡，六十卒。

沈氏陈寿川妻，二十四寡，六十五卒。

姚氏李佩青妻，二十三寡，五十五卒。

汪氏姚秉植妻，二十三寡，五十八卒。

萧氏姚国庆妻，二十九寡，七十四卒。

荆氏王大行妻，二十四寡，五十五卒。

魏氏陈宗兴妻，二十二寡，三十七卒。

董氏张九龙妻，二十七寡，六十七卒。

姜氏张介眉妻，二十八寡，七十四卒。

戴氏杨敬臣妻，二十五寡，七十四卒。

汪氏张大猷妻，二十二寡，五十五卒。

潘氏沈景福妻，二十六寡，五十五卒。

魏氏沈登科妻，二十六寡，八十卒。

姜氏刘近元妾，二十九寡，七十九卒。

谢氏庐江张廷扬妻，二十八寡。五十一，存。

沈氏王孚万妻，二十一寡，五十卒。

姚氏谢祝庆妻，二十七寡，四十六卒。

陈氏杨懋和妻，二十寡，四十九卒。

徐氏杨茂荣妻，二十一寡，五十卒。

谢氏杨绍棠妻，二十九寡，五十三卒。

刘氏杨再生妻，二十六寡，五十五卒。

荆氏张鸣翔妻，二十四寡，六十一卒。

谢氏李松培妻，二十九寡，四十五卒。

吴氏陈虔源妻，二十七寡，六十卒。

烈妇：蒋氏王会和妻，二十四，夫亡，孤又夭，遂不食死。

汤氏霍阿须妻，二十，夫亡；距四十九日，自缢死。

姜氏徐春生妻，二十寡。陈川狗犯以非礼，抱愤自缢死。

高氏张庚方妻，二十四寡，托孤于其亲旧，坚卧不食死。

汤氏霍申之妻，五岁为霍养媳，贫甚，求乞养姑；十九岁配合，未一载夫亡，自经死。

原一百五人。内有已被特旌之姜氏沈希贤妻、谢氏沈心沅妻、谢氏岳宗藩妻、姜氏姚瀛洲妻、金氏夏继良妻、叶氏蒋兴业妻六人，又前次总旌之谢氏沈心恺妻、沈氏王永寿妻、夏氏万舜年妻、张氏刘龙应妻四人，又本案重出之陈氏王屺闻妻，屺闻，即启文。一人。今校去之，定为九十四人。

道光十七年，江苏巡抚陈銮等汇题武进、阳湖二县"贞、孝、节、烈"妇女。奉旨给银三十两，于捐建节孝祠外，总建一坊，镌刻姓氏，其已故者，祠内设位致祭。

笔者按：此下有贞节妇女名单，文字很长。又：《光绪武进阳湖县志》也有贞节妇女的名单，与奔牛镇或安善西乡有关者也很长。两者相加，共有 4.9 万字，限于篇幅，此处未录。今节引其框架如下：

　　　　武进：孝女：……

　　　　　　　贞女：……

　　　　　　　孝妇：……

　　　　　　　节妇：……

　　　　阳湖：孝女：……

　　　　　　　贞女：……

　　　　　　　孝妇：……

　　　　　　　节妇：……

　　　　凡千八百有五人。

　　　　案：旌淑之典，始见《尚书》；表宅表里，可谓勤矣。三代以降，率由罔替，故蠲租赍谷，史不绝书。明制，更于所在旌善亭立碑，镌其姓氏年籍，昭示来兹。然综厥载籍，甄录无多①；日久湮没，往往不免。国朝雍正元年，奉旨建忠义孝悌祠及节孝祠，题姓名于石碑，殁则祀于祠中，然后遗逸盖寡。道光七年，上俞江苏抚臣之请，有"总坊"之命。举凡幽潜，无不彰显；如斯盛典，古未有也。斯举，昉于武进、阳湖，而薄海内外咸推行之，则兹二邑节义之盛，可以概见；而我朝浩荡仁恩，为度越千古矣，是皆不可不纪也。宋咸淳郡志，"孝义""贞节"，概统之以"旌表"；自王文肃《郡志》"人物"分传以后，"旌表"乃无专门。今二邑频邀旷典，人数众多，若概为"列传"，则卷帙已繁，有乖全书之体，遂循咸淳之旧，为"旌表志"。而其间之行实尤著者，别录之为传，亦以遵王志例也。前志间有讹误，辄加考正，以蕲传信将来。而此次增入量多，传闻异辞，搜考难遍，尤有待于后人之订正也。②

　　　　庄咏麓案：……

● 《道光武进阳湖县合志》卷二十一《旌表志四·完节未旌·国朝》：

　　　　庄氏沈立诚妻，二十七寡，三十七卒。……案：以上安西乡。

　　　　王氏姜大成妻，二十六寡，五十五卒。……案：以上鸣凤乡。

---

① 指旌善亭表彰过的人，地方志记载较少，日久容易被人遗忘不知，故特建祠供奉其牌位，使人间可以长存其名氏与事迹。

② 此下为光绪重印本所加。

……金氏谢景惠妻，三十寡，六十八卒。一女，亦早孀，相依守志。女适庐江张廷扬，见安西乡总旌案①。……

● 《道光武进阳湖县合志》（光绪朝增补本）卷二十一《旌表志四·总旌补遗上》：

道光二十一年，旌武进……节妇姜氏、高虎林妻，二十四寡，抚孤成立。……以上安西乡。王氏、陈瑞喜妻，二十三寡。七十一，存。……以上鸣凤乡。李氏、谢达柱妻，二十九寡。五十二，存。姚氏、谢胜禄妻，二十三寡，六十九卒。◆以上孝西乡。张氏、沈向高妻。◆朱氏、贡寅②占妻。◆刘氏、陈事敬妻。◆徐氏、邹顺承妻。◆邹氏、孙用义妻。◆王氏、陈志善妻。◆姚氏、邵继贤妻。◆姜氏、蒋敬义妻。◆季氏、孙福绵妻。◆何氏、赵立成妻。◆叶氏、柳成阴妻。◆陈氏、周传生妻。◆鲁氏、沈传庆妻。◆李氏、王肇祥妻。◆周氏、王智妻。◆沈氏、王现龙妻。◆邱氏、潘清源妻。◆吴氏、沈振沿妻。◆徐氏、邹以和妻。◆谢氏、沈用晋妻。◆沈氏、胡辰瑶妻。◆高氏、沈中瀛妻。◆吴氏、蒋园如妻。◆陈氏、沈传生妻。◆霍氏、何德家妻。◆戴氏、沈永高妻。◆杨氏、沈卓吾妻。◆李氏、周宜元妻。◆丁氏、谢润妻。◆姜氏、吴元妻。◆吕氏、谢永年妻。◆李氏、胡舜年妻。◆韦氏、谢其悦妻。◆孔氏、胡福赞妻。◆王氏、蒋正福妻。◆周氏、王箕畴妻。◆潘氏、丁顺安妻。◆邹氏、孙桂生妻。◆叶氏、张廷梅妻。◆邹氏、戴庭玉妻。◆邵氏、邹锡类妻。◆董氏、樊成德妻。◆莫氏、周凤书妻；陈氏、周凤书妾③。◆王氏、周庆元妻。◆许氏、高俊锡妻。◆谢氏、姚瑞岐妻。◆张氏、殷耕阳妻。◆谢氏、薛继大妻。◆吴氏、陆近仁妻。◆谈氏、陆书年妻。◆谢氏、王凤年妻。◆郑氏、何会龙妻。◆叶氏、恽玉律妻。◆李氏、孙庆聚妻。◆叶氏、高喜官妻。◆邹氏、谢正齐妻。◆王氏、姚璲妻。◆姚氏、束廷俊妻。◆胡氏、王家信妻。◆唐氏、王曰旦妻。◆袁氏、王应禧妻。◆贺氏、邵长庚妻。◆李氏、金朝辅妻。◆沈氏、汤盛鸣妻。◆丁氏、吴文德妻。◆史氏、胡福秀妻。以上，安西乡"奔牛镇"总坊。年分无考、武进"烈归"汪氏、方毓才继妻，毓才卒，殓后仰药死。

……

光绪三年，旌武进……节妇：……顾氏、张星妻，二十寡。六十，存。◆安西乡。……

光绪七年，旌武进孝女：……谈大姑，禹范女。守贞、事亲。同治二年卒，年七十二。沈

---

① 指见于上文在安西乡总建一座牌坊加以旌表的事情中。
② 寅，《光绪武进阳湖县志》作"银"。
③ 以上二氏"双节"。

大姑，永芳女。父没，母产遗腹子，姑矢志不嫁，事母、抚弟。年五十二，存。◆以上安西乡。王姑，景炜女。三岁丧父，兄亦早世。姑守贞、事母。道光二十七年卒，年六十六。何姑，监生何瑞芝女。父早卒，母病废，姑守贞、事母。咸丰十年卒，年五十三。陈姑，珍玉女。父患足疾，母病床褥，朝夕扶持，不离左右。咸丰六年卒，年四十。◆以上鸣凤乡。……◆贞女：……陈氏、字刘，良御女。刘卒，守贞，事后母孝。同治二年卒，年五十三。◆安西乡。贡氏、字"县丞"长洲宋琦，徐闻知县贡清鉴女。十九，夫亡，守贞。咸丰十年卒，年六十三。王氏、字张士元，丕业妇。十八，夫亡，守贞。咸丰十年卒，年四十。◆以上鸣凤乡。……贞妇：……杨氏、[①] 李汝翼继聘妻，鸿吉女。年二十三[②]，未婚，夫卒，奔丧、守贞。舅、姑俱没，前室遗一子、五女，皆幼，氏抚字、婚嫁之，视如己出。年七十三，存。谢氏、邹育管聘妻，承诏女。年二十二，未婚，夫卒，请往成服。邹赤贫，戚党劝阻，不从，遂奔丧、守贞。六十三，存。姜氏、徐礼谦聘妻，丹阳监生姜守恒女。年二十二[③]，未婚，夫卒，奔丧、守贞。年五十二，存。邵氏、王斌儒聘妻，司直女。年二十[④]，未婚，夫卒，奔丧、守贞。嘉庆二十二年卒，年二十七。黄氏、符一鸣聘妻，荣芝女。年十八，未婚，夫卒，奔丧、守贞。道光二十五年卒，年二十八。王氏、黄渊本聘妻，芳载女。童养于黄。年二十，婚有期而夫卒，矢志守贞。道光十九年卒，年三十一。◆以上安西乡。……节妇：……朱氏、谢建裕妻，二十五寡。道光二十七年卒，年三十九。……以上安西乡。吴氏、陈伯秀妻，三十寡。康熙五十八年卒，年五十。……以上鸣凤乡。……

附录：摘录"忠义局"呈报"孝、贞、节、烈"妇女：

武进："孝烈女"……袁三姑，坤元女。守贞、事亲。六十一，殉节。◆安西乡。……◆"节烈妇"……姜氏、岳积庆妻，二十七寡。五十五，殉节。李氏、颜顺年妻，二十七寡。五十三，殉节。符氏、沈俭妻，二十九寡。五十四，殉节。杨氏、刘本方妻，少寡。四十七，殉节。杨氏、严惠如妻，少寡。三十五，殉节。谢氏、沈沛云妻，少寡。三十九，殉节。王氏、史阿八妻。◆姚氏、李阿二妻。以上安西乡。王氏、何佩明妻，少寡。六十六，殉节。陈氏、何心丹妻，少寡。四十二，殉节。王氏、何耀鹏妻，少寡。三十八，殉节。邵氏、陈叙庆妻，少寡。二十七，殉节。陆氏、姜觐华妻。◆何氏、高宗保妻，以上鸣凤乡。……

●《道光武进阳湖县合志》（光绪朝增补本）卷二十一《旌表志四·总旌补遗下（旧

---

① 此处《光绪武进阳湖县志》卷十有"监生"两字。
② 三，《光绪武进阳湖县志》卷十作"二"。
③ 二，《光绪武进阳湖县志》卷十作"三"。
④ 二十，《光绪武进阳湖县志》卷十作"十七"。

志①"完节未旌"）》：

　　武进：……节妇：……张氏、沈向荣妻，二十二寡，八十一卒。季氏、孙庆叙妻，二十二寡，五十余卒。姚氏、邵梁妻，二十七寡，五十一卒。贺氏、邵长人妻，二十九寡，五十余卒。沈氏、汤鸣盛妻，二十五寡，七十五卒。◆以上安西乡。王氏、姜大成妻，二十六寡，五十五卒。……以上鸣凤乡。……金氏、谢景惠妻，三十寡，六十八卒。一女，亦早孀，相依守志。女适庐江张廷扬，见"安西乡总旌"案。……

　　……

　　光绪十一年，旌武进：孝女……沈姑清德，国秀女。祖母年高，母多病，姑矢志不字，孝事重闱。五十三，存。◆安西乡。……

　　◆◆完节未旌搜采族谱所载及名人集中小传，陆续补入，以便援案详请旌表。

　　……国朝

　　武进：……节妇……黄氏、沙宗耀继妻，三十寡，道光二十三年卒，守三十九年。◆安西乡。……

---

① 旧志，指该书的道光朝原刻本。

第六章　文物古迹

一　文物保护单位

（一）大运河奔牛段

中国大运河由京杭大运河、隋唐大运河、浙东运河三部分构成，全长 3200 公里。京杭大运河包括通惠河、北运河、南运河、会通河、中运河、淮扬运河和江南运河等段，其中江南运河北起江苏镇江，绕太湖东岸经常州、无锡、苏州，南至浙江杭州。古江南运河由吴王夫差于公元前 495 年开凿，自苏州望亭至常州奔牛，经孟渎入长江，时间比扬州邗沟早九年。2006 年京杭大运河被列为第六批全国重点文物保护单位，2013 年国家文物局将浙东运河、隋唐大运河与京杭大运河合并公布为"大运河"。2014 年 6 月 22 日，大运河正式列入世界遗产名录，江南运河常州城区段，被列为世界遗产大运河的 27 段河道之一，成为我国第 46 项世界遗产，也是常州的第一项世界遗产。中国大运河是世界上开凿最早、规模最大、线路最长、流域最广的人工大运河。中国大运河也是人类认识自然、改造自然的伟大作品，是自然环境与人文环境完美结合的产物，是人类文明的一个创造。千百年来，中国大运河在国家统一、民族融合、经济发展、文化交流、城市繁荣、百姓福祉等方面做出了无与伦比的贡献。大运河常州段是江南运河的重要组成部分，也是江南运河中唯一连江通湖的河段，是江南运河穿越南方城市中心区的典型代表。它西由奔牛九里铺入境，东至横林古槐滩出境，全长 45.8 公里，其中世界遗产段西起连江桥，东至东方大桥，全长 23.4 公里。

大运河横贯奔牛古镇，由原九里乡金联村域入境，东沙河出境，全长 11.6 公里，是大运河常州段沿线风貌保存较为完整的片区之一，拥有各类物质文化遗产 20 余处，尤其在奔牛老街仍有不少民国时期的特色建筑，具有保存和复兴价值。该河段开凿于公元前 495 年，1935 年进行了大规模的疏浚，1958 年再次拓宽疏浚，1983 年按照四级航道标准整治。目前作为常州通航运河的一部分，仍然承担主干通航道的功能。河道宽度 60 米，为 4 级航道，水质标准为五类，属于重点保护类运河河段。常州所处的江南运河西段作为沟通长江和太湖水系的重大水利工程，在顺应西高东低、北高南低整体地势的同时，对运河通航产生了十分显著的影响。由镇江附近宁镇山脉东延的丘陵地带是长江水系和太湖水系的天然分水岭，也是江南运河沿线地势最高、最易淤积碍航的"瓶颈"河段，长期依赖闸、坝等水工设施维持河道通航；奔牛一带作为西部高地和东部低地的过渡与分界，历史上主要依靠时闸时坝的水工设施提供蓄水济运的保障；自奔牛通长江的孟河是江南运河回避镇江高地的最早出江通道，也是镇江段运河开通后备用的出江通道和水源补给通道。

古运河畔的新北区奔牛镇是依河而建、因河而兴的千年古镇。奔牛古镇因其便捷的交通、发达的商贸、人口的聚集、文化的交融，成为古常州地区西部巨镇。公元前 495 年江南运河开凿，因水运的便利，该地区村落逐渐呈现出沿运河自然聚集发展的态势，"奔牛"一词此时尚未见于文献典籍。两汉魏晋南北朝时期，"奔牛"地名首次出现于文献典籍。隋唐时期，随着京杭大运河、孟河的先后拓浚，水运畅通，舟楫往来，商贸兴盛，奔牛成为武进县安善西乡重要集镇。宋明以来，随着江南经济获得极大发展，奔牛古镇进入快速发展轨道。宋时奔牛建坊，明代改坊为厢，清道光七年（1827 年）建置奔牛镇，古镇馆舍林立，驿站酒肆随处可见，商贸交换颇为兴盛，奔牛地区成为南北水陆交通要道和重要商埠。市镇经济空前繁盛，也奠定了古镇沿古运河呈带状发展的基本格局。到了近代，该地是常州西部四乡农副产品集散中心，商贾聚集，市声若潮，贸易繁荣，在江浙一带颇负盛名。1949 年 4 月武进解放，奔牛单独建镇，成为武进县唯一的县属镇。进入现代，奔牛镇更是拥有得天独厚的交通条件和区位优势，是常州西部地区重要的交通枢纽和工业强镇。

（二）万缘桥

位于常州市新北区奔牛镇东街 107 号、幸福路 25 号西 3 米，跨老孟河最南端，处于老孟河与大运河交汇处，旧名跨塘桥，东西走向，是一座高大的花岗岩单拱石桥，用纵联分节并列砌法，全桥长 40 米，桥拱跨径 12.6 米，拱顶高 10.5 米，桥梁面宽 5.8 米。桥顶竖有 4 根望柱，柱头顶端原有 4 尊石狮，其中 2 尊为清代原物，另外 2 尊残缺石狮为 2021 年修复。桥坡面两侧置有厚实的石板，石级上刻有防滑菱形，而桥顶的两侧设置有吴王靠背式石栏，能坐 4—6 人，可供临桥息脚闲坐或夏夜纳凉，这是常州石拱桥中唯一的一对吴王靠背式石座。石桥南北栏圈两侧各有桥耳两个，外侧桥耳下嵌有条石桥柱，柱面阴刻有桥联，上联为"雄震双流，看帆指毗陵、潮回孟渎"，其下联因风化已不能看清。万缘桥具体始建年代不详，明万历《武进县志》记载："万缘桥旧名跨塘桥，跨孟渎河口。"清光绪《武进阳湖县志》亦载："光绪四年（1878年），知县鹿伯元、厘局委员张绍文请于巡抚吴元炳，拨帑五成，民捐五成重建"。《武阳志余》记载："万缘桥旧名跨塘桥，在奔牛镇。光绪四年圮，知县鹿伯元、厘局委员张绍文请于巡抚吴元炳，拨帑五成，民捐五成重建。里人陈鑑、刘诚彦、张安邦董其役。"万缘桥是常州体量较大、保存较好的最原生态的古桥之一。1988年11月，武进县人民政府公布为县级文物保护单位。2011年12月30日，江苏省人民政府公布为第七批省级文物保护单位。

2021年3月，常州启动万缘桥修缮工程，旨在解决万缘桥因年久失修所造成的安全隐患。在修缮过程中，令人惊喜地发现了部分刻在柱石下部的桥联文字——"琴留珠柱，酒载乌篷"，为研究古桥文化内涵提供了新的材料。珠柱，以明珠为饰的琴柱，借指精美的琴。乌篷，江南地区特有的小船，因竹篾做的篷盖被漆涂成黑色而得名。作者以极其简练的笔触描绘了一幅江南特有的风情画：一只小小的乌篷泛舟中流，文人雅士浅酌慢饮，听琴声悠扬，赏沿河风光。更令人惊喜的是发现了桥联的作者，"桐城张绍文题"印证了地方志书记载的真实性。

张绍文，安徽桐城人。清康熙、雍正、乾隆朝重臣张英、张廷玉的后裔，著名的"六尺巷"故事就发生在张家。邑附生，以军功保举知县，历任江苏苏州府震泽县、松江府娄县知县。

此时张绍文身为厘局委员，负责过往客商的厘金征收，而奔牛地处水陆要冲，是商贸百业汇聚之地，他为万缘桥题写桥联，也在情理之中。

（三）彩虹桥

彩虹桥位于常州市新北区奔牛镇虹桥村北300米，南北向跨老孟河，是一座单孔石拱桥。彩虹桥形如彩虹，故名彩虹桥，俗称虹桥，是常州市大运河水利工程遗产的组成部分。彩虹桥始建年代不详，现存年代为清代。《奔牛镇志》记载此桥为清光绪五年（1879年）重建。其桥为纵联分节并列式，花岗岩石质，全桥长32余米，桥高10.5米，桥拱跨径9.8米，桥面宽4.4米，桥堍宽5米。彩虹桥东西两面拱圈两侧有4个桥耳，外侧桥耳下各嵌柱石一块，上刻行书桥联。东侧桥联曰："积土藉成山，兴民利仍是国民利；临流劳问渡，勉而行何如安而行。"西侧桥联曰："此日大河虹亘，征人共乐济川来；当年中道弯回，雄主也应题柱去。"细察两侧桥联，会感受到石桥曾经的风姿。彩虹桥顶部桥额石已经改成水泥，彩虹桥三字刻在水泥梁面上，是石桥最大的遗憾。在桥墙上有斜坡的大块石料，是原桥的护栏石，说明原护栏是长块石的实体护栏，现在桥栏用铁质钢管代替，少了一份岁月的沧桑感。彩虹桥桥洞存有宽约 60 厘米的石道，这是老孟河上的古纤道遗址，拱洞的转角处留着数十道纤绳痕。从前运河边上大多有纤道，纤夫拉纤，遇桥时船要靠岸，纤夫要上船，过了桥洞再登岸。拉纤都是逆水而上，桥洞的水流很急，上船登岸比较费劲。为了让船过桥洞时纤夫不登船，有些桥洞下面加设了石道，纤夫可以直接穿过桥洞到前面的纤道去，既节约时间，也省了力气。据资料记载，原京杭运河包括其他一些主要运河拱桥的桥洞里大多设置石道。如今运河或拓浚，或改建新桥，石桥很少见，除非运河早就改道，方能保存运河上的石桥，因此彩虹桥的古纤道在常州石桥中独一无二，有着极高的运河文化价值。目前彩虹桥桥洞内及连接西南岸的石道尚存 10 米左右，连接东南岸的石道已经拆除。拆除的这些石料，有的建在集体房屋的墙基上，有的建在电灌站的机埠上，也有建在排灌的渠道上。走上石道，还能看到拱顶龙门石上精美的双龙戏珠图案。彩虹桥桥址附近因地势较高，原有许多砖窑，就地取土，取之不尽。沿河原有煤站、粮屯、仓库，是奔牛镇的重要港口。这里不仅是奔牛通往北部以至苏北泰州的水上通道，也是陆路要道。南通京杭运河，北连长江。由于河岸高，桥拱也随势抬高。随着老孟河的改道，这里不再通航，原有的库站也相继撤离，失去了昔日的繁华。如今的彩虹桥已不见石桥的台阶，为了通行汽车，桥面改成平坡，浇注了钢筋混凝土，坚固如初，可以通行 10 吨以下的卡车。坐在车里从桥上驶过，没有感觉这是一座石拱桥。只有走到远处的河岸才能发现石拱桥的雄姿。1988 年 11 月，武进县人民政府公布为县级文物保护单位。2011 年 1 月 5 日，常州市人民政府公布为第五批市级文物保护单位。

（四）奔牛后王村桥梁群

位于常州市新北区奔牛镇后王村委新沟村，现有四座平板石桥，东南—西北向跨村内河道上，河道北接大运河，最北侧桥梁刻有"芦溇官沟""王兴桥"字样，传说乾隆下江南时停泊于运河叶家码头，见运河南岸河口郁郁葱葱，故赐名"芦溇官沟"，曾属于奔牛八景之一。2018 年 4 月 15 日，由常州市人民政府公布为第七批市级文物保护单位。

（五）侵华日军碉堡旧址

位于常州市新北区奔牛消费品综合市场北侧，紧邻老孟河，在沪宁铁路线南侧，地理位置十分险要。奔牛沦陷期间，日军在沪宁铁路沿线各主要桥梁和交通要道修建碉堡，以维护其铁路，保障后勤运输。由于奔牛地处沪宁铁路中段，向来为水陆要津，因此日军在全镇各交通要道设置"检问所",在西闸桥、公路桥、铁路桥等处均构筑碉堡,对过往行人肆意盘查,强令过境者出示"良民证"。日军在老孟河铁路桥两侧河埠上建有两座碉堡。河东碉堡有六七米高,多边形状,用砖石混凝土构筑,内设木楼梯和木楼板,楼上设观察哨位,起岗楼瞭望作用;墙身置枪眼,便于居高临下,从里向外射击。河东岗楼式碉堡于20世纪70年代初,因沪宁铁路实施复线工程而被拆除。河西碉堡裸露地表部分高在2米以上,仅有一层,八角多边形状,高2.8米,直径4米,周长14米,墙厚0.5米,用石块和钢筋混凝土建成,在东南西三个方向设有上下层内小外大(外八字)式枪眼共13个,用于观察和射击,另朝北建有进出小门。河西碉堡在新中国建立后被所在村组用作民兵护桥、值勤看夜、卡点设置的处所,保留至今,坚固如初。现北侧小门已被封堵,其外墙也被粉刷维护,朝西墙面现有铁路路徽"奔牛站区084"字样。日军在奔牛建造的碉堡,既是日本侵略者当时为保障其铁路运输线而建的军事设施,也是日军侵占奔牛蹂躏民众的罪证。2018年4月15日,常州市人民政府以"奔牛抗战时期碉堡旧址"命名,公布为第七批市级文物保护单位。

（六）奔牛药店旧址

位于常州市新北区奔牛镇新市村委张东村1号,现存一进两开间,硬山式砖木结构建筑,有阁楼。面朝东北临街,背面临茅山河,青砖驳岸保存较好。药店源自孟河医派,店内完整地保留有常州目前仅见的药柜柜台、药箱等设施。2019年11月15日,由常州市人民政府公布为第八批市级文物保护单位。

二　一般不可移动文物

（一）奔牛东街1号王氏宅

奔牛东街1号王氏宅位于常州市新北区奔牛镇中街社区东街。王宅坐北朝南,处于街梢,形成一个很自然的转角。此宅是典型的江南民居建筑,为四开间两层硬山式砖木结构建筑,屋内青砖铺地,外墙用青砖砌成,具有良好的隔声隔热性能。房屋东、南两面为门面,一层墙体青砖外露,二层为木质半窗式转角阳台;西、北两面为背面,其墙体为青砖上粉刷水泥、石灰。建筑占地面积约为70平方米。据屋主介绍,房屋建造年代是民国初年,20世纪70年代曾做过较大规模的修缮,近年来也做过局部修缮。目前,房屋正常使用，屋内环境保持较好，青砖地面，老家具，历史感比较强烈。2010 年，武进区第三次全国文物普查时登记。2012 年 2 月，由常州市第三次全国文物普查领导小组办公室列入常州市第三次全国文物普查名录，并由常州市文物管理委员会加挂"一般不可移动文物"牌子。2013 年 9 月，由常州市人民政府公布为常州市市区第三批历史建筑。

（二）奔牛东街 2 号蒋氏宅

位于常州市新北区奔牛镇中街社区东街 2 号。蒋氏宅坐北朝南，一进，一开间，硬山式三层砖木结构建筑。房屋南临老街，面阔 3.5 米，进深 6.2 米，檐高 7.4 米，建筑占地面积为 21.7 平方米。房屋建造于民国，现整体保存较好。二楼花格木窗外雕花，活灵活现。2010 年，武进区第三次全国文物普查时登记。2012 年 2 月，由常州市第三次全国文物普查领导小组办公室列入常州市第三次全国文物普查名录，并由常州市文物管理委员会加挂"一般不可移动文物"牌子。2013 年 9 月，由常州市人民政府公布为常州市市区第三批历史建筑。

（三）奔牛东街岳氏宅

奔牛东街岳氏宅位于常州市新北区奔牛镇中街社区东街 3、5、7、9、11 号。岳氏宅坐南朝北，一进，五开间，硬山式二层砖木结构建筑。房屋北临老街，面阔 17.6 米，进深 12.7 米，檐高 5 米，建筑占地面积为 224 平方米。房屋建造于民国，现除一楼门面有所改动外，其余均保存较好。2010 年，武进区第三次全国文物普查时登记此宅。2012 年 2 月，由常州市第三次全国文物普查领导小组办公室列入常州市第三次全国文物普查名录，并由常州市文物管理委员会加挂"一般不可移动文物"牌子。

（四）奔牛中街叶氏宅

位于常州市新北区奔牛镇中街社区中街。叶氏宅坐北朝南，一进，二开间，硬山式二层砖木结构建筑。房屋南临老街，面阔 5.3 米，进深 9.4 米，檐高 5 米，建筑占地面积为 50 平方米。房屋建造于民国，现整体保存较完整。一楼仍是老式的木质排门，二楼花格木窗外雕花，形象生动，活灵活现。2010 年，武进区第三次全国文物普查时登记。2012 年 2 月，由常州市第三次全国文物普查领导小组办公室列入常州市第三次全国文物普查名录，并由常州市文物管理委员会加挂"一般不可移动文物"牌子。

（五）奔牛中街 23 号何氏宅

位于常州市新北区奔牛镇中街社区中街。何氏宅坐南朝北，一进，一开间，硬山式二层砖木结构建筑。房屋北临老街，面阔 4.1 米，檐高 6 米，建筑占地面积为 40 平方米。房屋建造于民国，现整体保存较完整。2010 年，武进区第三次全国文物普查时登记。2012 年 2 月，由常州市第三次全国文物普查领导小组办公室列入常州市第三次全国文物普查名录，并由常州市文物管理委员会加挂"一般不可移动文物"牌子。

（六）奔牛中街 19、21 号华氏宅

位于常州市新北区奔牛镇中街社区中街。华氏宅坐南朝北，一进，二开间，硬山式二层砖木结构建筑。房屋北临老街，面阔 8.2 米，檐高 5.7 米，建筑占地面积为 74 平方米。房屋建造于民国，除门面有所变动外，其余均保存较好。2010 年，武进区第三次全国文物普查时登记。2012 年 2 月，由常州市第三次全国文物普查领导小组办公室列入常州市第三次全国文物普查名录，并由常州市文物管理委员会加挂"一般不可移动文物"牌子。

（七）奔牛东街 13 号何氏宅

位于常州市新北区奔牛镇中街社区东街 13 号。何氏宅坐南朝北，一进，二开间，硬山式砖木结构单层建筑。房屋北临老街，门面仍是老式的木质排门，面阔 6.6 米，进深 7.2 米，檐高 2.8 米，建筑占地面积为 47.6 平方米。房屋建造于民国，现整体保存较好。2010 年，武进区第三次全国文物普查时登记。2012 年 2 月，由常州市第三次全国文物普查领导小组办公室列入常州市第三次全国文物普查名录，并由常州市文物管理委员会加挂"一般不可移动文物"牌子。

（八）后桥

位于常州市新北区奔牛镇陈巷村委大叶村 35 号西南，为清代南北向单孔石拱桥。现路面为水泥地，桥孔东侧已堵塞，桥周遍长满杂草。2010 年，武进区第三次全国文物普查时登记。2012 年 2 月，由常州市第三次全国文物普查领导小组办公室列入常州市第三次全国文物普查名录，并由常州市文物管理委员会加挂"一般不可移动文物"牌子。

（九）幸福路井

位于常州市新北区奔牛镇东街幸福路 50 号，该井内径 0.4 米，外径 0.6 米，高 0.35 米，始建年代不详。2010 年，武进区第三次全国文物普查时登记。2012 年 2 月，由常州市第三次全国文物普查领导小组办公室列入常州市第三次全国文物普查名录，并由常州市文物管理委员会加挂"一般不可移动文物"牌子。

三　遗址遗迹

（一）奔牛阻击战遗址

该遗址包括位于新北区奔牛镇东街老孟河的公路桥、铁路桥和万缘桥。1937 年 11 月 29 日，日军占领常州，随即兵分两路，一路向金坛方向进犯，一路沿镇澄公路向丹阳、镇江方向进犯。刚从前线撤退到奔牛镇的国民党军广西籍部队某部 1 连官兵，在研判了奔牛东街的有利地形后，决定利用老孟河的天然地理优势，以河道为屏障，在河西构筑防御工事，通过破坏镇北铁路桥，制造火障，阻击日军进犯。附近民众也纷纷加入进来，他们取来了自家的门板、桌椅板凳等家具，在万缘桥上与官兵共同搭建了一道木墙，然后将其点燃，利用熊熊烈火来阻止敌人前进。双方激战到次日凌晨，国民党军寡不敌众，弹尽援绝，全连 100 多名爱国官兵全部阵亡，为国捐躯。万缘桥和桥顶望柱上残留的一对石狮子见证了壮士们为国捐躯的壮烈一幕。为了铭记这段奔牛抗战的历史，1996 年，原中共武进市委、市政府在金牛桥西侧桥边树立了"奔牛阻击战旧址"纪念碑。

（二）横大路桥抗日烈士纪念碑、蒋墅抗日烈士纪念碑

横大路桥抗日烈士纪念碑位于新北区奔牛镇新市村委倪家村民小组猪婆滩。蒋墅抗日烈士纪念碑位于丹阳市皇塘镇蒋墅屈家村与奔牛镇交界处。1943 年 8 月，新四军十六旅四十七团一营二连奉命从常熟西撤，前往茅山根据地进行休整，18 日晚到达蒋墅屈家村。当部队途径横大路桥、虞家大村时，被日伪军千余人包围。突围战中包括匡连长在内的 23 人壮烈牺牲，其中 3 人埋葬在虞家大村北阁子沟上，2 人埋葬在屈家村后，另外 18 位新四军战士的遗体，由当地百姓收殓后，埋葬在猪婆滩。

为纪念革命烈士，1992 年 4 月，丹阳蒋墅中心校、武进奔牛中心小学、武进奔牛张墅

桥村委会共同修建蒋墅抗日烈士纪念碑，碑高 2 米，占地面积 12 平方米。1998 年 4 月，奔牛镇人民政府又在猪婆滩树立横大路桥抗日烈士纪念碑，镌刻了横大路桥突围战的简要过程。每逢清明之际，奔牛、蒋墅两地的中小学都会组织学生来到这里扫墓，祭奠革命先烈。

（三）能仁禅寺遗址

能仁禅寺历史悠久，是常州建寺较早的寺庙之一，也是常州西部地区最为重要的寺庙。唐《南史》、南宋《咸淳毗陵志》、元《大德毗陵志》中均有记载，清康熙《常州府志》载："能仁禅寺，在县西三十里，齐黄门侍郎萧惠开舍宅建，名禅乡。宋政和间改今额，明洪武初重建。"1986 年版《奔牛乡志》亦载："清同治、光绪年间，僧法慧、德意、智远、隐岚等募建，内有铁铸大佛三尊及韦陀、弥勒佛各一尊，1958 年大炼钢铁时全部捣毁。现寺殿虽存，但已改为奔牛茧站，寺后有银杏一株。大有七八人合抱，在今奔牛中学大楼前。"2010 年版《奔牛镇志》记载更为详细。萧惠开之父萧思话是出身武进的萧氏三房，最先发迹的居住地在奔牛的皇舅房，他既是刘宋时期的国舅，又是武进历史上的第一位宰相。

能仁禅寺遗址位于今江苏省奔牛中学教学大楼地基内，楼前银杏树即是《奔牛乡志》中所说的那株银杏。清代诗人郑朝统留有《能仁寺感旧》诗："古树藏名刹，风霜饱蘖芽。停舟吟白雪，艳曲发红牙。断陇看驱犊，斜阳数落鸦。依然都在目，往事惜年华。"①

以下是地方志中有关"能仁禅寺"的记载。

● 《咸淳毗陵志》卷二十五《寺院·武进》：

　　能仁禅寺，在县西三十里，齐黄门侍郎萧惠开舍宅建，名"禅乡"，国朝改今额。

● 《永乐大典·常州府》卷六《寺·武进县》引《咸淳毗陵志》"能仁禅寺"条后引《大德毗陵志》：

　　[《大德毗陵志》]：在奔牛镇之西。旧名"禅乡"，齐黄门侍郎萧惠开舍旧宅为之。宋改今名。

● 《成化毗陵志》卷二十八《寺观一·郡城（武进附）》：

　　能仁禅寺，在县西三十里，齐黄门侍郎萧惠开舍宅建，名"禅乡"，宋政和间改今额。国朝洪武初重建。

---

① 薛锋、储佩成主编：《齐梁文化研究丛书·常州齐梁文化遗存》，上海古籍出版社，2015 年，第 66 页。

此条又见《万历常州府志》卷二《常州府武进县境图说》，《康熙常州府志》卷十八《坛壝、祠庙、寺观·武进》。

- 《万历武进县志》卷二《乡都·安善西乡·庙寺》：

  > 能仁禅寺，在奔牛镇西。齐黄门侍郎萧惠开舍宅建，名"禅乡"。宋政和间，改今额。国朝洪武初重建。嘉靖间修。

此条又见《康熙武进县志》卷二十《寺观·安善西乡》，《古今图书集成·常州府部汇考十一·常州府祠庙考二（寺观附）·本府》，《乾隆武进县志》卷五《禋祀·祠庙（寺观附）·安善西乡》，《道光武进阳湖县合志》卷十三《坛庙志·祠庙（寺观附）·武进·安善西乡》。

- 《光绪武进阳湖县志》卷二十九《杂事·寺观·武进·安西乡》：

  > 能仁寺，在奔牛镇。西①齐时建，明洪武初重建，嘉靖间重修。

- 《武阳志余》卷四之一《祠庙上·安西乡》：

  > 能仁寺，一名"铁佛寺"，在奔牛镇，详旧志。同治、光绪间，僧法慧、德意、智远、隐岚等募建。

笔者按：可证寺内的大佛为铁铸。

（四）五显灵官庙遗址

五显灵官庙"在东园巷内，相传神姓萧，殿左为观音堂，右为香光室，殿前大院可容数千人，有银杏四株。神像于 20 世纪 20 年代被捣毁，殿作奔牛小学礼堂。……1980 年大殿被拆，小学迁新址，原址由奔牛供销社占用"。现址为民营华联商厦。据清代《道光武进阳湖县合志》记载，"（庙）存奔牛镇，相传神姓萧，正庙在徽之婺源县。国朝乾隆间，华光楼毁于火，后即其基建于屋五楹"。奔牛为南兰陵萧氏重要聚居处之一，萧思话及其子萧惠开等最早卜居于此。志书记载，该庙之神为萧姓，是南朝齐梁萧氏皇室后裔、唐代宰相萧遘次子萧桢，后隐居徽州婺源（今属江西省），改姓江，是为"萧江氏"始祖，故云"正庙在徽之婺源县"。

以下是地方志中有关"五显王庙即灵官庙"的记载。

- 《万历常州府志》卷二《常州府武进县境图说》：

  > 五显王庙，俗名"灵官庙"，在元丰桥西，内有古银杏木二株，数百年物也。唐天祐三年刺史张崇以郡多火灾建。国朝永乐十二年重修。宣德间知县朱恕重建正殿，景泰中殿毁，惟华光楼独存。成化、弘治

---

① "西"，当作"南"。

间相继修饬。相传神姓萧，正庙在徽之婺源。又有庙在郡西奔牛镇后，庭前亦有银杏四株，围可二丈余，奇瑰森伟，枝分岐①处滴沥下垂一二尺，欲成根而未得土，则为螭龙倒挂，林立攫拿，如仙洞滴成钟乳状，亦数百年物也。

● 《道光武进阳湖县合志》卷十三《坛庙志·祠庙（寺观附）·武进·河南厢》：

五显王庙，俗名"灵观②庙"，在元丰桥西，内有古木二株。唐天祐三年，刺史张崇以郡多火灾建。明永乐十二年修。宣德间，知县朱恕重建正殿。景泰中，殿毁，惟华光楼独存。成化、宏（弘）治间相继修饬，〔郡士朱昱记〕：常州府修建五显灵观庙甫落成，邦人咸谓不可无记，以书郡侯连公事神之礼，与夫岁月兴废之由，则是后人得以考见而知始末焉。又谓知其详者，莫如里之耆耋。乃故③属于予，遂不敢辞。按宋《咸淳毗陵志》："庙始创于唐天祐二年，刺史张崇以郡多火灾。"若④曰五行二为火，卦属离；水、火二极之精神，水为精，火为神，其位背离面坎，以水胜火，盖所以厌而禳之也，其患顿息。历代祀之尤谨。明永乐十二年重修外门，上构华光楼二楹，宏丽高敞。宣德中，县令朱君恕重建正殿。天顺间，厄于回禄，焚毁荡尽，惟楼与神像岿然独存。成化二十年，住持道士舒廷序移其楼居中，别构前后轩各三楹以附丽之，既宏且美。宏（弘）治三年九月，鼎建山门三间，甃道。十三年，其徒马景晖复建东西两庑。斯时也，妥神栖止，无不备具，诚一隅之壮观，千载之灵祠也。神之意，假是以警愚，慑其凶庲，以启善良，则其功有不可名言者矣。记曰："祷祠祭祀，供给鬼神，非礼不诚不庄。"⑤人之诚，神之感也。《中庸》有言："神之格思，不可度思，矧可射思？夫微之显，诚之不可揜如此。""五显"之神，自唐光启中显灵徽之婺源，庙食于彼⑥。宋大观二年，始赐额曰"灵顺"。宣和五年，封以侯爵。淳熙元年，进公。嘉定二年，并封王。夫既加之以"显"，号曰"聪明正直德"，五者⑦世愈远而名愈彰。然其禀阴阳灵秀、五气五行，居天地之间，以妙用司四时五纬，以神化降万福千祥，庇佑生民，惠施家国，宜乎庙祀一方，尸而祝之。盖五神之为神，亘古及今而利泽于人多，而信之深、事之笃也⑧。或谓："华光藏菩萨，为佛中上善，居五神之一；此五行之中气。"释之者云："菩萨即谓普济众生尔，奚复他让？"其灵应达于畿甸，溢于闽浙；职是土者，饥馑民灾，水火疾厄，有祷必应，无不信向，以故事之者众。是庙之兴修，士大夫之施舍、协助，其名氏悉刻之碑阴，以贻不朽云。铭曰：斗之极兮居中天，五行五纬分经躔。水火木土金与权，降精储祥分五仙。天地神人鬼曰然，显灵肇自唐之年。星源婺女世所延，庙食兹土相昭宣。大江东去穷海壖，开⑨斯服事香火虔。于穆景贶奕以绵，神威肃清民力专。雨旸时若疾疢蠲，五谷蕃熟福禄骈。庇我境土开灵筵，勒铭谨用乐石镌，于千万祀其永传。◆又有庙在奔牛镇。相传神姓萧，正庙在徽之婺源县。国朝乾隆间，华光楼毁于火，后即其基改建平屋五楹。

---

① 岐，同"歧"。
② 观，当据上引《万历常州府志》作"官"。
③ 由于此缘故。
④ 其建庙之意似乎是。表其下乃朱昱的揣测之辞。
⑤ 语见《礼记·曲礼上》。
⑥ 此处《万历武进县志》有："初名'五通'，后更'五显'。"
⑦ 五显神相传为兄弟五人，封号首字皆为"显"，老大封"显聪"，老二封"显明"，老三封"显正"，老四封"显直"，老五封"显德"，五兄弟串起来就是"聪明正直德"。
⑧ 指百姓信之深，事之笃。
⑨ 开，当据《万历武进县志》作"闰"，附加之意，指政府特意附加上对此五显神加以祭祀的典礼。

此条又见《乾隆武进县志》卷五《禋祀·祠庙（寺观附）·河南厢》，《古今图书集成·常州府部汇考十·常州府祠庙考一·本府》。

- 《道光武进阳湖县合志》卷十三《坛庙志·祠庙（寺观附）·武进·安善西乡》：

　　　五显灵观庙，在奔牛镇后。旧志郡城河南厢"五显王庙"注载："有庙在奔牛镇。"相传神姓萧，正庙在徽之婺源县。有银杏四株，今存其三。

此条又见《光绪武进阳湖县志》卷二十九《杂事·寺观·武进·安西乡》。

（五）奔牛火车站站务用房旧址

奔牛火车站建于 1907 年，为沪宁线上三等站点。据《武进月报》记载，沪宁铁路奔牛段大约长十英里，营业为全线各分站之最。1926 年奔牛站火车班次达到上下各五次。1937 年 11 月至 1945 年 8 月日军占领期间，日军进驻奔牛站，成为控制沪宁铁路交通要道的关键节点，也是日军统治常州西部地区的重要据点。日军在此建造了站务用房。日军站务用房旧址位于奔牛镇老火车站内，有两处：第一处面阔三间，宽 11 米，进深一间，4.3 米。瓦房，木顶上盖石棉瓦。第二处面阔七间，宽 23.5 米，进深 6.5 米，坡顶高 4.5 米，坡底高 3 米。日军站务用房旧址旁边是英国人所建站务用房，当在抗战之前就已建成并使用，位于奔牛老火车站东 70 号。正房面阔三间，宽 12 米，进深 8.5 米。西面两间侧房，回门朝南有偏房两间。

（六）老宁闸遗址

又称老人闸，在老孟河口万缘桥北，始建于民国二十五年（1936），闸宽约 5.5 米，混凝土结构。闸口使用叠梁式木门，人工启闭，今闸墩尚存。

四　消失的古迹

（一）文化名胜

1. 陈司徒故里［参见下文"（七）墓冢"］

- 《武阳志余》卷一之二《古迹上·鸣凤乡》：

　　　陈司徒故里，在十六都"陈墓"。按：隋司徒陈杲①仁墓，在阳湖陈湾山。此亦云"陈墓"，

---

① 杲，当作"果"。

亦故老相传云。

笔者按：此为陈果仁祖父与父亲之墓，非是陈果仁之墓。

2. 金牛台（附"木棉"）

● 《元丰九域志》卷五《两浙路·常州·古迹》：

奔牛堰：故老相传云"古有金牛奔此"，故以名之。梁载言《十道志》云："万策湖有铜牛，人逐之，上东山，入土，掘之，走至此栅，故川有'栅口'及'牛堰'之名。"

● 《咸淳毗陵志》卷十五《山水二·水·堰·武进》：

奔牛堰，在县西二十七里。《舆地志》云：汉有金牛出茅山，经曲阿至此骤奔，故名。东坡有："卧看古堰横奔牛"之句。

● 元·刘大彬《茅山志》卷六《洞》：

金牛穴，在柏枝洞东。秦时采金，获金牛，为女子所触，遂掷①而出，取之，不可；逐牛至丁角，地名因曰"上栏""下栏"；又有曰"奔牛"，牛奔入海，不复睹之也。《舆地志》亦云。

● 元·张铉撰《至大金陵新志》卷五下《山川志二·岩洞》：

金牛洞，在句容县崇寿观东。秦时采金，获金牛，为女子所触，遂躅而出，迹著于石。又云："觅牛至丁角，地因名曰'上阑''下阑②'；又有'奔牛'，牛奔入海，不复观之也。"

● 《至顺镇江志》卷二十《杂录》：

栅口断牛：《舆地志》：汉时有金牛出于山东，驰到曲阿界，村人栅断其道，谓其地为栅口，牛忽奔骤，因曰奔牛。又《四蕃志》云：万策湖中有铜牛，人逐之上东山，入土，掘，走至此栅，今"栅口"及"堰"皆以此号。二说稍异。

笔者按：今丹阳亦有金牛山，即经山，乃齐梁皇陵所在之地，上亦有金牛洞。今上文言驰到曲阿界，则金牛所出之山不在丹阳明矣。其山当指茅山，石池即今金牛洞，在茅山东面，古名"金牛穴"，位于大茅峰南陲金牛岭西坡密林修竹中。相传汉代有人于洞内采金，掘得金牛一尊，此牛经丁角、上栏、下栏、奔牛等地奔入东海。《景定建康志》卷十九有"金牛洞"条："在句容崇寿观东。事迹：秦时采金获牛为女子所触，遂躅而出，迹著于石。"又卷四十五"崇寿观"条："在茅山。"上引《咸淳毗陵志》卷十五"奔牛堰"条云："《舆地志》云：汉有金牛出茅山，经曲阿至此骤奔，故名。"

---

① 掷，指自己腾跃、跳掷而出。
② 两"阑"字通上条引文所作之"栏"，此"阑、栏"两字实皆通"拦"字。

● 明·都穆撰《游名山记》卷四：

经山沈山附

乙亥季秋，予寓丹阳孙氏。主人思和，知予癖于山水，言其乡经山、沈山之胜，谓不可不游。十日己亥，遂与客及思和西行里许，过曲水村，循凤山而北，由桃花洞折而南，经泥山，十里至九灵山，其阳有仁靖观，盖宋翟忠惠公汝文功德院也。众入小憩，思和命从者暖酒，各饮数杯。山间西行十六里，循山岭西下，为经山。山一名"金牛"，上有金牛洞，《舆地志》谓："汉时金牛出山之东，驰至曲阿①，乡人栅断其道，名其地为'栅口'，牛皆奔聚②，又名其地曰'奔牛'"，即今武进之奔牛坝是也。山之下有寺，晋咸康间建，名"经山院"，宋易名"崇教"。……

●《永乐大典·常州府》卷八《古迹·墩》：

┌─────────────┐
│《大德毗陵志》│：金牛墩，在晋陵县北五十里。故老传云："昔有金牛入土，掘
└─────────────┘
之，走出，遂失其所在。"《四蕃志》云："万策湖中有铜牛，人逐之，上③东山，入土，掘，走至此。栅口及堰，皆名'奔牛'。"今按：其墩在栅口、奔牛之东，即东山也。

●《咸淳毗陵志》卷二十七《古迹·武进》：

金牛台，在县西三十五里，连奔牛镇。《舆地志》云：汉时有金牛出山东石池，到曲阿，人栅断其道，牛因骤奔，故名。又《四蕃志》云：万策湖中有铜牛，人逐之，上东山，入土，掘④，走至此栅。今栅口及堰皆以此号。宋元嘉末，竟陵王诞遣参军刘季之与顾彬之败元凶劻将华钦等于曲阿之奔牛塘。泰始二年，建威将军沈怀明东讨孔觊至奔牛，大破之。齐高帝尝与萧顺之共登金牛台，见枯骼横道，曰"文王以来几年矣？当复有掩此者乎！"言之凛然动色⑤。

此条又见《成化毗陵志》卷三十一《古迹·武进》、《万历武进县志》卷二《乡都·安善西乡》、《康熙武进县志》卷十九《古迹·安善西乡》、《万历常州府志》卷二《常州府武进县境图说》、《康熙常州府志》卷二十《古迹》、《乾隆武进县志》卷一《古迹·安善西乡》、《古今图书集成·常州府部汇考十四·常州府古迹考一·本府》（除《成化毗陵

---

① 今按：此山名经山，名金牛山乃附会。因曲阿县（今丹阳县）在山之西，奔牛在山之东，其牛奔至曲阿县便不可能奔至奔牛矣。金牛唯有出自茅山的金牛洞，曲阿（今丹阳县）在其东，奔牛更在曲阿之东，其牛方能一路往东而奔及。
② 聚，当据上引《至顺镇江志》作"骤"为是。
③ 上，原无，据下引《咸淳毗陵志》卷二十七"金牛台"条及上引《至顺镇江志》引《四蕃志》补。
④ 据上引《元丰九域志》之文，其意当指牛入土，人掘之，牛奔，故标点为"入土，掘，走至此栅"，并疑"掘"下本当有一"之"字为是。又其所入之土便是今天茅山的金牛洞。
⑤ 按《南史》所登乃金牛山，非金牛台。编志者误矣。详上注，在今丹阳经山。

志》作"金牛台连奔牛镇"而同《咸淳毗陵志》，其余首句均作："金牛台，在奔牛镇。"）。

● 《光绪武进阳湖县志》卷一《古迹·楼台》：

　　金牛台，在武进安西乡奔牛镇。

● 《道光武进阳湖县合志》卷二《舆地志二·古迹·古楼台（池附）》：

　　金牛台，在县西三十五里，连奔牛镇。《舆地志》云：汉时有金牛出山东石池，到曲阿，人栅断其道，牛因骤奔，故名。又《四蕃志》云：万策湖中有铜牛，人逐之，上东山，入土，掘，走至此栅。今栅口及堰皆以此号。宋元嘉末，竟陵王诞遣参军刘季之与顾彬之，败元凶劭将华钦等于曲阿之奔牛塘。泰始二年，建威将军沈怀明东讨孔觊至奔牛，大破之。齐高帝尝与萧顺之共登金牛台，见枯骼横道，曰："文王以来几年矣？当复有掩此者乎！"言之凛然动色。

　　笔者按：《南史》卷六《梁武帝本纪》首述其父萧顺之事云："萧顺之与齐高（帝）少而款狎，尝共登金牛山，路侧有枯骨纵横"。按：此金牛山乃丹阳经山。《嘉定镇江志》卷六丹阳县"经山"条："在县东北三十里，古所谓金牛之山。"则所登非奔牛之金牛台，而是丹阳之经山。编《咸淳毗陵志》者误矣。

　　又参见第九章"一 诗文"谢应芳《奉陪陈伯大先辈及赵师吕、张伯起、朱月江、金清夫兄弟登金牛台（九韵）》《金牛台送长史仲野》两诗。

● 《常州赋》：

　　宿凤亭前，丹凤已无影响；奔牛镇上，金牛尚有台基。宿凤亭，在外子城东北隅、兴贤巷北，宋郡守史能之建。亭前古柏苍翠，取杜子美"香叶终经宿鸾凤"句为名，今废。按：常州《祥异志》："梁天监元年，夏四月，凤凰集南兰陵。"◆奔牛镇，在县西三十里。旧志云："汉时，有金牛出茅山，奔此，故名。"《舆地志》云："汉时有金牛，出山东石池，至曲阿，人栅断其道，牛骤奔，故名。"《四蕃志》云："万策湖中，有铜牛，人逐之，上东山，入土窟，走至此栅，今栅口及堰，皆以此号。"《明一统志》作"奔牛堰"，东坡有"卧看古堰横奔牛"之句。又名奔牛塘，宋元嘉末，竟陵王遣刘季之与顾彬之败华钦等于曲阿之奔牛塘是也。旧有金牛台，齐高帝尝与萧顺之共登金牛台，见枯骼横道，曰："文王以来几年矣，当复有掩此者乎？"言之凛然色动。《常州府志》："金牛台，在奔牛镇。……"【眉批：又按《舆地志》，故兰陵东北有金牛山，齐泰安、景安、兴安三陵在焉，殆即彭山冈阜，以金牛过此而名欤①？然考郡、邑山川志，二山并不载②。惟《江阴志》有"彭山"，又非南齐陵墓所在③。或云："景安、兴安二陵，旧属

---

① 即今丹阳水经山脉，上有金牛洞，金牛台在此处，不在奔牛。水经山又称"水晶山"，其西段称"彭山"，不在武进县的通江乡。
② 指《常州府志》与《武进县志》的"山川"类并不记载彭山、金牛山这两座山。
③ 此经山山脉之彭山下，正有齐高帝、梁武帝等齐梁诸皇陵，作此《常州赋》的褚邦庆不是丹阳人，未亲履其地，故笔下有误。

武进，今隶丹阳。"】

附木棉：

●《武阳志余》卷一之二《古迹上·安西乡》：

　　木棉，在"金牛墩"亭上。大数园①，挺②，无枝叶。高宗纯皇帝南巡，召善绘者图之，终莫能肖。刮其皮，则夹岸房屋、人物、河中帆樯皆映其中。道光三十年大水，树忽不见。

附金牛入海处：

●《乾隆武进县志》卷五《禋祀·祠庙（寺观附）·依仁西乡》：

　　寿春庵，俗名"金牛庵"。明洪武二年重建于钟家村南。国朝康熙十六年修。

此条又见《古今图书集成·常州府部汇考十一·常州府祠庙考二（寺观附）·本府（武进县附郭）。

●《道光武进阳湖县合志》卷十三《坛庙志·祠庙（寺观附）·武进·依仁西乡》：

　　寿春庵，俗名"金牛庵"。明洪武二年重建于钟家村南。万历十三年重修，有四明山人姜应麟记曰：寿春庵，越毗陵城北五十里、金牛村居之东。志云："创于宋咸淳元年。后值胡元兵燹，启我皇明③，兴废继绝。洪武二年，主僧源静重建。"然规制、绘像未备具也。圣天子莅极十有三载，世际升平，化逢累洽，神人胥庆，民物咸熙。则庵之神灵日著，人之敬供日虔。僧海溟，纠诸乡之耆旧张君等，曰："庵不整，无以妥神祇；像不严，无以起畏敬。"爰集同里，鸠工聚财，修葺综理。栋宇壮丽，金碧庄严。是庵也，可以安神祇，可以格赛祀。阴阳和，万物遂，人心欢悦，将丽斯世于阳春德泽，挽民俗以敦庞之治，而跻国脉于仁寿之域者，永有赖矣！余宦京归省，驿次毗陵。叔渭川游学是乡，东人张君韩锃，号近庵，平生好善乐施，乃出缙膳助檀越④，恳请以勒诸不朽，遂述其事以记之⑤。国朝康熙十六年重修。

●《光绪武进阳湖县志》卷二十九《杂事·寺观·武进·依西乡》：

　　寿春庵，又名"金牛庵"，在钟家村。建时未详。明洪武二年重建。国朝康熙十六年重修。

●《乾隆武进县志》卷二《桥梁·依仁西乡》：

　　伏龙桥，乾隆二十四年造，在金牛钟家村西。……以上五桥，俱跨白龙河。

●《成化毗陵志》卷三《地理三·乡都·武进》：

　　依仁西乡，在县西北五十里，统都二。……三十九都：金牛。

●《康熙常州府志》卷五《乡都》：

---

① 园，当作"围"。
② 挺，指直挺挺。
③ 元之乱亡，开启了我大明皇朝之兴。
④ 出钱出膳，为诸施主（檀越）请我写篇碑记。
⑤ 以下非记文中语。

依仁西乡，在县西北五十里。统都二，都统图十一。第三十九都，图六，地名：金牛。

笔者按：相传牛至奔牛此地方才骤奔入海，疑其即奔入此江边的金牛钟家村处。由于金牛就是黄色的土牛，此即所谓"泥牛入海无处寻"。

3. 陈氏书楼

● 《万历武进县志》卷二《乡都·安善西乡》：

> 陈氏书楼，在奔牛镇坝口。梁武帝微时，与陈文表读书讲武①。帝即位，授表廉州司户，表愿还乡教子，敕建陈氏书楼。国朝洪武时曾加修葺，至嘉靖乙卯兵毁，遗址尚存。

此条又见《康熙武进县志》卷十九《古迹·安善西乡》、《康熙常州府志》卷二十《古迹》、《乾隆武进县志》卷一《古迹·安善西乡》、《古今图书集成·常州府部汇考十四·常州府古迹考一·本府》、《道光武进阳湖县合志》卷二《舆地志二·古迹·古楼台（池附）》、《武阳志余》卷一之二《古迹上·安西乡》。

● 《光绪武进阳湖县志》卷一《古迹·楼台》：

> 陈氏书楼，在武进安西乡奔牛镇。梁时建。

● 《常州赋》：

> 书藏陈氏之楼，后人谁在？池移孙氏之馆，古迹全非。陈氏书楼，在安善西乡奔牛镇坝口。梁武帝微时，与陈文表读书相善。帝即位，授表廉州司户。表愿还乡教子，敕建陈氏书楼。明洪武时修葺，嘉靖乙酉兵毁，遗址尚存。◆孙氏馆②，在左厢白云尖南，苏文忠存殁之地也。宋乾道壬辰，郡守晁子健塑像建祠。元至大间，改建东坡书院。至正末，废为民居。今为顾塘桥东蒋氏宅。按县志，先为刘氏所居。轩北，旧有石洼渟泓③，相传为文忠洗砚池，乾隆丁丑移置舣舟亭后。又按：苏轼，宋眉州人，字子瞻，号东坡居士，谥文忠，为苏洵长子，又曰"长公"。宋晁公武《东坡祠堂记》曰"文忠苏长公，归自南海④，间居⑤毗陵双桂坊⑥，属疾⑦不起"，即殁孙氏馆也。

4. 回龙桥［参见"第三章一（二）"桥梁］

● 《万历武进县志》卷二《乡都·安善西乡》：

> 回龙桥，在镇东，巷后百步。梁武帝尝至此返驾，故名。

此条又见《康熙武进县志》卷十九《古迹·安善西乡》，《乾隆武进县志》卷一《古

---

① 此处当有一"武"字。
② 孙氏馆遗址，在今"前北岸"后人改建的藤花旧馆，有明人所建的楠木厅。
③ 渟泓，积水深貌。
④ 南海，宋时的广州又称南海郡，可泛指广州所在的南海一带，此处是指苏东坡的贬谪流放地海南岛。
⑤ 间居，避人独居，深居简出。出《礼记·孔子间居》："孔子间居，子夏侍。"
⑥ 东坡寓逝于顾塘桥畔孙氏馆，在今前后北岸历史文化保护街区西端的小营前，有"藤花旧馆"四字门额在，不在双桂坊。宋时将城内诸坊厢合在一起，因武进县衙所在的双桂坊排在最开头，故以它作为代表来命名这一合在一起的城内诸坊厢，所以双桂坊也就成了城内之意。
⑦ 属疾，生病。

迹·安善西乡》,《古今图书集成·常州府部汇考十四·常州府古迹考一·本府》。

● 《康熙常州府志》卷二十《古迹》:

> 回龙桥,在奔牛镇东,巷后百步。梁武帝尝至此返驾,故名。

● 《道光武进阳湖县合志》卷三《舆地志三·桥梁·安善西乡》:

> 回龙桥,在镇东。梁武帝尝至此返驾,故名。

● 《常州赋》:

> "回龙桥"曷名?梁皇于兹返驾。试剑石所在,伍子于焉誓师。回龙桥,在安善西乡①镇东,巷后百步,梁武帝尝至此返驾,故名。◆试剑石,在盟顶山左,相传吴王试剑,石分为两。伍子盟顶,在迎春乡张青湾山巅,相传伍子胥誓师处。

5. 星月池

● 《万历武进县志》卷二《乡都·安善西乡》:

> 星月池,在奔牛巡检司后。池大不及半亩,天色晴明,昼见星月。嘉靖末年,渐为居人填塞。

此条又见《康熙武进县志》卷十九《古迹·安善西乡》,《万历常州府志》卷二《常州府武进县境图说》,《康熙常州府志》卷二十《古迹》,《乾隆武进县志》卷一《古迹·安善西乡》,《古今图书集成·常州府部汇考十四·常州府古迹考一·本府》,《道光武进阳湖县合志》卷二《舆地志二·古迹·古楼台(池附)》,《武阳志余》卷一之二《古迹上·安西乡》。

● 《光绪武进阳湖县志》卷一《古迹·池井》:

> 星月池,在武进安西乡巡检署内。

● 《常州赋》:

> 花月楼,长年花月共赏;星月池,昼时星月交辉。花月楼,在东右厢元丰桥东,今废。◆星月池,在奔牛镇,不及半亩,天色晴明,昼见星月,嘉靖末为居人填塞。

6. 伯牙渎(参见"水道")

● 《咸淳毗陵志》卷十五《山水二·水·渎·武进》:

> 伯牙渎,在县西十八里奔牛镇西二里,南枕运河,北入大江。

此条又见《成化毗陵志》卷十九《山川三·渎·武进》。

● 《永乐大典·常州府》卷五《山川·武进县(渎)》引《咸淳毗陵志》"伯牙渎"条后又引《元一统志》:

> 在武进县西二十八里奔牛镇西,南通运河,北接吕庄。

---

① 此四字据《常州赋》乾隆朝原刻本,而《常州赋》光绪活字本改作"安西奔牛"。

● 《万历常州府志》卷二《常州府武进县境图说》：

其渎：伯牙渎，在奔牛镇南①二里，旧传产琴鱼，今湮塞矣。

此条又见《康熙常州府志》卷四《山川·武进》。

● 《康熙武进县志》卷七《水流》：

伯牙渎，在奔牛镇西。南接运河，北入扬子江。

● 《康熙武进县志》卷十九《古迹·安善西乡》：

伯牙渎，相传伯牙寓此，钟期死，弃琴渎中。渎产琴鱼，徽弦皆备。旧志云："渎，北流入江。"今久塞，琴鱼亦绝产矣。

此条又见《康熙常州府志》卷二十《古迹》，《乾隆武进县志》卷一《古迹·安善西乡》，《古今图书集成·常州府部汇考十四·常州府古迹考一·本府》，《道光武进阳湖县合志》卷二《舆地志二·古迹·古基地（渎等附）》。

● 《光绪武进阳湖县志》卷一《古迹·潭渎》：

伯牙渎，在武进安西乡。

● 《武阳志余》卷一之二《古迹上·安西乡》：

伯牙渎，在奔牛镇西，南枕运河，北入大江。俗传伯牙寓此，钟期死，弃琴渎中，产鱼类琴。今渎塞，鱼亦绝产。

● 《常州赋》：

人近钟期之村，应知音律；鱼出伯牙之渎，亦作琴象。钟村，在伯牙渎北，相传钟期所居，今其地犹多钟姓。◆伯牙渎，相传伯牙寓此。钟期死，弃琴渎中。渎产琴鱼，弦徽②皆备。旧志云："渎，西南接运河，北流入江。"今塞，琴鱼亦绝产。《吕氏春秋》：楚人伯牙，善鼓琴。钟子期听之，意在高山，曰："巍巍乎，若泰山。"志在流水，曰："荡荡乎，若流水。"子期死，伯牙擗③琴绝弦，不复鼓，以世无知音也。按：伯牙渎，在武进县安善西乡奔牛镇西。钟村在其北。具载《武进县志》。府志列入江阴古迹④。又按：泾县琴溪亦有小鱼，号"琴鱼"，相传琴高⑤投药所化。○象，叶平声。

7. 伯牙琴台 ［参见下文"（三）寺庵"之"大悲庵"］

● 《康熙武进县志》卷十九《古迹·安善西乡》：

伯牙琴台，在伯牙渎西大悲庵中。一室空洞，游者顿足拊手，则音韵鉴⑥然，若琴声焉。

---

① 南，当据上引《咸淳毗陵志》作"西"为是。
② 弦徽，琴弦与琴徽。琴徽，古琴面板左方的一排圆星点，用以标识琴弦音位。
③ 擗，擘开，用手打碎。
④ 此是《康熙常州府志》卷二十误将武进县的"伯牙渎、钟村、伯牙琴台、淹城、留城"五条古迹误归入江阴县名下，其实是武进县的古迹。
⑤ 琴高，战国时赵人，善鼓琴，有长生之术。
⑥ 鉴，当据《乾隆武进县志》作"铿"。

此条又见《康熙常州府志》卷二十《古迹》，《乾隆武进县志》卷一《古迹·安善西乡》，《古今图书集成·常州府部汇考十四·常州府古迹考一·本府》，《道光武进阳湖县合志》卷二《舆地志二·古迹·古楼台（池附）》，《武阳志余》卷一之二《古迹上·安西乡》。

- 《光绪武进阳湖县志》卷一《古迹·楼台》：

  伯牙琴台，在武进安西乡大悲庵内。

- 《常州赋》：

  证禹迹于牵山，言登岞岭；辍牙弦①而流韵②，试上琴台。岞③岭，在太湖西，有石如卷筜④，相传云：禹所用牵山筜也。◆伯牙琴台，在安善西乡伯牙渎西大悲庵中。一室空洞，游者顿足拊手⑤，则音韵铿然，若琴声焉。

8. 钟村

- 《道光武进阳湖县合志》卷二《舆地志二·古迹·古第宅》：

  钟期故宅，在武进安善西乡伯牙渎北钟村。

此条又见《光绪武进阳湖县志》卷一《古迹·第宅》，《武阳志余》卷一之二《古迹上·安西乡》。

- 《万历武进县志》卷二《乡都·安善西乡·古迹》：

  钟村，在伯牙渎北，相传为钟期所居，今为茂草，其一方犹多钟姓⑥。

- 《康熙武进县志》卷十九《古迹·安善西乡》：

  钟村，在"伯牙渎"北，相传为钟期所居，今其地犹多钟姓。

此条又见《康熙常州府志》卷二十《古迹》，《乾隆武进县志》卷一《古迹·安善西乡》，《古今图书集成·常州府部汇考十四·常州府古迹考一·本府》，《道光武进阳湖县合志》卷二《舆地志二·古迹·古园亭（别业、村庄附）》，《光绪武进阳湖县志》卷一《古迹·村里》。

- 《常州赋》：

  或百行之无忝⑦，或一技之称能。莫不人物志中，系其名姓；抑且乡贤祠内，荐

---

① 牙弦，指伯牙之琴。《列子·汤问》载，春秋时伯牙善弹琴，钟子期善听，二人遂为至交，后以"牙弦"称精美之琴，寓相知之意；亦指琴声，比喻绝唱、杰作。

② 流韵，谓经久不绝的感人乐音，唐骆宾王《寓居洛滨对雪忆谢二》诗："积彩明书帐，流韵绕琴台。"

③ 岞，山石高峻貌。

④ 筜，竹蔑拧成的绳索。

⑤ 拊手，拍手。

⑥ 此一方地区，有很多钟姓人家。

⑦ 无忝，无愧、不玷辱、不羞愧。

以芳馨①。大抵地以人传，百世长留逸韵；亦有人为俗重，一时遂著乡评。……更数寓公②，并搜仙佛。《礼记》："诸侯不臣寓公"，注："犹'寄公'。"按：今志载，谓之"流寓"。《韵略》：不死曰僊，亦作"仙"。《佛地论》：佛，觉也，觉一切种智，复能觉有情，如睡梦觉，故名为佛。一云："觉有三义：自觉、觉他、觉满③。"〇数，上声。则若：山著鸿名，村传钟子。汉梁鸿④，字伯鸾，平陵人，偕妻孟光隐霸陵山中。适吴，依皋伯通⑤庑下，为人赁春⑥。今无锡有鸿山，相传鸿尝寓此，见前"无金⑦"注。◆周钟子期⑧，楚人，今武进、江阴并有钟村，相传子期尝寓此，详前"江阴"注。〇子，叶入声。

- **《常州赋》：**

  碧鲜蝴蝶，还绕读书之台；绿树蜩螗⑨，似乱鸣琴之曲。碧鲜蝴蝶，详前"宜荆⑩"注。◆蝉有花冠，曰"蜩螗"。《后汉书》：蔡邕邻人，以酒食召邕。比往，客有弹琴于屏，邕曰："以乐召我，而有杀心，何也？"弹琴者曰："向见螳螂捕蝉，惟恐失之。岂为杀心，而形于声者乎？"⑪按：今郡城西三十里，有伯牙弹琴处。

- **《江南通志》卷八十六《食货志》：**

  琴鱼，背上有徽似琴，出吕城。

笔者按：愚以为当是奔牛之地先有似琴之鱼，方才附会钟子期故事发生于此。或是钟子期后裔居此，于此地述说先祖故事。今按：安徽泾县溪中小鱼称为"琴鱼"，是一种虾虎鱼，产于泾县的琴溪河，因琴溪河而得名（其鱼身上无琴徽琴弦，并非因琴而得名），远在唐宋时便已作为当地的珍奇特产而上贡。相传赵国隐士琴高曾在此溪畔炼丹，常将丹渣倒在山下此溪中，化作一条条小鱼。据说午夜子时，小鱼游动的潺潺溪水中，不时溢出阵阵琴声，悠扬悦耳，好似琴鱼在弹琴作乐，此溪因水声似琴音而得名琴溪。一日，琴高

---

① 荐，祭。芳馨，祭品，言其气味芳香。
② 寓公，客居外乡的官僚、贵族。
③ 指觉行圆满，即不光明白，还要做到，才是圆满。
④ 梁鸿，字伯鸾，扶风平陵人，汉光武建武初年（25年）人，至和帝永元末年（105年）仍在世。少孤，受业太学，家贫而尚节操。学毕，牧豕上林苑，误遗火延烧他人房舍。鸿把所有猪偿还失主，不足，又作佣人来偿债。归乡里，势家慕其高节，大多想把女儿嫁给他，梁鸿全都加以谢绝。娶同县孟家的女儿孟光，容貌丑陋但贤明，一同到霸陵的山中居住，荆钗布裙，以耕织为业，咏诗书弹琴以自娱。两人后来一同往东出函谷关，过京师洛阳，作《五噫之歌》。汉章帝征召他而找不到，他隐姓埋名，与妻、子居住在东方的齐鲁之间。
⑤ 《后汉书·梁鸿传》：梁鸿"至吴，依大家皋伯通，居庑下"。今苏州阊门内有皋家桥，即伯通故址。鸿依富家皋伯通，夫妇赁春糊口。每具食，孟光举案齐眉，不敢仰视。伯通察而异之，曰："彼佣能使其妻敬之如此，非凡人也。"
⑥ 赁春，受雇为人春米。
⑦ 无锡或简称"无"，或简称"锡"。清雍正后，无锡东境分出金匮县，两县省称为"无、金"或"锡、金"。
⑧ 钟子期，名徽，字子期，春秋楚国（今湖北汉阳）人。俞伯牙在汉江边鼓琴，樵夫钟子期感叹说："巍巍乎若高山，荡荡乎若流水。"子期死后，俞伯牙认为世无知音，终身不鼓琴。
⑨ 蜩螗，蝉的别名。
⑩ 宜兴、荆溪两县的简称。
⑪ 唯恐抓不到螳螂，故生捕捉之心。没想到杀心会通过乐声表达出来。

"修炼道成，控鲤上升"。人们为了纪念他，便把山下的石台称为"琴高台"，将水溪取名为"琴溪"，又把溪中的小鱼称作"琴鱼"。历来都没有此鱼身上有琴徽、琴弦的记载，故此琴鱼与奔牛、吕城所产的琴鱼不同。此泾县的琴鱼见载于明杨慎《异鱼图赞笺》卷一："宁国府泾县琴溪，产细鱼，仅如小枣核，状类鲫苗，然多子，土人炙干以充远遗，食之爽美，即呼'琴鱼'。或呼'麦鱼'。"又曰："《宾退录》：宁国府泾县东北二里有琴溪，溪侧石台，高一丈，曰'琴高台'，溪中别有一样小鱼，俗传琴高投药滓所化，号'琴高鱼'。岁三月，数十万一日来集，渔者网取，渍以盐而曝之，州县须索无艺，以为土宜。旧亦入贡，乾道间始罢。"以充远遗，即用来馈赠遥远的亲友。

9. 瓜渎口［详见第七章之"（五）奔牛土产"之奔牛盛产西瓜的记载］

● 《乾隆武进县志》卷一《古迹·安善西乡》：

瓜渎口[1]，运河南。元季，有王姓种瓜于此，大如斗，剖之成五色，岁疫，以瓜普施疗疾[2]。

此条又见《道光武进阳湖县合志》卷二《舆地志二·古迹·古基地（渎等附）》，《武阳志余》卷一之二《古迹上·安西乡》。

10. 奔牛市

● 《咸淳毗陵志》卷三《坊市·州（晋陵、武进附）》：

诸关城外皆有小市。

横林市，在晋陵县东南二十七里。

奔牛市，在武进县西南二十七里。

● 《光绪武进阳湖县志》卷一《古迹·坊市》：

奔牛市，在武进安西乡奔牛镇。

此条又见《武阳志余》卷一之二《古迹上·安西乡》。

11. 十八罗汉［参见下文"（三）寺庵"之"问津庵"］

● 《光绪武进阳湖县志》卷一《古迹·书画》：

十八罗汉，在武进安西乡问津庵内。唐僧贯休画。

12. 孟渎、直渎、兰陵渎（参见第四章"一 水道"）

● 《武阳志余》卷一之二《古迹上·孝西乡》：

古孟渎，在奔牛镇东南，北流入江。《风土记》云："七里井有孟渎。汉光武初潜，尝宿井旁，民为指途达江浒，即位命开此渎。"

---

① 此处《道光武进阳湖县合志》有"在武进安善西乡"七字。
② 此下《武阳志余》有："尚宜乡东安西南，有瓜渎村。"

- 《武阳志余》卷一之二《古迹上·安西乡》：

　　直渎，亦在奔牛镇东。枕运河，通白鹤溪。

- 《武阳志余》卷一之二《古迹上·安西乡》：

　　兰陵渎，在奔牛镇北五里。齐梁立南兰陵郡，故名。地多萧姓，盖其裔也。

13. 卜弋桥龙潭、白鹤溪、罗墅李仆射宅

- 《康熙武进县志》卷十九《古迹·怀德南乡》：

　　龙潭，在白鹤溪，卜弋桥架其上，澄深不测，每著灵异。有善没者入其底，见巨木钩棘，莫详所自云。

- 《乾隆武进县志》卷一《古迹·鸣凤乡》：

　　龙潭，在白鹤溪，卜弋桥架其上，澄深不测，每著灵异。尝有善没者入其地①，见巨木钩棘，莫详所自云。

- 《武阳志余》卷一之二《古迹上·鸣凤乡》：

　　龙潭，在白鹤溪，卜弋桥架其上，澄深不测，每著灵异。有善泅者入见巨木钩棘，莫详所自云。

- 《武阳志余》卷一之二《古迹上·鸣凤乡》：

　　白鹤溪，《咸淳志》：在县西南二十里，入滆湖，接丹阳桂仙乡。旧传以丁令威化鹤得名。溪由钦风②入滆湖。

- 《武阳志余》卷一之二《古迹上·孝西乡》：

　　李仆射宅，在罗墅西北四里，齐尚书仆射李安民居此，倚马石犹存。

　　笔者按：卜弋桥之名，恐当与李仆射有关。因为"卜弋"之词无意可解，而其音同于"仆射"（"射"读"叶"）。当是古人以"僕（仆）射"两字难写，换成简笔之"卜弋"。则此"卜弋桥"，疑即南朝齐尚书仆射李安民创建。

14. 凤凰池

- 《道光武进阳湖县合志》卷二《舆地志二·古迹·古楼台（池附）》：

　　凤凰池，在武进孝西乡管庄。广有八亩，池形如鸟张两翼。

- 《武阳志余》卷一之二《古迹上·孝西乡》：

　　凤皇③池，在管庄。广八亩，形如鸟张两翼。

---

① 地，据上引《康熙武进县志》当作"底"。
② 指在钦风乡入滆湖。
③ 凤皇，今写作"凤凰"。

笔者按：按《光绪武进阳湖县志》卷四"忠佑庙"条载"又武进各乡庙凡五：……孝西乡有二：一在管庄凤凰池，唐上元间建"，则不光城内青果巷内的忠佑庙有凤凰池，管庄忠佑庙内也有。由于管庄忠佑庙是唐高宗李治上元年间所建，而城内青果巷处的忠佑庙是唐高祖武德三年建，所以，管庄忠佑庙当是仿城内青果巷处忠佑庙而凿此凤凰池的可能性为大。

15. 双镜池

● 《道光武进阳湖县合志》卷二《舆地志二·古迹·古楼台（池附）》：

　　双镜池，俗名"眼镜池"，在武进孝西乡梅村真武庙内，旱年不涸。

● 《武阳志余》卷一之二《古迹上·孝西乡》：

　　双镜池，在梅村真武庙内。岁旱不涸，俗名"眼镜池"。

16. 梅庄

● 《常州赋》：

　　梅岩、梅堂，应有梅花馥郁；茶巢、茶舍，宁无茶树纷披？梅岩，在县南新塘乡陈墓湾山①南。梅堂山，在新塘乡龟山南，宋张忠定公焘②故居。焘子正甫，延蒋重珍讲学于此。书堂前红梅一株，向已朽蠹。蒋默祷曰："某若第，树当复生。"数日，视之，蓓蕾③发花矣。是年，果魁天下，因自号曰"一梅"，而榜其堂曰"一梅讲堂"，故以名山。按：无锡亦有"一梅堂"，详后"无、金"注。重珍，字良贵，无锡西溪人，嘉定癸未状元，仕至刑部侍郎致仕，卒，谥忠文。张焘，详后"流寓"注。又按：杨诚斋④守郡时，有《梅露堂》诗云："梅堂客散夜初静，橡烛烧残一寸红。"又县西北安善西乡有梅墅，县东政成乡有梅巷，县西南怀德南乡有梅庄、梅村。◆茶巢岭，在新塘乡、下浦西，陆龟蒙种茶处。龟蒙后种茶顾渚山⑤下，即此岭移种者也，岭去顾渚三十里。茶舍，唐李栖筠⑥守郡时置。时有僧献阳羡佳茗，陆羽⑦以为芬香冠绝他境，可供尚方⑧，遂置舍，岁贡万两。按：茶舍当在茶山路，而县志不载。府志"武进、古迹"有"茶舍"。又云："舍在罨画溪。"盖当日武、宜皆置也。【眉批：唐裴肃⑨贞元间为常州刺史，有"茶舍碑"。】

17. 九里"庱亭"

● 《咸淳毗陵志》卷二十七《古迹·武进》：

---

① 陈墓湾山，今城湾山，因隋司徒陈果仁葬此而得名。
② 张焘，字子公，饶州德兴（今属江西）人，宋代名臣，谥号忠定。
③ 蓓蕾，当作"蓓蕾"或"蓓蕾"，花蕾，含苞未放的花。
④ 杨万里，字廷秀，号诚斋。
⑤ 顾渚山，在湖州市长兴县城西北，在唐代以贡品紫笋茶而闻名天下。
⑥ 李栖筠，字贞一，河北赞皇人，任常州刺史，子李吉甫、孙李德裕均为唐朝名相。
⑦ 陆羽，字鸿渐，精于茶道，著有世界第一部茶叶专著《茶经》。
⑧ 尚方，古代制办和掌管宫廷饮食器物的官署。
⑨ 裴肃，唐朝名相裴休之父。

　　庱①亭，在县西五十里，与丹阳分界。韵书注："吴中亭名，孙权射虎伤马地。"晋顾众与兰陵太守季②闳于此拒守，逆击贼将张健，卒平之。

　　此条又见《成化毗陵志》卷三十一《古迹·武进》，《康熙常州府志》卷二十《古迹》。

　　笔者按：《太平寰宇记》卷九十二《江南东道四·常州·武进》有"庆（按：实当作'庱'）亭铺"条："在县西五十里，与丹阳县分界。孙权射虎于庆亭伤马焉。"事见《三国志》卷四十七《孙权传》"二十三年十月"，并于"庱亭"两字下有注："'庱'音'摅陵反'。"按："摅"字音"书"。又《元和郡县图志》卷二十六《江南道一·浙西观察使·润州·县》下"庱亭垒"条："在县东四十七里，本苏峻将管商攻略晋陵，郗道徽以此地东据要路、北当武进，故遣都护李闳筑此拒之。今置垒。"可见庱亭处也像奔牛那样建有埭堰。

- 《万历武进县志》卷二《乡都·安善西乡》：

　　庱亭，在县西五十里，与丹阳分界。韵书③注："吴中亭名，孙权射虎伤马地。"晋顾众与兰陵太守季闳于此拒守，逆击贼将张健，卒平之。隋杨素尝遣勇士麦铁杖觇江东反贼，为贼擒缚，行至庱亭，卫者哀其困，解手以给饮食，铁杖取贼刀杀卫者皆尽，素大奇之④。

　　此条又见《万历常州府志》卷二《常州府武进县境图说》，《乾隆武进县志》卷一《古迹·安善西乡》，《光绪武进阳湖县志》卷一《古迹·园亭》，《武阳志余》卷一之二《古迹上·安西乡》。

- 《康熙武进县志》卷十九《古迹·安善西乡》：

　　庱亭，县西五十里，与丹阳分界。韵书注："吴中亭名，孙权射虎伤马地。"晋顾众与兰陵太守季闳，于此拒守，逆击贼将张健，卒平之。隋杨素尝遣勇士麦铁杖觇江东反贼，擒缚，行至庱亭，卫者哀其困，解手以给饮食，铁杖取贼刀杀卫者皆尽，素大奇之。按庾信诗："卸亭一回望，风尘千里皆⑤。"注："卸亭，吴大帝所憩，后人建亭，在晋陵。"杨升庵《外集》注："卸，当作'御'。"唐王维诗："去问珠官俗，来经石蚿⑥春。东南卸亭上，莫使有风尘。"今卸亭无可考，意即此亭乎？

　　此条又见《古今图书集成·常州府部汇考十四·常州府古迹考一·本府》。

　　笔者按：《咸淳毗陵志》卷二十七《古迹》："望亭，旧名'御亭'，在县南四十五里，

---

① 庱，音 chěng。
② 季，当作"李"。事见《晋书》卷七十六《顾众传》内，作"李闳"。
③ 未详是哪一部韵书。
④ 此下《武阳志余》有"亭今废"三字。
⑤ 皆，当作"昏"。
⑥ 蚿，当作"蚹"，详下文考证。

与平江分界。《舆地志》云：御亭，吴大帝立。晋顾扬尝监晋陵军事，筑垒于此，进讨贼将张健。梁肩吾有'御亭一回望，风尘千里昏'之句。《寰宇记》云：隋开皇九年置为驿，唐李袭誉易今名。后废。"则御亭为无锡东境与苏州交界处的望亭，不是废亭。望亭是常州最东境的邮亭，而废亭是常州最西境的邮亭，两者一东一西，成为常州的地标性节点。废亭地属晋陵郡，故称"在晋陵"。上文所引的王维诗，见《王右丞集笺注》卷八《送元中丞转运江淮》："薄税归天府，轻徭赖使臣。欢沾赐帛老，恩及卷绡人。去问珠官俗，来经石劫春。东南御亭上，莫使有风尘。"杨慎（号升庵）《丹铅总录》卷十八"诗话类"之"石蚝、御亭"条："唐人送元中丞江淮转运诗一首，王维、钱起集皆有之，其云：'去问珠官俗，来经石蚝春。东南御亭上，莫问有风尘。'用事颇隐僻。'石蚝'用《荀子》'紫蚝、鱼盐'及《文选》'石砬应节而扬葩'事也。御亭，吴大帝所建，在晋陵。庾信诗：'御亭一回望，风尘千里昏'是也。今刻本或改'石蚝'作'右却'，'御亭'或改作'衍亭'，转刻转误，漫一正之。"

● 《常州赋》：

　　射虎废亭，孙讨虏豪襟跌宕①；画龙寥殿，李怀仁醉墨淋漓。废亭，一作"虎亭"，在县西五十里丹阳交界、安善西乡，乃三国时孙权射虎伤马处。《元和郡国志》：废亭，在丹阳县东四十七里。《吴志》：孙权，字仲谋，策弟也。建安二十三年，权将如②吴，亲乘马射虎于废亭。马为虎所伤，权投以双戟，虎却废③。常从④张世，击以戈，获之。按：权尝为讨虏将军。◆常州《古迹志》：天庆观画龙，在武进寥阳殿壁，题为"姑苏道士李怀仁笔"。世传怀仁酒豪⑤，尝呼龙松江上，狎⑥而玩之。以此，画入神品。是日大醉，睨殿壁，索墨汁数斗，曳帝裂袂⑦，号呼奋掷，双龙立就。观者辟易⑧，惧将攫焉。按：天庆观，在县东直街。○废，直郢切，音"逞"。【眉批：天庆观即圆妙观，梁曰"宝庄严"，唐曰"龙兴"，宋曰"天庆"，元改"圆妙"，后为"玄妙"。郡县迎春，必于其地。距城四里。】

18. 丹阳沸井

● 《万历武进县志》卷二《乡都·安善西乡》：

　　沸井，在县西六十里季子庙⑨前。井不详何时所开。齐建元元年，井北忽有金石声，掘二丈得泉；复

---

① 豪襟，豪迈的胸襟。跌宕，豪放杰出。
② 将，将要，或解作统帅、率领。如，至。
③ 却，退却。废，偃伏、慑伏。
④ 常从，侍从、随员。
⑤ 酒豪，酒量很大的人。
⑥ 狎，亲近、接近。
⑦ 袂，衣袖。
⑧ 辟易，退避，多指受惊吓后控制不住而离开原地、往后退。
⑨ 庙在今丹阳延陵镇。此丹阳延陵镇乃西晋所立之延陵，非古之延陵。所言"县西六十里"当是丹阳县西六十里。今按丹阳城至延陵镇季子庙为二十多公里，与六十里正为相近。因此此处所言的"县西六十里"不是在常州城武进县治西六十里。按《光绪武进阳湖县志》卷一《古迹·池井》误作："沸井，在武进安西乡季子庙南。"

有声，又掘得泉。泉中得木简长一尺，广二寸，隐起文曰："庐山道士再拜谒"，木坚白，字色黄。延陵令戴景度以闻，于是并凿为井。今尚有四，二清、二浊，腾涌笃沸①，昼夜不绝。旁有唐武进簿赵用晋《赛雨纪石》文。今隶丹阳县境②。

此条又见《康熙武进县志》卷十九《古迹·安善西乡》，《万历常州府志》卷二《常州府武进县境图说》，《道光武进阳湖县合志》卷二《舆地志二·古迹·古井》，《光绪武进阳湖县志》卷一《古迹·池井》。

笔者按：所言之井，显乃丹阳延陵镇的沸井，即上引文字最末所言的"今隶丹阳境"。此地乃西晋所立之延陵，非古之延陵也。所言的"县西六十里"，当是丹阳县西六十里。今按丹阳城至延陵镇季子庙为二十多公里，与六十里相近，非在常州城武进县治西六十里也。上文所言之碑，乃丹阳人立的碑恰好是武进簿写的文章而已，并不能因作者为武进之官，便定此井在武进县境内。

此延陵季子庙所在的延陵镇，乃西晋分曲阿之地所立的从西晋以来一直到隋唐的延陵县，与先秦的延陵没有关系。先秦季札封地延陵邑就是汉代的毗陵县，也即后世的武进县；此汉代毗陵县又划出西北一块，设置为暨阳县（即后世江阴县的前身）。西晋时因江南版图上的地名只有毗陵，而无延陵，特分曲阿丹阳之地建置为延陵以存古，其地非古之延陵也。古之延陵在今之武进，季子躬耕地在江阴与武进交界处的舜过山与申港，此申港之地在先秦两汉时属于毗陵（今武进），西晋时方才划出来设为后世之江阴县也。

- 《常州赋》：

淹城、留城，与虎城之方圆异象；丹井、义井，似沸井之清浊咸宜。淹城，在县东南延政乡，俗谓"奄城"。其城三重，周广十五里，濠堑深阔。父老相传，水涸时斫得朽木，可以宿火。或云吴王囚越质子处，故有淹、留二城。按：《越绝书·吴地纪》云："毗陵城南十八里，有城，古奄③君地也。东南大冢，奄君女子所葬。"《越绝书》，汉人袁康撰，其书近古，似可信。或即商末之奄君，周逐之，而来居此。留城，在淹城东五里。城之大，仅准④淹之内城。土人吴姓者构庵祀观音大士于中，长松森郁，甚可爱也。又，县东北二里德泽乡有二城，一方一圆，东西对峙，或云"虎城"，或云"鼓城"，今遗址尚

---

① 今常州话仍称水滚为"笃"。

② 此乃丹阳人立碑，请武进县主簿写文章而已，不能因作者为武进之官，便定此井在武进境内。又按：此乃西晋分曲阿县西境之地建置的延陵县，唐代并入丹阳（即曲阿）县，与先秦的延陵之地不相关。先秦的延陵就是汉代的毗陵县，演变成为今天的武进县；此汉代的毗陵县（也即后世之武进县）的西北一块，在西晋初年划出来建置为江阴县。西晋时因江南版图上的地名只有毗陵而无延陵，晋武帝好复古，于是特意分曲阿丹阳县的西境建置延陵县，此县非古之延陵也。古之延陵在今天的武进县，季子躬耕地在今天江阴申港西岸，此申港之地在先秦两汉属于毗陵县也即今天的武进县，西晋初年（265年）方划出并建置为江阴县也。

③ 奄，商末周初山东曲阜所在地的方国，被周朝攻灭，就像晋末"五胡乱华"而北人南迁那样，南逃并渡过长江，来到常州境内，建立淹城。

④ 准，等，均等，相当。指其城仅与淹城的内城一样大。

存。【眉批：康熙己未大旱，居民取濠中干土，果可宿火①云。】【眉批：又，循理乡有酬城，《潘令经》②云："在县北三十里。"】◆丹井，凡四：一在东门外天庆观，旧传汉天师授丹于此，今湮。一在安丰南乡冲虚观，梁王八百修道于此，后以炼丹得仙。一在厚余③太和观前，每岁赛④东岳⑤时，迎东岳像来观中，像上殿升降，井水随之深浅，远近异之。一在马迹山云居道院，葛仙翁炼丹于此，详后"仙释"注。义井，俗名"大井"，郡人连⑥云卿所凿。凡有九井，此其一也，在中右厢正素坊⑦北。其余八井：一在新坊桥东街侧；一在元丰桥北八字尖，今废；一在天井巷⑧内；一在椿桂坊西曹家巷口；一在葛桥北街；一在天禧桥北；一在迎春桥东塊；一在拱真道院前。沸井，在县西六十里安善西乡季子庙前，不详何时开。齐建元元年，井北忽有金石声，掘二丈，得泉。复有声，又掘，得泉。泉中得木简，长一尺，广二寸，隐起文曰："庐山道士再拜谒。"木坚白，字色黄。延陵令戴度以闻，于是并凿为井。今尚有四，二清二浊，腾涌惊沸，昼夜不绝。今隶丹阳境⑨。【眉批：又，明万历间，邑人张卿穿义井五，一在县治土神祠前，一在仁育坊内，一在忠义祠旁，一在毗陵驿前，一在旧递运所。】

19. 五渎八景

（1）五渎

孟渎、伯牙渎（又名琴渎）、兰陵渎、直渎、瓜渎（参见第四章"水利河道"）。

●《奔牛镇志》将芦渎列为五渎而无直渎。芦渎，在镇南南洪桥东，有滩大数亩，遍植芦苇，秋季芦花泛白，相传渎中曾产实芯芦柴，故名⑩。

（2）八景

1）能仁古刹

奔牛镇有能仁寺，又名铁佛寺，位于街西运河畔，原奔牛中学校址。古刹坐北朝南，面向运河，巍巍殿宇数十间。宋《咸淳毗陵志》卷二十五《寺观》载："寺在（武进）县西三十里，齐（479—502 年）黄门侍郎萧惠开舍宅为寺，名禅乡，国朝（宋）改今额。"寺额由书法大家米芾所书。萧惠开（423—471 年），南兰陵人，初名慧开，后改慧开。少年有风气，涉猎文史。家虽为贵戚，却居服简素。初为秘书郎，转太子舍人，又任尚书水部郎、南徐州治中从事史、南徐州别驾、中书侍郎、江夏王义恭大将军大司马从事中郎，

---

① 宿火，隔夜未熄的火。
② 北宋大中祥符年间晋陵县令潘洞所编的《常州图经》，因编纂于大中祥符，故又称《祥符经》。
③ 今写作"厚余"。
④ 赛，酬报，旧时指用祭祀来酬谢神明。
⑤ 东岳，东岳大帝，又称泰山神，掌管生死，为古代民间所普遍信奉。
⑥ 连，据《常州赋》乾隆朝原刻本，当据《常州赋》光绪活字本、《万历常州府志》卷二《武进·义井》作"赵"。
⑦ 正素坊，原址在今常州市正素巷，因宋代学者"正素先生"张墅而命名。后人常误写成"张举"。
⑧ 天井巷，位于今常州市青果巷东段。
⑨ 今丹阳延陵镇九里村季子庙。
⑩ 高平主编：《奔牛镇志》，南京大学出版社，2019 年，第 607 页。

后遁入佛门。

宋政和年间（1111—1118 年），古刹由禅乡寺改额能仁寺。后屡毁于兵燹，明洪武初（1368 年）重建，嘉靖年再修。清同治、光绪年间，寺僧法慧、德意、智远、隐岚等多次募捐修建。寺内有铁铸大佛三尊，庄严威武；又铸韦陀、弥勒二尊，共为五尊，立于天王殿内，能仁禅寺故又以铁佛著称。民国十七年（1928 年）《武进年鉴》尚有铁佛记载。民国二十二年（1933 年），刘国均先生在此创办于私立奔牛初级中学（后称树人中学），古刹遂废。今存南宋时银杏一株，数人方可合抱，树龄已在 800 年以上。时奉盛世，今在运河南岸重新择址，复建能仁禅寺，并建九级浮屠，奔牛中学亦迁址镇东运河南岸重建，原址作为航空技术学校校舍。今能仁寺仍在运河沿岸留有旧墙一段，当地信众在河畔设置香炉、腊台，焚香敬佛，不忘初衷。

2）伯牙琴台

奔牛镇西有琴渎，即伯牙渎，位于能仁寺（老奔牛中学）东数十米，渎畔有香林寺，寺内旧有伯牙琴台，传为春秋时期俞伯牙、钟子期相遇处。香林寺原名大悲庵，清《道光武进阳湖合志·坛庙》载："清顺治初，僧四知（和尚）自河南来常，覆茅施茶于此，因结庵焉。"

清褚邦庆《常州赋》云："人近钟期之乡村，应知音律；鱼出伯牙之渎，亦作琴象。"相传，春秋时期晋国琴师俞伯牙曾途经奔牛，抚琴于此。《道光武进阳湖合志·古迹》亦载："伯牙琴台在武进安善西乡伯牙渎西大悲庵中，一室洞空，游者顿足拊手则音韵铿然，若琴声焉。"伯牙渎曾产琴鱼，据说琴鱼为伯牙痛失知音摔琴渎中所变。清顾祖禹《读史方舆纪要》卷二十五《南直七·常州府》："又有伯牙渎，在府西北二十五里，南通运河，北入长江。"《道光武进阳湖县合志·拾遗》云："俗传伯牙寓此。钟子期死，弃琴渎中。渎产琴鱼，弦徽皆备。旧志云：渎北流入江，今久塞，琴鱼亦绝产矣。"俞伯牙为晋国人，在楚地为官。钟子期为延陵人，一介樵夫。某年，俞伯牙途经奔牛，已近傍晚，便舣舟留宿，抚琴消闲。一曲《高山》刚毕，岸边有人轻吟："巍巍乎高山兮！"一曲《流水》又起，那人又道："荡荡乎流水兮！"钟子期闻乐知意，俞伯牙在此遇上知音，两人相见恨晚，分手时相约来年再会。而第二年俞伯牙再来延陵时，钟子期已不在人世，俞伯牙为痛失知音而摔琴，至今在常州留下琴渎、琴台、琴鱼之名。

伯牙渎以北有钟村，传为钟子期故宅，1948 年版《武进年鉴》尚见记载。新中国成立后，古庵被毁，琴台无存，琴鱼绝迹。若干年前，千年古渎又被填没为路，伯牙桥随之而毁，曾经通江连漕的古渎成为历史，仅有渎口遗迹可寻。

3）陈氏书楼

清褚邦庆《常州赋》云："书藏陈氏之楼，后人谁在？"褚邦庆所云陈氏之楼，即南朝萧梁时期士子陈文表读书处，后来称之为藏书楼，位于奔牛镇西街坝口，原伯牙桥东 30 米处。陈文表，南朝梁本邑学者，年少时曾与萧衍同窗数载，二人交情甚笃。梁武帝登基后，曾邀文表入朝为官，文表却弃官不受，宁可在乡设塾授徒，教诲后生。武帝大为感动，敕建书楼于陈氏旧居，一时传为佳话。清《道光武进阳湖合志·古迹》作这样记载："梁武帝萧衍年少时，曾与文表同窗读书数载，极为相善。后萧衍登基即位，授陈文表以官职，文表不受，还乡教子。武帝敕建书楼于奔牛，名陈氏书楼。明洪武时（1368—1398年），书楼曾加修缮，嘉靖乙卯（1555 年）毁于兵燹。"陈氏书楼为郡中名胜，历经千载，屡毁屡修，至清末书楼尚存。书楼可能是在咸丰十年（1860 年）遭太平天国兵燹，后又再修。藏书楼虽经历代修缮改建，面目全非，但旧址基本未变。中华人民共和国成立初期，旧楼尚存，上下二层，各为五楹，时为奔牛中学图书馆章珍凤老师旧宅。20 世纪 90年代书楼被拆，千年遗胜毁于一旦。

4）高陵乔木

乔木者，木棉也，此木长于奔牛镇西运河南岸奔牛锁厂西北隅金牛墩上（位于天禧桥西水中央），大可数围，树干挺直，开花后才发枝叶。木棉系南粤树种，吴、越少见。清《道光武进阳湖合志》载："乾隆南巡至常，见此曾诏师绘图，终难逼肖，遂止。据云：刳去其皮，则夹岸房屋人物及河中帆船均映入干中。道光三十年（1850 年），树忽不见。"金牛墩又名金牛台，奔牛因金牛墩而得名。关于金牛墩的具体位置，说法不一：一说在运河南岸，旧有土阜，方圆数百平方米：一说在运河之中，四周环水，位于天禧桥西 20 米运河之中。第二种说法有一定依据。元末，龟巢老人谢应芳《登金牛台》诗云："六龙城西吕城东，谁作高台水中沚。"《说文》："小渚曰沚"，本义为水中小洲。《诗经·秦风·蒹葭》："溯洄从之，道阻且跻。溯游从之，宛在水中沚。"根据《说文》及谢应芳《登金牛台》诗可以认定，金牛台为水中小洲，犹如无锡黄埠墩，只是没有那么大而已。奔牛历来为兵家必争之地。史载：秦始皇二年（前 245 年），建威将军沈怀明东讨孔觊至奔牛，大败之；南朝宋元嘉末（453 年），竟陵王诞遣参军刘季之与顾彬之败刘邵的将军华钦于曲阿之奔牛塘。又载："齐高帝与萧顺之共登金牛台，见枯骼横道，曰：'文王以来几年矣，当复有掩此者乎？'言之凛然动色。"明初，谢应芳有诗记其事："清明雨晴花正开，折花送客金牛台。金牛遗迹不复见，但见野马尘埃去复来。台前鹤溪贯洮滆，濒湖绿野半如席。台后群山依大江，齐梁故里迷榛棘。登高望远散离忧，超然如在昆仑邱。为问堰头杨柳树，颇尝见有此客不？"20世纪50年代末拓浚大运河时，金牛墩被挖废，千年古迹，至此消失。

5）星月古池

清褚邦庆《常州赋》："花月楼长年花月共赏，星月池昼时星月交辉。"褚邦庆所云星月池，位于奔牛镇东司前巷后，即原奔牛供销社处。

星月池广及丈余，一面靠墙，四周围以石栏，水清见底，白昼仍见星月，此乃郡中一奇胜。清《道光武进阳湖合志》卷二《古迹》云："星月池在奔牛巡检司后，池大不及半亩，天色晴朗，昼见星月。嘉靖末年（1566年），为居人填塞。"巡检司创建于元代，明清时期沿用，为县衙门下设的基层机构，其功能以军事为主。据明《永乐大典·常州府》载：武进、晋陵元设巡检司六处：马迹山巡检司在迎春乡，圩塘巡检司在依仁乡，沙子湖（滆湖）巡检司在惠化乡，小河巡检司在通江乡，奔牛巡检司在安善西乡，黄土岸巡检司在栖鸾乡。查阅清《武进阳湖舆地全图·安西乡图》，奔牛巡检司位于镇中下闸桥北塊，下闸桥即天禧桥。奔牛闸旧有上、下二闸，上闸名"天井"，下闸曰"天禧"，清道光十八年，闸圮，邑人架木于基，曰天禧桥。清吴恭亨撰司联："鼠雀无争，民谓时清官亦懒；苞苴必却，生来贫惯本非廉。"

奔牛巡检司始于元代，辛亥革命后废；星月古池曾经存在700年左右，直到中华人民共和国成立以后才湮灭。20世纪60—70年代，奔牛供销社处在此处创建改造，历史遗存基本被毁，今仅存供销社旧屋数十间，院中散落部分石槛、石础等，疑为巡检司遗物。

6）秀水紫竹

奔牛原中街运河之南岸，旧有秀水庵，俗称桑园庙。古庙始建年代不详，可能与桑蚕祭祀有关。奔牛、九里一带，旧有桑田千顷，蚕户万家，江南地区有祭祀蚕花娘娘的习俗。秀水庵内曾有"城市山林"匾额一块，传为北宋著名书法家米芾所书，清志有载。据此推测，古庵可能始于北宋，同时说明此时奔牛市井繁荣，堪比城市。

"莲花座上现如来，紫竹林中观自在。"紫竹林为观世音修行之所，信众崇拜观音菩萨，故庵西小院多栽紫竹，环境清幽，佛门寂寥，亦为清静之地，故得"秀水紫竹"之名。

1937年11月，奔牛曾遭日军飞机轰炸，古庵损毁严重，后由信众捐款修葺。20世纪50年代末，大运河拓浚时，秀水庵被拆，遗址当在武进锁厂水塔附近。秀水庵东侧原为奔牛闸旧址，曾有上、下二闸，创建于宋元符二年（1099年），陆游撰《奔牛闸记》。明天顺三年（1459年），巡抚崔恭奏重建下闸。成化四年（1468年），巡抚邢宥续修上闸。

嘉靖戊子（1528 年），闸之夹岸筑石为垛，上架舆梁。清道光十八年（1838 年）闸圮，邑人架木于基，曰天禧桥。后闸、桥皆废，今在原址重建奔牛大桥（天禧桥）。

7）张公钓台

奔牛镇天禧桥西、运河南岸有南坝村前"七星坟"，坟侧有张公池，大约四五亩，池旁有钓鱼台，至今古墓虽平，旧地可寻。何谓七星坟？墓按北斗七星排列，主墓为柄，头对北斗，其他六穴为勺。按墓葬形制，当为贵族。奔牛旧属南朝齐梁故里（武进西北旧称齐梁故里），多王孙贵族。凡曰七星者，一般多见将相王公。然奔牛七星坟墓主身份至今不详，墓却早已无存。而张公者，不知何许人士，或为隐逸高士，远离尘嚣，筑钓台于奔牛，以度时光。1958 年，大运河拓浚时，池塘被填塞大半，后又被南坝村民全部填平，遗踪难觅。今在奔牛公园水塘边置"张公钓鱼"雕塑，有文字简介内容。

8）忠佑行庙

奔牛镇东运河南岸有南观村，村中有仁惠观，旧属鸣凤乡，后归奔牛镇。据《奔牛乡志》载，仁惠观为忠佑行庙之一，主要祭祀隋司徒陈果仁。仁惠观建于明万历年间（1573—1620 年），明清时期多次修缮，民国时此地创建仁惠观初级小学。新中国成立初期，尚存三进二院，大殿分别悬挂"掌养万民""民康物阜""忠烈昭天"匾额，塑有关帝、武烈大帝、王灵官、龙王等像。前院有洗心池与银杏一株，相传为陈果仁洗心处。何谓洗心？闭关自守，静心修炼，在青灯黄卷间净化心灵。宋《咸淳毗陵志》卷十四《祠庙》记载："忠佑行庙一在东岳庙后，即帝东第，唐太和七年，令高荣以祷雨获验而重建；一在武进县奔牛魏墅，地名陈墓，旧传帝祖葬焉。或曰殿后有小药磨，指为故物。"《奔牛乡志》可能有误。《咸淳毗陵志》由常州郡守史能之修于南宋咸淳年间，宋志明确记载奔牛魏墅有忠佑行庙，而《奔牛乡志》载此观建于明万历年间，二者不符。陈果仁先祖为颍川人，十七世祖陈寔为太邱令长，在义兴郡长城县（今长兴）安家，遂为晋陵人。旧传司徒祖父葬此地，或谓旧居。殿后有小药磨，指为古物。今已改作民房，池、磨早已无存，唯有银杏尚在，大可十围，荫蔽数亩。《隋史》及《忠佑实录》载：隋炀帝遇害江都，吴兴沈法兴起兵讨贼，遂有江南诸郡，称梁王，都毗陵。陈果仁破贼数有大功，拜大司徒，后为沈法兴所害，屠戮其家。陈果仁以"忠、孝、文、武、信、义、谋、辩"八绝传于世。夫人轸氏舍宅为庙，庙食千载，受历代加封。烈帝主庙在常州城西庙沟，行庙遍及江南，杭州、无锡、江阴等地均有烈帝行庙，而奔牛魏墅之庙当属烈帝辅庙，或称忠佑行庙①。

奔牛八景有不同记载，《奔牛镇志》将"伯牙桥、洗心池"也列入"八景"。

泊牙桥：在镇西运河北岸。相传春秋时期著名弹琴高手俞伯牙抚琴于此，因而得名，下为琴渎。渎西有古香林寺，又名大悲庵。庵中有一室洞开，游客顿足拊手则回音铿然，若琴声焉。古为伯牙琴台，今庵早废，渎亦淤塞不通，桥面仅有一块石板架于小沟上。

洗心池：在镇东河南南观村仁惠观内。县志称池为金台八景之一。池侧有银一株，大数十围，荫蔽数亩，观为忠佑行庙之一。旧传司徒祖父葬于此，或谓旧居。殿后有小药磨，指为古物。今已改作民房，池、磨早已不存，唯银杏尚在②。

（二）祠庙

此处记载奔牛镇的宗教场所中的祠庙与道观。

1. 忠佑行庙即仁惠观

● 《咸淳毗陵志》卷十四《祠庙·诸庙·州》：

忠佑庙，在武进县东。帝姓陈，讳果仁，字世威，晋陵人。隋大业间仕至司徒，娶沈法兴女。法兴有异谋，惧帝未发，潜中以毒，唐武德三年也。夫人轸氏舍宅为寺，今崇胜寺是。又舍东第为观，号"崇仙"。有疏刻石庙下。疏云："明政二年"，乃李子通伪号。后法兴中神矢毙，郡人以帝"忠孝、文武、信义、谋辩③""八绝"奏于朝，即帝兵仗库立祠。垂拱元年始创大殿，乾武④四年封"忠烈公"，中和四年加"感应"。朱梁开平四年进"福顺王"，淮南杨渥更封"武烈王"。南唐保大十三年吴越兵至，柴侯克宏进御，梦帝有"阴兵助汝"之语。及战，风雨晦冥，黑牛突行阵间，克宏人百其勇，俘馘甚众。以功封"武烈帝"，轸氏"武烈后"，张氏"赞幽夫人"，沈氏为"沈明后"。宣和间睦寇披猖，魏守宪率邦人有祷，卒不犯，四年赐今额。建炎二年周守杞大新营缮。嘉泰间赵守善防请爵帝二子，长曰"坦赞惠侯"，次曰"顜协应侯"⑤。淳祐四年又奏封帝父为"启⑥灵侯"，母段氏"懿德夫人"，伊氏

---

① 寒雪编：《中吴遗珠》，凤凰出版社，2017年。

② 高平主编：《奔牛镇志》，南京大学出版社，2019年，第607、608页。

③ 辩，诸本有作"辨"。两字古通。按《永乐大典·常州府》卷十七引《泰定毗陵志》之《隋司徒陈公舍宅造寺碑》："折角无先，共朱云而并操；悬河不竭，与郭象而连词。"故知此处当作辩论解为是。

④ 武，当据下引之《成化毗陵志》作"符"。唐无乾武年号。《咸淳毗陵志》卷二十九"《司徒神庙碑》乾符三年齐光义撰"，可为"乾符"之证。

⑤ 《咸淳毗陵志》卷二十九："《帝子封二侯告》，嘉泰四年郡守赵善防立。"

⑥ 启，据下引《成化毗陵志》，以及《永乐大典·常州府》卷六引《咸淳毗陵志》此条。国家图书馆所藏《咸淳毗陵志》明刻本的清人抄配本及由之刊刻而来的赵怀玉刻本则误作"肇"。

"昭德夫人"，长子加"济美"，次子加"助顺"，柴侯封"翊灵将军"，详载《实录》云。江南道士任右元尝题庙云："松竹萧萧野笛悲，寂寥冰雪对旌旗。前山夜月阴风起，神去神来人不知。"自篆于①石，今不在②。

● 《永乐大典·常州府》卷六《庙·本府》：

《毗陵续志》：……陈司徒庙，在天禧桥东。按《隋史》及《忠佑实录》，公讳果仁，字世威。隋末，炀帝遇害于江都，吴兴沈法兴起兵讨贼，遂有江南诸郡，称梁王，都毗陵，奉表于皇泰主，得承制封拜，以公为司徒。夫公以"八绝"之资，"八绝"谓："忠、孝，文、武，信、义，谋、辩。"当隋唐废兴之际，英雄竞起，公托身非所，功业未著而遇害。然生不能奋其志，死后犹能效灵一方，保卫生民，庙食千载，受历代加封，庶无憾矣。本朝洪武初，去旧封号，题木主曰："隋司徒陈公之神"。有司岁以三月十五日，用豕一致祭。《咸淳毗陵志》：……◆《泰定毗陵志》：忠佑庙，在西排湾。神之事迹，具载旧志。大德五年，路官劝率，居民协助，重建正殿、山门，献亭、两廊。延祐己未，居民张氏建桥亭龟池上。外有行庙，在玄妙观。延祐三年，郡民蔡居敬等，具以感应实迹，经天师教所，告呈省府，下儒学提举司考验，得：神，常州晋陵人，陈泰康元年射策甲科，隋大业五年平寇有功，拜大司徒。唐乾符四年封"忠烈公"，梁开平四年进加"福顺王"，南唐保大十三年册赠"武烈帝"，宋咸淳六年加封"显灵昭德王"，延祐五年加封"仁惠孚佑真君"。◆《大德毗陵志》：武烈帝西庙，在郡治东南三里、崇胜寺之东。公讳果仁，字世威，姓陈氏，晋陵人。年十八举秀才，对策为监察御史。隋大业五年，授诏平长白山狂寇数万，授秉义校尉。后平江宁剧贼乐伯通、东阳娄世干等，隋主嘉之，板授大司徒。庙有《司徒告身》碑刻。公先娶沈法兴女。大业末，法兴起兵吴兴，倚公为重。复欲攘据常州，颇复相忌，诈③疾巫，因公省问，以药毒公。临终遗命以所居西第为杜④业寺，东第为崇仙观，时唐武德三年也。庙有夫人轸氏《舍宅疏》。武进之人以杜⑤业寺之南兵仗库为西庙，晋陵之人以观之巽地建东庙。长庆中，廉使以属郡祠宇⑥，祀典者咸命彻⑦之，庙遂废。大和七年秋旱，邑令高荣祈雨辄应，乃复建庙，以东庙为行宫。乾符四年封"忠烈公"，中和四年封"感应侯"。淮南大和六年册"忠烈王"。南唐保大十年，因与吴越交兵，获神阴助，援蒋子文故事，册"武烈大帝"，仍⑧以灵妃轸氏为"武烈后"，张氏为"灵妃"。宋宣和二年，赐庙额"忠佑"。◆武烈帝东庙，在郡治东南五里、玄妙

---

① 于，据《成化毗陵志》《永乐大典·常州府》、南京图书馆所藏《咸淳毗陵志》清抄本"宁甲本"。余本误作"之"。

② 在，诸本同。《永乐大典·常州府》作"存"。

③ 按本书第五章"一"之《隋司徒陈公舍宅造寺碑》，此处有一"称"字。

④ 杜，原误"社"，据《隋司徒陈公舍宅造寺碑》改。

⑤ 杜，原误"社"，据《隋司徒陈公舍宅造寺碑》改。

⑥ 此处当脱"非"或"不在"。

⑦ 彻，意同"撤"。

⑧ 仍，意同"乃"。

观之西，即行宫庙。◆《无锡志》：武烈帝庙，在州内西南，隋大将陈杲[①]仁也。其先颍[②]川人，十七世祖寔为太丘[③]令长。家于长城，遂为晋陵人。杲[④]仁破贼，数有大功，拜大司徒。后为沈法兴所害，屠戮其家，因舍故宅为寺，事具载郡志。此其别庙云。◆《江阴志》：武烈大帝庙，天庆观之西南，隋司徒陈果[⑤]仁也。唐赠“忠烈公”，有顾云为铭。南唐封为“武烈[⑥]帝”，命徐铉撰碑文。宣和二年，赐额“忠佑”。正庙在常州，此为行宫。顷岁修之，得唐侯象所立碣于地，云“皇唐常州江阴县司徒陈公[⑦]碣铭”，其文漫灭，不可读。

● 《成化毗陵志》卷二十七《祠庙·郡城》：

隋司徒庙，旧名“忠佑庙”，宋志云：在武进县东。今清秀坊西[⑧]，土人称为西庙，以东岳庙后为东庙[⑨]。公姓陈，讳果仁，字世威，晋陵人。……淳祐四年又奏封公父季明为“启灵侯”，母段氏“懿德夫人”，伊氏“昭德夫人”，长子加“济美”，次子加“助顺”，柴克宏封“翊灵将军”。咸淳六年改封“福顺武烈显灵昭德王”。元延祐五年封“福顺武烈显灵昭德仁惠孚佑真君”。国朝洪武初诏去封号，题木主曰“隋司徒陈公之神”，有司岁以三月十五日用豕一致祭。正统十四年敕赐道经一藏安奉。天顺六年庙毁。惟存真武殿及藏经。成化三年夏大旱，同知谢庭桂祷雨有应，爰谋起废，首捐俸千缗为倡，士庶商贾乐为之助。首建正殿，次及门庑、亭宇总七十余楹，其弘丽视昔有加。成化十六年知府孙仁重修后真武殿，且葺其未备，南京吏部右侍郎王㒜记。余见《忠佑实录》。

● 《光绪武进阳湖县志》卷四《禋祀·庙祠》：

忠佑庙，又名“烈帝祠”。祀隋司徒、南唐封“武烈帝”陈杲[⑩]仁。在武进西右厢青果巷。唐武德三年建，垂拱元年增建。宋建炎二年，知常州周杞重修。元延祐五年重修。明宣德十年，知府莫愚重修。成化三年，同知谢廷桂重建。十六年，知府孙仁重修。隆庆间增建。崇祯十年重修。国朝乾隆十二年重修。同治五年重修。又武进各乡庙凡五：一在怀南乡□□[⑪]；孝西乡有二，一在管庄凤凰池，唐上元间建；一在前舍，明永乐间建，国朝乾隆元年重修；一在依东乡于塘，明洪武间建，嘉靖间重

---

① 杲，元《无锡志》同误。实宜据新、旧《唐书》作“果”。
② 颍，元《无锡志》同。实宜作“颍”。
③ 丘，原作“邱”，原本必如元《无锡志》北大本作“丘”。因抄于清雍正朝后，避孔子讳，书作“邱”。
④ 杲，元《无锡志》同误。宜作“果”。
⑤ 果，原误作“杲”，据《弘治江阴县志》卷十一改。
⑥ 此处《弘治江阴县志》卷十一同。《舆地纪胜》卷九引此加一“大”字。
⑦ 此处《弘治江阴县志》卷十一同。《舆地纪胜》卷九引此加一“庙”字。
⑧ 由此可知清秀坊在西庙之东。
⑨ 由此可知东庙在东岳庙后。
⑩ 杲，当作“果”。
⑪ 空白表示作志时其具体地点不详，或作志者懒惫而未加考察。

修；一在循理乡徐墅。阳湖乡庙一，在政成乡横林镇。

笔者按：庙主陈果仁之名不当作陈杲仁。

《旧唐书》卷五十六《沈法兴传》作“果仁”，是唐国史旧稿、五代人编纂作“果”之明证。

《新唐书》卷八十七《沈法兴传》作“果仁”，是北宋初人作“果”之明证。

《永乐大典·常州府》卷十七引《泰定毗陵志》有“龙兴寺沙门德宣”“天宝四载五月十三日述”；《隋司徒陈公舍宅造寺碑》：“公讳果仁，字世威”，这便是唐碑元代记录作“果”之明证（今《全唐文》卷九一五此文录作“杲”，是清人改“果”为“杲”之明证）。

《成化毗陵志》卷三十三所收乾符三年齐光乂撰《司徒神庙碑》：“公讳果仁，字世威”，这便是唐碑元、明两朝记录时作“果”的明证（今《全唐文》卷八一三有录，作“果”，是清人未改之前作“果”之明证）。

《永乐大典·常州府》卷六《祠庙·本府》引谢应芳《毗陵续志》“陈司徒庙”条：“按《隋史》及《忠佑实录》，公讳果仁。”这是明初《忠佑实录》作“果仁”之证。

又《永乐大典》卷三一三三第24页[①]《陈·姓氏五》有“陈果仁”条，录《豫章志》“隋司徒陈果仁字世威”云云，又引宋张舜民《画墁集·题陈果仁告身》：“右《果仁大业告身》《轸静缘明政二年舍宅疏》，长安蒲氏物。”并引《舍宅造寺疏》：“《舍疏》云：‘大王司徒，无辜被戮。’”此是《永乐大典》皆作“果”之明证。故其名当作“果”，若有作“杲”，当是清人抄录时所改（宋及以前唯有宋赵明诚《金石录》宋刻本卷十“目录十”：“第一千八百九十六，《唐陈杲仁告身、夫人舍宅疏序》”误作“杲”）。

综上，唐宋元明皆作“果”，唯有清人作“杲”。当作“果”为是。

因为“果”有勇果、果敢之义，与其字“世威”相合。“杲”则无有此意，故知非是。《唐会要》卷七十九《谥法上》之“威”字条“猛毅强果曰‘威’”，“勇”字条“致命为仁曰‘勇’”，疑即陈司徒名字的出典。

何以后人陈烈帝之名会由“果”讹为“杲”，且清代学人皆深信不疑？原因当是记载其事迹的唐碑（本书卷十九引《咸淳毗陵志》卷二十九《碑碣》之唐大中八年唐叔珦立《忠佑庙陈司徒告身》并《陈司徒夫人轸氏舍宅造寺疏》，元和十五年四月建立的唐天宝四载沙门德宣所撰的《陈司徒八绝碑》），因风化而讹作“杲”，后人见此碑拓片作

① 中华书局本第2册第1811页。

"杲",遂认为原来所记之"果"皆误。

何以见得清代的忠佑庙碑乃明人重立？《成化毗陵志》卷三十一《碑碣·郡城·唐碑》云："《陈司徒八绝碑》，……碑在本庙门左，虽屡经兵火，旧石犹存。国朝成化五年建庙，为董工者所毁，识者叹惜焉。"

后人再也不能看到唐碑原碑，故只能凭拓本立论，而最早的唐碑（实为拓本而非原本）作"杲"，遂疑此后的唐宋元明诸碑及宋《咸淳毗陵志》、明《成化毗陵志》皆误"果"，又影响极大的《资治通鉴》卷一八六《唐纪二·高祖神尧大圣光孝皇帝上之中》之武德元年八月丁酉"沈法兴亦上表于皇泰主，自称大司马、录尚书事、天门公、承制置百官，以陈果仁为司徒"，胡三省于"以陈果仁为司徒"后注："《新书》作'陈杲仁'"，即《新唐书》作"陈杲仁"。又宋赵明诚《金石录》宋刻本卷十"目录十""第一千八百九十六，《唐陈杲仁告身、夫人舍宅疏序》"误作"杲"。明万历以后人，尤其是清人，遂据碑和《资治通鉴》《金石录》，认定作"果"必非，作"杲"为是，而将诸书中的"陈果仁"皆改作"陈杲仁"，其始作俑者，据笔者所知当属《万历常州府志》卷二《武进县境图说》之"隋司徒忠佑庙"条即作"祀隋司徒陈公杲仁"矣。

由于常州地方志已作"杲"，天下人自然不会再有异议，于是所有方志及省志（《江南通志》）、总志（《大清一统志》《古今图书集成》之"常州府"）皆作"杲"。方志等于是地方史，于是后人一切文献皆从之而改，包括《忠佑实录》，包括其后裔族谱《陈氏宗谱》亦随之而改，于是清人文献中只见有"陈杲仁"，未见有"陈果仁"矣。

神自万历后连自己名姓都不能保，用古人的观念来看，足证其已转世轮回而不再为神了吧。

其碑何以会由"果"漫灭为"杲"，费衮《梁溪漫志》卷六"石刻多失真"条帮我们解开了这一千古之谜："石刻多失真者，非惟摹拓肥瘠差谬而已。至于刊造之际，人但知深刻可以传远，设若所书字本清劲，镌刻稍深，则打成墨本，纸必陷入，泊装褙既平，以书丹笔画较之，往往过元本倍蓰，此大弊也。欧阳公记李阳冰书《忘归台铭》等三碑，比阳冰平生所篆最细瘦，世言此三石皆活，岁久渐生，刻处几合，故细尔。后之建碑者，倘遇此等石，则其失真尤可知矣。"其言石会生长而笔画变细，实是误会。其实石不会生长，是风化将其磨平矣。因为所刻笔画之横截面必成楔状，即上大下小。碑石刻好后，无时无刻不在风化，每揭去一层，笔画必细一圈，直至风化殆尽，则只存无有笔画的平面了。

《晋书》卷三十四《杜预传》："预好为后世名，常言'高岸为谷，深谷为陵'，刻石为二碑，纪其勋绩，一沉万山之下，一立岘山之上，曰：'焉知此后不为陵谷乎？'"他若知道风化水蚀之理，就会明白，虽金石亦不可能永久，因此托金石欲求不朽实亦难矣。欧阳修《集古录》卷五《唐孔子庙堂碑》条："余为童儿时，尝得此碑以学书，当时刻画完好。后二十余年，复得斯本，则残缺如此。因感夫物之终弊，虽金石之坚不能以自久！当即有鉴于此乎？"其实仅二十年那是不可能残缺殊甚的，很有可能其儿童时所见者为早几百年的拓本，而二十年后所见者乃晚几百年的拓本。

对付风化的唯一可行之计，便是将字画刻深，但费衮认为这样做不好，因为拓片时纸会陷入字画之中，使得所拓之字笔画变粗；其实最初会这样，但几百年过后，其笔画深度也就会变浅，故后拓者也就不会显得很粗了。

那么"果"字又是如何讹变成"呆"字的呢？只要"果"字上端中间那一竖刻得稍浅的话（这是很容易发生的事情，因为刻工不可能保证他所刻的每一画都一样深），数百年后，石碑表面被一层又一层地风化揭去，于是最终有那么一天会揭到"果"字上端中间那一竖的底部（或接近底部）而其他笔画尚未到底（即仍有一定的深度，也即其笔画深于"果"字上端中间那一竖），于是"果"字上端中间那一竖的痕迹便漫漶不清，而其他笔画的痕迹仍然清晰，拓片拓出来的便是"呆"字而非"果"字。但如果原碑尚存，即便拓出来的是"呆"字，而原碑"果"字上端中间那一竖的痕迹仍然依稀可辨，只要细心一查原碑，断不会为拓本所惑。但在原碑被毁后，人们便只能依据拓本来立论，于是"果"字之误为"呆"字遂不可纠正矣。

其实这种情况在碑刻中当处处存在（凡碑刻中字画不清楚者皆是此种原因），只不过此例最为明显罢了。究其根源，在于所刻笔画深浅不一，只要笔画深浅一致是不会发生这种情况的；然而刻工怎能保证自己凿刻的笔画一样深呢？所以这事仍是无法避免的。

- 《咸淳毗陵志》卷十四《祠庙·诸庙·州》：

> 忠佑行庙[1]，一在东岳庙后，即帝东第，唐太和七年令高荣以祷雨[2]获验重建。一在武进县奔牛魏墅，地名"陈墓"，旧传帝祖父葬焉。或曰旧居殿后有小药磨，指为故物。一在武进县前萧里，唐末巢贼犯境，人望云[3]烟中有红衣巨人，贼惧而遁[4]，道士邓子成为筑祠焉。

---

① 行庙，据《成化毗陵志》。《永乐大典·常州府》卷六引《咸淳毗陵志》此条误作"庙庙"。《咸淳毗陵志》明刻本的抄配本及由之而来的赵怀玉刻本遂删一"庙"字，而使本卷出现两个"忠佑庙"，显非。当以《成化毗陵志》为是。

② 雨，诸本缺。据《成化毗陵志》补。按《永乐大典·常州府》卷六《祠庙·本府》引《大德毗陵志》"武烈帝西庙"条："大和七年秋旱，邑令高荣祈雨辄应。"

③ 云，据《成化毗陵志》《永乐大典·常州府》、南京图书馆所藏《咸淳毗陵志》清抄本"宁甲本"。余本误作"灵"。

④ 遁，诸本同。《永乐大典·常州府》作"退"。

此条又见《成化毗陵志》卷二十七《祠庙·武进》，《古今图书集成·常州府部汇考十·常州府祠庙考一·本府》。

- 《永乐大典·常州府》卷六《庙·武进县》：

> 《泰定毗陵志》：忠佑原庙，在奔牛镇南鸣凤乡，地名"魏墅"。庙南有"陈墓[①]"，即帝祖父所葬。墓上有古松，宋初所植，偃蹇如龙形。殿后有紫石药磨，相传陈氏故物。乙亥毁于兵，道士萧维申一力重建，气象宏壮。庙旧有陈帝故产，今又增置田租，以永其祀，郡士蒋竹山[②]为碑以纪其事。

- 《万历武进县志》卷二《乡都·安善西乡·庙寺》：

> 魏墅观[③]，即旧志忠佑行庙之一，地名"陈墓"。旧传陈司徒祖、父葬焉。或曰旧居殿后有小药磨，指为故物。

此条又见《康熙武进县志》卷二十《寺观·安善西乡》，《古今图书集成·常州府部汇考十一·常州府祠庙考二（寺观附）·本府》，《道光武进阳湖县合志》卷十三《坛庙志·祠庙（寺观附）·武进·鸣凤乡》。

- 《乾隆武进县志》卷五《禋祀·祠庙（寺观附）·鸣凤乡》：

> 仁惠观，即旧志忠佑行庙之一，地名"陈墓"。旧传陈司徒祖、父葬焉。或曰旧居殿后有小药磨，指为故物。前志安善西乡之魏墅观即此误入[④]，今改正。

笔者按：指由安善西乡移入鸣凤乡。今按：《咸淳毗陵志》言在"奔牛魏墅"，故入奔牛所在的安善西乡，实在《泰定毗陵志》所言的"在奔牛镇南鸣凤乡"，故当入鸣凤乡为确。

- 《光绪武进阳湖县志》卷二十九《杂事·寺观·武进·鸣凤乡》：

> 仁惠观，在"陈墓"。建时未详。同治间重建。

- 《武阳志余》卷四之一《祠庙上·鸣凤乡》：

> 仁惠观，在"陈墓"，详旧志。内有洗心池，为"金台八景"之一。池侧银杏，大数十围，荫垂数亩。同治十年，里人王海法等募捐重建。

2. 琅邪王庙

- 《咸淳毗陵志》卷十四《祠庙·诸庙·武进》：

---

① 墓，原误作"基"。据上引《咸淳毗陵志》卷十四"忠佑行庙"条改。
② 蒋捷，字胜欲，号竹山。
③ 观名据下引《乾隆武进县志》，实为"仁惠观"。因《咸淳毗陵志》言其"在武进县奔牛魏墅"，故此处名之为"魏墅观"。
④ 即仁惠观，又名魏墅观，"前志"是指《康熙武进县志》。本书实误脱"安西乡"三字，即此观已属于鸣凤乡，不属于安善西乡矣。

琅邪王庙，在县奔牛镇东二里，旧传晋元帝渡江后有此祠。

●《永乐大典·常州府》卷六《庙·武进县》引《咸淳毗陵志》"琅琊王庙"条后又引《大德毗陵志》：

在郡西三十里。

●《成化毗陵志》卷二十七《祠庙·郡城》：

琅琊王庙，在天禧桥北。旧在奔牛镇东，相传晋元帝渡江后有此祠。元末徙今地。

●《万历常州府志》卷二《常州府武进县境图说》：

琅琊王庙，在天禧桥北。旧在奔牛镇，相传晋元帝渡江后有此祠。元末徙今地。今移置祠山庙内，其地为居民所侵。

此条又见《康熙常州府志》卷十八《坛壝、祠庙、寺观·武进》。

●《乾隆武进县志》卷五《禋祀·祠庙（寺观附）·西石厢》：

琅琊王庙，旧在奔牛镇东。相传晋元帝渡江后，有此庙。元徙天禧桥北。弘治丙辰，知府曾望宏以其湫隘，移于祠山庙合祀，曰"三神祠"[①]。又有庙在仁孝东乡梅村。今修。

此条又见《古今图书集成·常州府部汇考十·常州府祠庙考一·本府》，《道光武进阳湖县合志》卷十三《坛庙志·祠庙（寺观附）·武进·西右厢》。

●《道光武进阳湖县合志》卷十三《坛庙志·祠庙（寺观附）·武进·安善西乡》：

琅琊王庙，载唐志。后移于郡城祠山庙，详见"西右厢、祠庙"中。

●《光绪武进阳湖县志》卷四《禋祀·坛壝》：

琅琊王庙，祀晋琅琊王。武进城、乡凡二：一在西右厢祠山庙内，明宏（弘）治间，知府曾望宏建；一在安西乡，建时未详，同治间重建。

3. 驸马庙、曹将军庙（宋代有，后世被毁）

●《咸淳毗陵志》卷十四《祠庙·诸庙·武进》：

驸马庙，在县奔牛镇西。《祥符经》云：驸马戴姓。

●《咸淳毗陵志》卷十四《祠庙·诸庙·武进》：

曹将军庙，在县青城镇街北。

4. 灵济龙祠

●《咸淳毗陵志》卷十四《祠庙·诸庙·武进》：

---

① 指祠山大帝、石固王与琅琊王三神合祀。此是青果巷处的"三神祠"。

　　　　灵济龙祠，在奔牛镇中、闸①之侧，政和三年赐额。

●《万历武进县志》卷二《乡都·安善西乡·庙寺》：

　　　　灵济龙祠，在奔牛闸侧，宋政和三年赐额。

此条又见《万历常州府志》卷二《常州府武进县境图说》，《康熙武进县志》卷二十《寺观·安善西乡》，《古今图书集成·常州府部汇考十一·常州府祠庙考二（寺观附）·本府》，《乾隆武进县志》卷五《禋祀·祠庙（寺观附）·安善西乡》，《道光武进阳湖县合志》卷十三《坛庙志·祠庙（寺观附）·武进·安善西乡》。

笔者按：《光绪武进阳湖县志》无记载，说明太平天国战乱后未再复建。

5. 祠山庙、三神庙

●《万历武进县志》卷二《乡都·安善西乡·庙寺》：

　　　　祠山庙，旧志不载。庙有银杏二株，围且丈余，似亦非近创也。

此条又见《康熙武进县志》卷二十《祠庙·安善西乡》，《乾隆武进县志》卷五《禋祀·祠庙（寺观附）·安善西乡》。

●《万历常州府志》卷二《常州府武进县境图说》：

　　　　祠山庙，旧名"广惠"，在隋司徒庙西②，宋淳祐间郡守王圭建。神显于广德之横山，唐初封"水部"，宋累封"正佑昭显威德圣烈王"。宝祐五年改封"正佑武③烈真君"，后加"昭德"，咸淳元年又加"昌福"。德祐兵毁，元至元间复建。元统元年大加兴缮，教授詹天祥有记。国朝洪武中重修，天顺四年知府王恦重建。庙凡五：一在郡南游塘村；一在郡东南十五里成墅村，旧名"昌福"，庙④宋开禧丙寅石刻香炉、铭存焉；一在奔牛镇；一在钦风乡段庄，俗亦名"游塘庙"，左偏有江东顺济灵应行祠，廖庄有记，别载。

此条又见《康熙常州府志》卷十八《坛壝、祠庙、寺观·武进》，《乾隆武进县志》卷五《禋祀·祠庙（寺观附）·西石厢》，《古今图书集成·常州府部汇考十·常州府祠庙考一·本府》。

●《道光武进阳湖县合志》卷十三《坛庙志·祠庙（寺观附）·武进·西右厢》：

　　　　祠山行庙，旧名"广惠"，在陈⑤司徒庙西，宋淳祐间郡守王珪⑥建。神显于广德之横山，唐初封"水部"，宋累封"正佑昭显威德武烈王"。宝祐五年，改封"正佑武烈真君"。后加"昭德"，咸淳元年又加"昌福"。德祐兵毁，元至元间复建。元统元年，大加兴缮，〔教授詹天祥记〕⑦：毗陵郡西市，故有张君庙，

----

　　①　当不可点作"中闸"。下文"10. 府城隍行庙"引《道光武进阳湖县合志》即作"在奔牛镇中"。其言"奔牛镇西"是指奔牛西闸之西，其言"奔牛镇东"是指奔牛东闸之东，其言"奔牛镇中"是指两闸之间。
　　②　《咸淳毗陵志》卷十四作："广惠行庙，在崇胜寺西，淳祐间王守圭建。详见武进'行庙'。"
　　③　武，《成化毗陵志》作"圣"。
　　④　此处当据《成化毗陵志》补一"有"字为是。
　　⑤　陈，为其姓。《万历常州府志》作其朝代名"隋"。
　　⑥　珪，《咸淳毗陵志》作"圭"，两字古通。
　　⑦　按《成化毗陵志》卷三十九《碑碣·郡城》："《广惠行庙记》，元统三年教授詹天祥撰。"

去郡治三里；郡志所载"八庙"，此其一也。按颜鲁公所书旧碑，及常安民等撰次世裔云：真君姓张，黄帝之后。夏、禹时，有名"秉"者，事禹，分治水土，均江海，通淮泗，行山泽间，遇神女曰："上帝以君有功，遣吾为配。不在其身，在其子孙，必有食其报者。"其后，真君生于鼎之龙阳洲，隐于广德之横山，神功懋德，烜著于时。既没，州人祠之。凡东南之民，雨旸疫疠，有祷必应。自李唐至于圣朝，昭受封爵，由是行祠兴焉。至元初，郡祠毁于兵。郡即旧址建真君殿，时有元觉慧①主其祠事。越五十年，为至治二年，郡经历张汝霖始建献亭。至顺二年，达鲁花赤买间"嘉议"，与掾郑元中议建庙门，材甓既具。元统元年，吴人丁振宗为郡史，从祭祠下，环顾榛莽郁盛，中心惕焉。与僚友仇懋德、张用礼议所以兴修祠宇，乃捐己俸以劝施者，又以私财足成之。致饰礼殿，创建门庑，外疏沟池，周树嘉木。象明灵，庀器用，百废毕举。从尤氏孙道宗之请，以"凝妙冲元②宏道法师"施用存甲乙③住持。用存以私田五十亩，舍入祠祀；且以其资，加构室堂。而振宗实纲纪之。古者，圣人之制祭祀也，法施于民则祀之，以死勤事则祀之，以劳定国则祀之，能御大灾捍大患则祀之；非此族也，不在祀典。今夫山川之祀，功利及于民，则封爵厚其报，礼之文也。真君之祠，功利之昭昭者，具在祀典。振宗以郡史④之列，乃能笃治民事神之事，而兴构之；施用存又能成其志，可相贤矣！后之人，其毋忘施者之惠与创造者之功；嗣而葺之，则神之神是邦也，其有已哉？振宗字显之，以儒术饰吏治，行粹才敏，故能有为如此云。◆明洪武中重修。天顺四年，知府王慥重建。庙凡五：一在郡南游塘村。一在郡东十五里成墅村，旧名"昌福庙"，有宋开禧丙寅石刻香炉、铭存焉。一在奔牛镇。一在钦风乡段庄，俗亦名"游塘庙"。国朝乾隆辛巳重修，有〔大学士刘纶碑记〕曰：府治西右厢、绣衣坊，予刘氏所居旧第东一垣而近，有祠山神庙。两序列配侑食，左曰琅琊王，右曰江东王。岁逾，像设哆剥，榈墀歇泑；四徽故址，浸为城守营假占住牧。方春香市，士女躐躐走三涂芳荽中，求所谓"献亭"者以入。自予昆季发燥⑤群嬉时，其所见已如此。洎乾隆辛未，殿前三元阁，复不戒于郁攸⑥。于是，沈师云龙，悉然蹶起，投牒上官。今知府事桐城潘公恂，时方摄治阳湖，首捐俸钱为倡；而同社诸善信相率㑃⑦资鸠役，一斥⑧而新之。以戊寅冬即工，越辛巳秋落成。而后，栖神、馆宾、饩徒⑨，暨厩库庖湢之所，莫不宏垲完致。谓予里人寓书，諈诿⑩作记。按：庙中旧碣，一以为元教授詹天祥记元统间重修大略，既不详创建所由；一以为明侍郎廖庄记天顺间太守王慥祷涝获应，锡山人邹宗广请蠲金苇庙，专指江东王石固氏之神⑪，

---

① 元，据下文"尤氏孙道宗"当作"尤"。

② 元，应作"玄"字，清人避康熙讳而改书为"元"。

③ 从宋代起，丛林有"甲乙徒弟院""十方住持院""敕差住持院"三种。甲乙徒弟院，由自己所度弟子轮流住持、甲乙而传者，略称为"甲乙院"。十方住持院，系公请诸方名宿住持，略称为"十方院"。敕差住持院，由朝廷给牒任命住持，略称为"给牒院"。甲乙院住持是一种师资相承的世袭制，故又称为"剃度丛林"或"子孙丛林"。而十方住持院由官吏监督选举，故称为"十方丛林"。依住持继承制度的不同，又有"选贤丛林"与"传法丛林"之分。

④ 史，吏也。

⑤ 发燥，即"燥发"，指胎毛始干，也即年少之意。明袁宗道《明吏部尚书汪公墓志铭》："夫太宰公者，即宗道燥发时所稔闻'少泉先生'者也。"

⑥ 郁攸，火气、火焰。《左传·哀公三年》："济濡帷幕郁攸，从之蒙茸公屋。"杜预注："郁攸，火气也。"一说为救火器具。

⑦ 㑃（音"痔"），意同"庤"，储也。

⑧ 斥，扩大。

⑨ 指栖神、住客、供养修行者的处所。

⑩ 諈诿，嘱托。

⑪ 按：江东王姓石名固，为赣人，生于秦朝，去世后被地方百姓尊奉为神，每见其灵应。

无一语及祠山。府、县志又载明葺祠山庙故太守愷事①；而琅琊王之庙，只称"相传晋元帝渡江后，奔牛镇即有之，元末始徙于此"，诠述尤鲜颠委。考明洪武间厘定钦天山十庙之祠，宋公讷实被敕为记，其文惟综举"祠山遗烈在人，历代崇秩报功"之本义，于世系故实则首据西汉龙阳人姓张名渤为正，次采张汤子安世之别说，而折以颜鲁公所记当在新室、建武中，为时代不符。至晋詹仁泽、曾樵《祠山家世编》，张祖镇《大帝实录》，宋程荣《祠山事要》诸书，所哆②神奇幻迹，则置弗深考。祎乎！洵可云识体要而言雅驯者，窃意神酾川、芘民，溉长兴、荆溪，通津广德，惠我桑梓，距今夐隃③千祀；而精英肹蠁，能使小夫妇竖，无一人不心存目著恐恐然，福曰神喜，祸曰神怒，如阚其室而司其命。充天下神奇之类，宜无过是，政不待幻迹之相骇。即准此以概二神配食之故，非人思遗烈，亦宜不在是，更何事征名数典，愳愳拟议之为？独惜乎五十年以来，就予习见久茀④不治之庙，出一沈师之力，已责券而藏其成。回视敝庐接武⑤庙堧者，及予昆季辈，次第通籍⑥，未有尺椽寸甓之加，且益就颓落；为人子若孙，顾不滋尸贶⑦之愧乎哉？然，予以是多师之力，逾⑧以信神之灵；所谓"扬⑨翊、默相"，其勿可敢思也已？自余乡曲流传，与诸书散见，有事非宋记⑩所录，而于乐师时荐神弦有合者，则谱为迎神送神之歌，以付主者：

穀星弧兮卷卷，梓坛鼓兮籊籊⑪。众嫭⑫还晋兮傩芭傅⑬，中春上浣兮冷风满。旄薄凌在涤兮云卜其牷，饬夕张兮陈左牵。晞神隆兮告灵箅，里氓会赛兮祝洪延。◆右"迎神"。

夫人仙李兮锵佩玖，苏夹侍兮赵柳。九侯前兮五公后，八庙之三兮今则有。向为马肆兮无支祈守，曰生牺兮维汝走。曰输捐兮毋我负，眷神留兮将进酒，圣渎回矼兮横云停牗。◆右"送神"。

- **《光绪武进阳湖县志》卷四《禋祀·坛壝》：**

祠山庙，祀司水神。武进城乡凡四：一在西右厢青果巷，宋淳祐间知常州王珪建，元至元间重建，元统元年重修，明洪武间重修，天顺四年知府王愷重建，国朝乾隆间重修，同治间重修。一在钦风乡游塘村，明知府王愷建，国朝同治间重修。一在安西乡奔牛镇，明天顺四年知府王愷建。一在旌孝乡七都一图。阳湖各乡凡二：一在定东乡曹墅村；一在延政乡游塘桥，宋时建，明永乐间重修，正德十二年重修。

- **《道光武进阳湖县合志》卷十三《坛庙志·祠庙（寺观附）·武进·安善西乡》：**

---

① 府县志又载修祠山庙的王愷事。
② 哆，通"侈"，夸大。
③ 隃，即"逾"。
④ 茀（音"福"），草多。
⑤ 接武，步履相接，形容亲近、接近。
⑥ 通籍，录姓名于宫廷门籍而可以进出宫门（禁中）了；代指初做官而宫中有了名籍。
⑦ 贶，当作"祝"。尸祝，古代祭祀时对神主（即神明的牌位）掌祝之人、主祭人。又指祭祀。
⑧ 逾，愈，愈甚、更加。
⑨ 扬，显露。
⑩ 指宋讷之记。
⑪ 其字音"渊"。籊籊，象鼓声之词。
⑫ 其字音"户"，意为美好、美女。
⑬ 傅，当作"传"方才押韵。

三神庙，旧志名"祠山庙"。建立年代无考。庙中有银杏一株，围丈余。庙非近创也。

● 《光绪武进阳湖县志》卷四《禋祀·坛壝》：

三神庙，祀水土神，在武进安西乡奔牛镇。

● 《武阳志余》卷四之一《祠庙上·安西乡》：

三神庙，在奔牛镇，详旧志。同治间，里人张钰、邵鹏升等经捐重建。

笔者按：上文"琅琊王庙"引《乾隆武进县志》"移于祠山庙合祀，曰'三神祠'"，指青果巷处合祀祠山大帝、石固王、琅琊王的"三神祠"，疑奔牛镇之"三神庙"亦然，其中祠山与江东王石固都是水神，而琅琊王当是土地神，合称水土神。

6. 许真君祠

● 《乾隆武进县志》卷五《禋祀·祠庙（寺观附）·安善西乡》：

许真君祠，在三里庵东。明万历间建。邑人许鼎臣有记，见《艺文》。

笔者按：《乾隆武进县志·艺文》失载此文。此条又见《道光武进阳湖县合志》卷十三《坛庙志·祠庙（寺观附）·武进·安善西乡》。

● 《道光武进阳湖县合志》卷十三《坛庙志·祠庙（寺观附）·武进·安善西乡》：

真君庙，在奔牛镇县城隍①庙西。

笔者按：此真君庙与上面的许真君祠有可能是同一个神，也可能不是同一个神。

7. 东岳庙

● 《道光武进阳湖县合志》卷十三《坛庙志·祠庙（寺观附）·武进·安善西乡》：

东岳庙，相传梁时建，元时毁，嘉靖三十五年重修。有〔里人周②敖碑记〕曰：先王封国，凡封内山川，有功于民社者，悉登之祀典。毗陵郡属古东封，以是，郡人祀宗东岱③。郡之安善里东、西两沙河，相去各百余步，神有庙，适当其中，士人相传萧梁时所建，陶隐君华阳④尝主焉，代称福地。前元荐⑤祸，焚炙虔刘，庙以烬。我国家珍扫，统百神，乔岳⑥怀柔，诏修废祀。里中耆旧以其事请于郡邑诸大夫，爰即旧基，载新神宇。顾当草昧，创置未周。其宇仅仅两三楹，才足以栖神而已。永乐初，廉访使谢公庄致政归，与乡人给祀⑦，恒往来其间，谓："宇甚卑，亦甚隘，非所以安明神、崇福报！"倡增式廓，鸠众庀材，士民咸应先之⑧。门庑缭以垣墙，有寝有庭，有厨有湢。松筠掩映，下上参差，庙貌森严，为一方奇概。乡

---

① 此处宜有一"行"字，即下文所言的"县城隍行庙"。
② 周，《道光武进阳湖县合志》卷三十四《金石》作"张"，其文曰："《奔牛安善里东岳庙碑记》，存。嘉靖三十五年张敖撰，谢敖书。"《光绪武进阳湖县志》卷二十八《金石》亦作"张"。
③ 常州城西西林有地名东岱，当也是有东岳庙的缘故。
④ 指外号"华阳隐居"的山中宰相陶弘景，曾担任过此庙的住持。
⑤ 荐，一再之意。
⑥ 乔岳，泰山，泛指高山。《诗经·周颂·时迈》："怀柔百神，及河乔岳，允王维后。"
⑦ 给予神明以祭祀。
⑧ 争先恐后。

人翼翼，骏奔走，祈祷辄应。每岁季春，俗称神诞，优伶乐伎，百戏具陈，金鼓旌旗，屯云蔽日，缤纷小大，欢呼弥日而后已。是神之兴，若将有待于公者。《崧高》诗谓"维岳降神"，生甫侯及申伯，屏蔽旬宣①，中兴周室。公以雄才，炳持风纪，宅师匡辟②，为昭代名臣，谓非神所生耶？然则神之有功于民社也亦大矣！岂真御灾捍患，为我乡人一境之私已哉？公后若干年，虽未有能继之者，然山灵毓秀，精气所通，余韵流风，后先沾溉，自兹以往，特无有闻公而兴起者乎？吾人之祀神也，亦不徒区区为徼福之谋而已。庙久圮败，诸羽士爱山，洎其徒路元教，力为修葺。事竣，属记。以芮氏，余姻也，介绍乞言。顾予贫窭，既不能捐资以助，而且宦游无补，非惟有负于神，亦固有愧于公也。第缘所请，姑叙其事，以存岁月。芮之诸君曰："津与其先公伸③，并前后有翊赞之劳"，因以并书于后④。基地册注，免科⑤。

- 《光绪武进阳湖县志》卷四《禋祀·坛壝》：

　　东岳庙，祀东狱神，武进各乡凡九：一在安东乡□□⑥，乾隆五十八年建，同治间重建。一在安西乡鸡笼山，梁时建，明嘉靖三十五年重修，今毁。

笔者按：则东岳庙所在的东、西两沙河之间当有鸡笼山。

8. 大王庙

- 《道光武进阳湖县合志》卷十三《坛庙志·祠庙（寺观附）·武进·安善西乡》：

　　大王庙，在奔牛镇东。

笔者按：此与常州城西的"金龙四大王庙"（西大王庙）、北门的北大王庙相似，乃供奉运河龙神。而西大王庙原本是琅琊王庙，则此大王庙疑即琅琊王庙的另一分庙。

9. 水神晏公庙

- 《道光武进阳湖县合志》卷十三《坛庙志·祠庙（寺观附）·武进·安善西乡》：

　　晏公庙，在天井闸侧。

- 《光绪武进阳湖县志》卷四《禋祀·坛壝》：

　　晏侯庙，又名晏公庙，祀明封显应平浪侯晏成⑦。武进：一在安西乡奔牛镇。阳湖：一在左厢白云渡，明洪武间建，国朝道光二十年重修，同治间重建。

10. 府城隍行庙

- 《道光武进阳湖县合志》卷十三《坛庙志·祠庙（寺观附）·武进·安善西乡》：

　　府城隍行庙，在奔牛镇中。

---

① 旬宣，周遍宣示。此句指屏蔽（即抵挡）敌人，宣扬德化。
② 语出《尚书·太甲上》："惟尹躬克左右厥辟宅师，肆嗣王丕承基绪。"
③ 芮津与其父芮伸。
④ 此下非记中语。
⑤ 册注，即注册，登记在案之意。免科，免除该地基的赋税。
⑥ 空白表示作志时其具体地点不详，或作志者懒惰而未加考察。
⑦ 其名当作"戌仔"或"戍仔"。

● 《光绪武进阳湖县志》卷四《禋祀·庙祠》：

　　府城隍庙，祀府城隍神。在武进子城厢一图鼓楼西。宋太平兴国间建。元延祐三年，总管府知事赵琦重修。至正十五年重建。明正德间，知府王教重修。万历初，知府施观民重修。十六年，知府谭桂增建。二十七年重修。崇祯十七年，知府陈管增建。国朝康熙八年重修。乾隆二十三年增建。嘉庆十五年，知府蒋荣昌增建。同治六年重修。武进各乡庙，凡三：一在安东乡吕墅桥；一在安西乡奔牛镇；一在孝西乡陈巷桥，乾隆间建。阳湖各乡庙，凡三：一在丰北乡横山；一在丰东乡□□①，顺治间建，道光十七年重修；一在延政乡漕溪桥，乾隆五十四年建。

　　都城隍行庙，祀都城隍神②，在武进西右厢忠佑庙东，顺治间建。同治十二年，重修。

　　右城隍庙，《通礼》："县岁以春秋仲月诹日致祭。又三月清明节、七月望日、十月朔日祭厉，奉神入坛。祭毕，仍还庙。"

11. 县城隍行庙

● 《道光武进阳湖县合志》卷十三《坛庙志·祠庙（寺观附）·武进·安善西乡》：

　　县城隍行庙，在奔牛镇东。

● 《光绪武进阳湖县志》卷四《禋祀·庙祠》：

　　城隍庙，祀城隍神。武进庙在子城厢一图府城隍庙东，顺治十七年建，同治十年重建。阳湖庙，在东右厢青果巷，乾隆二十四年知县潘恂建，二十七年知县陈廷柱重修，二十九年知府潘恂重修，三十八年重建，四十九年知县程明愫增建，道光十八年增建，同治十年重建。又武进各乡庙凡五：一在通江乡孟河城，一在安西乡奔牛镇，一在孝东乡安家舍河西，一在旌孝乡湟里镇，一在依东乡于塘。阳湖乡庙凡二：一在丰南乡□□③，一在丰东乡郑陆桥。

12. 文昌庙

● 《道光武进阳湖县合志》卷十三《坛庙志·祠庙（寺观附）·武进·安善西乡》：

　　文昌阁，在奔牛镇东，内有存仁堂公所。

● 《光绪武进阳湖县志》卷四《禋祀·庙祠》：

　　文昌庙，祀文昌。后殿祀文昌先代。在武进子城厢府学西。嘉庆十三年知府蒋荣昌建，光绪二年重建。又武进城内、各乡宫及阁④，凡十：一在子城厢一图府城隍庙

---

① 指编志时，具体地点不详。
② 即首都北京的城隍神于谦。
③ 指具体地点不详。
④ 各乡文昌宫与文昌阁。

内，乾隆二十三年建；一在怀南乡十九都二图，道光十年建；一在安东乡四都一图；一在安西乡奔牛镇东；一在孝东乡安家舍河西；孝西乡有三，一在张村，一在夏墅桥，一在通墅河西；一在依西乡许家桥，并祀关帝；一在循理乡□□。阳湖城内及各乡宫及阁，凡八：一在左厢八字桥，建时未详，康熙间重修；一在城隍庙内，同治间建；一在定东乡，明万历二十九年知府周一梧、知县晏文辉建；一在大宁乡三河口，名瑶光阁；一在政成乡□□；一在安尚乡戴埼桥；一在太平乡□□；一在迎春乡□□。皆兼祀关帝。

　　右文昌庙，《通礼》："县岁以春秋仲月诹吉及二月初三日致祭。"

13. 黄巷庙

● 《道光武进阳湖县合志》卷十三《坛庙志·祠庙（寺观附）·武进·安善西乡》：

　　黄巷庙，基地册注免科，明嘉靖年建，国朝嘉庆间重修。

14. 王忠愍祠

● 《康熙武进县志》卷二十·祠庙·安善西乡：

　　王忠愍公祠，在奔牛镇。国朝顺治十年，奉旨褒恤明末徇难忠臣、原任①御史王章，赐地十区，每区计地七②亩，以奉春秋祀祭。其地原存怀南乡。康熙十一年，奉宪檄县，提入升西区，立钦恤户，照学田事例，一体完粮。

此条又见《康熙常州府志》卷十八《坛壝、祠庙、寺观·武进》，《乾隆武进县志》卷五《禋祀·祠庙（寺观附）·安善西乡》，《古今图书集成·常州府部汇考十·常州府祠庙考一·本府》。

● 《道光武进阳湖县合志》卷十三《坛庙志·祠庙（寺观附）·武进·安善西乡》：

　　王节愍公祠，在奔牛镇。国朝顺治十年，奉旨褒恤明末殉难忠臣、原任御史王章，赐地十区，每区计地七亩，以奉春秋祀祭。其地原存怀德南乡，康熙十一年，奉宪檄县，提入升西区，立钦恤户，照学田事例，一体完粮。乾隆三十八年，改入鸣凰乡，为"甚""无"两字号，共田六十九亩九分五厘一毫八丝四忽。旧志"节愍"作"忠烈③"，"七亩"作"十亩"，今遵钦定《明史》及据现在粮册改正。

● 清·邵长蘅《邵子湘全集》之《青门簏稿》卷十五《传》之《武进三忠合传》：

　　刘熙祚，字仲缉，号劼思，世为武进人。……熙祚死，明年三月，北都陷，帝、后死国，同时以文臣徇节者，武进又得二人，曰王御史章、金主事铉。

---

① 指前朝即明朝所任。
② 七，《乾隆武进县志》作"十"。
③ 烈，当据上引作"愍"。

王章，字汉臣，崇祯戊辰进士。初令诸暨，有惠政。台使者疏"调繁①"，改鄞。鄞人来逆②，暨人逐之，曰："王君，我父也，鄞何与？"鄞人争之力，曰："王君，今我父也，暨③安得留？"章两慰遣之，而乘夜启门牡④去。治鄞如暨，两邑皆肖像以祠⑤。久之，以卓异征，授工部主事，擢陕西道监察御史，出⑥巡按甘肃。甘故重镇，而边兵穷困，每举责⑦于弁⑧，约十金偿一级，亡⑨所得级，则杀口外⑩民以偿，故往往开边衅，而弁得冒功邀赏。章知其弊，著令："寇非大举，不许以零级邀功。"按甘⑪二年，封事凡百八十上。崇祯十七年二月，差巡视京营。当是时，流寇李自成已破太原，转略忻、代，破宁武、宣大，警檄踵至。章奉巡视之命，按⑫京营，额兵当十一万有奇，除疾疫什一、羸弱什二，勋畹占役⑬及市佣窜名⑭什四三，其所存者，四分财⑮一，而阙月饷⑯已半载，士饥疲，不任甲。阅视，则革笥、木荐⑰、敝兜鍪⑱、钝戈，几如儿戏。有介而驰者，九发不中。骑平蹶⑲，问之，则都司也。喟然语同列曰："戎事至此，尚可为乎？吾死是职矣！"已，泣下沾襟。会有南归者，索家讯，章奋笔书曰："全晋既残，关门告棘⑳，臣子不敢复问身家。"语不及私。俄贼入居庸，三辅望风瓦解。都城篡严㉑，章与科臣光时亨分堞城守。三月十九日，贼破彰义门，

------

① 调繁，谓调任政务繁剧的州县。《明史·熊开元传》："除崇明知县，调繁吴江。"此处指浙江省的巡按御史上疏皇帝，调王章到政务更繁剧的鄞县任知县。

② 逆，迎，迎接王章到鄞县上任。

③ 暨，指诸暨。

④ 门牡，锁门的键，门闩。

⑤ 两县为王章立生祠祭祀。也可能是王章死后两县为王章立专祠加以祭祀。

⑥ 出，指出都，调出首都到地方上工作。

⑦ 责，通"债"，指边兵向低级军官（"弁"）举债，约定还不起的话，就拿一个首级抵十两银子，低级军官靠此首级来向上面冒功以求更大的赏赐。

⑧ 弁，低级的武职。

⑨ 亡，无。指猎不到敌人的头。

⑩ 口外，指长城以北地区，包括内蒙、河北北部的张家口、承德大部分地区，乃至于新疆一带的长城以北地区，但不包括东北三省，东三省一般称为关外。"口"是长城关口，如古北口、喜峰口等，"闯关东"的"关"指山海关。

⑪ 按甘，任甘肃的巡按御史。

⑫ 按，查核。

⑬ 勋，勋戚，有功勋的皇亲国戚。畹，戚畹、戚里，帝王外戚聚居的地方，借指外戚。占役，逾越礼制而占用公务人员当差。勋畹占役，指士兵被皇亲国戚们霸占调用。

⑭ 市佣，亦作"市庸"，市肆中受雇而从事劳役的人。窜名，谓以不正当手段列名其中。市佣窜名，指正式的士兵领饷后，出很少一部分饷钱到集市上雇穷人来代替自己服兵役。

⑮ 财，通"才"。才四分之一。

⑯ 月饷，旧时兵丁每月的粮饷。

⑰ 革笥，皮革制的甲胄。木荐，木板制的防御武器，形如盾。

⑱ 兜鍪，古代作战时戴的盔。敝，坏。

⑲ 蹶，跌倒。骑平蹶，指在平地上骑马奔驰都会马失前蹄而跌倒。

⑳ 棘，通"亟"，急。告棘，告急。此处指山西全境沦陷，北京防御用的外围防线的关口告急。

㉑ 篡，宜作"纂"。纂严，谓军队严装戒备，犹今之戒严。

章犹手发二炮击贼。时亨踉跄至，急呼章易服遁。章奋曰："事至此，惟有一死！"遂戎服上马。贼骑自后至，叱呵："下马！"时亨遽下马，蒲伏请降。【夹写，妙。】① 章策马走，且厉声曰："我视兵御史也，孰敢叱？"贼怒，槊刺其股，堕马，乃踞地大骂。贼益怒，攒槊刺之，至死骂不绝口。日莫②，家人至城上，觅其尸，僵坐不仆，张口怒目，勃勃如叱贼状。以板扉舁之归。光时亨者，亦进士，【附见时亨误国。】③ 方事急时，都御史李邦华密疏请皇太子监国南京，上心动，而一时倡异议、率台谏哄然起而诋排邦华者，即时亨也。后以从逆论死，逮南都，弃市。

金铉，字伯玉，武进人而籍于顺天，举乡试第一，崇祯戊辰成进士，年十九。……

邵长蘅曰："予亦武进人也，故知三公特详。刘故著姓，居郡城西偏，相传地有古柏，因号'柏树刘氏'④ 云。金氏世居郊村。王氏世居奔牛镇，苏子瞻诗：'卧看古堰横奔牛'是也，在邑西数十里。乌虖！甲申之变，天柱崩，地轴仄，畜鸣人头⑤，彗扫紫极⑥。【夹用韵，奇崛。】⑦ 时中外慷慨伏节者多有，而吾邑乃得三人，伟哉！予为合传之，令撰《明史》者有所考。"

提挈、断续、联贯、摹写处，一一见法。○刘传写陷藩十数行文字，以气运事，事不碍气，顿挫跌宕，真得龙门诸年表⑧之神，当今斯道郿⑨得不推青门先生⑩独步荆山？

● 《康熙武进县志》卷二十三《人物·明》：

王章，字汉臣，崇祯戊辰⑪进士。初令诸暨半年，以贤，调鄞。有中使赍懿旨至海上，府属皆匍匐郊迎，章独不为礼，且戒舟车不得由城内过。海盗刘香，掠昌国、石蒲、大尝诸卫，猖獗甚，定计斩间谍九人。复请抚按移文闽粤兵会剿，刘香卒就

---

① 此是批书者批邵长蘅此处夹写光时亨降贼丑态，以衬王章勇烈，笔法妙。

② 莫，通"暮"。

③ 此是批书者批邵长蘅夹写下文光时亨的误国言论。

④ 即常州城西隅茅司徒巷北的西城墙内侧的"柏树头"，又作"柏雉头"，宣统年间的《常州府城坊厢字号全图》在第416号处仍标有户主"刘"。在今觅渡桥小学西北侧。

⑤ 畜鸣人头，即"人头畜鸣"，骂人之语，谓虽然是人，但却愚蠢如畜类。《史记·秦始皇本纪》：胡亥"诛斯、去疾，任用赵高，痛哉言乎！人头畜鸣。"张守节《史记正义》："言胡亥人身有头面，口能言语，不辨好恶，若六畜之鸣。"又指人的行为极端恶劣，清黄宗羲《朝议大夫清溪钱先生墓志铭》："臣观崔、魏乱政，奄祸遍于天下，干儿义子，人头畜鸣。"

⑥ 彗扫，谓如彗星扫过，多形容兵锋迅猛，歼除无余。此处以彗星代指造反的农民起义军。紫极，星名，借指帝王的宫殿。彗扫紫极，谓农民军攻入首都与皇宫。

⑦ 此是批书者对邵长蘅笔法的评价。

⑧ 龙门，司马迁出生于龙门，故以龙门指代司马迁。此处指司马迁所著之《史记》。年表，即按照年代次序胪列历史事件的表格，司马迁《史记》中有《十二诸侯年表》《六国年表》《汉兴以来诸侯王年表》等，以后有些正史沿用此体也列有《年表》。

⑨ 此字同"那"，读作"哪"。

⑩ 邵长蘅，一名衡，字子湘，号青门山人，武进人。

⑪ 二字《乾隆武进县志》《道光武进阳湖县合志》作"元年"。崇祯元年即戊辰。

擒。擢工部主事，改陕西道御史。首疏，谏止宫操①，又请核珰冒功邀赏三大弊。会甘肃巡方需人，诏章往。巡抚某方②以贪墨窳边政，即抗疏劾去。庄浪告警，单骑入其营，谕降。洪化有番僧者，明成祖立寺居之，世久而饶生产，又好斗。将卒利其财，请歼之，章不可，曰："奈何以一城命，为吾功？"值母丧归，服阕，遂命巡视京营，时已甲申③之二月矣。李自成兵自豫扰秦及晋，嚼京师右腋，天子焦劳，涕泗横流。章按京营军额，例十一万有奇，及简④籍，病死者十之二，羸老者十之一，虚冒者又十之一。余虽存，皆敝胄破盾，气力散罢无斗志，饷且半载缺。疏凡三上，请给而度支，无以应。章顿足曰："吾属已矣，如⑤国事何！"亟疏请向所抚庄浪降卒及洪化番僧，今⑥入都捍卫，不报。适有族子南归，章授笔寄乡人曰："寇逼关，残全晋，臣子不复问身家矣！"亡⑦何，贼攻真定，乘胜达京师。襄城伯调兵五万营郭外，而命章与给事光时亨守阜城门。城每三堞仅一卒，而朝廷日给饷仅三十钱。自成已薄皇城下，章手二炮，贼少却。忽各门炮声寂然。顷之，贼矢如雨集。时亨改服，前谓章曰："事急矣。盍去诸？"章大声曰："事至此，欲臣子办一死，犹不肯耶？"急往入宫问上耗⑧，遂跃马前⑨。贼骑奄至，急呼章："下马！下马！"章不顾，贼叱之，章曰："亲兵御史，谁敢叱？"贼槊中章股，遂堕，复起立，据鞍大骂，曰："逆贼！勤王兵且至，我死，汝不旋踵！"贼怒，拔刀碎章膝，坐地大骂。贼益怒，横槊刺杀之。仆某者随章，贼斫以刀，尚不忍去，又斫，急走脱。及暮，潜行觅章尸，见犹坐地不仆，张口怒目，发冲冠，如叱贼状。仆号哭，乞民户半扉，解缠足布舁章尸，而以刃创，力不胜。忽一义士，瞋目视曰："此非京营王御史，骂不屈死者耶？"负章尸疾走至寓。酬以金，不受，询其姓名，不答，去。祖皇帝诏褒故明死事诸臣，嘉章之忠，赐谥"节愍"。章子之栻⑩，亦以徇义死。

● 《乾隆武进县志》卷九《忠节·明》

王章，字汉臣。崇祯元年进士，起家诸暨县知县。少孤，母训之严。及为令，祖

---

① 即不让太监军事化。
② 方，正。
③ 指明亡的崇祯十七年甲申岁（1644年）。
④ 简，检、检阅。
⑤ 如，读作"奈"。
⑥ 今，当作"令"。
⑦ 亡，读作"无"。无何，不久。
⑧ 耗，消息、音信。
⑨ 骑马前行，入宫问皇帝怎么办。
⑩ 栻，下引《乾隆武进县志》《道光武进阳湖县合志》作"杖"。

帐①归少迟，母诃："跪！"予杖，曰："朝廷以百里②授酒人乎？"章伏地，不敢仰视。亲友力解，乃已。治诸暨有声。甫半岁，以才调鄞县，诸暨民与鄞民争章，至相哄。治鄞益有声，数注上考③。十一年，行取工部主事，擢御史。章上疏请罢内操，宽江南逋赋。明年，出按甘肃，持风纪，饬边防。西部寇庄浪，巡抚急征兵，章曰："贫寇索食耳。"策马入其帐，众罗拜乞降，乃稍给之食。两河旱，章檄城隍曰："御史受钱或戕害人，神殛御史，毋虐民。神血食兹土，不能请上帝苏一方，当奏天子，易尔位！"檄焚，雨大注。边卒贷武弁金，偿以贼首，武弁以冒功④，数召边衅。章著令："非大举，毋得以零级请功。"巡抚刘镐贪惰，劾罢之。又所部监司十道，劾其不法者四。寻丁母忧⑤，归。服阕，巡视京营。按籍，额军十一万有奇，喜曰："兵至十万，犹可为也。"及阅视，死者过半，余皆冒伍惫敝，矢折刀缺，闻炮辄掩耳，上马辄堕地。而司农缺饷，半岁不发。章屡疏请帑，不报。逾月，贼陷真定，京师大震。襄城伯李国祯⑥发营卒五万，营城外，章与给事中光时亨守阜城门。城内外堞凡十五万四千有奇，三堞一卒。三月初登陴，阅十日⑦还邸栉沐，易新衣冠。家人大骇，章不应。贼薄城下，章手发二炮，贼少却。顷之，各门寂无炮声。时亨摄章走，章厉声曰："事至此，犹惜死耶？"时亨曰："死此，与士卒何别？入朝访上所在，不获而死，死未晚也！"章从之，与时亨并马行。贼突至，呼："下马！"时亨仓皇下马跪。章持鞭不顾，叱曰："吾视军御史也，谁我犯者⑧？"贼刺章股，堕，章骂曰："逆贼！勤王兵且至，我死，尔灭不旋踵矣！"贼怒，攒槊刺章而去。抵暮，家人觅尸，犹一手据地坐，张口怒目，勃勃如叱贼状。妻姜，在籍⑨闻之，一恸而绝。赠大理寺卿，谥"忠烈"。国朝赐谥"节愍"。次子之栻，亦死难闽中。

●《乾隆武进县志》卷十一《列女（完节已旌）·明》：

姚氏，王育才妻，节愍公章母⑩也。育才早世，章甫八龄，氏念子幼，不即死，

① 祖帐，指送行。

② 百里，古时诸侯封地范围。《孟子·万章下》："天子之制，地方千里，公侯皆方百里。"后用以称诸侯国。此处指一县所辖之地，因以为县的代称。《汉书·百官公卿表上》："县大率方百里。"又可借指县令。

③ 指其考核表上数次被主持考察的官员填注上"上考"即优等。

④ 此处《道光武进阳湖县合志》有"坐是"两字，即"因此"之意。

⑤ 丁忧，遭逢父母丧事。旧制，父母死后，子女要守丧，三年内不做官，不婚娶，不赴宴，不应考。

⑥ 祯，《道光武进阳湖县合志》作"桢"。

⑦ 此处《道光武进阳湖县合志》有"始一"两字。

⑧ 四字《道光武进阳湖县合志》作"谁敢犯"。

⑨ 留在原籍即武进县奔牛。

⑩ 指节愍公王章之母。

乃昼夜课读，若严师然。夜至漏尽，母子始持足①寝。贫甚，终日或不举火，沤麻纺织，向市易升斗粟以为常。章既长，为娶于姜，姜亦贤妇也。后，章成进士，官御史。崇祯甲申，章死，姜亦殉。

●《道光武进阳湖县合志》卷二十三《人物志二·忠节·明》：

王章，字汉臣，武进人。崇祯元年进士，授诸暨知县。少孤，母训之严。及为令，祖帐归少暮②，母诃："跪！"予杖，曰："朝廷以百里授酒人乎？"章伏地，不敢仰视。亲友为力解，乃已。治诸暨有声，甫半岁，以才调鄞县，诸暨民与鄞民争挽章，至相哗。治鄞，益有声。十一年行取，擢御史。章上疏请罢内操，宽江南逋赋。明年，出按甘肃，持风纪，饬边防。西部寇庄浪，巡抚急征兵，章曰："贫寇索食耳。"策马入其帐，众罗拜乞降，乃稍给之食。两河旱，章檄城隍神："御史受钱或戕害人，神殛御史，毋虐民。神血食兹土，不能请上帝苏一方，当奏天子，易尔位！"檄焚，雨大注。边卒贷武弁金，偿以贼首，武弁以冒功，坐是数召边衅。章著令："非大举，毋得以零级冒功。"巡抚刘镐贪惰，劾去之。母忧，归。服阕还朝，巡视京营。按籍，额军十一万有奇，喜曰："兵至十万，犹可为也。"及阅视，半死者，余冒伍衰甚，矢折刀缺，闻炮声掩耳，马未驰辄堕。而司农缺饷，半岁不发。章屡疏请发内帑，不报。逾月，贼陷真定，京师大震。襄城伯李国桢发营卒五万，营城外，章与给事中光时亨守阜城门。城内外堞凡十五万四千有奇，三堞一卒。三月初登陴，阅十日始一还邸栉沐，易新衣冠。家人大骇，章不应。贼傅③城下，章手发二炮，贼少却。顷之，各门炮声绝。时亨摄章走，章厉声曰："事至此，犹惜死耶？"时亨曰："死此，与士卒何别？入朝访上所在，不获则死，死未晚也！"章从之，与时亨并马行。俄贼突至，呼："下马！"时亨仓皇下马跪。章持鞭不顾，叱曰："吾视军御史也，谁敢犯！"贼刺章股，堕，章骂曰："逆贼！勤王兵且至，我死，尔灭不旋踵矣！"贼怒，攒槊刺，杀章而去。抵暮，家人觅尸，犹一手据地坐，张口怒目，勃勃如叱贼状。妻姜，在籍闻之，一恸而绝。赠大理寺卿，谥"忠烈"。国朝赐谥"节愍"，给地建祠。次子之梣，自有传。《明史·本传》《殉节诸臣录》。

……

王之梣，字瞻卿，章子，邑诸生。国变后赴浙，依钱肃乐居。肃乐，鄞人，而

---

① 当指相互抱腿取暖。
② 暮，《乾隆武进县志》作"迟"，两字意同。
③ 傅，附也，靠近。《乾隆武进县志》作"薄"，即"迫"、逼近。

鄞，章旧治也。时肃乐与张国维等起兵奉鲁王，画江而守，鲁王欲用之杖为邑令，以丧服辞。唐王立于福州，将适闽请恤，适鲁王欲奉表入贺，遂衔命至福州，唐王欲用为晋江县，亦以丧服辞。而光时亨之子已授职，盖时亨以降贼伏诛者也，给事中金堡愤甚，因疏，极论其事，且荐之杖才。乃赠章兵部尚书，授之杖御营兵部司务。之杖慷慨自矢，与同志数指斥大僚。大僚积不能平，因请复命鲁王。唐王乃升为兵部主事，兼金衢①监军道。或尼其行，谢曰："焉有委两君之命于草莽者乎？"达会稽，而钱塘江已不守，避居武康山中。大兵搜得之，逼降甚力，曰："我忠臣王御史子也，焉肯苟免？"复索金，曰："吾安得金？设有金，亦当招军买马耳！"众兵怒，砍死。时丙戌六月，年二十七。国朝赐谥"忠节"。《明史·王章传》《殉节诸臣录》《孤忠志》。

- 《道光武进阳湖县合志》卷三十一《列女传·节孝·明》：

姚氏，王育才妻，武进人，节愍公章母也。育才早卒，章甫八龄，姚痛欲以死殉，私念："吾不难一死。顾②吾死，谁教章者？"乃昼夜课读，若严师然。每夜至漏断，母子始持足寝。然贫甚，终日或不举火，沤麻纺绩，向市易升斗粟以为常。章既长，为娶于姜，姜亦贤妇也。章寻成进士，赴诸暨任，留连馔席，醉归，姚命杖之，曰："朝廷以百里赤子付酒人乎？"章伏地，不敢仰视。家人力请，久之乃起。姚患脾疾，章祷天，请以身代。手掬矢溲③，亲展④拭，夜则同寝。及卒，悲痛成疾。章服阕，奉命巡视皇城，死国难。语载章传。讣闻，姜一恸而绝。陈志、董志。◆案：陈志作"省恒妻"。查《王氏家乘》：省恒，系节愍公祖号，董志更正，今从之。

此条又见《康熙武进县志》卷二十五《列女·明》，唯开头作"姚氏，王省恒妻，节愍公章母也。省恒早卒，章甫八龄"，又"付酒人"之"人"字无，余同。

- 《康熙武进县志》卷十九《陵墓·名墓·明》：

王忠愍⑤章墓，在安善西乡⑥。按《王氏家乘》："墓在桥南牛皮巷村东。"公子"忠节"之杖⑦，祔。

- 《道光武进阳湖县合志》卷十四《坛庙志二·陵墓·古墓·明》：

---

① 指金华与衢州。

② 顾，但。

③ 矢，即屎；溲，即尿。指大小便失禁后，亲手为其擦拭。

④ 展，打开，指打开弄脏的衣裤。

⑤ 愍，《康熙常州府志》同。《道光武进阳湖县合志》作"烈"。今按上文其传，是南明朝廷赐谥"忠烈"，清朝改谥"节愍"，则此处当作"节愍"或"忠烈"，不当作"忠愍"，然上引本书其祠亦作王忠愍祠，恐亦有误。

⑥ 按下引《道光武进阳湖县合志》作"王忠烈章墓，在丰东乡郑陆桥"，疑本书有误，当然亦可能是后来迁坟之故乎？今按下引《王氏家乘》说在"桥南牛皮巷村东"，今按20世纪80年代编的《武进县地名录》第262页：牛皮巷在郑陆乡徐家头行政村下的牛皮巷村，其正在郑南桥南三里处，故知所言之桥为郑陆桥。

⑦ 指其子王之杖明末为国尽忠，谥"忠节"。

王忠烈章墓，在阳湖丰东乡郑陆桥。按《王氏家乘》："墓在桥①南牛皮巷村东。"公子"忠节"之栻，祔。

● 清·庄鼎铉编《先考通议大夫全楚大方伯②年谱略》：

万历……己丑、三十一岁：是年馆奔牛王氏门下，为王忠烈公亲叔王颖斋。

15. 姚太守訔祠

● 《乾隆武进县志》卷五《禋祀·祠庙（寺观附）·安善西乡》：

姚太守訔祠。

● 《道光武进阳湖县合志》卷十三《坛庙志·祠庙（寺观附）·武进·安善西乡》：

姚忠毅公祠，乾隆二十七年建，祀宋常州郡守姚訔。

● 《武阳志余》卷四之一《祠庙上·安西乡》：

姚忠毅公祠，祀宋郡守姚公訔，乾隆二十七年建。附郡人谢应芳《姚公传》：姚公訔，本郡人，字季和，号蒙泉。读《易》之"蒙"，慨时事也。宋资政学士少保希得子。其先籍自蜀之潼川，隋大业中，始祖某作镇于常，因家焉，公其后也。幼倜傥任侠，好兵术，娴弓马。长而折节读书，虚己下士，识者知其人沈勇谋辨有大略，非佻佻公子也。登咸淳进士，任福建泉州司理。德祐初丁艰归，居阳羡。值元人徇常州，州守遁，王良臣等以城降。公故与锡山陈炤善，乃从荆溪道湖③过梁溪，与图恢复。适都统制刘师勇总戌④兵，出镇江口⑤至，遂合谋，推公为首，起民兵二万，鼓行入城，良臣遁。公权领州。事闻行在，五月诏授公带行营⑥军器监簿、知常州，调扬州兵七千隶之，陈炤为通判。时进士胡应炎⑦亦家居，公与议城守，喜曰："君，剧孟也。"辟为判官。又以包圭有筹略，辟知武进县。朝又命副统制王安节至，相与鼓励忠义，调粟治兵，周城树栅，为固守计。伯颜合兵二十万临城，公命王安节等出奇邀击，屡挫其锋，敌不敢逼。遣人招之，不从。又命降将谕以祸福，公骂曰："若食国厚禄，不能死，反说我耶？狗彘辱吾！唾！"⑧飞矢中之而去。伯颜怒，益集师至四十

---

① 桥，指郑陆桥，详上文注。
② 其书首有"第八世凝宇公讳廷臣字龙祥年谱"与"先考通议大夫全楚大方伯年谱略（第九世鼎铉述）"两行。按《武阳志余》卷七之二《经籍中·史部》："《庄凝宇年谱》一卷，存。国朝处士庄鼎铉、耳金撰。述其父明湖广左布政使廷臣事。刊入《庄氏族谱》，起嘉靖三十八年，讫崇祯十六年，八十五岁。"
③ 取道太湖。
④ 戌，当作"戎"。
⑤ 镇守长江口。
⑥ 营，此字当删。带行，即带军器监簿的官职来加以履行，即兼职。
⑦ 炎，原字避嘉庆皇帝颙琰讳，而将下半之"火"写作"又"。
⑧ 你这猪狗一样的东西，简直是在污辱我啊，我唾弃你们这种人！

万，连营百里，仍调西域所部兵来攻城，围之数重。又命降人王良臣役城外居民运土，并人筑垒，且杀人煎油作炮，昼夜攻击不息。时文信国驻平江，闻急①，遣将麻士龙、尹玉来援，衄②于五牧。城中气沮，公志益坚。徐道明，天庆观羽流也，谒问策，公曰："守不获，死耳！"莫谦之、万安僧，宜兴浮屠也，闻围困，纠义兵来援，亦战死。粮且尽，犹截纸为缕，置于盂，传食于城，以诡敌。十一月乙酉，伯颜亲叱帐前诸军攻北门，将士力战。甫退，遽攻南门。士民饥疲，不能旋战，城遂陷，公死之。州人感公义，无一人称降者，伯颜怒，命屠其民。信国闻而诔焉。德祐二年春，诏赠公龙图阁待制学士，谥"忠毅"，官其三子：巽翰，修职郎；维翰，承务郎；书翰，将仕郎。仍赐银绢会子，暨田若干，俾祭葬立庙。会宋亡，不果。邦人祀公于州学之东偏，号"忠义祠"。其子若孙承公志，靖节终其身。三世孙临，至皇明洪武初始就征，为莱州同知，升保定府知府，卒于官。谢应芳曰：时至德祐，而大元横矣。姚公尝，欲以一泥丸，障其狂澜，此正文山公所谓"不自量力，而以身徇之"之谓也。使当日张全不忌功，两军竞奋，犹足救常，而阻其长驱之势。惜乎！一夫无意，事关宗社；百世而下，有余愤矣。然常城之战，不减睢阳；公等之功，无愧巡、远。予葺常志③，正欲为公表彰。适阅姚氏文献，得其孙淇孙所述《忠义录》，乃感而为之传。淇孙，维翰子，字庆源，读古乐道，元逸士也。

16. 社学祠与七宝塔

- 《乾隆武进县志》卷五《禋祀·祠庙（寺观附）·鸣凤乡》：

  社学祠，在张墅桥。

- 《道光武进阳湖县合志》卷十三《坛庙志·祠庙（寺观附）·武进·鸣凤乡》：

  社学庙，在张墅桥。为宣讲圣谕之所。

- 《古今图书集成·常州府部汇考十一·常州府祠庙考二（寺观附）·本府》：

  七宝塔，在社学祠④旁。相传：一方以塔废兴为盛耗。今废，址犹存。

- 《乾隆武进县志》卷五《禋祀·祠庙（寺观附）·鸣凤乡》：

  七宝塔，在社学旁。相传：一方以塔兴废为盛耗。今废，址犹存。

此条又见《道光武进阳湖县合志》卷十三《坛庙志·祠庙（寺观附）·武进·鸣凤乡》：

---

① 听到常州形势危急。
② 挫败、损伤。
③ 指洪武《毗陵续志》。
④ 此字疑当删。《道光武进阳湖县合志》卷十三《祠庙·鸣凤乡》："七宝塔，在社学旁。相传：一方以塔兴废为盛耗。今废，址犹存。"即在鸣凤乡全乡所办的社学的旁边。

• 《光绪武进阳湖县志》卷二十九《杂事·寺观·武进·鸣凤乡》：

> 七宝塔，在社学。

笔者按：七宝塔，即多宝塔。释迦牟尼佛在灵鹫山说《法华经》时，忽然在地下涌现出七宝塔，高五百由旬，纵横二百五十由旬，多宝如来全身舍利坐在塔中。事见《法华经·见宝塔品》。

17. 沈湛源祠

• 《道光武进阳湖县合志》卷十三《坛庙志·祠庙（寺观附）·武进·安善西乡》：

> 沈湛源祠，在奔牛镇西。乾隆二年，详宪建造，春秋致祭。

• 《光绪武进阳湖县志》卷四《禋祀·坛壝》：

> 沈少卿祠，祀明南京光禄寺少卿沈应奎，在武进安西乡奔牛镇，国朝乾隆间建。

• 《武阳志余》卷四之一《祠庙上·安西乡》：

> 御史沈湛源公祠，详旧志。光绪十年，祠裔监生沈均重建。

笔者按：沈应奎，常州武进奔牛镇人，字伯和，号湛源，事见本书"人物"。

18. 王参将祠

• 《道光武进阳湖县合志》卷十三《坛庙志·祠庙（寺观附）·武进·鸣凤乡》：

> 王参将祠，祀明季殉难参将王音，在大场上。

19. 王孝子祠

• 《道光武进阳湖县合志》卷十三《坛庙志·祠庙（寺观附）·武进·鸣凤乡》：

> 王孝子祠，祀元孝子王彬，在大场上。内有遐观楼，即孝子延谢子兰教子侄读书处。

笔者按：王彬，谢应芳《龟巢稿》卷十三有其《王佛子行状》，事见本书"人物"部分。

• 《光绪武进阳湖县志》卷四《禋祀·坛壝》：

> 王孝子祠，祀元孝子王彬，在武进鸣凤乡大场上。

20. 节孝总祠

• 《道光武进阳湖县合志》卷十三《坛庙志·祠庙（寺观附）·武进·安善西乡》：

> 节孝总祠，在奔牛镇西。道光十七年建，详宪请旌，建总坊于祠前。内捐田，给示免役①。

• 《光绪武进阳湖县志》卷四《禋祀·庙祠》：

> 节孝祠，祀节孝妇女八千二百六十六人，在武进子城厢二图小河沿。旧在阳湖中

---

① 其祠有捐田，官府给示（即布告）免役，此当指祠内有此给示之碑。

右厢兴隆巷东，雍正间建。同治□年，移建今地。◆又节孝总祠，祀节孝妇女□千□百□十□人，在武进安西乡奔牛镇。道光七年建。

● 《武阳志余》卷四之一《祠庙上·安西乡》：

节孝祠，在奔牛镇，详旧志。光绪八年，监生陈鉴、职员张喆等集捐重建。

笔者按：此"节孝总祠"共有 1805 名节孝妇女的牌位，见本书第五章"二 列女"，长达 3.8 万字，文长不录。

（三）寺庵

此处记载奔牛镇的宗教场所中的佛教寺庵。

1. 大悲庵即香林寺，有琴台［参见第六章"四（一）"古迹之"伯牙琴台"条］

● 《康熙武进县志》卷二十《寺观·安善西乡》：

大悲庵，在伯牙渎西。国朝顺治初，僧四知自河南来，覆茆①、施茶于此，因结庵焉。

此条又见《古今图书集成·常州府部汇考十一·常州府祠庙考二（寺观附）·本府》，《乾隆武进县志》卷五《禋祀·祠庙（寺观附）·安善西乡》。

● 《道光武进阳湖县合志》卷十三《坛庙志·祠庙（寺观附）·武进·安善西乡》：

香林寺，在伯牙渎西。旧志名"大悲庵"。国朝顺治初，僧四知，由河南来，覆茅、施茶于此，因结庵焉。

此条又见《光绪武进阳湖县志》卷二十九《杂事·寺观·武进·安西乡》。

此四知和尚当即本书第五章"一（六）"之六溶上人。

2. 永丰庵

● 《康熙武进县志》卷二十《寺观·安善西乡》：

永丰庵，在六庄。宋朝建。庵左为东岳殿。洪武初年，建乡约所②。嘉靖间，有五台定僧显异③，得免倭难。启龛，颜色如生，因造塔。年久庵圮，僧达原重修。

此条又见《古今图书集成·常州府部汇考十一·常州府祠庙考二（寺观附）·本府》，《乾隆武进县志》卷五《禋祀·祠庙（寺观附）·安善西乡》，《道光武进阳湖县合志》卷十三《坛庙志·祠庙（寺观附）·武进·安善西乡》。

● 《光绪武进阳湖县志》卷二十九《杂事·寺观·武进·安西乡》：

---

① 指盖茅草屋。
② 指宣讲乡约的公所，也即"图公所"这种本图的议事场所。
③ 有五台山的高僧坐化于此，在嘉靖朝倭难时，显灵保佑乡民。

永丰庵，在六庄。宋时建，明洪武间重修。

3. 问津庵有贯休《十八罗汉图》

● 《康熙武进县志》卷二十《寺观·安善西乡》：

问津庵，在九里铺。崇祯年，本真建丛林①，邑令马嘉植碑记。基四亩，免科。有贯休画十八罗汉。

此条又见《古今图书集成·常州府部汇考十一·常州府祠庙考二（寺观附）·本府》，《乾隆武进县志》卷五《禋祀·祠庙（寺观附）·安善西乡》。

● 《道光武进阳湖县合志》卷十三《坛庙志·祠庙（寺观附）·武进·安善西乡》：

问津庵，在九里铺。崇祯间，本镇②建丛林③，邑令马嘉植碑记。基四亩，免科。有唐贯休画十八罗汉。内有同仁堂公所。

● 《光绪武进阳湖县志》卷二十九《杂事·寺观·武进·安西乡》：

问津庵，在九里铺。明崇祯间建。

● 《光绪武进阳湖县志》卷一《古迹·书画》：

十八罗汉，在武进安西乡问津庵内。唐僧贯休画。

4. 报恩禅院

● 《乾隆武进县志》卷五《禋祀·祠庙（寺观附）·鸣凤乡》：

报恩禅院，在董墅南。

此条又见《道光武进阳湖县合志》卷十三《坛庙志·祠庙（寺观附）·武进·鸣凤乡》，《光绪武进阳湖县志》卷二十九《杂事·寺观·武进·鸣凤乡》。

● 《武阳志余》卷四之一《祠庙上·鸣凤乡》：

报恩禅院，在董墅，详旧志。咸丰十年毁，惟僧天慧塔铭残石尚存。天慧于雍正间，蒙世宗宪皇帝召见，称旨，赐紫衣，命为高旻寺住持，后瘗此。

笔者按：天慧和尚法名实彻，即天慧实彻，兴化人，俗姓唐。19 岁出家，乃天隐圆修法脉下灵鹫诚禅师的法嗣，行脚 30 年，雍正十一年（1733 年），以其为大觉普济能仁国师（常州江阴人玉琳通琇）的法裔，应诏入禁廷奏对，与雍正皇帝讲道契合，赐给紫衣，受命出住持磐山崇恩寺（雍正赐名圣月寺）。雍正十三年冬，奉雍正遗命，住持高旻寺，阐扬宗旨，法席极盛，受各大丛林推崇，尊为"天祖"，门弟子有了凡际圣、霈霖际源等。圆寂于乾隆十年（1745 年），遗有《天慧彻禅师语录》二卷，事见《正源略集》卷十四。

---

① 指僧人本真将其建为接待十方云游僧人的十方丛林。
② 镇，当据《康熙武进县志》作"真"。本真，此庙僧人的法名，不当作"本镇"而指奔牛镇。
③ 建此庵为十方丛林。

其悟道因缘如下：

雍正皇帝在位的时候，对玉林通琇禅师非常敬重，曾试图亲自为通琇禅师挑选合适的嗣法弟子。经考察，诸山大德都一致认为天慧禅师可堪其选。雍正皇帝于是召见天慧禅师。雍正皇帝问："你是国师嫡嗣，还识国师宗旨否？"天慧禅师道："我有瘌痢头在。"雍正皇帝于是手执宝剑，追问道："割却你瘌痢头又如何？"天慧禅师一听，惊恐万分，无言以对。雍正皇帝道："君无戏言。宫中有禅堂，限你七天，回答不出此语，必割却瘌痢头。"天慧禅师于是住进禅堂。雍正皇帝派人在禅堂外守候，并每天报知："今日已到第几天。"开始时，天慧禅师还能勉强静心打坐，可是过了几天，却仍然找不到答案，这下，他越发着急了，神经绷得紧紧的。不得已，他只好在禅堂里跑圈子。到了第七天，天慧禅师因为跑得太急，一不小心猛地撞在柱子上，终于豁然大悟。于是，天慧禅师走出禅堂，求见雍正皇帝。雍正皇帝一见到他，便道："且喜你已识得国师宗旨。"天慧禅师于是呈颂三章，其一云："拳头不唤作拳头，换却时人眼里眸。一切圣贤如电拂，大千世界海中沤。"雍正皇帝览其颂，大悦，遂赐紫衣，并令他住持磬山（圣月寺）、高旻、资福、崇福四寺。其法席曾盛极一时，座下弟子较为著名的有了凡际圣、需霖际源等。天慧禅师圆寂于乾隆十年（1745 年）。有《天慧彻禅师语录》二卷行世。据说高旻寺的跑香制度跟天慧禅师的开悟因缘有直接的关系。

5. 其他寺庵

- 《万历武进县志》卷二《乡都·安善西乡·庙寺》：

    三里庵，观庄庵。俱旧志不载。

- 《康熙武进县志》卷二十《寺观·安善西乡》：

    三里庵。

    观庄庵。

    宋墩庵。宋朝建①。

- 《乾隆武进县志》卷五《禋祀·祠庙（寺观附）·安善西乡》：

    七里庵。

    观庄庵。

    宋墩庵，宋朝建，又名"福缘"。

- 《道光武进阳湖县合志》卷十三《坛庙志·祠庙（寺观附）·武进·安善西乡》：

---

① 故名"宋墩"。

　　　七里庵。

　　　观庄庵，在十四都四图。

　　　宋墩庵，宋时建。又名"福缘"。

　　　……

　　　普济庵，俗名"三里庵"，创建无考。康熙四十四年重修，有里人赵林玖碑记。基地免科。

　　　仁厚庵，即今红庙头。注册免科。

　　　雨香庵，旧名"陈巷庵"。创建无考。乾隆四十五年重修，有里人叶怀新碑记。基地免科。

　　　西林庵，注册免科。为乡约所。立西存仁堂，捐给路毙、极贫棺木贮内①。附入郡城北直②存仁堂。

　　　秀水庵，在奔牛镇运河南。庵内有米元章③"城市山林"匾额。

　　　三元庵，在奔牛镇东。

- 《光绪武进阳湖县志》卷二十九《杂事·寺观·武进·安西乡》：

　　　宋墩庵，在□□。宋时建。

　　　……

　　　普济庵，建时未详，康熙四十四年重修。

　　　雨香庵，建时未详，乾隆四十五年重修。

　　　西林庵，在□□。

　　　三元庵、秀水庵，俱在奔牛镇。

　　　观庄庵，在十四都四图。

- 《古今图书集成·常州府部汇考十一·常州府祠庙考二（寺观附）·本府》：

　　　地藏院，在张墅桥。

- 《乾隆武进县志》卷五《禋祀·祠庙（寺观附）·鸣凤乡》：

　　　地藏庵。

- 《道光武进阳湖县合志》卷十三《坛庙志·祠庙（寺观附）·武进·鸣凤乡》：

　　　地藏庵，明嘉靖年建。国朝道光十八年，僧福慧重修。

- 《光绪武进阳湖县志》卷二十九《杂事·寺观·武进·鸣凤乡》：

　　　地藏庵，在□□。建时未详，同治间重建。

- 《武阳志余》卷四之一《祠庙上·鸣凤乡》：

---

①　指施给上述两类人的棺材存放在此处。
②　郡城内的北直厢。
③　米芾，字元章。

地藏庵，在十七都五图，详旧志。同治三年，里人刘富玉募建。

- 《道光武进阳湖县合志》卷十三《坛庙志·祠庙（寺观附）·武进·鸣凤乡》：

　　石佛庵，内有石佛一座。明成化年建。国朝嘉庆十二年，里人张允中等重修。

　　万寿庵，在张墅，相传申明亭遗址①。

- 《光绪武进阳湖县志》卷二十九《杂事·寺观·武进·鸣凤乡》：

　　石佛庵，在□□。明成化间建。国朝嘉庆十二年重修。

　　万寿庵，在张墅。

（四）公所

此处记载奔牛镇的公益性机构和场所。

- 《道光武进阳湖县合志》卷五《营建志·公所》：

　　安西乡

　　存仁堂，在奔牛镇灵观②庙内。嘉庆二十二年，张文照等募设义学，延师课徒。冬季，给发"四茕"③寒衣。陆续捐存本镇典④内钱六百千文，置买平田九十六亩。

　　同仁堂，在奔牛镇灵观⑤庙内。乾隆四十五年，刘宽等募捐建造。存本镇典内钱二百千文，平田七十二亩。施送无力贫民棺木。道光四年呈明，附北存仁堂报县验殓、收埋水陆路毙浮尸⑥。为十四都二图公所。十三年，三图沈学山等、四图陈明商等、五图王璐等、十五都三图陈九叙等，十四年，十四都一图沈庆祺等呈明、附北存仁堂一体办理。

　　怀仁堂，道光十三年，夏德兴等呈明，附北存仁堂报县验殓、收埋水陆路毙浮尸。为十五都一图公所。

　　依仁堂，道光十三年，杨明裕等呈明，附北存仁堂报县验殓、收埋水陆路毙浮尸。为十五都二图公所。

　　惜字院，在奔⑦镇灵官庙内。

　　鸣凤乡

---

① 即各乡建"申明亭"，而此乡建在此处。
② 观，当作"官"。
③ 古称"鳏夫、寡妇、孤儿、独老"为"四茕"。
④ 可见奔牛镇设有典当铺。
⑤ 观，当作"官"。
⑥ 验尸后掩埋路上与水中的无名尸首。
⑦ 此处当缺一"牛"字。

普济堂，在卜弋桥三里。旧名"养老堂"，图中捐资养老。乾隆十六年，奉部颁京例，改为"普济堂"。道光七八年间，涉讼几废。十八年，沙蓉湘、刘嘉成董其事，整饬堂规，稍稍复旧矣。

依仁堂，道光十一年，王烜等呈明，附北存仁堂报县验殓、收埋水陆路毙浮尸。为十六都二图公所。

体仁堂，道光十三年，何峻等呈明，附北存仁堂报县验殓、收埋水陆路毙浮尸。为十六都四图公所。

协仁堂，在石佛庵内。道光十一年，张光裕等呈明，附北存仁堂报县验殓、收埋水陆路毙浮尸。为十七都四图、六图公所。十一年，二图何永清等、五图何锡之等，六图张钦昭等，十三年，十七都一图吴肇俊等，十六年，三图贺步瀛等，均经呈明，附北存仁堂报县，一体办理。

●《光绪武进阳湖县志》卷三《营建·善堂（附惜字院水龙局义井）》：

存仁堂，在武进北直厢青山桥，乾隆四十一年建，同治四年重建。……并总司武进城乡收埋路尸。其各乡旧附"存仁"承办收埋各堂：……在安西乡者五：同仁堂、体仁堂、永遵堂、怀仁堂、依仁堂。在鸣凤乡者二：依仁堂、协仁堂。……仍司城内外子城厢一、二图，西右厢、河南厢、北直厢、北半图，及……鸣凤乡十六都二、三、四、六图，十七都一、二、三、四、五、六图。……安西乡十四都一、二、三、四、五图，十五都一、二、三图。……收埋路尸事。

……

安西同仁堂，在武进安西乡奔牛镇，乾隆间捐建。旧有田一百六十八亩，钱二百千存典。岁收租息钱，并布捐钱，给嫠妇、贫民寒衣、棺殓、义塾等用，为"存仁、同仁、敬节"三堂，今并为一，有岁收租、息、捐钱如旧、给用。

……

惜字院，武进城、乡凡十[①]：……一在安西乡奔牛镇。……

●《武阳志余》卷三之二《善堂公所·安西乡》：

敬节堂，在奔牛镇。

同治间，里人张镜湖等集捐重建，月给节妇。其经费，以粮食行买卖[②]者，各捐一文给用。

同仁堂，在奔牛镇。

---

① 此处当有一"二"字。
② 指粮食批发者，每一定的成交量（当是一斗）便捐出一文。

　　同治间，里人刘诚彦等集捐重建，收埋路浮，施"义材"。其经费，由肉铺暨"同仁会"捐助。

　　存仁堂，附敬节堂，设义塾、施寒衣。其经费，由花、布二行捐助。

　　以上三堂，合为一处，镇江刘姓捐入故当基①，建造。

　　惜字院，在奔牛镇。

（五）义仓

此处记载奔牛镇备荒用的公益性的粮食储备机构和场所。

- 《乾隆武进县志》卷三《田赋·积贮》：

　　社仓，现设公仓十一处：

　　安东乡、鸣凤乡、安西乡、大有乡、孝西乡、栖鸾乡、旌孝乡、尚宜乡、依东乡、循里乡、通江乡。社仓之举，起自雍正十二年。从民田捐谷起，递年金点殷实社长，经理出借。至秋成，加一息米②还仓。

　　今现贮各社仓米，四千三百二十九石，遴选社长二十名经理③。截数，乾隆二十九年四月底止。④

- 《道光武进阳湖县合志》卷十一《食货志·积贮》：

　　乾隆二十九年，武进社仓凡十一乡：安东、鸣凤、安西、大有、孝西、栖鸾、旌孝、尚宜、依东、循理、通江，共贮米四千三百余石，经理社长⑤二十人。……

　　武进县开报社米：现有十六乡。较前增怀南、怀北、孝东、钦风、依西五乡。共存米八千四十五石，经理社长一百十一人。

（六）义学（书院）

此处记载奔牛镇教育用的公益性学校。

- 《道光武进阳湖县合志》卷十二《学校志·书院》：

　　安西乡义学，在奔牛镇。有田九十六亩。

- 《光绪武进阳湖县志》卷五《学校·义学》：

---

① 指刘姓人士把自己的当铺捐出，建造成以上这三座为社会提供公益服务用的善堂。
② 当指加一成米作为利息归还给社仓。
③ 加以经理。
④ 以上数目是截止到乾隆二十九年四月底时的数目。
⑤ 负责经理（即经管）的社长有二十名。

安西乡义学，在武进安西乡奔牛镇。同治间重修。今有田三十余亩，岁收租钱给用。

● 《武阳志余》卷三之一《书院》：

金台书院，在武进安西乡奔牛镇。光绪六年创设。

邑人岳起、张钰、张士洪、刘诚彦等，请以旧设"昌期文会"之"终"字号田二百亩，并拨入本乡无主田数百亩，以资兴复。光绪七年，知县申公保龄倡捐开课，以费绌，未延主讲，膏火、花红、饭食等项并由官给，无定额。

（七）墓冢

此处记载奔牛镇附近的墓葬。

1. 名人墓

● 《武阳志余》卷一之二《古迹上·鸣凤乡》：

陈司徒故里，在十六都"陈墓"。按：隋司徒陈杲[1]仁墓，在阳湖陈湾山。此亦云"陈墓"，亦故老相传云。

笔者按： 此为陈果仁祖父与父亲之墓，非是陈果仁之墓。

● 《古今图书集成·常州府部汇考十五·常州府古迹考二（陵墓附）·本府》：

明：……王忠愍章墓　在安善西乡。

● 《道光武进阳湖县合志》卷十四《坛庙志二·陵墓·古墓（今名墓[2]附）》：

明：

庄参政禋墓，在武进安善西乡龙游河谢巷村。

沈孝子明墓，在武进安善西乡宋墅村后。

国朝：

王孝子襄墓，在武进安善西乡奔牛镇东黄马庄土地祠后。

● 《武阳志余》卷四之二《茔墓·国朝》：

周孝子应魁墓，在武进安西乡奔牛周家村。

沈孝子明墓，在武进安西乡宋墅。

……

王孝女墓，在武进安西乡杨家村。

---

① 杲，当作"果"。
② 指名人之墓。

2. 公葬义冢

● 《道光武进阳湖县合志》卷五《营建志·官置义冢》：

安西乡各图义冢："慎""终""令""荣""所"各字号共地二十一亩三分一厘三毫。

鸣凤乡各图义冢："籍""无""竟""学""优""登""仕""摄""职""从""政"各字号地，共二十一亩八分八厘四毫。

● 《光绪武进阳湖县志》卷三《营建·义冢》：

武邑官置义冢：……

安西乡：系"慎""终""令""荣""所"各字号地，共六十六亩七分五厘四毫一丝三忽。

鸣凤乡，系"籍""无""竟""学""优""登""仕""摄""职""从""政"各字号地，共二十四亩七分六厘五丝四忽。

● 《光绪武进阳湖县志》卷三《营建·善堂义冢》：

忠义枯骨冢：

安西乡，在"寺①场"西能仁寺沿河田内。咸丰庚申闰三月晦日，乡团义民助提督马德昭官兵击贼遇害者。

鸣凤乡，在鸭婆滩。庚申，遇贼投河殉难男妇二百余人。

● 《武阳志余》卷四之二《茔墓》：

武进各乡"忠义冢"：……

一在安西乡能仁寺场西②沿河寺田内。咸丰十年闰三月晦日，乡团义民助提督马德昭军击贼遇害者。

一在鸣凤乡鸭燮③滩。庚申，遇贼投河殉难男妇二百余人。

---

① 寺，指能仁寺。
② 寺前广场之西。
③ 燮，音"盘"，即"婆"，年老妇女。

第七章　地方掌故

（一）奔牛庙会

庙会是常州城西奔牛一带的民间传统节日，在每年的农历三月二十八日这一天举行。过去奔牛庙会很隆重，镇上三神庙两廊十五殿上摆满了祭品，陈列各种奇花异卉和珍品古玩，俗称摆祭。善男信女进出三神庙烧香拜佛，正殿里钟鼓齐鸣，诵经宣卷之声不绝于耳，烟雾缭绕，香火十分旺盛。这一天奔牛镇上商贾云集，百戏杂呈，贩夫走卒拥满街巷。家家准备丰盛菜肴，走亲访友，请客吃饭，直到午夜时分，街巷才安静下来。庙会逐渐演变成当地农副产品和手工制品的展销会，吸引常州、丹阳、无锡及邻近乡镇的农民和客商前来贸易，商贸市场一派繁荣景象。

（二）奔牛灯会

灯会是旧时常州一带重要节日习俗，城乡各地都有，尤以古镇奔牛最为热闹。奔牛灯会清代开始盛行，抗战之前尤为兴盛。从每年农历初五开始出灯，到正月十五达到高潮，此后持续到二月初二方才停止，老百姓俗称"行灯"。夜晚各式花灯云集古镇街巷，满街火树银花，流光溢彩，百灯争奇斗艳。掌灯者人数不等，小灯一人可掌，有"十二生肖""渔樵耕读""金蟾""月兔""四季花瓶"等；中灯双人抬扛，有"狮灯""湖船""花担""茶担""挑西瓜"等；大灯则多人掌灯，有"抬阁""云车"等，或掮或抬，饰以花卉、草虫、禽兽。街巷两侧则搭台唱戏，有《苏武牧羊》《凤穿牡丹》《玉堂富贵》《西游记》《白蛇传》等。届时四乡百姓汇聚古镇观灯，甚至有江阴、靖江、南京、上海的游客专程前来赏灯。

奔牛灯会以抗战胜利后第一个元宵节最为热闹。全镇家家户户制作花灯，其中取材于唐朝李靖、红拂、虬髯客故事的"风尘三侠"灯风韵别致，最为引人注目。奔牛花灯还应邀赴丹阳巡游，摘得丹阳县政府授予的"银牌"，一时风光无限。此后奔牛灯会逐渐淡出人们视野。

（三）锡剧（滩簧）

锡剧旧称滩簧，发源于常州农村地区，夏立新先生《槐滩钩沉录》记载："槐滩在武进东乡，即今横林一带，与无锡交界。旧时农民辛苦劳作，农闲时往往唱山歌小调以自娱，或边劳作边唱抒情。农民、船民、贩夫走卒都有唱民歌小调的习俗，久而久之逐渐形成别具风韵的民间小曲——滩簧。"滩簧最初以唱为主，后渐变成唱时带演，既演且舞，及有简单情节的折子戏。清代，滩簧在镇、乡等地愈演愈盛，屡次遭到官府打压、禁止。在常州地区已发现"永禁演唱摊簧禁示碑"有十几通，在礼嘉镇坂上老街和郑陆镇北夏墅村，仍能看到这类禁示碑。太平天国运动时期，滩簧在战乱中曾一度活跃。辛亥革命时传有"孙文闹革命，滩簧好进城"的民谣。民国初戏班有常帮、锡帮之分，后常帮与锡帮艺人同台演出，遂定名常锡文戏。1952 年后，常锡文戏改称锡剧。旧时滩簧在奔牛地区影响较大流传较广的传统小戏有《珍珠塔》《双珠凤》《白蛇传》《庵堂认母》等，新中国成立后锡剧主要剧目有《双推磨》《红色的种子》《红楼夜审》等。锡剧以唱为主，曲调优雅抒情，生活气息浓厚，别具江南水乡风韵，带有浓厚的泥土气息，是最接地气的戏剧，至今仍深受江南人特别是农民的喜爱。

（四）驰名天下的奔牛酒

- 宋·张侃《张氏拙轩集》卷三：

　　岁晚

　　水敛风生壑，云深雪满天。寒光怜袖薄，瑞色向梅妍。浅酌生春酒，奔牛酒名①。闲赓馈岁篇②。吹灯看家信，独步到窗前③。

- 清·田雯《古欢堂集》卷六《七言古诗》之《丹阳津亭观延陵墓碑④歌》：

---

①　指宋代的奔牛美酒命名为"生春酒"，有饮后春意盎然之感。

②　馈岁，岁末相互馈赠。以诗文相赠便称"馈岁篇"，若以物相赠便称"馈岁"物。

③　第九章"古镇艺文"有张侃《奔牛镇厅壁记》，张侃任奔牛监镇，相当于后世的奔牛镇镇长。其处又有《奔牛梅花开最晚》诗，故到窗前可赏尚未开花的梅枝也。

④　指丹阳延陵镇九里村延陵季子庙中季子衣冠冢前孔子所书的"十字碑"。季子真墓在江阴申港，此是丹阳季子庙为向季子叩拜行礼而立的衣冠冢，冢前树有"十字碑"，孔子所题真碑实为《淳化阁法帖》卷五"鲁司寇仲尼书"的十二字碑："乌延陵封邑有吴君子之墓乎！"此十二字碑是孔子亲自题于江阴申港季子墓前，早已风化不存，赖《淳化阁法帖》得以传世。丹阳季子庙前"十字碑"是唐开元中，玄宗命殷仲容临摹夫子所书"鸣呼，有吴延陵君子之墓"十字，而中唐润州刺史萧定将之刻于丹阳季子庙前，是经过篡乱之本，故宋太宗编《淳化阁法帖》不取流落民间丹阳的"十字碑"，而取宫中所藏的真本"十二字碑"，是已定"十二字碑"为真，丹阳"十字碑"为伪，故欧阳氏《集古录》卷八"唐重摹吴季子墓铭（大历十四年）"条、赵明诚《金石录》卷二十八"唐重模延陵季子墓刻"条，才敢有底气宣称丹阳"十字碑"为伪。然丹阳"十字碑"虽伪，并不能用来证明宋太宗《淳化阁法帖》所收"十二

曲阿之西勾曲东，江波层叠飞江鸿。长年三老①老解事，舣船上岸来匆匆。延陵墓碑在蒲苇，荦确埋没泥甃中。上锓两行峋嵝字，下插千尺蛟龙宫。摩挲箝口②但拱立，异物呵护神鬼攻③。定哀年代获麟笔④，突兀片石撑青空。轩颉⑤冰斯⑥那⑦足数？人间万碣齐发蒙⑧。大历十载⑨殷氏⑩手，摹拓硬本何其工。模糊瘢胝脱觳觫，纵横错落缠蜕虹。点窜微词季札死，考征僻事方朔穷。采药掘薇厥德让，子臧大义摩苍穹。后之作者龙门史，世家列传将无同。负鳌盘螭不飞去，河崖崩坏斜阳红。打鼓开船行数里，奔牛酒店如新丰⑪。鸭嘴篷窗湿细雨，鸢村石屋摇秋风。不眠夜以指画被，浑茫莫记头冬烘⑫。

乾隆朝《常州赋》称常州酒以无锡最为知名，人称"惠山三白"，指的便是米白、酒曲白、泉水白。清人李百川《绿野仙踪》第八十三回称："北方烧酒辣嘴，唯有常州惠泉酒味甜。"接下来《常州赋》又说："郡城兰陵酒，古亦有名。"事实上，常州城西奔牛的酒，比常州城东无锡的"惠泉酒"更为出名，民间历来就有"为人不饮奔牛酒，枉向江南路上行"的口碑。上引宋代张侃《拙轩集》卷三《岁晚》诗有"浅酌生春酒"句，注明"生春酒"是奔牛酒的名称，可见早在宋代，奔牛"生春酒"便已驰名天下。而上引清人田雯《古欢堂集》卷六《丹阳津亭观延陵墓碑歌》称"奔牛酒店如新丰"，将奔牛酒

（接上页）字碑"为伪，因为《太平寰宇记》卷九十二《江南东道四·江阴军》："延陵季子祠在县西三十五里申浦。按《史记·太伯世家》注云：'季子冢在既阳西。'孔子过之，题曰'延陵季子之墓'。"此是北宋初年人便已记载孔子为季子题墓事，而明梅鼎祚编《宋文纪》卷十二有东晋与刘宋朝人范泰《吴季子札赞》"夫子庆止，爰诏作铭"，又与之相吻合，可证南朝以来便已公认孔子至江阴季子墓题墓，赖宋太宗《淳化阁法帖》而得以传世。

① 长年、三老，古时川峡一带对船工舵手、篙师的敬称。宋戴埴《鼠璞·篙师》："海壖呼篙师为长年。……盖推一船之最尊者言之。"唐杜甫《拨闷》诗："长年三老遥怜汝，捩柁开头捷有神。"仇兆鳌注引蔡梦弼、邵宝两人注："蔡注：峡中以篙师为长年，舵工为三老。邵注：三老，捩舵者；长年，开头者。"宋江休复《江邻几杂志》："川峡呼梢工篙手为长年三老。"宋陆游《入蜀记》卷五："问：'何谓长年三老？'云：'梢公是也。'长，读如'长幼'之'长'。"

② 箝口，闭口，谓不言或不敢言。此处指抚摩此碑令人肃然起敬，拱手肃立，不敢说话。

③ 攻，通"工"，巧、善于。神鬼攻，指鬼斧神工。

④ 定哀，指鲁定公与鲁哀公。获麟，指春秋鲁哀公十四年猎获麒麟事，相传孔子作《春秋》至此而辍笔，后人遂以"获麟笔"喻指著作的绝笔。

⑤ 轩颉，指造字的轩辕（即黄帝）和仓颉（黄帝的大臣）的并称。

⑥ 冰斯，篆书名家唐李阳冰与秦李斯的并称。

⑦ 那，读作"哪"。

⑧ 发蒙，启发蒙昧。此处指开始学习识字读书。即孔子此碑为后世碑帖的祖先，后世之人照此来练字。

⑨ 此是大历十四载举成数而说作"大历十载"。按《咸淳毗陵志》卷十四"祠庙、延陵季子庙"条："唐开元中，元宗命殷仲容摹夫子所书'呜呼，有吴延陵季子之墓'十字以传。大历中，萧定又刊于石。"又《至顺镇江志》卷八《庙·丹阳县·嘉贤庙》条载："唐大历十四年，润州刺史萧定改修，仍为记。"

⑩ 殷氏，详上注，为殷仲容。

⑪ 此形容奔牛酒美。按王维《少年行》"新丰美酒斗十千"，是说陕西临潼县东北的"新丰镇"盛产美酒，十分名贵，一斗酒价值十千钱。

⑫ 冬烘，迂腐、浅陋。五代王定保《唐摭言·误放》载，唐郑熏主持考试，误认颜标为鲁公（颜真卿）的后代，将他取为状元。当时有无名氏作诗嘲讽云："主司头脑太冬烘，错认颜标作鲁公。"

比作王维笔下《少年行》提到的唐代名酒"新丰美酒斗十千",足见奔牛酒美,在文人心目中堪称天下第一。而上引清人梁绍任《两般秋雨庵随笔》卷二"品酒"条,更引当时"不吃奔牛酒,枉在江湖走"的民谚,并称奔牛酒的品格与苏州福贞酒、惠泉三白酒等不相上下,而其甜腻则又过之。虽然梁绍任不认为奔牛酒好,但口味因人而异,其引天下名谚已然能证明大多数人都认为奔牛酒好。而常州人潘清《挹翠楼诗话》中也提到:"奔牛酒甜而不厚,比无锡惠山二泉酒好。"足证奔牛酒品质不让乃至胜过惠泉等天下公认的名酒。

- 《中国茶酒辞典》有词条:

　　奔牛酒:清代酒名,产于奔牛。嘉庆年间,有"不吃奔牛酒,枉在江南走"语,以誉其酒质之美,见《两般秋雨庵随笔》。奔牛地近丹阳,丹阳有名酒为"沉缸酒",奔牛酒是否即此酒,待考①。

- 《谚语大全》也提到奔牛酒:

　　不吃奔牛酒,枉在江湖走。

　　奔牛:地名,在今江苏武进县,名为奔牛塘,又叫奔牛堰,盛产美酒佳酿,指没有喝过奔牛镇酿的美酒,就可以说是白白在江湖上行走闯荡。也指奔牛塘所酿美酒甜美极佳②。

- 《中国近世谣谚》有"奔牛酒三则"③。

梁绍壬《品酒》④:

　　仆逢曲流涎,到处不肯轻过。闻之人语云:不吃奔牛酒,枉在江湖走。余过其地,沽而试焉。呜呼!天下有如此名过其实、庸恶陋劣之名酒乎?论其品格,亦止如苏州之福贞,惠泉之三白,宜兴之红友,扬州之木瓜,镇江之苦露,邵宝之百花,苕溪之下若,而其甜其腻则又过之,此真醉乡之魔道也。而其中矫矫独立者,则有松江之三白,色微黄,极清,香沁肌骨,惟稍烈耳。

　　按:奔牛镇,在常州西北三十里,临运河(今在沪宁铁路线上)。

金武祥《粟香二笔》⑤:

　　吾乡奔牛镇,古名金牛,为郡西孔道,出美人名酒。明末有陈圆圆,吴梅村为作

① 张哲永等主编:《中国茶酒辞典》,湖南出版社,1991年,第187页。
② 陈君慧主编:《谚语大全》,北方文艺出版社,2014年,第120页。
③ 张守常辑:《中国近世谣谚》,北京出版社,1998年,第763页。
④ 梁绍壬:《两般秋雨庵随笔》卷二,道光十七年钱塘汪氏振绮堂刻本,第52、53页。
⑤ 光绪九年广州刻本,卷七,第24页。

《圆圆曲》。又古谚云："不吃奔牛酒，枉向江湖走。"然酒味甜俗，梁晋竹《秋雨庵随笔》极诋之。

翁同龢有关奔牛酒和新丰肉的日记（同治七年十月）①：

> 二十二日　未明开船，日出过奔牛镇，买酒半瓶。……申初三刻，抵丹阳，泊北门。……夜饮酒微醉。……

> 二十三日……四十里，新丰镇小泊，买肉。语云："不吃奔牛酒，枉在江湖走；不吃新丰肉，船家忕忕哭。"

（五）奔牛土产

此处记载奔牛镇最有名的地产——西瓜。

● 《康熙常州府志》卷十《物产》：

> 蔬之属，如：……西瓜，产于武进之奔牛、无锡之五牧、江阴之青旸者佳。

● 《道光武进阳湖县合志》卷十一《食货志·土产》：

> 蔬属：……西瓜，产武进奔牛者佳。

● 《光绪武进阳湖县志》卷二《土产》：

> 瓜属：西瓜，产武进安西乡奔牛者佳。

● 《常州赋》：

> 黄、绿、白、黑、赤之豆，偕豌、豇、蚕、稆②、刀、藕而分苗；冬、西、南、北、王之瓜，杂胡、稍、菜、丝、甜、苦而牵蔓。郡属所产黄豆、绿豆、白豆、黑豆、赤豆、豌豆、豇豆、蚕豆、稆豆、刀豆、藕豆，并与他郡同。惟一种白果豆，出武、阳，即黄豆之大而青色者，嫩时烘炙，味香色绿，为馈遗方物③。稆豆，即黑豆中最细者，亦名罃④豆、驴豆。蚕豆，产于无锡者佳。
>
> ◆冬瓜、西瓜、南瓜、北瓜、王瓜、胡瓜、稍瓜、菜瓜、丝瓜、甜瓜、苦瓜各种，亦同他郡。惟北方所谓"南瓜"，即番瓜，毗陵乡俗谓之"北瓜"。西瓜，以产于武进之奔牛镇、无锡之五牧、江阴之青旸⑤者佳。【眉批：白果豆，亦名"香豆"，志称豆中珍品。江、靖二邑亦有之。】【眉批：豌豆，《靖江志》曰"安豆"。】【脚批：蚕豆，蚕时始熟，故名。】【脚批：《金匮志》：大蚕豆，出落埠桥及荡口一带。粒大而扁，如人拇指面。壳薄，味松。苏长公⑥对坐庄门所吃，恐未必有此风味。他处移种，一两熟后，渐小矣。】【眉

---

① 《翁文恭公日记》，1926 年商务印书馆影印本，第 8 册，第 91 页。

② 稆，野生的，野生稻。

③ 馈遗，馈赠。方物，本地产物，土特产。

④ 此字音"劳"，豆名，又名鹿豆、野绿豆。

⑤ 旸，音义同"阳"。

⑥ 苏长公，指苏轼。按《苏轼集》卷八十一《与王元直》："与君对坐庄门吃瓜子炒豆，不知当复有此日否？"

批：菜瓜，乡俗谓之"长生瓜"；生，音如"三"。北瓜，亦谓"饭瓜"。】【眉批：《靖江志》：瓜有东瓜、西瓜、香瓜、甜瓜、丝瓜、南瓜、北瓜，土产极佳。】

● 《乾隆武进县志》卷一《古迹·安善西乡》：

　　瓜渎口[①]，运河南。元季，有王姓种瓜于此，大如斗，剖之成五色，岁疫，以瓜普施疗疾[②]。

此条又见《道光武进阳湖县合志》卷二《舆地志二·古迹·古基地（渎等附），《武阳志余》卷一之二《古迹上·安西乡》。

（六）奔牛官绅觅"龙地"

　　据说"龙地"宜阴宅，扬州、泰兴、镇江……一些官老爷、官太太死后，纷纷前来寻找坟地，"龙地"添了一个个大坟。江南奔牛一个官老爷去世，看中"龙地"一个垛子。这个垛子，像"大官椅"，前有"香案"（方形池塘），左有"官印"（土地庙），右有"签筒"（一口古井），更重要的，对着"龙珠"（龙河中间的小圆墩）。这个官老爷的套棺从江南运来，沿途是国民党"保安团"护送。20世纪60年代平田整地，棺木被挖了出来，居然完好无损[③]。

（七）巧对

　　余摘近人五言可爱之句，如费榆村之"水清鱼可数，树秃鸟来稀"；"苔新初过雨，石古欲生云"。岑振祖《过丹阳》云："乡心随落雁，帆影过奔牛。"可称巧对[④]。

（八）史江宁回忆录

　　我的母亲老家是在江苏省常州市运河边上一个叫奔牛的小镇，也就是说，那个地方除了物产丰富外，还有着深厚的文化底蕴。我的母亲从奔牛中学走向常州中学，又从常州中学走向了北京大学化学系。……我的幼年是在奔牛镇度过的……我害怕夜晚站在伸手不见五指的运河边，因为它容易让我想起"水獭野猫"的传说和下运河游泳时的心虚。小镇的南面是著名的京杭大运河，背面是沪宁公路，再往北面是沪宁铁路。……我经常带领全班晚上在三里长的街上进行宣传活动，还有在汽车站、火车站和码头连篇背诵"老三篇"和中国共产党九大的章程，再有就是参加了《沙家浜》

---

① 此处《道光武进阳湖县合志》有"在武进安善西乡"七字。
② 此下《武阳志余》有："尚宜乡东安西南，有瓜渎村。"
③ 泰州市政协学习文史委员会编：《泰州古村》，方志出版社，2015年，第141页。
④ 〔清〕袁枚：《随园诗话》第4册，陈君慧注译，线装书局，2008年，第984页。

的集体演出等①。

（九）《李顺大造屋》片段

当时沪宁线两侧，以奔牛为界，民房的格局，截然不同：奔牛以西，八成是土墙草屋；奔牛以东，十有八九是青砖瓦房。陈家村在奔牛以东百多里，全村除了李顺大，没有一家是草屋。李顺大穷虽穷，在这种环境里，倒也看惯了好房子。唉，这个老实人，还真有点好高骛远，竟想造三间砖房，谈何容易啊②！

（十）福新面粉公司损失

不仅如此，福新面粉公司设在各地几十个收购小麦的麦庄，战争中也惨遭日本人的掠夺和破坏。苏北各庄及常州、无锡、奔牛、戚墅堰等地的麦庄损失最重，小麦损失约在20万包以上。奔牛麦庄的全部栈房及存麦、账簿、单据等全被日军焚毁。各厂存放各地的麻袋损失约达50万条③。

（十一）屠案逃难

详姨自从那日到我家以后，回去便开始出行的准备工作。收拾行李，打电报……在我们到镇江的那天晚上，详姨叫湘铭（保姆莲芬的丈夫）到奔牛把大舅婆（详姨的母亲）接上城来，又与她（详姨）的丈夫李抱宏到源大城酱园内商借豆船运人到镇江。一有船，马上通知"叔叔"，叫"叔叔"立刻雇黄包车乘到春庭桥下船。……十七日天色微明，船起程，进行力求迅速。午后抵达奔牛，大舅婆上岸去取物，停船于岸旁。两次有伤兵上船，令船老板开船，"叔叔"在舱内急死，幸而莲芬说，这船开回城的，兵才走去。大舅婆去取了东西，并带了她的一个内侄女来上了船，她名芸芳，小名叫阿娣。但她虽然同来了，她家里的人还在奔牛，不知遭遇如何。船数日后始抵达镇江，沿途见尽战时情形④。

① 史江宁：《站在教育的正中间》，《我的教育自传》，山西人民出版社，2004年，第230—235页。
② 高晓声：《李顺大造屋》，范钦林、靳新来、赵江荣主编：《中国现当代文学作品精品导读》下册，上海教育出版社，2016年，第90页。
③ 曹可凡：《蠡园惊梦》，上海交通大学出版社，2015年，第154页。
④ 屠岸：《漂流记》，北方文艺出版社，2015年，第72页。

（十二）田汉诗《奔牛站口占》

车尘马足复何求，敢许人诬作下流？我自皱眉君落泪，夕阳影里过奔牛①。

（十三）赵执信《奔牛镇遇雪呈南村》

暮冬，在奔牛镇遇雪。

交期垂尽暂同舟，八口飘零感未休。一瞬南来还北去，三年风雪度奔牛②。

（十四）奔牛粮行

民国《乌青镇志》载："吾镇米业必兼营豆麦秬陈各乡货，四栅均开设牙行，运销硖石为多数，其次无锡、奔牛、嘉兴等处亦有米谷秬陈交易，为数颇巨。"③

（十五）明·吴镇《泊奔牛》

丹阳沽白酒，对酌泊奔牛。静夜衔山月，寒江拍岸舟。腊残惊眼底，民隐人心头。早过毗陵郡，家声愧莫酬④。

按：吴镇，字公定，号虚白。明隆庆元年（1567年）岁贡，官至湖北施恩县知县，《瑞安县志》有传。

（十六）清·王先谦《将往湖南登舟作时乞假修祖墓》

借得飞轮破石尤（乘祥云轮船溯江上），君恩新许返南州。衰年渐觉身如寄，先墓真惭古不修。梦里云峰指回雁，眼前江堰隔奔牛。不堪吴士殷勤意，肃肃衣冠拜去舟⑤。

（十七）苏州捐饷之热忱

郡城奉程都督夫人命，设立女子劝捐助饷会，早志本报。成立以来，女界之协赞者不乏其人，而尤以粹化、争存女子师范学堂教员学生居多。女士陆植君等以城中绅

---

① 田汉：《田汉全集》第十一卷，花山文艺出版社，2000年，第99页。

② 赵蔚芝、刘聿鑫笺注：《赵执信诗集笺注》，黄河出版社，2002年，第1436页。

③ 桐乡市粮食局编：《桐乡市粮食志》（内部资料），1993年，第103页。

④ 陈正焕主编：《瑞安唐宋元明诗词集》，浙江古籍出版社，2008年，第592、593页。

⑤ 《王先谦诗文集》，岳麓书社，2008年，第553页。

富避居沪渎，尚未悉数回里，现先赴安西乡奔牛等镇开会劝捐云[1]。

（十八）明·章玄应《晚泊奔牛》

廿六日自丹阳道吕城，晚泊奔牛，雨绵绵不止，行者、刈者均以为病，闵而述之。

雾暝云飞势未休，江南风雨送残秋。泥涂没马程程滑，潦水平田岸岸流。幽梦关心惊夜泊，晚禾生耳失时收。为农为客知多少，眼底凄凄一样愁[2]。

按：吕城，今江苏丹阳市吕城镇。奔牛，又名奔牛塘、奔牛堰，传说句容县东南茅山曾出金牛，奔此，故名，今属江苏武进县。闵，同"悯"。

（十九）仲坚《眉妩·奔牛渡吊陈圆圆和白石》

渐柔桑迷苑，秀麦平畴，堤柳渐舒眼。细草群腰径，芳踪渺，楼空何处飞燕？渡头试款，荐翠筯，泉路应感。倦回首，一片烟尘里，换罗帐春暖。

无限豪华轻散。怎世间儿女，空费书翰。尘海沧桑劫，茫茫恨，无人知解归缆。瘴山万点，念旧香，天远人远。问环佩何时，来月下，更相见[3]？

（二十）陈鹤轩常州统奔牛

陈鹤轩组织"新光剧团"全班人马在京沪线一带唱得蜚红，常州期满，现在全班统奔牛，已于前日开幕，生意十分兴盛[4]。

（二十一）奔牛站将建铁路支线

沪宁路奔牛车站各客车，除特别快车及夜快车外，余均停靠该站。客货向为小站之冠，素称发达。查距离奔牛十英里之小河口，该处出产杂粮甚丰，向由船运至奔牛装车，深感不便，一遇风雨或水浅时，尤为苦难。路局为便利商运起见，拟由奔牛至小河口添筑支线一条，以利商运而便交通。业已测量完竣，本即可兴筑。因孟河士绅要求路局建筑该支线，绕道孟河，增多只六英里，全线计十六英里。现路局对于绕道

① 《苏州捐饷之热忱》，《民立报》1911 年 12 月 25 日，转引自张莲波：《辛亥革命时期的妇女社团》，河南大学出版社，2016 年，第 333 页。

② 〔明〕章玄应：《章玄应集》，阮伯林校注，线装书局，2011 年，第 240 页。

③ 《国闻周报》1931 年第 8 卷第 21 期。

④ 《沪剧专刊》1948 第 5 期。

孟河一节，尚在调查中。如果有益于路政或可准如所请，建筑时绕过孟河云①。

（二十二）沈恩孚《过奔牛》

鸟弄歌喉下绿杨，苴花如蝶菜花黄。春风谁唱圆圆曲？倾国倾城此故乡②。

（二十三）市面渐盛之奔牛——京沪线负责运输宣传报告之八

调查者：梁玉衡　程义乾　朱铭新　池敬炳

……商会文书朱维璞君……谓，出口货物，大部分均由车运，转运公司原有四五家，最近以生意清淡，合并成二家，即鼎通公司及姚晋山君经理之姚开泰行是也。……粮食公会主席张吉文君谓，奔牛出口粮食多由车运。若用拖驳运往上海，时间虽仅二日，而不便之处殊多。即如今年有数批小麦交由水运，结果于运到后，均发现短少，想被船夫中途窃取。因是时起纠纷，各商号多不满意。从车运者可免此项损失。奔牛市面本亦萧条，以与戚墅堰竞争颇烈。又奔牛附近运河开浚较深，致使各地运来粮食，舍戚墅堰而就奔牛。最近十年中，奔牛市面渐见繁盛。至粮食来源，多由江北各处采集，运至奔牛装车。小麦每年产量约三十万石，运至上海者，可二十万石。以江北姜堰运来者居多。黄豆每年出二十万石，除供本地食用外，运销上海浙江各地，约十万石。白豇豆运至上海者约三万石。赤豆运往上海日本者亦三万石。此外，蚕茧由金坛溧阳运至奔牛，转往上海者，以前每年约五千石，近因蚕市衰落，已大减少③。

（二十四）东亭二郎《奔牛记》

余友蛰卿生，丹阳雅士也。工书善画，书法追颜柳、宗汉魏，擘窠大字苍劲绝伦；画则摹新罗山人，惜未见巨幅，自号蛰道人，行将以书画问世矣。偶述奔牛事，虽近怪诞，然亦足资谈助，记者未悉前人有纪此事否？姑补于后。沪宁道上，过苏常，有奔牛镇焉。相传丹阳城内某姓，蓄牛数头，一牛暗中辄发异彩，绚烂如金，主人爱其勤敏，不施鞭挞，顾亦无他异也。一日，行牧郊野，牛忽遗矢，光芒灿然，视之，铿然金也。大喜，即欲居牛而宝之。顾牛不甘羁勒，脱绊逸去，或见之山林间，好事者使牧人执之，吼怒，蹄躏狂奔，群噪逐于是镇，牛一跃入河，忽焉不见，镇遂

① 《铁路协会会报》1926年第166—168期，第108页。
② 《万象·诗之卷》，1943年第2卷第9期，第81页。
③ 《京沪沪杭甬铁路日刊》1933年第690期，第61、62页。

以奔牛名①。

（二十五）松庐《奔牛镇的神话》

今年是乙丑年太岁流年属牛，许多喜欢做应时文章的人，大家都搜遍了枯肠，翻遍了古籍去寻牛的古典，以推测这丑年的幸运，于是我也就想起这个很有趣味的奔牛镇的神话来了。现在且把这神话写出来，聊供诸君的谈助。

奔牛镇在常州丹阳之间，去岁齐鲁之战，奔牛适当其冲，镇中人吃了很大惊恐，要是奉军再迟一两日到镇，那就不免要如无锡、江阴一样的遭遇了，这也可算该镇人士不幸中之大幸咧。

闲话少说，但叙正文。相传该镇起先原不叫奔牛镇，因为有一年来了一个江南客人，据说这江西客人能识得稀奇宝贝，他在镇上走了一转，忽见一家豆腐店屋上生了一棵异草，虽然并不芬芳娇艳，却也碧绿可爱。他一见了这，忙去问那店主，愿出三千金购买此草，店主听了心中又是欢喜又是惊异，心想我卖去了这棵草，立时就可发财了，又想这一棵小草如何便值如许重价？一时好奇心生，又问他要此草有什么用处？江西人是从来不说谎的，当下便告诉他说道，这里的南郊外有一头金的神牛，如将此草去引他，就可以设计把它捉住了。倘然捉住了这头神牛，它的价值是无限咧。肆主人听了这，顿时反悔前议，不愿将此草售给他了。过了一天，他便自己带了此草在天色微明的时候到南郊区，把这草吹着。俄而，果然来了一头金牛，满身金黄，硕大异常，他骤见了此牛，吓得目定口呆，立着不动，任这金牛把草攍食，遗了一堆牛粪而去。再看那堆牛粪，却真是金的。于是他便很懊丧的拾了那堆金粪而回。后来那江西人听了顿足说道，坏了坏了，从此金牛奔去了，当你取草往引的时候，要缓缓的，设计把它捉住了才好咧。你这样冒冒失失的不懂引捉的方法，自然要给它奔掉了，后来也没有此异草产生，该镇自从奔去了金牛之后，就将镇名叫做奔牛镇②。

（二十六）秦西成《奔牛圣心堂开幕小史》

江苏常州武进县城西三十里奔牛镇，南靠运河，北接沪宁铁路，水陆交通为武邑之巨镇。宣统二年，本堂黄斐神父买地一亩六分。民国元年，造小屋三间，开一小学堂，以冀传布福音。民国六年，黄杲神父接任，添置基地二亩半，续建后面新屋三

---

① 《孔雀画报》1925 年第 5 期。
② 《世界画报》1925 年第 50 期。

间，作为经堂，择定耶稣圣心为主保，选保守之诚心者，开始付洗十名。民国七年，又买基地三亩半，造房屋五间，并付洗三十余名。民国八年，又付洗三十余名。另有新教友十家，行恭迎圣心入王家庭礼，以冀圣心垂佑，坚固新信友之信心。民国九年，又置基地三亩半，建女学校舍五间。民国十年，添置基地四亩，见教友日多，已有一百余名，保守二百余名，于是禀准上游，大兴土木，以备建筑正式圣堂。民国十一年，又购基地三亩半，蒙上游发到巨款，并各大善士之资助，圣堂因以落成，计五间，面南向西，洋氏门面，钟楼高耸，为一镇之冠。遂于本年六月廿三号本堂主保耶稣圣心瞻礼日，张灯结彩，行开堂大礼。博总司铎主礼，张若司铎讲道，本堂黄桌司铎及邻邑黄、张、许、吴四位司铎襄理。礼毕，开筵席款宴官绅来宾，计二十四席，可谓盛矣。尚恳阅报诸君，代求圣心垂怜，俾该处教务日益发达，教友热心，保守真诚，外教归正，是仆所馨香祝祷也①。

（二十七）章钟祚《过奔牛访陈圆圆故事》

圆圆，字畹芬，本姓邢，富郡奔牛人，幼养于苏州陈氏，从其姓，事具吴梅村集注。

晓风残月过奔牛，凤去台空水自流。父老怕谭亡国事，英雄多替美人愁。椒房□史成尘梦，滇府官家上佛楼。仅有吴姬工厌□，不堪重问霸陵侯②。

---

① 《圣心报》1922 年第 36 卷第 8 期。
② 《虞社》1929 年第 156 期。

第八章 古镇史事

一 军事与战争

此处记录有关奔牛地区的战事。

（一）南朝战事

● 《咸淳毗陵志》卷二十七《古迹·武进》：

金牛台，在县西三十五里，连奔牛镇。《舆地志》云：汉时有金牛出山东石池，到曲阿，人栅断其道，牛因骤奔，故名。又《四蕃志》云：万策湖中有铜牛，人逐之，上东山，入土，掘，走至此栅。今栅口及堰皆以此号。宋元嘉末，竟陵王诞遣参军刘季之与顾彬之，败元凶劭将华钦等于曲阿之奔牛塘。泰始二年，建威将军沈怀明东讨孔觊至奔牛，大破之。齐高帝尝与萧顺之共登金牛台，见枯骼横道，曰"文王以来几年矣？当复有掩此者乎！"言之凛然动色。

● 《宋书》卷七十九《文五王·竟陵王诞传》：

元凶弑立，以扬州浙江西属司隶校尉，浙江东五郡立会州，以诞为刺史。世祖入讨，遣沈庆之兄子僧荣间报诞，又遣宁朔将军顾彬之自鲁显东入，受诞节度。诞遣参军刘季之与彬之并势，自顿西陵，以为后继。劭遣将华钦、庾导东讨，与彬之等相逢于曲阿之奔牛塘，路甚狭，左右皆悉入菰莴，彬之军人多赍篮展，于菰莴中夹射之，钦等大败。事平，征诞为持节、都督荆湘雍益宁梁南北秦八州诸军事、卫将军、开府仪同三司、荆州刺史。诞以位号正与浚同，恶之，请求回改。乃进号骠骑将军，加班剑二十人，余如故。南谯王义宣不肯就征，以诞为侍中、骠骑大将军、扬州刺史，开府如故。改封竟陵王，食邑五千户。顾彬之以奔牛之功，封阳新县侯，食邑千户，季之零阳县侯，食邑五百户。

明年，义宣举兵反，有荆、江、兖、豫四州之力，势震天下。上即位日浅，朝野大惧；上欲奉乘舆法物，以迎义宣，诞固执不可，然后处分。加诞节，仗士五十人，出入六门。上流平定，诞之力也。初讨元凶，与上同举兵，有奔牛之捷，至是又有殊勋，上性多猜，颇相疑惮。而诞造立第舍，穷极工巧，园池之美，冠于一时。多聚才力之士，实之第内，精甲利器，莫非上品，上意愈不平。

孝建……三年，……其年四月，上乃使有司奏曰："……谨按元嘉之末，天纲崩褫，人神哀愤，含生丧气。司空竟陵王诞义兼臣子，任居藩维。进不能泣血提戈，忘身徇节；退不能闭关拒险，焚符斩使。遂至拜受伪爵，欣承荣宠，沈沦奸逆，肆于昏放。以妻故司空臣湛之女，诛亡余类，单舟遄遒，披猖千里，事哀行路，贼忍无亲，莫此为甚。故山阴令傅僧佑，诚亮国朝，义均休戚。重门峻卫，不能拒折简之使；岩险千里，不能庇匹夫之身。乃更助虐凭凶，抽兵勒刃，遂使顿仆牢阱，死不旋踵，妻子播流，庭筵莫立，见之者流涕，闻之者含叹。及神锋首路，櫼枪东指，风卷四岳，电扫三江。诞犹持疑两端，阴规进退。陛下频遣书檄，告譬殷勤，方改奸图，末乃奉顺。分遣弱旅，永塞符文，宴安所莅，身不越境，悖礼忘情，不顾物议，弯弧跃马，务是畋游，致奔牛有崩碎之陈[①]，新亭无独克之术。假威义锐，乞命皇旅，竟有何劳，而论功伐？既妖祲廓清，大明升曜，幽显宅心，远迩云集。诞忽星行之悲，违开泰之庆，迟回顾望，淹逾旬朔。……"

● 《宋书》卷八十四《孔觊传》：

觊所遣孙昙瓘等军，顿晋陵九里，部陈甚盛。怀明至奔牛，所领寡弱，乃筑垒自固。张永至曲阿，未知怀明安否，百姓惊扰，将士咸欲离散。永退还延陵，就休若；诸将帅咸劝退保破冈[②]。其日大寒，风雪甚猛，塘埭决坏，众无固心。休若宣令："敢有言退者，斩！"众小定，乃筑垒息甲。寻得怀明书，贼定未进。军主刘亮又继至，兵力转加，人情乃安。

● 《道光武进阳湖县合志》卷三十五《事略志·（刘）宋》：

泰始二年春，晋安王子勋僭即伪位于寻阳，年号义嘉。晋陵太守袁标、义兴太守刘延熙并举兵反。右将军萧道成东讨平晋陵，又破贼于吴兴，同逆皆伏诛。《明帝纪》。

案《宋书·孔觊传》："泰始元年，晋安王子勋反，辅国将军、行会稽郡事孔觊

---

① 陈，通"阵"。
② 指破冈渎。

起兵应之，要吴郡太守顾琛同反，发兵驰檄。吴兴太守王昙生、义兴太守刘延熙、晋陵太守袁标，一时响应。帝遣庾业代延熙为义兴，加建威将军。业至长塘湖，即与延熙合。太宗遣建威将军沈怀明东讨，尚书张永系进①。镇东将军巴陵王休若董统东讨诸军事，移檄东土。觊所遣孙昙瓘等军，顿晋陵九里，部陈甚盛。怀明至奔牛，所领寡弱，筑垒自固。张永至曲阿，未知怀明安否，百姓骜扰。永退避延陵，就休若。诸将帅咸劝退保破冈。其日大寒，风雪甚猛，塘埭决坏，众无固心。休若宣令：'敢有言退者，斩！'众小定。乃筑垒息甲。寻得怀明书，贼定未进。军主刘亮又至，人情乃安。永世令孔景宣复反，栅县西江岘山，断遏津径。刘延熙加其宁朔将军。杜敬真、陆攸之、溧阳令刘休文，攻景宣别寨，斩其中兵参军史览之等十五人。永世人徐崇之率乡里起义，攻县，斩景宣。吴喜至，板崇之领县事。太守②嘉休文等诚效，除休文宁朔将军，县如故，崇之殿中将军，行永世县事，并赐侯爵。喜、敬真及员外散骑侍郎竺超之等，至国山县界，遇东军于虎槛村，击，大破之，自国山进吴城，去义兴十五里。刘延熙遣杨元③、孙矫之、沈灵秀、黄泰四军拒喜。喜④兵力甚弱，众寡势悬，交战尽日，临陈斩元、孙、黄⑤，余众⑥奔走，因进义兴南郭外。延熙屯军南射堂，喜遣步骑击之，即退还水北，乃栅断长桥，保郡自守。喜筑垒与之相持。庾业于长塘湖口，夹岸筑城，有众七千余人，器甲甚盛，与延熙遥相犄⑦角。沈怀明、张永与晋陵军相持，久不决。太宗每遣军⑧，辄多所求须，不时上道。外监朱幼举司徒参军督护任农夫，骁勇⑨有胆力，性又简率，资给甚易⑩，以千人配之，使助东讨。时庾业兵盛，农夫于延陵出长塘⑪，虽云千兵，至者裁四百。未至数十里，遣人参候，云：'贼筑城犹未立⑫。'农夫率广武将军高尚⑬之、永兴令徐崇之驰往攻之。因其城垒未立，农夫亲持刀楯，赴城入陈，大破之。庾业弃城走义兴。先是，龙骧将军阮佃夫募得蜀人数百，多壮勇便战，皆着犀皮铠，执短兵。本应就佃夫向晋陵，未发，会

---

① 系进，接续进发。
② 守，当据《宋书》作"宗"。
③ 元，《宋书》作"玄"，本书乃清人避康熙讳改书为"元"。
④ 此处《宋书》有一"等"字。
⑤ 三字《宋书》作"杨玄、孙矫之、黄泰"。
⑥ 此处《宋书》有"一时"两字。
⑦ 犄，《宋书》作"掎"，两字古通。
⑧ 命其出兵。
⑨ 勇，《宋书》作"果"。
⑩ 此处《宋书》有一"乃"字。
⑪ 指今长荡湖。
⑫ 立，当据《宋书》作"合"。
⑬ 尚，《宋书》作"志"。下文亦作"志"。

农夫须人，分以配之。及战，每先登，东人①怪其形饰殊异②，见之辄奔走。农夫收其船杖，与高志之进义兴援吴喜。二月一日，喜③渡水攻郡，分兵击诸垒栅。农夫虽至，众力尚少④，喜⑤与数骑登高⑥指麾，若招引四面俱进者。东军大骇，诸营一时奔散，唯龙骧将军孔觊一栅未拔。喜以杀伤者多，乃开围缓之⑦。夜，庾业、孔觊相率奔走，义兴平。刘延熙投水死⑧，斩尸，传首京邑。加萧道成辅国将军⑨，率军东讨，与张永、刘亮、杜幼文、沈怀明等，于晋陵九里西结营，与东军相持。义兴军⑩破⑪，多投晋陵，东军震恐。上又遣积射将军江方兴、南台御史王道隆至晋陵，视贼形势。贼帅孙昙瓘、程捍宗、陈景远列⑫五城，互相连带；捍宗城⑬未固⑭。道隆与道成⑮、张永共议：'捍宗城⑯可以借手。上副圣旨，下成众气。'辛酉⑰，道隆⑱率所领急攻之⑲，城陷，斩捍宗首。刘亮果劲，便刀楯⑳，每战以刀楯直荡，往辄陷决，张永嫌其过锐，不令居前。贼连栅周亘，塘道迫狭，将士力不得展，亮乃负楯而进，直入重栅，众军因之，即皆摧破。袁标遣千人继至，道成㉑与永等乘胜驰击，又大破之，屠其两城。昙瓘率众数百，鼓噪而至，标又遣千人继之，众军骇惧，将欲散㉒，江方兴率勇士迎射之，应弦倒者相继，昙瓘㉓败走。吴喜军至义乡，伪辅国将军车骑司马孔璪屯吴兴㉔，东奔

---

① 此处《宋书》有"并畏惮，又"。
② 此处《宋书》有："旧传狐獠食人，每"。
③ 此处《宋书》有一"乃"字。
④ 此处《宋书》有"兵势不敌。"
⑤ 此处《宋书》有一"乃"字。
⑥ 此处《宋书》有"东西"二字。
⑦ 此处《宋书》有一"其"字。
⑧ 此处《宋书》有"有人告之，乃"。
⑨ 此八字《宋书》作"义兴诸县唯绥安令巢邃秉节不移，不受伪爵。时齐王"。
⑩ 此处《宋书》有"既为吴喜等所"。
⑪ 此处《宋书》有"奔散者"。
⑫ 列，《宋书》作"凡有"。
⑬ 此处《宋书》有一"犹"字。
⑭ 此处《宋书》有"其月三日"四字。
⑮ 道成，《宋书》作"齐王"。
⑯ 此处《宋书》有"既未立"。
⑰ 二字《宋书》无。
⑱ 此处《宋书》有一"便"字。
⑲ 此处《宋书》有"俄顷"。
⑳ 此处《宋书》有"朝士先不相悉，上亦弗闻，唯尚书左丞徐爰知之，白太宗称其骁敢"。骁敢，勇敢，勇猛果敢。
㉑ 道成，《宋书》作"齐王"。
㉒ 此处《宋书》有一"矣"字。
㉓ 此处《宋书》有"因此"两字。
㉔ 此下《宋书》有："南亭，太守王昙生诣璪计事，会信还，云：'台军已近。'璪大惧，堕床，曰：'悬赏所购，唯我而已，今不遽走，将为人禽。'左右闻之，并各散走。璪与昙生焚烧仓库。"

钱塘。喜①遣军主沈思仁、吴系公追蹑琛等。陆攸之、任农夫自东迁，进向吴郡，台遣军主张灵符即晋陵。壬戌，道成②急攻之，一日破贼十三垒③。《南齐书·太祖纪》。其夜，孙昙瓘、陈景远一时奔溃。诸军至晋陵，袁标弃郡东走。晋陵既平，吴中震动④。初，遣庾业向会稽，追使奉朝请孙长度⑤，送仗与之，并令召募。行达晋陵，袁标就其求仗，长度不与，为标所杀，追赠给事中。"

（二）刘宋王朝江东奔牛之役

公元 465 年，刘宋政权王室内讧，晋安王刘子勋准备起兵浔州（今九江市），讨伐前废帝刘子业。而坐镇于建康（今南京）近畿姑孰的湘东王刘彧，在心腹阮佃头、王道隆、李道儿等密谋下，买通前废帝的左右寿寂之、姜广之等十一人，刺杀了前废帝。11 月 29 日，刘彧在建康称帝，这就是历史上的宋明帝，建号"泰始"。刘彧称帝，升江州刺史晋安王刘子勋为车骑将军。刘子勋则拒不受命，并与邓琬等人谋反，在浔阳称帝，建号"义嘉"。刘宋王朝出现了两个对峙政权。

浔阳政权一成立，刘子勋亲兄弟纷纷响应。异姓强藩如晋陵（今武进）、义兴（今宜兴）等地太守也倒向浔阳，形成强大的反抗建康王朝的集团。刘子勋集团诸军借势从四面向建康合围，而刘彧的势力范围仅是建康近畿的丹阳及淮南八个郡。不过，刘彧在心腹诸臣的合力下，遣将调兵，迅速组成东征军。泰始二年（466 年）正月，沈怀明、张永的东征军与孙昙瓘的晋陵军（刘子勋集团之一部）均集结于晋陵西乡奔牛九里附近的原野。二月初，沈怀明出奇兵，以任农夫的骠悍善战的四百蜀兵作先锋，冲击晋陵军，四千余众的晋陵军一下子被击溃，尸横遍野。沈怀明一路攻占晋陵、义兴，解除了东线对建康的威胁，为消灭刘子勋集团奠定了基础。这是封建统治集团内部因争斗而发生在武进地区的又一次战役⑥。

（三）宋金战事——韩世忠抗击金兀术

- 《乾隆武进县志》卷十四《摭遗》：

---

① 此处《宋书》有："至吴兴，顿置郡城，仓廪遇雨不然，无所损失。初，昙生遣宁朔将军沈灵宠率八千人向黄鹄峤，欲从候道出芜湖、迎接南军。广德令王蕴发兵据岭，灵宠不得进，屯住故鄣。昙生既走，灵宠乃与弟灵昭、军副姚天覆率偏裨以下十七军归顺。太宗嘉之，擢为镇东参军事，因率所领东讨。喜分"。

② 四字《宋书》作"其月四日，齐王"。

③ "一日破贼"至此，乃《宋书》所无而编者据《南齐书·太祖纪》补。

④ 此下大有节略，请参见《宋书》原文。

⑤ 追，追加，此处指：又使孙长度追庾业而送仪仗给庾业。

⑥ 虞新华主编：《武进掌故》（上），中国文史出版社，2000 年，第 113 页。

江浒多"韩瓶"，狭而长，闳奄如一，莳以花辄活。昔韩蕲王与兀术相拒，日以酒犒士，饮讫，瓶投诸江，故名。岁辛巳，自新闸至奔牛镇，得瓶无算，似"韩瓶"，差小。或云：凿河时，取瘗以识界者，隋时器也。

此条又见《道光武进阳湖县合志》卷三十六《摭遗志上》。

● 《光绪武进阳湖县志》卷二十九《杂事·摭遗》：

宋韩世忠与兀术相拒，日以酒犒士。饮讫，以瓶投诸江，江浒多掘得之。瓶挟①而长闳，莳以花，辄活，称"韩瓶"。又新闸至奔牛镇，得瓶无算，似"韩瓶"，差小，或云凿河时，取瘗以识界者，隋时器也。

（四）宋元战事——宋末血战奔牛事

参见第九章"一 诗文"元末明初谢应芳《奉陪陈伯大先辈，及赵师吕、张伯起、朱月江、金清夫兄弟登金牛台》诗："河边青苔生白骨，刀创箭瘢犹未没。问知八十一年前，战死当时皆义卒。铁马遁去刘将军，大家牵羊走燕云。二百山河献明主，北驼南象今纷纷。"足见宋末奔牛战争之残酷。其详情虽已不可知。下引"麻尹二将军庙"条言："炤给（周缤）兵千余，屯吕城以拒。"又下引"刘师勇攻吕城，克之"，"宋殿帅张彦、安抚刘师勇攻吕城，辉图与万户忽剌出帖木儿，追战至常州，夺舟百余艘，擒张殿帅"，以及"（周）缤家仆丁连捷，禽火麻也赤"等，当皆与奔牛血战有关。

● 《武阳志余》卷四之一《祠庙下·安尚乡》：

麻尹二将军庙，在虞桥，详新、旧志。兵毁未复，有记曰："宇宙，所以亘②古而不敝、暂否而复亨者，贤良启之于其始，忠义维之于其后。忠义之士，不能使其事之必有济；而惟此不敢幸生③之心，乃以常留陨确④生生之理。吾常城东三十里而近，有圩桥⑤镇，桥之东北数武⑥，故有麻尹二将军庙。麻公，为赣州三寨巡检士龙；尹公，

---

① 挟，据上引《乾隆武进县志》当作"狭"。
② 互，当作"亘"。
③ 侥幸生存。
④ 语出《子夏易传》卷八《周易》系辞下第八："夫乾，确然示人易矣；夫坤，陨然示人简矣。"乾卦代表处在刚强状态的事物，显示给人们的是容易；坤卦代表处于安顺状态的事物，显示给人们的是简单。乾坤就是阴阳的代表，是构成宇宙万物的原始物质。确，坚固、坚强、刚强。陨，就是"颓"，顺、安顺。扬雄《太玄经·告》："地颓而静，故其生不迟。"这里所说的"陨确"，当指"乾坤"，也即"天地"。
⑤ 即虞桥。此可证"圩"当音"虞"而不读"围"。则戚墅堰之"圩墩"，当与虞舜同姓而为"虞墩"。黄天荡的北夏墅村与江阴的夏港当同为大禹安营扎寨处。"黄天荡"处附近的郑陆"寺墩"之"寺"，与大禹之姓"姒"同音。而舜过山下姚姓众多，而虞姓姚，舜过山北有虞门村，即虞舜的国门。这都是常州与舜、禹两位圣帝有密切联系的实证。
⑥ 武，步。

为江西宪将玉。宋德祐时，常州失守，文文山①遣二公往救，遇元兵于圩桥，麻以战死；尹转斗至五木②，亦死，余兵怵且愤，相率夜战，俱死，无一降者。文山所为③比之古睢阳也。当是时，淮将张全、广将朱华同受文相国命来援，并遇敌先遁，独二公奋不顾身，所向披靡。矢矢猬集，重伤陨命，而丹心浩气，炳炳奕奕，数百年如可见闻。其庙食于兹土，所谓以死勤事者，非耶？庙之肇建，盖在前明。岁久倾圮，则寄其象④于三官祠，祀事阙如，历有年所。岁乙巳，王君原琳等倡率捐资，重构祠宇，以续禋享。惜基址甚隘，才可三楹；又值旱灾，物力艰窘。赖三君百什⑤支撑，勉强竣工，而里中人士，解囊相助，亦大有力焉，盖忠义之足以感人也如是。方二公之来援也，里有周氏二子、严氏五子，皆强力绝人，左右二公，从以俱死，缘为立木主于二公之旁。而孝子若杨、若蒋亦并祀。忠孝一理也，因人情之所愿而为之，庶几礼以义起者。是役也，木石、瓦砖、灰铁之费若干，工匠助役之费若干，悉乡人慕义而协力以相与有成者，固当志其颠末，勒石昭示，以为后来者劝。时乾隆丁未仲夏。"宋文信国天祥《哭尹玉》诗⑥："团练濠州庙赣川，官其二子赐良田。西台捕逐多亡将，还有焚黄到墓前。"又《吊五木》诗："首赴勤王役，成功事则天。富平名委地，如⑦水泪成川。我作招魂想，谁为掩骼缘？中兴须再举，寄语慰重泉。"明胡文⑧安澥《周熙文传》："公名絗，字熙文，周伯忱⑨先生五世孙也。世居晋陵之东乡，与弟简文俱以文学著，然恢廓有大志。当是时，宋室陵夷，中原板荡，北兵洊食⑩江南。公讲求韬略，仰天叹曰：'高宗有张、韩、刘、岳，而不能恢复，宁不令壮夫扼腕！'因易己字曰思韩，弟日⑪思岳。盖忠义，天性然也！家居披甲操戈，缚草为虏刺之。梦寐间常大呼'杀贼'。元兵渡江，率乡兵三百人，诣通判陈炤，陈守御之策。炤给兵千余，屯吕城以拒。虏由间道围常州，城中守御甚严，急不可破⑫。公欲出奇兵袭其

---

① 文天祥，号文山，信国公。
② 五木，又作"五牧"。
③ 所以要因为这个原因，而把常州城的这场保卫战，比作为唐代的睢阳保卫战。
④ 象，像也，即麻、尹二公的神像。
⑤ 什，即"十"的大写。百十，此处是概数很多的意思，即千方百计地加以支撑。
⑥ 诗见文天祥《文山集》卷十八。
⑦ 如，当据文天祥《文山集》卷十八《吊五木》诗作"好"。指"好水川"之战，是宋康定二年（1041年），西夏军队进攻宋泾原路，在好水川（今宁夏隆德西北）地区打败宋军的一场伏击战。
⑧ 文，当作"忠"。胡濙，谥"忠安"。
⑨ 周孚先，字伯忱。
⑩ 洊，通"荐"。荐食，不断吞食、不断吞并。
⑪ 日，当作"曰"。
⑫ 一时难以马上攻克。

后，而虏遣阿育咤，诱以金币。公斩其从人，馘咤①耳。虏怒，分兵袭公，而王良臣以城降。公乃与姚訔徒步诣行在，谒文丞相②，时为浙西江东制置使、知平江；遂金③公乡导，命张全、尹玉、麻士龙各将兵三千救常州。公与尹玉驻五牧，麻士龙驻虞桥。前后九与虏遇，相持五十余日。而张全忌功怯敌，不发一兵，不助一饷，致士卒饥甚。公与玉战死于五牧东赤湖荡之沙滩，全军无一免者，至今名其滩曰'饿死岸'。土人怜之，为立双忠祠，俗称'双庙二忠'者，玉与公也。后人失公主④，以麻士龙祔焉。士龙死于虞桥注垢汀，虞桥故自有祠，五牧非其死所，况'饿死岸'葬公与玉，至今称'二忠墩'，后之修志者不考其详，遂致公名淹没不著，为可悯耳。予故表而出之，昭兹来许，庶有以慰公于地下，俾后之人知以节义自持，未必非培风之一助？微特⑤为显微阐幽已也！"宋文信国天祥《常州》诗并序："常州，宋睢阳郡也。北兵愤其坚守，杀戮无遗种。死者，忠义之鬼。哀哉！山河千里在，烟火一家无。壮甚睢阳守，冤哉马邑屠。苍天如可问，赤子果何辜？唇齿提封旧，抚膺三叹吁。"

● 《武阳志余》卷五之四《兵事上》：

辛巳，加刘师勇濠州团练使。七月，诏常州、江阴被兵者勿徙。八月庚戌，刘师勇攻吕城，克之。《宋史·纪》。

案《张世杰传》："刘师勇者，庐州人。时姚訔复常州，贾似道命师勇以淮兵取吕城，使助訔守，而以张彦守吕城。"《元世祖纪》："五月壬辰，宋都统刘师勇、殿帅张彦据常州。"

戊午，加刘师勇和州防御使。甲子，以文天祥为浙西江东制置使。九月丙戌，命文天祥总三路兵。乙未，张彦与大兵战败被执，以城降。《宋史·纪》。

案《宋纪》："彦以城降。"殆以吕城降也。或当时吕城有城扼守，故云。《张世杰传》："师勇助訔守常，张彦守吕城，合兵拒大军，战失利，彦马陷淖中，见执，吕城失守，常州势益孤。"《元世祖纪》："七月翌日，上文'庚午'。宋平江都统刘师勇、殿帅张彦，以两浙制司军至吕城，复为阿塔海行院兵所败。"《元史·怀都传》："辉图领兵千人至无锡，与宋兵遇，大战，歼其众。九月，宋殿帅张彦、安抚刘师勇攻吕城，辉图与万户忽剌出帖木儿，追战至常州，夺舟百余艘，擒张

---

① 指割下阿育咤的耳朵。
② 原本是要到行在所杭州的，到苏州平江府，便见到了文天祥。
③ 金，后多作"签"，意为"指派"。
④ 失其木主牌位。
⑤ 微特，不止。微特……已也，不止为……而已。

殿帅、范总管。"

……

麻士龙，长白人，骁勇善战。来归，以都巡检从文天祥于平江。姚訔复常州，遣从子让与郡人周縝诣平江请救。天祥调士龙，与都尉尹玉，各将兵援常州，张全、朱华继之。署縝参谋，命让先归简丁壮①。师至陈墅，遇元将胡里喝，士龙与战，禽之。縝家仆丁连捷②，禽火麻也赤。伯颜令降人王良臣招降，让烹良臣。伯颜怒，悉锐来攻。时张全主饷，不给军食，复纵部卒掠士龙等所获军资。縝复乞于江阴李世修，阴降元③，亦不应。士龙欲袭江阴，縝不可。伯颜使人焚近寨墟落，宋兵益饥，割死虏肉食之。全等先溃，士龙转战至虞桥，力尽死，让亦以创重卒。天祥上其事，赠士龙高州刺史，让都统制。节周氏旧谱。

- 元·刘一清《钱塘遗事》卷九：

《祈请使行程记》：日记官严光大录。德祐丙子二月……十五日，舟次无锡。是日特穆尔万户生日，四府俱送寿仪，就三登仓桥，上特穆尔舞，劝酒④。夜泊常州十里镇⑤。

十六日早，舟次常州，毁余之屋塞⑥路，杀死之尸满河，臭不可闻⑦，惟此最多；

---

① 麻士龙以周縝为参谋，命姚让先回去征民兵。

② 丁连捷，人名。

③ 江阴金判李世修已暗中投降元军。

④ 四库本《钱塘遗事》脱此字。当是元朝派在无锡镇守无锡的万户名为特穆尔（即铁木耳），在桥上献上舞蹈，以助其酒兴，劝其喝酒，此显示出北上大都与元朝和谈的南宋大臣们对元朝侵略者的谄媚。

⑤ 当是常州距城十里之运河北岸。然常州从未见有"十里镇"。今按宋代常州罗城西门在今关河与运河交会处的西涵洞桥处，即《道光武进阳湖县合志》书首怀德北乡图两河交会处的西河洞，其处距常州城中驿桥（今写作"弋桥"）处的毗陵驿为七里，当即《成化毗陵志》卷三《乡都·怀德北乡·一都》之"七里湾"地名所在。《道光武进阳湖县合志》书首有怀德北乡图，此七里湾西河洞往西五里有五里桥，即距罗城西门五里之桥，其再往西五里便是其图所标的新闸汛，也即今天的新闸镇，再略往西便是南新河也即德胜河（古名烈塘）入运河河口处的连江桥。而新闸至宋罗城西门西河洞的距离正为十里，故知"十里镇"当即今新闸也。祈请使为何不入常州城的毗陵驿歇宿？便是因为下文所言的常州城被屠，城内全是尸骸，无法住人。

⑥ 塞，四库本《钱塘遗事》误作"无"。今按：常州屠城，相传元兵向城中心屠杀合拢，最后只剩下城心青果巷北的"十八家村"即十八户人家，用来收尸，成为抗元城毁后最古之村，故名"古村"；又有七人躲于桥下，幸免元兵之屠刀，所躲之桥为第一人民医院附近的洗马桥。张师绎《月鹿堂文集》卷六《得中公传》："我张氏之孤寒也，不知何自占籍兰陵；乃有得中公，不知何事成五开卫。耕欤？牧欤？商欤？贾欤？皆不可知。其木强，不习诗书，草昧昏默，不与文明之观，则可考而知也。或曰：'元兵屠城，匿洗马桥下得活数姓，张，其一也。'或曰：'孟秋祀先，食馎饦，不贻乡里，为逻者所觉，掠隶戎籍。'或曰：'得中公多髯圆眼，类今道家奉祀天师。今南门丫槎铺祖茔，犹呼"张天师坟"。'盖得中公始葬衣冠此地云。"木强，质直刚强。不与文明之观，即不被文明人所看得起。馎饦，即"馎饦"，古代汤饼（即今人面条）的别名。其为古代一种水煮的面食。北魏贾思勰《齐民要术·饼法》："馎饦，挼如大指许，二寸一断，着水盆中浸。宜以手向盆旁挼使极薄，皆急火逐沸熟煮。非直光白可爱，亦自滑美殊常。"宋欧阳修《归田录》卷二："汤饼，唐人谓之'不托'，今俗谓之'馎饦'矣。"明初，朱元璋因出身贫穷，仇视富人，江南又属于张士诚地盘，故打下江南后，镇压江南的富裕人家，将江南的大户寻找各种理由充军边疆的四川云贵地区，陈济父亲亦被充军贵州的五开卫。得中公当貌似画像中的张天师而得"张天师"之浑号，遂戏称其衣冠冢为"张天师坟"，非其真为张天师也。

⑦ 清乾隆朝江阴县令蔡澍收集明朝灭亡的崇祯十七年甲申岁（1644年）与次年乙酉岁江阴城因反抗清兵被屠者的事迹，采入其所编纂的《乾隆江阴县志》卷二十三《乙酉记事》中，其中列有"遇难妇女"一目，下收："五里亭自经死女，逸其姓名，尸已腐。或题诗壁间哀之，曰：'三月孤城未肯降，裙笄腐骨枕江乡。寄语道旁休掩鼻，活人不及死尸香！'"常州抗元被屠城，与之异代而同符，故录此诗以慰英烈于千古和不朽。

次过奔牛镇，夜泊吕城，白骨堆积如山①。

十七日早，过吕城堰换舟到丹阳县②，泊七里庙。

● 《永乐大典·常州府》卷十五：

宿常州③

王景初

奔牛日落放④船行，到得常州已发更。岸上人家孤犬吠，桥边驿舍一灯明。痴儿不识天亡运，冤鬼空余夜哭声。欲问屠城当日事，船翁鼻息已雷鸣。

（五）元末红巾军起义

参见第一章"一 人物"部分元代号称"佛子"的大善人王彬的事迹。又参见第九章"一 诗文"谢应芳《望官军》诗："扬子江边群盗来，奔牛吕城飞劫灰。"后常州为张士诚所占领，又有明军与张士诚作战事如下。

● 《道光武进阳湖县合志》卷三十五《事略志》：

元……至正……十七年三月壬午，徐达克常州。《明史·纪》。

案《汤和传》："和从徐达取镇江，进统军元帅，徇奔牛、吕城，平陈保二，取金坛、常州，以和为枢密院同签守之。"《郭兴一传》："围常州，昼夜不解甲者七月。城下⑤，受上赏。"

● 民国·支伟成编《吴王张士诚载记正编》：

丙申元至正十六年。 周天祐三年。民国纪元前五六〇年。西历纪元一三三〇年。

……二月……张士德取常州、湖州。

……

常州豪侠黄贵甫，间道归款，许为内应，不战而城破，易为毗陵郡。《辍耕录》⑥。

---

① 此是言奔牛亦经过血战，详上文所考。"惟此最多；次过奔牛镇"，是言祈请使一路上所见尸骨以常州城为最多，其次便是奔牛至吕城，足证常州与奔牛是宋亡之前夕抗战卫国最为惨烈的地区。

② 是船至吕城堰下，其船不翻坝，船上之人下船，坐堰坝西侧通往丹阳之船继续前行。

③ 诗中写到"欲问屠城当日事"，可证是由宋入元之诗，是诗人王景初于元初常州被屠后，路过常州城所作之诗，其诗乃《永乐大典·常州府》所独有，《全宋诗》未收。

④ 放，原作"于"，径改。按，"于"字古写作"於"而与"放"字形似而误。常州城被元兵占领后，奔牛处仍有闸官管理，每天只开几次，日落时开闸放船而行，到常州有三十多里路。发更，即"起更"、第一次打更，即五更中的一更天，也即晚上7点至9点。日落，指傍晚太阳西斜。古代运河行船比步行快一点，顺风每小时走8公里左右，逆风走3公里左右，取其平均数，大概一小时5公里左右，相当于十里，奔牛至常州以三十五里计，约3.5小时，以到常州是7点半计算，则其过奔牛闸为下午4点，正是太阳西斜快要落山之时。

⑤ 常州城被攻下。

⑥ 见元陶宗仪《南村辍耕录》卷二十九《纪隆平》。其下又有："分兵入湖州，一鼓而得，易为吴兴郡。"

……

六月……壬申，降吴国公①之陈保二降于诚王②，诱执詹、李二将。《明太祖实录》、《国榷》。

保二，常州奔牛坝人，初聚众以黄帕裹首，号"黄包头军"。汤和等下镇江，徇奔牛、吕城，保二以众降。至是，复叛。《明太祖实录》。

……

七月……癸巳，周军与朱吴军③战于龙潭，舟被焚，杀溺④甚众。吴国公亲率战舰继至，追至黄石永沙，不及而还。乃令徐达等进攻常州。吴国公使人谓达曰："士诚起盐徒，诈出多端，交必有变，当速出三军以攻毗陵。倘有说客，毋令擅言，沮其诈词，困其营垒。"《皇明本记》《国初事迹》《俞本记事录》《平吴录》。◆达帅师围常州，进薄其垒，遣使请益师，吴公复遣士甲三万、战将千余员往。时达军城西北，周将汤和⑤军城北，张彪军城东南，诚王遣其弟九六以数万众来援。达曰："张九六狡而善斗，使其胜，势不可当，当以计取之。"乃去城十八里设伏以待，仍命总管王均用率铁骑为奇兵，达亲督师与九六战。锋既交，均用铁骑横冲其阵，阵乱，九六策马走，均用令男⑥虎子追之，九六遇坎坠马，虎子直前搏之，先锋刁国宝助之，遂成擒，并获张、汤二将。九六，即士德。《明太祖实录》《中山王神道碑》。……

十月戊申，诚王以士德被擒，遣其属孙居寿奉书求和于朱吴公，书曰："……。"朱吴公复书曰："睦邻通好，有邦之常；开衅召兵，实由于汝。向者用师京口，靖安疆场⑦。师至奔牛、吕城，陈保二望风降附。尔乃诱其叛逆，绐执我詹、李二将。继遣儒生杨宪赍书通好，又复拘留。构兵开衅，谁执其咎？我是以遣将帅兵，攻围常州，生擒张、汤二将，尚以礼待，未忍加诛。尔既知过，能不堕前好，归我使臣将校，仍馈粮五十万石，即当班师。况尔所获詹、李，乃吾偏裨小校，无益成败；张、汤二将，尔左右手也，尔宜三思。大丈夫举事，当赤心相示，浮言夸词，吾甚厌之！"

---

① 吴国公，即朱元璋。
② 指吴王张士诚。其称王称帝，自称"诚王"，国号"大周"。
③ 张士诚称王称帝，自称"诚王"，国号"大周"。朱吴军，指吴国公朱元璋的军队。
④ 指被杀死或落水溺死者。
⑤ 是张士诚那边的将军也名叫汤和。然历来都说是徐达与汤和进攻常州，当是徐达军西北，汤和军城北，张彪军东南，上文的"周将"两字当衍，当删为是。且下文言明"汤、张"二将被擒后，"周军挟郑攻徐达、汤和垒"，则汤和未被擒。且徐达在城西北，汤和在城北，西北与城北正相近，故视为一垒。则疑张彪当是周将，而"周将"二字当移于下文"张彪"两字之前亦未可知。据下文次年"三月初四日，达克常州，生擒张、鲍二将"，则张是张彪，鲍是另一将军，故疑下文"并获张、汤二将"、"张、汤二将，尔左右手也"之"汤"当作"鲍"，此处"周将"两字不误，而"汤和军城北"之"汤和"当作"鲍某"亦未可知。
⑥ 令男，即令郎。令男虎子，当指王均用之子王虎子。
⑦ 场，当作"场"。

诚王得书不报。《皇明本纪》。

　　　　按：诚王致书，在士德被俘之后，故其词甚卑；朱吴公之书，实甚傲慢，书载《皇明本纪》，岂定鼎之后，加以润色耶？

　　十一月壬午，吴国公以常州久不下，复益精兵二万人。诚王诱长兴新附义兵元帅郑金院以①兵七千叛去。初，吴兵四面围常州，及郑叛，四面去其三，达营于城南，常遇春营城东南三十里外，周军挟郑②攻徐达、汤和垒。达勒兵与战，常遇春、廖永安、胡大海自其垒来援，内外夹击，周军大败。诚王复遣其将吕珍入常州，督兵拒守。达复进师围之，城益困。《明太祖实录》。

　　丁酉元至正十七年。　周天祐四年。民国纪元前五六一年。公历纪元一三三一年。

　　……

　　三月壬午，朱吴军攻常州益急，吕珍宵遁，遂取之。《明太祖实录》。是月，徐达等取江阴之马驮沙，亦克之。《群雄事略》《依归草》《元季伏莽志》。

　　　　三月初四日，达克常州，生擒张、鲍二将，槛车送应天府。吴公以善言抚之，不屈，拘于东锦绣坊，数日③斩于市。《俞本记事录》。据《实录》"张、汤被擒，在丙申七月"，误也。钱谦益据宋文宪《銮坡后集》"梁国赵武桓公神道碑"辨之甚详。

● 附：清·吴伟业《梅村家藏稿》卷二十五《梁宫保④壮猷纪》载清初郑成功攻打南京战事涉及奔牛：

　　十六年⑤五月之十有二日，郑成功亲率海鹘三千、蚁徒数十万，击鼓叫噪，及于稗沙，意在直闯江宁⑥。畏公，必特其后，用其黠，数诈遣间谍以疑众，公立枭其使，焚书于门，将士闻之无不贾勇。……七月十四日，次于丹阳，中丞居前，李廷栋、王龙率兵从公，以二将殿。晡刻四，得制府羽书，公忧会城危迫，法当先捭头目，京口又居其次，顾谓刘国玉曰："汝从中丞保丹阳，塞奔牛之口，遏贼东下。而廷栋、龙撤以自从。日且入，部署中、后、奇三将之兵，衔枚夜进。"十五日迟旦⑦，过句容。……

---

① 以，即"率"。即长兴郑金院新近投降朱元璋，今又为张士诚诱降。
② 挟，带，即率领郑金院进攻。上文言徐达在城西北，汤和在城北，西北与城北正相近，故视为一垒。
③ 指几天后。
④ 梁化凤（1621—1671年），字翀天，又字岐山，号沣源，西安府长安县人，清朝著名将领。顺治三年（1646）武进士，参加讨伐姜瓖叛乱，平定山西。在南京之战中，击败郑成功北伐，官至江南提督、太子太保、左都督、三等男，卒赠少保，谥"敏壮"。
⑤ 指顺治十六年（1659年）。
⑥ 江宁，即南京，为江南省会，故下文称作"会城"。
⑦ 迟旦，迟明，黎明天快亮时。

（六）太平天国攻占常州前奔牛、孟河抗粮事

● 《武阳志余》卷八《艺术》：

费伯雄，字晋卿，河庄人，世医文纪子也。至伯雄，术益精，切脉能知病之所由，缕数①言之，病者自陈，辄怒曰："而谓我不知脉耶？"其用药，以培养灵气为宗，不喜用峻药。尝言："秦之名医二，曰和曰缓②。知此者，于医庶几乎？"性慷慨好施。父尝建接婴堂，岁久废，伯雄独③恢复之。道光间，洲乡屡困于潦，伯雄竭力捐振，又躬历各洲，劝筑堤自卫。咸丰三年，粤贼据江宁，邻邑豪猾王耀书等各聚党数千，横行乡里，不纳岁课。通江乡民刘明松倡议，众欲效之，时议击以兵，势汹汹，愚民欲拒捕。伯雄诣郡，以全家保乡民，归以利害说倡议者，亟散众，事遂解。箸④有《诗文集》《医醇剩义》《医方论》。《潜德三录》。

● 清·王先谦⑤《虚受堂文集》卷五《留云山馆文钞序》⑥：

《留云山馆文钞》一卷，武进费晋卿⑦先生所著（著）也。先生，世居县西孟河庄。河，故唐刺史孟简所浚，《通志》谓之"孟渎河"。其水经县北孟城山入江，相传晋孟嘉隐居兹山，高风贞操，后人多景慕之，其地代有隐君子云。而俗又言天医星当其分野⑧。汉《甘石星经》所云："巫、官二星，在房西南，主巫医职事者。"故孟河多产名医，其然否不可究知，然江以南，人艳称之。先生祖父子孙以术业相继，活

---

① 缕数，一一细数，一一述说。
② 医缓、医和，秦代活跃在"三秦"大地上的两位名医。
③ 独，独力。
④ 箸，通"著"。
⑤ 王先谦，清末学者，湖南长沙人。字益吾，因其居所名叫"葵园"而称"葵园先生"。他是著名的湘绅领袖、学界泰斗。曾任国子监祭酒、江苏学政，又任湖南岳麓书院、城南书院山长。王先谦博览古今图籍，研究各朝典章制度。其治学重考据与校勘，荟集群言。曾校刻《皇清经解续编》，编清《十朝东华录》《续古文辞类纂》等，著《汉书补注》《水经注合笺》《后汉书集解》《荀子集解》《庄子集解》《诗三家义集疏》等。为文远追韩愈，又以桐城派、阳湖派自许；其诗被称为"得杜之神，运苏之气"，"置之清代《集》中，挺然秀拔"。著有《虚受堂诗文集》。
⑥ 文出清人王先谦《虚受堂文集》卷五，清光绪二十六年刻本。
⑦ 费伯雄，字晋卿，号砚云子，书室名"留云山馆"。武进县孟河镇人。费伯雄生长在世医家庭，有家学渊源，先儒后医。他悬壶执业未久，便以擅治虚劳驰誉江南。道光年间（1821—1851年）两度应召入宫廷治病。先后治疗皇太后肺痈和道光皇帝失音症，均取得显著疗效，为此获赐匾额、联幅，称誉其为"是活国手"。是，此也；活国手，即"活国医"，也即"上医医国"，指能除病涤弊的良医贤臣。上医，高明的医生，喻指贤能的政治家。医国，以治病来比喻救治国家。"上医医国"指，作为一个好的医官，首先应懂得为国家除患祛弊，然后才是治病救人。后人便以"上医医国"来歌颂医家爱国，以"医国手"歌颂救国之士。到咸丰年间，费氏医名大振，远近求医者慕名而至，门前时常舟楫相接，孟河水乡小镇此时便以医药业发达而成为繁盛地区，达官显贵们生了病，都告病假前来孟河就医。费氏博学通儒，医术精湛，人称其"以名士为名医，蔚然为医界重望"。
⑧ 分野，与星次相对应的地域。古以十二星次的位置划分地面上的州、国位置来与之两相对应。就天文而言，称作"星分"；就地面而言，称作"分野"。如：以鹑首对应秦，鹑火对应周，寿星对应郑，析木对应燕，星纪对应吴越之地等。

人至不可算。今言医者，必首孟河费氏①。光绪戊子，先生孙绳甫②观察来江阴③相见，具述家世梗概。乃知先生以名诸生，困不得志，敦行于室，扶义于乡，抑非独④医之善也。方咸丰初，粤寇陷镇江，属县皆不纳粮。武进有刘明松者，聚奔牛以北五乡人于夏墅，议请得如镇江属县，无事，众享其利，有则独当之。乡民惑其言。郡将名捕⑤明松，众汹汹思变。先生疾驰至，开谕利害，咸感悔，期三日完粮，而五乡案堵⑥。当是时，微先生，几大乱，及事定，绝不自言，其天性高澹尤不可及云。先生著（著）有《留云山馆诗钞》二卷、《诗余》一卷、《医醇剩义》四卷、《医方论》四卷、《制艺》二卷行世。观察将续刻斯集，而属予序。予观先生之传，朱君理文也⑦，称马少游之言曰："士生一世，称乡里善人，斯可矣。"⑧ 夫以先生之勇于为善，而穷居⑨乡里，不得一伸其道于时，宜其志见于文若是。今观察，世⑩先生活人之业，而心其行善之心，又才识阔远，将出其身以加利泽于天下，岂特⑪如先生所云乡里称善者耶？予不敏，不足以知先生之文，为特著其生平行事之大端，而以观察拳拳述⑫德之意为他日券⑬焉。

（七）太平天国攻占常州期间的战事

● 《武阳团练纪实》卷二《各乡团练》：

　　呜呼！吾郡坿郭两邑三十有五乡，隶武进者十七，隶阳湖者十八，惟阳湖迎春为僻乡，其余皆四战地也。贼之至也，自丹阳之吕城略奔牛，西埠汛入朝京门，则武进安西、怀南、北三乡撄其锋矣。……

---

① 孟河费氏数代业医，代有传人，迄今已有十四世。费氏原籍江西铅山县，因战乱几经迁徙，后来定居孟河。九世祖云庵公与镇江名医王九峰先生为莫逆交，时相切磋。云庵公时常济困扶危，美德彰著，乡里至今称颂。十世祖伯雄公，以擅治疑难杂症著名，登门求治者甚众，名噪大江南北。著有《医醇》二十四卷，太平天国兵燹后失散颇多，现所存者仅《医醇剩义》四卷、《医方论》四卷。立论以"和缓"为宗，在平淡中获获神奇之效，不尚"矜奇炫异"而违反轨度，不事迫切求效而反加速危亡的到来。

② 费绳甫，字承祖，禀承家学。

③ 江阴设有江苏学政衙门。王先谦任江苏学政时，在江阴做了件学术史上颇有影响的大事，即在创建仅三年的南菁书院内设立书局，奏准刊刻煌煌巨著《皇清经解续编》一千四百三十卷。

④ 非独，不仅。

⑤ 名捕，指名逮捕，犹言通缉。

⑥ 案堵，安居，安定有序。案，通"安"。

⑦ 先生的生平传记是朱理所写之文。

⑧ 马少游，是我国东汉名将伏波将军马援的从弟，《后汉书·马援传》中记载马少游规劝马援的事迹，即马援说："吾从弟少游，常哀吾慷慨多大志，曰：'士生一世，但取衣食裁足，乘下泽车，御款段马，为郡掾吏，守坟墓，乡里称善人，斯可矣。"

⑨ 穷居，隐居不仕。

⑩ 世，继承。

⑪ 岂特，岂止。远不止费伯雄先生所说的自己被家乡人称为乡里善人的那种地步。

⑫ 述，遵循。

⑬ 券，契据，此处指凭证。

武进……

安西

自丹阳沿运河东下，曰九里铺，曰奔牛，皆安西境也。咸丰十年闰月晦日，贼抵奔牛镇，提督马德昭屯天喜闸，与贼夹河，不战而退。时万众崩溃，各率妻子走。监生王茋与弟视履独出纠众，众莫应。视履鸣金，号于众曰："我等不求忠义，名团练，所以为身家计也。耰锄白梃，足以御贼，奈何以一乡数万众，束手受荼毒？"或难之曰："贼知为彼敌，仇我必甚。不如逃之，可以纾祸。"视履太息而退，茋遂为贼掠。岳辑瑞者，方独饮①，闻金声跃然起，率同志十余人持械前；武生王干者，字知三，亦以十余人继至。贼分二队，一自运河北来，一自直渎西来，辑瑞与干分迎之，杀贼四五人。众且尽②，辑瑞急走至阮家桥，据桥扼贼。一骑先至，击之，与马俱碎；复连毙两贼，卒为贼执，大骂，贼脔割之。干败，变姓名，为农数年。贼知，执而悬之，以石压背，下然（燃）火炙死。茋既被胁，贼使负担行十余里，至大桥，突以担击贼马，马惊，与贼皆堕河，茋亦赴河死。张莲芳、庄鉴秀各与其族十余人拒贼死。

潘书贤鸣金集众，与刘瑞朝等击贼。贼伪退，二人追之，中伏死。潘吉庆战败被擒，剖腹死。薛顺大杀数贼，死。沈安庆以铁丸实皮鞭中，谓之软鞭，击杀数贼，死。李廷荣手农器击贼③，有十余人被贼追急，廷荣自旁出救之，十余人皆得脱，而廷荣战死。张绩率乡团迎提督马德昭，为前驱，受创死。绩字履恒，为其乡善士，道光二十九年大水，咸丰六年大旱，皆尝募捐施振。

鸣凤

鸣凤乡，亦西通丹阳，有李塘村义民，善鸟枪。刘履泰者，监生，与其族刘庆安、王修德等为团练。庆安倾家饷士，筑垒徐塘闸，日以鸟枪队击贼，贼不得过。咸丰十年五月四日大雾，贼以大队掩至，众溃，履泰赴水死，战死者吴舜年、刘阿金等二百余人。方履泰未没时，有王印福者，性刚，知武略，闰月晦日与众御贼于东桥，杀数贼。越二日，被擒，贼欲降之，戟手④大骂，贼先斫其指，而后杀之。高根荣、金正保皆御贼被擒，剖腹死。武生姜通等三十五人皆战死。杨根大者，年六十七矣，与子春彦持梃击贼于路而杀之，根大被刺洞腹，春彦救之，皆死。李凤林持梃击贼，贼不能近。其妻将走避，凤林叱之曰："此时不死，更何面目见我乎？"相与并力敌

---

① 正在奔牛集市的酒店里自斟自饮。
② 指我方的民兵即将被太平军消灭时。
③ 手拿农器击贼。
④ 戟手，伸出食指和中指指人，以其似戟，故称"戟手"。常用来形容愤怒或勇武之状。

贼，自日中至暮，皆死。万松庵主持①真如率十余僧杀贼，贼大至，斫死。……

孝东

孝东团练在新桥得胜庵，从九品邹永祥者，以新桥磨盘墩据形势可御贼，与邹品龙等以三百人谋守之。墩广数亩，登其上，可望数里。南北河埠相连，宛然土城。墩下向西大道，则达芦墅湾、奔牛镇，一方扼要之所也。四月三日，贼百余人窥新桥。邹庆八、邹朝行等以数十人奔之，追贼三角池塘，杀步贼二。邹继序、邹祥荣战死。初六日，贼复至，庆八与邹荣茂、何秀容、潘邦洪等以众迎贼于西树社庙，杀马贼一、步贼三，夺旗一，而庆八、朝行皆死。十一日大雾冥晦，贼于雾中渡河，袭新桥后②，众惊溃，森茂、秀容死之。从死者邹金发、邹鲁芹、邹清洲、邹保升、邹步玉、钱书堂、沈顺海等数十人，而永祥亦死，诸团练皆散，贼恣焚掠，最惨！今安家舍河西街南，有义民冢焉。朱正荣等百十八人皆战死。陈书云有勇力，杀贼数人；须泰丰杀贼目一人，皆死。陈迟行杀贼数人，赴水死。其年秋，有沙洲人言国华者，潜于滨江，招义士数百人，为剿贼计，入城探虚实，事泄被杀。

孝西

孝西团练，最著者曰夏墅③局，曰棠里局。咸丰十年四月三日，团长金德保等率数千人御贼于东湾，贼少，渡河遁去。初七日，复御贼于罗墅湾，我众据桥东，贼在其西，相持两时许，斩贼首一人，追至奔牛。初八日，贼以众至，战于罗墅湾南，我团长伤，战且退④，自罗墅湾至夏墅，自夏墅至棠里，贼皆随之。棠里避难者老幼数千人，骤不及去，我军力谋保全，复以死扼安宁河之东西两桥以守。然⑤火枪，杂掷瓦砾，颇伤贼。贼潜分两翼，东从邵母桥，西从小河沿出我后，覆我全军。孝西受祸，此为烈焉。袁仁保，西园村人，初三日御贼太平桥，独与数人揭长竿而前，中贼枪，肠出死。恽鹤度初七日战罗墅湾，斩其陈⑥长，翌日受枪伤，被擒，焚死。恽文喜初八日守东桥，奋田器突⑦过桥击贼，贼聚击之，死。恽纪高有膂力，守东桥，与子书经俱死。恽思吉议叙从九品，守西桥，力竭死。恽兆英、恽阿华鸣金集众，贼击杀兆英，阿华投水死。恽馨宝有力，杀数贼；金德保与贼战，独身前，皆被贼围，战

---

① 主持，即"住持"。
② 后，背后。
③ 西夏墅。
④ 且战且退。
⑤ 然，通"燃"，点燃。
⑥ 陈，通"阵"。阵长，战场上的司令。
⑦ 突，冲。冲过桥去击贼。

死。悍佐望、正书皆斗死。

谢锡申，道光二十六年举人，董团练事。罗墅湾之战，锡申被围，中十余创，弟培之以身翼之，皆战死。先后死者，谢孝度等二百七十四人，苏洪升等五十五人。其族谢嵩从九品，贼至，率子侄迎击，嵩被创复战，力竭死。子伟、伺、俊皆从死，从子倬、孙瓒以救嵩故，亦死，一门死者十五人。谢洪舒，从九品，持檄①之嘉兴，遇贼马塘泾，徒手大骂②；谢梦周被擒，抉去目，犹徒手击贼，皆死。……

克复始末

常州府城，以咸丰十年四月六日陷，至同治三年四月六日克之，皆以未时。呜呼！岂非天哉？元年以前，团练拒贼，时时有之。及大兵进攻，州人未有以一旅前导者，盖忠义之士死亡略尽矣。初，钦差大臣和春师溃，江浙皆陷，钦差大臣曾文正公师在上游，与悍贼数十万搏战，皖南北蔽遍不能下，苏、常向隅，无反正之望。咸丰十一年冬，侍郎溧阳宋晋上"五省东征"疏。同治元年四月，以福建延建邵遗缺道李鸿章为江苏巡抚，统湘淮诸军，由上海进规苏、常。既叠克松属各城，二年四月，复克太仓州城，遂分兵三路：一由昆山指苏州，以提督程学启所部陆师当之；一由泖淀湖指吴江、平望、太湖，以提督黄翼升、总兵李朝斌所部水师及洋将戈登"常胜军"当之；而道员李鹤章、提督刘铭传之师别为一路，由常熟进攻江阴、无锡。八月一日复江阴，十一月二日复无锡、金匮，越七日，进攻常州。铭传由城桥③郑陆桥、羊头桥间道深入，分兵西施桥、孙村，进营河西。鹤章由城东，使提督周盛波、道员张树声屯戚氏堰、白家桥，夺其贼卡。二十日，李秀城使句容伪章王、治王合众五六万来援。鹤章令树声等分攻各门，缀城贼自率九营御之，战于城西南，贼溃去。二十八日，破南门德安桥贼，立附城一营④。十四日，攻克孟河汛城。十五日，盛波、树声至东门，乘夜，假贼口令袭破二石营，复破天宁寺基营，与铭传军相应，会攻小北门。十七日，复攻小北门，破其土城。时我师已逼东、南、北三门。城贼伪护王陈坤书无所为计，遍乞援丹阳贼伪章王、然王，应之⑤，复陷孟河、罗墅湾诸镇，围奔牛。李秀城亦由溧阳入奔牛运河，乘洋人"飞而复来"轮船，发三十二磅炸炮击我营。我总兵唐殿魁、参将黄桂兰等以死守御。十二月七日，铭传、鹤章各遣锐师救之，再

---

① 手持公文传递。
② 在嘉兴马塘泾，空着两只手，也敢骂贼而死。
③ 桥，当据下引《武阳志余》卷五之四"兵事下"之"汤成烈《同治克复始末记》"作"北"。
④ 附城下而扎营。
⑤ 皆响应而来救陈坤书。

战①，焚其轮舟。十四日，贼复溃走。三年正月，提督郭松林等会"常胜军"攻下宜兴。二月，收溧阳。三月，贼循江岸犯常熟、江阴、无锡，皆败之。是月，巡抚李公至常州。是时，城西贼营犹连二十里，西北以通丹阳，西南通金坛，夹运河，左右环列。十四日，铭传攻下西北六营。十五日，总兵杨鼎勋、郭松林等移营城西南，十七日，破其十营。于是，总兵王东华以水师出三河口，与铭传兵会；周盛波、张树声之师复折向西北②，三路麇之，毁河干贼营二十余座，西门路亦绝。二十一日，我军始合围。二十二日，攻大、小南门，炮裂城垣数十丈，遣死士树梯登，贼以枪队数十，抵城缺，然③火药、杂砖石俱下。会天雨，不克攻而罢。自是，雨旬日不止，贼以其间修城，我军亦成浮桥六，以渡城外运河。四月五日雨止，戈登以炮队攻南门，提督刘士奇、王永胜攻东南隅。使郭松林、杨鼎勋伺戈登所击缺先登，而常胜军应之；士奇等自选勇士，登所击缺，而张树声军应之。刘铭传独攻北城。初六日日午，天大雾，水陆炮声，万雷俱发，城复倾。悍贼以身塞缺，直砟④炮，则手足、旗帜、砖石纷激天际，犹旋死旋集，不少退。我军亦接刃猛进，携藤牌、喷筒薄城。贼倾火药，以长矛格刺，军士十堕六七，不顾，卒拥而登，战城头，久之，始败贼下城。铭传军亦登北门，粤贼数千战于衢，积尸填道。至暮，贼不能军，退入所居伪王第⑤，犹列洋枪拒于门。龚生阳突入，擒坤书。周盛波擒伪列王费天将。水陆军咸已逾城，贼缒而逸者数百，仍截杀之。跪而降者数万人，杀贼逾万。贼之陷常州也，自小南门入，至是，官军亦由小南门攻克，与其月日时之不爽，皆可异云。捷闻，李公疏言："常州士民，固守六日，为贼屠最烈；频年，蹂躏亦最甚。请豁武进、阳湖二县全赋，三年不征，以为劝！"得旨允行。又疏言："攻城阻雨，祷关帝神护佑。"诏颁匾额悬奉，并发藏香十枝以祀焉。

附清代太平天国战乱中克尽忠节而留名地方志的忠节与烈妇两人。

● 《光绪武进阳湖县志》卷二十四《人物·忠节·国朝》：

　　王守廉，奔牛镇人，贡生，年老尝游山东，课学⑥于衍圣公府。归，闭门读书。家贫，性介。贼至，劫之，守廉骂曰："吾岂从贼耶？"且骂且走，至家祠屹立，益大

---

① 连打两战。
② 周盛波、张树声攻东门，此时也折向西北，即向城西会兵进攻。
③ 然，通"燃"，点燃。
④ 砟，当据下引《武阳志余》卷五之四"兵事下"之"庄善孙《寇变纪略》"作"炸"。
⑤ 指今第一人民医院西北角的护王府。当然又一同指及城内另一处的列王府。
⑥ 课学，考求学问。指到曲阜的孔府做学术考察。

骂，奋拳殴贼，贼杀之。

● 《光绪武进阳湖县志》卷二十七《人物·列女》：

　　许金海妻陈氏，安西乡人，遇贼投河。贼出之，而胁其降。阳谓贼曰："归家易衣，可同去也。"至半途，跃水死。……以上，庚申殉难。

● 《武阳志余》卷五之四《兵事下》：

　　汤成烈《同治克复始末记》：咸丰十一年冬，侍郎宋晋建议，上"五省东征"疏，皇太后谕交七省督抚会议。同治元年，江督相曾、楚督相官、川督骆等奏上："议佥同。"而官督相复与曾相咨商谋帅。于是曾督相议以福建延建邵遗缺道①李鸿章统领湘淮诸军东下，会上海道吴煦，措饷银二十万，雇备轮船，至安庆迎师。遂于三月初八日启行，初十日抵上海。四月初十日，奉旨："着李鸿章署江苏巡抚"。十五日，李抚②令参将程学启等以四千人攻南汇县，五月初一日克之。十一日，克奉贤。二十一日，克金山卫城。二十三日，解松江围。六月初八日，江南提督黄翼升至上海。七月十五日，克青浦。九月初二日，复嘉定。十一月，复常熟，进克福山。二年三月十五日，程学启克太仓，进攻昆山，四月十二日克之。二十二日，克杨舍汛城③，汛属江阴县。六月十四日，程学启复吴江、震泽。李巡抚谋取江阴，七月三十、八月初一两日，攻克江阴。十月，统领李鹤章督军进取无锡。二十一日，克皋桥。二十六日，克新安、望亭。十一月初二日，复无锡、金匮县城。于是，刘铭传进攻常州，由城北郑陆桥、羊头桥，间道进剿，越圩塘贼垒。初九日，进扎西施桥、孙村等处。时周盛波、张树声自东路破白家桥贼卡。十三日，知府李鹤章④自无锡至。十四日，克圩塘贼垒。二十日，句容伪章王合众五六万来援，鹤章令分攻各门，缀城贼⑤自率九营御之，贼退守，又出奇兵绕至其外。攻城之师破南门贼营四座，逼扎城根，贼势蹙，奔牛镇等处守贼乞降。二十三日，常州贼出围降；孟河贼西至，道员冯席珍击退之。十四日，进克孟河汛城⑥。十五日，破东门天宁寺基营⑦。十七日，破小北门土

---

　　① 清代把福建省划分为四道，其中的延建邵道领延平府、建宁府、邵武府。遗缺，因原任人员死亡或去职而空下的官职、职位。遗缺道就是并无实职的挂名职务。

　　② 指巡抚李鸿章。

　　③ 杨舍有城，称为杨舍堡城，即今张家港的杨舍镇，现成为张家港的市中心。

　　④ 指李鹤章攻克江阴后，擢为知府头衔，但未必任常州知府，只是给以知府头衔，具体是何地知府则尚未任命。

　　⑤ 紧紧跟随退入城门内的太平军，想跟随其后攻入城内。

　　⑥ 孟河有城，称为孟河堡城。

　　⑦ 指太平军以天宁寺作为兵营。按《武进天宁寺志》卷六丹徒人缪潜所作《重建天宁寺续记》言："初，乱定归来，尸骸狼籍，惨淡凄凉，若处骨山也，若处血沼也。而每际天阴，啾啾鬼哭，而与鸥鹏之声相杂，殊令人不忍见不忍听矣。即今思之，犹觉毛发悚然。"

城。时唐殿魁、黄桂兰屯奔牛，扼丹阳贼。十二月初，逆首伪章王等纠集悍党，用洋人"飞而复来"轮船围奔牛镇，日以炸炮轰我营，增筑坚垒数十，势甚迫。时奔牛旁境，如孟河汛、石桥湾、罗池泾，皆陷。初二日，刘铭传抽攻城之军二千人，欲突围入援，贼出队迎距，不得达，殿魁递帛书告急。初七日，铭传与郭松林自将三营驰往，途中皆贼垒，且战且前，李鹤章调"洋枪"两营继进，而李秀成、李侍贤、陈坤书复由金坛、溧阳等处纠贼数万，四面环扎贼垒，逼奔牛，欲解常州城围。十二、十三等日，李抚令李鹤章分拨将弁，三路并进，绕赴李士桥，与铭传军会。十四日，铭传率董凤高、毕乃尔等，以小炸炮轰塌李士桥头营。郭松林自上流攻贼东南，黄中元、滕嗣武自下游攻贼西南，犄角而进，密饬守奔牛营唐殿魁等冲出夹攻。贼众拼死迎距，我军鼓勇猛进，破东南贼营，歼其众；西南贼营惊乱，滕嗣武乘势纵击，贼众夺路狂奔，官军追击，斫毙无数。对河大股贼，为嗣武开炮，烧死贼匪多名，将"飞而复来"轮船焚毁。铭传督队向奔牛猛冲，贼分股数万，绕后围扑，郭松林等折回复战，贼众惊溃，向丹阳一路遁，我军连破贼垒三十余座，斩贼万余，生擒数十名，夺获旗帜器械无算，奔牛之围解。三年正月，李巡抚令郭松林等合同戈登、李恒嵩攻宜兴。二十二日、二十三日，克宜兴城。是时，常州贼陈坤书合丹阳、句容之贼十余万，由西路绕出常州城北，日①犯我军，李鸿章督刘铭传、况文榜等军击败之。二月初二日，贼循江岸，犯江阴之南闸。于是，江阴、无锡诸城皆警，苏州以西大震，李巡抚饬常州诸军坚守勿战。三月初四日，贼闻东路官军至，分贼万余，驰赴三河口，设浮桥、营垒，为窜贼援应。李巡抚进军规常州。时常州城西贼连营二十里，通丹阳、金坛之路。十四日，我军于城东南出队缀贼，刘铭传攻西北六营，破之。十五日，李巡抚令郭松林等移扎城西南，遣王东华率水师进滆湖。十七日，松林等攻陈渡桥，贼枪伤杨鼎勋胸，犹挥将士格斗②。松林绕击贼后，乃破其营，余十营并溃。郑国魁方营新闸③，设浮桥济刘铭传之军。王东华水师自三河口会剿，两面夹击，毁河干贼营二十余座。于是，贼西窜之路绝。十八日，各军分道破小南门、西门贼垒，败贼④纷纷入城。贼恐我军蹑其后，闭门不纳，歼戮无遗。二十二日，我军合围，炮裂城垣数十丈，勇士梯而登，贼党死拒，抢堵坏城，火药、砖石乱下。会天雨，罢攻。时沿江孟河、圩塘、魏邨、罗墅湾、方家桥等处贼万余，先后缴伪印，薙发降，悉遣

----

① 日，每天。
② 指杨鼎勋仍然指挥将士们格斗。
③ 运河北岸的新闸镇。
④ 打了败仗的敌人。

散之。踞逆①伪护王陈坤书等拥众死守，取旧棺、败船堵城阙。我军进攻，则发枪炮以拒。李巡抚令军士筑长墙百数丈，掘沟其下，伏兵二千人；夜中，乘贼不觉，抢造浮桥；四月初四日，成浮桥六道。时久雨不霁，李巡抚默祷于神。初五日雨止，洋将戈登以炮队攻南门，"常胜军"多伤亡，乃改令提督郭松林、总兵杨鼎勋督军攻西南，"常胜军"应之；提督刘士奇、王永胜攻东南，张树声军应之；刘铭传之军独攻北门。初六日，日方中，天大霁，水陆炮声，万雷齐发，城倾数十丈，贼仍悉力抵御。李巡抚亲督各军，四面环击，屋瓦皆飞②。各军同时奋勇登城，逆众悍党数千，拼命抗拒。铭传等挥军直进，逼陈逆大股入街心，节节追剿。贼尸横塞衢巷，至护逆住处③，犹扎石卡④，以枪炮对击。官军围之数重，杀伤无算。龚生阳突入，擒伪护王陈坤书，周盛波擒伪烈王费天将；缒而逸者数百，截杀无余；弃械跪降者数万人；其潜伏城内悍贼悉数歼戮，无得脱者。初，常州城于咸丰十年四月初六日未刻失守，越四年同日克复，时刻不爽。捷闻，优诏给赏有差。

附庄善孙《寇变纪略》：

常州上通京口，下引姑苏，襟江带湖，向称要郡。我朝世际升平，民各安其居乐其业，不见金革数百年矣。咸丰癸丑二月，粤匪洪秀全突陷金陵，踞为伪都。洪逆倡乱广西，延及湖南、北，旋弃武昌，劫男妇数十万人，顺流而下，扰沿江郡县。正月十七日，陷安庆。二月初十日，陷江宁，据之。继陷镇江，近在肘腋，常郡戒严。钦差大臣向荣追贼至金陵，营城东孝陵卫，贼不敢逞，民赖安堵如故。江督陆建瀛戕于贼，以怡良为江督，驻节常城。丙辰夏，诏以提督衔、漳州镇总兵张国梁帮办大营军务。七月，向荣薨于戎次，命江南提督和春为钦差大臣，驰赴丹阳，接统向营。是夏，贼扑七桥瓮向营，兵勇溃散。张国梁突围而入，保护向荣，冲锋而出，收聚散卒，由淳化镇退保丹阳。丁巳十一月，张国梁收复镇江，和春从秣陵关至北固，筑长濠以困贼。庚申正月，总统张国梁克九洑洲贼垒。闰三月，江督何桂清，怡良保荐何桂清署理总督，旋补授。奏保提督张玉良为浙江总统，留守常州。二月，贼由广德窜陷杭州。三月，张玉良偕杭州将军瑞昌合谋克复之。贼扑大营，告急，玉良不赴。大营告急，玉良五调不赴，和春飞札催促，桂清乘酒唾骂其使。己酉，大营兵索饷而哗，五万余人同时溃。大营积欠口粮七月，而存寄常州府库银⑤尚六十余万，未经取给，尽赍贼粮。由是，

①　据城作乱的太平军。
②　指炮轰常州城，所有瓦片都震飞或击碎。
③　今第一人民医院北侧的护王府，实为阳湖县衙的后部。
④　石卡，石制关卡。
⑤　上文言"以怡良为江督，驻节常城"，可见总督的银库设在常州城，和春可以动用却不用来下发粮饷。

十余万贼下窜，国梁力战于丹阳，乱兵为内应，丹阳城陷，死之。国梁战殁于丹阳南门之十里牌。和春由丹阳退至浒墅关，仰药自尽。何桂清假筹饷为名，欲退苏州，绅耆挽留，拒不纳①。甲子晦②黎明，贼至奔牛，提镇③马德昭兵至天喜闸，与贼夹运河，不战而退。桂清乘夜东走。桂清临走，士民执香跪求，督标兵挥刃击散，伤绅士十有三人。是夜，率兵避苏，巡抚徐有壬不纳，往常熟。四月乙丑朔，贼薄郡城。丙寅，玉良声言剿贼，出城走，磔奸民张泗侯。泗侯通贼为内应，其兄出告，磔于市。士民守六昼夜，无援兵至。贼于庚午午刻陷城。贼陷小南门入。常州知府平翰、武进知县冯誉驹、阳湖知县何庆澄先期走，通判权知府事岳昌、守备权游击事袁敏等死之。城中在籍绅士多殉难者，士民、妇女被戕、自尽，不可胜计。附郭武、阳两邑乡团，有纠一乡者，有合数乡者，鸣金聚众，相率白巾为标识。贼自丹阳分股犯奔牛，一从运河北来，一从直渎西来。武生王干与岳辑瑞领团迎拒，各杀贼四五人，寡不敌众。辑瑞急退，立阮家桥④，截其要隘。一骑先至，击毙之。贼蜂至，连毙两贼，被执，痛骂，死。王干后为贼所获，亦不屈死。贼围城急，武生蒋三海率循理团民，与德泽、依东诸乡团众数千，夜半辄至城下，与贼搏。贼至益众，不敌，死之。丁卯，贼千余从北门龙虎塘渡河，武生蒋镛以乡团二千人，迎战于潘墅西南之六十亩荡，贼退走。戊辰，贼数十骑由查墅桥绕道来窥，众御之于史墅，擒伪先锋陈得淮。己巳，剿贼于大坝头，赵明春等死之。越二日，贼从小新桥犯壝塌坝，团分路追击之。癸酉，贼仍于龙虎塘乘桴渡抵费家村，费正海等战死。潘墅军趋救，连毙悍贼。明日复战，又杀退之。逾日，另股贼黄文金自孟河沿江来，与踞城贼⑤夹击潘墅，杨文燮等力战死，阵亡者数百人。俞兰芳为安东团练长，统众万余人。辛未，贼自汤庄桥至马庄，为长阵，绵延六七里。兰芳分三队击之，阵亡者数十人。是夜，守汤庄桥。天未明，贼大至，纵火劫掠，众遂溃。邹钺、邹用康集团⑥王下村。乙亥，及贼战于郑家巷。丁丑，战于王宣坟。前后六战，斩获无算。未几，贼三道至，邹钺等与其党五十七人皆战死。举人谢锡申董孝西团练，丹阳失守，贼逼罗墅湾，率团勇守御，杀贼数百人。及城陷，众渐散，仅存数十人。贼至，逆击之⑦，锡申被十余创死。职员邹永祥、监生邹品龙结团拒贼。时德泽有上茶庵团练，安东有

---

① 拒绝而不采纳常州绅耆们的建议。
② 甲子日为月末晦日。
③ 提镇，清代提督与总兵的合称。提，提督；镇，总兵的别称。
④ 立在桥上。
⑤ 指占据常州城的太平军。
⑥ 聚集成团练。
⑦ 指团练迎击太平军。

东沙河团练，通江有水塔口团练。永祥①于新桥西广数亩之磨盘墩，以三百人守之，为新桥团练，贼至，辄追杀之，上茶庵诸团皆然。后贼乘大雾渡河袭击，众惊溃，永祥等死焉。蒋鼎、张开大集怀南乡团，与怀北、鸣凤、钦风诸乡起义，贼不敢犯境，赖以安。先后两败金坛窜常贼于卜弋桥，斩获八十余级。州同衔刘允清倡集钦风乡团，江正会、江传林、监生江正荣三人慕义争先②。贼逼城，允清督团筑垒，拒贼于碌砖坝，坝为丹、坛③入郡要路。猎户贺叙茂等，连毙黄巾贼首④，贼改道攻城，而分股来犯，允清被创走，死江北。同时阵亡者，七百七十七人。江正会等招集散亡，筑垒森庄塘固守。塘周围数十里，中有芦滩，广可数百亩。正会等结庐其上，四面筑垒，为久守计。贼胁令蓄发，誓不从逆。贼怒，沿塘焚掠，用木筏下塘，屡被正会等杀退。监生刘履泰集鸣凤乡团，偕刘庆安等筑土堡徐塘闸⑤，贼不得过。庆安毁家以饷众，有杏塘村善用鸟枪者，日击伤数十人。后贼大至，众溃，履泰投水死。丰东南、丰西、大宁诸乡集义团，姚永发率丰北乡团，应众数万，迎战于乌路桥。其地左右带两河，贼以骑兵蹙之，挤于河者几千人，永发力斗死。诸生李岳生率乡团战于郑陆桥，众溃，岳生归，橐宗祐而后反斗，贼破其橐，岳生瞋目叱之，遂遇害。城陷明日，贼分路寇升东，监生庄孝号召乡团，会新塘五品衔胡文澜率团趋城过坂上，合队迎战，贼稍却⑥。突以火箭射文昌阁，火甚，冲逾坂上桥⑦，众奋击，庄孝被重伤死，文澜中枪，犹手刃数贼，死。阵亡者甚众。诸生姜介等，城陷已十日，集练勇于天井桥岳庙⑧，迎战至坂上，贼退。翼日，贼薄天井桥，众争赴敌。贼以行营炮轰岳庙，姜介等毙焉。安尚诸生章应辰与张星照集团⑨数千拒贼，杀伪侯陈荣升及余贼七十余人。贼设伏数处，应辰等逆击，死之。伪英王陈玉成，号"四眼狗"。掠漏湖，连扰惠化、从政、升东西、定东诸乡，焚掠半月，赴锡邑。是月甲戌，贼陷无锡、金匮。丙子，陷宜兴、荆溪。丁丑，陷江阴。是日，苏州省城失守，巡抚徐有壬殉节。苏、常沦陷，何桂清褫职逮问。侍郎曾国藩加尚书衔，署理总督，薛焕为巡抚，权督篆。丰南六品衔杨兆昌，城陷逾月，犹集团御贼于石家桥，屡有斩获。其后，贼大至，力屈，为贼磔死，同死者千余人。从九品衔徐德

---

① 邹永祥。
② 指争先加入此钦风乡的团练中来。
③ 指丹阳、金坛。
④ 此以黄巾军来比喻太平军。且太平军也用黄帕裹头，更可称黄巾军。
⑤ 在徐塘闸筑起土堡。
⑥ 却，原字作"郤"，据意径改。
⑦ 指敌人冲过了坂上桥，众人死难。
⑧ 指天井桥处的东岳庙。
⑨ 召集团练。

范，有勇力，率团杀贼数百而后死。六月，曾国藩为钦差大臣、补授总督，驻节皖省。戊子，贼悉起金坛，大队扑厚余镇，蒋鼎等率众御之，死焉，阵亡者二百余人。辛酉春夏间，踞贼赴乡镇设卡。五月下旬，彗星从文昌宫见。十月，江督曾国藩疏荐延建邵道李鸿章率师进剿。同治壬戌正月，大学士翁心存①奏称："苏、常绅民结团自保，盼曾国藩如慈父母。请饬该大臣派一素能办贼之员，驰赴通、泰，由江阴、常熟进捣。"三月，国藩檄李鸿章统领湘淮军，抵上海。国藩疏荐李鸿章堪寄封疆重寄。适江苏绅士钱鼎铭、潘馥等备银十八万两，雇轮船至皖迎师，国藩遂檄鸿章于三月初八日开行。湘淮各军分起下驶②，初十日师次上海。四月，李鸿章署江苏巡抚，嗣从松沪一带，收复郡县，以图苏、常，军声大振。八月，伪侍王李世贤掠太平、从政、升东西诸乡，踞贼③掠通江、循理诸乡。癸亥三月，侍逆④从宜兴至境掠乡。四月，踞贼伪护王陈坤书乘间劫掠。五月辛卯封江，禁止舟楫往来，以防贼北窜。甲午，贼破森庄塘，江正会等死之。塘相持三载，人争避居之。贼涎财谷充牣，率数万围攻。夜乘小舟窜入，遂为所屠。死者数千，塘水为赤。八月乙亥朔，李鸿章遣军克江阴县城。九月，踞贼四出刈禾。十月，鸿章克复苏州省城。十一月乙巳，鸿章遣弟知州鹤章、提督郭松林等，克无锡、金匮县城。壬子，提督刘铭传进军常州，由城北郑陆桥、羊头桥间道进。鸿章令总兵周盛波、道员张树声，由锡邑进屯戚墅堰。甲寅，进营政成桥。丁巳，破圩塘贼垒，进破南门贼营，逼扎城根，后会攻小北门，贼退入营，乘之，不克。十二月初旬，伪章王自句容赴援，合伪护王、治王众五六万，遮蔽城西南隅。周盛波等率千人绕其外，郭松林益击南门贼卡，贼各道受敌，乃大溃。护逆⑤乞救于丹阳踞贼，城卒难下。于是，松林、铭传由西门至奔牛，李鹤章调枪队行绕李士桥，与铭传会。贼严阵以待，铭传炸炮击其西桥前营⑥，松林由上游攻贼东南，冒烟突入，斩贼数百，贼皆乱，咸夺门走。松林以马队数千突贼阵，驰骤纵横，斫贼，贼奔丹阳，是月十四日也。我军以四千人摧捍贼数万，伪忠王李秀成气沮逸去。甲子正月乙丑，官军克宜兴、荆溪县城。伪护王合丹阳、句容踞贼，众十余万，绕出郡城北，筑营数十，日犯我军，铭传屡击退之。李鹤章令杨鼎勋、周盛波由南门移营城西，护逆率万余人来争，我军力战竟日，贼始退。贼觇围城之师无可乘，乃图绕窜腹地。值阴雨旬日，贼卷旗薶发，冒雨奔驰至江阴之

---

① 翁心存，翁同龢之父。
② 分别起身出发，坐船往长江下游行驶。
③ 指占据常州城的太平军。
④ 指侍王李世贤。
⑤ 指太平军的护王陈坤书。
⑥ 指李士桥（今写作吕墅桥）桥头的营垒。

南闸，遂犯常熟、福山，鸿章饬常州诸军坚壁勿战，令弟鹤章守无锡，杨鼎勋、张树声横截江阴之焦垫、青旸以阻其归，而调各军赴常熟助守。贼方并集江阴、无锡、常熟间，二月既望，官军各路大破之，尽毁其营。三月，我军击杨舍贼，贼奔窜，欲过三河口而西，鸿章令诸军绝其窜路，贼益致死，我军横截之。松林大破三河口贼营，贼争道，浮桥尽断，尸积水不流。树声击其已渡者，贼号泣就缚，斩获近二万人，沿江窜贼乃尽。时城西贼营犹二十里，夹运河左右环列。鸿章令刘铭传攻西北贼六营，尽破之；郭松林、杨鼎勋攻陈渡桥贼大营，又破之，余十营皆溃；张树声、郑国魁、周盛波等会击河干贼二十余营，又尽平之，贼西道皆绝。惟小南门、西门附城十余营，官军复击破之。护逆恐官军蹑败贼入城，闭门不纳，悍贼尽死城下，乃合围。辛酉，攻南门、北门。壬戌，坏城垣数十丈，遣死士树梯登。护逆率悍贼悉力堵缺口，火药杂砖石俱下，官军与贼皆死枕藉，炮毙伪忠王陈志书，城几可复，大雷雨，仍罢。鸿章益缮攻具，筑长墙，伏奇兵，出击，顾久雨不霁。四月乙亥，鸿章令洋将戈登率炮队攻南门，令郭松林偕杨鼎勋攻西南，提督刘士奇、王永胜攻东南，刘铭传攻北门。丙子日加午，天大雾，反风，烟焰扑城头，水陆炮声发如雷，旧坏城复倾数十丈，贼以人塞缺、直炸炮①，则手足、旗帜、砖石纷激起天际，然旋死旋集，终不退。鸿章益挥军登城，松林、永胜、士奇接刃，趣队携藤牌、喷筒薄城。贼倾火药，以长矛击刺，军士十堕六七，不顾，卒拥而登，接刃战城头。久之，贼始溃。护逆率伪烈王费天将巷战。松林生擒护逆，盛波擒费天将。松林、铭传令于城："弃械者，免。"于是，跪而降者万人，官军亦亡千余人。城自庚申四月六日失守，蹂于贼凡四年，克复仍月、日、时相符。因久雨，中丞尝默祷于关帝之神，复时天忽大雾，我军克建奇勋，阴赖神佑焉。贼劫掠乡间，几无虚日，居民流离转徙，资用乏绝，鹄面鸠形，竟致人相食，不图劫运之至于此极也！一旦肤功奏捷，相庆更生。迨六月乙酉，浙抚曾国荃恢复江宁省城，烽烟尽息，江南肃清矣，遗黎快睹承平，庶几滋生有象哉。

　　右参录曾文正公《大事记》《吴中平寇记》《武阳县志》《桑梓潜德录》诸书，兼采谢厚庵《军兴本末纪略》、吴下遗黎《哀江南诗注》，凡纪载攸关者节取焉。溯我常郡庚申陷贼，悯乡团之殉义争先；甲子陈师，资帷幄之运筹制胜，首尾四年，事不胜纪，要贵征其可信者而已。我朝重熙累洽，简擢得人，大难戡平，普天同庆。若曾文正、李节相暨诸将等，临事而惧，好谋而成，上足以纾庙谟，下足以慰民望，功

---

① 堵炮眼。

莫伟焉，德莫厚焉。他郡同深感戴，岂特吾常之称颂弗谖哉？今倏已十有余载，痛定思痛，曩日流离景象，往来于怀，略陈事实，虽未免挂漏贻讥，聊以备乡邦之考证云尔。光绪六年，岁次庚辰中秋，庄善孙识。

附王铭西《寇变纪略》：

咸丰三年癸丑，二月初十日，粤贼洪秀全陷江宁。先是，总督陆建瀛督师于九江，闻贼自襄、汉下窜，遁还金陵，迫城破，为贼所磔。前浙江乐清协副将、武进汤贻汾殉死之。十四日，贼酋罗大纲等分股东窜。二十一日，陷镇江。明日，陷扬州。钦差大臣、提督向公荣督兵尾及之于金陵。二十六日，进高桥门击贼，胜之，乘势抄贼前营于城东孝陵卫。分遣提督邓绍良率精兵五千扼丹阳，遮贼东下，总兵李德麟驻守常州。三月十三日，向帅夺钟山贼营，调邓绍良、李德麟攻镇江，常州大震，十室九徙。在籍告养藩司汪本铨、赞善赵振祚，先后奉旨团练，设保卫局于龙城书院。前年，安庆不守，郡绅余保纯设局于育婴堂，制旗帜，书"齐心杀贼"，分给厢乡，至是移焉①。始捐资行团练，制军械、火器。曹禾，医士也，知兵，首结东、中、左三厢民团，设团练局，招洲勇、帮勇数百名。洲勇者，武进与丹阳、丹徒共辖之太平洲民，多勇悍好斗，帮勇则故河运水手也②。八月，西横林奸民姜继松通镇江贼目吴汝孝，结土匪姜芳槐等及洲勇，谋袭常州。民人朱日升、周忠、屠锦荣侦知，告密于局，本铨会县饬日升诱禽③芳槐，并获贼党十余人，皆斩之。总督怡良奏保日升等三人官秩。有黄学川者，名"济舟"。自河北来，言贼可击，愿募勇克复镇江。本铨壮之，请于浙抚黄宗汉，拨银二万两，江阴、锡、金助五千，本铨益以万余，制攻战具，备三月粮。学川招其徒数百人至，稍训练之。

……

十年庚申正月，皖南贼由绩溪、广德窜浙，陷泗安、长兴，连陷杭州。和春檄提督张玉良驰援，皆复之。伪忠王李秀成、伪英王陈玉城、伪堵王黄老虎、伪侍王李世贤及悍酋陈坤书、王祥林等，侦和春骄玩，克扣军粮，士无斗志，玉良援浙未反④，大营兵力单薄，潜窥苏、常，分股下窜。闰三月十三日，贼扑大营，杀难民填濠堑。国梁日夜转战，军火、粮糗胥竭，和春靳不与。十四日大雨，遂溃⑤。和春与国梁退

---

① 指从育婴堂移到龙城书院。
② 运河水手，其分帮派，故名帮勇。
③ 禽，通"擒"。
④ 反，返，返回。
⑤ 指江南大营溃败。

守丹阳，急檄玉良回救。玉良反道常州，桂清截留守城以自卫，令赵曾向设局于阳邑城隍庙，以募团勇，号"新局"。玉良遣军扎南门外，留小队驻城中。二十一日，贼由句容犯丹阳，分股由溧阳窜武进湟里埠，围金坛，民团击之，小胜。国梁出丹阳，分拒诸贼。巡抚徐有壬饬刘季三统"潮勇"，由凤沟、漕桥至宜兴守城。二十八日，贼侦国梁出战，益攻丹阳。和春从三骑，遁至常州。二十九日，丹阳陷，国梁力战，被创甚，死于河。湖北提督王浚、寿春镇总兵熊天喜皆力竭陈①亡。贼以马步数百冒官军②，尾和春之西门外。当是时，留储海运京仓③米三万石，局备守城米亦万余，粮台府库储银无虑七八十万，火药数十万斤，攻战器械备具。附近民徙入城者，户以千计。绅民相誓死守。四月初一日，桂清密约诸帅统标兵出走④，绅耆遮道请留，为标兵所伤数十人。武进县知县冯誉驹先期奉檄，诣苏请援。初二日，常州府知府平翰、阳湖县知县何庆澄、游击祥麐与统帅和春先后出城遁。玉良乘⑤出队，亦遁。新局无主事者，赵振祚率亲兵出募民团，舟至石堰，为乱民所害。于是事遂不可为矣。常州总捕通判岳昌、阳湖县典史孙锡珙、中营守备袁敏、右司把总陈炳仁、巡检张臻，暨在城绅士四品封候选教谕赵起、浙江候补知县赵禄保、广东候补知府李光熙、候选知府周赞襄、监生赵振纲、候选县丞史文吉等，束伍婴城死守。北门团勇获贼内应张泗侯，寸磔之。玉良之小队未去者犹数十人，皆勇悍，局令易号衣助城守，杀贼颇众，及陷，无一免者。初三日，贼攻西、南二门，团董曹禾、余成章守尤力。禾⑥然（燃）炮，炮炸，禾⑦伤，梅景辰继之。贼匿汤氏楼，穴洞施枪炮，击小南门，守城者困勿中，皆枕藉死。初六日，贼由楼窥小南门守者少⑧，攀登，城遂陷。官绅、民团，犹相率巷战，死者三二万人。初八日，伪忠王、堵王出东门抄掠，由政成、安尚、丰南北东⑨诸乡窜无锡，胡文澜约诸乡民团击贼，以遏东下之路，而以偏师捣城。议甫定，文澜率所募勇十八人先行，猝遇大股贼于坂上，文澜挥刀奋战，为贼所围，阵亡。十八人者，仅逸其一。伪姚天安、洪天安出北门，抄掠丰西、丰北、大宁乡，

---

① 陈，通"阵"。
② 以马兵和步兵数百人，冒充官军，尾随和春来到常州城西门外。
③ 通过海路，运达北京粮仓的米有三万石。
④ 密令诸将统率军兵撤离常州城。
⑤ 乘，趁率领军士出队（即拉队伍出城）的机会，自己也逃跑了。
⑥ 指曹禾。
⑦ 指曹禾。
⑧ 由汤氏楼看到小南门广化门守城力量薄弱，于是重点加以进攻，常州城于是被攻陷。
⑨ 指丰南乡、丰北乡、丰东乡。

由北塘①窜江阴。初九日，无锡、江阴陷。十一日，贼出南门，抄掠延政、惠化诸乡，由西南塘②，合窜宜兴。十五日，苏州陷，巡抚徐有壬暨苏州府教授、武进张镜淳死之。十九日，兼署常州府事、常熟县知县周沐润督练③收复江阴。未几，复陷。五月初三日，伪侍王由溧阳、宜兴分窜无锡，抄掠太平、从政、新塘诸乡。贼游骑至腰沿下，民团董淇源等击之，殪其悍目，淇源死之。十二日，贼以大队来犯，败民团，追及于湖滨之莘村，民团断桥梁拒之，以捕鱼杷钩下诸河，贼凫水，悉为我获。天井桥、横塘、青城桥诸处民团，皆与贼敌，殉难尤众，积尸遍野，塘南北几无烟火④。伪谒天义⑤踞城中，建总制、监军等伪官，出伪示，发使催贡；乡设军师、旅帅、司马、百长，立卡抽厘；招书吏造册，征钱漕⑥。其上下游道过之贼⑦，焚掠肆扰如故。伪乡官类多无赖里魁，惟黄肇昆、张仲远尝为民请命，民多德之。肇昆后仍举为乡董，仲远以弹压道过之贼，夺所虏乡民，为贼所戕。七月，承越奉盐运使乔松年檄，密约团练；又奉钦差大臣、总督曾国藩檄，探贼情。上海道、兼理藩司吴煦，檄监生赵振纪会同七邑绅士，设团练局于靖江⑧。杨掌云者，故莘村船户，勇而粗⑨，号召数百人，胡文澜拔为练总，数率渔勇从文澜捕盗。文澜死义，掌云奋激，益募丁壮御贼卫乡里，所居村集难民逾万，贼惮之，相约不犯。贼酋张护书伪欲反正，与掌云约为兄弟，诱至城，令指所同谋者，掌云大骂，备受极刑，卒以不承被戮。

……

同治元年四月，曾督帅遣诸军攻克贼踞沿江城隘，进薄金陵。李公鸿章统淮军至上海，寻奉旨署巡抚事。常熟守贼骆国忠以城降。是年十月，何桂清逮问至京，以弃城、糜⑩烂全省，伏诛。

二年癸亥四月，巡抚遣总兵刘铭传、提督黄翼升，率水陆诸军，攻克江阴杨舍城。八月初一日，克江阴。方诸军之将攻江阴也，倪宝璜令江阴义民徐永清为向导，守备崔荣升率勇攻江阴，永清先为卡贼所杀，荣升至黄泥墩为贼所围，陈⑪亡。十月，

---

① 指北塘河。
② 指常州城西南的塘河即南运河。
③ 监督并率领团练武装（即民兵）。
④ 指运河南北全都没了人烟。
⑤ 谒姓分布于浙江上虞。
⑥ 钱漕，指钱粮。
⑦ 从运河上游与下游路过的太平军，一路肆扰百姓。
⑧ 不算靖江，故为七邑：武进、阳湖、无锡、金匮、宜兴、荆溪、江阴。
⑨ 此字不清，据形辨之，似是"麤"，即"粗"字。
⑩ 糜，通"糜"。
⑪ 陈，通"阵"。

统领李鹤章进规无锡。二十一日，败贼于高桥。二十六日，克新安、望亭。十一月初二日，复无锡、金匮县城。于是，刘铭传进攻常州，由城北郑陆桥、羊头桥间道进剿，越圩塘贼垒。初九日，营于西施桥、孙邬。时总兵周盛波、道员张树声自东路破白家桥垒。十三日，鹤章自无锡至。十四日，克圩塘贼垒，孟河贼自西来援，道员冯席珍击退之，乘胜进克孟河汛城。十五日，克东门天宁寺贼垒。十七日，克小南门外土城。二十日，伪章王合众五六万，自句容来援。鹤章令诸军分攻各门，缀城贼自率九营御之①。贼却，铭传克南门贼垒，逼营城下，贼慼。奔牛镇守贼降，令总兵唐殿奎、黄桂兰屯守，以扼丹阳之贼。伪章王复纠集悍党，用洋人"飞而复"轮舟②，围奔牛营，日以炸炮轰击殿奎等，增筑坚垒数十，势迫③。孟河、石桥湾、罗墅复陷于贼。八月初二日，铭传抽攻城军二千，谋突围援奔牛。贼出队迎拒，殿奎帛书告急。初七日，铭传与郭松林将④三营驰救。贼垒密布，且战且前。鹤章调"洋枪队"继进⑤，而伪王李秀成、李侍贤、陈坤书等，复由坛、溧，纠贼数万，四面环扎贼垒，逼奔牛，冀解城围。十二日，巡抚令鹤章合诸军三路并进，绕道李士桥会铭传。十四日，铭传率董凤高、毕乃尔等，以炮轰毁李士桥贼前垒，郭松林自上流攻贼东南，黄中元、滕嗣武自下游攻贼西南，犄角进战。唐殿奎冲围夹攻，贼众死拒。诸军奋战，破东南贼营，歼其众。西南贼垒惊乱，嗣武乘势纵击，毙贼无算。炮击夹河之贼，毁其轮舟⑥。铭传督军冲奔牛，贼分股数万，自后围扑，松林等回战，贼众遂溃。诸军连破贼三十余垒，陈⑦斩贼万余，奔牛之围始解。署常州府知府李春生、署武进县知县方征泰、署阳湖县知县朱声先，侨驻戚墅堰。难民饿莩麇集，道殣相望，劝捐，设"粥局"于路城⑧。委承越、赵振纪暨铭西经理之，分"前、后、中、左、右"五局，俾无拥挤。城南饥民食草根树皮尽，至食人肉。时城外贼垒鳞次，官军营城北者，为贼所隔，阴遣难民妇⑨以递军信。诸统领复令铭西绘合境舆图，以俟攻取。

　　三年甲子正月，巡抚令郭松林等，合洋将戈登、总兵李恒嵩攻宜兴。二十三日，克之。郡贼陈坤书合丹阳、句容贼十余万，自西绕城北犯我军。李鹤章督刘铭传、况

---

① 指：命令各军进攻常州各城门，紧追出城作战的敌人，力图在其撤退时攻入城内。而自己则亲自去抵挡句容方面的来敌。
② 轮舟，轮船。
③ 形势紧迫。
④ 将，统率。
⑤ 跟在刘铭传军队后面继续进攻。
⑥ 指"飞而复来"号轮船。
⑦ 陈，通"阵"。
⑧ 今之潞城。
⑨ 男性难民和女性难民。

文榜等军击败之。二月初二日，贼循江岸扑江阴南闸，于是，江阴、无锡皆警，苏州戒严。巡抚饬攻常之军坚守勿战。三月初四日，贼闻东路官军至，分贼万余，驰之三河口，设浮桥、筑垒，为窜贼援。巡抚督军规①常州。时城西贼连营三十里，通丹阳、金坛之路。十四日，我军于城东南出队以缀贼。铭传攻西北六营，克之。十五日，巡抚令郭松林移营城西南，王东华率水师进涡湖。十七日，松林攻陈渡桥贼营，总兵杨鼎勋伤于胸，益挥众奋斗。松林绕贼后击之，破其营，余贼并溃。郑国魁营新闸，设浮桥，济铭传军。王东华水师自三河口会剿，毁河干贼营二十余，贼西路遂绝。十八日，各军分道破小南门、西门贼垒，败贼②奔城，守贼恐我军蹑其后，闭不纳，戮殆尽。二十二日，诸军合围，炮裂城垣数十丈，勇士梯而登，贼死拒，抢堵城缺，火药、砖石乱下，会天雨，罢攻。孟河、圩塘、魏邨、罗墅、方家桥等处贼万余，各缴伪印，薙发降，悉遣散之。陈坤书拥众死守，巡抚令军士筑长墙数百丈，掘沟其下，伏兵二千人，乘夜造浮梁。四月初四日，浮梁成。时霪雨，巡抚祷于神。初五日，雨止，戈登以炮队攻南门，"常胜军"③多伤亡。乃令郭松林、杨鼎勋督军攻西南，"常胜军"继之；刘士奇、王永胜攻东南，张树声军继之；刘铭传独攻北门。初六，日方中，天大霁，水陆炮声万雷齐发，城倾数十丈，贼犹悉力御。巡抚亲督诸军，四面环攻，炮声震天地，屋瓦皆飞。有团练局旧勇、新投抚营戴得胜、陈国衡者，奋勇先登南门，各军继之，勇气百倍，遂克南城。贼率悍党数千，死拒巷战。铭传挥军直进，逼陈逆大股入街心，节节追剿，贼尸塞衢巷。至陈逆伪馆④，犹据石卡、施枪炮对敌。官军围数重，杀贼无算。龚生阳突入，禽伪护王陈坤书。枭首悬东门，夜复为贼窃去。周盛波禽伪烈王费天将。缒而逸者数百，截杀无余。降者数万，多三江人⑤。其潜伏民居悍贼，搜戮数日始尽。初，常城于咸丰十年四月初六日未刻失陷，及是克复，时刻不爽。捷闻，优诏给赏有差。初八日，镇江军提督冯子材克丹阳，承越、赵振纪及铭西等随府县进城，设局于庄祠，其路城⑥"粥局"如故。选壮健难民，入城瘗埋贼尸，粪除伪馆。巡抚委杨植瀛、庄毓铉办理善后局务。郡绅先后渐返，推植瀛为局总

---

① 规，图谋、谋划。江苏巡抚李鸿章督率军队，图谋收复常州城。
② 被打败的太平军。
③ 即戈登所率领的"洋枪队"。
④ 今第一人民医院旁的护王府，即护王陈坤书所住的公馆。
⑤ 指洪秀全起事的广东境内的"西江、北江、东江"这三江。
⑥ 指设于城东潞城的粥局。

董，主议《善后章程》①。在城土著、流掠难民妇②，暨各路解到难妇孩，抚恤存养，以待认领。各乡分举公正人为乡、图董③，报局汇送县给谕。招工匠修葺公所，募役夫掩埋露骸腐尸，亦各举董司之。巡抚令诸军拔队，分剿各路逸贼，留张树声"树"字营，督匠役④修筑城垣。会董⑤按户稽查降逆占踞民房，其擅拆者驱斩之⑥。事竣，移驻镇江。六月十六日，浙江巡抚曾国荃督水陆各军克复江宁。巡抚札委府县，首葺武帝庙⑦，奏请御赐扁额，委道员高梯、正任常州府知府扎克丹、前翰林院编修陈鼐、知府杨宗濂，设常镇劝农局，以庄毓铉为两邑总董，赵庆麟、高恩裕副之，给各乡籽种⑧、纺车等费。筹款修龙城书院，权为文庙，行丁祭礼。请府拨前封储贼遗米粟，以资振恤。十一月，曾爵帅奏请举行乡试，筹发宾兴费，以惠寒士。是年冬，阳湖征熟田，分三则：上则，亩征钱二百四十；中，百八十；下，百二十。植瀛以老，谢局务，毓铉主之。

四年乙丑正月，钱德承来署府事，以江阴贡院骤难建复，会局筹建贡院于先贤祠故址。自是，学使三次临郡校士。时流寓难民遣散四乡，仍按月振之。其回籍难民，日益众大，率忍饥露处。延政乡人徐孟英捐资设南北粥局。而郡人宦于各省者，史致谔、盛康、陆传应、刘曾撰等，皆后先输银米以济。德承引疾去，王学懋继其任，至即禀请拨厘捐二万缗，且留武、阳布捐，充二邑振济之费。学懋旋卒于任，高梯摄之，益请拨厘捐万缗，分振武、阳、宜、荆四邑。口各五百文。高梯擢任淮徐道去，扎克丹遂知府事，葺武进县署，权为府治。会绅吴容光、庄毓铉次弟⑨复书院，立义学，整理育婴及城内外诸善堂⑩，征熟田捐，亩百八十文，豆田亩百文。是岁大稔。

五年丙寅，设清粮总局，前署福建按察使刘翊宸、训导庄毓铉主之。总督、巡抚奏减常州浮粮十之一。旧额七升二合。减征米，六升三合一勺有奇⑪。知阳湖县温世京会武进

---

① 主持议定《善后章程》。
② 流民以及被太平军掳掠到常州来的男性难民和女性难民。
③ 召集乡董和图董。
④ 督率工匠与兵役们修城。
⑤ 与各董一起。
⑥ 其占住者被赶走而让出。在占据常州城期间，烧毁、拆毁他人民房的人，则问斩。
⑦ 即关帝庙。
⑧ 即种子。
⑨ 弟，通"第"。
⑩ 育婴堂及城内城外各善堂。
⑪ 减征米，减低标准后要征的米。即由七升二合，减为六升三合一勺。

县知县鹿伯元，复兴二邑各乡"均庄、议图"①，以免追呼之累。是年，仍履亩，征如上年数。

六年丁卯，建昭忠祠于天王堂巷。前浙江玉环同知汤成烈建复忠义节烈祠。铭西采访死难忠义、节烈及孝友、贞节，汇案请旌恤如例。建二邑仓厫，始征钱漕，减四成②，而未垦者缺焉③。

● 清·谢兰生《军兴本末纪略》卷四：

同治二年癸亥……十二月初，逆首伪章王围奔牛镇，势甚迫。奔牛旁境，如孟河汛、石桥湾、罗墅湾、夏墅各汛皆陷。刘铭传、郭松林且战且行。李鹤章调"枪队"④继进，绕赴李士桥⑤，与铭传军会。郭松林等攻贼东南，黄中元等攻贼西南，奔牛镇营守唐殿魁等冲出夹攻。贼四面惊乱，夺门狂奔，各鸟兽散，奔牛镇之围立解。

● 清·郭嵩焘纂《光绪湘阴县图志》卷三十三《人物传下》：

曹仁美，字毓楚，一字泽庵，咸丰六年投曾威毅伯国荃军，援江西，鏖战吉安天华山，力伤陷阵⑥，克复万安。……同治元年，从国荃图金陵。仁美军雨花台西，国荃以城中贼乏食，为持久计，令诸军毋得与贼战，凡四十六日。仁美恚曰："当贼不击，将何待？"乃以其军，出毁石垒，贼颇死。国荃以其勇，薄责之，仁美引疾归，投江苏巡抚肃毅伯李鸿章军，会大军克复金陵，余贼突出鏖战，湘淮诸军失利于奔牛，刘铭传军被围急，议者欲退保丹阳，仁美曰："贼虽锐，困兽之斗也，当出奇兵击之。"次日，督诸军进，自驾小舟，率健儿数人登轮船，毙贼十余人；纵火，船尽裂，奔牛大桥角贼悉平。军无锡，执游兵扰民者，斩以徇。……

● 清·吴坤修修、何绍基纂《光绪重修安徽通志》卷二百十一《人物志·忠节十·庐州府》：

---

① 详见《武阳志余》卷六之三《德政碑示》之"道光十二年，阳湖县知县廖鸿苞《永禁包揽钱漕饬遵议图示》"，及其所附的"史文简《均庄议期记》"，又见该卷"同治四年，常州府知府扎克丹《饬遵均庄办役禁革图差札》"。
② 首次开征钱粮时，减去四成。
③ 抛荒之田不征钱粮。
④ 当指戈登的"洋枪队"。
⑤ 今作"吕墅桥"。
⑥ 努力带伤冲锋陷阵。

唐殿魁，字芘臣，合肥人，咸丰年间倡办团练，叠御发、捻、苗逆[①]，以功补千总。同治元年，从刘铭传，率师上海，攻剿发逆[②]，克复南汇、川沙、柘林、常熟、金山、奉贤、江阴、无锡、金匮、福山等处，累擢记名总兵加勇号，偕副将黄桂兰血战奔牛，叠毙逆首，常州遂下。六年，补广西右江镇总兵，击捻逆[③]于湖北天门之尹滧河，乘骑中炮阵亡，赠太子少保，谥忠壮，史馆立传，江苏、湖北、安徽均建专祠，世袭骑都尉。《合肥县志》。

- 李鸿章《常州近日军情片》（同治二年十二月十一日）[④]：

再，常州各军获胜情形，经臣于十一月二十八日附片陈报在案。东北门外贼营数十座均被官军攻塌，惟南门口德安桥尚有贼土营、石卡。二十八日，李鹤章督郭松林、周盛波等三面进攻，用炸炮轰坍营墙，郭松林率奋勇数十人乘烟拥进，擒斩悍贼二百余名，李鹤章即派队填扎，又附城河赶筑一营，以便架炮轰城。护逆忽带城贼数万，由西门出抄我后，周盛波、郭松林、余思枢等奋力兜剿，贼大挫退，擒斩六七百名，弁勇伤亡六十余名。护逆被围，紧急求救于丹阳，大股伪忠殿下，伪然王、章王等，纠党分扑孟河汛、石桥湾、罗墅湾各降众营垒，自二十六至二十九日陆续攻破，降酋张邦佐死之，余众伤亡过半，惟奔牛二营，系降酋邵之伦与刘铭传派去营官黄桂兰、唐殿魁督勇死守，该逆于奔牛四面筑营十余座，夹河搭桥，周围联络；又由溧阳调回小火轮船，开放三十二磅炸炮，营内更楼、石墙、房屋多被轰倒，势甚危急。十二月初三日，刘铭传、李鹤章商抽攻城队伍二千人由汤庄桥突围猛冲，距奔牛八里，贼出大队迎拒，我军且战且进。忽由两边村树中，伏贼齐起，包抄后路，我军行队过单，致被挫折、伤亡二百余名。而奔牛守将日有帛书乞援，子药将罄，久必难支。刘铭传额伤甫痊，愤急难忍，密派干弁，于初五夜，轻赍洋药卷四万千，送入奔牛营中，谕令唐殿魁等坚守五日以待援师。初七日，刘铭传亲带三营，郭松林挑派三营枪

①　苗逆，指苗沛霖的军队。苗沛霖字雨三，安徽凤台人，为县学生员，后以塾师为业。捻军起义爆发后一度投奔捻军，不久分道扬镳。咸丰六年（1856年）在家乡举办团练，抵御捻军，多次取胜，次年受清将胜保招抚，势力壮大，屡建战功而被授予记名道员。咸丰十年（1860年），他趁英法联军占领北京之机，割据皖北，在蒙城自称"河北天顺王"，拥兵十余万（一说数十万）。翌年联络捻军与太平军围困寿州，并被太平天国封为奏王，后占领寿州。同治元年（1862年）攻颍州不下，倒戈降清，诱捕太平天国英王陈玉成，献给胜保。同治二年（1863年），在捻军领袖张乐行被俘杀后，担心"兔死狗烹"而再度反清，在蒙城被清军僧格林沁部击败，死于乱军中。

②　发逆，清朝统治者对太平天国起义军的蔑称。

③　捻军在清宫档案中被称为"捻匪""捻逆""逆捻""捻党"，或与太平军合称"发捻"。但追根溯源，捻军的历史更长。早在嘉庆年间，清宫档案中就有关于"捻匪"的记载。他们活动分散，少则几人、几十人，多则二三百人，依农村迎神赛会时搓捻子燃油的习俗，形象地将每一队人马称为一"捻"，平时"居则为民"，荒年"出则为捻"，百姓亦称他们为"捻子"。捻军多次配合太平军的北伐。

④　庞淑华、杨艳梅主编：《李鸿章全集》第1—12册，时代文艺出版社，1998年，第264、265页。

队滚扎而前。

自奔牛至常州西门二十里内，贼营棋布，无懈可击。刘铭传等偏师直捣，倚营自固。李鹤章又添派副将曹仁美，参将周兰亭、董凤高，带两营枪队继进，以备策应。顷据刘铭传、李鹤章驰报，初九日卯刻，十伪王之众围扑董凤高前营，另殴①万余人抄袭我后，刘铭传、郭松林分投迎剿，自辰至未鏖战，大破之，歼毙、生擒六七千人，追逐十余里，薄暮乃止；有此奇捷，当可即解重围。

常城踞贼因我军分队远剿，日出扑营。初五、六日，张桂芳、骆国忠败贼于北门；初八夜，周盛波败贼于南门，遂不敢出。除俟奔牛解围，详细战状，续行具奏外，查踞守常州伪护王陈坤书，系粤西老贼，部众十余万，其籍隶三江者，多已投降。惟楚粤悍党相约死守，又恃丹阳、金坛、句容、宜兴各股就近援应，是以屡战屡挫而其气不衰，此次章、然②各逆欲攻破奔牛，直抄刘铭传西、北门各营之后，深入腹地，图解常围。臣初闻援贼甚众，虑我攻城各营受其牵制，浙西军情少纡，已檄调总兵杨鼎勋六营，由嘉善拔赴常州，协力援剿；又调总兵况文榜两营，由太仓拔赴江阴、常州，交以保刘铭传后路；又派程学启亲带小队，驰赴常州，察看贼情，以备两边策应。讵援军未至而，刘铭传、郭松林等已酣战破贼；此后兵力愈增，或可渐次得手。所有常州近日军情，理合附片具陈，伏乞圣鉴训示，谨奏。

● 同治二年十二月二十二日寄谕③：

议政王军机大臣字寄江苏巡抚李鸿章，同治二年十二月二十二日奉上谕：李鸿章奏克复嘉善县城并攻毁沈荡、新丰镇贼垒及常州近日军情各折片，已明降谕旨，将克复嘉善情形宣示，降人陈占螯等照所请奖励矣。江苏官军自连复平、乍、海盐，惟嘉善一城尚为嘉兴东面之蔽，此次该降酋率众投诚，藩篱尽撤，且沈荡、新丰两镇贼垒一律毁平，其势益孤。自应乘胜进规嘉兴，迅拔坚城，以掣杭、湖各贼之势。即著李鸿章督饬潘鼎新、刘秉璋等相机攻取，毋稍疏虞。左宗棠近日久无奏报，不知有何布置。现在沪军与浙军声息渐通，如须与浙军会合攻剿之处，著该抚即行飞催，并将浙省军情迅速具奏。常州踞逆陈坤书恃其党众且悍，屡战屡挫而其气不衰，现又纠合章、然各逆围攻奔牛营盘，图抄刘铭传各营之后，虽经官军分投迎剿，大获奇捷，而奔牛之围未解，贼援亦未全退，亟宜悉破群贼，以期渐次得手。李鸿章已调杨鼎勋六

---

① 殴，应为"毆"字，即"驱"。
② 指上文所说的章王和然王。
③ 顾廷龙、戴逸主编：《李鸿章全集》第1册《奏议一》，安徽教育出版社、安徽出版集团，2008年，第421页。

营、况文榜两营赴常协助防剿，并派程学启驰往策应，所筹均属周密。即著督率各军，迅解重围，攻克常郡，不得稍涉大意。另折奏减成酌征冬漕，统共起运漕白正耗等米十二万二百馀石，随给沙船耗米九千八百三十馀石，饬令一律收齐，仍议由海运津，以资便捷等语。李鸿章于新复地方，即能酌量情形，筹画天庾正供，具见办事认真，深堪嘉尚。又片奏松、太等属减价折征，酌定每石收足制钱六千四百五十文，一切公用均在其内，由官买米起运等语，均照所请，妥速办理。将此由六百里谕令知之。钦此。同治三年正月初三日奉到。

- 李鸿章《奔牛解围折》（同治二年十二月二十日）[①]：

奏为常州官军击退大股援贼，烧毁"飞而复来"轮船，立解奔牛重围，大获胜仗，恭折仰祈圣鉴事。窃伪章王、然王各逆，纠集悍党，并用轮船，围攻我奔牛营盘，经刘铭传、郭松林等滚营援剿，初九日获胜大略，经臣于十一日附片驰报在案。初十日以后，忠、侍、护诸逆复由金坛、溧阳、丹阳并常州城内添贼数万，在奔牛四面扎营数十座。李鹤章当抽拨吴超凡等四营六成队，并飞调无锡守将黄中元、滕嗣武各选奋勇洋枪队五百人往助，于十三日，绕赴李千桥与刘铭传等会剿。十四日辰刻，贼众严阵以待，我军分三路进，刘铭传率董凤高、彭楚文、吴超凡、者贵、毕乃尔，以小炸炮轰其拦桥头营兼护浮桥。郭松林串吴建瀛、易用刚、周兰亭、黄式寿、文茂林、曹仁美，由上数里攻其东南各营，兼击城贼行队。黄中元、滕嗣武由下数里攻其西南各营，兼击罗墅湾等处游贼。密饬奔牛守营之唐殿魁、黄桂兰、冯席珍、邵之伦等待援军猛扑，即冲出夹攻。郭松林先出队，贼二万余迎拒，我军排枪猛进，毙贼数百，适刘铭传用炸炮轰倒逆垒丈余，与郭松林等三面扑入，贼枪炮如雨；周兰亭、曹仁美以藤牌膝行至炮洞外，连抛火弹，烧走放炮之贼，我军一拥而登，先破东面大贼营，聚歼其众，复与吴超凡、彭楚文、者贵等猛攻桥头之营；刘铭传挥刀催队，喷筒、火箭向缺口齐发，冒烟冲入，斩贼数百，立破其垒。西面贼营亦皆惊乱，滕嗣武率勇爬墙，贼不及开枪，皆夺门走，黄中元由后截击，斫毙无算；对河各大股贼拼命来敌，并抢护轮船，郭松林、滕嗣武等从左右抄击，贼渐败退；曹仁美率枪队冲过浮桥，洋匪正炸炮迎拒，曹仁美带选锋数十人凫水傍船，连抛火弹，燃及药舱，声如雷震，立将忠逆所购洋人"飞而复来"轮船焚毁，烧死洋匪多名，余悉擒斩，夺获十二磅炸炮并船头大炮。刘铭传督队向奔牛猛冲，贼又分股三四万众绕后围扑，郭松林折

---

① 庞淑华、杨艳梅主编：《李鸿章全集》第1—12册，时代文艺出版社，1998年，第265—267页。

回，先以马队数十突入贼阵驰骤，贼大惊，董凤高以排枪毙之，各鸟兽散，不及归营，径向奔牛、丹阳一路遁走，唐殿魁、黄桂兰等开营冲出，分路阻杀，各军四面追击十余里，连破贼营三十余座，贼尸及所遗旗帜刀矛塞路填河。刘铭传等当即入营抚劳将士，各军苦战一日亦已饥疲，遂行收队，计擒斩溺毙贼众约近万人，生擒洋匪十余名，夺获马匹器械无算，烧毁洋匪在沪所劫之飞复来小轮船一只，奔牛之围立解。臣查奔牛一镇为镇、常交界冲途，该降众投诚，刘铭传即派唐殿魁等二营冒险并扎，而忠护侍等十巨酋死护金陵老巢后路，亦即纠集各巨股，窥我兵单，重围困裹，并轮船、炸炮，力争此地。半月以来，营墙被塌，虽旋即堵住，而危急万分。此次官军以四千余人当十余万狂寇，竟能力战解围，焚夺轮船，足寒贼胆而除后患。其尤为出力之总兵唐殿魁，可否请旨赏仰提督衔？总兵文茂林、副将黄桂兰，可否均请赏给勇号？已革道员冯席珍，可否请赏给道衔？参将周兰亭，请以副将留于两江补用并赏给勇号？副将曹仁美，以枪队五十人凫水扑烧轮船，异常奋勇，可否请以总兵记名，遇缺尽先提奏？降酋邵之伦投诚献营，随同死守，尚有微功，可否请赏给游击衔？其余出力员弁，阵亡将士，容臣查明汇案，核请奖恤。前准曾国荃十一月二十五日来函："闻李秀成前夜出城向句容去，据擒贼供称，围奔牛时，李秀成亦在其内。"除饬李鹤章、刘铭传相机转攻常城，仍忠逆回援外，所有常州官军击退援贼，烧毁轮船，立解奔牛重围各缘由，理合缮折，由驿驰陈。伏乞皇太后、皇上圣鉴训示，谨奏。

- 李鸿章《分路进剿折》（同治三年正月十八日）[①]：

奏为缕陈近日军情并督筹分路进剿大略情形，恭折奏祈圣鉴事。窃嘉善克复，奔牛解围，经臣于上年十二月间叠次奏报在案。常州踞逆自十二月二十一日后更番出扰，二十七日，由西门过河筑二土营抄出刘铭传营后。二十八日，刘铭传督队攻毁其营，护逆率大股出城援救，自午战至薄暮乃罢，营哨各官伤亡数人。二十九日，城贼出扑东门头卡，经张树声、张树珊等督队击走之。新岁以来，该逆坚伏不出，惟于西门外通丹阳、宜兴大路添筑营垒数十座。我军逼扎东、南、北三门，缘常城过大，兵数稍单，未能遽图合围，而贼势渐衰，亟须设法攻打。探闻李秀成仍欲勾洋匪赴沪购夺小轮船，驶入太湖以备窜扰。臣正在严饬查禁，适戈登与总税司赫德自昆山来苏谒见，谓与臣解释前憾，再商协剿。先是臣叠准总理各国事务衙门密函，以英公使初欲臣挽留戈登，嗣接戈登及英翻译梅辉立等来信，于苏城杀伪王一事忿恨不平，属臣在外相机调处。臣深知戈登性情忿骛而急于见功，彼自克复苏州时，偶与臣意见参差，遂声称举兵构衅，臣处以镇静，置不与较。英提督伯郎属令带"常胜军"驻昆山，不归臣处调遣，自是戈登不通往来两阅月矣，臣亦若无其事。该军月饷及赏恤杂支银两仍竭力支应，彼见臣毫无掣肘之嫌，臣军又独克无锡、金匮、平望、平湖、乍浦、海盐、嘉善各城，并不借该军之力，未尝不感动而愧悔也。因赫德来苏之便，臣面属转至戈登善为解说，戈登乃于十二月二十五、二十九日两次来谒。臣迎机开导，愿告奋勇，由无锡进剿宜兴，以扼洋人济贼之路兼助官军攻常。……

- 李鸿章《丹阳克复派兵接守句容东坝折》（同治三年四月十一日）[①]：

奏为丹阳克复，派兵接守句容、东坝各要隘，恭折仰祈圣鉴事。窃常州攻克，拟派刘铭传、郭松林等驰往丹阳会剿，经臣于四月初七日附片陈明。是日先派副将黄金志，带马队百余名，由奔牛、吕城前进。探闻丹贼伪英王叔等，因常州已克，全股被歼，惊惧殊甚。刘铭传、郭松林冒雨带队遄行，甫抵奔牛，据探骑回报，初八夜，丹贼内乱，伪英王叔陈时永被杀，余贼开南门逃窜，镇扬官军入城收复等语。是苏境北路已清，自应查照曾国藩咨商派兵接守句容、东坝，以便鲍超迅速赴援江西，当饬刘铭传所部十二营赴句容接防，郑国魁所部水陆五营赴东坝接防，以固苏省门户而扼金陵窜路。金陵外援久绝，枝叶全芟，贼势益穷，不日当可得手。臣已将常州防务布置就绪，拜折后即起程回苏。所有丹阳克复，派兵接守句容、东坝各缘由，缮折驰陈，伏乞皇太后、皇上圣鉴训示，谨奏。

- 李鸿章《上曾中堂》（同治二年十二月二十日）[②]：

官保中堂夫子钧座：

自移苏后，不独与皖垣隔绝，即沪上亦咫尺天涯，未克时时通问于左右。初五日曾贡一缄，计当达到。忠逆由金陵潜出，率众围攻常、丹交界奔牛降人石营。刘镇有两营在内协守，困十五日，营墙被轮船炸炮轰坍，危险万分。幸刘铭传、郭松林自率八营奋勇枪队，滚营进援，深入围中，苦战八日而得解，毙贼甚多，夺毁忠逆"飞而复来"小轮船一只，杀洋匪十馀人，差为惬意。现添调数营乘胜逼攻常城，阴雪苦寒，须俟开正乃可大举。浙西各军粗定，听逆禀乞以杭、嘉五城二十万人投降，已咨商左帅主持核办。闻上游饷益支绌，岁事方阑，荒城无以为献，谨以苏属饷捐三万元奉馈吾师与沅丈分用。专叩福寿新禧。馀不具。受业李鸿章谨上。

① 庞淑华、杨艳梅主编：《李鸿章全集》第1—12册，时代文艺出版社，1998年，第303、304页。
② 顾廷龙、戴逸主编：《李鸿章全集》卷二十九《信函一》，安徽教育出版社、安徽出版集团，2008年，第280页。

● 复曾沅帅（同治二年十二月二十七日）①

沅翁世叔大人戏②下：

连奉冬月二十五日、腊月初二、初六、十三等日赐示，敬审勋福增新，筹谋尽善，至为佩仰。沪市所购洋炮，异至头敌轰城，闻开花子不多，炮位亦不能多，未必轰坍，即坍亦难梯入。二十五日函中有忠逆前夜出城向句容去之说，十三日函中又云忠酋现尚住城内，志在死守，想系出而复入，抑并未潜遁。常州各营进援奔牛，先获贼供谓，忠酋之子伪二殿下挟众来争；嗣获贼供谓，围困官军数日后忠酋亦至，与尊处冬月二十五日信日期正相印证。昨奉寄谕垂询忠逆下落，故于奔牛解围折内略附及之。该逆狡狯异常，行踪无定，或谓其又往溧阳，殊不可知。但其母眷皆在金陵，若来春欲图他窜，必挟母、妻以走，若不能挈眷，则是伪天王留守金陵，未令远去，且看下回分解耳。太平门尚未合围，丹、句仍可运粮，却足深患。贼穷无所复之③，不尽绝其生机，断不肯舍，况十馀年大巢穴极得形胜者耶。洪逆喜说大话，闻其誓众曰，前两次围已解，此次仍有人解，下次再围则无救法。虽系造谣煽众，久留长智，愿公急图所以合围之方。金陵三十万众，如能一鼓擒散，忠、侍、堵、辅各股纵窜他省，当易扑灭，否则内外合力死拒，恐有他变，即合股远窜，亦多费数年工夫，公以谓何如。常州贼先后投诚解散者不下七八万，惟两粤死党固结不解。西门尚无官军，去路甚畅，明正再设法进围。听逆禀乞以杭、嘉各城投降，约二十馀万人，敝处未敢擅受，咨商左帅会办，仍令程方忠于正初进兵嘉兴以麾之。希公遽殂，能无人琴之痛，尊处致赙若干，祈见示。贵部人多饷乏，何以卒岁。鄙处亦为增兵所累，力难加拨，昨以苏属饷捐三万元解送皖省，内以二万转助台端，借以馈岁，未知何时可到，望便中催取。属解大小铜帽，当饬松岩等就便搭解。赵景廪尽可留营，杨子木为总理衙门所深嫉，恐未易置辨耳。复叩上元甲子克城封侯大喜。馀不具。侄鸿章顿首。

（八）抗日战争时期战事

● 华中铁路护路总队：

这支护路队，由华中铁道株式会社警务课长木村指挥。朱亚雄任总队长，副帮主崔师爷任副队长。徐楚光为秘书主任兼督察长，负责处理护路总队一切日常事务，张

---

① 顾廷龙、戴逸主编：《李鸿章全集》卷二十九《信函一》，安徽教育出版社、安徽出版集团，2008年，第280、281页。
② 戏，偏师，中军的侧翼。
③ 没有能够再去的地方。之，往也。复，再也。

冰任护路总队情报组长，管辖芜湖，南京中华门、下关、龙潭，镇江、丹阳、奔牛等站道的铁路安全工作。从此，京沪之间的铁路交通运输线成功开辟了！依靠这条新线路，苏北根据地抗战人员的军用物资，在大江南北往来自如，为抗战源源不断地输送着力量[1]。

● **江浙敌后抗战：**

淞沪抗战期间，中共江苏省军委根据党的独立自主开辟敌后游击战争的基本方针，通过各种渠道控制和建立抗日游击武装。张爱萍主张"掏中心用间"，广辟战场，几位军委委员全部亲临一线开展工作。……军训班学员姜铎奉命回江苏奔牛县老家，在当地农村首先组织起一支游击小队，即派吴克华赴奔牛指导，准备上海沦陷后以奔牛为据点，开展苏南游击战[2]。

● **陈巷桥战斗：**

新四军在苏南陈巷桥对日军围点打援的战斗。1939年9月8日晚，新四军第1支队第2团以一部兵力袭击江苏省武进县夏墅（今称西夏墅）日军据点，以主力在镇（江）澄（江阴）公路上的陈巷桥设伏，阻击前来增援之敌。当日晚10时，攻击夏墅尚未开始，发现日军200余人分乘7辆汽车，由奔牛、武进方向开来。第2团当即发起突然袭击。经3小时激战，击毙日军180余名（内有大队长1名，其他军官7名），击毁汽车7辆，缴获步枪20余支、指挥刀5把、手枪1支、军用品一批。新四军伤亡30余人[3]。

● **顾祝同关于新四军一周战况致蒋介石电（1939年10月10日）[4]：**

急。重庆。军委会委员长蒋：

膺密。游击战况周报。

（一）新四军管文蔚部一部，有日，破坏奔牛附近铁路一段，约半里长。感晚，袭击奔牛车站之敌，敌伤亡未详。东晚，破坏新丰至奔牛间铁路约四里，收电线百余斤。同晚，该部特务营在龙潭附近设伏并埋设地雷，次晨，由京驰沪火车十余辆触发地雷，炸毁车头一，车箱十五，毙敌二十五人，死伤敌及工人共百余名，缴获机枪一挺，步枪四支，我伤八。感晚，该军段焕竞团一部将镇句公路彻底破坏，约三十余里。俭晚，又将天句公路二圣桥间路基破坏五段。冬晨，在杨家村一带设伏击，毁敌

① 李洁冰：《雨花忠魂 世纪守望：徐楚光烈士传》，江苏凤凰文艺出版社，2017年，第67页。
② 韩洪泉：《中国共产党与上海抗战》，上海人民出版社，2017年，第227、228页。
③ 丁星、郭加复主编：《新四军辞典》，上海辞书出版社，1997年，第186页。
④ 中国人民解放军历史资料丛书编审委员会编：《新四军参考资料2》，解放军出版社，1992年，第149页。

驶来汽车二辆，毙敌五，伤敌三十余，俘一，缴获步枪五支，军米百石。

（二）忠义救国军（略）。

上二项。谨闻。

饶。职顾祝同。灰酉。进。印。

- 蒋介石为核准嘉奖新四军颠覆敌兵车复顾祝同电（1939 年 11 月 15 日）[①]：

有线。上饶。顾长官：

青文辰良电悉。△密。转报叶挺部十月东、删、艳各日，在京沪路龙潭、丹阳、奔牛等处颠覆敌兵车三次。计共奖洋三千元，谨电备查。等语。已交军政部备查矣。

川。中〇。删辰。令一元。琦。印。

- 顾祝同致蒋介石电（1940 年 3 月 28 日）[②]：

急。重庆。委员长蒋：

匙密。据叶挺灰午参电称："本军一支队一部，上月□日于吕城、奔牛间之潘家附近铁道下，埋置地雷完毕，适有敌兵车一列南驶，触我地雷爆炸，车头全毁，其余车箱倾倒路旁，敌死伤颇众。因吕城、奔牛等处之敌四出向我包围，我因地形不利且任务已达，故即分散撤退"等语。经查复属实，除照颠覆列车例给奖国币五百元，谨电鉴核，并恳发还奖金归垫为祷。

饶。职顾祝同。俭未。俗。印。

（九）解放战争时期战事

- 撤离江南前后[③]：

9 月 22 日华中局电示："粟率一、三纵王陶部迅速集结完毕，立即出动，叶率四纵及江南可能转移之部队及地方干部，为第二梯队，作两批转移，时间在浙东纵队转移至安全地区及宣传、秘密工作准备适当完成之后。"粟裕同志即率军区、区党委机关和一、三纵队从常州与奔牛之间越宁沪铁路，由西桥渡江北上到达苏中泰兴，我则率四纵队策应和掩护二纵队（即浙东游击纵队）北撤。

- 奔牛解放[④]：

23 日 8 时，得知江南敌已全部溃退，我军即令 3 个师并肩渡过夹江，第 58 师以

① 中国人民解放军历史资料丛书编审委员会编：《新四军参考资料2》，解放军出版社，1992 年，第 155 页。
② 中国抗日战争军事史料丛书编审委员会编：《新四军参考资料4》，解放军出版社，2015 年，第 214 页。
③ 叶飞：《叶飞回忆录》（上），解放军出版社，2014 年，第 240、241 页。
④ 李力钢、张有凤主编：《开国雄兵：第三野战军的 16 个军》，国防大学出版社，2015 年，第 15 页。

埠城为目标；59 师以访仙桥为目标并控制以西山地；60 师一部以孟河为目标，主力取道奔牛。

第三野战军此时命令第 20 军以 2 个师拂晓前夺取丹阳切断京沪铁路，以 1 个师进至陵口、吕城待命。当即以 58 师、59 师夺取丹阳。60 师向陵口、吕城前进，各部于中午前后在沙家港、斧头街、四墩子街、思议港分别渡过夹江，进入长江以南地区作战。

- 钱若冰《我是怎样起义的》[①]：

解放前夕，我率领国民党武进县保安二团的一个排起义。几十年来有多种传说，为澄清事实，说明真相，兹将起义经过介绍如下。

本人是三益乡汪蔡村（今九里乡）人，店员出身。1946 年失业回乡，在本乡乡公所当干事混饭吃。1947 年春，当副乡长兼自卫队队副。乡自卫队有 8 个人，2 支木壳枪，6 支步枪，武器装备和军饷是上面发的。不到一个月，我与当地中共地下党员言玉润建立了关系。1947 年 10 月上旬，三益、存仁、奔牛三乡合并为奔牛镇，自卫队整编，武器上缴。正式成立奔牛镇自卫队，分成常规自卫队和义务自卫队。我任义务自卫队队长，有 20 多人，15 条步枪，4 支短枪，平时分散务农，有事奉命集中活动。武器是自备的，其中有买的，也有借的。我自己的三号木壳就是向姜家塘地主刘祥大家借的。发制服而不发饷，对生活有影响。我不愿干下去了，言玉润一定要我干，说你不干就得不到情报，保不住武器。我服从安排，干了下去。

1948 年春，国民党把奔牛镇自卫队整编为县保安第二团第三营，有三个连，二个连分驻圩塘、魏村沿江一带，一个连驻奔牛镇。营长由镇长叶沛霖兼任，叶是存仁乡人，原国民党新六军少校副团长，转到地方。我是驻奔牛连的第三排排长，带 24 人，原来义务自卫队的原班人枪，仍是义务的，只我一个人有饷。我们连的连长是叶恒清，与叶沛霖是拜兄弟。

我是怎样起义的呢？主要是中共地下党员言玉润布置的任务，与农工民主党也有一定的关系。

先说农工民主党的关系。1947 年春，地下斗争最困难的阶段，我已与中共地下组织建立了关系。为试探保安团连长叶恒清——我的顶头上司的政治态度，在他的而前暴露一些对现实不满的情绪，叶有同感，引为知己。他就秘密告诉我说，他是农工民

---

① 中国人民政治协商会议江苏省武进县委员会文史资料研究委员会：《武进文史资料》第 15 辑，1993 年，第 88—93 页。

主党党员，并与中共地下党负责人蒋建乔有联系，是中共的外围组织，要介绍我入该党，并把该党的政治纲领油印本送给我看。我就把这本东西托联络人陈作霖交给领导我的中共地下党员言玉润，并汇报了关于连长叶恒清是农工民主党员等情况。言玉润就带给上级去研究。不久，他到汪蔡村我家中对我说，农工民主党是民主党派，不是反动的，没有关系。我就把叶恒清给我的入党志愿书填了。1985年春，叶恒清告诉我，这张入党志愿书藏在他家里的一根柱脚窠（柱础）底下，不知还在否？农工民主党通过叶恒清，对坚定我的革命意志，是有影响的，是不可否认的。那么，自己过去为啥不承认参加过农工民主党呢？主要是对党的政策认识不清。起义后当了人民干部，向往着能加入中共组织。有一次，我参加奔牛区各乡合开的部会议，区长秦志坚在报告中突然说："农工民主党要活动的话，请到上面去活动，不要在下面活动。"并把眼睛注视着我，不知道他们听到了什么风声在怀疑我。我感到加入农工民主党不光彩，只有加入中共才光彩。从此再也不敢提农工民主党的事，也不去登记恢复党籍。

再说与中共地下党的关系。我的家乡三益乡是抗日游击根据地，我受到共产党的教育和影响。抗日民主政权的三益乡乡长谢金松是我亲戚，乡中队长陈作霖是我小学同学。我在罗墅湾当店员时，与他们有来往。1947年春天，我当上国民党的副乡长兼自卫队副，当时国民党气焰十分嚣张，想消灭共产党。但是，当我看到了国民党政府的黑暗与腐败，深感此路不通，迟早要失败。自己知道走错了路，就想投奔革命，靠拢共产党。我三次到陈家塘找同学陈作霖帮助找党的关系。为了考验我是否真心，一次地下党领导人住在他家阁楼上，他都不肯介绍。后来，看到我真心诚意，才同地下党员言玉润到汪蔡我家中，在我家吃了一顿午饭，交代了我的任务。言玉润是本县浦河乡人，北撤后坚持留守，是武工队干部。现离休，居住丹阳吕城镇。言玉润交代的任务是：一、搜集当地驻军装备及据点、工事和活动情况；二、调查奔牛镇地形、道路、桥梁、工商业及资产情况；三、尽可能保护群众，分化瓦解敌人，掌握一部分武装待机起义。并交代联络人为陈作霖，单线联系，严守秘密。后来，搜集的情报资料、地形图等都交给陈作霖送到上面去了。

关于保护群众的事，记得两件：一件是奔牛镇长叶沛霖勾结反动商人企图实行食盐配给，囤积居奇，牟取暴利。在召开保长会议时，我以自卫队队长身份参加，反对食盐配给，在会上说：农民们正当腌菜做酱油，购盐量增加是正常的，年年如此，岂能说是抢购。如硬要"配给"，关系到千家万户，农民反对，不上街卖柴卖菜，街上人烧什么，吃什么？保长们一听言之有理哄然赞成。阴谋未成，叶沛霖等深表不满。

　　二是本保甲长李传金与前往索取壮丁捐的保长贺志祥（已镇压）和保安团士兵争吵，拉脱制服钮扣几颗，被抓到奔牛关押，叶沛霖说李家塘是"匪窠"，"匪属"多，要派一排排长朱长华带队下乡清洗这个村。事实上该村我新四军军属多，甲长李传金就是军属。不能让军属们遭殃，当时很紧张，来不及请示，只得挺身而出，到镇公所要求叶沛霖放人，不去抓人。当时并不知道他已派队伍去报复，叶说不但不放人，我已派队伍去清洗这个村庄，我听了更着急。好说歹说，劝说不听。没有办法，我只得带点威胁的口气说："我是三益乡人，男女老少一家都在三益乡，队员们也一样。拿枪不关饷，整天跑来跑去，为的是保卫地方安全。你抓了我们三益乡的人，不是断了我们的路，还有谁去活动，巡逻放哨，你难道在奔牛镇上就会太平吗!？"叶沛霖摸不着我的底细，如果惹了我，他也得不到什么好处。思考再三，他只得下令追回已经派出的朱长华那个排，几小时后，把甲长李传金也放了（朱长华、李传金都健在）。

　　一次，国民党卜弋区区长李慎生回家（奔牛镇人），对叶沛霖说：钱若冰在奔牛街上跑东跑西，不转好念头，要当心点。叶虽抓不到我的把柄，但也起了疑心。

　　临近解放时，大概在4月19或20日下午，我和谢金松在街上得到一个消息，说江防电话已经不通，叶沛霖已派人去把沿江的连队集中奔牛，形势十分紧张。我和谢马上回三益乡，刚走到西街，就接到叶沛霖派人送来的命令："今晚集中奔牛待命，不得有误！"怎么办呢？我对谢金松（中共地下党员）说：你赶快去寻陈作霖，向组织请示怎么办。我先把队伍拉到街上再说。谢金松去寻陈作霖了。我回到驻地，集中队员训话："现在形势不妙，要保住枪，枪千万不能丢，有枪就有人，就有生存。要服从命令，我打谁，你们就打谁，谁违反命令，当心他的脑袋！"其实，都是本乡本土的弟兄，谁长的啥心眼，一清二楚，真正反动的一个也没有。我就把队伍带到镇西靠树人中学（今奔牛中学）的地方，安置在街梢头高海良的粮行里，这里进出方便，可进可退，以防万一。我就独自一个往东街万年桥跑去，到桥西营长叶沛霖家探听动静。只见叶家门口站上两个全副武装的岗哨，叶本人在里面忙得不亦乐乎，把细软贵重物品装入木箱准备逃跑。他见了是我，就说："情况不妙，我们要走。"我说："我们没有一点儿准备，总得交代家里几句话吧？"叶很干脆，马上答道："可以，先把枪全部放在这里，回去安排后再来集中一道走。"他把腰间的卡尔特手枪拿出来上了膛，我一看不妙，赶紧告辞，说去找连长商量。就从桥西叶沛霖家出来，过万年桥桥东就是连长叶恒清家。我一见面就说："叶沛霖要跑了，是否打掉他？"叶恒清说："不行，蒋建乔没有命令。"我说："这种时候还等什么命令？"叶沉思不响，我又说：

"叶沛霖要叫我把枪全部缴下来，你看怎么办吧？"叶说："留一部分武器在镇上麻痹他（指叶沛霖）一下。"我不置可否，回到粮行，再三考虑，不能留一支武器给他，全部带走。

此时，镇上和公路上到处都有前线退下来的国民党军队，地下党没有人来接应，感到孤掌难鸣。起义不成的话，不是白白送掉20多条枪和20多条性命？走！"三十六计，走为上计"，自己果断地决定，立即把部队拉走。先拉到奔牛西北十几里地的后朱庄小学并派人去找谢金松、陈作霖。我的行动给叶沛霖发觉了，他派保安团士兵陈裕生送来一封信，信上要我把枪立即送回奔牛，人就地解散回家。我给他回信："没有枪就没法生存，真的要枪派人来取。"我已作好准备，来人少就吃了他，来人多就避开他。待回信送到奔牛，叶沛霖已逃跑了。我带着队伍在后朱庄住了一天，陈作霖和谢金松也来了，傍晚就转移到陈家塘，又住了一天，傍晚再转移到路家塘。此时，大军已过江，言玉润已联系上，通知我们去吕城保卫粮库。我和陈作霖、谢金松3人带着20多人到了吕城。言玉润工作紧张得发病，躺在地上吐血。当时他叫我们保卫粮库，后来又叫把武器放在这里，队员们回家。他打了一张收据，如下：

今收到

三益乡步枪拾五支专伦（转轮）壹支

弹药三百七十发专伦（子弹）叁拾发整

此据

言玉润（印）四月廿四日

原件是丝棉纸蓝水钢笔写，只有豆腐干那么大，由我保存，后来给陈作霖保存至今。复印件保存在常州市委党史办。

言玉润同志开了介绍信，也是这种便条，介绍我到武进西夏墅区里找负责人杨圣彦、蒋卓英分配工作。领导上叫我们成立三益乡政府，我做乡中队长，抓武装。言玉润在上缴武器中给我们各挑一支，乡长拿三号木壳，指导员拿手枪，我拿了一支转轮枪。自此，我公开走上为人民服务的大道。

二　康熙乾隆南巡

此处记录康熙、乾隆两位皇帝南巡路过奔牛时的事迹。

（一）康熙南巡事

● 清·姚廷遴编《上浦经历笔记》下节：

康熙二十三年岁次甲子，余五十七岁。……十月初八日，汤抚台①新到公座毕，即往杨州接驾去。杨将军②先到淮上。二十一日，圣驾渡江。在镇江府，下"小飞仙船"一只；有扈从等官船，共五十六只，独皇爷舡上用黄白绸结一大球，拽纤者俱穿青毡衣，脚穿布靴。二十四日，过奔牛镇。二十六日，至苏州，由北童子门登陆，即上马进阊门大桥头，往至瑞光寺，进山门下马，行香竟，三拜即出。……

按理，乾隆南巡承袭其爷爷康熙皇帝南巡的制度，则康熙皇帝很可能也同乾隆皇帝一样，在奔牛的叶家码头驻跸居住过，只是史料没有记载罢了。

（二）乾隆南巡事（又参见古迹"金牛台"之"木棉"条）

● 《乾隆武进县志》卷首《巡幸殊恩》：

乾隆十六年二月十八日，皇上恭奉皇太后南巡过常州，驻跸奔牛镇，御制《南巡过中吴，驻跸叶家村营盘之次，课射，十中其九，因示扈从诸臣》诗：

舣棹河滨早，抨弦弓手调。

振声皆有度，连中岂须骄？

问俗来南国，诘戎重本朝。

从行诸将士，慎尔勉勤劳。

臣谨按：营盘在县西二十五里叶家庄南，左绕新河③，右环孟渎，运河临其前。基大□④亩□⑤分，东西六十丈，南北二十五丈。辛未、丁丑南巡，圣驾驻跸于此；壬午年，移驻阳湖县政成桥东。

此条又见《道光武进阳湖县合志》卷首《巡幸恭纪》，《光绪武进阳湖县志》卷一《巡幸恭纪》。

笔者按：按《道光武进阳湖县合志》卷三《水道·运河》："十五里至奔牛镇，过闸桥，北会孟渎河，南过直渎口，经叶家码头（古渡也，为南北通津。……）。西沙沟、东

---

① 指江苏巡抚汤斌。
② 按《江南通志》卷一百十一《武职》题名之"镇守京口等处汉军将军"有："杨凤翔，镶蓝旗人，康熙十八年任。张思恭，镶蓝旗人，康熙二十九年任。"则杨将军为镇守京口的杨凤翔。
③ 即德胜河、烈塘港，宋朝新开而称新河，江北又有北新河，此为南新河。
④ 原即空白无文。
⑤ 原即空白无文。

沙沟，自北注之。"可证叶家码头在直溇口以东，西沙河以西。今按该书首《安善西乡图》标有"叶家码头"，正在西沙河与东沙河的正中间的运河北岸，其运河对岸的南岸正对着瑯瑘墩。又按：新河即德胜河，河口即今连江桥，新闸在连江桥东侧，兵营既然"左绕新河，右环孟渎"，即在连江桥也即新闸的西侧，其兵营西侧又有孟河，则其兵营连绵数里，西沙河、东沙河两侧应当皆有，否则可以说成"左绕东沙河，右环西沙河"，今既然说成"左绕新河，右环孟渎"，其营盘显然东侧在东沙河以东，西侧在西沙河以西，当以叶家庄也即叶家码头为正中。

● 《光绪武进阳湖县志》卷一《巡幸恭纪》：

乾隆二十二年高宗纯皇帝恭奉皇太后南巡，驻跸扬州行宫，赐翰林院侍讲刘星炜缎四端。二月十六日，过常州，营盘仍在叶家村。圣驾入城，由毗陵驿至万寿亭登舟。

三　其他轶事

此处记录奔牛镇其他一些脍炙人口的佚闻轶事。

（一）先秦寓贤钟子期与俞伯牙［参见第六章"四（一）"古迹之"伯牙溇、伯牙琴台、钟村"］

● 《康熙武进县志》卷二十六《流寓·周》：

钟子期，在伯牙溪[①]北，为钟期所居，今地名钟村。

伯牙。

此条又见《康熙常州府志》卷二十八《流寓·周》。

（二）宋代寓贤苏东坡［参见第九章诗文"一（二）、2"之东坡所咏的"仰看古堰横奔牛"］

● 《咸淳毗陵志》卷十八《人物三·寓贤·国朝》：

苏轼，嘉祐二年与蒋颖叔连名策第。宴琼林日，坐相接，遂约卜居阳羡。邑人单锡亦同年进士，轼以甥女妻之，属以问田。后谪黄州，移临汝，上章乞居阳羡[②]，谢表有云："买田阳羡，誓毕此生。"尝托邵民瞻买宅一区，为缗钱五百。将挈居，偶与邵步月村落，闻老妪哭声甚哀，异而问之。答曰："吾家有一居，相传百年。今吾子

---

① 即伯牙溇。
② 《方舆胜览》卷四《常州·名贤·苏轼》："以讽时事贬黄。徙汝，上书自言：'有田在常，愿得居之。'"

不肖，售诸人，所以悲耳。"扣①其居，即邵所得。亟取券对妪焚之，竟不索直。自是亦不复问舍，寓于顾塘桥孙氏之室而殁。其风谊如此。详见"祠庙门"。

此条又见《康熙武进县志》卷二十六《流寓·宋》。

● 宋·何薳《春渚纪闻》卷六《东坡事实·坡仙之终》：

冰华居士钱济明丈，尝跋施能叟藏先生帖②后云：建中靖国元年，先生以"玉局"③还自岭海。四月自当涂寄十一诗④，且约同程德孺至金山相候⑤。既往迓之，遂决议为毗陵之居。六月，自仪真避疾临江⑥，再见于奔牛埭，先生独卧榻上，徐起谓某曰："万里生还，乃以后事相托也。惟吾子由，自再贬及归⑦，不复一见而决⑧，此痛难堪，余无言者。"久之，复曰："某前在海外，了得⑨《易》《书》《论语》三书，今尽以付子，愿勿以示人。三十年后，会有知者。"因取藏箧，欲开而钥失匙。某曰："某获侍言⑩，方自此始，何遽及是也。"即迁寓孙氏馆⑪，日往造见，见必移时，慨然追论往事，且及人间⑫，出岭海诗文相示，时发一笑，觉眉宇间秀爽之气照映坐人。七月十二日，疾少间，曰："今日有意，喜⑬近笔研⑭，试为济明戏书数纸。"遂书惠州《江月五诗》⑮。明日又得跋《桂酒颂》⑯。

---

① 扣，叩问。

② 指东坡为施能叟写的帖子，钱济明在其后作跋，记录了东坡在奔牛与常州的人生最后时光。

③ 指东坡此时任成都玉局观提举而得一份退休养老的工资。

④ 寄给"我"钱济明十一首诗。

⑤ 见《东坡全集》卷八十五《答钱济明二首》之"又"："某若住常，即自与公相聚。若常不可居，亦须到润与程德孺相见，公若枉驾，一至金山，又幸也。"

⑥ 临江，即渡江之意。今按《咸淳毗陵志》卷十四《祠庙》之"东坡先生苏文忠公祠"条言："晚由儋耳，欲还颍昌，践少公'对床'之约。次仪真，闻有忌之者，竟归毗陵，终于顾塘孙氏之馆，时建中靖国元年七月也。"据本文是在金山便已答应钱济明，定下到常州毗陵隐居，但想和弟弟（"少公"）苏辙（字子由）到颍川见一面后再回常州，故而让钱济明先回常州，自己则渡江到仪真北上，这时中央有消息传来，蔡京为相，蔡京的亲弟弟蔡卞是王安石的女婿，蔡京主政后竭力请求宋徽宗恢复王安石的新法。苏轼与新法为敌而被流放，所以苏轼不敢到靠近汴京的颍川与弟弟见面。《咸淳毗陵志》卷三十《纪遗》又载："苏文忠寓顾塘孙氏馆，初在仪真得暑疾，至是寖革，不能卧。"当是在仪真船上，其时为七月大暑天，河面水汽蒸腾而易中暑，于是只能再临江即渡江回江南，钱济明等人得知消息后连忙前去迎接，在奔牛相逢，东坡一见面便说，自己未能见到弟弟作人生最后一别，是此生最大的遗憾。

⑦ 自从我第二次被贬开始，到现在得以回到大陆为止，不能再见弟弟一面作人生最后一别，这种悲痛让我难受，其他没什么遗憾了。

⑧ 决，决别，诀别。决，通"诀"。

⑨ 了得，参悟到，或完成了。东坡有《毗陵易传》传世，《四库全书》有收。

⑩ 侍候在您身边听您的言传身教。

⑪ 苏东坡在常州顾塘桥北，租孙姓人家的馆舍寓居，终老于此。

⑫ 人间，尘世、世俗社会。指东坡不光谈到士大夫们的往事，也谈到了自己经历的民间趣事。

⑬ 喜，乐意。今天有意想动动笔写几张纸。

⑭ 研，即"砚"字。

⑮ 指《东坡全集》卷二十三《江月五首（并引）》，是在惠州时作。

⑯ 《东坡全集》卷九十八有《桂酒颂》。

自尔，疾稍增，至十五日而终①。

笔者按：上文言其六月至常州，末句言其七月十五日逝世，则其在常州终老仅个把月。

- 《康熙武进县志》卷二十六《流寓·宋》：

　　建中靖国间，东坡还自岭海，四月自当涂寄十一诗，且约同程德儒②至金山相候。既往迓之，遂决议为毗陵之居。六月，自仪真避疾渡江，再会于奔牛埭。先生独卧榻上，徐起谓德孺③曰："万里④还，乃以后事相托。惟吾子由自再贬及归，不复一见而决，此痛难堪！"

（三）出现在奔牛的"东坡笠屐图砚"

- 清·朱筠⑤《笥河诗集》卷六《庚寅下·奔牛》⑥：

　　孟嘉隐孟城，临风想落帽。下流日孟渎，奔牛此所导⑦。我行夏适过，挥汗不得燥。岸左木坊立，考古字谁凿？或言七里井，巨木塞海澳⑧。气与孟渎通，现隐随旱潦。奔牛复何说？汉池牛出告。奔奔⑨黄金色，栅断曲阿到。又云逐铜牛，入土土人

① 此可知东坡逝世于建中靖国元年（1101 年）七月十五日。
② 儒，《春渚纪闻》作"孺"。
③ 德孺，上引《春渚纪闻》作"某"，即钱世雄，字济明，号冰华。
④ 此处《春渚纪闻》有一"生"字。
⑤ 朱筠，字竹君，一字美叔，学者称笥河先生。祖居浙江萧山，曾祖朱必名始居京师，遂为顺天大兴人。乾隆十九年（1754 年）进士，官翰林学士。书法一本"六书"，自然劲媚，作字兼篆体，有隋以前体势。性好金石文字。生平所过郡县名山水，凡足迹可及之地无所不至，至则访摩崖旧刻、古刹残碑，每得唐以上物，辄狂呼而带人共往观之，欣赏、笑乐之声，穿云度壑。赏毕，自书题名，刻于石上。文词简古，笔画苍劲，追踪古人。卒年五十三，著《笥河集》。
⑥ 此据清嘉庆九年朱筠弟朱珪"椒华吟舫"刻本《笥河诗集》。"庚寅"指乾隆三十五年（1770 年）庚寅岁。
⑦ 导，发源、起源。
⑧ 海澳，海边弯曲而可停船的地方。七里井虽在吕城，距长江岸较远，但从大局来看，其地处长江入海口的长江湾，是江海交接处，故可以称吕城东七里处的七里井在长江湾这一海湾。相传中国各地有很多传说中的"锁龙井"，井底下均有海眼，也称"海子口"。所谓"海眼"，就是井水深不可测，水声潺潺，大旱不竭，相传乃有孔从地底穿过而旁通大海的缘故，相当于是大海伸到内陆的眼睛。又相传这种井是大禹治水时所建，用铁锁来镇住井中通海的水怪。当井中铁链拉出很长时，井水就会出现如海潮般的翻滚现象，而且有腥味涌来（海亦有腥味），还有牛鸣般的吼声从井底传来，井水还会有陈香味冒出。七里井当也是这种所谓能通海的深井，井中虽然没有铁链，但却有巨木塞住，同样能像铁链般镇住井中的水怪。
⑨ 奔奔，急走貌。唐沈亚之《与潞鄜州书》："乃见纳客之官，奔奔而入，促促而出。"

噪。及今名其地，无牛浪①得号。此间汛②与镇③，烟波④漫井灶⑤。数十年以前，一事雅可道。金坛王公澍⑥，屠肆⑦此偶造。获赵子固⑧砚，刻画在阴奥⑨。髯苏⑩笠且屐，犬吠村妇噪。雨意润透石，端色嫩卵菢⑪。题识俞若王，俞学圣龢⑫、王济之鏊⑬。前龢而后鏊。侧刻积书岩⑭，何事得之暴？后归吾乡王⑮，祸福⑯几駴悼⑰。竟以官易砚，守之

---

① 浪，空，白白地。按：牛入东海，未在奔牛处停留，故诗人调侃："奔牛无牛，浪得奔牛之号"。南朝时运河上建有大坝以蓄水，用牛来拖船翻坝而有"牛堰"之名，奔牛之名或与这种牛堰有关，当是江南运河上最早用三头牛或一群牛来拖船过坝的堰，故名"奔牛堰"，后人望文生义而附会出牛奔的故事来。

② 旧称军队驻防的地段为"汛"。

③ 古代在地形重要处，特别是边境重地设立镇，以重兵驻守，后来内地也设，这是军事性的镇。此处指的是内陆以商业性为主兼有军事治安性质的镇，也即所谓的"市镇"和"集镇"。宋代以后，凡是县以下的小商业都市都可以称为镇，现在便把镇作为县以下的基层行政单位。宋代高承《事物纪原·州郡方域·镇》："宋朝之制，地要不成州而当津会者，则为'军'，以县兼军使；民聚不成县而有税课者，则为'镇'，或以官监之。"可证镇的由来，便是此地地形重要而为水陆交通要道所经过处，导致民众聚集，但又达不到设立县城的规模，于是便根据此处为水陆要冲之地，特设"税务"来收税，设"酒务"来通过酒类专卖增加政府收入。又因为此处地形重要，于是又设一定数量的军事驻防人员，性质相当于今天的派出所民警，同时肩负瞭望之责，在发生紧急状况时，用燃放烽火的形式来报警，古人称之为"烟火公事"。税务与瞭望这两者常结合在一起，税务的税官便兼负烟火公事之责。《咸淳毗陵志》卷十《县官·武进》有："监奔牛镇兼烟火公事，一员。（左、右选通差。）监青城镇酒务，一员。监万岁镇酒务，一员。小河寨巡检，一员。"卷二十四《财赋》之《凑额四分朵本钱》提到"其后废横林、望亭、奔牛三税务"，足以证明"监奔牛镇"便是"税务"性质的机构，卷二十四《财赋》下的"税钱"类开有"青城务、万岁镇务"。古代设镇便是设税务兼酒务或巡检司处，未设巡检司处的税官（即镇官），其实兼的烟火公事（瞭望与燃放烽火）之责，也与巡检司的职责相通。

④ 烟波，烟雾苍茫的水面。又指波澜起伏的大河。

⑤ 井灶，井与灶，借指家园、故居。

⑥ 王澍，清代书法名家，字若林，号虚舟，金坛人，官至吏部员外郎。康熙朝以善书，特命充五经篆文馆总裁官，著有《淳化阁帖考正》《古今法帖考》《虚舟题跋》等，故宫博物院藏有其《篆书轴》。今有王澍书《积书岩帖》六十册，有其《〈积书岩摹古帖〉后记》。

⑦ 屠肆，屠宰场、肉市。

⑧ 赵孟坚，字子固，号彝斋居士，平湖人，宋太祖十一世孙。初以父荫入仕，南宋宝庆二年（1226年）进士，授集贤殿修撰，官至严州知府、翰林学士承旨。后又做过右丞相贾似道幕僚。宋亡不仕，隐居浙江平湖广陈镇北。县令往访，孟坚飞舟逸去，县令叹息说："名可闻，身不可见。"从弟孟頫，宋亡仕元，自湖州来访，闭门不纳。《芦川竹枝词》中有《子固见弟诗》咏此："南渡王孙此隐居，踵门贵客枉停车。当年介弟犹坚拒，座上哪堪受浊污？"他与陶菊隐、殷澄并称"秀州三义"。但近代学者考证提出，赵孟坚逝于宋亡前十余年，所谓宋亡不仕及拒见赵孟頫事实并不可靠。赵孟坚儒雅博识，工诗文，善书法，多藏三代以来金石名迹。开庆元年（1259年）得王羲之兰亭帖，夜间泛舟归至雪溪牟山时，遇风覆舟，孟坚持帖站立水中高呼："兰亭在，无忧也！"后题"性命可轻，至宝是保"于兰亭帖卷首。他善画水墨梅花、水仙、兰花、山石，尤精白描水仙，世人珍之，其《墨水仙图》最为名扬天下。其书法气度萧爽，有六朝风致，时人比之米芾。他存世的书画有《白描水仙卷》《墨兰卷》《自书诗卷》《梅谱》等，著作收集为《彝斋文编》四卷。

⑨ 阴奥，幽深。此处指石砚背面做成低凹状。

⑩ 髯苏，宋苏轼的别称，以其多髯的缘故。

⑪ 菢，鸟伏卵，又指覆盖。古人称禽鸟幼雏破壳而出为"啄菢"。

⑫ 俞龢（1307—1382）号"学圣"。其字子中，号"紫芝、芝生、紫芝生"，晚号紫芝老人，浙江桐江人，寓居钱塘（今杭州）。故宫博物院藏其墨迹《篆隶千字文》。冲澹安恬，隐居不仕。能诗，喜书翰，早年得见赵孟頫运笔之法，后返临晋、唐名家碑帖。行、草书，秀雅挺劲，酷肖赵孟頫。楷书高古风雅，颇有晋人风度。明桑悦云："紫芝所书，深得松雪笔意，而圭角稍露，比之松雪，正如献之于羲之也。"他的行书、草书逼真孟頫，好事者得其书，每用赵孟頫款识，仓卒莫能辨。明徐一夔《始丰稿》卷十三有《俞子中墓碣》。

⑬ 王鏊，字济之，号守溪，晚号拙叟，学者称其"震泽先生"，吴县（今苏州）人，状元。

⑭ 积书岩，王澍的书斋名。出自《水经注》卷二："（黄）河北有层山，……其下层岩峭举，壁岸无阶，悬岩之中，多石室焉。室中若有积卷矣，而世士罕有达者，因谓之积书岩。岩堂之内，每时见神人往还矣，盖鸿衣羽裳之士，练精饵食之夫耳。俗人不悟其仙者，乃谓之神鬼。彼羌目鬼曰唐述，复因名之为唐述山。"

⑮ 王，不详何人。疑即王澍，其为浙西人（古代称江南为浙西），与萧山相近，故称同乡。

⑯ 祸福，灾殃与幸福。此处偏指灾祸。晋欧阳建《临终诗》："潜图密已构，成此祸福端。"

⑰ 駴，骇。骇悼，震惊且哀悼。

莫或盗。人死砚且卖，石存家已耗。京师昨见之，至宝真鼎郜①。叹息彼尤物②，昔人戒过好。偶然经此处，怅触感娼媚③。众人之所争，达者付一扫。乘舟共水行，吾意方浩浩。

笔者略考"东坡笠屐图砚"史实如下：

此图是宋末赵子固亲笔绘在他自己的砚台背面，然后加以雕刻而成。清乾隆三十六年（1771 年）九月，翁方纲摹勒此图并作跋，供奉在海南岛的东坡祠内。道光二十五年（1845 年）十二月十九日苏文忠公寿辰，蒋光煦又嘱托张辛摹刻，并增刻张廷济跋。徐用福又把蒋光煦所摹刻的《坡翁笠屐图》重新雕刻在石头上，右图所附的拓片便收藏在海宁图书馆出版的《海宁图书馆藏金石拓本》中，高 107.5 厘米，宽 52 厘米。

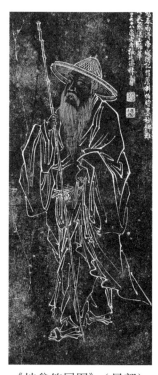

《坡翁笠屐图》（局部）

清人翁方纲《复初斋诗集》卷二《东坡笠屐图研（并序）》："研长八寸八分，广五寸五分，厚一寸一分。背刻赵子固画东坡像，戴笠着屐，手策竹杖。右'子固'二字印，下'文彭'二字，左'紫芝生藏'四字，下'俞龢紫芝生印'，左侧下'济之'印，又下王澍识九字。研匣上虚舟自书赞，其序曰：'东坡在儋耳，尝与军使张中，访黎子云，中途值雨，乃于农家假④箬笠木屐，载（当作戴）履而归，妇人、小儿相随争笑，邑犬争吠。东坡曰："笑所怪也，吠所怪也。"赵彝斋爱其潇洒，因作巨研而勒图其后。元末为俞紫芝所藏。有明宏（弘）正间，归之王文恪。已，又转入国博文三桥手。康熙丁亥十月，舟过奔牛，忽得之市屠中，乃为之赞'云云。"

其诗："先生负瓢行歌时，岂意后人绘诸研？严陵滩边新月出，落水《兰亭》神一变。脱帽晞发狂歌呼，斯人傥亦苏之徒。不知何处得此雨归态？摩挲片石旋成图。桄榔树叶摘可书，谁谓青箬非吾须？翛然策杖出尘壒⑤，泥涂那复需人扶？固宜犬吠妇子笑，岂有如此笠屐之农夫？往者宋商邱，绢本出家藏；亦有王麓台，呫笔苏斋旁。千载招邀作尚

---

　　① 郜鼎，春秋郜国造的宗庙祭器，郜国以之为国宝，后被宋国取去，宋国又用此鼎贿赂鲁桓公，桓公献于鲁国的太庙。《左传·桓公二年》：宋"以郜大鼎赂公。……夏四月，取郜大鼎于宋。戊申，纳于大庙，非礼也"。

　　② 尤物，珍奇之物，常指绝色美女，有时含有贬意，语出《左传·昭公二十八年》："夫有尤物，足以移人；苟非德义，则必有祸。"杨伯峻注："尤物，指特美之女。"

　　③ 娼媚，嫉妒。

　　④ 假，借。

　　⑤ 壒（ài），灰尘。

友，只疑真有载酒堂，未若此研神致尤青苍。俞紫芝、文三桥，流传艺苑非一朝。凤爱济之作赞语，谁知印章宛可睹。古墨荧荧照影寒，真研不损知者难。（'真研不损'语，见坡公墨迹。）只应却与周公谨，薄暮西泠放棹看。"按：南宋人周密字公谨。

诗中提到的"文三桥"是文彭（1498—1573），字寿承，号三桥，别号渔阳子、三桥居士、国子先生，长洲（今苏州）人，文徵明长子。官国子监博士。工书画，精篆刻，能诗，有《博士诗集》。

而藏主翁方纲（1733—1818年），字正三，一字忠叙，号覃溪，晚号苏斋，顺天大兴（今北京大兴区）人。清代书法家、文学家、金石学家。乾隆十七年（1752年）进士，授编修，官至内阁学士。精通金石、谱录、书画、词章之学，书法与同时代的刘墉、梁同书、王文治齐名。论诗创"肌理说"，著有《粤东金石略》《苏米斋兰亭考》《复初斋诗文集》《小石帆亭著录》等。

翁方纲诗中提到的"往者宋商邱，绢本出家藏；亦有王麓台，吮笔苏斋旁"，言宋荦（商丘人）有《东坡笠屐图》绢画流传在人间，后又为蒋深（号苏斋）请当时画坛领袖王原祁（号麓台）临摹出来。这绢画当与赵子固砚所绘的东坡图像不同，翁方纲临摹的是赵子固砚的东坡像。

宋荦（1634—1714年），字牧仲，号漫堂、西陂、绵津山人，晚号西陂老人、西陂放鸭翁，归德府（今河南商丘）人。其《西陂类稿》卷二十八《题东坡笠屐图》："予家藏绢本《东坡先生笠屐图》，当是元人笔。其上题曰：'东坡谒黎子云，途中值雨，乃于农家假箬笠、木屐，戴履而归。妇人、小儿相随争笑，邑犬争吠。东坡曰："笑所怪也，吠所怪也。"'觉坡仙潇洒出尘之致，六百余年后犹可想见。会予订补《施注苏诗》成，因模其像于卷端以识向往。盖康熙己卯六月二日也。"图上题字实出明无锡人顾允成《小辨斋偶存》卷七押韵之"文"《题坡翁儋耳小像》的序："东坡一日访黎子云，途中值雨，乃于农家借箬笠、木屐，戴履而归。妇人、小儿相随争笑，邑犬争吠。东坡谓曰：'笑所怪也，吠所怪也。'"序后的正文是："噫嘻笑所怪者，妇人、小儿也；以笑为常者，东坡也。吠所怪者，邑犬也；以吠为常者，东坡也。彼自见其怪，我自见其常。所以宁与农家共箬笠、木屐，而不与章惇、吕惠卿共冠裳也。噫嘻！"可证宋荦所藏之像当是常州府无锡县人顾允成的收藏。

王原祁（1642—1715年），字茂京，号麓台、石师道人，苏州府太仓人，王时敏孙。康熙九年（1670年）进士，以画供奉内廷，康熙四十四年（1705年）奉旨与孙岳颁、宋骏业等编《佩文斋书画谱》，五十六年（1717年）主持绘《万寿盛典图》为康熙帝祝寿。

善画山水，与王时敏、王鉴、王翚并称"四王"，形成"娄东画派"，左右清代画坛三百年。所著画论有《雨窗漫笔》《麓台题画稿》。擅诗，有《罨画楼集》三卷。

蒋深，字树存，号苏斋、绣谷，苏州人。花卉学陈淳，善写生，精画竹，有《绣谷诗钞》。他以纂修《佩文斋书画谱》得官，官至山西朔州知州。翁方纲在《复初斋文集》卷五为自家"宝苏室"作《宝苏室研铭记》："昔陈眉公裒辑苏书成《晚香堂帖》二十八卷，可谓勤且专矣；顾眉公堂曰'宝颜'，而未以'苏'名。宋牧仲摹苏像而侍其旁，然未尝名斋也。蒋树存亦得苏像，俾王麓台图之，始有苏斋之目，查初白为赋诗者也；而铭记之属，未有传者。予名室之后六年，始书此扁于所居'苏米斋'之北楹，适得歙研，黝泽而宜墨。"研，即砚。"眉公"即陈继儒，"牧仲"即宋荦，"麓台"即王原祁。蒋深为康熙朝人，因善书画，故喜爱擅长书画的苏轼，并且和当时画坛名家王原祁有深交。

（四）孟河弯处出望族

● 清·金武祥[①]《粟香二笔》卷七：

常郡之西，以运河为经。其分引水灌输，则以孟渎、德胜、璪港[②]三河为纬。奔牛镇临运河，即孟渎合运河处。孟渎坍形最直，凡遇湾折处，其地必出望族，如罗墅湾谢氏、石桥湾恽氏是也。自奔牛入孟河，计程三十里，至小河口入大江。小河之旁为河庄，前明因御倭筑城，形家者言，其地应常生名医。近时称费晋卿、马佩之[③]。费名伯雄，以名著，而"晋卿"之字转隐，先数年卒。马本世医，兼治内外科，前岁膺荐入都，能奏效，蒙赏赉云。

● 清·金武祥《粟香三笔》卷二：

罗墅湾跨孟渎河，有河东、河西之分。余外家一支，居河东之南村。孟渎北通大江，南至奔牛入运河。奔牛镇，古名"金牛"，《龟巢稿》有《登金牛台》七古云："六龙城西吕城东，奔牛古堰卧两虹。谁筑高台水中沚，野有蔓草牛无踪。"至今双虹犹在，台则不复睹矣。

（五）奔牛异事

● 《康熙常州府志》卷三《祥异·国朝》：

---

① 金武祥，清末藏书家、诗人，原名则仁，字溎生，号粟香，又号菽香，别署一斤山人、水月主人等，常州府江阴县人。舅家便是武进罗墅湾南村的谢氏。
② 璪港，即澡港河，古又称"灶子港"，今又作藻港河。"灶子"当是"藻子"之误，其河生藻也。
③ 以两人最为著名。

康熙……三十年……夏，蝗不入境。飞蝗自京口蔽天而来，已至奔牛。郡侯于公琨、武令王公元炬疾往拜祷。蝗忽向江岸旋绕，竟不入境。随复大雷雨如注，蝗死若邱积。是岁仍有秋，民咸异而德之。

● 《道光武进阳湖县合志》卷四《五行志·国朝》：

雍正……十七年，大旱。夏五月，安善西乡民家产猪，一身二首八足。

● 《武阳志余》卷十二《摭遗》：

嘉庆间，孟渎渔①网得一龟，径二尺许，背有"大唐天宝七年五月三日，奉敕放于凝碧池"小字一行。用银丝嵌入甲里。毕蕉麓涵②，以钱千易之。不三日逸去。《翼駉稗编》。

● 《光绪武进阳湖县志》卷二十九《杂事·祥异》：

咸丰……九年夏，安西乡沈家村，李生王瓜。

● 《武阳志余》卷五之二《祥异》：

咸丰十年春正月晦，有雉入于郡火神庙。越三日，庙灾。武进奔牛暨丹阳之火神庙，皆同时火。

（六）奔牛得名于僧人的异说

● 明·周婴《卮林》卷七：

原谢

……

奔牛

《五杂组》云：丹阳有奔牛坝，相传梁武帝时，有人于石城掘得一僧，瞑目坐土中，奏于帝，帝问志公，公曰："此入定耳。令人于傍击磬，则出定矣。"帝命试之，果开目。问之，不答。志公乃说其前事。僧一视③志公，即起，南向奔去。帝遣人逐之，至此地化为牛，因名。近时樵阳子④亦类此。

---

① 渔人。

② 毕涵，字蕉麓，号止庵道人，自号菉竹居士，阳湖人。善画山水，远宗古法。与同里钱鲁斯称毗陵"书画双绝"。

③ 一视，即一看到，便立即起身南奔，由石头城奔至东南的奔牛化为牛。

④ 见明代常州府无锡县人孙继皋撰《宗伯集》卷四《樵阳子传》，"樵阳子者，蜀灌县青城山樵子也，本大足县人，姓雷氏"云云。其出生那天，和尚上门请求布施，故名"化缘"。两岁时双亲下世，十岁时养父母又下世，辗转流离到灌县青城山下，为童姓老翁收留，以打柴为生。严冬由一雪坑堕入一深谷，因积雪厚而未受伤。两位老人指其所坐之石说是他前世尸解之所，并尊称其为"樵阳子"，遂终日结跏趺坐于此树下，耳中隐隐闻隔谷有鸣琴声、人语声，寻声往探，又寂寂然一无所有。数月后为樵子发现，传至灌县景姓县令耳中，命人伐开大树，露出一具遗蜕，身着布衲，髻顶戴冠，腰系黄丝绦，头枕一剑，剑身至柔，可以绕指。肌肤完好，竟未腐烂，而头发披散，长及丈余，指甲亦极长，绕足盘旋。遗蜕之侧放有一口石匣，匣内丹书一页，文字皆为古篆，循环反复，古奥难明。县令与幕友等各各惊叹而去，回署后命制造神龛，以奉树中遗蜕，并为樵阳子修筑庵观，满县人敬奉如神。雷化缘曾往游江南，自梁溪（即无锡）至姑苏（苏州），抵杭州西湖，俗流多不识。梁溪缙绅有几人听说过他的名头，略事接待。雷化缘盘桓江南不到一年便去。谭希思巡抚四川时，曾在青城山下为樵阳子建大通道观，至今尚存。

原①曰：按《南齐书》，"全景文与沈休之出都到奔牛埭，有人相之，曰：'君等皆方伯也。'"景文孝建初以功封汉水侯。《宋书》曰："孔觊反，会稽太守遣建威将军沈怀明东讨至奔牛，筑垒自固。"又："元凶劭之立，世祖入讨，遣顾彬之、刘季之合势，与劭将华钦等相遇于曲阿之奔牛塘，路甚狭，军人多赍篮屐，于菰蒋中夹射之，钦等大败。"据此，则奔牛之名宋、齐前已有，云梁僧化，谬也。

- 《康熙武进县志》卷二十八《仙释》：

常州府西三十里为奔牛。相传梁武帝时，于石城②掘得一僧，坐于土中，帝以问志公，志曰："此入定耳。可令人于其旁击磬，则出定矣。"帝命试之，果开目，即向南而奔③。令人追之，奔至此地而止，化为牛，地因以名④。

此条又见《武阳志余》卷十二《摭遗》。

笔者按：《南齐书》卷二十九《全景文传》言，"全景文，字弘达，少有气力，与沈攸之同载出都，到奔牛埭，于岸上息"。《宋书》卷七十九《竟陵王刘诞传》记载，元嘉三十年（453年）"（刘）劭遣将华钦、庾导东讨，与彬之弟相逢于曲阿之奔牛塘"。则梁以前的刘宋与南齐已有奔牛埭的地名，则奔牛非梁时得名，上说荒谬不经。

（七）叶霖授徒唐荆川

唐荆川从小便十分喜爱武术，八岁时拜武术家叶霖为师。叶霖家住奔牛叶家码头，面目清秀，身材矮小，文质彬彬，却是当代博学多才之人，尤其练就一身绝顶的阳湖拳功夫。他心直口快，不肯巴结权贵，只是埋没乡间耕读练功。他见唐荆川诚心学武，便破例收其为徒。从此以后，叶霖先生对唐荆川循循善诱，严格要求，每天上半天教他练武，下半天教他习文，特别是向他灌输了爱国爱民的思想。"鸡鸣起舞三更天，十八武艺件件练，熟读史书攻文章，爱国爱民记心田。"不到三年功夫，唐荆川就知书达理，文墨精通，刀箭骑射样样会，成为文武双全的人才。

"陈渡桥"一名的由来，还须追溯到唐荆川幼年的一段趣事。在常州的民间故事里有唐荆川与陈渡先生的传说。陈渡先生最终没做荆川的老师，却为唐家指引了迷津，他为唐家推荐了奔牛的叶霖先生，是唐荆川人生中重要的引路人。叶霖不仅为唐荆川解惑传艺，

---

① 当是原谢对《五杂组》记载作的按语。
② 石城，即南京石头城。
③ 石头城东南方为奔牛。
④ 按《南史》与《南齐书》，梁之前已有奔牛埭，非梁时得此名，此说谬。

还向其灌输了正直为人、爱国爱民的进步思想。日后唐荆川果然成了文武双全之才，为答谢叶先生教育之恩，在家乡的南运河上造了一座石桥，准备取名"叶霖桥"，叶先生却建议唐荆川以推荐人陈渡先生来命名此桥，自此，陈渡桥便一直是常州家喻户晓的地名。

此故事还有第二个版本：

老常州人记忆中的陈渡桥，是横在南运河上的一座石拱桥。而说到这个陈渡桥，就不得不提到明代文学家、抗倭英雄唐荆川。这座桥是为感恩他的老师陈渡，方便乡亲过河所建。

唐荆川从小聪明，也很淘气，父亲对之很头疼，决定送儿子到学堂里去念书。可这个小荆川到一处闹一处，一连换了三四个学堂，都被先生请回家了。父亲没办法，只好把唐家村西边自家的几间房子腾出来，请先生上门来教他。

一天，唐荆川的父亲从西门外头请来了一位陈渡先生。这位先生是个老学究，在西门一带很有些名望。他一到唐家，就想给唐荆川一个下马威，于是就对唐荆川说："今朝头一天上课，我要考考你。你说是做一篇八股文呢，还是先对一副对子？"唐荆川说："做八股文太呆板了，还是对个对子吧！"先生说："上联是：阶下鸡冠未放。"小荆川东张张、西望望，突然灵机一动，指着围墙上的狗尾巴草说："下对是：墙上狗尾先生！"陈渡先生一听气得要命，拿起戒方（即戒尺）就要动手打。可不知怎的戒方还未落到唐荆川手上，便一下子飞得老远。陈渡先生身子一晃，四脚朝天跌在地上。他从地上爬起来，便到后面房里卷铺盖准备走路。唐荆川的父亲连忙跟了去，又是赔礼，又是挽留，陈渡先生执意不肯，但又念唐老教子心切，便说："令郎天资聪明，力大无穷，不是我所能教的。要教他上路，除非请我的好朋友来。"

唐父急忙问："请问贵友尊姓大名，现在何处？"陈渡先生说："此人姓叶名霖，家住奔牛叶家码头，乃是当今少有的博学多才和文武全能的人。我今修书一封，你可拿了去请他。"

唐荆川的父亲备了礼品，恭恭敬敬前往奔牛叶家码头。可是一连两趟，叶霖先生家都是铁将军把门。第三次又去，叶霖先生正在锁门外出。他急忙拿出了陈渡先生的书信。叶霖先生一面看信一面说："我们改日再谈吧。"

过了两天，唐荆川的父亲第四趟专程来到奔牛，真心诚意恳切相请。叶霖先生便答应择日前往任教。可荆川看到叶霖先生面目清秀、身材矮小，一副文质彬彬的样子，心里暗暗好笑，便故意问道："不晓得叶先生准备教我文的，还是武的？"叶霖先生说："我看你啊，文也要学，武也要练。"唐荆川嘻皮笑脸地说："历来有句俗话叫能者为师，请先生同我交一交手！"说着一个箭步，冲上去就要扳叶霖先生的手臂。叶霖先生料到他会来这一手，早已胸有成竹，避开他的攻势，轻轻松松地一把将他右手拿住，顺势扭到他的背后，顶得他动也不能动。唐荆川面孔涨得通红，连声喊道："先生饶我，先生饶我！"

从此，叶霖先生对唐荆川谆谆教导，每天上半天教他练武，下半天教他习文。几年学下来，他变得知书达理，能文能武。到了十六岁，他考中了举人，二十三岁入翰林，后来官至兵部主事，成为抗倭名将。

唐荆川有了名气以后，对恩师念念不忘，特地在小时候读书处的西面买了一块地，造了一座精致的小园送给叶霖先生，还在前面的大路上造了一座石桥，准备取名为"叶霖桥"。

叶霖先生得知以后，对唐荆川说："你要晓得，如果没有陈渡先生的推荐，我又怎么会来做你的老师呢？如果你真要纪念老师的话，应该叫它陈渡桥才对啊！"唐荆川接受了叶霖先生的意见，把这座桥叫作陈渡桥，并且把自己小时候的读书处也改名叫陈渡草堂。

今按：民间故事真伪掺半，需要辩证分析。宋《咸淳毗陵志》卷三《桥梁》载："陈渡桥，在县南广化门外四里，跨西蠡河。旧传隋陈司徒建。"可见陈渡桥是隋代常州奔牛人陈果仁所建，桥名姓"陈"由来于此，并不来自明代的陈渡先生。而且既然名"陈渡"，则此处当是先设渡，后造桥，其渡口当也是陈果仁所设，故名"陈渡"，后来陈果仁又斥巨资为百姓造桥，故名"陈渡桥"。最初陈果仁所造的桥可能是木桥，容易坏，到唐荆川开始建造为牢固的石桥。总之，陈渡桥的得名与唐荆川老师无关，而这位明代的先生反倒因陈渡桥而得陈渡先生的名号，可以想见其就住在陈渡桥下。

而且唐荆川所造的陈渡桥东堍的南侧便是叶家浜，当即叶霖先生所住之处。叶霖因住于陈果仁所造的陈渡桥东堍的南侧，故号"陈渡先生"，所以陈渡先生应当就是叶霖本人。

而且古人尊师重道，不敢直呼其名。如果陈渡先生真的姓陈名渡，人家也只会称"陈先生"，不敢称"陈渡先生"，所以由"陈渡先生"的称呼，也猜知"陈渡"并非先生的名而是其号。

所以事实真相是：唐荆川小时十分顽皮，家中请的几位老师全都拿他没办法。他的父亲从西门外请了一位陈渡先生，姓叶名霖，家住奔牛，同时在近城的陈渡桥东堍叶家浜又有居所，而自号"陈渡先生"，唐荆川是为"陈渡先生"叶霖，而把陈渡桥由木桥造成了更坚牢的石桥。

后来老百姓茶余饭后讲起这座桥的由来，老人家都知道"陈渡先生"就是叶霖，偏生有个人忘了不可直呼其名的礼数，误会"陈渡先生"与叶霖是两个人，一个姓陈名渡，一个是叶霖，又不知奔牛的叶霖在陈渡桥有居所，于是附会出城西郊的陈渡先生教不了唐荆川，请来奔牛镇的叶霖先生来教唐荆川的故事。由于民众知识水平有限，反倒觉得陈渡先生与叶霖既然是两个名号，自然是两个人的说法更为合理，于是误说反倒流传开来，掩盖了正确的说法。今特考明其真相，还叶霖"陈渡先生"之名号及其在陈渡桥东塊叶家浜有居所的事实。

第九章　古镇艺文

一　诗文

此处记载描写到奔牛的诗篇和文章。

（一）已见于其他类别的文章

1. 宋·陆游《重修奔牛闸记》（文见"水利"部分）

2. 明·王傲《重建奔牛闸记》（文见"水利"部分）

3. 清·徐元瑛为慕天颜奏请浚孟河所作之记（文见"水利"部分）

4. 清·恽思赞为武进县知县金吴澜浚孟渎所作之记（文见"水利"部分）

5. 清·邵长蘅《毗陵水利议》（文见"水利"部分）

6. 清·邵长蘅《毗陵诸水记》（文见"水利"部分）

7. 明·周源为景泰中重建奔牛桥并改名"通济桥"所作之记（文见"桥梁"部分）

8. 明·周整为嘉靖三十五年（1556）重修奔牛东岳庙所作的碑记（文见"祠庙"部分的"东岳庙"条）

9. 清·张一儁《重建奔牛镇巡司公署碑记》（文见"巡检"）

10. 清·朱筠《奔牛》诗咏"东坡笠屐图砚"（诗见"轶闻"部分）

11. 附宋·陆游《入蜀记》卷一：

乾道……六年……六月……十二日早，谒喻子材郎中樗。子材来谢，以两夫荷轿，不持胡床，手自授谒云。知县右奉议郎吴澧来。晚行，夜四鼓至常州城外。十三日早，入常州。泊荆溪馆，夜月如昼，与家人步月驿外。绚始小愈。十四日早，见知州右朝奉大夫李安国、通判右朝奉郎蒋谊、员外倅左朝散郎张坚、坚，文定公纲之子。教授左文林郎陈伯达、员外教授左从政郎沈瀛、司户右从政郎许伯虎来。伯达字兼善，瀛字子寿，皆未识。子寿仍出近文一卷。伯虎字子威，余儿时笔砚之旧也。至东岳庙，观古桧，数百年物也。又小憩崇胜寺纳凉，遂解舟，甲夜过奔牛闸。宋明帝遣沈怀明击孔觊，至奔牛筑垒，即此也。闸水湍激，有声甚壮。遂抵吕城闸。自祖宗以来，天下置堰军止四处，而吕城及京口二闸在焉。十五日早，过吕城闸，始见独辕小车。过陵口，见大石兽偃仆道旁，已残缺，盖南朝陵墓。齐明帝时，王敬则反，至陵口恸哭而过是也。予顷尝至宋文帝陵，道路犹极广，石柱承露盘及麒麟、辟邪之类皆在，柱上刻"太祖文皇帝之神道"八字。又至梁文帝陵。文帝，武帝父也。亦有二辟邪尚存，其一为藤蔓所缠，若絷缚者，然陵已不可识矣。其旁有皇业寺，盖史所谓皇基寺也，疑避唐讳所改。二陵皆在丹阳，距县三十余里。郡士蒋元龙子云谓予曰："毛达可作守时，有卖黄金石榴来禽①者，疑其盗，捕得之，果发梁陵所得。"夜抵丹阳，古所谓曲阿，或曰云阳。谢康乐诗云"朝日发云阳，落日到朱方"，盖谓此也。

笔者按：其所见有"太祖文皇帝之神道"者乃梁文帝陵，而其所谓梁文帝陵实为梁武帝陵。

（二）其他有关奔牛的诗文篇章

附第一首诗的背景史料。

● 《宋史》卷九十六《河渠志六（东南诸水上）》：

哲宗元祐四年（1089年），知润州林希奏复吕城堰，置上下闸，以时启闭。其后，京口、瓜洲、奔牛皆置闸。……元符元年（1098年）正月，知润州王悆建言："吕城闸当宜单水入澳，灌注闸身以济舟。若舟沓至而力不给，许量差牵驾兵卒②，并力为之。监官任满，水无走泄者，赏；水未应而辄开闸者，罚。守、贰、令、佐，常觉察之。"诏可。……二年闰九月，润州京口、常州奔牛澳闸毕工。先是，两浙转运判官曾孝蕴献《澳闸利害》，因命孝蕴提举兴修，仍相度立启闭、日限之法。

1. 宋·张商英《留题慧山寺》③：

元符己卯，两浙运判曾孝蕴作常、润京口、奔牛上④闸成。集贤殿修撰发运使张商英，被旨相视。遂至慧山寺留题，以纪行役。

---

① 指黄金做成的石榴与来禽（小苹果），显为贵族墓葬中出土。
② 指从事拉船的纤夫，即下引宋人陈造《奔牛堰》诗中提到的"挽舟下奔牛，挽丁已疲极"的"挽丁"。
③ 诗出《咸淳毗陵志》卷二十三。又见《常郡八邑艺文志》卷十，无序。又见《无锡志》卷四上，有序无题，序中"上闸"作"二闸"，"相视"作"常相视"，"慧山寺留题"作"惠寺留诗"，诗中"慧山"作"惠山"，"涤釜"作"涤缶"。
④ 上，当据《无锡志》作"二"。按上引《宋史》，元符二年己卯（1099年）曾孝蕴所作乃澳闸，非上下闸，故序中"上闸"当作"二闸"为是。

咸阳获玺①之明年，五月端午予泛船。

二闸新成洞常润，组练直贯吴松川。

淮南柂师初入浙，借问邑里犹茫然。

《茶经》旧说慧山泉，海内知名五十年。

今日亲来酌泉水，一见信异传闻千。

置茶适自建安到，青杯石臼相争先。

辗罗万过玉泥腻，小瓶蟹眼汤正煎。

乳头云脚盖盏面，吸嗅入鼻消睡眠。

涤釜操壶贮甘液，缄题远寄朱门宅。

仙人见水是琉璃，乃知陆羽非凡客。

2. 宋·苏轼《次韵答贾耘老》②：

五年一梦南司州，饥寒疾病为子忧。

东来六月井无水，仰看古堰横奔牛。

平生管鲍子知我，今日陈蔡谁从丘？

夜航争渡泥水涩，牵挽直欲来瓜洲。

自言嗜酒得风痹，故乡不敢居温柔。

定将泛爱救沟壑，衰病不复从前乐。

今年太守真卧龙，笑语炎天出冰雹。

时低九尺苍须髯，过我③三间小池阁。

故人改观争来贺，小儿不信犹疑错。

为君置酒饮且哦，草间秋虫亦能歌。

可怜老骥真老矣，无心更秣天山禾。

3. 宋·陈渊《登奔牛堰山亭》④：

桑阴浓处已深春，小市喧呼迥不闻。

谁与山头共游戏？静看禽鸟斗纷纷。

---

① 玺，据《无锡志》。《咸淳毗陵志》误"重"。按《史记·六国年表》，秦始皇二十五年灭赵，得和氏璧，命李斯刻"受命于天，既寿永昌"八字，时年为己卯。本诗以元符二年己卯为咸阳获玺之年，即上文"元符己卯，两浙运判曾孝蕴作常、润京口、奔牛上（二）闸成"之年（时在闰九月），"被旨相视"而作此诗则当在次年庚辰。

② 诗见宋苏轼《东坡全集》卷十五。

③ 过我，据《东坡诗集注》卷十三，《东坡全集》卷十五二字倒。

④ 诗见宋陈渊《默堂集》卷一。

4. 宋·杨万里《过奔牛闸》①：

　　春雨未多河未涨，闸官惜水如金样。

　　聚船久住下河湾②，等待船齐不教放。

　　忽然三板两板开，惊雷一声飞雪堆。

　　众船遏水水不去，船底怒涛跳出来。

　　下河半篙水欲满，上河两平势差缓。

　　一行二十四楼船，相随过闸如鱼贯。

5. 宋·陈造《吕城待闸，得陈、魏二生晤语》③：

　　吕城望奔牛，道里不作远。

　　徙倚不容前，奈此河流浅。

　　窘步客怀恶，痴坐仆夫倦。

　　班荆得两生，晤语忘旦晚。

　　文卷得细披，汤饼④亦粗办。

　　生须朋从乐，时亦慰连蹇。

　　长吟《行路难》，回首偶耕愿。

　　卜邻傥⑤君等，老我幸无怨。

6. 宋·陈造《奔牛埭》⑥：

　　挽舟下奔牛，挽丁已疲极。

　　长街此埭东，街心齿砂砾。

　　千指取寸进⑦，颓崿山可拆。

　　舟子提肺肝，舟材宁铁石 ⑧？

　　即今扬尘处，劣计三百尺。

　　时贤或兴怀，仅费十夫力。

　　往来日几舟？孰者违此厄？

----

① 诗见宋杨万里《诚斋集》卷二十九。
② 闸东为下河，闸西为上游。
③ 诗见宋陈造《江湖长翁集》卷二。
④ 汤饼，面条。
⑤ 傥，同“倘”。
⑥ 诗见宋陈造《江湖长翁集》卷六。
⑦ 一人十指，千指便指百人。百人才拉动的力量，可以把颓崿般的山丘拉走一块，在奔牛的运河上却只能拉动上水行船的船只一丁点的距离。此句极言奔牛上水行船的不易。
⑧ 此船难道是铁打的船，就这么拉不动吗？

为人计安便，作吏戒徒食。

斯人仍斯患，胡必须目击？

犹为埭兵①地，吾言竟何益？

7. 宋·陈造《吕城堰》②

堰西绿泱泱，堰东已胶杯。

吕城校奔牛，客舟更迟回。

嗟我为贫仕，此路几往来。③

厉翁市冠师，与我熟追陪。

渠④贫安无求，我困坐不才。

三别二十年，鬓发各摧颓。

拟赓北山杞，倏笑南柯槐。

惟翁未厌客，望影笑口开。

生得数会面，升沈⑤何有哉？

相约饱饭过，世事付飞埃。

8. 宋·王阮《奔牛闸遇使者议和》⑥：

浩浩水千里，层层限⑦几重。

谁为此过颡，曲障尔朝宗。

浪散忽成雪，潭昏那见龙？

浮山何足论？圣德务含容。

9. 宋·朱翌《寄无锡诸蒋》⑧：

夜帆起奔牛，乌竿鸣"五两"。

百年几寒暑，两岁五来往。

竟不到惠山，闲日真难享。

闻道山中泉，煮茗蒙珍赏。

① 奔牛埭服役的兵丁。
② 诗见宋陈造《江湖长翁集》卷六。
③ 指我因为贫穷而被迫出来做官，走过此奔牛、吕城的运河好几遍了。
④ 渠，其、他，指厉姓老翁是吕城堰出售冠帽的人。他安贫乐道，不求做官。
⑤ 沈，同"沉"。
⑥ 诗见宋王阮《义丰集》。
⑦ 限，据四库本《义丰集》。《全宋诗》第 50 册第 31138 页作"堤"。
⑧ 诗见宋朱翌《潜山集》卷一。

当年京浙递①，不洗牛李党。

故人在邑中，乃汉三径蒋。

欲击月下门，正想鼻雷响。

兹山君常到，此约吾又爽。

且复卜后来，归程一阳长。

10. 宋·吴芾《阻风，又成数语，呈江朝宗》②：

平生航浙河，不知几往返③。

岂不或滞留？有时容幸免。

未若此番来，所向辄相反。

顺水即值风，便风还阻浅。

夜来至奔牛，一雨成瓴建。

妻孥笑相看，陡觉双眉展。

谓可便及城，假馆少休偃。

平明风横生，吹我船头转。

咫尺不可前，安能达京辇？

客路固多艰，我行亦太蹇。

何当归去来，高卧青山远。

一任雨兼风，杜门都不管。

11. 宋·程洵《喜雨，用山谷韵，呈薛使君》④：

畏日炎风是处同，使君闵闵甚三农。

新诗仰看奔牛堰，好雨忽迷回雁峰。

千里只今被膏泽，一堂行见会云龙。

由来肤寸沾天下，衡岳英灵等岱宗。

12. 元·方回《奔牛、吕城，过堰甚难》⑤：

君不见，奔牛吕城古堰头，南人北人千百舟。

---

① 指李德裕喜欢喝惠山泉，命驿传快递其泉水，从江南的浙西送到京师长安。
② 诗见宋吴芾《湖山集》卷二。
③ 记不清有几次经过江南的运河了。江南古称浙西，其运河故称浙河。
④ 诗见《全宋诗》第 46 册第 28922 页。
⑤ 诗见元方回《桐江续集》卷十四。

争车夺缆①塞堰道，但未杀人舂戈矛。

南人军行欺百姓，北人官行气尤盛。

龙庭贵种西域贾，更敢与渠争性命。

叱咤喑呜凭气力，大梃长鞭肆鏖击。

水泥"滑滑"②雪漫天，欧③人见血推人溺。

吴人愚痴极可怜，买航赁客逃饥年。

航小伏岸不得进，堰吏叫怒需堰钱。

人间官府全若无，弱者殆为强者屠。

强愈得志弱惟死，无州无县不如此④。

13. 元·陆文圭《车》⑤：

舟止奔牛堰，始识丹阳车。

规制殊草草，力不任驰驱。

淮安距宿迁，代之牛与驴。

轩盖乃差大，双轮夹一舆。

轵衡锐轵轸，名物与古殊。

梓人不知经，多以方言拘。

输载亦稍丰，日行百里余。

御者非王良，阽机不安车。

蒲轮召申公，养老宜徐徐。

干禄以为荣，愧我非纯儒。

小儿问金根，其制复焉如？

舆服汉最详，具载班范书⑥。

慎勿似韩昶，问学当勤渠。

---

① 元代奔牛废闸改坝，故要用绞车拉船过闸。
② 指拉船过坝的泥水声。
③ 欧，同"殴打"之"殴"。
④ 天下所有州县全都如此。
⑤ 诗见元陆文圭《墙东类稿》卷十五。
⑥ 指班固《汉书》与范晔《后汉书》。

14. 宋·张侃《发奔牛》①：

　　红添花满溪，绿带草穿石。

　　佳致在目前，远近记经历。

　　云疏雨渐收，篙长水倒激。

　　平生一诗卷，未免写胸臆。

　　记得坡翁言，在郡六百日②。

　　出处虽不同，我性聊自适。

15. 宋·张侃《奔牛梅花开最晚，因读墨本坡翁〈和杨公济梅花〉诗，信笔四绝句》③：

　　二年孤负观花眼，少见江南第一枝。

　　细读坡公当日句，恍如玉立耿疏篱。

　　平生政坐花开早，不奈颠风一夜吹。

　　缄锁芳英春意闹，转头青子已盈枝。

　　闸南闲地远连天，好种梅花作玉田。

　　待得开时携酒去，旁人疑是饮中仙。

　　积谷山前数种梅，常年携杖走千回。

　　而今寂寞金台下，独对停云把酒杯。

16. 宋·张侃《奔牛镇厅壁记》④：

　　右通直郎赐绯蔡君直、右迪功郎李君漳，以绍兴壬子辛巳监镇务。予莅职数月，见禅乡院题梁、龙祠⑤碑石有二君姓氏，因命工镌于石，以补壁记之逸。又见镇父老

---

　　① 诗见张侃《张氏拙轩集》卷一。《四库全书总目题要》为此书作提要："至其生平宦迹，虽不尽详，以其诗文考之，则尝监常州奔牛镇酒税，迁为上虞丞，尚略见大概。"

　　② 此言苏东坡称自己在常州毗陵郡住过六百天。即在常州境内住过多次，每次长短不一，总计六百天。苏轼生于 1037 年 1 月 8 日，卒于 1101 年 8 月 24 日，一生约为六十四年零七个月，合二万三千六百多天，六百天占 2.5%。《东坡全集》卷十九《予去杭十六年而复来，留二年而去。平生自觉出处老少粗似乐天，虽才名相远，而安分寡求亦庶几焉。三月六日，来别南北山诸道人，而下天竺惠净师以丑石赠行，作三绝句》之三："在郡依前六百日，山中不记几回来。"又卷二十《灵隐前一首赠唐林夫》："我在钱塘六百日，山中暂来不暖席。"则是非在常州六百天，而是在杭州六百天也，作者把杭州误记成常州矣，因"杭、常"两字韵同而音近，故有此误。

　　③ 诗见张侃《张氏拙轩集》卷四。

　　④ 文见张侃《张氏拙轩集》卷六。

　　⑤ 指奔牛镇的灵济龙祠。

言："昔兼税，朝廷省并，是时财用裕而岁额定，视今名色多端大有间矣。"嘉定十四年十月望，邢城张某志。

笔者按：此引奔牛父老言，当初即北宋至南宋初年，奔牛监镇务兼收税，朝廷加以罢除，即不用他来征税了，也即税务有专门的人来征收了。当时国家经济宽裕，税务每年只要收一定量的税即可，有定额。如今征的税品种太多，税负沉重，与过去大不相同。

17. 元·方回《桐江续集》卷十三《听航船歌十首或节其私语为之①》

……

南到杭州北楚州，三江八堰水通流。牵板船篙为饭碗，不能辛苦把锄头。旧航船不过扬子江，今直至淮河②。三江者，钱塘江、吴淞江、扬子江③。八堰者，杭州萧公闸、北关堰、常州奔牛堰、吕城堰，润州海鲜河堰，扬州瓜州闸，而召伯④堰小，不与其一⑤，楚州北神镇堰。雇载钱轻载不轻，阿郎拽牵阿奴撑⑥。五千斤蜡三千漆，宁馨⑦时年欲夜行。载音"在"。

……

18. 元末明初·谢应芳《奉陪⑧陈伯大⑨先辈及赵师吕⑩、张伯起、朱月江、金清夫兄弟登金牛台⑪九韵⑫》：

---

① 此注表明该诗是采取作者所听到的船工所唱之歌谣。下引为其第六首诗。又《元诗选》初集卷七录十首中的四首，包括下引之诗。

② 指以前江南的船工不敢渡江，至镇江便要下船坐江北的船北上了；现在江南船工可以直达淮河。而上文北宋张商英《留题慧山寺》诗："淮南柁师初入浙，借问邑里犹茫然。"可证宋代淮河以南的船工只到镇江（与方回此诗所言正相吻合），下来便要下船坐江南的船只，此次淮南的船工破例划入江南的运河，而不熟悉水路，故而一路上要问路。

③ 此乃《禹贡》扬之三江：扬子江在长江三角洲北，称"北江"，钱塘江在长江三角洲南，称"南江"，吴淞江简称"松江"，在长江三角洲中，故称"中江"，音讹为"松江"。

④ 即扬州的邵伯镇。

⑤ 然扬州邵伯堰若不算，便只有七堰了，故当算入其中。或是其之前算作八堰之一，现在已经变小而难入八堰，而只有七堰了。由此语可知旧时邵伯堰算一堰而为八堰，即江南运河有五堰而江北之淮南运河有三堰。

⑥ 指船家夫妇男的上岸在纤道上拉纤，女的（即"奴"）在船上撑船，两相配合。

⑦ 宁馨，晋宋时的俗语，意为"如此""这样"。元曹之谦《白菊》诗："数枝的皪照秋清，何物为花乃宁馨？"即乃能如此之佳。宁馨时年，便指如此治安好的时代是可以作夜里行船的打算。

⑧ 奉陪，陪伴的恭敬说法。

⑨ 谢应芳《龟巢稿》卷十三《故处士存心陈公行状》："考讳圣泽，字容轩，宋承节郎、提刑提举司奔牛酒库提干，升提刑司签幕、兵马钤辖、朝奉郎、常州通判，赐绯银鱼袋，带行都督府机宜文字。先生讳师可，字伯大，自号存心老人，通判公之第三子也。宋末，父居官常州武进县奔牛镇。宋亡而元，遂为武进人。""宋亡而元"指宋亡而天下变成了元朝。

⑩ 谢应芳《龟巢稿》卷十五有《代祭赵师吕文》："公之生也七十有六年。"

⑪ 《咸淳毗陵志》卷二十七《古迹·武进》："金牛台，在县西三十五里，连奔牛镇。《舆地志》云：汉时有金牛出山东石池，到曲阿，人栅断其道，牛因骤奔，故名。又《四蕃志》云：万策湖中有铜牛，人逐之，上东山，入土，掘，走至此栅。今栅口及堰皆以此号。宋元嘉末，竟陵王诞遣参军刘季之与顾彬之败元凶劭将华钦等于曲阿之奔牛塘。泰始二年（466），建威将军沈怀明东讨孔觊，至奔牛大破之。齐高帝尝与萧顺之共登金牛台，见枯骼横道，曰：'文王以来几年矣？当复有掩此者乎！'言之凛然动色。"后者见《南史》卷六《梁武帝本纪》开头所叙梁武帝父亲萧顺之事："与齐高少而款狎，尝共登金牛山，路侧有枯骨纵横。"此金牛山乃丹阳之经山，见《嘉定镇江志》卷六《丹阳县·经山》："在县东北三十里，古所谓金牛之山。"则齐高帝与萧顺之所登并非奔牛的金牛台，而是丹阳的金牛山（今写作"经山"），编《咸淳毗陵志》者误矣。

⑫ 此诗见四库全书本《龟巢集》卷二、四部丛刊本《龟巢稿》卷二，又见《元诗选二集》卷二十三《登金牛台》。"九韵"二字据四部丛刊本，四库全书本、《元诗选二集》均无。诗仅"八韵"，故疑"九"当作"八"。

六龙城西吕城东，奔[①]牛古堰卧两虹。谁筑高楼[②]水中沚[③]？野有蔓草[④]牛无踪。河边青苔生白[⑤]骨，刀创箭瘢犹未没[⑥]。问[⑦]知八十一[⑧]年前，战死当时皆义卒[⑨]。铁

① 《元诗选二集》此处有注："一作'金'。"

② 《元诗选二集》此处有注："一作'台'。"

③ 语出《诗经·秦风·蒹葭》："溯游从之，宛在水中沚。"沚，水中的小块陆地。

④ 语出《诗经·郑风·野有蔓草》："野有蔓草，零露漙兮。"

⑤ 《元诗选二集》此处有注："一作'枯'。"

⑥ 没，据四库全书本、《元诗选二集》，四部丛刊本作"灭"。

⑦ 问，据四部丛刊本、《元诗选二集》，四库全书本误作"闻"。

⑧ 一，据《元诗选二集》，原因下有详考。四部丛刊本、四库全书本作"二"。

⑨ 当指德祐元年（1275年）元兵攻占常州的战争。此年三月元兵曾一度占领常州，五月初七，宋都统制刘师勇在姚訔、陈炤协助下收复常州，宋朝任命姚訔为常州知州，陈炤为常州通判，刘师勇与副都统王安节率军守城。晋陵人胡应炎挑选民兵三千人，护国寺僧万安、莫谦之组织五百僧兵协助守城。八月十二日，刘师勇、殿前都指挥使张彦收复吕城。九月二十七日，元军右丞阿塔海遣万户怀都、忽剌出、帖木儿等率军攻破吕城，宋军东逃，元军追至常州，获战船一百余艘，擒张彦，诗中所言的奔牛尸骨当即此次战事的见证。十月初八，阿塔海、怀都、忽剌出率军围攻常州。守将姚訔、陈炤、王安节、刘师勇等力战固守，元军久攻不克，逐渐增兵。姚訔派人向驻守平江府的大元帅文天祥求救，二十六日，文天祥派援军至常州东大门横林镇的五牧、虞桥，遭遇元军阻击，宋将张全隔岸观战而不进攻，后趁夜色遁逃，尹玉、麻士龙率全军血战殉国，常州城孤立无援。十一月十六日，元军大元帅、中书右丞相伯颜亲自率军抵达常州城下，与阿塔海会兵围城。伯颜招降被拒，亲临城南督战，命降人汪良臣胁迫乡民运土堆起高台，土运到后连人一同活埋，所筑高台与城墙齐平，上架"回回炮"，杀妇女，取其乳房和脂肪煎油为火炮，焚毁加固在常州城墙上的木栅、木牌，又发火箭焚毁城内建筑，用"回回炮"将城内建筑全部炸平，只有常州城隍庙巍然高耸。元军日夜攻城不息。因姚訔已抱必死之志，故在元兵未来包围的秋收时节，未能听从陈炤建议，收割城外丰收的粮食，致使才坚持到十一月份，而城中粮食便已断绝（这是姚訔的严重失策，常州城陷落而宋朝未能最终像唐朝经历睢阳之战那样转危为安，姚訔要负战略决策失误之责）。元军在城外高呼："城已断粮，可速投降。"刘师勇在城头，以纸张切成面条的形状，放在碗中，用筷子抄起来吃给元兵看，意思是城内有面可食，并不缺粮，并对元军说："吾城即破，金山长矣。"即我们常州城被攻破后，我们大宋朝那固若金汤的江山依然会长久。伯颜让翻译官翻译，竟理解为：我们常州城即将被攻破，只要请来金山寺的长老便行。于是抬来镇江金山寺的长老问计。金山寺僧以为常州城也同天下常见的城池那般，是圆形之城（其实是平行四边形的城），于是胡说其城如龟，可以猛攻其尾，则头与四肢毕露而可斩杀。于是十八日，伯颜先调集重兵猛攻北城，常州人全城奔往北门防御，然后元兵突然调头进攻城南德安门，常州人因无粮而体力不支，不能及时赶赴南门救援，守南门的将领张超又因到寺庙求神护佑，未能在岗指挥。伯颜命令架起云梯、绳桥，指挥帐前军兵高举红旗登上南门，诸军看到伯颜帅旗已经树立在南门城头，于是四面并进，蜂拥而上，迅速占领城头。姚訔、王安节、陈炤、胡应炎均战死。刘师勇转战至小东门东青门（其在北门青山门与东门通吴门也即今天水门桥之间，所以既可以称作东北门，又可以称作小东门，在今天小东门桥的位置），《咸淳毗陵志》卷二《陆程》："东北自东钦门至江阴县"，其路亦是官道，见《万历武进县志》卷一"东门直街"图说："永安桥，俗名小东门桥，亦曰东钦桥 。……通驿道。"此官道（驿道）可由江阴通常熟而至苏州、杭州。刘师勇率其部下换成元军衣装，乘乱突围，仅带数骑奔往江阴军求救。江阴守将打算降元，闭门不纳，刘师勇像唐睢阳保卫战中的南霁云那样，在江阴城南悟空寺，射一支箭于寺塔，并题诗于寺壁，表示将来一定要率军把叛国的江阴军守将诛杀。刘师勇于是奔往平江城（今苏州）。伯颜下令屠常州城，只剩城内青果巷北的"古村十八家"以供收尸之用。谢应芳此诗若是81年后，则为元朝至正十五年（1355年，古人虚算）；若是82年后，则为至正十六年丙申岁（1356年）。元朝末年，各地汉族人民不堪种族压迫，纷纷起义。至正十二年，郭子兴在安徽定远、钟离起兵，朱元璋参军，次年，张士诚在苏北起义。至正十六年（1356年）丙申岁三月，朱元璋渡江占领并定都集庆路（今南京），自称吴国公。张士诚也在此年二月渡江占领苏州并建都于此，自称周王，又向西进攻，占领常州。至正十七年，朱元璋派遣徐达、汤和夺取常州，改常州为长春府，朱元璋和张士诚在常州境内互相攻伐，人民惨遭蹂躏。谢应芳因家乡常州在至正十六年丙申岁遭兵燹而东奔苏州，见其《龟巢稿》卷六《龟巢记》："至正丙申春，余辟地漏上，依旧识里翁刘氏家，筑室一区栖妇子，差可容膝，既而以'龟巢'颜之。"《龟巢后记》："是岁八月之初，天兵至西州来者，火四郊而食其人，吾之龟巢与先旧宅俱烬矣。予乃船妻子间行而东过横山，窜无锡，期月之间屡频于危。当是时，跧伏蓬底，屏息若支床者，然犹数数引颈回顾以恋其故土。明年仲秋至娄江，东近于海，潮风汐雨，飘摇栖苴，久之遂舍之，从人借屋而寓。阅四年，居凡五徙，闻乡邑无噍类，以是同室之人幸若再生，虽贫寠不以为苦，且复以为乐也。""天兵"便说的是朱元璋麾下的红巾军，而"火四郊而食其人"则写出最初朱元璋麾下的部队军纪不好，而且还吃人肉（红巾军因元末饥荒而造反，也因此沾染上食人肉的恶习）。今作者这首咏奔牛金牛台的诗，凭吊古代战事而无一字提到目前有战乱，且歌颂元朝皇帝是"明主"，笔下"北驼南象今纷纷"，"登临且喜得佳客"，"浮云世事勿复论，一醉西风真上策"，一派熙恬景象，则其诗当作于至正十六年二、三月张士诚、朱元璋攻取江南之前的至正十五年而非至正十六年，故当作"八十一年"为是。

马①遁去刘②将军，大家③牵羊④走燕云⑤。二⑥百山河献明主，北驼南象今纷纷。登临
且喜得佳客，鞠育⑦青青⑧已堪摘。浮云世事勿复论，一醉西风真上策。

19. 元末明初·谢应芳《奔牛巡检⑨石润卿示予〈胡妇杀虎图〉，其事乃前至元七年，
滨州军士刘平之⑩戍枣阳，与妻胡俱在道上，为虎所得，胡逐虎，杀之。润卿持画索诗，
用题其后》⑪：

> 猛虎谁不畏？良人吾所天。眼看性命落虎口，妾身虽死何足怜？嗟哉刘郎妻，力
> 不猛于虎；怒气一奋发，执虎如执鼠！想当攘臂急逐时，泰⑫山可拔城可隳。呼儿取
> 刀儿后随，刀入母手虎腹披。当时若使遭虎啮，虎口甘心作同穴。嗟哉刘郎妻，今古
> 谁足拟？冯媛当熊为帝⑬立，饶娥杀蛟随父死。呜呼！裙钗之下有君子，宜尔芳名著
> 青史！

---

① 铁马，穿有铁甲的战马，借指雄师劲旅。

② 刘，据四部丛刊本、四库全书本。《元诗选二集》作"镏"。

③ 大家，宫中近臣或后妃对皇帝的称呼。汉蔡邕《独断》："天子自谓曰'行在所'，……亲近侍从官称曰'大家'。"《北齐书·安德王延宗传》："大家但在营莫动，以兵马付臣，臣能破之。"

④ 牵羊，典出《史记·宋微子世家》："周武王克殷，微子乃持其祭器造于军门，肉袒面缚，左牵羊，右把茅，膝行而前以告。于是武王乃释微子，复其位如故。"后以"牵羊""牵羊肉袒""牵羊把茅"用作表示降服的典故。咸淳十年（1274年）七月，宋度宗病逝，年仅三岁的宋恭帝即位，尊谢道清为太皇太后。蒙古军沿长江东下，次年二月，宋军主力在丁家州（今安徽芜湖）被元军击溃，朝野震动，群情激愤，宰相陈宜中奏请诛杀贾似道，谢道清只是把贾似道罢官放逐，中途被监送人郑虎臣杀死。贾似道死后，谢太后主政，丞相王越、陈宜中、留梦炎或老迈多病，或庸俗懦弱，元军长驱直入。谢道清下哀痛诏，命令各路军民起兵勤王，仅文天祥、张世杰两人应诏。陈宜中主张纳贡求和，谢太后派人前往伯颜营中，主动提出称侄或称孙纳币，均遭伯颜拒绝。常州甘作保卫杭州的南宋朝廷的北门，被元军攻下而屠城，杭州震恐。德祐二年（1276年）正月，伯颜兵临安城下，陈宜中、留梦炎逃跑，谢太后任命文天祥为右丞相兼枢密使，到元营议和而被伯颜扣留。谢太后无奈，只得开城投降，向伯颜奉上传国玉玺和降表，并按照伯颜命令，下诏命令坚守扬州的李庭芝等将领投降，被李庭芝拒绝。二月，元军入临安。三月，掳走宋恭帝等南宋君臣，押往大都。谢道清患病在床，由元兵监视，暂留临安。八月，元军把她从宫中抬出，押送大都（今北京市），降封为寿春郡夫人，七年后病逝。

⑤ 五代时后晋石敬瑭把燕云十六州割让给契丹。燕指先秦燕国首都，即幽州（今北京），云指云州（今大同）。后以燕云泛指华北地区，明代又指京都北京地区。元好问《遗山集》卷六《续小娘歌十首》："太平婚嫁不离乡，楚楚儿郎小小娘。三百年来涵养出，却将沙漠换牛羊。"说的便是金被蒙古灭国后，三百年来涵养出的楚楚动人的孩子全部被当作牲口运往蒙古出售。当年金灭北宋也曾把北宋子女当牲口贩卖。

⑥ 二，据《元诗选二集》，四部丛刊本、四库全书本作"三"。元朝路下设府州县，据《元史·地理志》，文宗至顺元年（1330年）十一省统辖"路一百八十五，府三十三，州三百五十九，军四，安抚司十五，县一千一百二十七"。而明朝府下设州县，据《明史·地理志》载，明朝有府140，州193，县1138。又据《明史·兵志二》载，明有卫493、所359。综上，元朝全国共设185路，明代全国共设140府，皆未超过二百，故不当作"三"而当作"二"为是。

⑦ 鞠育，抚养、养育。语本《诗·小雅·蓼莪》："父兮生我，母兮鞠我，拊我畜我，长我育我。"毛传："鞠，养也。"郑玄笺："育，覆育也。"又指生育。

⑧ 青青，草木茂盛貌。《诗·卫风·淇奥》："瞻彼淇奥，绿竹青青。"毛《传》："青青，茂盛貌。"

⑨ 此处据四库全书本，四部丛刊本此处有一"胡"字。

⑩ 刘平之，据四部丛刊本，四库全书本误脱"刘平"两字。

⑪ 诗见谢应芳《龟巢稿》卷二。

⑫ 泰，据四库全书本，四部丛刊本作"太"，两字古通。

⑬ 帝，据四库全书本，四部丛刊本作"君"。

20. 元末明初·谢应芳《次韵陈知远〈秋日言怀〉》①：

奔牛古堰头，筑室俯沧洲。

爱客常沽酒，耽书不下楼。

青山衔落日，白露湿高秋。

最喜多兄弟，双亲百不忧。

21. 元末明初·谢应芳《望官军》②：

扬子江边群盗来，奔牛吕城飞劫灰。

客怀每日郁不乐，笑口几时能复开？

东郭流离人似蚁，西村格斗鼓如雷。

官军望断无消息，独立斜阳首重回。

22. 元末明初·谢应芳《丹阳陈天倪及其弟刚中、奔牛陈心远等诸羽士避兵洞庭山，寄此代简》③：

洞庭林屋聚群仙，问讯曾逢卖橘舡④。

湖上白鱼多满尺，山中朱果不论钱。

仙家犬吠云连屋，泽国龙吟月满天。

辟谷有方烦寄我，吾将多与世人传。

23. 元末明初·谢应芳《闰七月七日，许征士以诗见招，适余有毗陵之行，不及赴，次韵答之》⑤：

西风木落大江秋，明月江行倚柁楼。

一路看山三百里，桂花时节到奔牛。

24. 元末明初·谢应芳《金牛台送长史⑥仲野⑦》

---

① 诗见谢应芳《龟巢稿》卷二。
② 诗见谢应芳《龟巢稿》卷二。
③ 诗见谢应芳《龟巢稿》卷三。按苏州太湖中洞庭西山有溶洞林屋洞。
④ 舡，同"船"。
⑤ 诗见谢应芳《龟巢稿》卷四。
⑥ 长史，战国末年秦开始设置。汉代的相国、丞相、太尉、大将军等皆置长史。其后，长史为郡府官，掌兵马。唐制，上州于刺史、别驾下面设长史一人，从五品。明清两朝的亲王府、郡王府、公主府设长史，掌管府中政令。下文言徐仲野"持三尺"，则是主管常州府法律事务的推官，称其为长史，当是其由推官升任某王府长史而离任，谢应芳特地到金牛台来为他送行。
⑦ 此诗见四库全书本《龟巢集》卷五、四部丛刊本《龟巢稿》卷五。《龟巢稿》卷十四有《题徐松居所书昌黎诗后》："今观松居先生笔韩公之诗以示其子，盖先生之心即韩公之心也，为之子者得不以亲之心为心乎？仲野今学优而仕，方且以'学轩'署燕居之所，勤勤焉佩服父训，为学不厌夫如是，视韩公之子有间矣。昔人有言：'颜，何人哉？希之则是。'况希韩乎？仆虽老，尚刮目以俟。时洪武五年（1372年）二月初吉，毗陵谢应芳书。"谢应芳此诗当写在洪武五年二月后的某年徐仲野离任时。引文中"方且以'学轩'署燕居之所"，指用"学轩"两字来命名自己退朝而处的闲居之所。古人以"希圣"指效法、仰慕圣人。复圣颜回尚可希求，"况希韩乎"，指超过不是圣人的韩愈当更在话下，应当很容易效法成功并超过韩愈。

清明雨晴花正开，折花送客金牛台。

金牛遗迹不复见，但见尘埃野马①去复来。

台前鹤溪贯洮涡，濒湖绿野平如席。

台后群山倚大江，齐梁故里迷榛棘。

登高望远散离忧②，超然③如见昆仑丘。

为问④堰头⑤杨柳树，颇⑥尝⑦见有此客不⑧?

五年参赞⑨二千石，饮冰食檗⑩持三尺⑪。

簿书⑫肯綮⑬游刃余⑭，白雪词高人共惜⑮。

楼船溯流出京口，闸官放水蛟鳝⑯吼。

青苔绝壁为留题，名与此台俱不朽。

25. 元末明初·谢应芳《送慈晋卿序》⑰:

秦汉以来，官不封建；为郡县者，往往以交承之数⑱，视为传舍，治效盖蔑如也。

---

①　野马，野外蒸腾的水气。《庄子·逍遥游》："野马也，尘埃也。生物之以息相吹也。"郭象注："野马者，游气也。"成玄英疏："此言青春之时，阳气发动，遥望薮泽之中，犹如奔马，故谓之野马也。"

②　离忧，忧伤。《楚辞·九歌·山鬼》："风飒飒兮木萧萧，思公子兮徒离忧。"马茂元注："离忧，就是忧愁的意思。楚地方言。"

③　超然，高而远貌，又指离尘脱俗，即"超然物外"，超出于尘世之外。

④　为问，借问、请问。

⑤　堰头，奔牛堰边。堰，挡水的低坝，此处指闸。其时奔牛为闸而非坝，不可以理解为"奔牛坝"。

⑥　颇，表示怀疑的语气，可译为"可"。

⑦　尝，据四库全书本。四部丛刊本作"常"，通"尝"。

⑧　不，据四库全书本，通四部丛刊所作之"否"。不，当读作"否"方能押韵。

⑨　参赞，协助谋划。

⑩　饮冰食檗，谓生活清苦廉洁，为人清白。语本唐白居易《三年为刺史》诗之二："三年为刺史，饮冰复食檗。唯向天竺山，取得两片石。此抵有千金，无乃伤清白。"

⑪　尺，据四部丛刊本。四库全书本误作"日"。三尺，指法律。

⑫　簿书，官署中的文书簿册。

⑬　肯綮（qìng），筋骨结合的地方。《庄子·养生主》："技经肯綮之未尝，而况大軱（gū）乎?"陆德明《释文》："肯，着骨肉。綮，犹结处也。"后人用"肯綮"比喻要害或最重要的关键。今按：技经，犹言经络。技，据清俞樾考证，当是"枝"字之误，指支脉。经，经脉。肯，紧附在骨上的肉。綮，筋肉聚结处。軱，股部的大骨。此指庖丁解牛时，刀都不用碰到筋骨结合处，更不用说股部的大骨了，所以其刀永远崭新而不钝。

⑭　游刃，典出《庄子·养生主》：庖丁为文惠君解牛，技艺精熟，受到称赞，庖丁云："今臣之刀十九年矣，所解数千牛矣，而刀刃若新发于硎。彼节者有间，而刀刃者无厚，以无厚入有间，恢恢乎其于游刃必有余地矣。"后以"游刃有余"比喻观察事物透彻，技艺精熟，运用自如。

⑮　惜，爱惜、珍惜。

⑯　鳝，据四部丛刊本。四库全书本作"龙"。今按："鳝"既可音"shàn"，也可音"tuó"而同"鼍"，此处指后者，即扬子鳄，俗称"猪婆龙"。蛟是没有角的龙，龙就是长有角的蛟，其原型都是大型的鳄鱼。扬子鳄也是蛟属，因体短而肚子显得大，故视之为怀孕之龙而得名"猪婆龙"。鳄鱼的鸣叫声似雷，故又名"忽雷"。《太平广记》卷四百六十四引唐郑常《洽闻记》："鳄鱼别号'忽雷'，……一名'骨雷'。"

⑰　文见谢应芳《龟巢稿》四库全书本卷九、四部丛刊本卷十四。

⑱　数，音"shuò"，表示数量多，即频繁。

况巡检或以省檄为之，遇①郊授者，截日②代去，其传舍尤非郡县之比。惟慈君晋卿则不然。君来奔牛，即谂诸众曰："吾居此，诚不知能几何时。然食君之禄，虽一日，必事其事尔。吏必谨其案牍，尔巡兵必严警逻。否则，必汝责弗恕。"于是，各殚其力，而君之用情尤倍之。居民谧宁，盗贼屏息，四境之内晏如也。既而郡府以材干闻，复以渠堰等事委之。夫奔牛当驿路之冲，凡朝廷使命之出，东南方物之贡，与夫省宪百司，往来络绎，罔不役巡兵护送之，稍缓则怒骂鞭扑③，皂隶不能堪，而君处之泰然，每以身代巡兵之役，退无怨言。阅四年如一日，盖其立志之确，而忘其劳且辱也。今乡人德之，郡府嘉之，儒绅君子咸赋诗以华其行。吁！世之传舍其官者，闻慈君之风，亦可少变矣。

26. 元末明初·谢应芳《送小河徐巡检序》④：

常为浙右大藩，府统州县四，巡检司又五倍之⑤，独小河濒扬子江，风帆浪舶辐辏岸下，贩私盐以渔厚⑥利者，往往与居民通。甚者御人江海之上，日熏月炙，恶习滋蔓。数年以来，号称难治。淮安徐君达善适官于兹，君患之，视政之日，既申明宪章，以严警逻，吏不敢肆，卒不敢怠。未几，民有蹈前辙者，追亡摘伏，罔或遗漏，境内肃然。道东西行者，争称誉之。由是郡知其能，乃命⑦摄奔牛、黄土之警⑧，君一以公勤莅之，民以⑨谧宁，阅五载如一日。今代去，彼乡人之赖以安者，设祖帐青城下⑩，皆依依然不忍云⑪别。余⑫既嘉君之有德于民，亦喜其民之不忘德也。吁！今天下之盗，岂止是哉？蜂蚁之众窃兵于退陬，豺虎之徒贼民于当路，斯居⑬民尤苦之。以君之才，使之佩虎符、拥貔貅，则蜂蚁可扫也，使峨豸冠、持玉节，则豺虎可擒也，蜂蚁扫而豺虎擒，斯不负其才矣！

---

① 为之遇，四部丛刊本作"之过"，当误。巡检是行省所任命。郊授，当指现场任命而交割职务，指其任命的草率与不正规。按宋江少虞《事实类苑》卷四十八"宋莒公庠知许州"条："后郊授溧阳尉，竟死焉。（见《青箱杂记》。）"
② 截日，即日。
③ "扑"字据四部丛刊本，四库全书本作"朴"。
④ 文见谢应芳《龟巢稿》四库全书本卷九、四部丛刊本卷十四。题中"河"字四部丛刊本误作"湖"。
⑤ 指统领宜兴州、无锡州、晋陵县、武进县，各州县下设有巡检司，一共有20个。
⑥ "厚"字据四部丛刊本，四库全书本误脱。
⑦ "命"字据四库全书本，四部丛刊本无。
⑧ 警，巡逻。当指兼管奔牛巡检司与黄土巡检司的巡逻事务。
⑨ "以"字据四库全书本，四部丛刊本作"皆"。
⑩ "城下"字据四库全书本，四部丛刊本作"门外"。按奔牛北，仁孝东乡小都（今作孝都）旁有青城镇。
⑪ "云"字据四部丛刊本，四库全书本无。
⑫ "余"字据四库全书本，四部丛刊本作"予"，两字意同。
⑬ "居"字据四库全书本，四部丛刊本无。

27. 元末明初·谢应芳《请蒋月堂建奔牛桥疏》①：

"古堰横奔牛"，漫有前贤②之句；过桥乘驷马，方无病涉之忧。必得其人，庶成乃事。某人③，为善最乐，见义勇④为。广造舆梁，不特济人于溱洧；多修塔庙，尤能事佛于祇⑤园。聚福海由历劫之修，登彼岸乃平生之愿。难兄难弟，均怀编竹渡蚁之仁；贤子贤孙，绰有跨灶⑥过父之美。乡间⑦称善，湖海知名。眷此官河⑧，实为孔道。当一市，人烟辏集；通⑨四方，车骑往来。每遇断桥，如隔弱水。不有填河之鹊，又无跨海之鲸。欲得安行，必须改作。甃鳞鳞之万甓，护曲曲之回栏。车流水，马游龙，听扬名于道上；月出云，虹饮涧，看横影于波间。慷慨承当，咄嗟可办。

28. 元末明初·谢应芳《奔牛坝南重建井亭疏》⑩：

古堰横奔牛，高下分河中之水；碾涡深没马，傍边宜井上之亭。中书君但请挥金，公输子便能求木。画檐飞起，接金台⑪蔼蔼之云烟；素绠来趋，披珉⑫甃泠泠之冰雪。愿言多助，立见落成。

29. 元末明初·谢应芳《故处士存心先生陈公行状》⑬：

曾祖讳文表，宋兼州司户，余缺⑭。祖讳霆轰，宋从政郎、行国子录，余缺。考讳圣渊⑮，字容轩，宋承节郎、提刑提举司奔牛酒库提干，升提刑司签幕、兵马钤辖、朝奉郎、常州通判，赐绯银鱼袋，带行都督府机宜文字。先生讳师可，字伯大，自号"存心老人"，通判公之第三子也。宋末，父母⑯居官常州武进县奔牛镇。宋亡而元⑰，遂为武进人。母某⑱氏。先生生至元十五年戊寅，不数岁，能通《孝经》《论》《孟》

---

① 文见谢应芳《龟巢稿》四库全书本卷十、四部丛刊本卷十三。
② 此乃东坡先生之句。
③ 指蒋月堂。
④ "勇"字据四库全书本，四部丛刊本作"必"。
⑤ "祇"字据四部丛刊本，四库全书本作"祇"。
⑥ 跨灶，比喻儿子胜过父亲。《诗律武库·跨灶撞楼》引三国魏王朗《杂箴》："家人有严君焉，井灶之谓也，是以父喻井灶。或曰：灶上有釜，故生子过父者，谓之'跨灶'。"
⑦ "间"字据四库全书本，四部丛刊本作"里"。
⑧ 官河，即运河。奔牛在运河上。
⑨ "通"字据四库全书本，四部丛刊本作"聚"。
⑩ 文见谢应芳《龟巢稿》四库全书本卷十、四部丛刊本卷十三。四部丛刊本题作《奔牛桥南重建井亭》。
⑪ "接金台"据四部丛刊本，四库全书本作"金台接"。
⑫ "披珉"据四部丛刊本，四库全书本作"乐石"。
⑬ 文见谢应芳《龟巢稿》四库全书本卷十三、四部丛刊本卷十九。题中"先生"两字据四部丛刊本，四库全书本无。
⑭ 指其他事情由其亲人自己来补充。
⑮ "渊"字据四部丛刊本，四库全书本作"泽"。
⑯ "母"字据四部丛刊本，四库全书本无。
⑰ 指宋亡而天下成为元朝的天下。
⑱ "某"字据四库全书本，四部丛刊本作"△"。文末"长曰某，次曰某，娶某氏"以及"某自早岁"之四个"某"字亦据四库全书本，四部丛刊本作"△"。

大义，父常问之，应对如流。然天资醇朴，不尚文藻。既长，当路者多荐辟之，皆不就，孝奉二亲，于丧事葬祭，罔不如礼。其弟振可，父命为同邑张总把①后；蒙可，赘卢庄金氏后。振可颇豪侠，先生数劝止之，然其好宾客、接后进，饮食教诲，送往迎来，亦不减乎其弟也。平居，坐蒲石轩②，观盆池小鱼，洋洋自得，曰："鱼之乐，犹吾之乐也。"或小饮微醉，歌安乐③窝先生之诗，击节叹赏。晚年家居，为童子师，无贤愚贵贱，但内拜，则进而教之；束脩之礼，不计其孰有而孰无也。元末，草窃蜂起，乡里有不可得而居者，挈家依无锡东④胶山安氏，食指数百，恬不为忧。盖人多知先生为有德之士，供具不绝。既而，鼠辈旁午，乃转徙苏州城西。先生⑤及妻康氏，相继以病而⑥殁。先生享年八十有一，妻年若干。宰木几拱，遇世变，环城数十里，河隍变迁，而大明开天矣。先生初娶陶氏，生子曰以仁，先卒；继室康氏，子男四人，长曰某，次曰⑦某，娶某氏；孙男三人，长曰融，娶丹阳陈氏；次某，俱幼⑧。洪武己巳冬，葬二亲衣冠于唐原祖茔之侧。呜呼！先生生死始终，两遭兵变。不以艰危，亏事亲之礼；不以困乏，失守身之节。"存心"之号，不诬也。某自早岁从游⑨，且忝姻戚，知先生为甚⑩详，故状其梗概如右。

29. 元末明初·谢应芳《子祭父文（代奔牛陈明远兄弟作）》⑪：

哀哀父母，生我劬劳，欲报之德，昊天罔极。此尼山圣人删《诗》三百，存此言为万世之训也。凡为人子者，报⑫亲之心其可忘也？况某某⑬之痛亲，尤有甚于常人者。元历之末，兵戈数年，委弃桑梓，流离异乡。其生也不能尽菽水之欢，其殁也不能永⑭宅兆之安。陵谷之变，邱垄之失，仰愧俯作，无可奈何于兹，又隔一宇宙矣⑮。

---

① "总把"据四库全书本，四部丛刊本作"把总"。
② 当非指在轩内的蒲团上打坐，而是指轩中有金鱼缸，缸中有蒲草和石块。
③ "乐"字据四部丛刊本，四库全书本误脱。北宋邵雍把自己的房子称作"安乐窝"，自己起了个"安乐先生"的雅号。
④ "东"字据四库全书本，四部丛刊本无。
⑤ "先生"据四库全书本，四部丛刊本无。
⑥ "而"字据四库全书本，四部丛刊本无。
⑦ "曰"字据四库全书本，四部丛刊本无。
⑧ "次某，俱幼"据四库全书本，四部丛刊本作"余俱尚幼"。
⑨ "从游"据四部丛刊本，四库全书本作"游从"。
⑩ "甚"字据四部丛刊本，四库全书本无。
⑪ 文见四库全书本《龟巢稿》卷十五，又见四部丛刊三编影钞本《龟巢稿》卷二十。
⑫ 报，据四库全书本，四部丛刊本作"亲"。亲亲，爱自己的亲属，语出《诗·小雅·伐木序》："亲亲以睦友，友贤不弃，不遗故旧，则民德归厚矣。"然下文有"非敢谓报亲之万一也"，故此处亦当作"报"为是。
⑬ 某某，据四库全书本，四部丛刊本作"△△"，均代指陈明远兄弟两人而不名，四库全书作"某"，四部丛刊本作"△"。
⑭ 永，据四部丛刊本，意为使永久。四库全书本误作"求"。
⑮ 指死者在死人的天地中，而生者在生人的宇宙中，阴阳两隔。

今也，仿昔人衣冠之葬，葬以木主①。巫阳"些"歌②，双魂来归。于以寓安厝之礼，于以表追远之心，非敢谓报亲之万一也。於乎哀哉！於乎痛哉！

30. 元末明初·谢应芳《寄陈彰远、明远兄弟》③：

　　金牛台下带经锄，长铗无声食有鱼。

　　兄弟五人双璧在，箕裘三世一廛居。

　　中秋明月最端正，长夜浮云或卷舒。

　　觅得丹梯上天去，同将物理问何如？

31. 元末明初·谢应芳《寄辛至善》④：

　　青年即著远游鞭，白首仍居小市廛。

　　寂寞蓬蒿三径在，辛勤父子一经传。

　　奔牛堰下水到海，射虎亭西山插天。

　　我欲抱琴寻戴去，中秋相近月将圆。

32. 元末明初·谢应芳《题清微观（并序）》⑤：

　　兰⑥尝考，廆亭乃孙仲谋射虎之地，今为吕城桥名⑦，密迩清微，是为清微胜概也。不揣言耄，表而出之，并为燕厦⑧之贺云。

　　阿蒙之城⑨何代倾？玄元閟宫无与京。

　　英雄射虎陈迹在，咫尺奔牛古堰横。

　　鲤鱼飞去石尽烂，桃花种来蹊自成。

　　华阳福地一如此，何用山中宰相名？

33. 元末明初·谢应芳《短歌行》⑩：

---

　　①　指两兄弟逃离家乡而与父母失散，未能尽生前之孝养，连何时死的也不知道，故而未能找到其遗体加以安葬，只好将其生前的衣物，用一牌位代表其本人下葬。

　　②　巫阳，古代传说中的女巫。《楚辞·招魂》："帝告巫阳曰：'有人在下，我欲辅之。魂魄离散，汝筮予之。'"王逸注："女曰巫。阳，其名也。"些，音suò，语气词。《楚辞·招魂》："魂兮归来，去君之恒干，何为四方些？"洪兴祖《楚辞补注》引沈括曰："今夔、峡、湖、湘及南北江獠人，凡禁呪句尾皆称'些'，乃楚人旧俗。"唐李益《从军夜次六胡北，饮马磨剑石，为祝殇辞》诗："殇为魂兮，可以归还故乡些。"因《楚辞·招魂》用"些"字，故以"些歌"代指《楚辞·招魂》之歌，故下文有招双亲之魂来归之语。

　　③　诗见谢应芳《龟巢稿》四库全书本卷十七、四部丛刊本卷八。

　　④　文见谢应芳《龟巢稿》四库全书本卷十七、四部丛刊本卷八。

　　⑤　文见谢应芳《龟巢稿》四库全书本卷十七、四部丛刊本卷七。

　　⑥　兰，谢应芳自称，其字子兰。

　　⑦　"名"字据四部丛刊本，四库全书本误脱。此言吕城地区今有廆亭桥，非指吕城镇上跨运河之桥名为廆亭桥。廆亭是否就在吕城桥，待考。谢应芳当是言廆亭就在吕城桥附近。

　　⑧　"燕厦"当指"燕馆"，战国时燕昭王为招纳贤士所筑的碣石宫，泛指招贤纳士的馆舍。

　　⑨　阿蒙，指三国时东吴的吕蒙。吕城为吕蒙所建，故名"阿蒙之城"。

　　⑩　文见谢应芳《龟巢稿》四库全书本卷十七、四部丛刊本卷七。

东谢庄、西谢庄，奔牛东北①十里强。

先人痛惜家谱②亡，能言其略忘其详。

高曾本住开封府，绍兴之先乱离③苦。

随④龙渡江寓兹土，以谢名庄似韦杜。

后来一派分烈塘，华屋高邱乃吾祖。

季父咸淳中甲科，封胡羯末⑤皆簪组。

宋历已矣元历新，竟作遗珠沉合浦。

我⑥祖佳城宰木拱，家庭玉树遭斤斧。

我祖我伯我父兄⑦，青冢累累续迁祔。

转头沧海又扬尘，十年逃难⑧归洪武。

昏鸦满树雀无枝，结巢乃在横山坞。

三子六孙中子殂，长孙又殒黔阳簿。

黄茅岭⑨畔作哀邱，昭穆按图无抵⑩牾。

年年寒食春草长，横山、烈塘连谢庄。

一盂麦饭一壶酒，老泪触处俱淋浪。

於乎豺獭犹能效烝尝，何况人为物灵知义方。

我今谆谆语两郎，尔子尔孙宜勿忘。

34. 明·胡奎《斗南老人集》卷五"七言绝句"《次复柬先生纪行之什》⑪：

奔牛

吕城春水与天连，黄帽操舟百丈牵。

一片征帆如鸟疾，归心更比鸟争先。

---

① "北"字据四部丛刊本，四库全书本误作"斗"。按东谢庄与西谢庄即今奔牛东北汤庄桥西南的谢庄，正在奔牛东北。

② 此可证明谢氏宋代已有家谱。

③ "乱离"据四部丛刊本，四库全书本作"离乱"。

④ 此处据四库全书本，四部丛刊本此处衍一"从"字。

⑤ 封胡羯末，均为兄弟的小名。封，指谢韶；胡，指谢朗；羯，指谢玄；末，指谢琰。后人用"封胡羯末"作为称美兄弟子侄之辞。

⑥ "我"字据四库全书本，四部丛刊本作"吾"。

⑦ 此句据四库全书本，四部丛刊本作"吾伯吾祖吾父兄"。

⑧ "难"字据四库全书本，四部丛刊本误脱。

⑨ 横山大林寺与白龙观之间有黄猫岭。

⑩ "抵"字据四库全书本，四部丛刊本作"牴"，两字古通。

⑪ 共20首，下为第11、19首。

常州

毗陵春去欲锁魂，红叶池台几处存？

买得一双金剪子，梦随蝴蝶到家园。

35. 明·谢晋《兰庭集》卷上《旅泊奔牛坝①下，次钱经韵》：

收帆时候日初斜，旅泊奔牛近酒家。

风起冻云天欲雪，溪流寒月浪生花。

连宵诗酒叨倍②席，明日图书拟共车。

且向坝③南同一醉，任他人语夜喧哗。

36. 明·金大舆《金子坤集》之《奔牛》：

风帆如去马，月里过奔牛。

人语山村夜，虫鸣水国秋。

旅游惊落木，乡思忆登楼。

自笑浮名客，几心散海鸥。

37. 明·曹学佺《石仓历代诗选》卷五百三"明诗次集一百三十七"：

郑鹏④字于汉，闽县人，有《编茗集》。

……

夜宿奔牛镇感事

飒飒风号树，萧萧雨打篷。

暮林已归鸟，远寺亦鸣钟。

丝尽伤贫女，场空泣老农⑤。

微官惭寄禄，为尔辍朝饔。

38. 清·方孝标⑥《毗陵怀古诗（含序）》⑦：

---

① 原字右半作"其"，据意径改。

② 倍，通"陪"。

③ 原字右半作"其"，据意径改。

④ 按《万历常州府志》卷九《令佐表》正德十六年武进县学教谕有"郑鹏，侯官人，举人"。卷十《名宦》有其传："郑鹏，字于汉，侯官人，由乡举任学教谕，抗志不苟合。九载考绩，徐庄裕有文美之。"他同情百姓疾苦，故诗末有为奔牛老农交租后的惨状痛苦而吃不下饭的诗句。

⑤ 女织丝，男耕田。丝被取走交税则女伤心，场上粮食被搬走交田租则男哭泣。

⑥ 方孝标（1617—1697年），本名玄成，避康熙帝玄烨讳，以字行，别号楼冈，安徽桐城人。青少年时正值明末动乱，十七岁随父母迁居金陵。顺治六年（1649年）中进士，累官至内弘文院侍读学士，坐事流放宁古塔，后得释。康熙二年（1663年）居扬州，后去杭州、福建。康熙九年入滇，仕吴三桂，为翰林承旨。根据在滇、黔时所闻所见的明末清初之事，著成《滇黔纪闻》。同邑戴名世著《南山集》，多采其言。后来戴名世获祸，牵连到方孝标。时孝标已死，被掘墓锉骨，亲族判死罪或流放者甚多。

⑦ 出清人方孝标《钝斋诗选》卷一"五言古体一"，清钞本。

己亥，余北谴①，妻、子南归故里，无栖止，毗陵杨静山先生馆廪②之"东园"③，四年矣。余虽归，而急于工作。壬寅秋来此，不浃旬④而出；癸卯秋来此，不浃旬而又出：卒卒⑤靡盬⑥，未得穷毗陵之名胜。然以其暇日，亦尝携酒，偕儿辈寻古迹、考旧志。山川犹昔，星物更移⑦，今古皆然，岂独我辈？不觉曳杖而歌成声焉，曰《毗陵怀古诗》，稽⑧其数为十二目，志所见也；序其事，备览也。

……

奔牛闸 ⑨

在郡北三十五里。自吕城接丹阳之流，东南入于怀仁乡⑩，东分派为孟河，西为伯牙渎，又西为小孟河，会于黄泥湾，流入孟河口。之东曰东、西沙沟。绕镇两河有闸曰奔牛闸。自昔迄今，系馔⑪道，尤重云。

财赋如人身，下竭上必倾。

晚季箕敛⑫急，何如中饱⑬清⑭？

奔牛置插⑮堰，秸⑯年至正春⑰。

彼时未大乱，商贾饰公卿。

江淮倏云扰，国匮贷黄巾⑱。

此粟彼泛舟，国珍欺士诚。

---

① 指顺治十四年（1657年）江南科场案发，主考方猷等十九名考官被判死刑，方章钺等当科举人被打几十大板后发配宁古塔。当时身为清廷官员的方拱乾、方孝标也都受到牵连，同时被发配。

② 馆，给房子住。廪，供给饮食。

③ 杨廷鉴，号静山，常州人，明末最后一位状元，家东有园名"东园"，又名"杨园"，即今一〇二医院。

④ 浃旬，一旬，十天。

⑤ 卒卒，匆促急迫的样子。

⑥ 盬（gǔ），止息。靡盬，无止息，指辛勤于王事。《诗经·唐风·鸨羽》："王事靡盬，不能艺黍稷。"

⑦ 星物更移，即"星移物换"，指星位移动，景物改换，谓时序变迁。星移，即"斗转星移"，星斗变动位置，指季节或时间变化。物更，即物换。

⑧ 稽，计，计算、核查。

⑨ 此为最后一首即第十二首。

⑩ 今按常州府武进县只有怀德乡，无怀仁乡。奔牛所在之乡为安善西乡。

⑪ 馔，音义同"运"，意为运粮。

⑫ 箕敛，以箕收取，谓苛敛民财。《史记·张耳陈余列传》："外内骚动，百姓罢敝，头会箕敛，以供军费，财匮力尽，民不聊生。"裴骃《集解》引《汉书音义》："家家人头数出谷，以箕敛之。""头会箕敛"就是按人头数征税，用畚箕装取所征收的谷物，谓赋税苛刻繁重。

⑬ 中饱，原谓居间者得利，后指经手钱财时，以欺诈手段从中取利。《韩非子·外储说右下》："薄疑谓赵简主曰：'君之国中饱。'简主欣然而喜曰：'何如焉？'对曰：'府库空虚于上，百姓贫饿于下，然而奸吏富矣。'"

⑭ 清，清明，指政治有法度、有条理。

⑮ 插，当通"牐（闸）"。

⑯ 秸，当通"稽"，考也。

⑰ 春，指代年。

⑱ 黄巾，东汉末年张角所领导的农民起义军，因头包黄巾而得名。泛指作乱者、寇盗。

饥寒及帝后，惨淡迎天津。

轴舻①建海运②，运至食无人。

流水今犹昔，涓涓③系匪轻。

我来值蕴隆④，桔槔⑤两岸鸣。

冰⑥枯舴艋⑦滞，疏浚叹前经。

伊谁司岳牧⑧，曾不念民生？

愿言⑨川效职，愿言国赋平。

以此临渊唱，和彼击壤⑩声。

39.《康熙武进县志》卷四十三《艺文·排律》：

国朝王士祯⑪《奔牛道中答友》

南望思横集，伊人在具区。

愁心与江水，日夜下东吴。

采采春方至，堂堂岁又徂。

寄书初见雁，念别岂思驴？

前路临申浦⑫，相思满太湖。

问梅元⑬墓寺，浊酒待君沽。

40.清·毛奇龄《西河集》卷一百六十八五言律诗《次奔牛》：

裁⑭过毗陵驿，常州与润州。

横帆如快马，荒镇是奔牛。

---

① 轴舻，本指船舵和船头，代指船只。

② 建，建立，开始。今按，海运实始于元世祖忽必烈时，后由于台风和恶劣的气候条件造成大量沉船，朝廷认识到要另辟一条替代性的运粮途径，即京杭大运河。此河不光开河成本巨大，而且延续这条运河所需的维护成本也极大，这条运河所需的大量开销成为元朝财政的一个重点。

③ 涓涓，细水缓流貌。

④ 蕴隆，暑气郁结而隆盛。

⑤ 桔槔（jié gāo），井上汲水的工具。在井旁架上设一杠杆，一端系汲器，一端悬绑石块等重物，用不大的力量便可把灌满水的汲器提起。

⑥ 疑当作"水"。

⑦ 舴艋，小船。

⑧ 岳牧，传说中尧舜时"四岳、十二牧"的简称，泛称封疆大吏。

⑨ 愿言，思念殷切貌。《诗经·卫风·伯兮》："愿言思伯，甘心首疾。"郑玄笺："愿，念也。我念思伯，心不能已。"

⑩ 击壤，《艺文类聚》卷十一引晋皇甫谧《帝王世纪》，帝尧之世"天下大和，百姓无事，有五十老人击壤于道"。后因以"击壤"为歌颂太平盛世的典故。

⑪ 即王士禛，因避雍正讳而改名为王士祯。此诗王士祯集未收。

⑫ 即常州城东北的申港，流入江阴境内，延陵季子葬于其西岸。

⑬ 元，即"玄"字避康熙讳而改书，指苏州邓尉山南玄墓山的梅花很有名，享有"香雪海"的美誉。

⑭ 裁，通"才"。

白杏千村暮，黄茅两岸秋。

茫茫何所届①? 淠②彼一舟流。

41. 清·孔继鑅《心向往斋集》卷六:

毗陵走仆暨阳③候子傅

故人十口隔江皋，别恨蹉跎系梦牢。

归日空囊庭雪积，荒村病骨海风高。

兰陵潮逆凭仙鲤，申浦云深叫伯劳。

歧路不堪盈手赠，一端絺绤愧绨袍。

守雨丹阳林口④

水风习习毗陵驿，向晓沙头雨未收。

芳草连天愁画鹢，急雷送客过奔牛。

鸡声墟市云迷岸，柳色津亭气变秋。

身世扁舟吾已具，一竿不是学披裘。

42. 清·孔继鑅《心乡往斋集》卷十二《留别西卿》:

朝发奔牛口，暮宿罗墅洲⑤。不雨隘曲港，终日留方舟。十亩水村北，君子门阑幽。爰造竹中径，遂坐沙上楼。窗几自明月，图史供披搜。取携江市酒，旨有寒家修。展拜出细弱，灯烛连清秋。昔汝侍庭诰，丈人欢我游。稚子今汝侍，对客能献酬。俯仰三世闲，那⑥不霜盈头。旁郡防盗贼，僻壤修戈矛。饥冻日相迱，道涂人未休。忽忽笑言散，萧萧污⑦渚愁。

43. 清·彭孙贻《茗斋集》之"茗斋五言古诗"《舟宿奔牛埭》:

江帆趁余潮，未胐仍似晦。晚色带归桡，炊烟罢夕碓。旅行少佳怀，维艇登古埭。步屧残雪中，振齿花未退。遥望颓垣上，古树有奇态。叩门不逢僧，枯藓黄琐碎。攀枝俯乔柯，皴剥历人代。俯仰河山意，屡游惊独在。怃然下奔牛，舟灯耿相对。

---

① 届，到。此指景色空旷，一望无际。
② 淠，船行貌。语出《诗·大雅·棫朴》:"淠彼泾舟，烝徒楫之。"郑玄笺:"淠，淠然。泾水中之舟顺流而行者，乃众徒船人以楫棹之故也。"
③ 暨阳，江阴之古称。
④ 即陵口。
⑤ 由奔牛走孟河，途经罗墅湾，至小河镇入大江。
⑥ 那，通"哪"。
⑦ 污，意为低洼处。

44. 清·王汝玉撰《梵麓山房笔记》卷三：

汪月生献玗，节安廷楷征君仲子，余门东芳诚沈之兄也。诗笔矫然不群，无一凡近语，庚子秋试，尝以所作见示。《奔牛早发》："翻翻梁叶鸣，渺渺波光白。草滑只轮车①，虫吊五更客。繁星列四垂，浓露并一滴。挈来旅梦残，惬此早凉适。前树尚迷晖，下坡忽辨色。微茫见村墟，陡折入篱栅。桔槔乘晓功，瓦缶丞朝食。居人味寝兴，征衣逐昕夕。遵程指高冈，劳劳感行役。"

45. 清·田雯《古欢堂集》卷九五言律诗《丹阳道中》：

庑下晨舂米，河边夕纬萧。

布帆风力小，渔火野村遥。

秋雨左思墓②，蓼花丁卯桥。

曲阿怀古意，愁听海门潮。

吕蒙城③下水，直接大江流。

京口烽烟路，人家橘柚秋。

浅沙投旅雁，寒日落奔牛。

偶遇吹箫客，兰陵④上酒楼。

---

① 即独轮车。

② 写《三都赋》而留下"洛阳纸贵"美谈的左思是金坛人，墓在金坛，按南宋《嘉定镇江志》卷十一《古迹·陵墓·墓·金坛县》载："汉左恢墓，在县北一十八里。《毗陵先贤传》云：'恢，字伯向，曲阿人，累拜尚书左丞，京师称其清高，后迁会稽太守。'""左忠墓，在县南一十八里，《先贤传》云：忠，字思和，曲阿人，凡为七邑，所至有异政。""吴左思墓，在县北一十八里，《先贤传》云：思，字公行，云阳人，材量雄伟，孝行纯笃，累迁会稽、余杭、长沙三郡守。"《晋书·文苑列传》称："左思，字太冲，齐国临淄人也。其先，齐之公族有左、右公子，因为氏焉。家世儒学。父雍，起小吏，以能，擢授殿中侍御史。"此是言左思得姓氏于齐国临淄，世代不忘本而称自己为祖籍所在的齐国临淄人，并不能以此来证明左思不是金坛人，还当以家谱记载为准。今按丹阳左氏号"丹阳珥陵左氏"，据上海图书馆家谱阅览室珍藏的《左氏十二修族谱》（1949年修）卷二载："左思，字太冲，仕孙吴，为著作郎。……卒，赐葬曲阿金沙景塘之南。曲阿，古邑名，后改云阳，又改丹阳。金沙景塘，今属金坛县，思墓尚存。"金沙为金坛古称，本属曲阿，隋大业末天下动乱，乡人自立金山县自保，唐垂拱四年（688）改名金坛县，故隋末以前称左氏家族为曲阿人，因其时尚无金山县之建置也。《金坛县地名录》（1983年金坛县地名委员会编）第37页《白塔公社地名图》标有景塘这一湖泊，其南有后高湖。就在后高湖西北侧、景塘正南侧，清楚标明左墓村这一地名，其第40页"联丰大队"下载："左墓里，相传唐朝左丞相墓葬于此，故名。"其墓今已不存。第174页"桥"记载："思墓桥，城东公社境内。"第10页《城东公社地名图》金坛城东常溧公路南侧红庙头东清楚标有西思慕和东思慕两地名。第13页"金胜大队"下记载："西思慕，以思墓桥得名，与东思慕对称。"即东西思慕因位于思墓桥东西两侧得名，"慕"字当是"墓"字的音近而讹。其在白塔公社金沙景塘之南约13公里处，此思墓桥处的东西思慕村当是左思墓所在，其处同样有"左丞相墓葬于此"的传说，其地因紧邻金坛市区（在城区之东），现已析为金坛经济开发区，其墓今已不存。至于白塔公社金沙景塘南1公里处的左墓里，与其南13公里的思墓，到底哪个才是左思之墓？显然上引《嘉定镇江志》言明汉左恢是尚书左丞，后世讹传为"左丞相"，且又误汉代为唐代，故"左丞相墓葬于此"的左墓里当是汉代尚书左丞左恢墓，而思墓这一地名早已清楚标明左思墓就在其处。

③ 即吕城，《至顺镇江志》卷二《地理·城池·丹阳县》："吕城在丹阳县东五十四里，吴吕蒙所筑，遗址尚存（镇名取此）。"

④ 兰陵，常州的别称，是已到常州地界或到常州城。

46. 清·赵执信《因园集》卷九《奔牛道中大雪》：

　　北风吹船船欲裂，万里寒门吼飞雪。

　　空蒙江国气惨凄，宛转河流冰断绝。

　　避地南来惜病身，图于暖日渐相亲。

　　严寒随我不相舍，猬缩虫号恼杀人。

47. 清·赵执信《因园集》卷十一《奔牛遇雪呈南村》：

　　交期垂尽蹔同舟，八口飘零感未休。

　　一瞬南来还北去，三年风雪度奔牛。

48. 清·厉鹗《樊榭山房集》卷八"诗辛"①《晚过奔牛堰闻杜宇，有怀汪西颢在析津②》：

　　古堰经由处，蜀禽啼暮云。

　　风多声易失，林静语初分。

　　归客尚为感，居人如不闻。

　　萍漂南北路，因尔惜离群。

49. 清·厉鹗《樊榭山房集》卷九"词甲"《浣溪纱·奔牛道中初晴》：

　　莎雨前宵打布帆，柳花今日扑征衫，催春杜宇怨春酣。　　天有心情云破碧，风无气力水挼蓝，销魂时节在江南。

50. 清·梁章钜《勘视孟渎河，道中率成》③：

　　重到奔牛路，休夸走马能。去年初勘，以大雨泥泞，策马而行。

　　胜区忘按部，初行一二里，夹河有茂林、修竹，景物绝佳。晴日快行滕。

　　一港通南北，千年迭废兴。

　　夏罗连水驿，夏墅汛、罗墅汛，皆在孟河城南。黄塔历秋砅。黄山、塔山，皆在孟河城北；旧时江心，今可骑而登矣。

　　渐作桑田变，空烦铁瓮④凭。邵长蘅《水利议》曰："自明嘉靖初筑城御倭，而孟河淤。"

　　海氛今岂虑？鲥挽久难胜。

　　赤地艰疏泑，淫霖易□⑤塍。

---

① 本卷第一首诗下注"以下丁巳"，则是乾隆二年丁巳岁（1737 年）所作诗。
② 指辽国的南京析津府，其为辽国陪都，古称燕京，即今北京西南。后人遂用析津代指明清的首都北京。
③ 诗出《退庵诗存》卷十九。
④ 镇江又称"铁瓮城"。
⑤ 此字不清，据意当指大水淹没田畴，故疑当是"浸"字。

商涂嗟扫迹，农隐竟成瘗。

孟简名修肇，唐元和间，刺史孟简浚此渎，因名。杨玙贯始仍。宋庆历初，县令杨玙再浚。

漕渠长滑达，孟渎在前明为漕运捷径，详志乘①中。闸岸遂峻嶒。康熙十九年，始奏请建闸。

废坠谁当举？均输且有征。明林应训《请浚孟渎疏》有："永乐、宣德、宏（弘）治年间，议于苏、松、常、镇、杭、嘉、湖七府，协力并开"之语。兹役借用缓漕米价二十万余金，议令常州所属七县分别摊征还款。

借筹随地力，抗疏感②天霶。时部臣以筹给西陲军饷，奏令各直省停止工作，金谓此役亦宜从缓。余因民望孔殷，恳切敷陈入告，感蒙报可。

伐石平如砥，工次，忽逢石骨，因加工费划通。酾畴直似绳。购民田数里开之，以取直势。

錾声应潮急，香气夹衢升。是役，民情欢跃。值余按部，入孟河城，夹路皆焚香相迓。

利合三河溥，时澡港、德胜两河，同时并浚。功防九仞亏。

省成须率作，敬告合簪朋。

51. 清·梁章钜《归里已八阅月，吴士顾梦香以画册十二幅惠寄，皆余数年来在官游事③也。感彼去思，留此陈迹④，各附短句，用写远怀》⑤：

......⑥

孟渎观河

孟渎导江入河，德胜、澡港二渠为辅，毗陵第一水利也。余为请于朝，借帑兴挑，冀纾民困。惜移疾去，未获竟其功耳。

孟渎三河⑦通，毗陵万家乐。

亟为达封章，力与亲率作。

他年片帆过，定快柁楼酌。

52. 清·许田《奔牛》⑧：

渺渺云横杜若洲，又牵孤艇过奔牛。

车行坏路声先到，人立高桥影不流。

柳受风斜小垂手，鸟冲烟去懒回头。

---

① 指常州的地方志。
② 原书此下跳行另起以示敬，今不跳行。
③ 在任期间游历之事。
④ 感念百姓们在我离任后还追思我，于是写下这些过往的事迹来作为留念。
⑤ 诗出《退庵诗存》卷二十一。
⑥ 此下为第十一首。
⑦ 指孟渎、德胜、澡港三河。
⑧ 诗见《常郡八邑艺文志》卷十二下《七言律诗》。

乍晴乍雨浑难测，做弄轻寒酿麦秋。

53. 清·许田《吕城》①：

阿蒙城外柳阴阴，霸业烟消那处寻？

野市买蔬分玉版，小瓶沽涵配江鲥。

春田锦雉真堪射，老树玄乌不待黔。

莫把兴亡问流水，送人来去总无心。

54. 清·王士禄《奔牛》②：

细麦缘风岸，寒罿对水楼。

橹声杂津鼓，斜日过奔牛。

55. 清·王士祜《早过奔牛》③：

枫叶萧萧露气清，菰蒲猎猎早潮生。

扁舟政脚闻风水，便有长江万里情。

56. 元·释天如惟则《与卓峰书记（甲申二月小孤山舟中发）》④：

离姑苏日，阊关、枫桥，一路不忍别，又同舟相送九十里，宿无锡，明日遂分。以二十六年之道聚，流行坎止⑤，顷刻未尝离，死生相托，休戚相关，股肱骨肉之亲，不足云喻。乃一旦有数千里之别，况此行是归乡省母，母子弟兄，恩义之桎梏，老病死葬，变故之牵缠，秤锤落井之说，从古有焉。又况，长江天堑⑥，风涛之险恶，转面隔生之虑，彼此胸中有之，语在唇吻而不忍发。倘非旷达之怀，处断素定者，其孰能堪此哉？分之日，待君祥父子不到，或谓在毗陵，遂迫暮呼小艇夜行，达旦追及之。毗陵相知相闻者皆有请，不暇赴，止受曹士英一饭而行，夜过奔牛，越二日渡大江、抵瓜州。……

57. 明·释憨山德清《憨山老人自序年谱实录下》⑦：

四十五年⑧丁巳。

予年七十二岁。春正月。……回至吴门，巢松、一雨二法师请入华山，游天池、

---

① 诗见《常郡八邑艺文志》卷十二下《七言律诗》。
② 诗见《乾隆武进县志》卷十三《艺文·诗》。
③ 诗见《乾隆武进县志》卷十三《艺文·诗》。
④ 文见《卍新纂续藏经》第 1403 册、元释天如惟则《天如惟则禅师语录》之《师子林天如和尚语录》卷八。此处节引其中有关奔牛者。
⑤ 流行坎止，比喻顺利时出仕，遇挫时退隐，比喻行止进退视境况而定。
⑥ 堑，同"堑"。
⑦ 文见《卍新纂续藏经》第 1456 册、明释憨山德清《憨山老人梦游集》卷五十四。此处节引与奔牛有关者。
⑧ 指万历四十五年（1617 年）。

玄墓、铁山诸胜。寒山赵凡夫、严天池、徐仲容、姚孟长、文文起、徐清之诸居士设供于山中，冯元成、申玄渚二宰官斋于家。将行，弟子洞闻汉月久候，钱太史受之，亲迎至常熟，遂至虞山信宿。太史送至曲河，贺知忍父、子、侄，候于奔牛之三里庵，请留园中结夏，力辞之，送至京口，受三山缁白斋罢，即返匡山。……

58. 明·释紫柏真可《过奔牛，吊苏长公》①：

　　怀中日月隐何方？闻道奔牛坐化场。

　　剩语残言谁检得？江山千古借辉光。

59. 明·马中锡《东田文集》卷二"序"之《赠张巡司序》②

　　莜③人张汝诚，以精深吏事，从事公府数年，得官为即墨古④仓氏。又数年，以出纳底续⑤，晋秩为武进奔牛镇巡司，以姻戚故⑥，谒予宦邸，视茫茫而发种种⑦矣，予进而告之曰：若知巡司官之道乎？夫官以"巡检"名，则其职在弭盗，而百务贵检察。然今之盗未易弭，而盗之情未易察也。昔之盗以贫，今则殷富者亦或为之矣。昔之盗以愚，今则号为士人，亦窜身其中矣。昔之盗畏法，今则玩而易⑧矣。夫搜捉之官，巡徼⑨之卒，诇其所如⑩而掩其不备，所持者法耳⑪。盗玩而易⑫，则法不足以制；吾法不足以制，而吾弭盗之术始穷，而⑬检察虽极于精明而无所于用。且巡司，卑官也，高位之⑭发踪指示⑮者也，司督理者以多赇而通音问，主案牒者以稔熟而审姓名。势家为之居停，主人不敢物色；贵幸为之保庇⑯，恩主不能尽法。卑官何所用其力

---

① 诗见《卍新纂续藏经》第1452册、明释紫柏真可《紫柏尊者全集》之《紫柏老人集》卷二十七。

② 此文又见余姚黄宗羲编《明文海》卷二百八十《序七十一·赠序》。

③ 莜，当作"蓨"，其音"条"，故易误作"莜"。蓨（音"条"）县，亦作"修县"，属勃海郡，治所在今河北景县县南。按民国张汝漪撰《民国景县志》卷十《人物志·橡仕·明》："张汝诚，奔牛巡检。""橡仕"之"橡"当作"掾"，意为掾吏。

④ 古，当据《明文海》作"右"。当指任仓库管理者，即墨的仓库当分左、右两仓。

⑤ 续，当据《明文海》作"绩"。底绩，获得成功，取得成绩。

⑥ 此字《明文海》无。

⑦ 种种，头发短少貌，形容老迈。《左传·昭公三年》："余发如此种种，余奚能为？"杜预注："种种，短也。"

⑧ 玩，指"玩法"，玩忽法令。宋宋祁《宋景文公笔记·杂说》："法虽明，意得轻重之，谓之'玩法'。令可遵，情得出人之，谓之'悔令'。"易，轻视，此处"易法"指不把法律当回事。

⑨ 巡徼，巡行视察。

⑩ 诇，音xiòng，意为侦察、探听。如，往、去、至。此句是指巡检官及其手下的士兵，依仗自己有国法的任命，可以出其不意地严厉稽察行人的动向。

⑪ 耳，《明文海》作"尔"，两字古通。

⑫ 玩、易，皆是轻视、轻慢之意。指人们不耻于犯偷盗之事，因其无耻，所以国法也就无法更好地发挥其功用了。

⑬ 而，《明文海》无。

⑭ 之，《明文海》作"大寮"。指比巡检高的官僚皆可指手划脚来命令巡检之行动。

⑮ 发踪指示，亦作"发纵指示"，谓放出猎狗，指示方向，令其追捕野兽。一说猎人发现野兽的踪迹，指示猎狗追捕。比喻操纵指挥。

⑯ 保庇，今作"包庇"。

邪^①? 是必端庙堂之本，以清于源；拔介特之操，以励于节；倡舆论之公以正于俗。源清则盗无所庇，节立则盗知所耻，俗正则盗无所容，不烦刑诛，而盗可渐平。然此非汝诚^②事，而亦非立谈晷刻之所能尽也。御盗则讥察^③非常，得情则哀矜勿喜，汝诚之所当自尽者，如是而已。危言高论，其于汝诚何哉?^④ 于其行，姑与之饮酒而已。汝诚顿蹙言曰："是诚难矣，诚非吾所敢任矣。书斯言以畀我，值清节敏手^⑤者，将以告之，或借以集事。"遂书之。

二　金石

此处记载奔牛镇所树碑刻中比较有名者。又有多块碑刻散见于各类，不再一一汇录于此。然后，又把涉及奔牛的行政性的碑文汇录于此，可以考见与奔牛有关的诸多政事情况。

（一）奔牛地区的石碑名目

- 《咸淳毗陵志》卷二十九《碑碣·州》：

《奔牛闸记》，中大夫、宝谟阁待制陆游撰。

- 《成化毗陵志》卷三十九《碑碣·武进》：

《重建奔牛桥记》，知府周源撰。

《重建奔牛闸记》，翰林学士王僎撰。

以上两条又见《道光武进阳湖县合志》卷三十四《金石志》，《光绪武进阳湖县志》卷二十八《金石·所刻类》。

- 《道光武进阳湖县合志》卷三十四《金石志》：

《奔牛安善里东岳庙碑记》，存。嘉靖三十五年，张^⑥敖撰，谢敖书。

此条又见《光绪武进阳湖县志》卷二十八《金石·所刻类》。

---

① 邪，通《明文海》所作之"耶"。
② 指张汝诚。指以上不是小小的巡检所能左右的。
③ 讥察，今写作"稽察"。
④ 指我发上述这番高论对于张汝诚又有何用? 即无用。
⑤ 手，《明文海》作"才"。敏手，犹快手，谓动作快速敏捷，又指能手、能干的人，明叶盛《水东日记·奏止议事官入朝》："侍郎于公，巡抚河南、山西，妙年敏手，下视无人。""敏手"自有其意，不烦改"敏才"。
⑥ 张，《光绪武进阳湖县志》卷二十八《金石》同。《道光武进阳湖县合志》卷十三《祠庙·东岳庙》引此碑作"里人周敖碑记"而作"周"。

（二）有关奔牛地区的行政碑文

• 《道光武进阳湖县合志》卷十《赋役志四·徭役·优免》：

沿塘各图优免碑文、帖付①

康熙五十八年四月，武进县知县孙《饬遵免派塘图夫役及杂差碑》：为遵谕具呈求准勒石永除杂派事，据怀南区安善西乡十四都五图奔牛钱国雄、符廷玉、王凤鸣等呈称："身等塘图，最为劳苦。修筑塘岸、桥梁及天井②、域河③、扁担④诸闸，费用浩繁，启闭辛苦。更兼差司往来，看更守宿，昼夜不宁。较之合邑内图⑤劳役，不啻天壤。荷前任姜县主稔知此苦，其纤夫马草，一应杂差，俱行免派。至顺治十四年，该房⑥复行混派里甲⑦，钱峰等具呈，府宪蒙批'塘闸、桥梁，专责塘图居民修理；人夫、杂差，概行免派，此正理也。仰县即给示⑧遵行，永为定例'等因行县。蒙县主马随行给示永禁。延今数十余载，童叟共沐洪恩。前大兵经临，该房复行混派。身随禀台下，恩蒙金谕'俟大兵过日，补具呈词，勒石永禁'，合遵示具呈，伏乞恩准，勒石永禁"等情前来。据此查批，准饬勒石，永为定例。并饬该房知悉：嗣后兵马经临及浚河夫役、一应杂差等项概行免派，不得违禁开列混派，须至碑者。◆计免：怀南区；安善西乡十四图、五图、三图、四图，十五都一图、二图、三图；怀北区十四都一图、二图。案：此文照武进县署前碑勒摹录。其时，虽为西塘各图违例混派，勒石示禁⑨；而东、南沿塘各图⑩，当亦俱经援请，另行勒石，据乾隆三十八年（1773）东塘碑文知之⑪。至此碑后开乡都图分与雍正以来顺庄之数，固不相同；而应免西塘各图，亦有未经列入者⑫。想彼时，或第就违例派及者纪之，非是⑬；则乾隆三十六年（1771年）碑记所载，大半为续请增入者矣；恐不然也⑭。

---

① 附有具体的细节帖子。
② 指奔牛双闸中西侧的天井闸。
③ 指奔牛闸南侧月河上的闸。
④ 指扁担河（也即直渎河）入运河的河口处的闸。
⑤ 沿运河诸图称为外图，离运河较远的诸图称为内图，外图劳役繁重，内图没有这种劳役项目。
⑥ 指县衙内管分派赋税的户房。县衙六房，与中央六部相对应，其首领由县令指派小官吏担任，称书吏或承发吏，直接对县令负责。六房又依纵横分为左右列和前后行。纵排是左列吏、户、礼三房，右列兵、刑、工三房；横排来看的话，则是吏、兵二房为前行，户、刑二房为中行，礼、工二房为后行。这里也昭示了封建社会无处不在的森严等级。
⑦ 里甲，即徭役。
⑧ 示，指告示。
⑨ 指此碑只涉及西塘（即常州城西段的大运河）。
⑩ 指东塘（即常州城东段的大运河）和南塘（即南运河）。
⑪ 因为我们看到了乾隆三十八年东塘碑文，提到康熙五十八年（1719年）东塘也有与西塘类似的优免碑。
⑫ 即没有全列。
⑬ 指其实是不全的。
⑭ 下面那块乾隆三十六年的碑记所载的便是后续增入者。但这一猜测可能不正确（"恐不然也"）。

乾隆三十六年七月，武进县知县何《奉宪详定派浚章程及循例优免碑》：为呈请核饬遵照事，奉本府栋①宪行内开，奉藩宪吴、道宪杨行文开，奉督院高、抚院萨批行前事缘由到司，行府转县，奉此②：查此案，乾隆三十三年三月十八日，奉前升府③潘，批发陈朝玉、陈长春、沈元祖、杨俊发等请免各役，批行查议。十一月十八日，又奉前升府杨宪行一件内开：十一月初九日，奉藩宪胡批，据生监姚尊璐、叶绍宗、邵贞儒、陈平侯等呈称："安西八图，水陆冲衢，一切开河兵役，概准优免。孟、德④二河详定派浚章程，混派身等通图田亩等情，奉批仰常州府查议详报"等因，转行到县。又先奉前署府⑤阎宪行，据沈元祖、杨俊发等，以"安西十四都三、四两图，不沾孟河水利"等情，具呈行查。随吊孟、德二河原议善后章程，并逐图核勘。查章程原议五年大修，除运河西南一带及阳邑各图坐落较远、沾利稍差者，毋庸均派外；凡两旁沿河各图及支河汊港、有沾水利各图，照"业食佃力"⑥之例，均分段落⑦，并力⑧疏浚。今勘查安西十四都一图，沾孟河水利田一千一百亩；十四都二图，沾孟河水利田五百三十亩。不沾孟河水利之田，自难派及；其坐落孟河、沾水利者，自应分段开挑。其余各乡图，并无田亩坐落运河，俱系得沾孟、德二河水利，地势昭然。奸图地保⑨，似难弊混，效尤滋讼。至安西十四都三、四两图，小孟河虽为大孟河支汊⑩，但小孟河康熙二十二年纂志即载淤塞，迄今年远；田畴赖资运河之水，灌溉无虞，现仍淤塞，不沾大孟河水利；大孟河开浚，自应免其议派。设将来小孟河议及开浚，与大孟河相通，兹二图虽坐落小孟河南段，与运河相接，即不派段开挑，亦应协济筑坝工程，似为平允。再查塘图免派别差，非今伊始。即如乾隆三十二年动项修筑塘工案内，奉前升府潘刊登规条，内开"一、修理塘路，需用人夫，向于沿塘村庄就近雇募。原有坐定修塘之图，历来免派别差"等因。盖塘图一逢雨水，塘路残缺，恐误邮传，即出修整。是以较之内图，实属差繁。安西等图，"因旧碑字迹模糊，呈请

---

① 栋，常州知府栋文。
② "等因"和"奉此"都是旧时公文用语，"等因"用来结束所引来文，"奉此"用来引起下文。"等因奉此"泛指文牍，比喻例行公事，官样文章。
③ 前任已升迁走的知府。
④ 指孟河、德胜河。
⑤ 前任代为签署常州知府事务的常州知府。
⑥ 田主（业主）出钱粮，租佃其田者出力，共修圩岸。
⑦ 将全部开河里程均分为若干段。
⑧ 并力，合力。
⑨ 耍弄奸谋的各图地保。
⑩ 原字右半作"义"，径改。

改刊新碑。议及孟河水利，相应确议、绘图详覆"①等由，奉升任本府梁，转详藩宪核详。院宪奉两江总督部堂、统理河务高批开："仰即如详转饬，遵照妥办，取碑摹送查。"又奉署江苏巡抚部院萨批开"均如详饬遵取，造细册同。另立碑摹，通送备案"各等因到司，行府转县，奉此：除将应挑孟河各图田数并河段丈尺详细开册外，合行勒石永遵，为此碑。仰地保、业户人等知悉，嗣后开挑孟河，遵照详定田亩，分段均派，随时修筑塘路，案图承办，以利邮传。其余开河、兵役，以及一切杂差，永行免派。吏胥、图保，不得弊混派扰，致干严究。须至碑者。

塘图：安西十四都一图、二图、三图、四图、五图，十五都一图、二图、三图；鸣凤十六都四图；怀南十九都一图；怀北一都一图、二图、三图、四图、六图，二都一图、三图、四图、五图，三都三图、四图。案：是年，怀南厢十九都一图、西仓厢二都一图公勒一碑②，又安西乡各塘图亦公勒一碑，俱现存。至后目西塘惟二十图③，盖以怀北二都一图列入南塘内也。

……

乾隆四十四年四月，署武进县知县李《饬禁违例混派札付④》："仰兵、工、仓、漕各房吏书知悉：嗣后白粮栈砑⑤夫、常平仓砻谷、拨发流犯、驿站纤夫等项，遵照碑禁向例，毋得混派塘图干咎，须至付者。"案：乾隆三十七年（1772 年），有混派塘图雇办白粮栈砑夫一案，控奉藩宪，批明饬禁。后复有弊拨流犯，责令收养，及派令常平仓砻谷与贴钱雇募驿站纤夫各案，经怀北乡监生马振干、生员马翰、民人蒋炳若等赴县呈求申禁，奉批："饬照向例办理，并札付各房吏书，准此。"

乾隆四十五年六月，署武进县知县李《奉宪饬禁违例派累示》："为遵批晓谕事，照得上冬奉委分挑丹邑运河，因该地雇夫不敷赶办，即于本邑沿塘各图添雇夫工攒⑥挑。去后，旋据马振乾、蒋炳若等赴前府宪冯案下，以违禁混派等事具禀。内称'生等沿塘，专办塘务，以利邮传；各宪洞鉴苦情，勒石永禁。凡有开河、兵役以及杂差，概行免派。且邑志备载，彰彰可考。无何⑦禁谕虽严，经承舞弊玩违。叠混派扰，前已呈县，饬禁各房在案。不料成规方定，墨迹未干，而经承即派塘图雇夫，赴丹邑开河。为亟粘呈碑禁，饬谕改办'等情，奉此，确查到县。本县查案具详，奉本府正

---

① 相应地要给出明确的商议结果，绘图向上汇报处理意见。
② 指两者共立一碑。
③ 指上述共有 20 个图。上文实为 21 图，但一图属南塘而不必计入在内。
④ 给的公文（札子）。
⑤ 此不详何字。疑是"驲"，即"驿"字乎？当是"臼"字，"白粮栈"即粮店。下文此字同。
⑥ 攒，同"趱"，赶紧、加快。
⑦ 无何，无可奈何。

堂成批开'仰再示禁。嗣后沿塘各图,一应杂差概行循旧优免,不得再行派累滋扰,如详销案'等因,奉此合行出示晓谕,为此示。仰沿塘各图地保、居民人等知悉:嗣后开河、兵役以及一切杂差,遵奉宪批,概行循旧优免。倘有派累滋扰,许即指禀,以凭提究。各宜凛遵毋违。特示。"案:乾隆四十四年(1779年)冬,先是本邑开河,自大龙嘴至德安桥止,沿塘俱邀优免。既而,丹邑飞差①,经承复发塘图雇夫承办,马振乾等赴府控告,奉批行县查办,因有此示。

乾隆五十六年二月,署武进县知县汤《饬遵免派示》:"为环求示禁事,据举人叶诏封,生员陈大伦,监生叶公藻、陆纪清、周福占、蒋玉昆等禀称'举人等各图坐落沿塘,上下通衢,邮传络绎,塘岸桥梁时需修筑,差务繁剧,专司最重。自康熙三年均田均役,始颁定例,塘办塘工,杂差豁免。不惟邑乘可考,即《江南通志》悉经具载。历蒙各宪循例优免,详奉勒碑,刊条永禁。只因碑竖乡镇,未立署前,书差不能触目惊心,每遇工务,动辄混派,转滋讼端。及至临事禀陈,乡民已受拖累。兹奉府宪饬查支河、汊港应挑应缓案内,与举人等优免各图无涉,乃役书并不分别免图名目,仍复混行。现奉票差,一体着保造册,禀勘役使②,派拨开挑,将举人等复派滋扰,一任效尤,成章紊乱,沥情环吁。伏叩俯准,给示申禁,俾各遵例恪守,永杜扰派'等情前来。据此,查怀南、怀北、鸣凤、安西沿塘各图,久经立案,优免开河、兵役、草束、杂差。现奉府宪,转奉藩宪'饬查境辖各图内蓄水、车戽,得资水利之支河、汊港,应挑应缓,造册饬办',非比运河通力合作之沿塘各图,可邀成案优免,合行出示晓谕,为此示。仰地保、居民人等知悉:速将各该图内得沾水利之支河、汊港,分别应浚应缓,造册呈送饬办。一面将应浚图内得沾水利之支河、汊港,赶紧集夫自行挑浚,毋得妄希优免观望,致误要工。其通力合作河工、兵役、草束,役开杂差③,原照前定成案章程,沿塘各图,循例优免。各宜凛遵毋违。特示。"

……

芙蓉圩优免各文

……

康熙三十年,常州府知府于《饬县勒石免派杂差札》:"为圩民之苦已极等事案,奉抚院郑批发本府,详据该县呈详,芙蓉湖九图并二十八都一图里甲吴永卿等呈称

---

① 指飞来横祸般地加派我们常州某件差事。
② 禀告可以指派来从事劳役的人。
③ 所开列的杂差等劳役。

'身等图分，坐落湖内，俱系修筑圩堤。伏乞叙详，并照沿江沿塘之例，一体免派杂差'，缘奉批'仰将免差成案送阅夺缴①'等因，遵经行'仰该县随据送到免差卷帖'前来②。又经据情详送，奉批'既查系旧例，加详饬遵③'等因到府，奉此合就饬行。为此④，仰县官吏查照宪批来文事理，立将该县芙蓉湖九图、二十八都一图，既有修筑圩岸重役，所有杂差，不得再行混派，速即遵照宪批，一例勒石饬禁。仍具遵依⑤，并刷印碑文送府，以凭转申抚宪查核"云云。案：此文载陈《续志》⑥。其时，本府行文，饬县勒石，永禁混派。至康熙三十五年（1696 年），始经建碑。《续志》刊于康熙三十一年（1692 年），故犹第载免差缘由。至乾隆二十四年（1759 年）重定碑文⑦，内"康熙三十五年圩民胡永卿具呈"云云，盖就勒碑年分而概言之，故有不同。又："吴永卿"作"胡永卿"，当是刻刊有误。

乾隆二十四年，阳湖县知县潘《更定优免碑》："为复旧制以培国本，遵古例以惠圩民，叩恩重建碑文，光前裕后事。据芙蓉圩民刘仁兴等具呈前事，内称'芙蓉湖，自明永乐年间，巡抚周文襄公筑岸为圩，成田布种，地极低洼，形如仰釜。每年定例，奉文勤加修筑圩岸，为预备水灾。一有懈弛，黄霉水发，圩岸倒塌，课命虚悬⑧。是以，康熙三十五年，圩民胡永卿等具呈前武进县主王，详奉府宪于，详奉抚宪宋，定例：圩民只可每年修筑圩岸，凡遇一切大小杂差，概行优免。勒石武邑署前，并周文襄公祠内。去年，奉旨开河，传谕各乡图地保，领帑雇夫。身等恐该房混派，将优免情由，公求前署县主沈恩蒙给示，照例优免。只缘康熙年间，田亩均庄，雍正年来，改作顺庄。碑文所载，乡都、图分，今古不符。又兼武邑分隶阳湖，胥役变更，年深月久，案卷难稽。且武邑署前碑记已废。虽周文襄公祠内碑记尚存，坐落圩乡，未能通县周知。若不公吁重建碑文署前，以垂永久，或恐遇差混派，临事周章，圩民受累。伏乞改正乡都图分，载明优免规条，永遵旧例，合圩顶德'等情，粘呈碑幕信牌、告示⑨，并开实在圩图九图半到县。查得该圩区图，久经勒石优免，只因未分县以前，名目稍异，恐滋藉混，随经饬查更定。去后，即据该圩地保范廷献等并原呈刘仁兴等覆称'原碑所载，一切杂差，概行优免，未曾分列规条，难免经书藉

---

① 定夺后上缴。
② 前来，指遵照指令已经办完了。
③ 再度写公文向上级申请（加详），请求下命令遵行（饬遵）。
④ 指"为此示"。
⑤ 开具保证遵行的保证书。
⑥ 指陈玉璂的《康熙武进县续志》。
⑦ 重定碑文，当指"复立碑文"。
⑧ 指国家的国课（赋税）变虚（即落空），而民众的性命则悬于一线。
⑨ 指刻成碑的令牌、告示的拓本。

混，如挑捞河道、剥运船只、修筑城工、差案纤夫，一切雇办，大小差务，并恳明示碑记，庶免临时周章①。至于分县时，大宁分出丰北，政成分出丰南，原碑所载大宁乡共七图半，今坐落圩中，实止丰北乡二十九都一、二、三、五、六、七等六图，政成乡二图半，实系丰南二十六都五半田，二十七都五、六两图；尚有政成二十五都二图，原碑失载，应请增入。其大宁二十七都七半图②、二十八都一图，俱系坐落圩外，应请删除'等情前来。据此为照：该圩业于去夏，经前署县沈因勘水潦之便，查绘圩图在案。今核，与据呈实在坐落圩中之九图半相符，合行更定，重勒碑记署前，永远循旧优免，以杜混冒。须至碑文者③。◆计开实在坐落圩田，应免九图半：◆丰北二十九都一、二、三、五、六、七共六图；◆丰南二十六都五半图，二十七都五、六共两图；◆政成二十五都二图。"案：乾隆三十一年（1766年），县详圩民具呈"遵例修圩，叩恩免捐"缘由，奉府批准，附录于后④。◆芙蓉圩各图即据具详，碑载"一切桃捞等差，概行优免"等语，所有开浚孟渎、德胜等河工程，如详，免其捐输。至该圩坍损堤岸、闸坝，仰即委员查勘应修之处，督令循照"业食佃力"之例，务须如式修筑，高厚坚固，以资捍卫。工竣，具报本府亲临验勘，毋任草率干咎。

……

以上优免条款，并系历有碑文、帖据者，刊载如左。余详后目。

现在优免总目：

武进县

坊厢

至⑤城乡：城一图、二图，西右厢，河南厢。

德泽乡四十四都一图、亦系"坊厢"。二图北半图。向照坊厢，一例优免。

塘图

怀南乡十九都一图，本系坊厢，又属沿塘。怀北乡一都一图，本系坊厢，又属沿塘。二图、三图、四图、六图，二都三图、四图、五图，三都三图、四图。

鸣凤乡十六都四图。

安西乡十四都一图、二图、三图、四图、五图，十五都一图、二图、三图。

以上二十图，专办修筑"西塘"驿路、桥梁、巡逻、敲冰，余差概免。

怀北乡二都一图、本系坊厢，又属沿塘。二图。

① 指大费周折。
② 指"七图"中有一半属于芙蓉圩优免之图。
③ 应该给予碑文。
④ 指乾隆三十一年公文后开有各图，现在因行政调整而有所不同。
⑤ 至，下阳湖县亦同，当是在城之意。

怀南乡十九都二图、三图，二十六都一图、二图、三图。

以上七图，专办修筑南塘驿路、桥梁，巡逻、敲冰，余差概免。

钦恤户：明御史王忠愍公章。

鸣凤乡十六都一图内：田二百五十三亩五分九厘"王恩祠户"。

……

道光十四年，常州府知府汪《准免地保比缉窃盗案件示》："附。◆为'恩期垂久'等事。据武进县怀南、怀北、安西、鸣凤等乡廪生周应基，生员马佩墺，监生方振、潘襄、王烜、王潞、王锦，生员岳涧、王聘，耆民陈邦达等，赴府禀称，'民间地保，案田轮充，领催漕粮，协差拘摄词讼人证，至捕盗、巡缉，应专责捕役。每遇窃盗，牵嵌地保，依限并比。经前升宪罗，札饬各属：凡遇盗窃，责令捕役缉拿，不得波及地保。上年，城厢叩请武主①，详蒙恩准在案。窃惟乡保无论士农，均有轮保之责。今虽已奉革除，深恐日久弊生，书承复萌故智。一经牵砌，解脱无由。环叩给示，勒石永遵'等情，具呈前来，除批'候照案给示，勒石永禁'等因榜示，并移厅檄县②遵照外，合行给示晓谕，为此示。仰该图居民等知悉：嗣后凡遇窃盗案件，一经呈报，地保有巡防之责；疏懒失事，不能无过。由官立时，责处省释，专责捕役缉拿；如无弋获，将玩捕③分别提比、解比。若经胥舞弊，波及地保并比，许即指名禀究，以凭惩办。各宜凛遵毋违。特示。"◆案：道光十二年（1832年），本府罗洞鉴情弊，专札④通饬遵办在案。十三年，武进县知县姚复详请立案，再赐通饬各属并谕各承⑤一体遵照。本府汪及总捕厅崔均如详批准。续奉府札，通饬遵行。至十四年，武进县各乡生、监等更联名呈府，环求给示，勒石以垂永久。

●《光绪武进阳湖县志》卷二《免繇⑥·武进》：

城内：子城厢一图、二图，西右厢、河南厢。城外：北直厢之德泽乡四十四都一图、二图之北半图，皆免差繇。

沿塘：怀南乡十九都一图；怀北乡一都之一、二、三、四、六图，二都之三、四、五图，三都之三、四图；鸣凤乡十六都四图；安西乡十四都之一、二、三、四、五图，十五都之一、二、三、图。以上为西塘。怀北乡二都之一、二图；怀南乡十九都

---

① 武主，武进县令。

② 由省厅下公文给武进、阳湖两县遵照办理。

③ 指玩忽职守的捕快。

④ 专门下一通公文。扎，通"札"，即公文。

⑤ 各位承发吏，也即经承。经承，清代各部院衙门承担书写文稿等事的吏人总称，亦名"承差"。

⑥ 繇，通"徭"。

之二、三图，二十六都之一、二、三图。<small>以上为南塘西半。</small>凡二十七图，专办修筑驿路、桥梁，巡逻、敲冰，余差概免。

……又鸣凤乡十六都一图之钦恤"王恩祠户"田，二百五十三亩五分有奇；孝西乡十三都二图"圣裔户"田，四百五亩六分有奇；及外籍户所置田，皆免差繇。

● 《武阳志余》卷六之三《德政碑示》：

郡人谢应芝《武进姚侯去思碑铭》：江水东流，过常州，至崇明、海门入于海；而吾常通江之渠，曰孟渎，曰烈塘，曰澡港，俗称"三河"。先是，漕运由孟渎以达江，既改从烈塘，又改由奔牛新港①，而三河遂湮。或曰"三河通，而为害于吾州"者，溉农田、聚贾舶②；其害，或虞江河寇匪。然而，害猝于变，利经于常③，其大较也。道光己丑，江苏巡抚陶公澍疏请发帑银二十万，浚孟渎，父老遂援三河并浚之例以请④。武进姚侯亲至河上巡视，吏无侵暴，民无伏奸，三河父老请予⑤文颂之，未果也。侯既迁台湾道，陡⑥失库银若干两。有卜者列肆⑦坐署前，书牌云："善卜署中疑事。"乃易服往卜。其人曰："吉。能偕吾行，则获。"遂独身⑧偕行。至海滨，登舟，抵一岛，兵仗森列，主者盛服出迎，曰："吾，海盗也。公官此不恶⑨。闻英夷将扰台湾，愿助公。"留饮，醉，并所失银送回署。而英夷大至，及总兵官达洪阿出御之，见小舟如蚁，围夷艇，夷人放炮，皆跳入海，乍浮乍沉，我兵遂大败之；其人皆登舟，主者遥拱手而去，是岁道光辛丑也⑩。台湾踔绝闽海，东望浙，西望粤。夷艇驶入大江⑪，逾常州，"三河"震惊，父老咸念曰："公在，可无恐。"明年，海上乱定，《诗》曰："悠悠我里，亦孔之痗。"⑫乃书此，践昔三河父老之请。汉寇恂为颍川太守，既去，盗贼群起。恂从南征，百姓遮道曰："愿复借寇君一年。"于侯为可观矣。侯，姓姚

---

① 当指奔牛处的新孟河。
② 此二者是"三河"开通后的利处。
③ 当指小害是突发的（即猝变而来的），而大利却是经常的。
④ 陶澍同意"三河"并浚。
⑤ 予，我。即请我写文章来歌颂。
⑥ 陡，原字右半作"徙"之右半，当是"陡"字，故径改，意为"突然"。
⑦ 摆摊。
⑧ 指姚莹独自一人随之前往。
⑨ 大人在此地为官，政绩甚佳。
⑩ 海盗见英人炮击便跳入大海，炮入水便无法发挥其功用。然后海盗们再登上自己的船再度加以进攻（可能是船只靠近英人船只后，其炮只能射远，便无能为力了）。总兵官的军队靠海盗相助，大败英人。海盗头目作揖而去。
⑪ 英国人离开台湾后进入长江。
⑫ 语出《诗经·小雅·十月之交》："悠悠我里，亦孔之痗。"里，"悝"字的假借，意为忧愁。痗，病。意为：绵绵愁思长又长，劳心伤神病恹恹。

氏，名莹，字硕甫，桐城人也。既建殊勋于海外，遂谪官于蜀，又入卫藏①，有乍了②之役，不禁翘首西望而恻然长叹也。系之以铭曰：海夷汹汹，其锋莫婴；德政退讫，大盗效诚。台湾屹然，夷人切骨；皇上圣智，姑示薄谪③。既去民思，海邦固宜；吾民亦尔，石碣嵯峨。敬告司牧，千秋永垂。

……

道光十三年，武进县知县吴时行《水陆毙尸乡图地保免协缉碑④》：碑在安西乡⑤。据安西乡十四都五图监生王璐等呈"生等住居安西乡，地当孔道，为水陆通衢，路毙既不能无，浮尸尤为恒见。地方畏累，任其飘流，即经停搁，亦于昏夜，携沈⑥他所。报验殓埋者，十无一二。嘉庆十七年，在城绅士，仿照锡、金⑦成案，凡遇路毙浮尸，无亲属认领者，宪治⑧由北存仁堂同保⑨报验；差件饭食，堂中捐给，并不累及地主，办理多年。后怀南、怀北、鸣凤等乡仿照，禀请入堂，洵为善举。生等夙企仁风，久殷则效⑩。已集图内士民捐费，向北存仁堂绅董议明，凡遇图内路毙浮尸，无属认领者，附入存仁堂，照依臬宪护照章程，报候仁宪临验。一切规条，俱照旧章。惟路途离城少远者，一切差件等费酌加。环叩恩准给示"等情到县。除谕饬差件人等遵照外，合行出示晓谕，为此示。仰乡图董事、居民人等知悉：嗣后，如有前项水陆毙尸并无亲属出认者，即令地保报明，存仁堂董事查看。如系无伤病故者，由堂捐棺殓埋，按旬填簿报县，召属认领；如系有伤者，由堂填单，报验详缉⑪，地保在乡伺候，不传地主查询；如系乞丐路毙，亦即报堂看明，着丐头赴堂领棺殓埋，开明年貌、服色，交堂登簿查核。如有差件需索情事，即指名禀县，以凭究治⑫。

---

① "西藏"分为卫藏、康藏、前藏、后藏四个部分。吐蕃人的中心，也即其最初崛起的地方，就是今天的山南和拉萨一带，这是西藏的中心，称为"卫"。藏语里的"卫"就是中心的意思。"藏"地，主要是指年楚河流域和雅鲁藏布江的上游地区，农业很发达，也就是今天的日喀则一带，这些地方因江河流域而繁荣富庶，被称为"藏"。"藏"在藏语里就是江河的意思，"雅鲁藏布江"的"藏布"就是江的意思。至于"康"，就是吐蕃王朝向东扩张出来的一块，是吐蕃王朝的边疆地区，称作"康"；"康"在藏语里就是"边地"的意思。拉萨和山南称为"前藏"（卫），是达赖的地盘；日喀则称为"后藏"（藏），是班禅的地盘；整个藏北高原则称为"阿里"。
② 了，当作"丫"。乍丫，西藏地名，即"察雅"，在今西藏察雅县东。
③ 指皇上为了大大地任用他，故意先贬他一下，让以后再任用他时，他会感激。
④ 此处《武阳官书录》有一"文"字。
⑤ 《武阳官书录》此处有："为踵行善事，公吁恩准给示，以广仁泽事"，点明发此公文的中心事项。
⑥ 沈，即古"沉"字。
⑦ 指无锡、金匮两县。
⑧ 宪治，指宋代的提点刑狱，为地方最高的司法机构。此处"宪"指上级，也即知府大人；"治"指政治措施。
⑨ 由善堂和地保。
⑩ 则效，效法。语出《诗·小雅·鹿鸣》："君子是则是效。"毛传："是则是效，言可法效也。"
⑪ 缉，缉捕、搜捕。
⑫ 此下《武阳官书录》有："该绅董等务须实力经理，历久勿替。勉之毋违。特示。"

道光二十三年，武进县知县孙琬《永免乡图地保协缉窃盗案碑①》：碑在安西乡奔牛镇。②案：蒙本府宪杨批发"衿耆岳高、地保孙叙德等呈控'身等安西乡各图，均坐落西运河③；沿塘保、役，按田轮当，一切差务倍多④。前奉罗前宪⑤通饬，如遇窃盗之案，地保有疏巡之责，一经呈报，立时责释，案归捕役缉拿，免其地保协辑解比等因，通行遵照在案。今因事主李荫堂，呈报停舟被窃案内⑥，饬提急缉地保李大寿⑦等解比。经身等以宪案两歧⑧，叩求将地保免其协缉解比"等情呈控，批饬"妥议详覆"'等因，奉此，查沿塘地保，差务繁多，多与腹里各图地保不同。查议得安西乡沿塘图内，嗣后遇有窃盗之案，如有匪窝在图者，仍饬该地保协捕，勒限缉拿；逾限无获，即将该捕、保一并提比。如无匪窝在图者，一经呈报，地保有疏巡之责，遵照罗前宪通饬'随时责释，案归捕役缉拿，地保免其协缉、提比、解比'，似此⑨立定章程，庶将来各保遇案，不能推诿；亦与罗前宪通饬相符，以昭慎重，而亦体恤⑩。业经详奉府宪，蒙批'如详立案。希即谕饬沿塘各保遵循。此复'等因到县。奉此，除移会营汛，并札行典巡⑪各员遵照办理外，合行谕饬。谕到，沿塘各保知悉：嗣后，沿塘图内遇有窃盗之案，遵照详定章程办理⑫。

道光二十九年，常州府知府洪玉珩《木商筹捐挑河经费示》：照得徽婺木商齐学培上控吕景隆揗⑬捐不交，三河⑭士民与徽商互控捐费一案，前奉各宪批⑮府"提讯议详"等因，奉经本署府提案讯明。从前，三河未浚之先，木簰本由横越行。先是，以横越议⑯，由该徽商，按排⑰捐厘，承修闸座，奏明有案。惟一交冬春二令⑱，须让空

---

① 此处《武阳官书录》有一"文"字。
② 《武阳官书录》此处有"为谕饬事"，点明发此公文的中心事项。
③ 西运河，即西塘，也即常州城西段运河。
④ 所有差役事务，比起其他地方要多出一倍来。
⑤ 罗姓的前任知府。
⑥ 李荫堂停船靠在常州岸边而遭失窃。
⑦ 在通缉搜捕方面效果不佳的地保李大寿。
⑧ 指知县大人所断之案，与前任知府的命令有分歧。
⑨ 像这样立定新的章程。同上面规定的那样，制定新的章程。
⑩ 凡有匪窝的图，其地保有责任通缉搜捕，这样的话，地保便不可以推诿，这样便能显示出对待案情要严肃认真的态度来。同时又规定没有匪窝的图，其地保可以免除通缉搜捕的责任，这样又和前任知府的规定不相违背，这样便能显示出体恤无辜者的立法用意来。
⑪ 典巡，主管巡逻的人。
⑫ 此下《武阳官书录》有："毋违，特示。"
⑬ 揗，原字右半作"肯"，字同，径改。
⑭ 三河，指孟河、德胜、澡港这三条河。
⑮ 批，批令，即命令。
⑯ 指镇江横越口处议定如下的章程。
⑰ 指所放木排数。
⑱ 当指立冬与立春两个时令。

重粮船行走，木簰只能挂江守候，俟空重过竣①后，方准照常经行。是，木簰每年，仅止夏秋二季，在横越行走半年，并非常年可以畅行无阻。迨至道光十四年，三河挑通之后，每交冬令，木簰即由小河②进口。较之从前只能于夏秋二季在横越③进口者，似觉便捷。第木簰进口，最易夹带沙泥，一经淤塞，即须挑挖，若不捐助钱文，以资修费，不足以昭公允。断④令徽西商簰，经孟渎、小河，每甲捐钱一千四十文，缴交三河总董，以作岁修经费；本郡木商，由孟渎、小河进口者，每甲捐钱三千文，内将一千五百文，贴给徽商修闸，作洋一元之数，余钱一千五百文，作挑河经费。如走横越二闸，仍照向来议定章程，照数捐交，不得以小河仅捐一元，妄图隐混短少，致干重咎。至于徽商，按甲抽厘，凡簰由行走⑤者大兴议单⑥，捐数缴交，不得援常州府西帮捐数为例。其德胜、澡港两河，同时并挑；木簰如由该两河分道进口，岁修河工经费，自应一体捐交，以昭划一。现据徽、常各木商，咸愿具结，并据三河士民出具"允洽⑦"切结⑧前来。除会同镇江府，通详各宪，并发"收捐照票"⑨，由河局⑩总董，按排给执⑪，饬令奔牛司查验放行，并行⑫武邑知照外，合行出示晓谕，为此示。仰该处⑬地保、居民、水手人等知悉：嗣后，凡有木簰驶进小河及德胜、澡港两河行走，将应捐钱文，前赴⑭河局，遵照定数，按甲分别捐钱，缴交河董、徽商收取，听局给发照票。奔牛过闸查验⑮，加戳放行。至孟、德、澡三河河身窄小，大簰进口，夹带沙泥，易于积淤，应于江外改作小捆，挨次前行，不准双簰驶进。倘遇风水不顺，撞坏沿河桥梁、船只，应即邀集地方保甲，公估赔修。如有棍徒拦阻勒索，借端滋事，一经本署府访闻，或告发⑯，定行严究。该木商等有违定议，揹⑰捐滋事，亦干并究。

---

① 竣，竣工，此处是指船只走完。
② 指孟河之小河口。
③ 指镇江运河的横越口，实指丹徒口的横闸和越河口闸。
④ 断，决断，即最终决定。
⑤ 由行走木簰（即放木排）之人。
⑥ 大兴议单，不详何意。议单，协议订立的契据。兴，当是开。大兴义单，即开出大额的契据。
⑦ 允洽，协调、协和。
⑧ 切结，表示切实负责的保证书。
⑨ 指完税的凭证。即完税后发给执照，证明其已经完过税了。
⑩ 指开三河之局。
⑪ 执，可以执持在手的执照。
⑫ 行，行文。即发此公文给下属的武进县。因为奔牛闸属武进县管辖，所以要知会奔牛闸官及武进县知县。
⑬ 指奔牛地界。
⑭ 前赴，前往。
⑮ 过奔牛闸时加以查验。
⑯ 前者指自己这位代理知府一旦主动访查到消息。后者指有人前来告发。
⑰ 揹，原字右半作"肯"，字同，故径改。

......

　　同治十一年，常州府知府吴鼎元《禁差船需索碑示①》②：据武进县安西乡乡董、职员姚馨等③赴府禀称"职④等乡图，坐落奔牛，沿塘⑤水陆冲衢，差使船只，往来不绝。每有饷银、龙衣等项差船⑥停泊，船户兵役人等，十数成群，手执旗、棍，入市需索，地保以及各色生意⑦无不受害。是以嘉庆年间，生员杨掌纶等禀蒙前宪瑭，给示勒石，永免骚扰，数十年安堵无恙。近来，前项差船，明知案据沦陷，复萌故智。凡有到镇，仍如从前骚扰，勒令地保雇夫支更，且以护送为名，索取多钱，稍拂其欲，即将地保捆挷⑧上船，百般吓诈。伏查：设立地保，轮田当差，有催征粮漕之责；前项差船，例应兵役护送，岂容该船户等，勒保护送、雇夫支更，借端索扰？更兼买物不依市价，强欠硬买，横行不法，乡民奚堪扰累？为迫⑨拓摹，叩请示谕，并请檄饬文武衙门：嗣后，遇有此等差船过境停泊，责令照章守法，派拨弓兵、汛役巡护，以昭慎重"等情到府。据此，除批示并檄县分别移饬营汛、奔牛司查照外，合行出示晓谕，为此示。仰经过差使船户、兵役人等知悉：嗣后，遇有前项差船经过地方，停泊住宿，由地方文武衙门派拨兵役，妥为护送，不得再向地保勒令雇夫支更，借端索扰。其上岸买物，尤须照依市价，公平交易，不得强欠硬赊，致滋扰累。倘敢不遵，许即指名，赴地方有司衙门禀究⑩。

......

　　光绪六年，署两江总督部堂吴元炳、护署江苏巡抚部院谭钧培《永禁西塘⑪开设木厂、停泊木簰示》：照得常州西门外，自仓桥、大王庙，至新闸、连江桥、奔牛镇一带，为运河要道，来往官、商船只必经之地。乃近年，西塘滩岸，有江西、安徽各木商，囤积木植⑫，搭盖木篷，私开木号，客商贩木到常，即在各号设篷处所，叠簰停泊，拥塞官河，甚至白昼联行，恃强滋事。访闻该处图正、地保，将官塘滩地，私行租与木

---

① 示，《武阳官书录》作"文"。
② 此处《武阳官书录》有"为循案示禁，以静地方事"，点明发此公文的中心事项。
③ 等，《武阳官书录》作"刘泰、王宇廷，生员张绍奎、沈镜澄、监生邵鉴、黄仲仁、陈鉴"。按：乡董姚馨的头衔为职员。
④ 职，即"职"字。
⑤ 塘，即"塘河"，也即运河。
⑥ 指苏州织造府为皇帝织造衮服面料的船只，以及运送粮饷和漕米的船只。
⑦ 指地保和做各种生意的人。
⑧ 挷，通"绑"。
⑨ 为迫，被迫。
⑩ 此下《武阳官书录》有："其各凛遵毋违。特示。"
⑪ 塘，即"塘河"，也即运河。西塘，即常州城西段的大运河。
⑫ 木植，木材。

商，每月每篷租钱四五百文不等，以致木簰绵亘二三十里，视昔年饬禁之案几等具文，不但有碍河道，抑且易滋事端。本署部堂，前在苏抚任内，曾经专札查禁，勒限饬①迁。兹据武进县禀报，该商等已将违禁木篷、木簰，遵于正月底，循照向章②，一律迁移北门塘河③交易，官河业已通畅。惟恐日久玩生，复萌故智，禀请立案给示等情，到本署部堂、护抚院。据此，合行出示，勒石永禁，为此示。仰木商董、保人等一体知悉：嗣后，自仓桥至奔牛镇一带运河官滩永远不准出租私开篷厂、囤积木植。其到常待售木簰，只许停泊北河，不得横排要道。此外，过境之簰，入夜即行，不准久停④，亦不准双帮并泊、白昼联行。如敢违抗，定将篷厂、木簰发封入官，商伙、簰夫及租地之正保一并严惩。

三　小说与杂记

（一）奔牛堰堰牛因果报应的异事两则

- 宋·李昌龄传⑤《太上感应篇》卷二十"虏掠至富"句之"传"：

　　按《成都记》：昔文潞公⑥出判长安，一日到奔牛堰，堰牛作人语，称潞公名，曰："我与文彦博二十年同官，今日有何面目复出见之？"堰卒以告。公命牵至，牛一见公，即伏地垂头，泪下如雨，鞭亦不起。公大叹曰："此公平生好偷官钱，今日果获此报。"因命宅库支与二十贯钱，俾增其料。当知"虏掠⑦至富"，徒自坠也。

- 宋·张师正⑧《括异志》卷二《郎侍郎》：

　　郎侍郎简致政之年，将赴阙，更图一郡，然后悬车⑨。途次奔牛，宿于堰下，时盛暑，月色澄亮，命从者皆寝，辟船门默坐⑩。乙夜，闻岸侧有人语云："吾儿明日过

---

① 饬，令。
② 向章，旧时的章程。
③ 即北塘河，也即城北的运河。
④ 趁夜而行，不准白昼行，而且晚上即当行完并到达北塘河中，不准第二天仍在大运河中。
⑤ 传，读作"传记"之"传"，其为《太上感应篇》作"传"，即作注释。
⑥ 文彦博，字宽夫，号伊叟，山西汾州介休人，官至参知政事，因讨平王则起义之功，升任同平章事（宰相），封潞国公。宋神宗时，反对王安石变法。
⑦ 虏掠，抢劫、掠夺。《晋书·孙恩传》："虏掠财货，相率聚于会稽。"此指官员贪污，视同土匪掳掠百姓。
⑧ 张师正，其名又作思政，字不疑，襄国（今邢台市）人，生于宋真宗大中祥符九年（1016 年），仁宗嘉祐年间在世，擢甲科，得太常博士。
⑨ 悬车，致仕。古人一般至七十岁辞官家居，废车不用，故云"悬车"。又指隐居不仕。
⑩ 打开船门纳凉而坐。辟，打开。

此，幸若曹悉力曳船。渠齿幼，恐致惊怖。"①郎大讶。登岸四顾，人皆酣寝，惟群牛卧齝②于屋下。翌日，郎驻舟以伺。俄有称"监簿"③者，年甫弱冠，由途于此。船既及堰，群牛不待呵捶，旋转如风，顷刻而过堰。④郎太息曰："吾生平历官治民，自谓无冤抑，安能垂老更偄偄偎于王事乎？⑤"即抗章告老，南归余杭⑥。牛之子不传名氏者，郎为之讳也⑦。陈节推之方⑧，笔以相示。

（二）奔牛堰看破红尘归隐事一则

● 明·冯汝弼修《嘉靖常熟县志》卷三《职官志·橡⑨仕·国朝》：

陆吉，字大佑，以廪生为郡橡⑩，行有阴德，常脱人于重法，后仕莱阳县丞，以家艰，服阕补选，适其姊被赦还乡，吉过⑪于奔牛，因感时事，同归隐，不复出，人皆称行义。

（三）奔牛行骗事一则

● 清·袁枚编《新齐谐》卷二十一《骗术巧报》：

骗术有巧报者。常州华客⑫，挟三百金，将买货淮海间，舟过丹阳，见岸上客负行囊、呼"搭船"甚急，华怜之，命停船相待，船户摇手，虑匪人为累，华固命之，船户不得已迎客，入宿于后舱舡尾。将抵丹徒，客负行囊出曰："余为访戚来。今已至戚所，可以行矣。"谢华上岸去。顷之，华开箱，取衣箱中三百金，尽变瓦石，知为客偷换，懊恨无已。俄而天雨且寒，风又逆，舟行不上。华私念，金已被窃，无买

---

　　① 指我儿明日经过奔牛这儿，你们这群牛要努力拉船让他经过啊。他年轻，你们不要惊吓了我儿。据下文，其儿乃堰牛之子，故牛父命群牛出力。且不愿让儿子知道自己已转世轮回为牛，故明日不敢上前认亲，以免其惊恐。

　　② 此即"齝"字，牛反刍，吐胃中之草慢慢嚼碎后咽下。此言明说话之人即牛中的一头。

　　③ 凡监均置主簿，通称"监簿"。元丰定制，"五监"（国子、少府、将作、军器、都水监）主簿均为从八品。南宋"三监"（秘书省、军器监、将作监）有主簿，秘书省无主簿。

　　④ 此可证北宋用牛拉绞盘来盘坝，使船过坝。

　　⑤ 指为官稍有不慎，便会造孽祸害百姓而得为牛之报应，所以尽量不要为官。

　　⑥ 余杭，即杭州，是郎简的故乡。郎简，字叔廉，一字居敬、简之，自号武林居士，杭州临安人。幼时家贫，好学不辍，常向邻居借书，熟读成诵。景德二年（1005年）成进士，补试秘书省校书郎。后担任宁国县令。大中祥符中期，任福清县令。县有石塘陂，岁久湮塞，募民浚筑，溉废田百余顷，邑人为立生祠。官至刑部侍郎。晚年寓居杭州武林嘉树里。长子郎洁，次子郎淑，三子郎渭。

　　⑦ 指不愿让世人知道此监簿之父已因为官之不善而堕落为牛。

　　⑧ 陈之方，舒州（今属安徽）人。神宗熙宁六年（1073年）知英州晗光县，改清远县。元丰八年（1085年），为礼部贡院点校试官。时礼部贡院寓开宝寺，因寺失火而被烧死。

　　⑨ 橡，当作"掾"。

　　⑩ 橡，当作"掾"。

　　⑪ 过，拜访。

　　⑫ 指姓华的估客即商人。

货资，不如归里捬挡①，再赴淮海。乃呼篙工挖舟返，许其直②如到淮之数，舟人从之，顺风张帆而归。过奔牛镇，又见有人冒雨负行李淋漓立，招呼"搭船"。舵工睨之，即窃银客也，急伏舱内，而伪令水手迎之。天晚雨大，其人不料此船仍回，急不及待，持行李先付水手，身跃入舱，见华在焉，大骇，狂奔而走，发其行囊，原银三百宛然尚存，外有珍珠数十粒，价可千金，华从此大富。

（四）宋代常州人开苏州人玩笑的发生在奔牛的看破世相的寓言故事

● 宋·赵与时《宾退录》卷六③：

寓言以贻训诫，若柳子厚《三戒》《鞭贾》④之类，颇似以文为戏，然亦不无补于世道。吾阅近世文集，得二文焉，朱希真敦儒《东方智士说》、萧东夫德藻《吴五百》是也。

朱之文曰：东方有人，自号智士，才多而心狂⑤。凡古昔圣贤，与当世公卿长者，皆摘其短阙而非笑之。然地寒力薄，终岁不免饥冻。里有富人，建第宅，甲其国中；车马、奴婢、钟鼓、帷帐惟备⑥。一旦，富人召智士语之曰："吾将远游，今以居第贷⑦子。凡室中金宝、资生之具无乏，皆听子用不计⑧；期年还⑨，则归我。"富人登车而出，智士杖策而入，僮仆、妓妾罗拜堂下，各效⑩其所典簿籍以听命，号智士曰"假公⑪"。智士因遍观居第，富实伟丽过王者，喜甚。忽更衣⑫，东走圊⑬，仰视其舍卑狭，俯阅其基湫隘，心郁然不乐，召纲纪仆⑭让之曰："此第⑮高广而圊不称。"仆曰："惟假公教。"智士因令彻⑯旧营新，狭者广之，卑⑰者增之，曰："如此，以当寒

---

① 捬挡，收拾料理，筹措。
② 直，通"值"，雇船的船钱。
③ 下文又见《宋稗类钞》卷十八。下文取四库全书本、民国九年上海涵芬楼影道光十一年六安晁氏木活字排印《学海类编》本《宾退录》相校。
④ 分别见《柳河东集》卷十九、卷二十。
⑤ 心狂，据涵芬楼本，四库全书本两字误倒。
⑥ 全都齐备。
⑦ 贷，借。
⑧ 不用计算（打算），即可以不计其数地任意使用。
⑨ 期年，一年。期年还，一年后我回家。
⑩ 效，展示。
⑪ 假，即代理之意。假公，犹今之代理者。
⑫ 更衣，换衣服，又指换衣休息处。此处是上厕所大小便的婉称。
⑬ 圊，厕所。其厕所设在宅东。
⑭ 纲纪，治理、管理。古称管理一家事务的仆人为"纲纪"，亦称"纲纪仆"，犹今之管家。
⑮ 第，据涵芬楼本，四库全书本误作"地"。
⑯ 彻，今写作"撤"，撤除、拆毁。
⑰ 卑，据涵芬楼本，四库全书本作"库"，两字古通。

暑；如此，以蔽风雨。"既藻①其桡②，又丹其楹③，至于聚筹④积灰⑤，扇蝇攘蛆，皆有法度；事或未当，朝移⑥夕改，必善必奇。智士躬执斤⑦帚，与役夫杂作⑧，手足疮茧，头蓬面垢，昼夜废眠食，忉忉⑨焉惟恐圊之未美也。不觉阅岁，成未落⑩也，忽圊者奔告曰："阿郎至矣。"智士仓皇弃帚而趋迎富人于堂下。富人劳之曰："子居吾第乐乎？"智士恍然自失，曰："自君之出，吾唯圊是务，初不知堂中之温密、别馆之虚凉、北榭之风、南楼之月。西园花竹之胜，吾未尝经目；后房歌舞之妙，吾未尝举觞。虫网瑟琴⑪，尘栖钟鼎；不知岁月之及⑫子复归而吾当去也。"富人揖而出之⑬，智士还于故庐，且悲且叹，悒悒而死。市南宜僚闻而笑之，以告北山愚公。愚公曰："子奚笑哉？世之治圊者多矣，子奚笑哉？"⑭

萧之文曰：吴⑮名蠢，南兰陵⑯为寓言靳⑰之曰：淮右浮屠⑱，客吴，日饮于市，醉而狂，攘臂突⑲市人，行者皆避。市卒以闻吴牧⑳，牧录而械之，为符移㉑授五百，使护而返之淮右。五百诟浮屠曰："狂髡㉒，坐尔㉓乃有千里役，吾且尔苦也㉔。"每未

① 藻，文彩。此处指藻饰，即彩绘。
② 桡，屋梁上的短柱。
③ 楹，房柱子。
④ 筹，厕筹，古人大便后用以拭肛门秽物的木竹小片。明陶宗仪《辍耕录·厕筹》："今寺观削木为筹，置溷圊中，名曰'厕筹'。"今人大便用纸，古人用木片，洗后又可再用。
⑤ 古代皇宫中皇家专用的"官房"，是宫里人使用的大小便设施。其为一张座椅的形式，上铺软垫，中有大圆口，下置便盆，便盆中有草木灰或者各种香料，排泄物落入便盆后，草木灰或者各色香料立即掩盖此排泄物，并且香料会散发香味，不会有满室的臭味。太监宫女们的"官房"则基本是带有盖子的木桶，底部也铺有草木灰来掩盖排泄物。
⑥ 移，改变，即每天都在改进。
⑦ 斤，斧头。
⑧ 杂作，一起工作。《史记·司马相如列传》："相如身自著犊鼻裈，与保庸杂作，涤器于市中。"
⑨ 忉忉，忧思貌，操心、忧愁的样子。《诗·齐风·甫田》："无思远人，劳心忉忉。"
⑩ 指未落成。
⑪ 二字据涵芬楼本，四库全书本倒。
⑫ 及，到了。没意识到岁月已经到了你回来而我当离开的时候。
⑬ 作揖而让智士出去。
⑭ 此即所谓："世上本无事，庸人自扰之。"
⑮ 苏州为吴国首都，后世称吴县，吴人即苏州人。
⑯ 梁设南兰陵郡南兰陵县于晋陵郡之武进县，梁又改武进县为兰陵县。后武进县迁至常州城下成为常州的附郭县，故常州雅号"南兰陵"。此处的"南兰陵"便指常州人。
⑰ 靳，据涵芬楼本，四库全书本误作"勒"。靳，嘲弄、耻笑。此句是说：吴县的苏州人以愚笨闻名于世，南兰陵的常州人曾经写了篇寓言，来讥讽吴人即苏州人。此是常州人写的开苏州人玩笑的故事。
⑱ 淮右，淮河上游一带。浮屠，此处指和尚。
⑲ 突，冲撞。
⑳ 牧，太守。吴牧，吴郡太守，即苏州知州。
㉑ 符移，符教、移檄等官府征调类、敕命类文书的统称。又指行文书于不相统属的官署。
㉒ 髡，剃去头发（的人）。
㉓ 坐尔，因为你。
㉔ 我要让你吃够苦头。

晨，蹴①之即道，执扑②驱其后，不得休，夜则縶其足。至奔牛埭，浮屠出腰间金，市斗酒，夜醉五百③而髡其首，解墨衣衣之，且加之械而縶焉，颓壁而逃④。明日日既昳⑤，五百乃醒，寂不见浮屠，顾壁已颓⑥，曰："嘻，其遁矣？"既而视其身之衣，则墨；惊循⑦其首，则不发；又械且縶，不能出户，大呼逆旅中⑧，曰："狂髡故在此，独失我耳。"客每见吴人，辄道此，吴人亦自笑也⑨。千岩老人⑩曰："此殆非寓言也。世之失我者，岂独吴人⑪五百哉？生而有此我也，均也⑫，是不为荣悴有加损焉者也。所寄以见荣悴，乃皆外物⑬，非所谓'傥来者'⑭耶⑮？曩悴而今荣，傥来集其身者日以盛，而顾揖步趋⑯亦日随所寄而改。曩与之处者，今视之良非昔人，而其自视亦殆非复故我也。是其与吴五百⑰果有间否哉？吾故人或骎骎华要⑱，当书此遗之。⑲"

二文，朱尤属意高远，世之人不能穷理尽性以至于圣贤之乐地，而区区驰逐末务以终其身者，皆东方智士之流也。余亦惧夫流而至于此也，读之竦然为之汗下。

① 蹴，踢。此句是说：踢他上路。
② 扑，鞭子、戒尺。
③ 把五百这个人灌醉。
④ 推倒墙壁后逃走。
⑤ 昳，太阳过午偏西。
⑥ 看到墙壁已被推倒，已经倒塌。
⑦ 循，抚摩。摸自己的头已没有头发。
⑧ 逆旅，客舍、旅馆。此处指大呼于逆旅之中，即在旅馆中大声叫唤。
⑨ 指看到这一场面的常州人，全都把这件事说给苏州人听，苏州人听了自己也感到好笑。
⑩ 萧德藻，字东夫，号千岩老人。
⑪ 人，据涵芬楼本，四库全书本无。
⑫ 也，据涵芬楼本，四库全书本误作"我"。均也，指每个人都有个我在自己身体里。均我，指天生的我与后来的我都是同一个我，不管之前贫穷还是将来富裕，都是同一个我，没有变。此处作"均也"为是，此是说：每个人都有个主人在身体内，后世之人为外物所迷，迷失了自我，沦为外物，成了物化堕落的无我也即丧失灵魂之人。
⑬ 二字据涵芬楼本，四库全书本倒。
⑭ 傥来，意外得来、偶然得到。语出《庄子·缮性》："轩冕在身，非性命也。物之傥来，寄者也。"成玄英疏："傥者，意外忽来者耳。"《晋书·王坦之传》："帝曰：'天下，傥来之运，卿何所有！'"唐张九龄《南还湘水言怀》诗："归去田园老，傥来轩冕轻。"清蒲松龄《聊斋志异·云梦公主》："生得意自诩，告以秋捷，意主必喜。女愀然曰：'乌用是傥来者为！无足荣辱，止折人寿数耳。'"傥来物，意外得来之物。《新唐书·纪王慎传》："况荣宠贵盛，傥来物也，可恃以凌人乎？"宋赵抃《赠别周元忠秀才》诗："了知富贵傥来物，谁向浮云问有无？"清蒲松龄《聊斋志异·王桂庵》："妾家仅可自给，然傥来物颇不贵视之。"俗谓：无义钱财汤泼雪，傥来田地水推沙。
⑮ 耶，据涵芬楼本，四库全书本作"邪"，两字古通。
⑯ 顾，顾盼。揖，拱手行礼。步，行走。趋，追随。此处以此四字指代人的一切行动举止。
⑰ 非是姓吴名五百，而是"吴人五百"之意，其姓名为"五百"，"五"当是姓。
⑱ 骎骎，马疾速奔驰貌，此处形容盛貌。华要，显要，指显贵清要的职位。
⑲ 不少人因富贵而旁人不敢以过去的心态看待他，他自己也自视甚高起来，忘乎所以，忘记了自己的本来面目而为外物所迷，失去了真我。

（五）有关奔牛的诗中一联

● 宋·韦居安《梅磵诗话》卷上：

东坡过"皇恐①滩"，有："山忆'喜欢'劳远梦，滩名'皇恐'泣孤臣"之句。蜀中有"喜欢山"，坡公借此以对。胡澹庵南迁，行临皋道中，抵"买愁村"诗："北望长思'闻喜县'，南来怕入'买愁村'。"汉武元鼎六年，辛缄氏，至左邑桐乡，闻南越破，以为"闻喜县"。杨廷秀过"瘦牛岭"诗云："平生岂愿乘肥马？临老须教过'瘦牛'。"二公效坡体，对俱旳。余尝冬夜宿缙云"打铁山"，有："饮羔肯羡销金帐？问驿姑投打铁山"之句，又泊奔牛闸，亦有一联云："浮家小泊奔牛堰，远信因思回雁峰。"仿诸老格也②。

（六）宋代名流行经奔牛的记载三则

● 宋·郑刚中撰《北山集》卷十三：

西征道里记并序

绍兴乙③未，上以陕西初复，命签书枢密楼公④，谕以朝廷安辑混贷⑤之意。某⑥以秘书少监，被旨参谋。……以其年四月二十二日舟出北关⑦，六月二十四日至永兴⑧，七月十三日进至凤翔，越三十七日。府告无事，公率官吏以归，水陆凡六十驿，往来七千二百里。本计七千一百九十里。汜水⑨，以未至县十里，河水⑩南侵，自婴子坡移路旁山回程，衍

---

① 今写作"惶恐"。

② 此乃其所作诗中之一联，非是作对联也。

③ 乙，当作"己"，指绍兴九年（1139年）。此年初，金国派遣张通古为江南诏谕使，携带金熙宗诏书来南宋议和，提出金国的议和条款是：金国将陕西、河南之地归还给南宋，同时归还宋徽宗的灵柩以及韦太后。南宋则应该对金国称臣，每年向金国进贡岁币银二十五万两、绢二十五万匹。南宋爱国君臣口口声声要"北伐中原，迎还二圣"，如今金国主动送上门，简直是天上掉馅饼的好事。宋高宗和秦桧等主和派对此极力赞同。一贯坚持武力收复中原的岳飞对此极力反对，认为中原本就是南宋故土，金国归还乃天经地义，金国人却把这当作一种恩赐，要挟南宋称臣纳贡，堂堂大宋，要向有国仇家恨的敌国称臣，还要每年缴纳巨额岁币，根本就是得不偿失，不可接受，而且领土靠恩赐来的终究不牢固，唯有靠武力打下来的才有可能牢固，故而岳飞声称："今日之事，可忧而不可贺。"如果宋金议和，他便辞官归隐。金熙宗向南宋归还中原，也激起金国主战派的强烈反对。绍兴九年（1139年）三月，东、南、西三京及河南、陕西诸州郡由金国"赐还"南宋。不到一年，绍兴十年（1140年）五月，金国主战派便占据上风，出动大军大举进攻南宋，重新夺走陕西和中原，宋金间战火重开，宋高宗苟且偷安的美梦破灭。

④ 按《宋史》卷三八〇《楼炤传》："楼炤，字仲晖，婺州永康人。……绍兴……九年，以金人来和，传敕炤草其文，曰：'乃上穹开悔祸之期，而大金报许和之约。割河南之境土，归我舆图；戢宇内之干戈，用全民命。'寻兼侍读，除端明殿学士，金书枢密院事。继命往陕西宣谕德意。"

⑤ 混，混同、统一，即不分情况，全都如此。贷，赦免、宽恕。混贷，即所有人不论其罪过大小，一律赦免，不予追究。

⑥ 某，作者郑刚中的自称。

⑦ 指首都临安的北水关。

⑧ 宋神宗将陕西路分为永兴军路、秦凤路两路，永兴军路治所在京兆府（今陕西西安），秦凤路治所在凤翔。

⑨ 汜水，即河南郑州荥阳市的汜水镇。

⑩ 指黄河水。

十里。右通直郎、尚书户部员外郎李若虚，参议、左朝请大夫、新差知吉州军州事江少虞，左朝请郎、新除陕西转运副使姚焯，机宜、右从事郎、新湖州德清县主簿楼垍，书写机宜文字、左朝奉郎、行大理寺丞王师心，右奉郎①郎、监行在榷货务阁大钧，右宣教郎、前温州平阳县丞郭子钦，干办、左朝散郎、主营②台州崇道观李孝恭，提举钱粮、右丞③直郎、前江西提刑司干办事穆平，左丞④直郎、新泉州永春县丞王晞韩，右文林郎、前监潭州南岳庙曹云，右迪功郎、新潭州善化县主簿宋有，右从事郎叶光，准备差遣、右文林郎、前建州建阳县尉李若川点检医药、饭食，凡一十五员。左宣教郎、试秘书少监、充枢密行府参谋郑某序。

……二十七日，许市⑤、望亭，宿无锡县。二十八日，潘葑、乐社⑥、横林，宿常州。二十九日，奔牛、吕城闸，宿丹阳县。三十日，新丰、丹徒镇，宿镇江府。……

- 宋·楼钥《攻愧集》卷一百十一《北行日录上》：

乾道五年己丑……十一月……十五日丁卯，晴。生朝⑦作汤饼⑧，遣人访李表兄长卿，已同王直甫候于门。苏彭年亦来，皆延入船相见。王江阴正己⑨惠茶并公酝⑩。苏、李别于荆溪馆⑪，直甫同行十里，待书而别⑫。徐协恭过船棋战⑬。三十六里，过奔牛。又十八里，过吕城。月明水深，挽舟甚驶⑭，夜行五十四里，过丹阳县，约五更矣。

- 宋·楼钥《攻愧集》卷一百十一《北行日录下》：

乾道六年庚寅……二月……八日己丑，晴。城中水涩，良久方⑮出门⑯，夜过丹阳县及吕城闸。

九日庚寅，晴。天明过奔牛闸，午后过毗陵⑰。

---

① 郎，当作"议"。南宋文散官阶"奉"字开头者只有"奉议郎"。
② 营，当作"管"。
③ 丞，当作"承"。
④ 丞，当作"承"。
⑤ 今作浒墅，"浒"读作"许"。
⑥ 今作洛社。
⑦ 生朝，生日。
⑧ 古人所称的"汤饼"就是现在的面条类食物。
⑨ 按宋《江阴志》卷三郡守（即江阴知军）题名有乾道年间的："王正己，右通直郎，四年。潘旬，朝奉郎，六年。"则王正己乾道四年至六年任江阴知军。据上文则其当字"直甫"。
⑩ 宋代酒业由官府直接控制，称官厨酒，或称公库酒，为官方酿酒。"公酝"当指此。
⑪ 常州毗陵驿名为荆溪馆，是古代常州的国宾馆。
⑫ 指江阴军知军王正己随行十里，等我写一封信或一幅书法作品给他。
⑬ 棋战，下棋。
⑭ 驶，急速行驶。
⑮ 方，据清乾隆间武英殿木活字印武英殿聚珍版丛书本。四库全书本误作"力"。
⑯ 指出镇江城的城门。
⑰ 指毗陵郡也即常州城。

（六）明代名流行经奔牛的记载九则

● 明·李日华①《六研斋三笔》卷四：

　　吴文定公宽②，为学晚成，少难一泽宫③之选，有《咎须文》④《祛睡魔文》，其精苦刻厉可知也。遂援俊秀⑤例入胄⑥，所业益精畅洪博。尝见其手抄《太祖皇帝文集》，端楷整栗，后竟掇巍科，以书法擅代⑦，信天之成就名硕⑧，不在一时佻躁⑨，而鼎吕⑩明堂⑪之器，不妨以迟钝⑫得之也。今石梦飞携来诗一卷，盖公北上所历程途，而随手录之者。因悉为副墨⑬，以备遗忘云。

　　吴城至京歌

　　枫桥⑭解缆⑮钟声早⑯，浒墅⑰行行⑱日初晓。望亭⑲过去是新安⑳，锡山㉑回首南门

----

①　李日华（1565—1635 年），字君实，号竹懒，又号九疑，浙江嘉兴人。

②　吴宽（1435—1504 年），字原博，号匏庵、玉亭主，世称匏庵先生。直隶长州（今江苏苏州）人。明成化四年（1468 年）中举人，成化八年（1472 年）中会元、状元，授翰林院修撰，官至礼部尚书，卒赠太子太保，谥文定。其诗深厚酝郁，自成一家，著有《匏庵集》。又擅书法，姿润中时出奇崛，学苏东坡而多所自得。据本书下文考，此诗作于成化六年（1470 年）。吴宽《家藏集》未录此诗。

③　泽宫，古代习射取士之所。

④　见吴宽《家藏集》卷五十七《咎须文（并序）》，指己多须而显老，口称自己实际年龄很小，众人不敢相信。

⑤　俊秀，才智杰出的人。清代作为汉族官吏无出身者之称。《清会典·吏部四·文选清吏司》："凡官之出身有八。……无出身者，满洲蒙古汉军曰'闲散'，汉曰'俊秀'。"

⑥　胄，胄监，即国子监。入胄，指在国子监当贡生。

⑦　擅，占有、享有。代，一代之英名。

⑧　名硕，著名的博学之士。

⑨　佻躁，轻率急躁。

⑩　鼎吕，语出《史记·平原君虞卿列传》："毛先生一至楚，而使赵重于九鼎大吕。毛先生以三寸之舌，强于百万之师。"司马贞《史记索隐》："九鼎大吕，国之宝器。言毛遂至楚，使赵重于九鼎大吕，言为天下所重也。"九鼎，相传为夏禹所铸。大吕，为周宗庙的大钟。后遂以"鼎吕"指事物及言论的份量重。

⑪　明堂，古代帝王宣明政教的地方。凡朝会、祭祀、庆赏、选士、养老、教学等大典，都在此举行。明堂之器，即国之重器，即国家的宝器，比喻能任国家大事的人。

⑫　迟钝，缓慢、不迅速。

⑬　副墨，副本。悉为副墨，全部将其过录一份。

⑭　枫桥，桥名。在江苏省苏州城西门阊门外十里的寒山寺附近。本称"封桥"，因唐张继《枫桥夜泊》诗"月落乌啼霜满天，江枫渔火对愁眠。姑苏城外寒山寺，夜半钟声到客船"，而相沿作"枫桥"。唐张祜《枫桥》诗："唯有别时今不忘，暮烟疏雨过枫桥。"

⑮　解缆，解去系船的缆绳。指开船。

⑯　指晓钟，报晓的钟声。

⑰　浒墅关，在苏州城西北 12 公里处，雄踞京杭大运河岸上，是驰名全国的繁华市镇。

⑱　行行，不停地前行。《古诗十九首·行行重行行》："行行重行行，与君生别离。"

⑲　望亭镇，位于常州府无锡县与苏州府交界处的运河岸上，到望亭便进入了大运河的常州界，本属无锡，新中国建立后因有电厂而划给苏州。其古又名"御亭"，相传是孙权所立邮亭。按《艺文类聚》卷三十四有"梁庾肩吾《乱后经吴邮亭》诗曰：邮亭一回望，风尘千里昏。青袍异春草，白马即吴门"云云。明冯惟讷《古诗纪》卷九十引此诗题作《乱后行经吴邮亭》，诗末有注："御亭，吴大帝所建，在晋陵，今作'邮'，误也。"御亭在晋陵郡无锡县，故称"在晋陵"。

⑳　新安，运河岸上，在无锡与望亭之间。《弘治无锡县志》卷五《公署·诸司廨舍》有："锡山驿，在南门外。宋以前有太平、南门、北门三驿。元置洛社、新安水马站各一所，设提领各一员。国朝洪武初，站废，置无锡驿于今地，九年改今名。"

㉑　锡山，即无锡的雅称。无锡城因锡山得名，其山旁有惠山，惠山有九陇，故名九龙（陇）山，惠山如龙，而锡山如龙珠。无锡城的驿站称锡山驿，在南门外。

道①。毗陵②一水穿城过，孟渎闸③下帆樯多。船头祭神各浇酒④，问神明日风如何。开江⑤直至瓜洲⑥坝，风涛滚滚从⑦东下。金焦⑧削出青芙蓉，楼台掩映真如画。……去年我亦从南来⑨，献策⑩欲展胸中才。天风暂屈万里⑪翮，壮志未必终蒿莱⑫。山水迢遥路重叠，丈夫何事轻离别？试歌一曲请君听，功名莫遣头如雪！

- 明·吴宽《家藏集》卷五十七《己亥上京录》：

成化十五年己亥三月十日丙寅，予服阕⑬上京，诸亲友送至无锡者，是夜宿锡山驿河下。……戊辰，至常州，时应祯别往宜兴矣，以风逆，复来会，同德乾访陆谕德廉伯⑭，饮其家。己巳，应祯往宜兴，德乾别于奔牛。庚午，至镇江。……

- 明·史鉴⑮《西村集》卷一"歌行"《纪游歌，别崔望宗、丁公耀》：

忆昔辞家同作客，千里遥遥事行役。姑苏台下榜人歌，万顷湖光浸空碧。慧山隐隐云欲连，山灵谢客心茫然。吁嗟鸿渐不可作，扣舷空赋《招魂》篇。延陵祠⑯前春草绿，再拜陈词献醴醵。九原焉得使重生，为振高风转衰俗？奔牛闸下多飞涛，打鼓发船奚惮劳？楼台晚映丹阳郭，卧闻笑语声嗷嘈。南徐⑰山水钟奇秀，压酒吴姬远招袖。……

---

① 无锡城至常州城的运河在无锡城之西北，称为北门道、北塘，而无锡城至苏州城的运河在无锡城之东南，称为南门道、南塘。

② 常州古称延陵，汉代改称毗陵，晋称晋陵，隋改常州。隋唐宋元常州城的驿站毗陵驿原本设在城内青果巷，其西端之桥称驿桥，简写作弋桥，明代改迁于城西门朝京门门口（今怀德桥下）。

③ 孟河城有南北两水关，北水关就是孟河闸，在孤陈山西侧，闸底就是山根，其山根基底似釜，是天然的闸基，都不用人工挖掘。

④ 浇酒，洒酒。多指祭祀。唐张籍《贾客乐》诗："欲发移船近江口，船头祭神各浇酒。"

⑤ 开江，船只启碇开航。

⑥ "洲"的古字写作"州"（"州"为象形字，像大江大河中的三个沙洲之形），故"瓜洲"又可写作"瓜州"。瓜洲镇属于今天江苏省扬州市邗江区，其原为江中洲渚，形圆似瓜，故名。此是指开船向瓜洲古渡驶来。瓜洲古渡设有瓜洲坝，以免苏北运河之水南泄长江，过往船只要用牛拉绞盘翻越此坝。

⑦ 从，介词，表示对象，意为"向"。

⑧ 指镇江的金山与焦山。此是在过江时回首望见江南镇江的金山和焦山。

⑨ 此是言去年作者上京参加礼部会试而未中，今按《江南通志》卷一二六《选举志·举人二》之"成化四年戊子科"有"吴宽，长洲人"，卷一二二《选举志·进士四》之成化"壬辰科吴宽榜"（即成化八年）有"吴宽，长洲人。状元"。则吴宽此诗作于其上京参加会试未中的成化五年的第二年也即成化六年（1470年），其成化八年得中状元。

⑩ 献策，即献计。古代科举考试以策问试士，因称对臣下或举子的考试为策试。策问，以经义或政事等设问要求解答以试士。

⑪ 万里，指鹏程万里。《庄子·逍遥游》："鹏之徙于南冥也，水击三千里，抟扶摇而上者九万里。"后因以鹏程万里比喻前程远大。

⑫ 蒿莱，野草、杂草，此处指草野。

⑬ 指为父或母守丧期满，除去丧服。

⑭ 指陆简，字廉伯，号治斋，别号龙皋，武进人，成化元年解元，成化二年榜眼，成化十三年升右春坊右谕德，为东宫讲读。

⑮ 史鉴，成化朝人。

⑯ 指常州城的古延陵季子庙，在常州城东郊运河北岸的今儿童医院处，著名的东坡舣舟亭与之隔运河相望。《成化毗陵志》卷三十八有明初高僧宗泐《延陵季子祠送张守》诗咏此祠："延陵古名郡，季子有祠宫。古木阶前合，长河户外通。仁风垂后代，让德继先公。太守之官去，褒贤礼更崇。"

⑰ 镇江城为东晋与南朝南徐州的州治，故南徐为镇江之别称。

- 明·史鉴《西村集》卷二"五言古"《渡奔牛闸》：

下河水低上河漫，春雷吼闸奔流悍。鼓声冬冬催发船，百丈牵连若鱼贯。船头水涌沉且浮，顺风张帆那①可留？行人来往日南北，惟有水声千古流。

- 明·徐熥②《幔亭集》卷三"七言古诗"《述游篇》：

去年仲冬束行李，掩泪辞亲赴燕市③。今年五月将中旬，方能税驾归田里。中间辛苦难具陈，万里风波愁杀人。从来痛定才思痛，回看往事徒沾巾。闽溪山水何太恶，水似瞿塘山剑阁。仙霞岭上气不平，黯淡滩头胆将落。浙中水浅易胶舟，苍头牵缆如伛偻。一日才行十数里，舲前兀坐空百忧。岁除才到云阳④下，县官正闭奔牛坝。停舟三日不得行，关吏相逢便相咤。扬子长江天际流，江豚吹浪神鼍浮。长年捩舵神色丧，可怜身世同轻沤。黄河之水名九曲，由来舟楫愁倾覆。……

- 明·王世贞《弇州四部稿》续稿卷一百四十《文部·行状》之《亡弟中顺大夫太常寺少卿敬美行状》：

亡弟讳世懋，字敬美。……病痤，而有司奏起用如六卿大臣例，报可。时不穀⑤被命留京，轻行⑥迓弟于奔牛⑦，弟时形瘠而色多火，然神气殊劲爽，相劳苦，案医药，与方舟⑧而归。……至明年戊子，……弟以嘉靖丙申生，殁于万历之戊子，春秋仅五十三耳。……

- 明·王世贞《弇州四部稿》续稿卷一百九十四《文部·书牍》之《赵汝师》：

……

又

前出候病弟于奔牛，见之则首问吾丈起居云。⑨……

- 明·王世贞《弇州四部稿》续稿卷一百九十八《文部·书牍》之《答殷无美》：

……仆自丙戌腊尽，遘老姑之变。明年四月，荆妇猝中风。五月，瞻美感噎。六月，敬美亦如之，日忧懑万状。七月，得先司马祭葬、赠官诏。九月，有事先垄，虽

① 那，同"哪"。
② 其为万历朝人。
③ 燕市，战国时燕国的国都燕京，今北京。赴燕市，即上北京。
④ 云阳指丹阳，奔牛离丹阳的边境线不远，故称"云阳下"。
⑤ 不穀，不善，自己的谦称。
⑥ 轻行，轻装疾行。
⑦ 据下文明年为万历十六年戊子岁（1588 年），则是万历十五年至奔牛。
⑧ 方舟，两船相并。
⑨ 指我弟王世懋一见我面，便问起您的情况。

心腑小纾，而悲感交集。十月，阿瞻死。十一月，蒙恩起佐留枢，出候阿敬①于奔牛，即上疏力辞，不允，相知者咸谓上恩深矣，即不能为身出，独不能一为逝者出有所效耶？故勉与病弟割。明岁之二月出，抵郡，而少女之归汝南者②，物故矣。闰六月，得弟讣，五内俱裂，病卧久之，强出视事，足下谓此光景与太原公何异耶？……

● 明·郑鄤《峚阳草堂诗文集》卷十四《行状》之《亡考象斋府君③行状》：

　　……甲申④，年十三，补郡弟子员。辛卯⑤，举于乡。壬辰，我吴安人来归⑥。乙未，成进士。鄤犹忆壬子计偕⑦，府君携舟至云阳，指所过奔牛里曰："是吾廿年前遇雨地也。"因言："少值家落，多外侮。太封翁日拮据门户，董宜人则尽脱簪珥，奉节妇姑⑧欢。遭戊子岁大祲，死者相枕籍，府君手一卷于尸陀林⑨中，日一糜⑩而已。所言遇雨事，时赴省试⑪，中夜雨骤，至无所避雨宿⑫。待旦，董宜人以二金为路资⑬，从者如厕，失之，同舟皆怨咨，府君怡然不为动也。"因谓不孝儿曹："从吾薄宦⑭得衣食自给，欲如吾昔时光景，岂可得哉？"⑮既成进士，归省。二年，太封翁命授季父明初⑯书。丁酉，谒选，得嘉兴令。……

---

① 即王世懋字敬美的小名。

② 我嫁到汝南的小女儿。

③ 郑振先，字太初，号象斋，常州武进县横林人。生于明隆庆六年，卒于崇祯元年，万历二十三年成进士，任嘉兴县令七年，升工部主事，转任兵部、礼部主事。万历三十六年上《直发古今第一权奸疏》，指斥当朝首辅朱赓为第一权奸，被降六级为四川永宁宣抚司经历。万历三十九年"京察"时被免官，从此乡居，直至去世。其妻吴氏，是翰林院检讨吴可行（吴中行之兄）的女儿。其弟郑振光为万历三十八年进士，任许州知州，死于任所。其子郑鄤为天启二年进士、翰林院庶吉士，崇祯八年被首辅温体仁诬陷"惑父披剃、迫父杖母"而下狱，崇祯十二年被处凌迟之极刑，蒙冤而死。

④ 指万历十二年甲申岁（1584年）。下文辛卯为万历十九年（1591年）而郑振先中举，次年壬辰为万历二十年（1592年）而吴安人嫁给郑振先，再三年为万历二十三年（1595年）乙未岁郑振先中进士，壬子为万历四十年（1612年），郑振先送子郑鄤上京赶考。

⑤ 指万历十九年辛卯岁（1591年）。

⑥ 母亲吴安人嫁给我父亲。

⑦ 计偕，语出《史记·儒林列传序》："郡国县道邑有好文学、敬长上、肃政教、顺乡里、出入不悖所闻者，令相长丞上属所二千石，二千石谨察可者，当与计偕，诣太常，得受业如弟子。"司马贞《史记索隐》："计，计吏也。偕，俱也。谓令与计吏俱诣太常也。"后遂用计偕称举人赴京会试。此是指万历四十年（1612年）郑鄤上京会试，而府君即其父亲携他坐船到云阳即丹阳，即坐船送他到丹阳，然后自己再坐自己的船回常州。途经奔牛，说出二十年前即万历十九年（1591年）参加乡试中举成为举人那趟行程的事，感叹自己的贫穷境况儿孙们体会不到了。今按：实为二十一年前，说成"廿年前"是标举大数，忽略个位数，犹云"廿余年前"。

⑧ 指郑鄤爷爷的母亲守寡，郑鄤奶奶侍奉这位守节的婆婆。

⑨ 尸陀林，弃尸之处，僧人墓地。此处当指寺庙。

⑩ 糜，粥。日一糜，每天只吃一顿粥。

⑪ 省试，唐宋时由尚书省礼部主持举行的考试，又称礼部试，即会试。元代以后，分省举行考试，称省试，即乡试。此处指乡试。

⑫ 指没有地方避雨投宿，等于一夜无眠，在人家屋檐下躲雨。

⑬ 指来奔牛之前，董宜人给二两银子作为路费，放在随从身上，这位随从上厕所时遗失，同舟之人皆"怨咨"（即"怨訾"，怨恨嗟叹），而府君没有生气。

⑭ 薄宦，卑微的官职。有时用为谦辞。

⑮ 指我现在做官了，你们儿子辈想经历这种艰苦时光都不可能了。

⑯ 指郑鄤的叔父郑明初。

（七）清代名流行经奔牛的记载十则

● 清·黄宗羲《南雷诗历》卷一《病疟》①：

焦原雪窖间，更翻遂昼夜。试问病缘起，龙风牵屋架。冥行触风雨，寒水滴营罅。忆昔己卯岁，此病经冬夏。长生周廷祚厦屋中，阴气拂杯斝。再发拂水堂钱牧斋，三发奔牛坝②。剪烛仲驭周镳斋，四发忽放赦。国门盛文酒，厓然闭僧舍。朗三梅朗中及眉生沈寿民，侵晨必慰藉。密之方以智诊尺脉，好奇从肘下。子远吴道凝截疟丸，痿顿增吐泻。文虎陆符黄鸡方，骨鲠终虽化。我容周镕美羊肉，昆铜沈士柱言甘蔗。霍起会有时，初不因针灸③。今者病重来，廿年等箭射。殷勤念好友，一一见凋谢。

八月初八日，我生是半夜。长大从场屋，时文相牵架。槐花逐队忙，何异蚁行罅？金陵及易水，发轫当初夏。所以遇是日，未尝覆一斝。廿年烹牛车，遂不历堰坝。弄水乱石溪，是日始天赦。今年计是日，疟鬼当浸舍。亦谓白版床，羊裘足凭借。岂意五更初，惊魂久乃下。泽望竟辞世，鸡声千里泻。是日吾之生，是日子之化。便欲仇是日，老景无味蔗。海内称三黄，溯风亦亲炙。掘强污险中，时人避弹射。硕果系不食，谁谓望秋谢？

● 清·宋荦④编《漫堂年谱》：

三十五年丙子⑤：余六十三岁……十二月，……余岁杪南还，以腊⑥之廿九日渡江，除夕，官舟野泊于毗陵之奔牛间。按：江左吏牍之繁浩如烟海，从前题奏每岁千余，余莅任次年，尚七百余检，今岁止三百，盖事省于前多矣。老友邵子湘语人曰："自宋公来，觉吴门之气顿静。"余闻而憪然。

● 清·宋荦《西陂类稿》卷十七《奔牛道中二首》：

一片浓阴压大河，翻盆急雨打船过。

水车不响农歌歇，但听飞泉落磵阿。

---

① 下有两首诗，韵脚相同而为步韵。
② 指黄宗羲经过奔牛坝时第三次疟疾发作。
③ 灸，下诗步其韵亦作"炙"，则不当作"灸"。
④ 宋荦（1634—1713年），字牧仲，号漫堂，晚号西陂老人，一作西陂放鸭翁，河南商丘人。宋权之子。康熙年间以父荫入仕，官江苏巡抚，累升至吏部尚书，加太子少师。为官以清节著名。博学多识，精鉴藏，工诗词古文，与王士禛齐名。所藏皆古人名迹及一时名家名作，朝夕研习，耳濡目染，遂悟画法，所作兰竹亦极超妙。有《西陂类稿》《枫香词》《漫堂墨品》《沧浪小识》等书行世。
⑤ 指康熙三十五年丙子岁（1696年）。
⑥ 腊，腊月，十二月。

斜阳开处稻油油①，坐向篷窗对浴鸥。

自笑真同蚁旋磨，一年六次过奔牛。

- 清·张敬立编《舜山是仲明先生年谱》：

乾隆……七年壬戌，先生五十岁。……冬，舟访奔牛张天随先生。以二十年闻声倾慕，一见如素，洞见肝膈，无世俗浮套语。言："学《易》，从"履"②悟入。"

- 清·沈起元③编、沈宗约补编《敬亭公年谱》卷下：

壬午④七十八岁……正月……二十七日，上幸浙。三月十一日，于胥门舟次，晤抱孙，资斧乏，从维滋家借钱七千文。十五日，至常州看三女，则同书⑤已于去冬，携其妾并二子赴黔，留三女及甥女四⑥在家，甚苦。余留五日，二十日到奔牛送驾而回。二十四日抵家，体中甚疲倦，盖衰征矣。

- 清·吴锡麒撰《还京日记》：

乾隆五十八年……十月……五日，晓起，宿雾犹白，残星独青，舟人放帆，行已数里矣。九龙山⑦色，恰掠余面而过。至藩封⑧，东南风大作，舟行若奔马。午后，抵毗陵，过东坡舣舟亭。亭临水次⑨，疏篁杂树，鸟语极幽。晚泊奔牛，志称"汉时有金牛出茅山奔此，故名。宋明帝遣沈怀明击孔觊，至⑩牛筑垒"，即其地也。夜雨。

- 清·恽敬⑪《大云山房文稿》之《大云山房言事》卷二《与二小姐》：

前年得手书后，至今未得，心甚悬悬。吾十月十三日江西开船，各帐未清⑫，人间非笑之。然为知县者，穷庶自愧处少，富则自愧处多，吾穷至此，无怨悔也。十一月初三日到家，由奔牛至于巷⑬，祖母大人甚是喜欢。然见子孙窘迫，不能不动念。……

---

① 七月时稻子绿油油，上文是年底经过，此是夏天经过。

② 指张天随先生学《易》是从"履"卦开始领悟的。

③ 沈起元，字子大，号敬亭，江南太仓人，康熙、乾隆朝人，有贤名，修身谨持，官至光禄寺卿。

④ 指乾隆二十七年壬午岁（1762年），乾隆皇帝第三次南巡。

⑤ 同书，当是人名。

⑥ 留三个女儿和甥女，共四人。

⑦ 指无锡惠山，有九陇，故名九陇山，讹为"九龙山"。

⑧ 即无锡之潘葑，在无锡城西北的运河北岸。

⑨ 水次，水边，又指船只泊岸处、码头。舣舟亭下正有供康熙与乾隆皇帝南巡船只靠岸的御码头，上建有供康熙与乾隆皇帝临幸的万寿亭行宫。

⑩ 此处当有一"奔"字。

⑪ 恽敬（1757—1817年），字子居，号简堂，江苏阳湖（今常州）人，清乾隆四十八年（1783年）举人，阳湖文派创始人之一。

⑫ 指欠官家的债。即该收的民间赋税未能全收上来，这是爱民的表现。

⑬ 按：恽氏家族源出武进之小河镇，20世纪80年代编的《武进地名录》第359页小河乡郭河村行政村下有村名为于巷里，当即是此"于巷"。由奔牛往北走孟河，至西夏墅后，走孟河往西之支流午塘河，至小午塘村上岸，往北便是于巷里。

● 清·杨炳堃[1]编《中议公自订年谱》卷一：

十九年[2]甲戌二十九岁：……三月……上巳日，晨泊毗陵驿，上岸，过皇华亭[3]，至常州府署，回至阳湖邑署[4]，有对联云："眼前百姓即儿孙，休言百姓可欺，须留下儿孙地步；堂上一官称父母，莫道一官易做，当尽些父母恩情。"联为金乡令王玉池作。傍有陈公大文、康公基田跋语，书者为旧阳湖令朱桓。晌午归舟，卞雅堂太守伻[5]来，致茶酒等物。少迟，汤莲侬显业来，携渠尊人《金源记事诗刻》见赠。谈顷，别去。未刻，过奔牛汛，地为伯牙遗琴处。申刻，过吕城镇，与巳生联得五古一首、五律一首，并以《枕上闻歌诗》促澹初和之。是日小雨，晴，顺风。……

《奔牛汛为伯牙遗琴处》联句：

轻舟忘远近，蕉雨。摇漾随所之。微风一以扇，巳生。中道纷如驰。地偏心自远，蕉雨。洄溯令人怡。淙淙流水响，巳生。雅与弦外宜。知音岂必少？蕉雨。所愿惟子期。是以遗琴者，巳生。恒动江湖思。白云卷天末，蕉雨。碧烟生水湄。啸侣写衷曲，巳生。理操知何时？蕉雨。

● 清·杨炳堃编《中议公自订年谱》卷七：

咸丰四年甲寅六十九岁：……八月……中秋日，进六闸口，过二道桥，又名石洋沟桥，长数十余丈，以木为之，扬关移驻在此。又过八江口，油闸关移驻在此。至土桥，泊舟宿。是夜，月色大佳，微云点缀，波光千顷，上下一碧，宛披一幅清秋图画也[6]

十七日，早潮甚大，邻舟牵缆带索，嘈嘈不已。两岸均是芦苇，因风萧瑟，微雨洒之，顿增秋肃之气。竟日风雨交加，停泊一日。

十八日，开行出江，过圌山关，乘西北风，一帆顺利，收小河口。眠桅[7]，祭江，过二道之第二桥，即泊舟宿。是日行江面约百余里，已绕出丹阳，前去奔牛镇计三十里。

---

① 杨炳堃（1787—1858年），字蕉雨，浙江归安县（今湖州市）人，清嘉庆十七年（1812年）拔贡，是晚清廉吏，在密县任职县令七年（道光二年至八年），修水利，兴教育，整煤矿，化民风，政声卓著，人称"民生县令"。
② 指嘉庆十九年（1814年）。
③ 皇华亭是毗陵驿的接官亭。
④ 常州府署在北大街北端，今为少体校和老年大学所在。阳湖县衙在今第一人民医院内。
⑤ 伻，使者、仆人。
⑥ 此是由江北至江南而经过奔牛。
⑦ 眠桅，横倒桅杆。

二十一日，过浒墅关，低①太子马头，晤汪北溪汉华。九年之别，须发皆霜，不胜今昔之感。

- 清·周星誉撰《入都日记》：

咸丰六年丙辰正月……二十六日甲申，晴，风稍微，自黄埠墩②解缆，舟行殊钝。申刻，抵戚墅堰泊，仅行六十里。

二十七日乙酉，晴。辰刻，抵常州，拜金静川司马。未刻，自常州解缆，至奔牛泊。自望亭以北，每乡镇必有团练局稽察行旅，营兵、乡勇阗塞市肆，类皆饱食以嬉，可叹也！自常州至奔牛，见小舟可千余艘，皆极敝，以席蔽之，每舟男妇、小儿六七人，听其语，似扬、镇③土音，大约贫民避难漂泊者也。此辈安戢之不能，禁约之不可，不沟壑④，即盗贼耳，可为隐忧。

二十八日丙戌，晴暖。过丹阳县，隔城见女墙上旗帜林立，盖因庐州贼南窜，故增兵立营于此，泊新丰。

二十九日丁亥，晴暖。辰刻，自月河口渡江，过二道桥，钞关移设此处，无屋廪，惟数大舟扼隘口盘诘而已。抵六闸泊。

（八）奔牛走向近代化的教堂、铁路、邮政等情况

- 民国·故宫博物院编、民国故宫博物院铅印文献丛编本《江苏教堂册》：

江苏常州府教堂册军机处档

江苏常州府呈：为造送事，今将光绪三十四年春季分，知府所属各县境内设立教堂、学堂、书塾、医院处所，汇造总册，呈送鉴核，须至册者。

计开

武进县境小教堂二处，福音讲堂一处，福音教堂一处。

一、在城二图北直街，有福音讲堂并中西蒙学课馆一处，屋系华式。

以上一处，于三十年八月间，由苏州耶苏教总司铎潘慎章、牧师罗格思前来分

---

① 低，当作"抵"。苏州有"三关六码头"。"三关"一说是浒墅关、铁铃关、金阊关，一说是铁铃关、木渎关、葑门关，当如《金阊区志》所载："三关即铁铃关、白虎关和青龙关，均在阊门外。"因为三关是防倭寇入侵而筑，木渎关、浒墅关距苏城比较远。姑苏诸城门以阊门最繁华，其处有六码头，即南码头、北码头、太子码头、万人码头、丹阳码头和盛泽码头。

② 在无锡城北运河中，镇守运河入无锡城的水口。

③ 指扬州、镇江。按咸丰三年（1853年）太平军分兵两路，罗大纲、吴如孝攻取镇江，林凤祥、李开芳攻取扬州。

④ 指倒毙于沟壑中。沟壑，借指野死之处或困厄之境。《孟子·滕文公下》："志士不忘在沟壑，勇士不忘丧其元。"赵岐注："君子固穷，故常念死无棺椁、没沟壑而不恨也。"此句是说：江北难民流落至江南，没人安戢（即安抚）他们，也不可能来禁约（禁止约束、管束）他们，他们不饿死便会沦为盗贼，这是令人担心的事。

设。教士俞中善租赁洪福咏房屋居住，共十八间。教士潘慎章，美国人。

一、安西乡奔牛镇，有耶苏小教堂一处，屋系华氏[1]。

以上一处，于二十九年十一月间，系美国长老会教士赛兆祥，分派教士张荣生，租赁王富大门面平屋两间设立。张荣生，系中华扬州府人。

一、安西乡奔牛镇，有天主小教堂一处，屋系华式。

以上一处，于三十二年九月间，系教民赵云廷，租赁王建明平屋三间设立。

一、大有乡夏溪镇，有福音教堂一处，屋系华式。

以上一处，系奔牛福音堂领袖童宝田到彼传教住堂，教民吴经林租赁董所法平屋三间设立。吴经林，系本邑嘉泽镇人。

……

以上各县设立教堂、学堂、书塾、医院处所，除武进、阳湖、无锡、金匮、宜兴、荆溪、江阴七县汇册造报外，其余靖江一县，饬据查复未经设有教堂处所，理合登明。

光绪三十四年七月日，知府王步瀛。

• 民国·李长传编《民国江苏省地志》第三编"人文志"、第三章"交通"、一"陆路交通"、（二）"铁路"：

……京沪铁路，即旧"沪宁铁路"，自南京迄上海，设车站四十，共长三百十公里。……其路线自南京向东沿宁镇山脉之北麓，东走至镇江，折而东南，穿宁镇山脉，为宝盖山洞（长一三三二英尺），经波状丘陵，至丹阳，更东南，约与运河平行，经常州、无锡、至苏州，更折而东，约与吴淞江平行，经昆山至上海。全路自丹阳以西，略有山冈，余皆平坦，但港叉交错，故桥梁工程颇多。此路与长江水运处竞争地位，因之大宗重量货物，以沿路之农产物为大宗，工业品次之。客运方面，则独占优势，载客年达千万人以上。兹将京沪铁路车站及其距离列下：

上海北站（七·五六公里）南翔站（九·六〇公里）黄渡站（六·一六公里）安亭站（七·五八公里）天福庵站（五·六八公里）陆家浜站（五·六九公里）青阳港站（五·八八公里）昆山站（三·四四公里）正仪站（一〇·七〇公里）唯亭站（六·四八公里）外跨塘站（八·八八公里）官渎里站（五·七五公里）苏州站（一一·八六公里）浒墅关站（一二·三二公里）望亭站（八·六八公里）周泾港站

[1]　氏，当作"式"。

（一〇·四九公里）无锡旗站（五·八五公里）无锡站（四·八七公里）石塘湾站（一〇·六九公里）洛社站（二·七六公里）横林站（八·二七公里）戚墅堰站（六①八公里）常州站（一一·一一公里）新闸镇站（一八·八五公里）奔牛站（八·八六公里）吕城站（七·五二公里）陵口站（一〇·〇九公里）丹阳站（一〇·四一公里）新丰站（八·一五公里）渣泽站（一二·六三公里）镇江旗站（一五·〇八公里）镇江站（四·六〇公里）高资站（一二·七三公里）桥头镇站（五·一三公里）下蜀站（六·五八公里）龙潭站（一一·〇九公里）栖霞山站（九·九九公里）尧化门站（八·八四公里）太平门站（七·〇二公里）和平门站（二·八六公里）南京联站（三·五六公里）南京站。

● 民国·李长傅编《民国江苏省地志》第三编"人文志"、第三章"交通"、四"通信"、（三）"邮政"：

我国之邮政，往昔政府公文自驿路传递，民间则有信局，驿站制度自电报邮局兴后而废止，民信局直至民国二十三年始完全取缔。政府办之邮政，始于光绪二年（一八七六年）由总务司赫德之建议，开办自北平、上海间初行新式之邮政，已而推广于各通商口岸。光绪十八年（一八九二年）赫德建议，正式奏请开办邮局，二十二年始正式成立，而附设于海关。宣统三年，将邮政事务改归邮传部，同时，外国邮局亦擅设于上海、南京、镇江等处，待《华府条约》，始行撤废。最近，全国分二十三邮区，江苏大部分属"苏皖区"，上海附近另设"上海邮区"。兹将两区设立之邮局，列表如下：

苏皖邮务管理局：

一等局四：

苏州、无锡、镇江、徐州。

二等局六十九：

湖熟、上新河、句容、溧水、浦口、浦镇、六合、高淳、木渎、浒墅关、东洞庭山、常熟、浒浦口、震泽、盛泽、常州、奔牛、江阴、宜兴、清②江、大港、高桥、丹阳、金坛、溧水、淮安、阜宁、益林、盐城、沙沟、湖垛、众兴、淮阴、海州、板浦、新浦、青口、沭阳、扬州、邵伯、瓜州、大桥、仙女庙、仪征、十二圩、高邮、界首、兴化、宝应、泰州、姜堰、海安、樊川、东台、扬州、通州、金沙、唐家闸、

---

① 此处当有一"·"。
② 清，当作"靖"。

如皋、掘港、泰兴、口岸、黄桥、睢宁、砀山、沛县、官湖、宿迁、窑湾。

三等局五十一：

江浦、唯亭、甪直、支塘、吴江、同里、芦墟、平望、黎里、横林、荡口、玉祁、荣港、石塘湾、杨舍、青旸①、和桥、丁山、张渚镇、谏壁②、宝堰、姚家桥、吕城、板闸、东坎、伍佑、上冈、涟水、泗阳、大伊山、响水口、钱家集、三江营、张网镇、泛水、溱潼、安丰、扬中、石港、吕四、三十里埠、双沟、贾家、汪敬安集、萧县、黄口、丰县、邳县、运河站、滩上、八义集。

代办处五百余。

上海邮务管理局（上海）：

二等局三十：

昆山、松江、枫泾、莘庄、川沙、南桥、洙泾、张堰、龙华、闵行、南汇、周浦、青浦、朱家角、太仓、浏河、沙头、崇明、堡镇、启东、北新桥、南新河、嘉定、南翔、宝山、吴淞、江湾、海门、三阳镇、麒麟镇。

三等局十四：

茜墩、真义、泗泾、青春港、周家桥、大团、新场、庙镇、桥镇、安亭、黄渡、罗店、真茹站、灵甸镇。

代办处八十余。

● 民国·李长传编《民国江苏省地志》第四编"地方志"、第四章"江南平原区"、四"武进县"：

武进县，春秋吴延陵邑，汉置毗陵县，晋改晋陵，为晋陵郡治，兼析置武进县。至梁时，废武进县③。隋改郡为毗陵郡，唐于县置常州④，复析置武进县，即今治，与晋陵同为江南道常州治。五代因之，宋属常州治，元属常州路治，明省晋陵入武进，为南直隶常州府治，清雍正二年析置阳湖，并为常州府治。民元⑤裁府，将阳湖并入武进，民国三年划属苏常道，今道废，直属省政府。东界江阴、无锡，东南濒太湖，南界宜兴，西界金坛、丹阳，北隔长江对扬中、泰兴。

全县为冲积平原，仅有东南沿太湖边有黄波山⑥、大山、北山等小丘，高不过百

---

① 原字左半作"目"，据意径改。
② 现名谏壁。
③ 实为改武进县为兰陵县。
④ 实为隋文帝改晋陵郡为常州，隋炀帝改常州为毗陵郡，唐高祖改毗陵郡为常州。
⑤ 指民国元年。
⑥ 今又作黄婆岭，讹为王哀岭。

余公尺。又太湖中之马迹山，亦属本县，一称"马山"，为太湖中三大岛之一，与东西洞庭鼎足而立，分东西二山：东山有冠嶂峰，西山有秦履峰，以前者为高，计二八七公尺，盛产果类，风景颇佳。附属马迹山的小岛有夫山、椒山等。河流以运河为主，横贯县境：自丹阳境东南流，经奔牛、新闸、武进县城、戚墅堰、横林入无锡境。其支流之北入江者，有：小孟河，自奔牛经小河至沙家港入江；得胜河，自新闸经魏村入江；澡港，自县城北流入江。其支流之南流与洮湖、漏湖相通者，有：白鹤港，自奔牛西南通金坛；西蠡河，即宜荆漕河，自县城南经赛桥①通宜兴。此等河流，大都有航运之利。至于湖泊，除太湖外，有漏湖，与宜兴共之，长约五十里，阔约二十里，有鱼产及蒲苇之利。

人民风俗，在江南称为勤朴，文化自来发达；阳湖派之诗文，在中国文学史上，占重要之地位；至今称教育发达之县。农产物颇丰，以稻、麦为主，豆类、棉、茶等次之。果类，产于马迹山，以杨梅最著。蚕桑之利亦溥。东南部利用机器灌溉，以戚墅堰之震华电器厂为动力，颇著成效。家畜以猪为著名。工商业亦发达，县城有纱厂二，及面粉厂一。旧工业品有皮蛋、酒酿、皮箱、梳篦等，尤以梳篦为精致。此外，丝绸、棉布等，也有之。商业以县城为中心，以米、豆、木材之集散为盛。奔牛、戚墅堰等，商业亦盛。陆路交通，以京沪铁路为主，横贯县境，与运河平行，设有奔牛、新闸、常州、戚墅堰、横林等站。长途汽车有镇澄路，东通江阴，西经奔牛、孟河，通镇江。小轮船路②，以县城为中心，东北至江阴，东南至无锡，南至宜兴，西南至金坛，均有定期航路。又自奔牛经小河至扬中，亦有航路通行。其它内河诸镇，均有航船往来。

武进县城，沿运河及京沪铁路，县东西长三里余，南北广四里余，周约十余里，分七门，人口七万九千，为江南巨域，工商业均发达。市街以城内大街及西瀛里一带，市廛最盛。西门外，往者，豆市甚盛，凡江淮间之大豆，多集散于此，今为无锡所夺。此外，江西木材，旧亦集散于此。新工业有丝厂及面粉厂数家，旧手业品以皮箱、梳篦、棉布等著名。学校有省立常州中学及其它中等学校十余所。京沪铁路车站，在新北门外。小轮码头，在西门外。市内交通有人力车（东洋车）及轿。名胜古迹，有城内之公园③，与东门外之天宁寺，为江南古刹，有塔一④，风景颇佳。县属镇

---

① 赛，当是下文"寨桥"之"寨"字之误。
② 指小轮船开通的航路。
③ 即今之人民公园。
④ 实为太平寺之文笔塔，因太平寺废而在天宁寺旁，故视作天宁寺塔。

集之大者，有奔牛、戚墅堰、横林，沿运河及京沪铁路，戚墅堰为本县最大之镇，有震华电气厂，武进、无锡二县通电者有二十余乡镇，且利用之以车水，本为商办，现归国府建设委员会管理；寨桥，沿荆宜漕河，有小轮船路通宜兴、武进县城；小河，沿小孟河，有航路达镇江；孟河，在小河西，沿镇澄公路，有城，为明代防倭所筑。

后　记

　　江南地区是中国经济文化最发达的地区，江南古镇堪称中国古镇的标本。在江南所有古镇中，奔牛镇以其历史悠久、文献众多、建置完备而著称于世。但长久以来，有关奔牛镇的历史文献未得到全面整理，在新时代多次编修奔牛乡镇志时，存在着巨大的史料盲区。奔牛镇政府从大运河文化带建设的国家战略高度，明确整理奔牛历史文献的重要性和必要性，提出生态先行，文化为魂，统筹规划，扎实推进，分步实施。这是一项重要的文化工程，是让文化记忆延续千秋、凝聚古镇精神的基础性工作，为此聘请常州市大运河文化带建设研究院组织专家团队从事这一抢救历史文献、整理国故的极富意义的编撰工程。最初的整理工作以常州、武进的地方志为主要史料，当我们整理完成后，发现经史子集四库文献中还有大量有关奔牛古镇的记载，于是汪瑞霞、王继宗、吴冬冬和樊天岳四位老师与文物出版社编辑协同合作，又花了一年时间，苦心孤诣地广泛搜罗文献，择其精要，反复校对，才成此书。因为地方志的记载虽然详细，但只具有地方代表性，唯有到全国性的文献中去寻找，才更能体现奔牛古镇的地位和影响力。文献浩如烟海，花费十年时光或可搜罗殆尽，今从编纂到定稿的三年时光，或许只收入了奔牛镇相关文献的十分之一。通过整理和选择与奔牛镇相关的文献精华，为研究这座江南古镇标本提供了丰富而翔实的史料。我们还对古文献认真地进行了点校和注释，以便于读者研读。时光有限，我们搜集和阅读的书籍亦有限，有关奔牛文献的收集整理工作仍将一如既往地做下去。整理者才学有限，错误在所难免，敬祈读者加以批评指正。

附编著者简介

汪瑞霞：南京林业大学二级教授、博士生导师，兼任常州市大运河文化带建设研究院执行院长。主持在研国家社科基金艺术学重点项目和江苏省高校哲学社会科学重大项目各一项，主持完成国家社科基金艺术学项目并以优秀等级结项。专著《从乡愁到乡建》（商务印书馆2021年版）荣获江苏省第十七届哲学社会科学优秀成果奖一等奖、教育部第九届高等学校科学研究优秀成果奖二等奖。

王继宗：常州市图书馆历史文献部研究馆员，常州市大运河文化带建设研究院特聘研究员，著作有《常州让德文化史——江南三圣大舜泰伯、季子新论》（中华书局 2015 年版)、《红楼璧合》（中国书籍出版社 2020 年版)，整理点校的《〈永乐大典·常州府〉清抄本校注》获得江苏省第十五届哲学社会科学优秀成果奖二等奖。

吴冬冬：常州市文物保护管理中心文保科科长、文博副研究馆员，常州市大运河文化带建设研究院特聘研究员，长期从事文物保护和地方文史研究，主持编著的《常州运河碑刻调查与研究》荣获常州市第十七届哲学社会科学优秀成果一等奖。